更高更妙的高中物理思维方法与解题策略

主　编：梁　旭

副主编：袁张瑾　周　敏

编　委：（按姓氏笔画排列）

史　再　孙丁共　张国平　张新华

季　倬　金益锋　赵惠松　顾声和

ZHEJIANG UNIVERSITY PRESS

浙江大学出版社

·杭州·

图书在版编目（CIP）数据

更高更妙的高中物理思维方法与解题策略 / 梁旭主编. -- 杭州 ：浙江大学出版社，2024. 10（2025.2 重印）.
ISBN 978-7-308-25512-7

Ⅰ. G633.73

中国国家版本馆 CIP 数据核字第 20240J50F5 号

更高更妙的高中物理思维方法与解题策略

主 编 梁 旭

策划编辑 沈炜玲
责任编辑 周 芸
责任校对 胡岑晔
封面设计 雷建军
出版发行 浙江大学出版社
（杭州市天目山路 148 号 邮政编码 310007）
（网址：http://www.zjupress.com）
排 版 杭州星云光电图文制作有限公司
印 刷 杭州宏雅印刷有限公司
开 本 889mm×1194mm 1/16
印 张 29.5
字 数 805 千
版 印 次 2024 年 10 月第 1 版 2025 年 2 月第 3 次印刷
书 号 ISBN 978-7-308-25512-7
定 价 89.80 元

浙江大学出版社市场运营中心联系方式：0571-88925591；http://zjdxcbs.tmall.com

前　言

作者编写本书的目的是使学生从"有知识"到"有素养"，即会用知识解决问题。高中物理的教学实践告诉我们，新课教学完成后，绝大多数学生对所学的物理概念等都有了一定的了解，但并不会解决稍难一些的问题。此时，学生在解决问题时的表现往往是"无序""浅层"的，具有这种思维特征的人通常被称为"新手"。认知心理学研究发现，"新手"和"专家"的区别在于，"专家"在解决问题上有以下特点。

（1）对问题有整体、本质的把握，能有序地观察、分析。

（2）具有丰富的知识"组块"，便于分类和建模。

（3）具有众多的解题方法和程序，能快速、准确地选择最佳方案。

（4）具有丰富的"案例"，能通过"类推"解决问题。

（5）具有监控能力，对自己的解题思路、方法和结果会质疑和论证。

如果我们把人的大脑比作智能手机，所学的知识就相当于在手机中储存的照片、视频和文档，它们是我们做PPT和视频的素材。正如手机中的素材无法自动生成视频一样，仅靠知识本身是无法解决问题的。手机中真正能够解决问题的是各种APP——执行某种功能的软件程序，如手机中的高德地图能导航，微信能让我们在线上社交，拼多多能让我们完成购物，等等。如果要成为解决问题的"高手"，我们的大脑中应该拥有哪些"APP"呢？如何才能将其"安装"成功？

我们再来看一下新课标的学业质量标准，如科学思维水平4要求学生"能将实际问题中的对象和过程转换成所学的物理模型；能对综合性物理问题进行分析和推理，获得结论并做出解释；能恰当使用证据证明物理结论；能对已有结论提出有依据的质疑，采用不同方式分析解决物理问题"。那么，学生掌握什么内容才能达成高水平的核心素养？这些内容的掌握应该遵循怎样的学习过程？

靠"题海战术"吗？实践告诉我们，这条路对于绝大多数学生来说是走不通的。我们认为，要完成从"新手"向"能手""高手"的转化，需要进行有目的、有整体规划和有成效的培养。本书着力于"观念重建"和"思维重构"——在学生的大脑中"安装APP"，通过明确的学习目标、与学习内容适切的学习路径、与目标匹配的练习题，真正做到学习目标、学习路径、训练取向"三位一体"。

本书以核心素养各要素为框架，重点是观念和思维方法。具体内容既包括常见方法，又包

括从"专家"解决问题视角提炼得到的思维方法与策略，还包括有实用价值的解题（应试）方法。

下面就本书的使用提出建议。

（1）本书并不局限于作为一轮复习用书。相应的内容从新授课（知识学习）结束后就可以开始学习。因为本书的主题是以观念重建、思维重构立意的，且内容有一定的难度，训练题涉及的知识面较广泛，所以作者将训练题分为"基础训练"和"拓展训练"两类，并标注了相应的学习时间供大家参考。

（2）本书最有效的使用方式是在教师的引导下使用，书中的内容可以设计成习题课、复习课、微专题课等。

（3）对于单独使用本书的学生，本书不仅提炼了清晰的解决问题的思维路径，所提供的基础训练题参考答案也遵循思维路径进行撰写，凸显了"思维重构"的意图。这一明确的学习目标，希望能够引起学生足够的关注。

（4）本书不仅能够让优秀学生获得比较系统的观念、思维方法与策略，使其尽快成为具有核心素养的"高手"，还能够让害怕物理学习的学生，通过有目的、有顺序、合路径的学习，成为"能手"，不再惧怕物理学习。

欢迎大家使用本书，并为进一步优化内容和合理使用提供宝贵建议。

本书由梁旭负责策划、理论指导、结构设计和审稿修订，袁张瑾、周敏、史再、顾声和、张国平参与了审稿，参与编写的人员见下页表格。

编写人员表

姓名	工作单位	姓名	工作单位	姓名	工作单位
袁张瑾	宁波效实中学	陈林龙	浙江省温岭中学	项 明	安吉高级中学
胡伟健	浙江省永康市第一中学	徐 欢	浙江省龙泉市第一中学	周志林	浙江省台州中学
尹 滨	浙江省永康市第一中学	赖兴俊	浙江省三门中学	李玉霜	浙江省丽水中学
李宏伟	杭州第十四中学青山湖学校	洪晓标	磐安县教育局教研室	蔡文杰	台州市永宁中学
刘 强	北京师范大学台州附属高级中学	应 俊	浙江省镇海中学	王精国	桐乡市凤鸣高级中学
孙丁共	杭州市余杭第一中学	江险峰	浙江省缙云中学	陈泽南	浙江省永康市第一中学
潘晓云	杭州师范大学附属未来科技城学校	顾春杰	浙江省奉化中学	吴华弟	浙江省龙泉市第一中学
王燕燕	浙江省三门中学	楼志刚	义乌市义亭中学	金益锋	杭州市富阳区江南中学
潘柳志	浙江省仙居中学	刘正伟	浙江省龙泉市第一中学	孙佼尔	宁波外国语学校
黄 鹤	台州市路桥中学	陈平男	浙江省磐安中学	吴丽华	安吉高级中学
季 倬	浙江省永康市第一中学	刘堂锦	杭州市余杭第一中学	齐国元	浙江省杭州第四中学
沈正杰	桐乡市教育局教研科研室	梁振华	杭州市余杭第一中学	朱宝生	安吉高级中学
陈林芳	台州市三梅中学	何梁才	杭州师范大学附属未来科技城学校	郑 黎	安吉高级中学
杨国平	绍兴市第一中学	任浩军	杭州师范大学附属未来科技城学校	李岩民	安吉县孝丰高级中学
陈 辉	浙江省永康市第一中学	潘棋峰	杭州市富阳区江南中学	史 再	浙江省宁波中学
徐婷婷	浙江省台州中学	陈 帆	浙江省永康市第一中学	赵惠松	桐乡市凤鸣高级中学
周 敏	浙江省临安中学	张新华	浙江省天台中学	饶军民	浙江省青田中学
顾声和	温州第二高级中学	林培秋	海宁市高级中学	周超庆	安吉高级中学
李静芳	浙江省桐乡市高级中学	张兆福	浙江省龙泉市第一中学	叶伟龙	浙江省台州中学
李 娜	杭州市富阳区江南中学	夏 周	浙江省永康市第一中学	陈冬武	浙江师范大学附属中学
贺 琳	杭州市余杭第一中学	王孝厂	浙江省温州中学	马 炜	浙江省桐乡市高级中学

目　录

第一章　物理观念

第二章　思维方法

第三章　思维策略

第四章　科学探究

第一章 物理观念

一、案例分析

典型例题

现代电子设备常利用电场和磁场控制带电粒子的运动。如图所示，一质量为 m、电荷量为 q 的粒子以大小为 v_0 的初速度沿两水平金属板 C、D 的中心轴线方向进入，已知 C、D 两板间距为 d，两板间存在竖直向上的匀强电场，电场强度的大小为 E，粒子经电场偏转后恰好从极板 C 的右边缘 P 点射出。取 C、D 板右边缘的中点 O 为坐标原点，沿 C、D 板中心轴线方向为 x 轴，过 O 点与 x 轴垂直的方向为 y 轴。粒子离开电场后立刻进入其右侧的磁场区域，已知 C、D 右侧存在沿 x 轴正方向线性递增的梯度磁场，磁感应强度大小满足 $B = B_0kx$，沿 y 轴方向磁感应强度大小相同，磁场范围足够大。

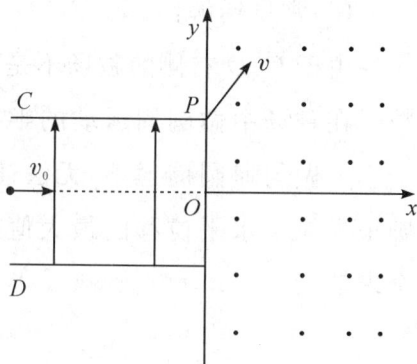

例题图

（1）求粒子从极板 C 的右边缘 P 点射出时的速度大小 v。

（2）若粒子从 P 点射出时的速度大小用 v 表示，且射出时的速度方向与水平方向成 $53°$ 角，则粒子在运动过程中能达到的水平位移（沿 x 轴方向）的最大值是多少？

常见错解

（1）常见错解 1：

设粒子从 P 点射出时沿 y 轴方向的分速度大小为 v_y，对粒子从射入电场区域到射出电场区域，由动能定理得

$$qE \cdot \frac{d}{2} = \frac{1}{2}mv_y^2 - \frac{1}{2}mv_0^2$$

$$\Rightarrow v_y = \sqrt{\sqrt{v_0^2 + \frac{qEd}{m}}}$$

由于粒子沿 x 轴方向的速度大小 v_0 保

正确解答

（1）对粒子从射入电场区域到射出电场区域，由动能定理得

$$qE \cdot \frac{d}{2} = \frac{1}{2}mv^2 - \frac{1}{2}mv_0^2 \Rightarrow v = \sqrt{v_0^2 + \frac{qEd}{m}}$$

（2）当粒子在运动过程中达到的水平位移最大时，其速度方向必沿 y 轴方向，由于洛伦兹力不做功，故粒子沿 y 轴方向的速度大小仍为 v，如图所示。

持不变,由速度矢量合成可得

$$v=\sqrt{v_0^2+v_y^2}=\sqrt{2v_0^2+\dfrac{qEd}{m}}$$

常见错解 2:

粒子从射入电场区域到射出电场区域,列出沿电场方向的动能定理表达式

$$qE\cdot\dfrac{d}{2}=\dfrac{1}{2}mv_y^2-0$$

解得 $v_y=\sqrt{\dfrac{qEd}{m}}$,由速度矢量合成可得

$$v=\sqrt{v_0^2+v_y^2}=\sqrt{v_0^2+\dfrac{qEd}{m}}$$

(2)常见错解:

由于 C、D 右侧的磁场不是均匀磁场,故粒子在磁场中做圆周运动的半径在变化,粒子不是做匀速圆周运动,无法通过作出轨迹圆来求粒子水平位移的最大值,因而此问不会求解。

正解答图

粒子沿 y 轴方向的洛伦兹力的冲量等于粒子沿 y 轴方向的动量增量,即

$$\sum qv_xB\Delta t=mv-(-mv\sin53°)$$

把 $B=B_0kx$ 代入可得

$$B_0qk\sum x\Delta x=\dfrac{9}{5}mv$$

由数学求和知识(即空间平均值)或运用图像面积累加法可得水平位移最大值 x_m,即

$$\sum x\Delta x=\overline{x}\cdot x_\mathrm{m}=\dfrac{x_\mathrm{m}^2}{2}$$

代入得 $x_\mathrm{m}=\sqrt{\dfrac{18mv}{5qB_0k}}$。

教师点评

第(1)问常见错解 1 中运用动能定理列式求解,但表示式有误,对粒子做研究,合外力(静电力)对粒子做的总功等于粒子动能的增量,该解中动能的增量 $\Delta E_\mathrm{k}=\dfrac{1}{2}mv_y^2-\dfrac{1}{2}mv_0^2$ 有误,末动能不是静电力方向上的速度分量 v_y 对应的动能 $\dfrac{1}{2}mv_y^2$,而是末速度(合速度)v 对应的动能 $\dfrac{1}{2}mv^2$。

第(1)问常见错解 2 中列出了粒子沿 y 轴方向的动能定理表达式,沿 y 轴方向的合外力(静电力)对粒子做的总功等于粒子沿 y 轴方向的动能的增量,先求出 v_y 后再结合速度矢量合成求解末速度大小 v,虽然结果正确,但是动能定理的基本方程列错了。功和动能都是标量,故列动能定理表达式解决问题时只需要考虑合外力做功与始末动能增量之间的关系,不需要考虑始末速度的方向。

第(2)问中由于粒子在非匀强磁场中运动,故无法通过几何作图求解,需要另辟蹊径。我们可依据动量定理的分量式列式求解,理由有三:一是粒子末状态的速度方向已知,即粒子达到水平位移最大时其速度方向沿 y 轴方向;二是粒子末状态的速度大小已知,即粒子在运动过程中只受洛伦兹力作用,洛伦兹力不做功,故粒子速度大小不变,始终是 v;三是粒子只受洛伦兹力作用,可尝试运用洛伦兹力沿 y 轴方向的分量的冲量等于粒子沿 y 轴方向的动量增量来列式求解。冲量和动量都是矢量,故在列动量定理表达式解决问题时需要考虑方向,若是在某一方向上运用动量定理求解,需要准确列出动量定理分量式求解。

观念形成

(1)当涉及标量运算时,采用代数运算法则。如运用动能定理列式求解时,只需要写出合外力的总功等于动能的增量;运用机械能守恒定律或功能关系求解时,也不必考虑物理量的方向。

(2)当涉及矢量运算时,必须考虑物理量的方向。若涉及一维运动,可规定正方向列式求解;若涉及二维运动,一般先将其分解为两个相互垂直的一维运动再列式求解,或用矢量三角形求解;若涉及三维运动,一般先将其逐步分解为一维和与之垂直的二维运动再列式求解。如运用牛顿第二定律、动量的变化量、动量定理、动量守恒定律求解的问题,均需要考虑物理量的方向,在选定的方向上列式求解。

用矢量标量观解题的思维过程如下。

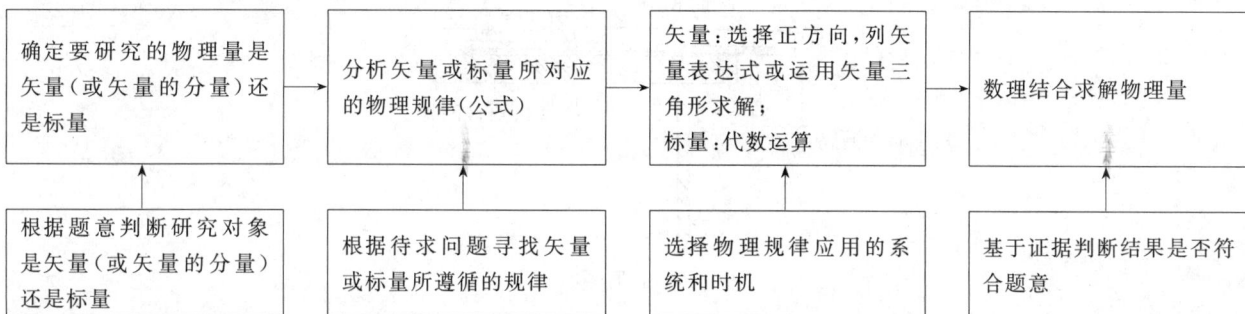

确定要研究的物理量是矢量(或矢量的分量)还是标量	→	分析矢量或标量所对应的物理规律(公式)	→	矢量:选择正方向,列矢量表达式或运用矢量三角形求解;标量:代数运算	→	数理结合求解物理量
根据题意判断研究对象是矢量(或矢量的分量)还是标量		根据待求问题寻找矢量或标量所遵循的规律		选择物理规律应用的系统和时机		基于证据判断结果是否符合题意

二、针对性训练

基础训练

1. (力学、电学内容学习后)下列各物理量数值前的"一"分别表示什么意义?

(1)速度 $v = -1\text{m/s}$。

(2)功 $W = -1\text{J}$。

(3)重力势能 $E_{\text{p}} = -1\text{J}$。

(4)电荷量 $q = -1\text{C}$。

(5)电流 $I = -1\text{A}$。

2. (力学内容学习后)(1)如图(a)所示，一物体以大小为 v_0 的初速度被水平抛出后做平抛运动，求从被抛出至 t 时刻末该物体的速度增量和速率增量。

(2)如图(b)所示，一物体以线速度 v_0 做匀速圆周运动，求经过 $\frac{1}{4}$ 个、$\frac{1}{2}$ 个圆周该物体的速度增量和速率增量。

(3)如图(c)所示，一质量为 m 的物体以速率 v_0 向挡板 A 运动，被挡板反弹后仍以速率 v_0 反向运动，求与挡板碰撞前后该物体的动量增量和动能增量。

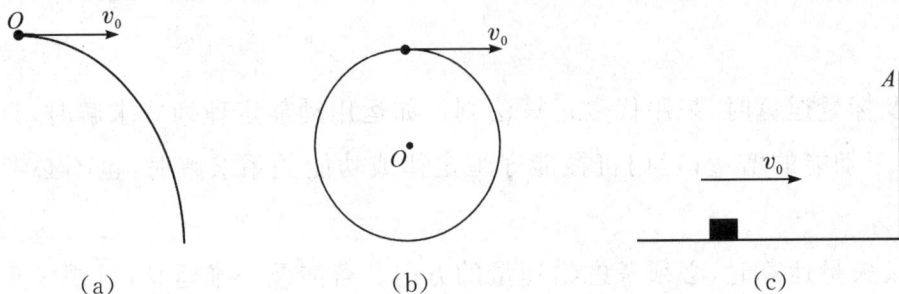

(a)   (b)   (c)

第 2 题图

3. (牛顿运动定律内容学习后)如图所示，小车在轨道上运动时已补偿阻力。已知小车的质量为 M，槽码的质量为 m，重力加速度为 g，求小车的加速度 a。

某同学根据整体分析法列出表达式 $mg=(M+m)a$，求得加速度 a 的值。你认为这名同学的表达式是否正确？请说明理由。

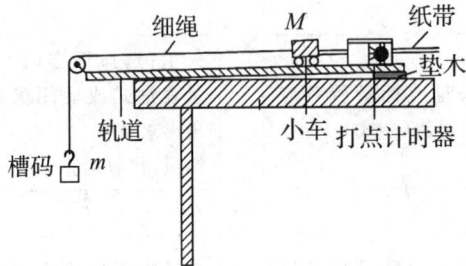

第 3 题图

4. (机械能守恒定律内容学习后)如图所示，某物体受到两个大小均为 3N、夹角为 $120°$ 的恒力 F_1 和 F_2 的作用，在某一过程中 F_1 和 F_2 做功均为 3J，则在此过程中这两个力的合力为多大？合力做功多少？

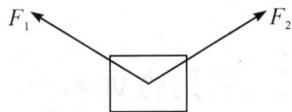

第 4 题图

5. (力学内容学习后)分析下列过程中系统的机械能和系统的动量是否守恒。

(1)如图(a)所示，光滑水平面上有一光滑斜面体 b；物块 a 从斜面顶端由静止下滑的过程。

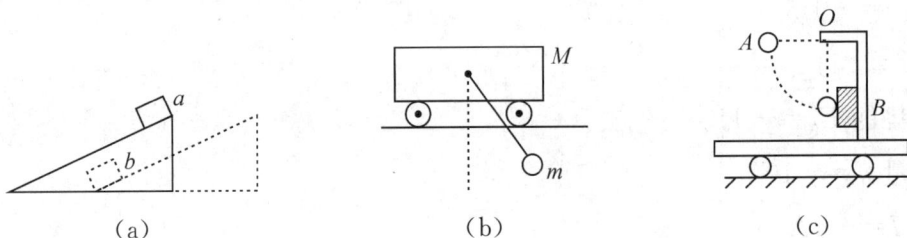

(a)   (b)   (c)

第 5 题图

（2）小车 M 静止在光滑水平轨道上，球 m 用细线悬挂在车上，由图(b)中的位置无初速度地释放：小球下摆的过程。

（3）如图(c)所示，轻杆一端固定一小球 A，另一端悬挂在小车支架的 O 点，小车放在光滑的水平面上。现用手将小球拉起使杆呈水平：

①在小车处于静止的情况下放手使小球下摆的过程。

②小球在 B 处与固定在车上的油泥撞击后黏合在一起的瞬间。

拓展训练

1.（动量守恒定律内容学习后）"探究碰撞中的不变量"的实验装置如图所示，阻力很小的滑轨上有两辆小车 A、B，给小车 A 一定速度去碰撞静止的小车 B，小车 A、B 碰撞前后的速度大小可由速度传感器测得。

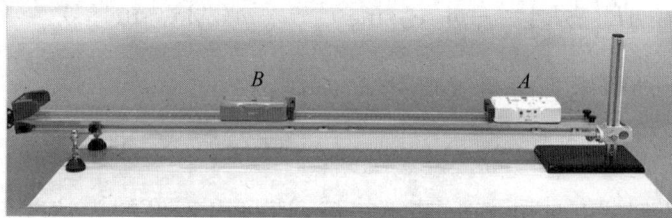

第 1 题图

下表是某次实验测得的数据。

A 的质量/kg	B 的质量/kg	碰撞前 A 的速度大小/ $(m \cdot s^{-1})$	碰撞后 A 的速度大小/ $(m \cdot s^{-1})$	碰撞后 B 的速度大小/ $(m \cdot s^{-1})$
0.200	0.300	1.010	0.200	0.800

由表中数据分析碰撞前后小车 A、B 所构成的系统的总动量是否守恒。

在处理数据时，有一名同学的处理结果如下。

碰撞前：$v_A = 1.010 \text{m} \cdot \text{s}^{-1}$，$v_B = 0$，则

$\quad p_1 = m_A v_A + m_B v_B = (0.200 \times 1.010 + 0) \text{kg} \cdot \text{m} \cdot \text{s}^{-1} = 0.202 \text{kg} \cdot \text{m} \cdot \text{s}^{-1}$

碰撞后：$v_A' = 0.200 \text{m} \cdot \text{s}^{-1}$，$v_B' = 0.800 \text{m} \cdot \text{s}^{-1}$，则

$\quad p_2 = m_A v_A' + m_B v_B' = (0.200 \times 0.200 + 0.300 \times 0.800) \text{kg} \cdot \text{m} \cdot \text{s}^{-1} = 0.280 \text{kg} \cdot \text{m} \cdot \text{s}^{-1}$

显然 $p_1 \neq p_2$，碰撞前、后小车 A、B 所构成的系统的总动量不守恒。

你认为该同学的处理过程正确吗？请说明理由。

2.（一轮复习）光电效应和康普顿效应深入地揭示了光的粒子性一面。前者表明光子具有能量，后者表明光子除了具有能量之外还具有动量。光子的能量 E 与动量 p 的关系是 $E = pc$，其中 c 是光速，$c = 3 \times 10^8 \text{m/s}$。如图所示，一束功率为 60W 的激光束照射到透明介质小球上时，经两次折射后（忽略光的吸收和反射），光的传播方向改变了 60°，则光对介质小球的作用力大小为多少？

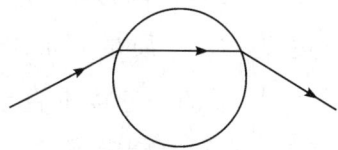

第 2 题图

3. （一轮复习）如图所示，在平面直角坐标系 xOy 的 y 轴右侧存在正交电磁场：电场强度大小为 E，方向沿 y 轴负方向；磁感应强度大小为 B，方向垂直于纸面向外。电磁场区域的右边界放一竖直的屏，屏与 y 轴平行。一质量为 m、电荷量为 q 的正电性粒子，从坐标原点 O 以大小为 $\sqrt{2}v_0$ 的速度与 x 轴正方向成 $45°$ 角进入电磁场区域并恰好打在屏上 Q 点，Q 点的纵坐标为 $y_Q = -\frac{1}{2}L$。求粒子打在 Q 点时的速度大小 v_Q，及其与水平方向的夹角 φ，粒子重力不计。

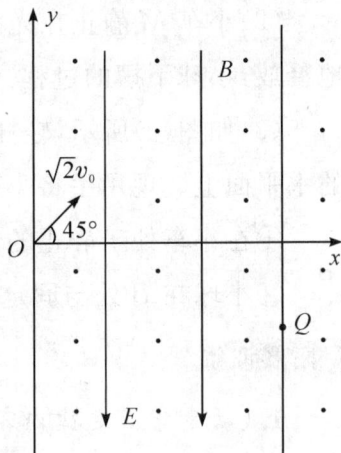

第 3 题图

某同学用动能定理和动量定理来求解此问题，列式如下。

对粒子，从 O 点到 Q 点，由动能定理可列式

$$qE\left(\frac{1}{2}L\right) = \frac{1}{2}m(v_Q \sin\varphi)^2 - \frac{1}{2}m(\sqrt{2}v_0 \sin45°)^2 \qquad ①$$

从 O 点到 Q 点，由动量定理分量式可列式

$$qB\sum v_y \Delta t = mv_Q\cos\varphi - m(\sqrt{2}v_0\cos45°) \qquad ②$$

你认为这名同学的列式是否正确？若不正确，请写出正确的表达式。

4. （一轮复习）电子束焊枪是利用"磁透镜"将电子束会聚到工件上的装置，高速电子撞击工件使金属熔化实现焊接。其主要结构简化原理如图（a）所示，"磁透镜"是长为 L_0、中心轴线为 MN 的圆柱体，其内分布着同心圆环磁场，磁场分布的截面图如图（b）所示（从左向右看），它的磁感应强度的大小 B 与该点到中心轴线的垂直距离 r 成正比，即 $B=kr$，

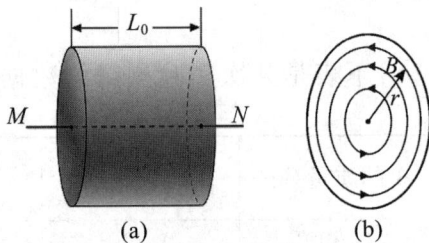

第 4 题图

其中 k 为常量。已知电子的质量为 m，电量为 e，不考虑电子间的相互作用，经加速后的电子束以速度 v_0 从"磁透镜"的左端面各个位置垂直地射入，由于电子通过圆柱体的时间极短，忽略电子束轴向（即沿中心轴线方向）速度的变化和径向（即垂直于中心轴线方向）位移，求：

（1）与中心轴线相距为 r_0 处的电子通过"磁透镜"径向动量的变化量。

（2）电子束会聚点到圆柱体右端面的距离 f（即"磁透镜"的焦距）。

5. （一轮复习）为探测射线，威尔逊曾用置于匀强磁场或电场中的云室来显示它们的径迹。如图所示，某研究小组设计了在 xOy 平面（纸面）内第一、四象限存在垂直于纸面向外的匀强磁场，磁感应强度大小为 B。一质量为 m、电荷量为 q 的粒子从坐标为 $(0, 2d)$ 的 P 点以大小为 v_0 的初速度垂直于磁场左边界射入磁场，若粒子进入磁场后受到大小与速度大小成正比、方向相反的阻力作用，观察发现该粒子轨迹呈螺旋状并与磁场左边界相切于点 $Q(0, y)$（图中未作出）。已知 $B=\dfrac{mv_0}{qd}$，整个装置处于真空中，不计粒子重力，求坐标 y 的值。

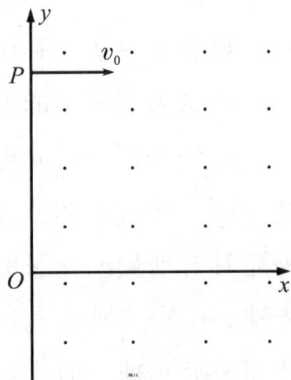

第 5 题图

第2讲　场线表征观

引路人　宁波效实中学　袁张瑾

一、案例分析

典型例题

如图所示,在同一水平面上有三根相同的条形磁铁,将其中的磁铁①②分别固定在两木板上,将磁铁③置于两滚轮上。初始将磁铁③移至图中所在位置,并用手按住使其保持不动。若放手,则磁铁③将如何运动?请说明理由。

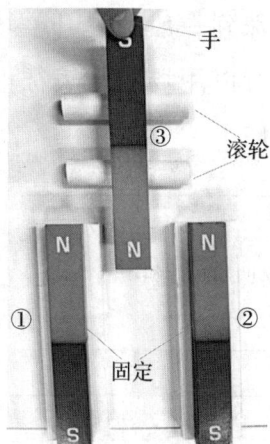

例题图

常见错解

运动情况:放手后磁铁③远离磁铁①②,即磁铁③是被排斥的。

理由:放手前磁铁③的 N 极靠近磁铁①②的 N 极,由同名磁极相互排斥,可以得到放手后磁铁③是被排斥远离磁铁①②运动的。

正确解答

运动情况(实验):放手后磁铁③向着磁铁①②的中间区域运动,即磁铁③是被吸引的。

理由:作出条形磁铁①②周围的磁感线分布,如图所示,可以看出在磁铁①②之间区域的磁感线方向基本一致,该条形磁铁正对区域的磁场可等效为,由一根如图中虚线框所示的条形磁铁所产生的磁场,该等效磁铁的 S 极靠近磁铁③的 N 极,故放手后磁铁③是被吸引的。

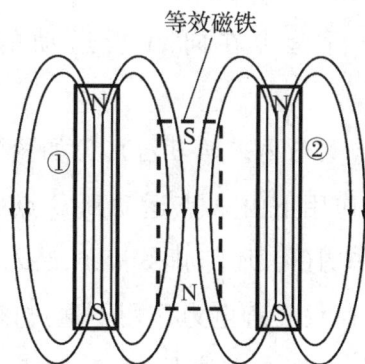

正解答图

教师点评

仅凭磁极相互作用的、点电荷相互作用的规律(有一定适用条件)来解决电磁场中的受力问题和运动问题,而没有形成用电场线、磁感线来表征电场和磁场的观念,是造成以上错解的主要原因。

观念形成

从物体(磁极、电荷、电流)间的相互作用到场的作用,既是对问题本质的认识,又是从特殊到一般的提升。场的描述是对整个空间的物理性质的描述,是判断任意位置受力的基础,所以用场线来表征电场、磁场是一个重要的观念。在问题解决时,具体的思维(操作)过程如下。

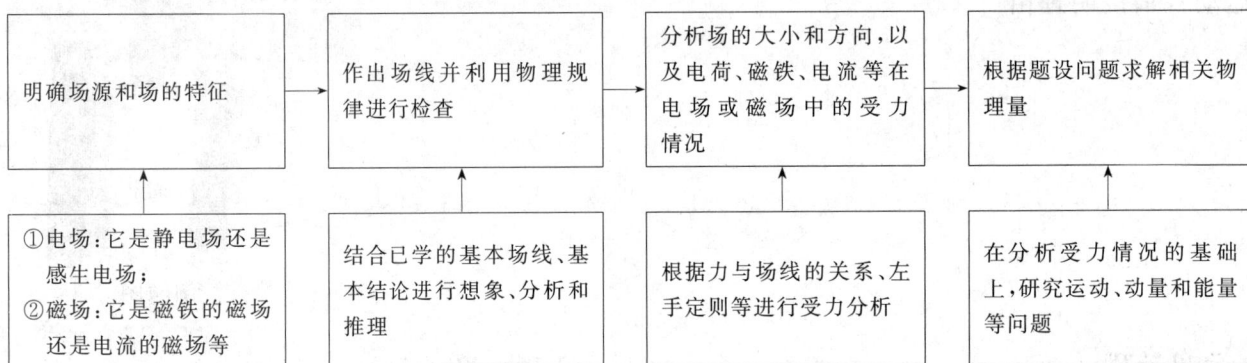

明确场源和场的特征	→	作出场线并利用物理规律进行检查	→	分析场的大小和方向,以及电荷、磁铁、电流等在电场或磁场中的受力情况	→	根据题设问题求解相关物理量
①电场:它是静电场还是感生电场;②磁场:它是磁铁的磁场还是电流的磁场等		结合已学的基本场线、基本结论进行想象、分析和推理		根据力与场线的关系、左手定则等进行受力分析		在分析受力情况的基础上,研究运动、动量和能量等问题

二、针对性训练

基础训练

1.(静电场内容学习后)如图所示,静电除尘器由板状收集器 A 和线状电离器 B 组成。

A、B 分别接高压电源的正、负两极,它们之间有很强的电场,使 B 附近的空气分子被电离成正离子和电子,电子在向着正极 A 运动的过程中,遇到烟气中的粉尘,使粉尘带负电,粉尘被吸附到正极 A 上,以达到除尘的目的。

试分析粉尘在向 A 板运动的过程中受到的静电力如何变化。

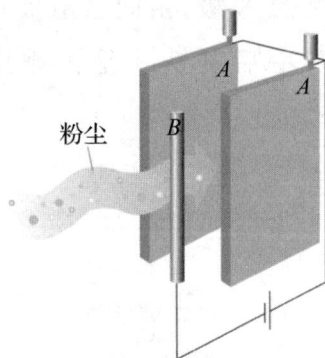

第1题图

2.(静电场内容学习后)(1)如图(a)所示,虚线表示某静电场的等势线。一个带电粒子仅在静电力作用下由 A 点运动到 B 点的径迹如图中实线所示,由此判断粒子的电性。

(2)如图(b)所示,虚线 a、b、c、d、e 代表电场中的五个相邻的等势面。实线为一个带正电的试探电荷仅在静电力作用下通过该区域时的运动轨迹,M、N 是这条轨迹上的两点,由此判断 M、N 两点的电势高低。

(3)如图(c)所示,虚线 a、b、c 代表电场中的三个等势面。实线为一个带负电的粒子仅在静电力作用下通过该区域时的运动轨迹,P、Q 是这条轨迹上的两点,由此判断粒子经过 P、Q 两点时的速度和加速度的大小关系。

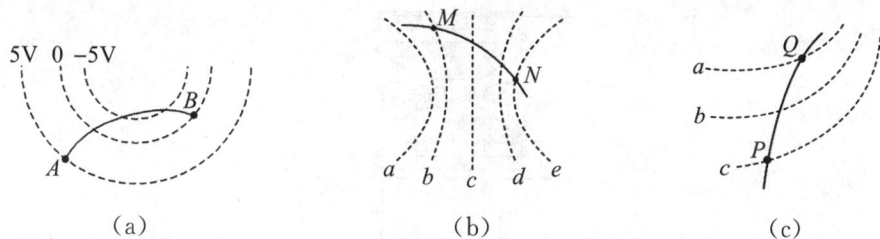

(a)　　　　　(b)　　　　　(c)

第2题图

3. (磁场内容学习后)如图所示,闭合的环形铁芯上绕有线圈,有一束电子沿垂直于铁芯所在的平面从环心 O 点射出。现给线圈通以如图中箭头所示方向的电流,则电子束会偏向哪个方向?

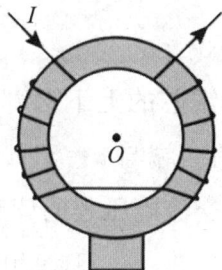

第3题图

4. (磁场内容学习后)(1)如图(a)所示,在玻璃皿的中心放一个圆柱形电极,沿边缘内壁放一个圆环形电极,把它们分别与电池的两极相连,然后在玻璃皿中放入导电液体。现把玻璃皿放在图示磁场中,液体就会旋转起来。请判断液体旋转的方向。

(2)如图(b)所示,A 为一个带有大量均匀分布的正电荷的、水平旋转的橡胶圆盘,在圆盘正上方水平放置一根通电直导线,电流方向向左。当圆盘绕中心轴 OO' 按图示方向(俯视图顺时针)高速转动时,通电直导线所受安培力的方向如何?

(3)如图(c)所示,条形磁铁放在水平桌面上,在其中央的正上方固定一根直导线 MN,导线与磁铁相互垂直,现给导线通以由 N 向 M 的电流,则磁铁对桌面的压力如何变化?若把导线 MN 移到磁铁中央上方的右侧,磁铁是否有受摩擦力作用?若有,则方向如何?

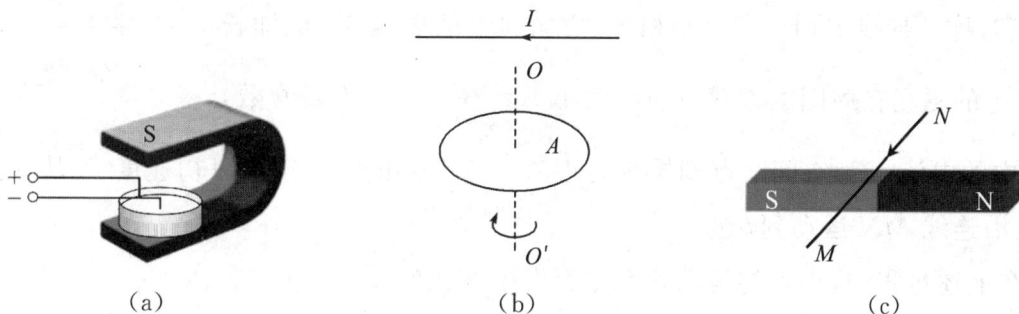

(a)　　　　　(b)　　　　　(c)

第4题图

5.（电磁感应内容学习后）如图所示是电子感应加速器的示意图,上半部分是侧视图,下半部分是真空室的俯视图。如果从上向下看,要实现电子沿逆时针方向在环中加速运动,那么线圈中的电流方向与图示电流方向是一致还是相反?电流大小如何变化?

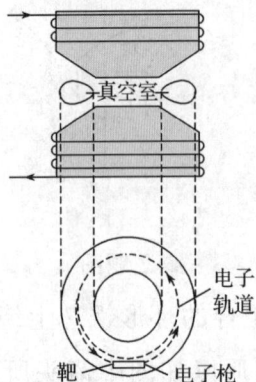

第 5 题图

拓展训练

1.（变压器内容学习后）如图所示,铁芯的上下两部分分别绕有匝数 $n_1=800$ 和 $n_2=200$ 的两个线圈,上线圈两端与 $u=51\sin314t$ V 的交流电源相连,将下线圈两端接交流电压表,则交流电压表的读数可能是（   ）

A. 2.0V

B. 9.0V

C. 12.7V

D. 144.0V

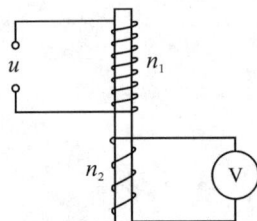

第 1 题图

2.（一轮复习）在一块水平放置的、很大的接地金属平板上方附近固定着一个正电性点电荷 Q,a、b、c、d 为过点电荷 Q 的竖直平面内的四个点,位置如图所示,则:a、b 两点相比,哪点的电场强度大? c、d 两点相比,哪点的电势高?

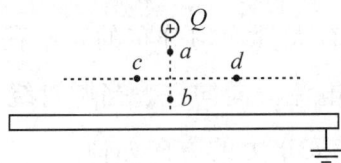

第 2 题图

3.（一轮复习）如图所示,两根长直导线竖直地插入光滑绝缘水平桌面上的 M、N 两个小孔中,O 为 M、N 连线的中点,连线上 a、b 两点关于 O 点对称。导线中均通有大小相等、方向向上的电流 I。已知长直导线产生的磁场在周围的磁感应强度大小 $B=k\dfrac{I}{r}$,式中 k 是常数,

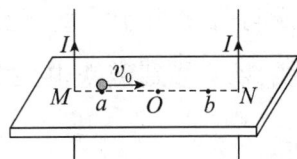

第 3 题图

I 是导线中的电流,r 为空间某点到导线的距离。一个带正电的小球以初速度 v_0 从 a 点出发,在桌面上沿连线 MN 运动到 b 点。

（1）在上述过程中,小球的运动状态是否发生变化?

（2）在上述过程中,小球对桌面的压力大小如何变化?

4.（一轮复习）两块正对的平行金属板 *AB*、*CD* 与水平面成 30°角固定，竖直截面如图所示。将一个电荷量为 $1.0×10^{-8}$C、质量为 $3.0×10^{-4}$kg 的小球用绝缘细线悬挂于 *A* 点。闭合开关 S，当小球静止时，细线与 *AB* 板的夹角为 30°。试分析两极板间的电场强度大小，并求出剪断细线后小球加速度的大小和方向。

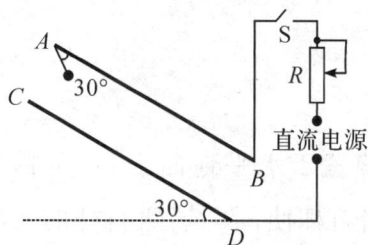

第 4 题图

5.（一轮复习）物理课上老师将两个强磁体（能导电）分别吸在一节 5 号电池的正负两极，并且将这个组合体放在了水平桌面上，两个强磁体的左右两侧均分别为 N 极和 S 极，如图（a）所示，图（b）是其俯视图。现用手将一张长条形锡箔纸架在两强磁体上方，放手的瞬间该锡箔纸将如何运动？（已知锡箔纸既可以平动又可以转动。）

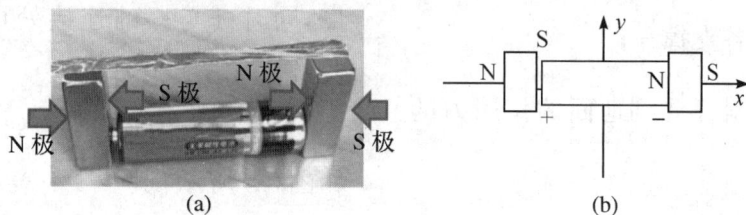

(a) (b)

第 5 题图

第 3 讲 元件(装置)特征观

引路人 浙江省永康市第一中学 胡伟健

一、案例分析

典型例题

如图所示,一个轻质晒衣架静置于水平地面上,水平横杆 AB 与四根相同的斜杆垂直,撑开两端斜杆使同一端两斜杆的夹角 $\theta=60°$,左端的两根斜杆和右端的两根斜杆都可以自由转动和张合,一个重为 G 的物体悬挂在横杆中点,系统静止平衡,不计杆与杆接触处的摩擦,求每根斜杆受到地面的作用力的大小。

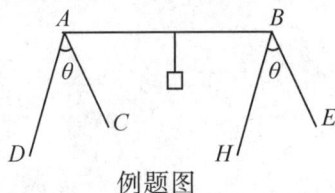

例题图

常见错解

因为晾衣架由四根相同的斜杆支撑;

所以每根斜杆各支撑 $\dfrac{G}{4}$;

由此可知每根斜杆受到地面的作用力的大小均是 $\dfrac{G}{4}$。

正确解答

由题意可知,每根杆都是轻质的,不计质量,同时杆与杆的连接处可当作光滑的轻质铰链。

首先以横杆 AB 为研究对象,受力情况如图(a)所示,其中 F_A 表示左端两根斜杆对横杆 A 点的总作用力,F_B 表示右端两根斜杆对 B 点的总作用力。

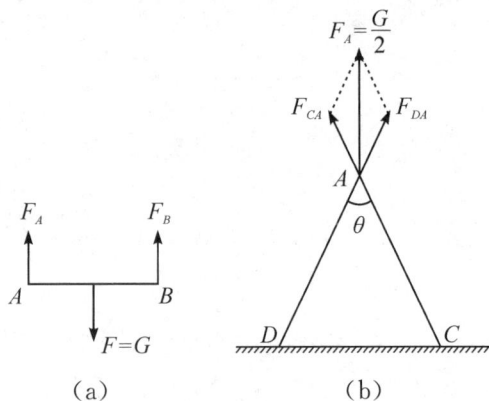

(a) (b)

正解答图

根据"物体悬挂在横杆中点"得出

$$F_A + F_B = G, \quad F_A = F_B$$

解得 $F_A = F_B = \dfrac{G}{2}$,方向都是竖直向上。

设斜杆 AD 对 A 点的作用力为 F_{DA},斜杆 AC 对 A 点的作用力为 F_{CA},合力为 F_A,

如图(b)所示。由于斜杆也是轻质的,且斜杆与地面接触处不是固定连接,所以 F_{DA} 方向是沿着斜杆从 D 点指向 A 点,F_{CA} 方向是沿着斜杆从 C 点指向 A 点,根据力的平行四边形定则,解得

$$F_{CA} = F_{DA} = \frac{\dfrac{G}{2}}{\cos \dfrac{\theta}{2}} = \frac{\sqrt{3}}{6} G$$

由牛顿第三定律可知,斜杆 AD 在顶端 A 点受到的压力大小 $F_{AD} = F_{DA}$,方向沿着斜杆从 A 点指向 D 点。

再以斜杆 AD 为研究对象,受力情况如图(c)所示,根据二力平衡解得地面对斜杆 AD 的作用力的方向为沿着斜杆向上,大小为

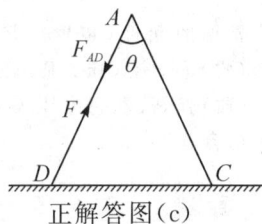
正解答图(c)

$$F = F_{AD} = \frac{\sqrt{3}}{6} G$$

根据整个装置的对称结构可知,每根斜杆受到地面的作用力大小都相等,都为 $\dfrac{\sqrt{3}}{6} G$。

教师点评

本题涉及立体空间中多根杆的搭建问题。有些同学不知该从何处开始进行受力分析,这是因为他们没有仔细地分析衣架和物体所挂的位置等,从而不知道选哪一个为研究对象,也不知道各个力的大小、方向。审题时要注意"轻质晒衣架""水平横杆与四根相同的斜杆垂直""同一端两斜杆的夹角 $\theta = 60°$""可以自由转动和张合""物体悬挂在横杆中点"等结构特征,正是这些特征决定了各根杆在各个部位的受力情况。

有些同学没有抓住"物体悬挂在横杆中点"这个结构特征,所以想不到对称性,想不到 $F_A = F_B$。

也有些同学没有抓住"轻质晒衣架""斜杆都可以自由转动和张合"这两个结构特征,所以没有想到平衡状态下的轻杆具有如下受力特征:铰链连接的轻杆,在另一端受到外力时,该力的方向一定沿杆。

整个思维过程如下。

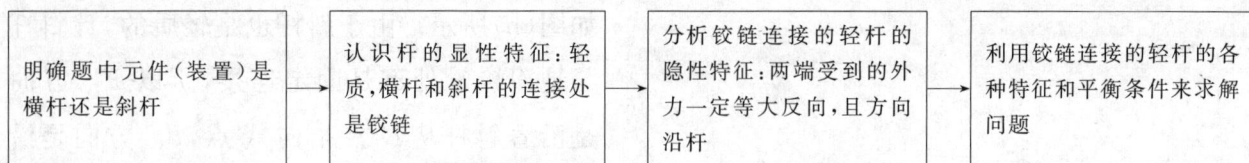

观念形成

在解决物理问题时,要明确题目中所涉及的物理元件(装置),认识其显性的物质结构特征,再从运动、相互作用、能量等视角分析其隐性特征,从而运用这些特征来解决问题。具体的思维过程如下。

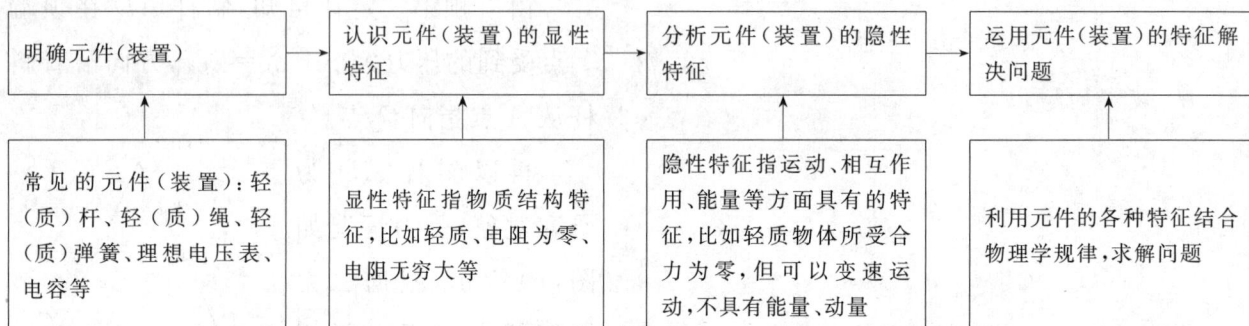

二、针对性训练

基础训练

1.(共点力平衡内容学习后)如图所示,轻质、不可伸长的晾衣绳两端分别固定在竖直杆 M、N 上的 a、b 两点,悬挂衣服的衣架挂钩是光滑的,挂于绳上处于静止状态。若将绳子的右端从 b 点缓慢移到 b' 点,则在此过程中,绳子的张力如何变化?

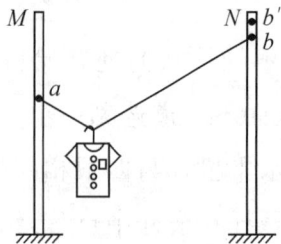

第 1 题图

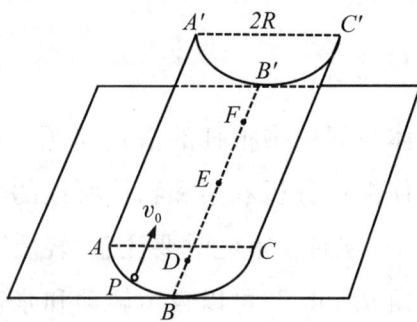

第 2 题图

2.(单摆内容学习后)如图所示,水平放置、光滑、固定的半圆柱形轨道面 ABC-$A'B'C'$ 的半径大小为 R(R 足够大),AC 和 $A'C'$ 是两条水平直径。B、B' 分别等分圆弧 AC 和圆弧 $A'C'$,BB' 在水平地面上。一个质量为 m、可以视为质点的小球以大小为 v_0、方向平行于 BB' 的初速度,从弧 AC 上的 P 点出发,在轨道内运动,P 点离 B 点很近,小球的运动轨迹与 BB' 的交点为 D、E、F、B' 点,最后小球刚好从 B' 点射出。求 BB' 的长度 L。

3. (牛顿运动定律内容学习后)如图(a)所示,水平轻质弹簧甲的右端受到大小为 F 的拉力作用,左端拴一小物块,物块在光滑的桌面上滑动;图(b)中完全相同的弹簧乙的右端也受到大小为 F 的拉力作用,左端也拴一个完全相同的小物块,物块在粗糙的桌面上滑动。请判断两种情境中弹簧甲、乙的伸长量 $L_甲$ 和 $L_乙$ 的大小关系。

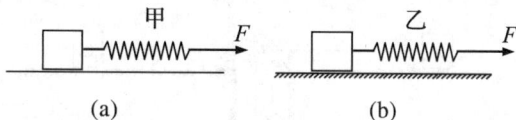

第 3 题图

4. (牛顿运动定律内容学习后)如图(a)所示,用两根并排的竹竿可将砖块从高处运送到低处。将竹竿简化为两根平行放置、粗细均匀的圆柱形直杆。现将一块长方体砖块放在两根竹竿的正中间,使其由静止开始从高处下滑。图(b)为垂直于运动方向的截面图(砖块截面为正方形)。

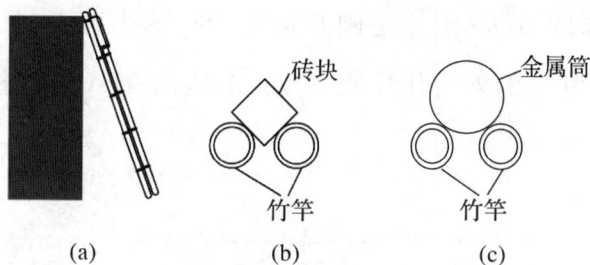

第 4 题图

(1)若仅将两根竹竿的间距减小一些,则砖块下滑到底端所用的时间将如何变化?

(2)若将砖块替换成圆柱形金属筒,同样从高处运送到低处,图(c)为垂直于金属筒运动方向的截面图(金属筒截面为圆形)。当仅将两根竹竿的间距减小一些时,金属筒下滑到底端所用时间将如何变化?

5. (串联电路、并联电路内容学习后)如图所示,电路中 R_1、R_2 均为可变电阻,电源内阻 r 不能忽略。平行板电容器 C 的极板水平放置。闭合开关 S,当电路达到稳定状态时,带电油滴悬浮在两极板之间静止不动。如果仅改变下列选项中的某一个条件,油滴仍能静止不动的是 ( )

A. 增大 R_1 的阻值

B. 增大 R_2 的阻值

C. 增大两极板间的距离

D. 断开开关 S

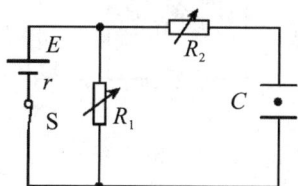

第 5 题图

◀ **拓展训练**

1.（牛顿运动定律内容学习后）如图所示，物块 A、C 在光滑水平桌面上通过轻质滑轮和细绳悬挂物块 B，物块 B 的质量为 $2kg$，物块 C 的质量为 $1kg$。若固定物块 A，当释放物块 B、C 后，求连接物块 A、C 的细绳的张力 F 的大小（g 取 $10m/s^2$）。

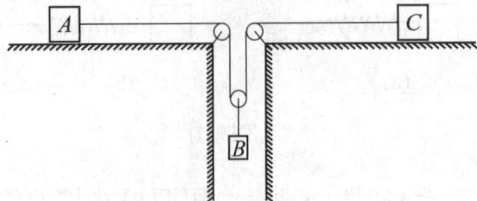

第 1 题图

2.（共点力平衡内容学习后）有如图所示的一座模型桥 $ABOCD$，其中 ABO 和 CDO 都是轻质刚性物体，两者的接触部位 O 处及它们与水平地面的接触部位 A 处和 D 处都是用光滑的轻质铰链连接的。已知弧线 AOD 刚好是圆心角为 $180°$ 的半圆弧，且 O 为半圆最高点。现用一个方向竖直向下、大小为 F 的外力作用在 O 处，求地面在 A 处对拱桥的作用力 F_A 的大小和方向。

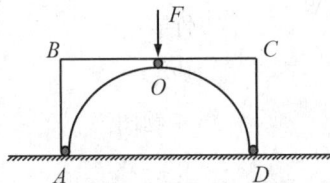

第 2 题图

3.（交变电流的产生内容学习后）在如图（a）（b）（c）所示的三种情境中，矩形线圈绕中心轴 OO' 转动，流过电阻 R 上的电流是正弦交变电流的是　　　　　　　（　　）

A.图（a）中线圈逆时针方向匀速转动

B.图（b）中线圈顺时针方向匀速转动

C.图（c）中线圈顺时针方向匀速转动

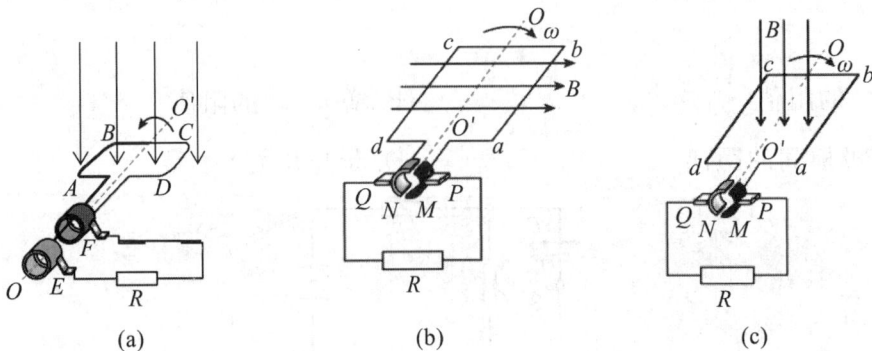

（a）　　　　　（b）　　　　　（c）

第 3 题图

4.（电磁感应内容学习后）如图所示，两条不计电阻的平行光滑金属导轨 PQ 和 $P'Q'$，间距为 L，Q 和 Q' 两端通过阻值为 R 的电阻相连，仅仅在导轨的 $DD'EE'$ 区域内加有垂直于导轨平面向上的匀强磁场，磁感应强度大小为 B，DD'、EE' 均与导轨垂直，且 $DE=D'E'=L$，$cdef$ 是质量为 $3m$ 且每边的电阻大小均为 R、长度均为 L 的 U 形金属框，开始时紧挨导轨且整个 U 形框都静置于 $DD'EE'$ 左侧外。现有一不计电阻、质量为 m、长度也为 L 的金属棒 ab 从 PP' 端开始，以大小为 v_0 的初速度水平向右无动力滑行后与 U 形金属框发生碰撞，碰后粘在一起组成正方形线框，一起穿过磁场区域。已知 QQ' 端离 EE' 足够远，且整个滑动过程中 cd 边和 ef 边始终与金属导轨重合且良好接触。

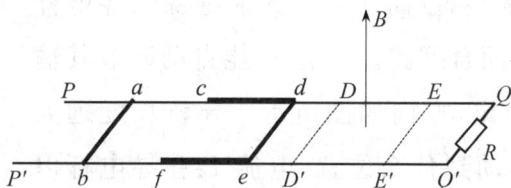

第 4 题图

（1）当正方形线框的 de 边刚好进入磁场时，流过 ab 边、de 边、电阻 R 的电流 I_1、I_2、I_3 各是多少？

（2）设正方形线框的 de 边刚好滑出磁场时线框没有静止，且已知此时线框的瞬时速度为 v_2，则此时流过 ab 边、de 边、电阻 R 的电流 I_4、I_5、I_6 各是多少？

5.（电磁感应内容学习后）如图所示，足够长的光滑倾斜导轨 ZP、$Z'P'$ 和光滑水平导轨 PQ、$P'Q'$ 在 P 点和 P' 点处平滑地连在一起，轨道宽度均为 L。倾斜导轨与水平面成 θ 角，顶端 Z 和 Z' 之间连接一个不带电的电容器，电容为 C，整个倾斜轨道处于垂直于斜轨平面向下的匀强磁场中，磁感应强度大小为 B，水

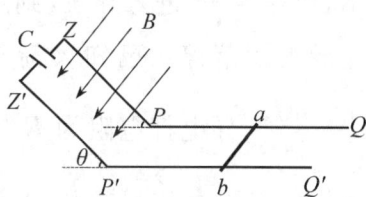

第 5 题图

平导轨上没有磁场。有一质量为 m、长度为 L、电阻不计的金属棒 ab 在水平轨道上某处开始，以大小为 v_0 的初速度向左滑行。设 ab 始终垂直于导轨，与导轨接触良好，且所有导轨的电阻均不计。求金属棒 ab 在倾斜导轨上发生的位移的最大值。（提示：当一个电源对电容器充电时，若充电回路的电阻不计，则电容器的充电时间不计。）

第4讲 磁场能量观

引路人 浙江省永康市第一中学 尹滨

一、案例分析

典型例题

某兴趣小组设计了一种火箭落停装置,简化原理如图所示。它由两根竖直导轨、承载火箭装置(简化为与火箭绝缘的导电杆 MN)和装置 A 组成,并形成闭合回路。装置 A 能自动调节其输出电压以确保回路电流 I 恒定,方向如图所示。导轨长度远大于导轨间距。不论导电杆运动到什么位置,电流 I:在导电杆以上空间产生的磁场的磁感应强度近似为零;在导电杆所在处产生的磁场近似为匀强磁场,磁感应强度大小 $B_1 = kI$(其中 k 为常量),方向垂直于导轨平面向里;在导电杆以下的两导轨间产生的磁场近似为匀强磁场,磁感应强度大小 $B_2 = 2kI$,方向与 B_1 相同。火箭无动力下降到导轨顶端(图中虚线处)时与导电杆黏结,以速度 v_0 进入导轨,到达绝缘的停靠平台时速度恰好为零,完成火箭落停。已知火箭与导电杆的总质量为 M,导轨间距 $d = \dfrac{3Mg}{kI^2}$,导电杆电阻为 R。导电杆与导轨保持良好接触滑行,不计空气阻力和摩擦力,不计导轨电阻和装置 A 的内阻。已知火箭在落停过程中做加速度大小为 $2g$ 的匀减速直线运动,求:

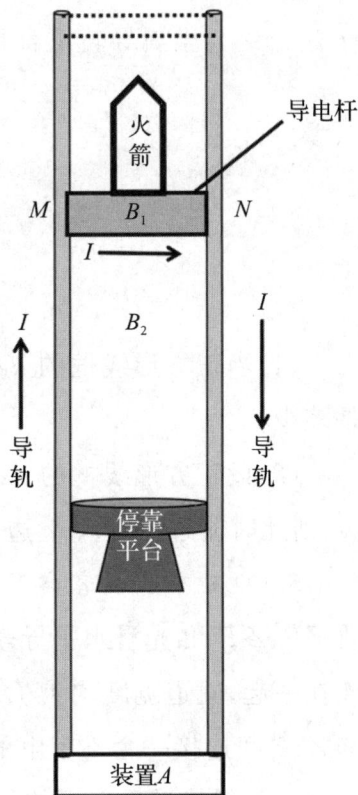

(1)在火箭下落至静止的过程中,火箭与导电杆损失的机械能。

(2)在火箭下落的过程中,导电杆上产生的热能。

(3)在火箭落停的过程中,电源输出的总能量。

常见错解

(1)火箭与导电杆损失的机械能包括动能和重力势能,即

$$\Delta E_{机} = \frac{1}{2}Mv_0^2 + Mgh$$

火箭在下落过程中做匀减速运动,则其下落高度

正确解答

(1)在下落过程中,火箭减少了动能和重力势能,根据题意得 $\Delta E_{机} = \dfrac{1}{2}Mv_0^2 + Mgh$。

由于火箭在落停过程中做匀减速运动,则其下落高度 $h = \dfrac{v_0^2}{4g}$。

$$h=\frac{v_0^2}{4g}$$

因而

$$\Delta E_{机}=\frac{3}{4}Mv_0^2$$

（2）由焦耳定律得

$$Q=I^2R\frac{v_0}{2g}$$

（3）系统能量守恒,电源输出的能量等于导电杆产生的热能减去输入的机械能,即

$$W=I^2R\frac{v_0}{2g}-\frac{3}{4}Mv_0^2$$

联立以上两式解得 $\Delta E_{机}=\frac{3}{4}Mv_0^2$。

（2）在火箭下落的过程中,导电杆上产生的热能 $Q=I^2R\dfrac{v_0}{2g}$。

（3）所研究的系统为导电杆与装置 A 间的磁场,在导电杆落停的过程中,系统磁场的面积减小,因而磁能减少,这部分能量转化为导电杆上的热能。因而电源输出的电能只能从电源本身入手,导电杆在下落过程中产生的电动势 $E=\dfrac{6Mg(v_0-2gt)}{I}$,则装置的输出电压 $U=IR-E$,电源的输出功率 $P=UI$,通过面积可得 $W=Pt=I^2R\dfrac{v_0}{2g}-\dfrac{3}{2}Mv_0^2$。

教师点评

磁能在高中教学的 LC 振荡电路、电磁场等内容中都有涉及,我们通常认为电能与磁能相互转化时才有磁能的变化。由恒流源产生的匀强磁场,不存在电能与磁能的相互转化,因而认为磁能不变。

从上述常见错解来看,机械能的损失、导电杆产生的热能并非难点。但有些同学在分析总能量时因缺乏磁能的观念,没有考虑该部分能量,导致结果出错。

具有磁能观念是正确解决能量问题的基础。判断磁能是否参与能量转化的思维过程如下。

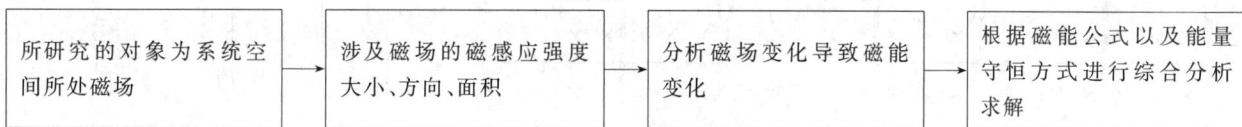

所研究的对象为系统空间所处磁场	→	涉及磁场的磁感应强度大小、方向、面积	→	分析磁场变化导致磁能变化	→	根据磁能公式以及能量守恒方式进行综合分析求解

观念形成

有磁场便有磁能(电流、磁体等),判断磁能是否参与能量转化应当关注所研究的系统内磁场是否改变。

磁能变化的情形如下。

(1)所研究的系统内磁场的磁感应强度大小、方向、面积随时间发生变化。

(2)产生磁场的直导线电流大小发生变化。

(3)形成磁场的通电线圈的线圈匝数、材料、有无铁芯、通电导线长度等发生变化。

具体的思维过程如下。

确定研究系统的磁场	→	分析磁场(或电流、线圈)的变化	→	分析磁能的变化	→	根据分析选择适当的规律
如空间磁场特征,是电流磁场还是磁体磁场		如磁场的面积,磁感应强度大小、方向等		如电流变大时磁能变化,电流变小时磁能也变化		如磁能定义式、能量守恒等
避免分析磁场时场源不清		磁场随线度变化磁能不变		电流方向变化时磁能也变化		初、末状态磁能的变化量

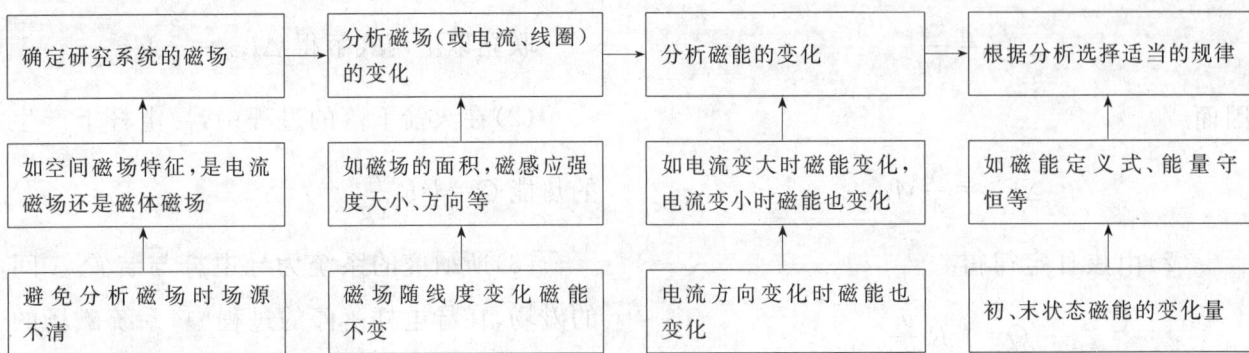

二、针对性训练

基础训练

1.(电磁感应内容学习后)请描述下列情境中是否有磁能,以及磁能是否有变化,并说明理由。

(1)匀强磁场空间中有一电路如图(a)所示,则闭合电路内是否有磁能的变化?

(2)导体棒在磁感应强度为 B 的匀强磁场中向右运动,如图(b)所示,则闭合电路内是否有磁能的变化(不考虑电路本身电流对原磁场的影响)?

(3)某垂直于纸面向里的磁场如图(c)所示,且磁感应强度 $B=B_0+kx$,以 O 点为坐标原点,则在导体棒运动过程中是否有磁能的变化(不考虑电路本身电流对原磁场的影响)?

(4)在通有如图(d)所示方向的电流 I 的长直导线右侧,固定一电阻为 R 的矩形金属线框 $abcd$,ad 边与导线平行。调节电流 I 使得空间各点的磁感应强度随时间均匀增加(减小),该过程金属线框内是否有磁能的变化?

(5)线圈内电流如图(e)所示,则线圈内电流从 I 增大到 $2I$ 的过程中,线圈内磁能是否变化?

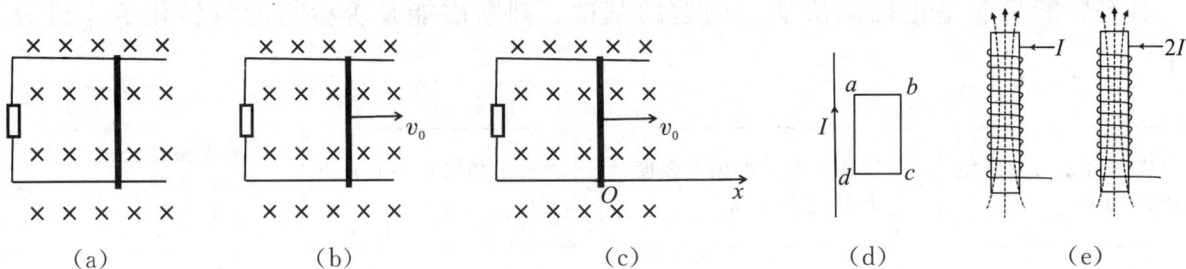

| (a) | (b) | (c) | (d) | (e) |

第1题图

2.(电磁感应内容学习后)如图所示,在线圈上端放置一盛有冷水的金属杯,现接通电源,若要使杯中冷水变热,下列说法正确的是_____。

(1)将电源与稳恒直流电源相连,利用直流电产生的磁场,可以将水烧热。

(2)将电源与高压稳恒直流电源相连,电路中电流大,可以将水烧热。

(3)将电源与稳恒直流电源相连,配接开关,开关不断进行开闭的操作,可以将磁能转化为水的内能。

(4)将电源与 220V 交流电源相连,可将水烧热。

(5)电源选用交流电,在线圈中加入铁芯,则将冷水提升与(3)相同的温度时间更短。

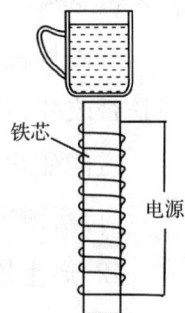

第2题图

3.（电磁感应内容学习后）如图所示，光滑水平导轨 $PNN'P'$ 上放有一根不计电阻、长为 l 的导体棒 b，以及一个电阻不计、自感系数为 L 的电感线圈。已知水平导轨所在空间存在一个竖直向上的磁场，磁感应强度大小为 B，现导体棒 b 获得初速度 v_0，它将在导轨 $PNN'P'$ 上做简谐运动。忽略电感线圈中因电流变化辐射电磁波的能量。请分析导体棒 b 第一次从 v_0 减速为 0 的过程中，竖直向上的磁场磁能是否变化，以及导体棒的动能转化情况（不考虑本身电流产生的磁场对电路的影响）。

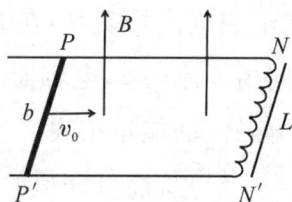
第3题图

拓展训练

1.（一轮复习）利用电磁感应加速物体除了有类似电磁弹射的方式外，还有一种利用感生电场加速带电物体的方式，其原理如图（a）所示。一个用光滑绝缘细圆管绕成的圆环固定在水平面上，圆环半径为 R。一个质量为 m、电荷量为 $+q$ 的小球（可视为质点）静止在细圆管中。垂直于圆环平面、以圆环外侧为边界的圆柱形区域内存在竖直方向上的匀强磁场，其磁感应强度大小 B 随时间变化的规律如图（b）所示，竖直向上为正方向。已知变化的磁场在细圆管处产生环形感生电场（稳定的感生电场可类比静电场）。细圆管半径大于小球半径且远小于圆环半径 R。忽略磁场变化过程中损耗的电磁波的能量。

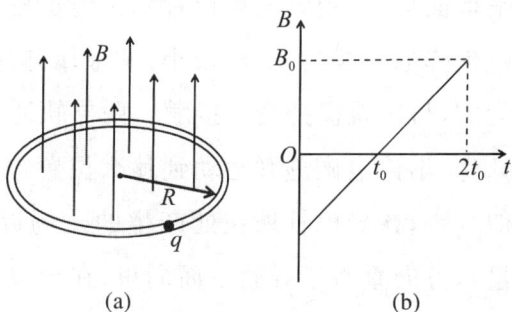
(a)　　　　(b)
第1题图

（1）在 $0—2t_0$ 时间段内，细圆管内产生的感生电场是否恒定？

（2）在 $0—2t_0$ 时间段内，小球将以一定速度运动，分析其动能的来源。

2.（一轮复习）某同学以金属戒指为研究对象，探究金属物品在变化磁场中的磁能转化情况，若电路产生的热能与磁场中转化的磁能的转化效率为 η。如图所示，戒指可视为周长为 L、横截面积为 S、电阻率为 ρ 的单匝圆形线圈，将其放置在匀强磁场中，磁感应强度方向垂直于戒指平面。若磁感应强度大小在 Δt 时间内从 0 均匀增大到 B_0，求该过程中由于发热而损耗的磁能。

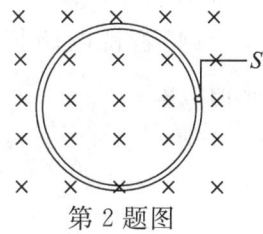
第2题图

3.（一轮复习）近年来，基于变压器原理的无线充电技术得到了广泛应用，其简化的充电原理如图所示。发射线圈的输入电压为 220V，匝数为 1100 匝；接收线圈的匝数为 50 匝，通过接收线圈的电流有效值为 1A。在工作状态下，穿过接收线圈的磁通量约为发射线圈的 80%，忽略其他损耗。

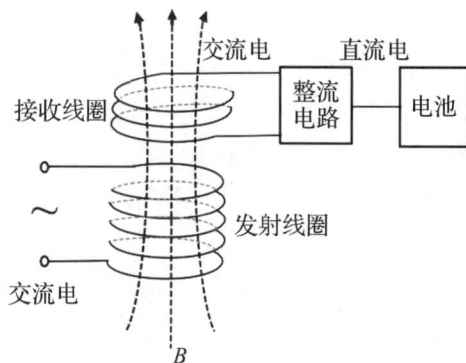
第3题图

（1）为减少漏磁产生的磁能损耗，你有什么办法？

（2）接收线圈单位时间内将多少磁能转化为电能？

4.（一轮复习）在 LC 振荡电路中，某时刻的磁场方向如图所示，电流方向由 b 流向 a，电容器的上极板带正电，如图所示。忽略电流变化而产生的电磁波的能量损失。

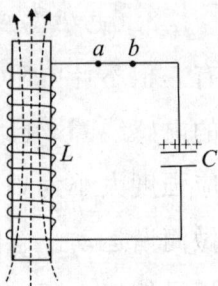

（1）从能量守恒的角度分析，在电容器的放电过程中，通过线圈内的电流逐渐增大的原因。

（2）从 LC 振荡电路的电流变化的角度分析，在图示过程中，磁能正在发生怎样的变化。

第 4 题图

5.（一轮复习）某电磁轨道炮的简化模型如图所示，两固定直导轨相互平行，将导轨置于水平地面上，轨道炮发射位置到出射位置的长度均为 L，两导轨之间的距离为 d（d 很小）。一电磁炮弹的质量为 m（m 较小）的金属弹片（可视为薄片）置于两导轨之间，弹片宽度也为 d，电阻为 R，与导轨保持良好接触。两导轨通有电流为 I 的理想恒流源（恒流源内部的能量损耗可不计）。不论电磁炮弹运动到什么位置，电流 I：在导电杆右侧空间产生的磁场的磁感应强度近似为零，在导电杆所在处产生的磁场近似为匀强磁场，磁感应强度大小 $B_1 = kI$（其中 k 为常量），方向垂直于导轨平面向里；在导电杆左侧的两导轨之间产生的磁场近似为匀强磁场，磁感应强度大小 $B_2 = 2kI$，方向与 B_1 的方向相同。不考虑空气阻力和摩擦阻力，则在弹丸由静止开始被磁场加速直至射出的过程中：

（1）求弹丸的出射速度。

（2）求理想恒流源所做的功。

（3）若已知磁能的公式 $E_磁 = \dfrac{1}{2}LI^2$，其中 $L = \dfrac{\Phi}{I}$（Φ 指回路的磁通量，I 指回路电流），出该过程中增加的磁能。

（4）若视电磁炮弹的电阻 R 为 0，求炮弹运动过程中产生的磁能与弹丸出射的动能的比值。

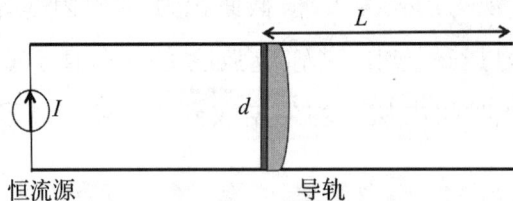

第 5 题图

第5讲 曲线运动观

引路人 杭州第十四中学青山湖学校 李宏伟

一、案例分析

（一）单过程运动情境

典型例题

如图（a）所示，在一段封闭的、长约1m的玻璃管内注满清水，水中放一个小圆柱形红蜡块A，将玻璃管的开口端用橡胶塞塞紧。把玻璃管倒置如图（b）所示，蜡块A竖直上升的速度大致不变。现将玻璃管放在水平气垫导轨的滑块上如图（c）所示，在蜡块A匀速上升的同时，让滑块在恒定拉力的作用下向右做匀加速运动。以水平向右为 x 轴正方向，竖直向上为 y 轴正方向，建立坐标系，请作出蜡块A的运动轨迹示意图。

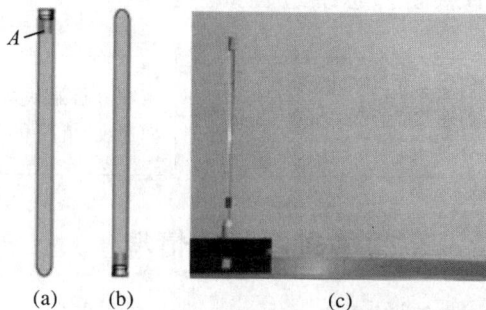

例题图

常见错解

常见错解1：

蜡块A同时参与两个分运动，向右的分运动和向上的分运动。类似于小船渡河模型，蜡块A相当于小船，水平向右的分运动相当于水速，竖直向上的分运动相当于船在静水中的速度，故蜡块A的运动轨迹示意图如图（a）所示。

常见错解2：

蜡块A在匀速上升的同时，水平向右做匀加速直线运动。因蜡块A的初速度和加速度不在同一直线上，蜡块A做曲线运动，故蜡块A的运动轨迹示意图如图（b）所示。

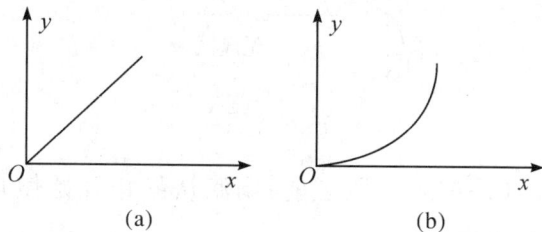

（a）　　　　　　（b）

错解答图

正确解答

蜡块A在运动过程中受力不变，蜡块A做单过程运动。分析蜡块A的受力情况和初始速度，判断蜡块A的运动轨迹是曲线。蜡块A的运动轨迹应夹在受力方向与速度方向之间，蜡块A的合力在水平方向且指向曲线的凹侧，故蜡块A的运动轨迹示意图如图所示。

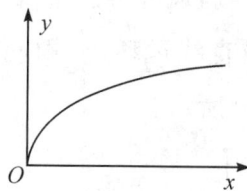

正解答图

教师点评

在常见错解1中,蜡块A的运动与常见的水流速度不变时的小船渡河情境不同。蜡块A在水平方向上的分运动并不是匀速直线运动,简单地等效为小船渡河模型,导致出错;在常见错解2中,解题者有曲线运动的观念,但不够清晰,没有注意到蜡块的加速度方向应该指向曲线的凹侧。

本例已知蜡块A的两个分运动,要求作出合运动的轨迹。这需要学生具有清晰的曲线运动观,分析出蜡块的初始速度和合外力(或加速度),从而确定运动轨迹是否为曲线并作出轨迹示意图。思维过程如下。

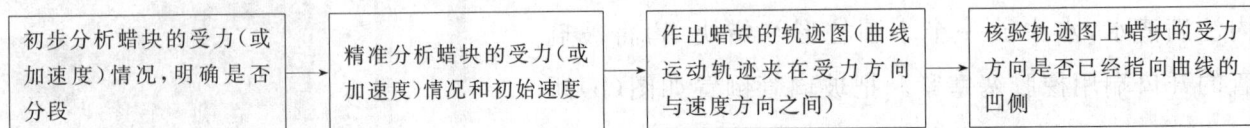

初步分析蜡块的受力(或加速度)情况,明确是否分段 → 精准分析蜡块的受力(或加速度)情况和初始速度 → 作出蜡块的轨迹图(曲线运动轨迹夹在受力方向与速度方向之间) → 核验轨迹图上蜡块的受力方向是否已经指向曲线的凹侧

(二)多过程运动情境

典型例题

"青箬笠,绿蓑衣,斜风细雨不须归"是唐代诗人张志和的《渔歌子》中的描写春雨美景的名句。如图所示,一滴雨由静止开始下落一段时间后,进入斜风区再下落一段时间,然后又进入无风区继续运动直至落地。不计雨滴受到的阻力,请定性地作出雨滴运动全过程的轨迹示意图。

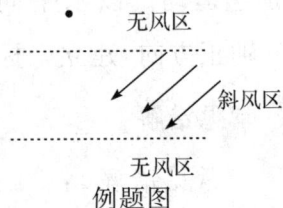

例题图

常见错解

常见错解1:

雨滴由静止开始先做自由落体运动;进入斜风区,雨滴的受力情况发生变化,开始做曲线运动;离开斜风区再次进入无风区,又开始竖直向下做直线运动,故雨滴的运动轨迹示意图如图(a)所示。

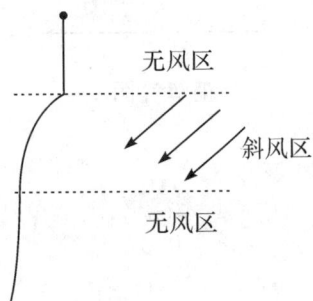

错解答图(a)

正确解答

雨滴从无风区进入斜风区,再从斜风区进入无风区,受力情况均发生变化,雨滴做多过程运动。分析雨滴每个过程的受力情况和初始速度即可得雨滴运动全过程的轨迹示意图如图所示。

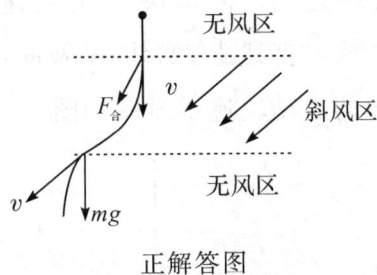

正解答图

(1)进入斜风区前:雨滴从静止开始做自由落体运动。

常见错解2：

雨滴先做自由落体运动；进入斜风区，雨滴的受力情况发生变化，并且合力方向与速度方向不共线，故雨滴做曲线运动；离开斜风区再次进入无风区，雨滴又开始做直线运动，故雨滴的运动轨迹示意图如图（b）所示。

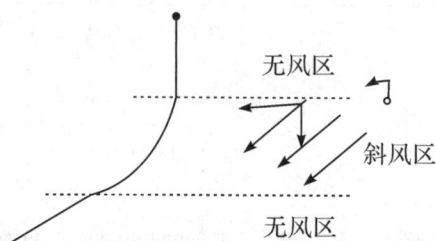

错解答图(b)

（2）在斜风区：雨滴受到重力和风力作用，由此作出雨滴所受的合力方向。因雨滴进入斜风区的初始速度竖直向下，与合力方向不在同一直线上，故雨滴做曲线运动，曲线运动轨迹夹在受力方向和速度方向之间。

（3）离开斜风区：作出雨滴从斜风区进入无风区时连接点处的速度方向，再作出雨滴受到的重力方向，两者不在同一直线上，故雨滴仍做曲线运动。

最后，核验雨滴在斜风区、离开斜风区后的曲线运动轨迹图，雨滴的受力是否指向曲线的凹侧。

教师点评

常见错解1判断出了雨滴在没有初速度而仅受重力的情况下做自由落体运动，进入斜风区，受力情况改变，也判断出了雨滴的运动轨迹是曲线，但是不能准确确定轨迹的形状。离开斜风区后，解答中没有进行受力分析和初始速度方向的判断，直接认定雨滴做直线运动，导致出错。

常见错解2正确作出了雨滴进入斜风区前和在斜风区中的运动轨迹示意图，但没有注意到离开斜风区后雨滴受到重力作用，受力方向和速度方向两者不在同一直线上，故对雨滴这一部分的运动轨迹判断错误。

本例题是多过程运动情境，雨滴的运动可以分为三个过程，需要解题者具有清晰的曲线运动观，精准分析雨滴在每个过程中的受力情况和初始速度，明确曲线运动的轨迹必夹在速度方向与所受合力方向之间，合力的方向指向曲线的凹侧。思维过程如下。

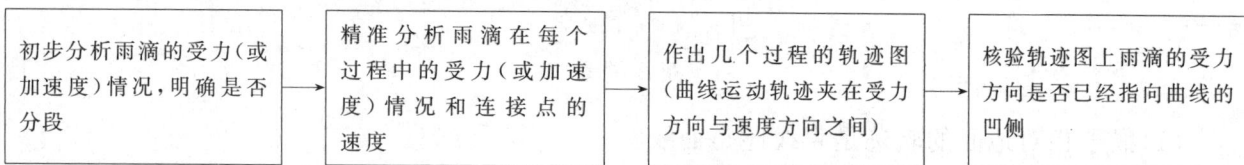

| 初步分析雨滴的受力（或加速度）情况，明确是否分段 | → | 精准分析雨滴在每个过程中的受力（或加速度）情况和连接点的速度 | → | 作出几个过程的轨迹图（曲线运动轨迹夹在受力方向与速度方向之间） | → | 核验轨迹图上雨滴的受力方向是否已经指向曲线的凹侧 |

（三）观念形成

在分析研究对象的曲线运动轨迹时，如果复杂运动情境中受力发生突变，那么应抓住过程转折点，分阶段建构运动模型。具体思维过程如下。

初步分析研究对象的受力情况,明确运动过程是否分段	精准分析每一阶段的受力情况和初始速度,重点关注连接点的速度方向	作出研究对象的轨迹图	核验曲线轨迹上的受力方向是否指向曲线的凹侧,结合曲线运动规律解决问题
如雨滴、带电粒子的单、多过程运动	如对初始点及连接点进行受力分析和状态分析	如判断轨迹形状等	如雨滴、小球、带电粒子的受力和运动特点
运动过程中判断受力情况是否发生突变	类比熟悉的曲线运动模型(如抛体运动)	曲线运动轨迹夹在受力方向与速度方向之间	关注多过程运动轨迹的连接点状态

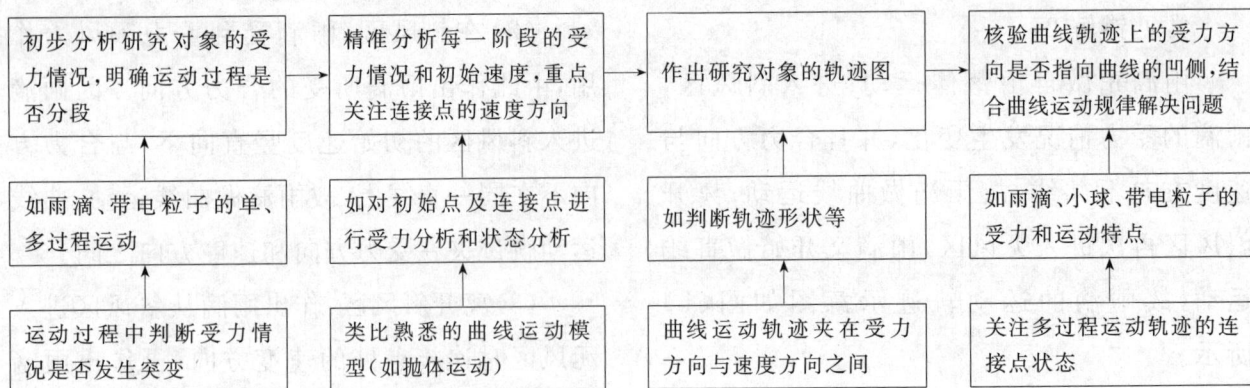

二、针对性训练

基础训练

1.（曲线运动内容学习后）曲线运动是生活中很常见的运动形式。下列对曲线运动观的理解是否正确？阐述你判断的理由。

(1)做曲线运动的物体,一定是做变速运动,加速度一定是变化的。

(2)做曲线运动的物体,速度的大小和方向都时刻发生改变。

(3)做曲线运动的物体,速度方向总是与加速度不共线。

(4)做曲线运动的物体,轨迹一定夹在受力方向与速度方向之间。

2.（曲线运动内容学习后）马戏团一名演员和一只猴子玩杂技,如图所示,猴子在竖直杆 AB 上由 A 端向 B 端匀加速上爬,同时人用下巴顶着直杆的 A 端做水平匀速直线运动。猴子由 A 端运动到 B 端时,人也由甲位置运动到了乙位置。

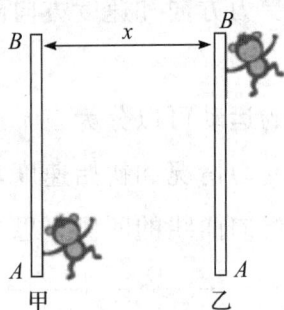

第 2 题图

(1)猴子相对地面的轨迹是直线还是曲线？

(2)请作出猴子的运动轨迹示意图。

3.（曲线运动内容学习后）一个可视为质点的小球在光滑的水平面上处于静止状态。现给它一初速度 v_0,同时施加一个恒力 F,F 的方向与 v_0 的方向垂直,如图所示。经时间 t 后把恒力 F 的方向改变 $180°$,大小不变。又经时间 t,把恒力 F 撤去,小球再运动时间 t。试作出 $3t$ 时间内小球的运动轨迹示意图。

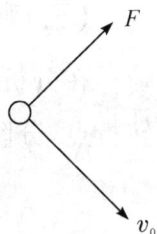

第 3 题图

拓展训练

1.（一轮复习）如图所示,水平桌面上有一个涂有黑色墨水的小球,给小球一个初速度使小球向右做匀速直线运动,它经过靠近桌边的竖直木板 ad 边的前方时,木板开始做自由落体运动(球与板之间的相互作用力忽略不计)。若当木板开始运动时,其 cd 边与桌面相齐平,请作出小球在木板上留下的痕迹。

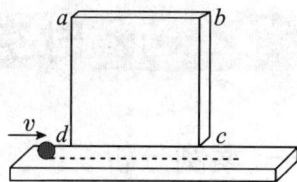

第 1 题图

2.（一轮复习）如图所示,在竖直平面(纸面)内存在一匀强电场,方向与水平方向的夹角 $\theta=60°$,纸面内的线段 MN 与水平方向的夹角 $\alpha=30°$。现将一带正电小球从 M 点由静止释放,小球沿 MN 方向运动。若将该小球以初速度 v_0 从 M 点沿垂直于 MN 的方向斜向上抛出,小球将经过 M 点正上方的 P 点(图中未标出),请作出小球的运动轨迹示意图。

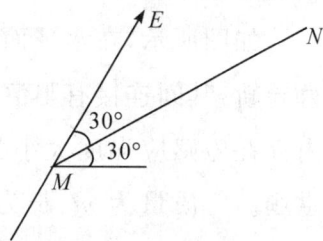

第 2 题图

3.（一轮复习）如图所示,在 $0\leqslant x\leqslant 2d$,$0\leqslant y\leqslant 2d$ 的区域内,存在沿 y 轴正方向的匀强电场 E,电场周围分布着垂直于纸面向外的恒定匀强磁场。一带正电粒子从 OP 中点 A 进入电场(不计粒子重力)。

(1)若粒子初速度为 0,粒子从上边界垂直于 QN 第二次离开电场区域后,垂直于 NP 再次进入电场区域,请作出粒子的运动轨迹示意图。

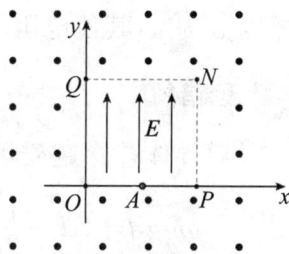

第 3 题图

(2)若改变电场强度的大小,粒子以一定的初速度从 A 点沿 y 轴正方向第一次进入电场区域,离开电场后从 P 点第二次进入电场区域,在静电力的作用下从 Q 点再次离开电场区域,请作出粒子的运动轨迹示意图。

第6讲 时空平均值观

引路人 北京师范大学台州附属中学 刘强

一、案例分析

典型例题

如图所示,在水平面内固定放置着间距为 L 的两平行金属直导轨,其间连接有阻值为 R 的电阻,两导轨间宽度为 d 的区域内存在磁感应强度大小为 B、方向垂直于导轨平面向里的匀强磁场。一质量为 m、长为 L 的导体棒以初速度 v_0 进入磁场区域、以末速度 $\frac{1}{2}v_0$ 离开磁场区域。已知导体棒与导轨间的动摩擦因数为 μ,其他电阻不计。求导体棒穿越磁场区域的时间 Δt。

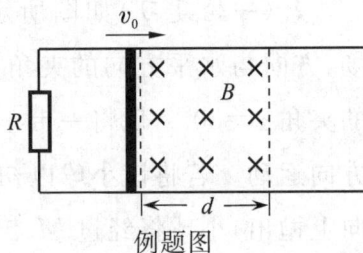

例题图

常见错解

对导体棒穿越磁场应用动能定理,可得

$$-\mu mgd - \overline{F}d = \frac{1}{2}m\left(\frac{1}{2}v_0\right)^2 - \frac{1}{2}mv_0^2 \quad ①$$

其中,

$$\overline{F} = B\overline{I}L = B\frac{\overline{E}}{R}L = B\frac{\Delta\Phi}{R\Delta t}L = \frac{B^2L^2d}{R\Delta t} \quad ②$$

由①②两式可解得

$$\Delta t = \frac{8B^2L^2d^2}{3mv_0^2R - 8\mu mgdR}$$

正确解答

本题中导体棒受到的安培力是变化的,可根据安培力的冲量 $I = Ft$,确定 $\overline{F}$ 是关于时间的平均值,即

$$\overline{F} = B\overline{I}L = B\frac{\overline{E}}{R}L = B\frac{\Delta\Phi}{R\Delta t}L = \frac{B^2L^2d}{R\Delta t}$$

对导体棒穿越磁场应用动量定理有

$$-\mu mg\Delta t - \overline{F}\Delta t = m\left(\frac{1}{2}v_0\right) - mv_0$$

综上解得

$$\Delta t = \frac{v_0}{2\mu g} - \frac{B^2L^2d}{\mu mgR}$$

教师点评

常见错解中,①式利用动能定理求解问题,由于本题所涉及的安培力是变力,因此采用了力平均值的方法,这一思路是正确的,需要注意的是①式中 $\overline{F}$ 应是力关于空间位移的平均值。

为解决 $\overline{F}$ 的求解问题,②式的推理过程利用了法拉第电磁感应定律 $\overline{E} = n\frac{\Delta\Phi}{\Delta t}$,因此所求得的 $\overline{F} = B\frac{\overline{E}}{R}L = B\frac{\Delta\Phi}{R\Delta t}L$ 是力关于时间的平均值,与①式中力关于空间位移的平均,内涵并不相同,这样不加区分,混用求解是错误的。

平均值的不同,其本质是函数关系的不同。比如在本题中导体棒所受的安培力 F 是变

力,随着时间 t 变化,也可以认为随着空间位移 x 变化,而 F 与两者的函数关系是不同的,相应平均值也会有所不同。当然,要想更准确地找到两者的区别,需要写出 F 随 t,F 随 x 变化的函数关系来确定。

如何确定什么情况下用关于时间的平均值,什么情况下用关于空间的平均值呢?可以从物理意义(表达式)出发,比如求解力的功,当为恒力时表达式为 $W=Fx$,当为变力时表达式需改写成 $W=\overline{F}x$,这里的 $\overline{F}$ 就是力关于空间位移的平均值;又比如求解力的冲量,当为恒力时表达式为 $I=Ft$,当为变力时表达式需改写成 $I=\overline{F}t$,这里的 $\overline{F}$ 就是力关于时间的平均值。

若题目中某一物理量关于某一参量呈线性变化,即可求解该参量的始、末值再取平均值。如若力关于位移 x 满足 $F=kx$ 的关系,则 F 在 x_1 到 x_2 范围内关于空间位移的平均值

$$\overline{F}=\frac{F_{x_1}+F_{x_2}}{2}=\frac{kx_1+kx_2}{2}$$

还需要注意,同一个公式中如果出现多个物理量的平均值,则它们是关于什么参量的平均值必须一致。比如常见错解②式 $\overline{F}=B\overline{I}L=B\dfrac{\overline{E}}{R}L$ 中,$\overline{F}$、$\overline{I}$、$\overline{E}$ 都是关于时间的平均值。

物理量除了有关于时间和空间的平均值外,还有其他意义的平均值存在,如某个宏观量是某个微观量的统计平均值,例如热学问题中分子的平均速度(率)、平均动能、(撞击产生的)平均作用力等。

思维过程如下。

| 确定所研究问题涉及的安培力的变化情况 | → | 根据问题所需的冲量表达式确定 $\overline{F}$ 为关于时间的平均值 | → | 正确书写安培力关于时间的平均值的表达式 | → | 检查推导过程中涉及的平均值所对应的参量全部一致,完成求解 |

观念形成

在平均值的应用中,应通过物理量的表达式,来明确是对时间进行平均,还是对空间进行平均,不能混用。具体思维过程如下。

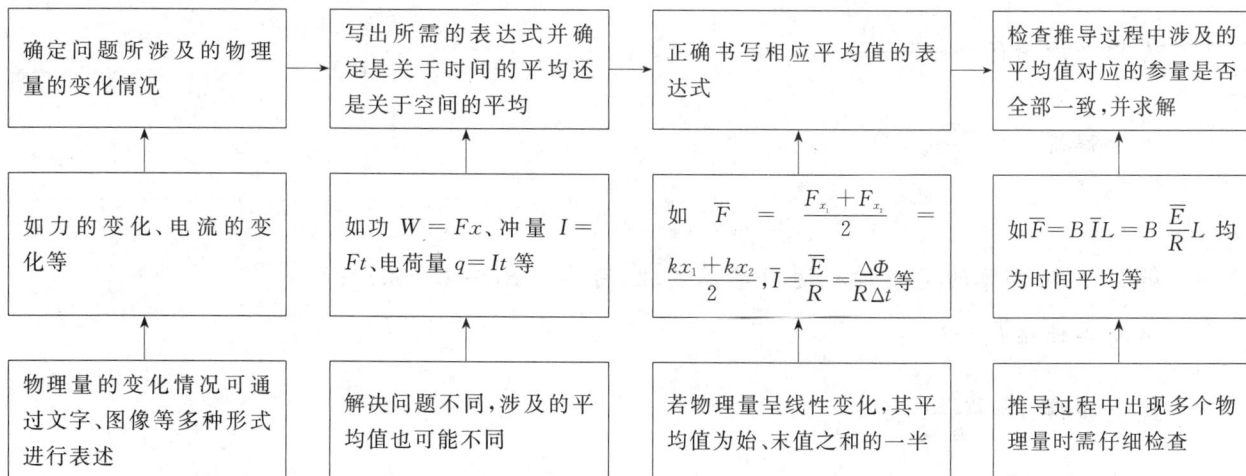

| 确定问题所涉及的物理量的变化情况 | → | 写出所需的表达式并确定是关于时间的平均还是关于空间的平均 | → | 正确书写相应平均值的表达式 | → | 检查推导过程中涉及的平均值对应的参量是否全部一致,并求解 |

| 如力的变化、电流的变化等 | 如功 $W=Fx$、冲量 $I=Ft$、电荷量 $q=It$ 等 | 如 $\overline{F}=\dfrac{F_{x_1}+F_{x_2}}{2}=\dfrac{kx_1+kx_2}{2}$,$\overline{I}=\dfrac{\overline{E}}{R}=\dfrac{\Delta\Phi}{R\Delta t}$ 等 | 如 $\overline{F}=B\overline{I}L=B\dfrac{\overline{E}}{R}L$ 均为时间平均等 |

| 物理量的变化情况可通过文字、图像等多种形式进行表述 | 解决问题不同,涉及的平均值也可能不同 | 若物理量呈线性变化,其平均值为始、末值之和的一半 | 推导过程中出现多个物理量时需仔细检查 |

二、针对性训练 ░░░░░░░░░

基础训练

1.（一轮复习）请说明下列各问题求解的过程中出现的平均值分别对什么参量进行平均，并阐述你判断的理由。

（1）匀变速直线运动的位移的求解：$x=\bar{v}t=\dfrac{v_1+v_2}{2}t$。

（2）在匀强磁场中，金属棒绕其一端以角速度 ω 旋转时切割磁感线形成的动生电动势 E 的求解：$E=BL\bar{v}=BL\dfrac{0+\omega L}{2}$。

（3）流过导体某一截面的电荷量的求解：$q=\bar{I}t$。

（4）正弦式交流电产生的焦耳热的求解：$Q=\overline{I^2}Rt$。

2.（机械能守恒定律内容学习后）如图所示，一长为 L、质量为 m 的木板，自光滑水平面滑向粗糙区域。粗糙区域的动摩擦因数为 μ，木板进入粗糙区域部分所受的支持力与进入的长度成正比。问：在木板从开始进入粗糙区域到恰好完全进入粗糙区域的过程中，木板克服摩擦力做的功是多少？

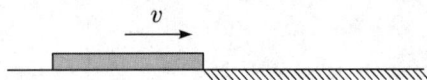

第2题图

3.（动量定理内容学习后）一质量为 m 的物体，以初速度 v_0 水平向右运动，在运动过程中受到与速度大小成正比的阻力 $F_f=kv$，经一段时间后停下来。求物体运动的距离 x。

在求解上述问题时，两名同学采用了不同的解答方法，却得出了相同的结果。请判断两种方法是否都正确，并说明理由。

解答1：对物体的运动过程运用动能定理，可得 $-\overline{F_f}x=0-\dfrac{1}{2}mv_0^2$；

力的平均值 $\overline{F_f}=\dfrac{kv_0+0}{2}$；

综上解得 $x=\dfrac{mv_0}{k}$。

解答2：对物体的运动过程运用动量定理，可得 $-\overline{F_f}t=0-mv_0$；

力的平均值 $\overline{F_f}=k\bar{v}$；

综上解得 $x=\dfrac{mv_0}{k}$。

4.（简谐运动内容学习后）如图所示，在光滑水平桌面上，一质量为 m 的物体与劲度系数为 k 的轻质弹簧连接，弹簧的另一端固定在墙面上。开始时弹簧处于原长状态，现将弹簧拉长距离 x 后由静止释放，求弹簧第一次恢复原长所经历的时间。

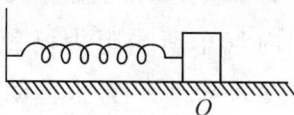

第 4 题图

某同学对上述问题进行了如下解答，请分析其解答过程中对平均值的使用是否正确，并说明理由。

解答：对物体的运动过程运用动能定理，可得 $\overline{F}x = \frac{1}{2}mv^2 - 0$；

力的平均值 $\overline{F} = \frac{kx + 0}{2} = \frac{kx}{2}$；

解得 $v = \sqrt{\dfrac{kx^2}{m}}$。

对物体的运动过程运用动量定理，可得 $\overline{F}t = mv - 0$；

解得 $t = 2\sqrt{\dfrac{m}{k}}$。

拓展训练

1.（静电场内容学习后）如图（a）所示，一带正电量为 q 的物块 A 在水平桌面上，通过光滑的滑轮与物块 B 相连，A 处在水平向左的匀强电场中，电场强度大小为 E，从 O 开始，A 与水平桌面间的动摩擦因数 μ 随 x 的变化如图（b）所示，满足 $\mu = kx$。已知 A、B 的质量均为 m，B 到滑轮的距离足够长，当 A 的加速度为 0 时 A 的速度达到最大。

在运动过程中，A 所受的摩擦力 F_f 为变力。请写出 F_f 关于空间的平均值的表达式，并利用功能关系求解 A 的最大速度（重力加速度取 g）。

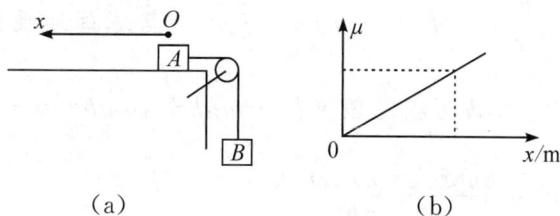

（a）　　　　　　（b）

第 1 题图

2. (一轮复习)一质量 $m=2000\text{kg}$ 的汽车以某一速度在平直公路上匀速行驶。在行驶过程中，司机因突然发现前方 100m 处有一警示牌而立即刹车。在刹车过程中，汽车所受阻力的大小 F_f 随时间的变化可简化为如图所示的图像。图中，$0—t_1\ \text{s}(t_1=0.8)$ 时间段为从司机发现警示牌到采取措施的反应时间(这段时间内汽车所受阻力已忽略，汽车仍保持匀速行驶)；$t_1—t_2\ \text{s}(t_2=1.3)$ 时间段为刹车系统的启动时间；从 t_2 时刻开始汽车的刹车系统稳定工作，直至汽车停止。已知从 t_2 时刻开始，汽车第 1s 内的位移为 24m，第 4s 内的位移为 1m。求刹车前汽车匀速行驶时的速度大小，以及 $t_1—t_2\ \text{s}$ 时间段内汽车克服阻力做的功。

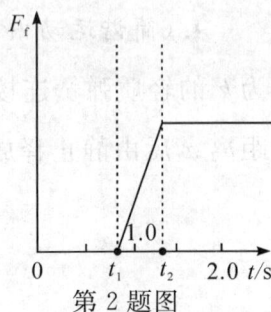

某同学已正确解得 $t_2\ \text{s}$ 时刻汽车的速度 $v_2=28\text{m/s}$，$t_2\ \text{s}$ 时刻以后汽车所受阻力 $F_f=16000\text{N}$。该同学试图用图像求解 F_f 的平均值，再通过 $W=Fx$ 求功，但他无法求出 $t_1—t_2\ \text{s}$ 时间内汽车的位移。

请你指出这名同学思路中的不足，并帮助他完成后续求解。

3. (机械能守恒定律内容学习后)如图(a)所示，质量为 m 的篮球从距离地面 H 高度处由静止下落，与地面发生一次非弹性碰撞后反弹至距离地面 h 的最高处。设篮球在运动过程中所受空气阻力的大小是篮球所受重力的 λ 倍$\left(\lambda\right.$ 为常数且 $\left.0<\lambda<\dfrac{H-h}{H+h}\right)$，篮球每次与地面碰撞后速率与碰撞前速率之比均相同，重力加速度大小为 g。若篮球反弹至最高处 h 时，运动员对篮球施加一个向下的压力 F，使得篮球与地面碰撞一次后恰好反弹至 h 的高度处，力 F 随高度 y 变化的情况如图(b)所示，其中 h_0 已知，求 F_0 的大小。

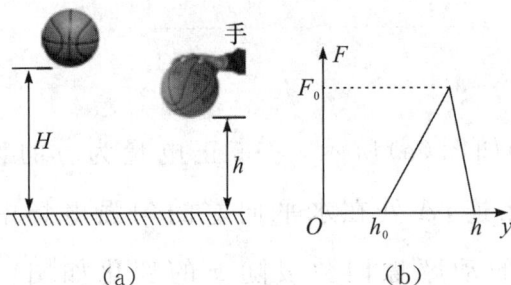

第 3 题图

某同学已解得篮球与地面碰撞后速率与碰撞前速率之比 $k=\sqrt{\dfrac{h(1+\lambda)}{H(1-\lambda)}}$，后续解答如下。

篮球反弹到最高点时，运动员对篮球施加一个向下的力。

由动能定理得 $mgh+\dfrac{F_0}{2}(h-h_0)-\lambda mgh=\dfrac{1}{2}mv_3^2$；篮球落地反弹的速度 $v_4=kv_3$。

在反弹上升的过程中，根据动能定理可得 $-mgh-\lambda mgh=0-\dfrac{1}{2}mv_4^2$。

联立上述方程解得 $F_0=\dfrac{2mg(1-\lambda)(H-h)}{h-h_0}$。

请分析上述解答中的表达式 $mgh+\dfrac{F_0}{2}(h-h_0)-\lambda mgh=\dfrac{1}{2}mv_3^2$ 是否合理，并说明理由。

4.（电磁感应内容学习后）如图所示，在间距 $L=0.2$m 的两光滑平行水平金属导轨间存在方向垂直于纸面（向内为正）的磁场，磁感应强度的分布沿 y 轴方向不变，沿 x 轴方向有如下变化：

$$B=\begin{cases}1\text{T}, & x>0.2\text{m};\\ 5x\text{ T}, & -0.2\text{m}\leqslant x\leqslant0.2\text{m};\\ -1\text{T}, & x<-0.2\text{m}\end{cases}$$

导轨间通过开关 S 连接恒流源，恒流源可为电路提供恒定电流 $I=2$A，电流方向如图中箭头所示。有一质量 $m=0.1$kg 的金属棒 ab 垂直于导轨静止在 $x_0=0.7$m 处。当开关 S 接通后，棒 ab 由静止开始运动。已知棒 ab 在运动过程中始终与导轨垂直，求棒 ab 运动到 $x_2=-0.1$m 时的速度 v_2。

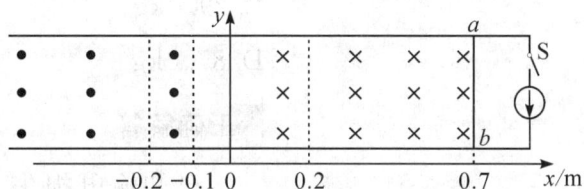

第 4 题图

某同学已正确求得棒 ab 运动到 $x_1=0.2$m 时的速度 $v_1=2$m/s，接下来求解如下，请于方框区域补充在区间 -0.1m$\leqslant x\leqslant0.2$m，安培力做功情况的求解步骤。

在区间 -0.2m$\leqslant x\leqslant0.2$m，由题意可知 $B=5x$ T。

在区间 -0.1m$\leqslant x\leqslant0.2$m，安培力做功情况如下。

从 $x_1=0.2$m 到 $x_2=-0.1$m 的过程，由动能定理可得 $W=\frac{1}{2}mv_2^2-\frac{1}{2}mv_1^2$；

代入数据即可解得 v_2。

第7讲 能量耗散观

一、案例分析 ∷∷∷∷∷∷∷∷∷

典型例题

秦山核电站发电供周边工厂和居民用电,已知输电损失为 5%,该电站 30 年累计为用户提供的总电量约 $6.9 \times 10^{11}\,\text{kW} \cdot \text{h}$,由此计算秦山核电站发电使原子核质量亏损多少,以下可能正确的是 （　　）

A. 27.6kg

B. 29.0kg

C. 26.2kg

D. 87.0kg

常见错解

常见错解 1:

亏损的能量全部转化为电能,根据 $E = \Delta mc^2$ 可得

$$\Delta m = \frac{E}{c^2} = 27.6\,\text{kg}$$

常见错解 2:

在能量转化过程中,能量损失为 5%,则有

$$95\% \, E = \Delta mc^2$$

$$\Delta m = \frac{95\% \, E}{c^2} = 26.2\,\text{kg}$$

常见错解 3:

在能量转化过程中,能量损失为 5%,则有

$$E = 95\% \, \Delta mc^2$$

$$\Delta m = \frac{E}{95\% \, c^2} = 29.0\,\text{kg}$$

正确解答

已知输电损失为 5%,根据核电站发电的工作原理如图(a)所示,构建能量传输的能流图如图(b)所示,从中可以看出在转化过程中存在其他能量耗散,所以发电与输电整体的能量转化效率肯定明显小于 95%,故选 D。

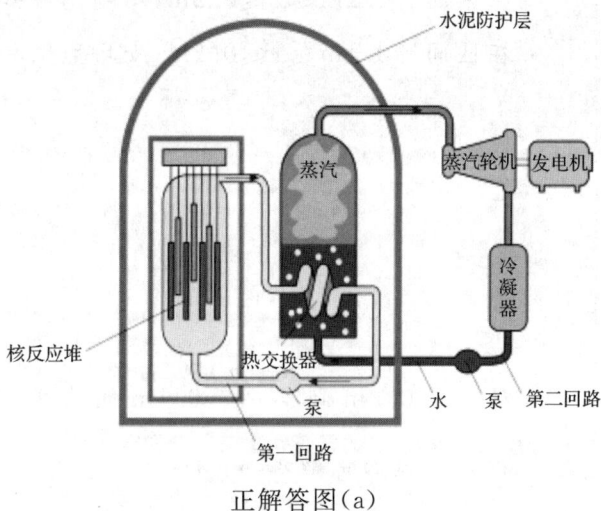

正解答图(a)

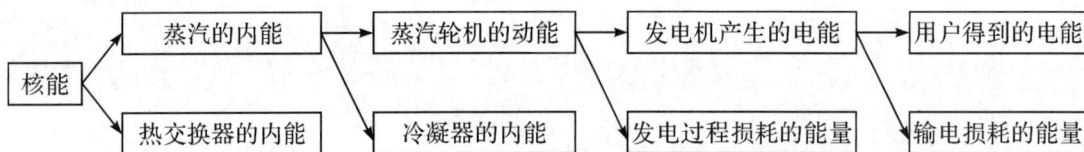

正解答图(b)

教师点评

(1)常见错解 1 忽略了输电的能量损耗;常见错解 2 没有理清能量关系,认为用户得到的能量大于原子核质量亏损产生的能量;常见错解 3 没有考虑到能量的耗散,核电站发电,核能转化为电能时,经历多个变化过程,每个过程都存在能量的耗散。

(2)本题属于能量转化问题,任何一个器件都不是理想的,能量转移和转化的过程伴随着能量损耗。在分析问题时,要根据能流图确定能量流向,要根据实际情况,认识能量转化(转移)间的关系,分析问题的思维过程如下。

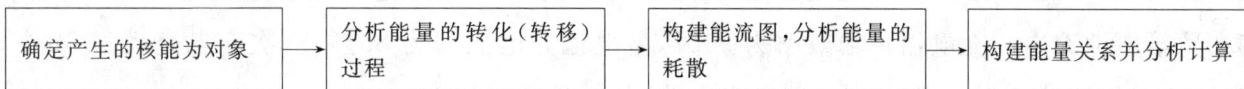

确定产生的核能为对象	→	分析能量的转化(转移)过程	→	构建能流图,分析能量的耗散	→	构建能量关系并分析计算

观念形成

在自然界中能量虽然是守恒的,但能量在转化过程中,总是伴随着热能的产生,这部分热能无法被利用,能量转化的效率无法达到 100%,这就是能量耗散观。

如果所研究的问题涉及能量的转化或转移,则先要构建能量转化或转移的流程图,理清能量的转化或转移关系,然后根据实际情况判断能量是否耗散,最后根据能量直接的转化关系进行计算。具体的思维过程如下。

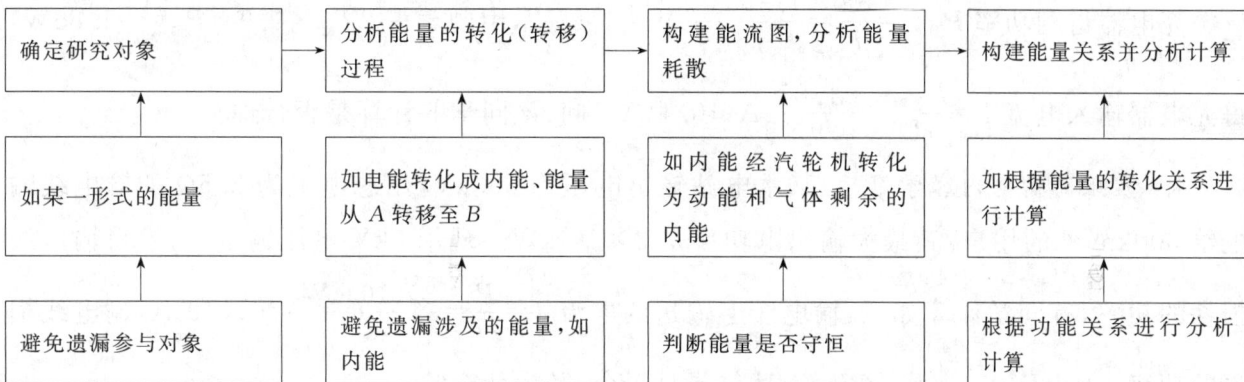

确定研究对象	→	分析能量的转化(转移)过程	→	构建能流图,分析能量耗散	→	构建能量关系并分析计算
↑		↑		↑		↑
如某一形式的能量		如电能转化成内能、能量从 A 转移至 B		如内能经汽轮机转化为动能和气体剩余的内能		如根据能量的转化关系进行计算
↑		↑		↑		↑
避免遗漏参与对象		避免遗漏涉及的能量,如内能		判断能量是否守恒		根据功能关系进行分析计算

二、针对性训练

基础训练

1.(能量守恒定律内容学习后)如图所示的装置水平放置,将小球从平衡位置 O 拉到位置 A 后释放,小球在 O 点附近来回振动;若将上述装置安装在我国宇航员生活的空间站内,宇航员对此装置进行同样的操作,小球是否一直做等幅振动?

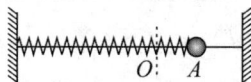

第 1 题图

2.（能量守恒定律内容学习后）如图所示,风力发电机是一种用风带动发动机扇叶运动,然后将动能转化为电能的装置。已知发动机扇叶动能转化为电能的效率为 η,转化效率可视为不变,该风机叶片旋转一周扫过的面积为 A,单位时间单位面积接受的风能为 E_0。某同学解得,在保持风正面吹向叶片时,单位时间该风力发电机产生的电能为 $\eta A E_0$。问:该同学得到的结果是否正确?为什么?

第 2 题图

3.（恒定电流内容学习后）充电式电动螺丝刀没有导线牵绊,使用方便。图（a）是某款电动螺丝刀,图（b）是其铭牌。其充电器输入电压为交流 220V,通过内置装置将电压变为直流 5.0V 给电池充电。充电器传输效率为 90%,蓄电池充电效率为 80%,一次充电充满需 3h 并可连续工作续航约 6h。为求充电器输出电流,某同学计算如下。

电池电动势	3.7V
电池容量	1.5A·h
电池内阻	0.1Ω
最大扭矩	5N·m
充电线缆接口	MICRO USB

(a)　　　　(b)

第 3 题图

充电器得到功率 $P_{有效}=\dfrac{qE}{t}=\dfrac{1.5\times3.7}{3}\text{W}=1.85\text{W}$,由题意得 $UI_{输}\times0.9=P_{有效}=1.85\text{W}$,得充电器输入电流 $I=\dfrac{P_{有效}}{\eta U}=\dfrac{1.85}{0.9\times5}\text{A}\approx0.41\text{A}$。问:该同学的计算是否合理?

4.（远距离输电内容学习后）某水电站输出电压为 500kV,用总电阻为 2.5Ω 的输电线输电给 500km 外的用户,其最大输出电功率是 3×10^6kW。现用 5kV 电压输电,为求得输电线损耗的功率,有同学计算如下:输电线上输送的电流 $I=\dfrac{P}{U}=\dfrac{3\times10^6\text{kW}}{5\text{kV}}=6\times10^5\text{A}$,输电线损失的功率 $\Delta P=I^2r=9\times10^8\text{kW}$。上述结果是否合理,为什么?

拓展训练

1.（变压器内容学习后）实验室有一种可拆变压器,其原线圈为 800 匝,副线圈有 400 匝、300 匝、200 匝三种规格,但标记不清,某同学选用一组副线圈,把原线圈连接学生电源,测量原线圈的输入电压 U_1 和副线圈的输出电压 U_2,得到的数据如下表所示。

U_1/V	2.40	4.40	6.40	8.80	10.40
U_2/V	0.99	1.85	2.72	3.76	4.48

根据测量数据,可判断副线圈的匝数为_____。

A.400 匝　　　　B.300 匝　　　　C.200 匝

请说明你的判断依据:_____。

2. (变压器内容学习后)如图所示,在铁芯上、下分别绕有匝数 $n_1 = 800$ 和 $n_2 = 200$ 的两个线圈,上线圈两端与 $u = 51\sin314t$ V 的交流电源相连,将下线圈两端接交流电压表,则交流电压表的读数可能是 　　　　(　　)

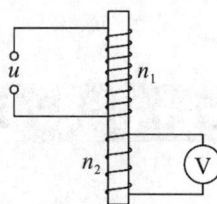

第 2 题图

A. 2.0V

B. 9.0V

C. 12.7V

D. 144.0V

3. (电磁感应内容学习后)在无线充电技术中,感应充电是移动设备成熟和普及的方式。如图(a)所示是一手机正水平放置在感应充电器上充电的场景,手机不需要连接 USB 接口,放在充电器上即可匹配快速充电。图(b)是感应充电的简化原理图。

此充电装置能源利用率不能达到 100%,主要是线圈的热效应引起的,如果两线圈用超导材料制作,充电的能量传输效率有望达到 100%。你觉得这一说法对吗?请说明理由。

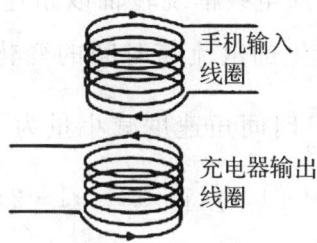

(a)　　　　　(b)

第 3 题图

第8讲 对立统一观

引路人　杭州师范大学附属未来科技城学校　潘晓云

一、案例分析

典型例题

如图(a)所示,刚性导体线框由长为 L、质量均为 m 的两根竖杆,和长为 $2l$ 的两根轻质横杆组成,且 $L \gg 2l$。线框通有恒定电流 I_0,可以绕其中心竖直轴转动。以线框中心 O 为原点、转轴为 z 轴建立直角坐标系,在 y 轴上距离 O 为 a 处,固定放置一半径远小于 a、电阻为 R 的小圆环。在外力作用下,通电线框绕转轴以角速度 ω 匀速转动,当线框平面与 xOz 平面重合时为计时零点,圆环处产生的电流与时间的变化关系如图(b)所示,图中 I_1 已知。现撤去外力,线框将缓慢减速,经 $\dfrac{\pi}{\omega}$ 时间角速度减小量为 $\Delta\omega\left(\dfrac{\Delta\omega}{\omega} \ll 1\right)$。设线框与圆环的能量转换效率为 k,求 $\Delta\omega$ 的值[当 $0 < x \ll 1$,有 $(1-x)^2 \approx 1-2x$]。

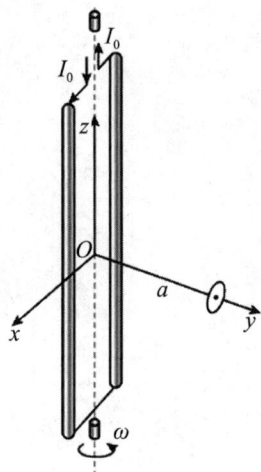
（a）

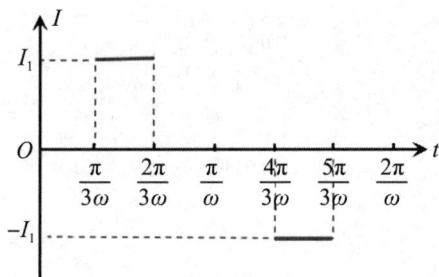
（b）

例题图

常见错解

常见错解1:

导体线框转动的角速度发生变化,线速度的变化量 $\Delta v = \Delta\omega l$。

导体线框动能减少量

$$\Delta E = \frac{1}{2} \cdot 2m(\Delta v)^2 = \frac{1}{2} \cdot 2m(\Delta\omega l)^2$$

导体线框的动能减少量的 k 部分,转化为圆环的热量 $k \cdot \Delta E = I_1^2 R \dfrac{\pi}{3\omega}$,解得

正确解答

研究 $\dfrac{\pi}{\omega}$ 时间内,导体线框角速度减小 $\Delta\omega$,引起线速度减小 $\Delta\omega l$,导体线框动能减少,动能减少量的 k 部分转化成圆环的热量,则有

$$\Delta E = k \cdot \frac{1}{2} \cdot 2m[\omega^2 l^2 - (\omega-\Delta\omega)^2 l^2]$$

同时研究 $\dfrac{\pi}{\omega}$ 时间内,导体线框角速度减

$$\Delta\omega=\sqrt{\frac{\pi R}{3k\omega m}}\cdot\frac{I_1}{l}$$

常见错解 2：

考虑导体线框角速度减小引起速度减小，导致动能减少量

$$\Delta E=\frac{1}{2}\cdot 2m[\omega^2 l^2-(\omega-\Delta\omega)^2 l^2]$$

其动能减少量的 k 部分转化成圆环的热量。

同样也考虑导体线框角速度减小引起圆环感应电流发生变化，但是无法根据相应公式计算圆环产生的热量，因此接下来不知该如何求出结果。

小量为 $\Delta\omega\ll\omega$，可以认为在 $\frac{\pi}{\omega}$ 时间内在圆环产生的电流不变，还是 I_1，产生

$$Q=\Delta E=I_1^2 R\frac{\pi}{3\omega}$$

化简可得

$$km\omega^2 l^2\left[1-\left(1-\frac{\Delta\omega}{\omega}\right)^2\right]=I_1^2 R\frac{\pi}{3\omega}$$

$$km\omega^2 l^2\left(2\frac{\Delta\omega}{\omega}\right)=I_1^2 R\frac{\pi}{3\omega}$$

联立解得

$$\Delta\omega=\frac{\pi I_1^2 R}{6km\omega^2 l^2}$$

教师点评

常见错解 1 中考虑角速度变化 $\Delta\omega$ 时，将速度平方差看成速度差平方。

常见错解 2 中在计算 $\frac{\pi}{\omega}$ 时间内导体线框动能减少量时考虑了 $\Delta\omega$，在计算 $\frac{\pi}{\omega}$ 时间圆环产生的热量时也考虑了 $\Delta\omega$，没有做近似处理，将角速度看成不变进行计算。

角速度变化 $\Delta\omega$ 引起导体线框动能减少，$\Delta E_k=2km\omega^2 l^2\Delta\omega$，$\Delta E_k$ 与 $\Delta\omega$ 成正比，因此计算导体线框动能减少量时要考虑 $\Delta\omega$。在 $\frac{\pi}{\omega}$ 时间内圆环产生的电流最大值为 I_1，可以认为 I_1 与 ω 成正比，电流最小值为 I_2 与 $(\omega-\Delta\omega)$ 成正比，由于 $\Delta\omega\ll\omega$，可以认为 ω 与 $\omega-\Delta\omega$ 接近相同，因此计算圆环产生的热量时可以认为圆环产生的电流 I_1 不变，以此求出圆环产生的热量。

本题中角速度变化时，在 $\frac{\pi}{\omega}$ 时间内 $\Delta\omega\ll\omega$，ω 与 $\omega-\Delta\omega$ 接近相同，角速度可以看成不变，方便求解计算圆环产生的热量。如果要正确求解本题，需要遵循以下分析过程。

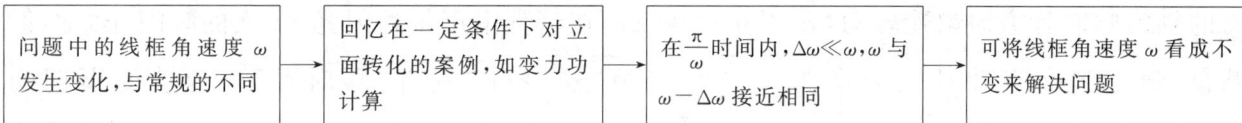

问题中的线框角速度 ω 发生变化，与常规的不同 → 回忆在一定条件下对立面转化的案例，如变力功计算 → 在 $\frac{\pi}{\omega}$ 时间内，$\Delta\omega\ll\omega$，ω 与 $\omega-\Delta\omega$ 接近相同 → 可将线框角速度 ω 看成不变来解决问题

观念形成

某些事物对立的两方面在一定条件下可以转化，转化后可以灵活解决相应的问题。具体思维过程如下。

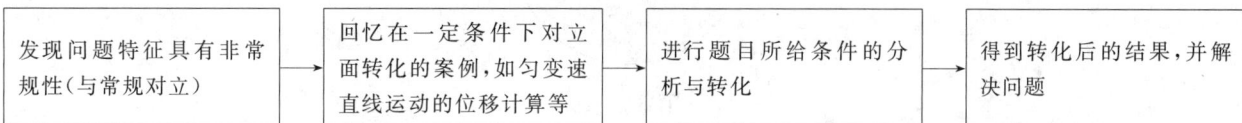

发现问题特征具有非常规性（与常规对立） → 回忆在一定条件下对立面转化的案例，如匀变速直线运动的位移计算等 → 进行题目所给条件的分析与转化 → 得到转化后的结果，并解决问题

二、针对性训练

基础训练

1.（机械能守恒定律内容学习后）空间站在地球外层的稀薄大气中绕行,因气体阻力的影响,轨道高度会发生变化。空间站安装有发动机,可对轨道进行修正。图中给出了国际空间站在 2020 年 2 月—2020 年 8 月期间离地高度随时间变化的曲线,空间站在 4 月份发动机开启过程中机械能_____,在 5 月份绕行的任意两小时内机械能可视为_____(填"守恒"或"不守恒")。

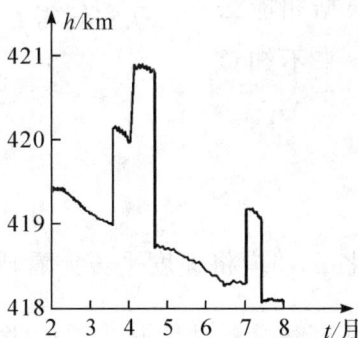

第 1 题图

2.（电场、电场强度内容学习后）如图所示,真空中一个半径为 a 的均匀带电圆环,带电量为 Q,圆环轴线上一点 P 距离圆心 O 为 x,P 点处电场强度表达式合理的是（ ）

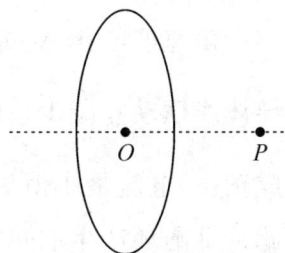

第 2 题图

A. $E = \dfrac{kQx}{(x+a)^{\frac{3}{2}}}$　　　　　　　B. $E = \dfrac{kQx}{(x^2+a^2)^{\frac{3}{2}}}$

C. $E = \dfrac{kQ}{(x+a)^{\frac{3}{2}}}$　　　　　　　D. $E = \dfrac{kQ}{x^2+a^2}$

3.（圆周运动内容学习后）如图所示,带有一个白点的黑色圆盘,绕过其中心且垂直于盘面的轴沿顺时针方向匀速转动,转速 $n = 20\text{r/s}$。在暗室中用每秒闪光 21 次的频闪光源照射圆盘,观察到白点转动的方向为_____(填"逆时针"或者"顺时针"),转动的周期为_____ s。

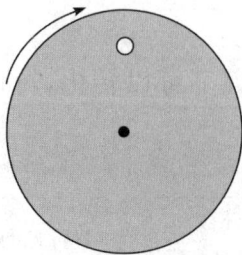

第 3 题图

4.（全反射学习后）如图(a)所示为一块折射率为$\sqrt{2}$的楔形玻璃,侧面ABC为直角三角形,$\angle ABC=30°$。有一根长为l的线光源DE平行于FB放置在底面上,线光源到FB的距离为d,线光源到三个侧面的距离都足够大。图(b)为楔形玻璃的侧视图,若不考虑多次反射,则AB所在的上表面的透光面积是　　　　（　　）

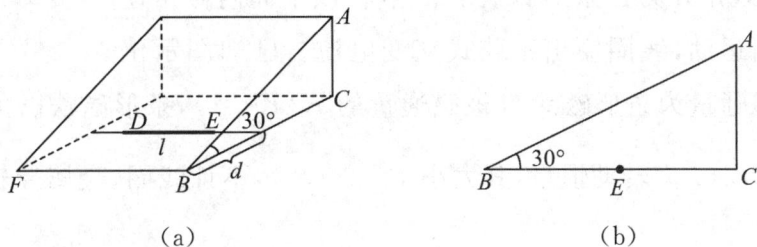

（a）　　　　　　　　　　（b）

第4题图

A. $\dfrac{\sqrt{2}}{8}\pi d^2$　　　　　　　　　　B. dl

C. $\dfrac{\sqrt{2}}{8}\pi d^2+dl$　　　　　　　D. $\dfrac{\pi}{4}d^2+dl$

5.（功、功率内容学习后）如图所示,某力$F=10\text{N}$作用于半径$R=1\text{m}$的转盘的边缘上,力F的大小保持不变,但方向始终保持与作用点的切线方向一致,则转动一周这个力F做到总功应为　　　　J。

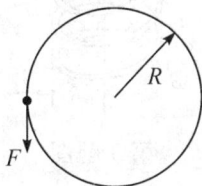

第5题图

拓展训练

1.（一轮复习）在水池底部水平放置三条细灯带构成的等腰直角三角形发光体,直角边的长度为0.9m,水的折射率$n=\dfrac{4}{3}$,细灯带到水面的距离$h=\dfrac{\sqrt{7}}{10}\text{m}$,则有光射出的水面形状(用阴影表示)为　　　　（　　）

A.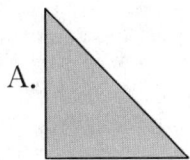

B.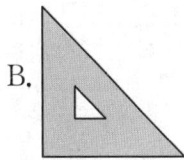

C.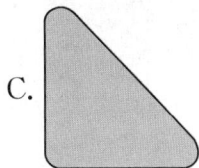

D.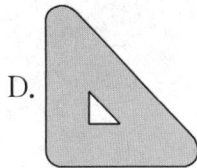

2.（一轮复习）如图所示,是简化的某种旋转磁极式发电机原理图。转子是中心在 O 点的条形磁铁,条形磁铁的长为 $2a$,质量为 m,横截面积为 S,磁体两极的磁感应强度大小为 B;定子可看成匝数为 n 的小线圈 A,线圈连接阻值为 R 的电阻,线圈的长度远小于 a,截面积小于 S。现用外力让条形磁铁绕 O 点在该平面内做角速度为 ω 的匀速圆周运动,线圈输出正弦式交变电流。已知图示位

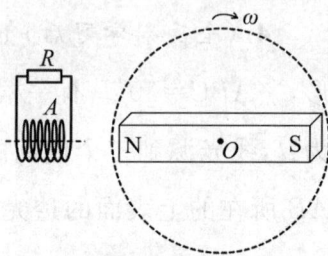

第 2 题图

置穿过线圈 A 的磁通量为条形磁铁 N 极磁通量的 K（$K<1$）,条形磁铁以角速度 ω 匀速转动时,其动能 $E_k=\dfrac{1}{2}I\omega^2$（$I$ 为转动惯量,其大小 $I=\dfrac{1}{3}ma^2$）,不计线圈、金属导轨电阻,以及自感、两线圈和磁场间的相互影响。现撤去外力,条形磁铁将缓慢减速,经 $\dfrac{2\pi}{\omega}$ 时间角速度减小量为 $\Delta\omega\left(\dfrac{\Delta\omega}{\omega}\ll1\right)$,求 $\Delta\omega$ 的值[当 $0<x<1$,有 $(1-x)^2\approx1-2x$]。

3.（一轮复习）如图所示,螺旋形管道内径均匀,内壁光滑,螺距均为 $d=1\mathrm{m}$,共有 5 圈整,螺旋横截面的半径 $R=2\mathrm{m}$,管道内径远小于螺距,可忽略不计。一小球自管道 A 端由静止开始下滑,当它到达管道 B 端时的速度 $v=$ ＿＿＿＿＿ m/s,从 A 到 B 的时间 t 大约为 ＿＿＿＿＿。

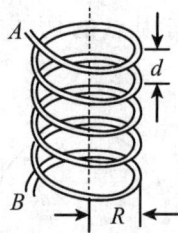

第 3 题图

第9讲 宏微联系观

引路人　浙江省三门中学　王燕燕

一、案例分析

典型例题

有人设想在遥远的宇宙探测时,如图(a)所示,给探测器安上反射率极高(可认为100%)的薄膜,如图(b)所示,并让它正对太阳,此时阳光恰好垂直照射在薄膜上,用光压为动力推动探测器加速。问:这种设想能否实现? 若不可行,则理由是什么? 若可行,则如何增大光压?

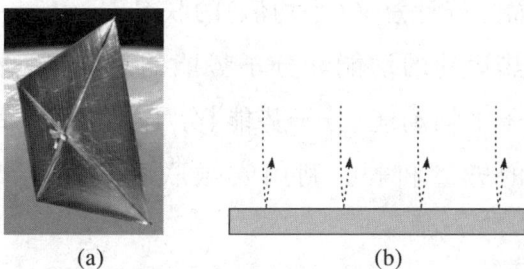

例题图

常见错解

常见错解1:

不可行。

光是波,当光传到探测器时,探测器获得振动形式和能量后,只能做微小振动。

常见错解2:

不可行。

光是能量子,没有质量,这种轻飘飘的东西不可能推动其他物体。

正确解答

可行。

宏观视角:光照射薄膜,使其受到压力。

微观视角:光具有粒子性,不仅具有能量,还具有动量,光子流可持续撞击薄膜并反弹,对薄膜形成持续的力,进而推动探测器使之加速。

设光压为F,作用时间为Δt,根据动量定理有$F\Delta t = \Delta p = 2N \cdot \dfrac{h}{\lambda}$。式中$N$为光子数。将宏观量与微观量相联系,可得光压$F = 2\dfrac{N}{\Delta t} \cdot \dfrac{h}{\lambda}$。要使光压大,单位时间内照射到薄膜上的光子数$\dfrac{N}{\Delta t}$要多(即光照强),照射光的波长$\lambda$要短。

教师点评

(1)常见错解1和常见错解2,都仅从宏观视角"光是波""光没有质量"来思考问题,没有从微观视角分析问题的本质,思考片面且错误。

（2）"光压"与"气压"有相似的微观解释：由于微观粒子对器壁的持续撞击而产生。思维过程如下。

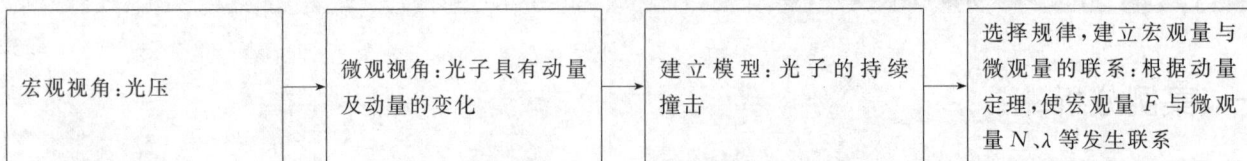

宏观视角：光压	→	微观视角：光子具有动量及动量的变化	→	建立模型：光子的持续撞击	→	选择规律，建立宏观量与微观量的联系：根据动量定理，使宏观量 F 与微观量 N、λ 等发生联系

观念形成

宏观和微观对物质世界研究的角度不同，微观研究个体行为，宏观研究整体行为。宏观和微观存在联系，两者在认识上是对物质世界的相互补充，在物理量上也存在相互联系，但这种联系通常不是个体的关联，而是统计意义（平均值）的联系。

例如：内能是大量分子热运动的动能和分子势能的总和，物体内能将宏观上的温度、体积、物质的量与微观上的分子平均动能、分子势能、分子数相联系；安培力是大量微观带电粒子在磁场中某方向上受力的矢量和等。利用宏微联系观建立物理量间关系的思维过程如下。

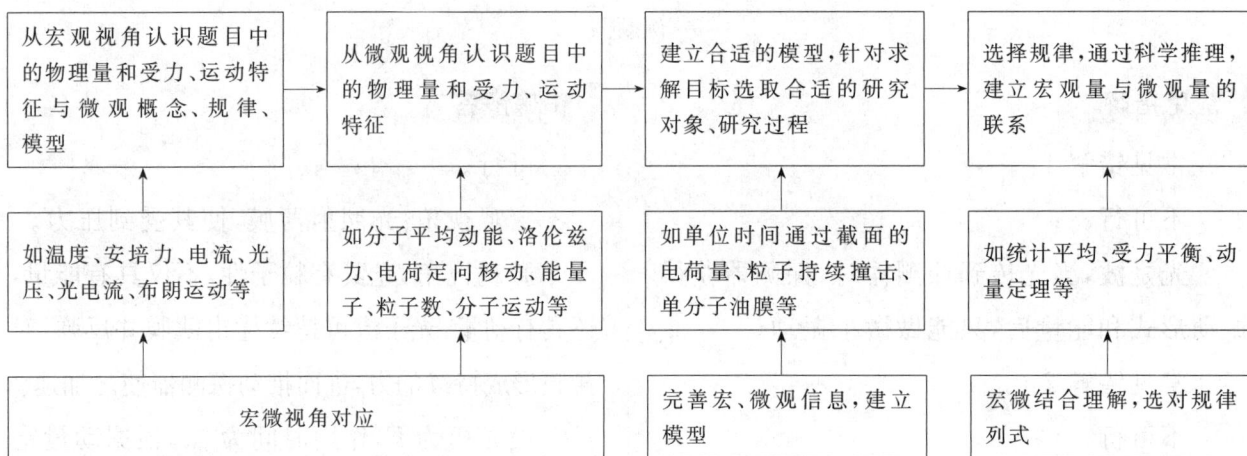

从宏观视角认识题目中的物理量和受力、运动特征与微观概念、规律、模型	→	从微观视角认识题目中的物理量和受力、运动特征	→	建立合适的模型，针对求解目标选取合适的研究对象、研究过程	→	选择规律，通过科学推理，建立宏观量与微观量的联系
如温度、安培力、电流、光压、光电流、布朗运动等		如分子平均动能、洛伦兹力、电荷定向移动、能量子、粒子数、分子运动等		如单位时间通过截面的电荷量、粒子持续撞击、单分子油膜等		如统计平均、受力平衡、动量定理等
宏微视角对应				完善宏、微观信息，建立模型		宏微结合理解，选对规律列式

二、针对性训练

基础训练

1.（分子动理论内容学习后）利用单分子油膜法，如图所示，可以粗测分子大小和阿伏加德罗常数。如果已知体积为 V 的一滴油酸在水面上散开形成的单分子油膜的面积为 S，这种油酸的密度为 ρ，摩尔质量为 M，则该滴油酸的物质的量为 $n = \dfrac{\rho V}{M}$。根据图中模型（分子可看成球体），利用宏观视角的什么量和微观视角的什么量联系，可以求解该滴油酸分子的个数 N 和阿伏加德罗常数 N_A？

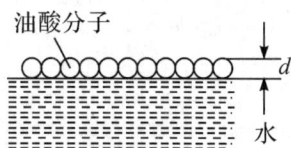

油酸分子

第1题图

2. (压强内容学习后)某地某天的气温变化趋势如图所示,细颗粒物(PM2.5等)的污染程度为中度,出现了大范围的雾霾。由图分析,单位时间内空气分子对细颗粒物的平均撞击次数14:00时比12:00时_____(填"多"或"少")。

153中度

晴 东风1级

紫外线最弱 日出07:39 日落17:18

预报 温度 降水量 风力风向 空气质量

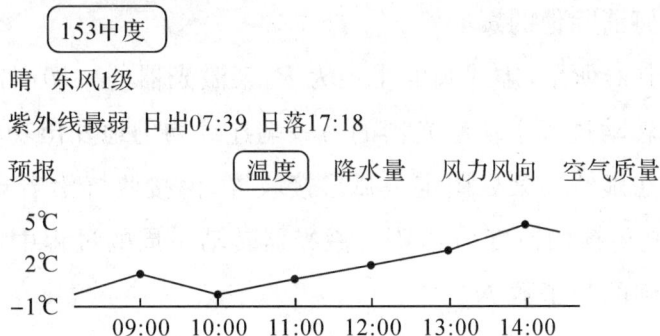

第2题图

3. (洛伦兹力内容学习后)如图(a)所示,导体棒 MN 与电源、开关、导线和平行导轨构成回路,放在磁感应强度大小为 B 的匀强磁场中,磁场方向垂直于回路所在平面。已知导体棒的长度为 L,横截面积为 S,导体棒中单位体积内自由电子数为 n,电子质量为 m、电荷量为 e。闭合开关,保持导体棒静止,

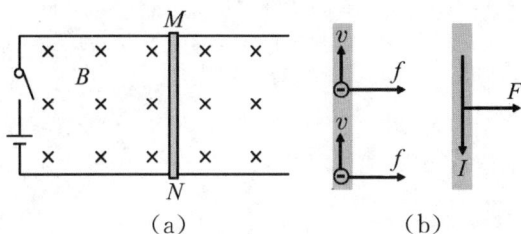

第3题图

导体棒中自由电子定向移动的速率为 v,电子定向移动时受力为 f,导体棒中电流受到的安培力为 F,如图(b)所示,分析导体棒受到安培力的微观原因,并根据安培力的表达式 $F=BIL$,推导磁场对定向移动的自由电子的作用力 f 的表达式。

4. (电磁感应内容学习后)一种用磁流体发电装置如图(a)所示。平行金属板 A、B 之间有一个很强的磁场,将一束等离子体(即高温下电离的气体,含有大量正、负带电粒子)喷入磁场,正离子受到向下的洛伦兹力而积聚到 B 板,负离子受到向上的洛伦兹力而积聚到 A 板,使两板间形成匀强电场,当离子受到的洛伦兹力与静电力平衡时如图(b)所示,A、B 两板间产生稳定电压(称为该磁流体发电机的电动势)。如果把 A、B 和用电器连接,A、B 就是一个直流电源的两个电极。若 A、B 两板间距为 d,板间的磁场按匀强磁场处理,磁感应强度大小为 B,等离子体以速度 v 沿垂直于 B 的方向射入磁场。试从微观上分析该发电机电动势形成的原因并求解电动势大小。

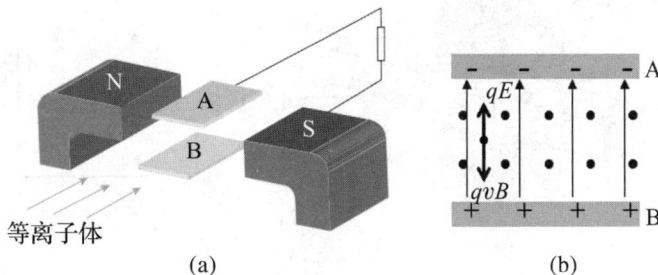

第4题图

5. (原子核内容学习后) 用动能为 E 的 α 粒子 ($^4_2\mathrm{He}$, 质量为 m_1) 轰击静止的铝 ($^{27}_{13}\mathrm{Al}$, 质量为 m_2) 原子核时, 产生了质量分别为 m_3、m_4 的 P、Q 两个粒子, P、Q 两个粒子的总动能等于 $E+(m_1+m_2-m_3-m_4)c^2$。有同学提出疑问: 难道粒子内能不会增加吗? 粒子的温度不会升高吗? 如果是你, 该如何消除他的疑问?

6. (一轮复习) 如图 (a) 所示, 虚线圆的半径为 R, 某激光器的一端固定于圆心 O 点, 且绕 O 点以角速度 ω 转动, 在转动过程中从激光器的另一端连续均匀地发出功率为 P、波长为 λ 的细束激光, 如图 (b) 所示, 在虚线圆某处固定一弧形接收屏, 该接收屏沿着虚线圆的长度为 l。已知普朗克常数为 h, 激光传播的速度为 c, 则在激光器转动一周的过程中, 利用宏观量和微观量的联系, 求接收屏接收到的光子数 N。

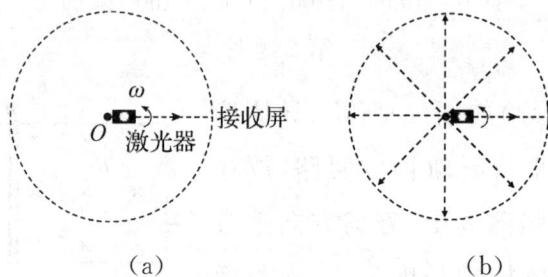

（a） （b）

第 6 题图

拓展训练

1. (安培力和洛伦兹力内容学习后) 如图 (a) 所示是一种液态金属电磁泵的简化结构示意图, 将装有液态金属、截面为矩形的导管的一部分水平置于匀强磁场中, 当电流穿过液态金属时, 液态金属即被驱动。若输送液态金属的管道用特殊陶瓷材料制成, 正、负电极板镶嵌在管道两侧 (两极板正对且与管内液态金属接触良好); 正、负电极板间的液态金属恰好处在磁场区域内, 该磁场的磁感应强度大小为 B, 方向与导管上、下表面垂直; 液态金属在导管中以恒定的速率 v 流动。推动液态金属的驱动力实际上是通电金属液柱在磁场中受到的安培力, 安培力推动液态金属做功, 使电能转化为机械能。我们知道, 导体中的运动电荷受到的洛伦兹力在宏观上表现为安培力, 而洛伦兹力对运动电荷是不做功的, 但是推动液态金属的安培力却做功了, 这是为什么? 请你结合图 (b) 对此做出合理的解释, 为方便描述, 可假设液态金属中的自由电荷为正电荷。

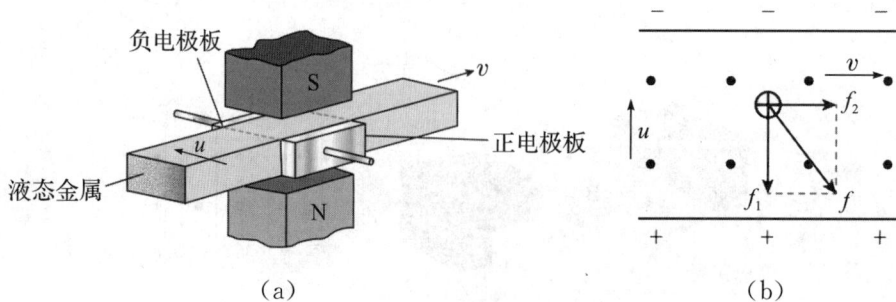

（a） （b）

第 1 题图

2.（一轮复习）如图（a）所示，500m 口径球面射电望远镜（FAST）被誉为"中国天眼"。FAST 对距地球为 L（远大于地球半径）的天体进行观测，FAST 接收光子的横截面半径为 R。该天体对外辐射功率为 P，天体射向 FAST 的辐射光子中有 $\eta(\eta<1)$ 到达 FAST 并被 FAST 吸收，图（b）为其模型图。设光速为 c，则如何将宏观量和微观量联系起来，求解 FAST 受到的辐射光子的压力大小？压力大小为_____。

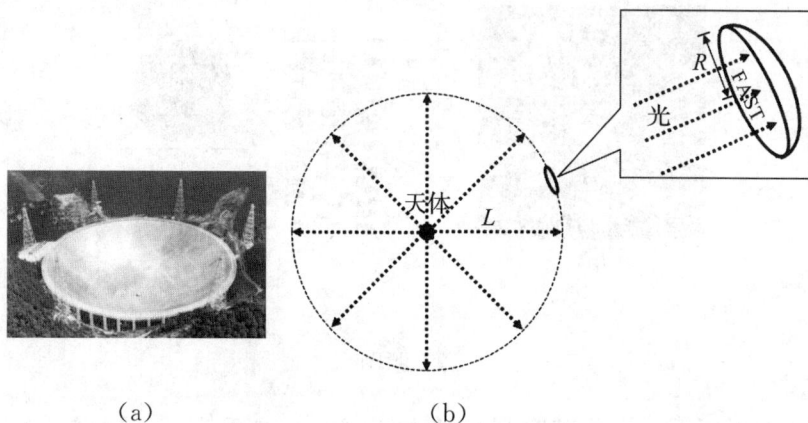

（a）　　　　　　　　（b）

第 2 题图

3.（一轮复习）如图（a）所示，电源的电动势为 E，内阻不计。K 是光电管的阴极，A 是光电管的阳极，它们都是圆形金属板，两圆心连线与两板垂直，当两板间存在电压时，板间的电场可视为匀强电场。R 为滑动变阻器，长度 $ab=bc=cd=df$。电压表 V（0 刻度在表盘中间）和灵敏电流计 G 均为理想表。频率为 ν 的细激光束照射到 K 的中心 O 上，使阴极发射光电子。合上开关 S，当滑动变阻器的滑片 P 从 c 向左滑动到达 b 时，电流计 G 的读数刚好为 0；当滑片 P 从 c 向右滑动到达 d 后，再向 f 滑动的过程中，电压表 V 的读数增大而电流计 G 的读数保持不变。光电子从阴极射出的方向是随机的，加正向电压时，沿阴极表面射出的电子做类平抛运动，如图（b）所示。不计光电子之间的相互作用和重力，普朗克常量为 h，电子质量为 m、电荷量为 $-e$（e 为元电荷）。结合图（b），说一说：当滑片 P 从 c 向左滑动到达 b 时，灵敏电流计 G 读数为什么会刚好为 0？当滑片 P 从 c 向右滑动到 d 后，再向 f 滑动的过程中，为什么电压表 V 的读数增大而电流计 G 的读数保持不变？

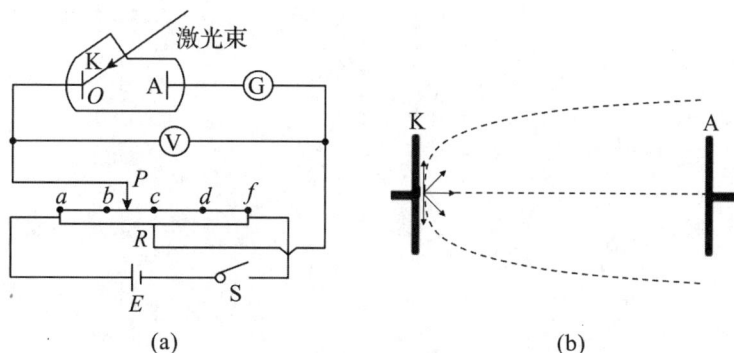

（a）　　　　　　　　（b）

第 3 题图

4.（一轮复习）晶须是一种发展中的高强度材料,是一些非常细、非常完整的丝状(横截面为圆形)晶体,如图(a)所示。现有一根铁质晶须,直径为 d,用大小为 F 的力恰好将它拉断,断面呈垂直于轴线的圆形,如图(b)所示,其中黑色圆点为铁原子。已知铁的密度为 ρ,铁的摩尔质量为 M,阿伏加德罗常数为 N_A,通过宏观量和微观量的联系,求拉断过程中相邻铁原子之间的相互作用力大小。

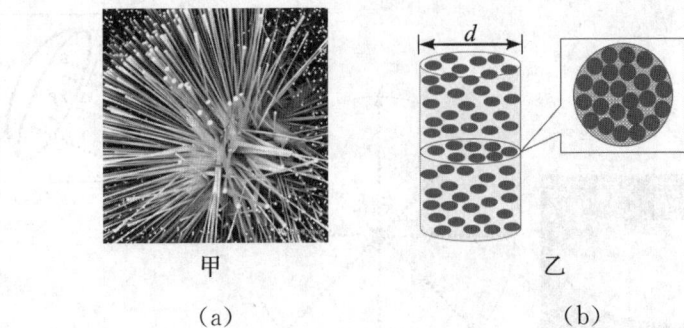

甲
(a)

乙
(b)

第 4 题图

5.（一轮复习）如图所示,在磁感应强度大小为 B、方向垂直于纸面向外的匀强磁场中,固定一内部真空且内壁光滑的圆柱形薄壁绝缘管道,管道轴线与磁场方向垂直。管道横截面半径为 a,长度为 $l(l \gg a)$。电荷量为 $+q$ 的粒子束(同种粒子)持续以某一速度 v 沿轴线进入管道,粒子在磁场力作用下经过一段圆弧运动后垂直地打到管壁上,与管壁发生弹性碰撞,多次碰撞后恰好从另一端沿轴线射出。设单位时间进入管道的粒子数为 n,不计粒子的重力及粒子间的相互作用,分别从宏观视角和微观视角思考物理量间的联系,选择正确的规律,求:

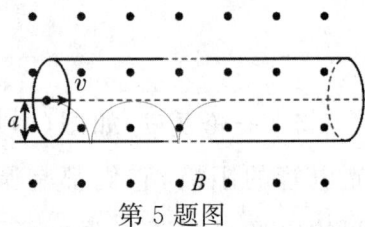

第 5 题图

(1)管道内等效电流 I。

(2)粒子束对管道的平均作用力大小 F。

第10讲 突变渐变观

引路人　浙江省仙居中学　潘柳志　浙江省桐乡市高级中学　马炜

一、案例分析

典型例题

如图所示，A、B、C 三个球的质量均为 m，轻质弹簧一端固定在斜面顶端，另一端与 A 球相连，A、B 球间固定一根轻杆，B、C 球由一根轻绳连接。倾角为 θ 的光滑斜面固定在地面上，弹簧、杆与绳均平行于斜面，初始系统处于静止状态。在轻绳被烧断的瞬间：

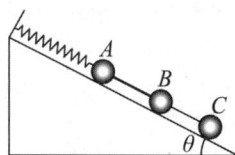
例题图

(1)A 球的受力是否发生突变？请说明理由，如果突变，请计算变化量。

(2)A 球的速度、加速度、动能与重力势能是否发生突变？请说明理由。如果突变，请计算变化量。

常见错解

常见错解 1：

烧断前，对 B 球、轻绳和 C 球构成的整体进行受力分析。

由牛顿第二定律，有

$$F_{AB前} - 2mg\sin\theta = 0$$

烧断后，B 球处于平衡状态，则有

$$F_{AB后} = mg\sin\theta$$

综上可知，

$$\Delta F = F_{AB前} - F_{AB后} = mg\sin\theta$$

常见错解 2：

A 球受到的沿斜面向下的力只有 B、C 两球所受的重力沿斜面向下的分力。

绳子烧断后，失去了 C 球所受的重力沿斜面向下的分力。

弹簧弹力是渐变力。

综上可知，

$$\Delta F = mg\sin\theta$$

常见错解 3：

速度 v 不会发生突变，因为瞬间时间过

正确解答

(1)A 球受到的重力、斜面支持力以及弹簧弹力均不发生变化，杆对 A 球的作用力发生突变（以沿斜面向上为正方向）。

烧断前，对 B 球、轻绳以及 C 球构成的整体进行受力分析，如图(a)所示，由平衡条件可得 $F_{AB前} = 2mg\sin\theta$。

烧断前，对 A、B、C 球整体进行研究，由平衡条件可得 $F_A = 3mg\sin\theta$。

烧断后，对 A 球、轻杆和 B 球构成的整体进行受力分析，因弹簧的伸长量没有突变，弹簧弹力没有变化，如图(b)所示。

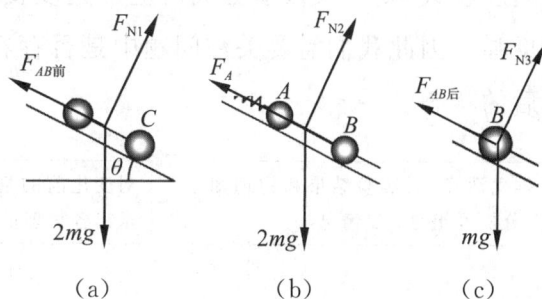

(a)　　　(b)　　　(c)

正解答图

由牛顿第二定律有

短,所以 Δv 过小,A 球仍保持原静止状态。

$$3mg\sin\theta - 2mg\sin\theta = 2ma$$

A、B 球的加速度大小 $a = \dfrac{1}{2}g\sin\theta$,方向沿斜面向上。

再对 B 球进行受力分析,如图(c)所示,由牛顿第二定律有

$$F_{AB后} - mg\sin\theta = ma \Rightarrow F_{AB后} = \frac{3}{2}mg\sin\theta$$

$$\Rightarrow \Delta F = F_{AB前} - F_{AB后} = \frac{1}{2}mg\sin\theta$$

(2)根据(1)的分析可知,A 球所受的合力发生了突变,根据牛顿第二定律,A 球的加速度也发生了突变。由 v、t 之间的数学关系 $\Delta v = a\Delta t$ 可知,A 球的速度变化需要加速度对时间的积累才能产生,所以我们认为 A 球的速度不能发生突变。同理,因为 $\Delta x = v\Delta t$,所以 A 球的位移也不能发生突变。根据 $E_k = \dfrac{1}{2}mv^2$ 与 $\Delta E_p = mg\Delta x\sin\theta$,故 A 球的动能与重力势能也不能发生突变。

教师点评

从常见错解看,分析物体运动状态的变化、合力变化和受到的各个其他力的变化情况,可判断某个力是否发生突变。但很多同学认为烧断后 A 球的受力就少了 $mg\sin\theta$,其实是在分析烧断后 A、B 球的运动状态时,错误地认为它们仍处于平衡状态而导致的。很多同学认为速度不能突变是由于时间太短,速度的变化量太小,这种想法是错误的。速度是否能突变与 $v(t)$ 函数在突变时刻是否光滑可导有关。由 $\Delta v = a\Delta t$ 可知,速度变化需要加速度对时间的积累。若加速度较大,则一段极短时间对应的速度变化也较大,我们可以认为其发生了突变,如物体撞墙反弹。因此我们需要关注问题中是否存在与微小量对应的突变情况,分析物体变化前与变化后的状态。

根据生活经验、实验结果和物理知识,分析可能的突变情况	→	对变化前的物理量进行分析,尽量求出各物理量	→	根据物理量是否突变以及相应的物理规律,确定变化后的物理量

观念形成

(1)物体所受的力和加速度能发生突变。发生微小形变的物体提供的弹力能发生突变,发生明显形变的物体提供的弹力不能发生突变。

(2)物体的速度(加速度较小时)、位移和能量只能发生渐变,无法突变。速度变化需要力对时间的积累才能产生,能量变化需要力对空间的积累才能产生,而物体空间位置的变化需要速度对时间的积累。若加速度较大,如物体撞墙反弹,则我们可以认为速度发生了突变。

具体的思维过程如下。

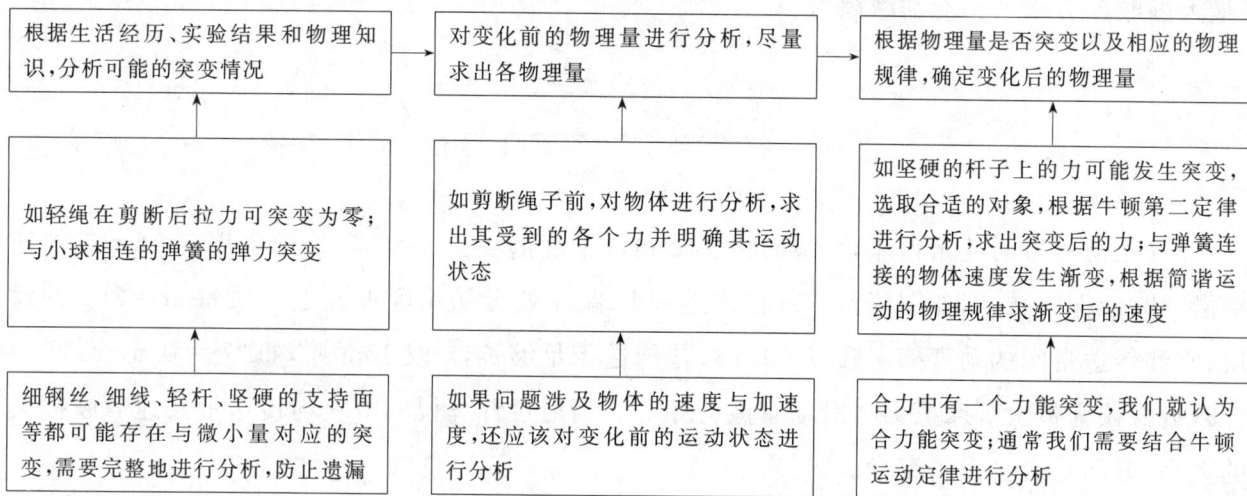

根据生活经历、实验结果和物理知识,分析可能的突变情况	对变化前的物理量进行分析,尽量求出各物理量	根据物理量是否突变以及相应的物理规律,确定变化后的物理量
如轻绳在剪断后拉力可突变为零;与小球相连的弹簧的弹力突变	如剪断绳子前,对物体进行分析,求出其受到的各个力并明确其运动状态	如坚硬的杆子上的力可能发生突变,选取合适的对象,根据牛顿第二定律进行分析,求出突变后的力;与弹簧连接的物体速度发生渐变,根据简谐运动的物理规律求渐变后的速度
细钢丝、细线、轻杆、坚硬的支持面等都可能存在与微小量对应的突变,需要完整地进行分析,防止遗漏	如果问题涉及物体的速度与加速度,还应该对变化前的运动状态进行分析	合力中有一个力能突变,我们就认为合力能突变;通常我们需要结合牛顿运动定律进行分析

二、针对性训练

基础训练

1.(机械能守恒定律内容学习后)请判断下列各情境中物体的受力、加速度、速度、能量是否发生变化。若发生变化,请说明发生了怎样的变化,发生的是渐变还是突变,并阐述理由。

(1)如图(a)所示,将小球拴在处于原长的弹簧的一端,由静止释放,直到弹簧达到最大伸长量。分析小球在下落过程中的受力、加速度、速度、能量的变化。

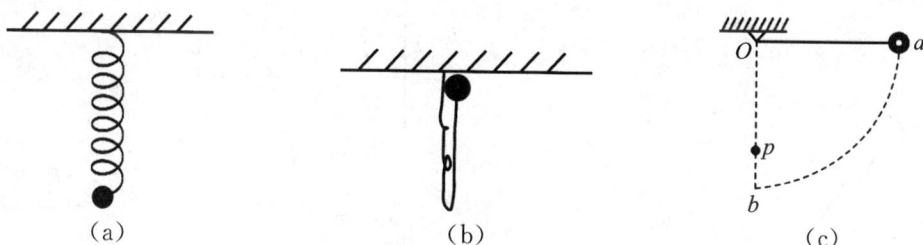

第1题图

(2)如图(b)所示,将小球拴在松弛的刚性绳的一端,将它提起后由静止释放,小球自由落体一段距离后,绳子绷紧,小球随即停止运动。分析小球在绳子绷紧前后的受力、加速度、速度、能量的变化。

(3)如图(c)所示,一根不可伸长的刚性细绳,一端固定在天花板上的 O 点,另一端与质量为 m 的小球相连。把小球拉至与悬点等高的 a 点,然后由静止释放小球,小球摆动过程中被竖直线 Ob 上的钉子 p 挡住,小球绕钉子做圆周运动。分析小球在绳子碰撞 p 前后的受力、加速度、速度、能量的变化。

2.(运动与力的关系内容学习后)如图所示,长木板上表面的一端放有一木块,木块与木板的接触面上装有摩擦力传感器。木板的左端不动,木板绕其左端由水平位置缓慢向上转动(木板和水平地面的夹角 α 变大)。请大致作出木块受到的摩擦力 F_f 随角度 α 变化的图像,并说明:在角度变大的过程中,哪段时间摩擦力随时间发生了渐变?哪个时刻摩擦力发生了突变?(最大静摩擦力略大于滑动摩擦力。)

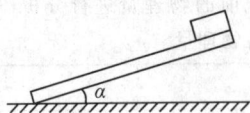

第 2 题图

3.(运动与力的关系内容学习后)传送带和水平面的夹角 $\theta = 37°$,传送带以 $v = 6\text{m/s}$ 的速率沿顺时针方向转动,如图所示。现在传送带上端 A 处无初速度地放上一质量 $m = 2\text{kg}$ 的滑块,它和传送带间的动摩擦因数 $\mu = 0.75$,若传送带足够长,g 取 10m/s^2,$\sin37° = 0.6$,$\cos37° = 0.8$,近似认为最大静摩擦力与滑动摩擦力相等。请通过计算说明滑块与传送带共速后摩擦力的大小、方向是否会发生突变。

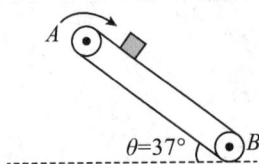

第 3 题图

4.(运动与力的关系内容学习后)一小车沿直线运动,在下列小车的运动关系曲线中,不符合实际的是哪个?请说明原因。

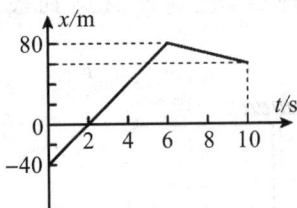

A

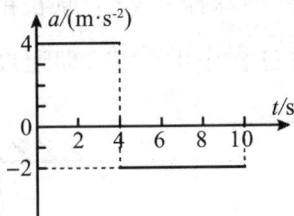

B

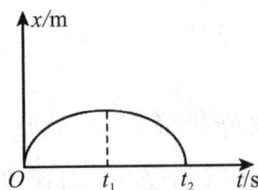

C

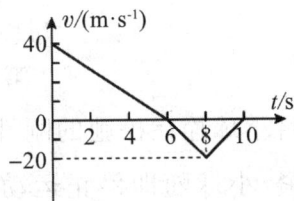

D

5.(圆周运动内容学习后)如图所示,两个半径分别为 R_1、R_2 的四分之一圆弧支持面在底端 O 点相接。质量为 m 的物体从左向右滑过 O 点的瞬间,其向心加速度和受到的支持力是否会发生突变?如果发生突变,变化量是多少?已知到达 O 点前物体的速度大小为 v。

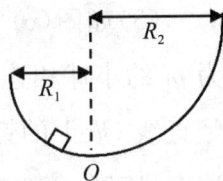

第 5 题图

拓展训练

1.（运动与力的关系内容学习后）某同学用手拉着穿过打点计时器的纸带打出一条纸带，在纸带上选取一些打印点，用一小段时间内的平均速度代替各打印点的瞬时速度，在 v-t 坐标系中描点作图。如图所示，图(a)是根据数据所描的点，用折线把这些点连起来如图(b)所示，用一条平滑的曲线将这些点顺次连接如图(c)所示。选择图(b)、图(c)哪种方式连接数据点更加合理？请说明理由。

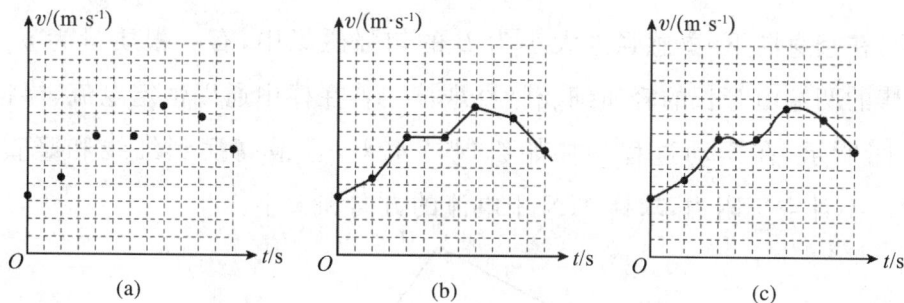

第1题图

2.（运动与力的关系内容学习后）如图所示，水平面上有一个质量为 m 的小球，小球分别与水平轻质弹簧和竖直方向成 $\theta=45°$ 角的、不可伸长的轻绳的一端相连，小球和水平面间的动摩擦因数为 $\mu(\mu<1)$，此时小球处于静止状态，且水平面对小球的弹力恰好为 0。在剪断轻绳的瞬间，求小球受力的个数和小球加速度的大小（可认为小球受到的最大静摩擦力等于滑动摩擦力）。

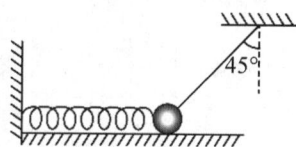

第2题图

3.（运动与力的关系内容学习后）如图所示，质量相等的木块 A、B 间连有一根轻质弹簧，木块 A、B 一起静止在一块光滑的木板上，重力加速度为 g。若将此木板沿水平方向突然撤去，求撤去木板瞬间，木块 A、B 的加速度。

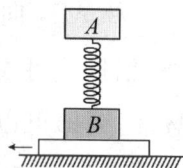

第3题图

4.（运动与力的关系内容学习后）如图所示，A、B、C 为三个实心小球，A 为铁球，B、C 为木球。A、B 球分别连在两根弹簧上，C 球连在细线的一端，弹簧和细线的下端均固定在装水的杯子底部，该水杯置于用绳子悬挂的静止吊篮内。若将悬挂吊篮的绳子剪断，则在剪断的瞬间，A、B、C 球受到的弹簧或细线的拉力和浮力是否发生变化？如果发生变化，请判断属于突变还是渐变（不计空气阻力，$\rho_木<\rho_水<\rho_铁$）。

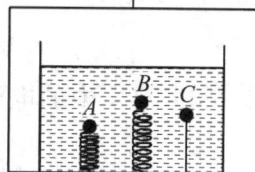

第4题图

5.（机械能守恒定律内容学习后）如图所示，水平桌面上有质量相等的两滑块 P、Q，两者用一根轻质弹簧水平连接，两滑块与桌面间的动摩擦因数均为 μ，重力加速度大小为 g。用水平向右的拉力 F 拉动 P，使两滑块均做匀速运动。某时刻突然撤去该拉力，则从此刻开始到弹簧第一次恢复原长时，P 的速度、加速度、动能和系统的弹性势能发生了怎样的变化？请说明变化属于突变还是渐变。

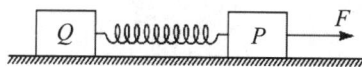

第5题图

第11讲 模型转化观

引路人 台州市路桥中学 黄鹤

一、案例分析

典型例题

如图所示,在竖直向下、磁感强度大小为 B 的匀强磁场中,有一根质量为 m、长度为 L 的金属棒 MN,棒的两端由等长的轻质细线竖直悬挂。若在棒中通以恒定电流,棒将由静止开始向外摆动,如图所示,在摆动过程中棒始终保持水平,且最高摆到细线和竖直方向的夹角 $\theta = 45°$ 的位置。不计空气阻力,求棒 MN 中电流的方向和大小。

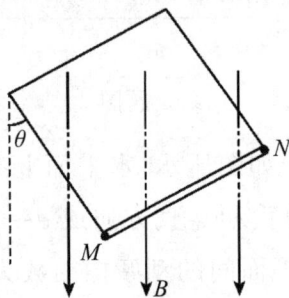

例题图

常见错解

棒 MN 向外摆动,所以安培力的方向向外,根据左手定则可判断电流方向从 N 到 M,因为棒可以摆到题图中 $\theta = 45°$ 的位置,在此位置棒受重力、拉力和安培力三个力的作用,利用受力平衡的知识得到

$$mg\tan\theta = BIL$$

解得棒 MN 中的电流大小

$$I = \frac{mg}{BL}$$

正确解答

方法 1:棒在由静止开始摆到最高位置的过程中,速度先增大后减小,对其进行受力分析可知,棒受到重力、安培力和拉力,其受力分析如图(a)所示。最高摆到题图中 $\theta = 45°$ 的位置,所以初、末速度为 0,由于重力和安培力都是恒力,而细线拉力不做功,可根据动能定理列式求解。设细线长为 a,可列式

$$-mga(1-\cos\theta) + IBLa\sin\theta = 0$$

$$\Rightarrow I = \frac{(\sqrt{2}-1)mg}{BL}$$

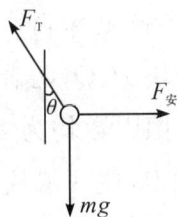

正解答图(a)

方法 2：可转化为单摆模型来分析棒的运动情况，将棒 MN 的运动转化为从一侧速度为 0 的位置摆到另一侧对称位置时速度仍为 0 的单摆运动。根据单摆的对称性可知，平衡位置应该在两个速度为 0 的位置中间，这两点关于平衡位置对称，故平衡位置为 $\theta=\dfrac{45°}{2}=22.5°$，如图（b）所示，可以利用这个位置的平衡条件来求解，根据平衡条件 $mg\tan22.5°=BIL$，解得 $I=\dfrac{(\sqrt{2}-1)mg}{BL}$。

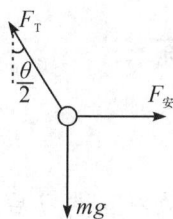

正解答图（b）

教师点评

　　从常见错解看，金属棒摆到 $\theta=45°$ 的位置是最高点，此时速度为 0 但加速并不为 0。利用此位置建立共点力平衡的模型来分析是错误的。本例可以转化为单摆模型来分析棒的运动情况，从一侧速度为 0 的位置摆到另一侧对称位置，速度也为 0。重力和安培力都是恒力，因而可以利用动能定理来分析求解。根据单摆的对称性，抓住平衡位置在两个速度为 0 的位置中间，这两点关于平衡位置对称的特点后，也可以利用平衡位置的共点力平衡条件来求解。

　　对于受恒定安培力情境的分析，要明确金属棒的运动情况和初、末状态，并选取过程根据动能定理建立方程，还可以利用单摆模型分析受力情况，运用共点力平衡模型进行转化，写出关系式，完成简化求解。思维过程如下。

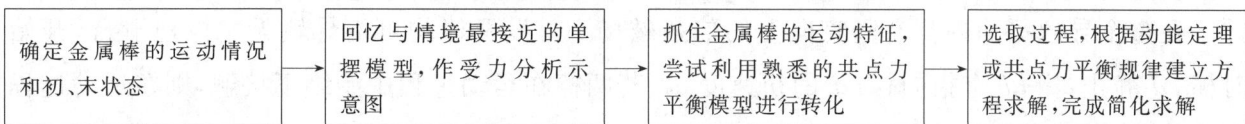

| 确定金属棒的运动情况和初、末状态 | → | 回忆与情境最接近的单摆模型，作受力分析示意图 | → | 抓住金属棒的运动特征，尝试利用熟悉的共点力平衡模型进行转化 | → | 选取过程，根据动能定理或共点力平衡规律建立方程求解，完成简化求解 |

观念形成

　　在解决问题的过程中，应通过题目的条件来选择适用的物理模型，并结合运动特点或受力特征来考虑是否能转化为我们熟悉的或者更简单的模型，还要检查该模型的适用条件，这样可以简化思维过程，降低解题难度。

　　具体的思维过程如下。

55

确定研究对象的运动情况和初、末状态	→	回忆最接近的物理模型，作受力分析示意图	→	抓住研究对象的运动特征或受力特征，尝试利用熟悉的模型进行转化	→	选取过程或者状态，根据物理规律建立方程，完成简化求解
↑		↑		↑		↑
如运动过程图像、$x-t$ 图像、$v-t$ 图像		如共点力平衡、单摆模型、平抛和斜抛运动，碰撞模型、正弦式交流电等		如斜抛转化为平抛，竖直上抛转化为自由落体，匀减速运动转化为反向匀加速运动等		如动能定理、动量守恒定律、牛顿第二定律、抛体运动规律等
↑		↑		↑		↑
标出初、末状态的位置和速度，以及速度的变化情况		进行视图转化，尽量在平面图中进行受力分析		模型的转化要符合从陌生到熟悉，从复杂到简单的原则		物理规律的选择要符合其运动过程或状态

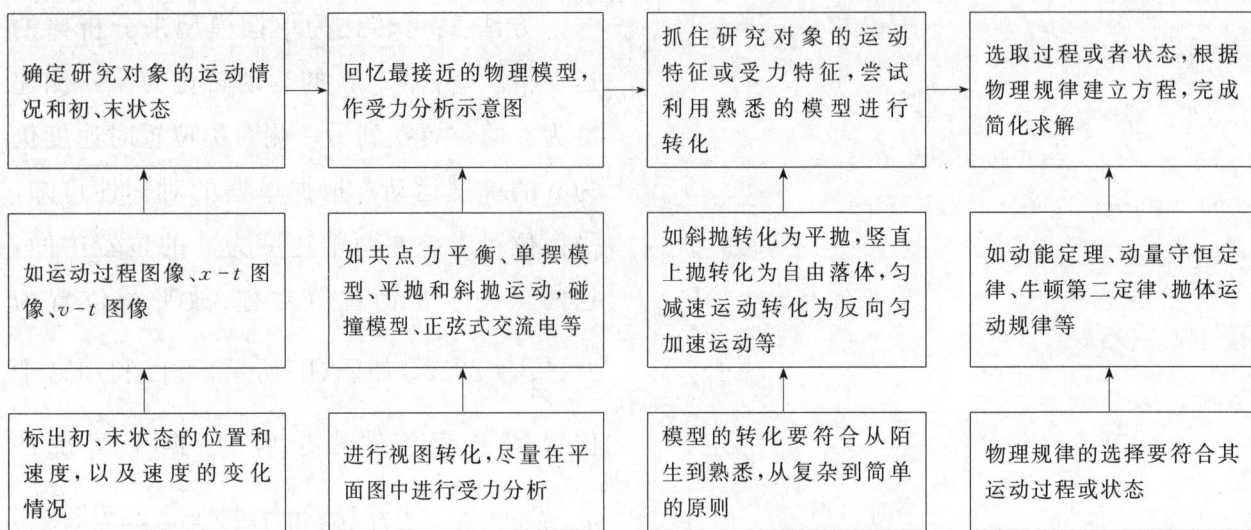

二、针对性训练

基础训练

1.（抛体运动内容学习后）如图所示，将篮球从地面上方 B 点斜向上抛出，篮球刚好垂直地击中竖直篮板上的 A 点，不计空气阻力。若抛射点 B 向篮板方向水平移动一小段距离，仍使抛出的篮球垂直击中 A 点，则应如何调整抛出时的速度 v_0 和抛射角 θ 的大小？

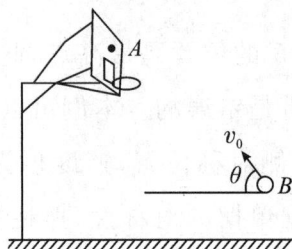

第 1 题图

2.（电磁感应和动量守恒定律内容学习后）两根足够长的、固定的平行金属导轨位于同一水平面内，两导轨间的距离为 L，导轨上面横放着两根导体棒 ab 和 cd，构成矩形回路，如图所示。两根导体棒的质量均为 m，棒 ab 和 cd 接入回路的电阻分别为 $2R$ 和 R，其余部分电阻不计。在整个导轨平面内都有竖直向上的匀强磁场 B。设两棒均可沿导轨无摩擦地滑行，开始时棒 cd 静止，棒 ab 有指向棒 cd 的初速度 v_0，若两棒在运动过程中始终不接触，则在运动过程中棒 ab 产生的焦耳热最多是多少？

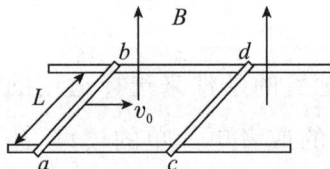

第 2 题图

3.（动量守恒定律内容学习后）如图所示，一质量为 M、带有光滑圆弧面的小车，放在光滑的水平面上，一质量为 m 的铁块，以水平速度 v_0 滑上小车的右端，至某一高度后再向下返回。若 $M=m$，则铁块在返回到小车右端时将做怎样的运动？

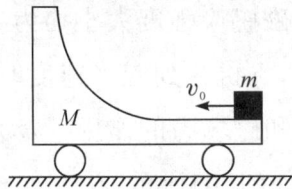

第 3 题图

4.（电磁感应和交变电流内容学习后）如图（a）所示，$abcd$ 是由电阻不计的金属丝制成的正方形线框。质量为 m 的导体棒 MN 长度为 l，电阻为 R，可在 ac 边和 bd 边上无摩擦地滑动，且接触良好。线框处在垂直于纸面向里、磁感应强度大小为 B 的匀强磁场中。棒 MN 在力 F 的作用下，在 ab 和 cd 之间运动，且棒 MN 始终与 ab 边平行，其 $v\text{-}t$ 图像是如图（b）所示的周期为 T 的余弦曲线。试分析：棒 MN 在 $0-\dfrac{T}{2}$ 时间内产生的焦耳热为多少？

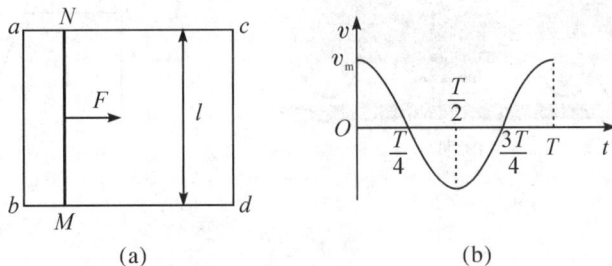

(a)　　　　　　　　　　(b)

第 4 题图

拓展训练

1.（一轮复习）如图所示，一条长为 L 的绝缘细线，上端固定在 O 点，下端系一质量为 m、电荷量为 $+q$ 的小球，整个装置处于水平向右的匀强电场中，电场强度大小为 E，小球静止时细线和竖直方向的夹角 $\theta=37°$。已知重力加速度为 g。在平衡位置 A 点给小球一个垂直于细线方向、大小至少为多大的速度，才能使小球在竖直面内做完整的圆周运动？

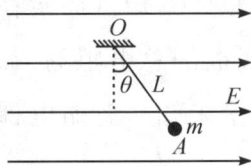

第 1 题图

2.（一轮复习）在水池底部水平放置三条细灯带构成的等腰直角三角形发光体，直角边的长度为 L，水的折射率为 n，细灯带到水面的距离为 h，则有光射出的水面形状（用阴影表示）可能是怎样的？

3.（一轮复习）舰载机电磁弹射是目前航母最先进的弹射技术,我国在这一领域已达到世界先进水平。某兴趣小组开展电磁弹射系统的设计研究,如图(a)所示,用于推动模型飞机的动子(图中未作出)与线圈绝缘并固定,线圈带动动子,可在水平导轨上做无摩擦滑动。线圈位于导轨间的辐向磁场中,其所在处的磁感应强度大小均为B。开关S与1接通,恒流源与线圈连接,动子由静止开始推动飞机加速,飞机达到起飞速度时与动子脱离;此时S掷向2,接通定值电阻R_0,同时施加回撤力F,在F和磁场力的作用下,动子恰好返回初始位置停下。若动子由静止开始至返回过程的v-t图像如图(b)所示,在t_1至t_3时间内$F=(800-10v)$N,在t_3时撤去F。已知起飞速度$v_1=80$m/s,$t_1=1.5$s,线圈匝数$n=100$匝,每匝周长$l=1$m,动子和线圈的总质量$m=5$kg,飞机质量$M=10$kg,$R_0=9.5\Omega$,$B=0.1$T。不计空气阻力和飞机起飞对动子运动速度的影响,求:

(1)恒流源的电流I。

(2)线圈电阻R。

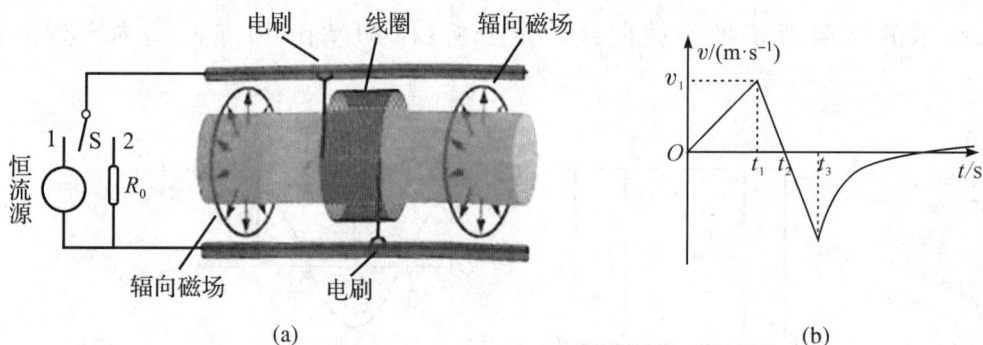

第3题图

4.（一轮复习）电梯磁悬浮技术是基于电磁原理和磁力驱动的技术使电梯悬浮和运行,从而实现高效、安全和舒适的电梯运输。某种磁悬浮电梯通过空间周期性的磁场运动而获得推进动力,其简化原理如图所示:在竖直面上相距b的两根绝缘平行直导轨间,有等距离分布的、方向相反的匀强磁场,磁场方向垂直于导轨平面,磁感应强度大小均为B,每个磁场分布区间的长度都是a,相间排列。当这些磁场在竖直方向上分别以速度v_1、v_2向上匀速平动时,跨在两导轨间的宽为b、长为a的金属框$MNPQ$(固定在电梯轿厢上)在磁场力作用下分别会悬停和向上运动,金属框的总电阻为R。磁场只能作用在金属框所在区域,假设电梯负载不变(质量未知),忽略电梯运行时的其他阻力、金属框的电感。求:

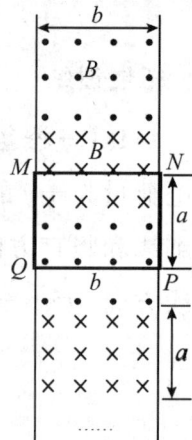

第4题图

(1)电梯悬停时,金属框中的电流大小I_1。

(2)金属框、电梯轿厢和电梯负载的总质量M。

(3)轿厢向上能达到的最大速度$v_上$。

第 12 讲 情境模型匹配观

引路人　浙江省永康市第一中学　季倬

一、案例分析

典型例题

如图(a)所示,目前常见的过山车为了增加安全性,都用由上、下、侧三组轮子组成的安全锁把轨道车套在轨道上。如图(b)所示,现有与水平面成角 $\theta = 37°$ 的斜轨道和半径 $R = 4\text{m}$ 的光滑圆轨道相切于 B 点,且固定于竖直平面内,圆轨道的最低点位于地面,带安全锁的、可视为质点的轨道车从斜面上的 A 点由静止释放,经 B 点后沿圆轨道运动,恰好通过最高点 C,已知轨道车与斜轨道间的动摩擦因数 $\mu = 0.25$,g 取 10m/s^2,$\sin 37° = 0.6$,$\cos 37° = 0.8$,求斜轨道 AB 的长度 L。

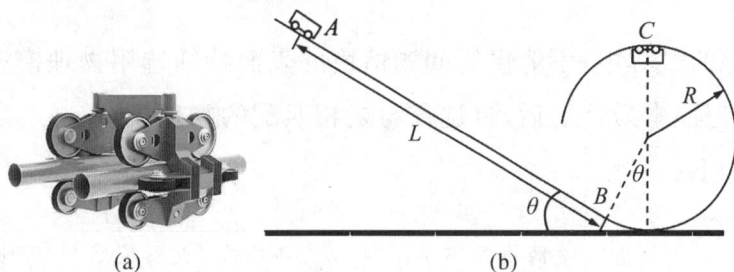

例题图

常见错解

由题图(b)可知这是翻滚过山车情境,所以与"绳球模型"类似。

轨道车恰好通过最高点 C,重力恰好提供所需向心力,即

$$mg = \frac{mv_C^2}{R}$$

$$v_C = \sqrt{gR} = 2\sqrt{10}\,\text{m/s}$$

对 $A \to C$ 的过程,利用动能定理得

$$mg(L\sin\theta - R - R\cos\theta) - \mu mgL\cos\theta = \frac{1}{2}mv_C^2 - 0$$

代入数据解得 $L = 23\text{m}$。

正确解答

该题初看似乎就是过山车模型,但是经过审题发现该过山车有"由上、下、侧三组轮子组成的安全锁",并"把轨道车套在了轨道上",这是该题的重要信息。

通过受力分析发现,这种安全锁装置既可以对车提供指向圆心的力,也可以提供背离圆心的力。

因此该情境中的过山车并不匹配"绳球模型",而是"杆球模型",即轨道车恰好通过最高点 C 的速度为零。

对 $A \to C$ 的过程,利用动能定理得

$$mg(L\sin\theta - R - R\cos\theta) - \mu mgL\cos\theta = \frac{1}{2}mv_C^2 - 0$$

代入数据解得 $L = 18\text{m}$。

教师点评

出错的同学只是通过表面特征,误以为这是与"绳球模型"相匹配的翻滚过山车情境,认为车受到轨道的弹力只能指向圆心。其实题中有明确说明"用由上、下、侧三组轮子组成的安全锁把轨道车套在轨道上",因此轨道车既可以受到轨道施加的指向圆心的弹力,又可以受到轨道施加的背离圆心的弹力。

解题时需要在"绳球模型""杆球模型""管球模型"等模型中选择对应的模型解题,选择的依据是车的受力特征,而非"过山车"这一名称。该过山车的受力特征与"杆球模型"相似,所以最高点的最小速度可以为零。

思维过程如下。

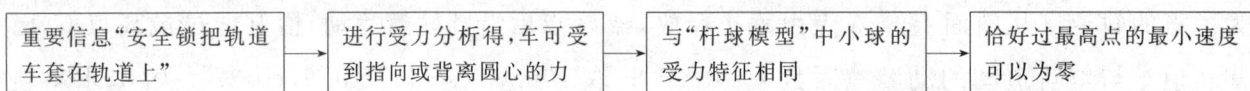

| 重要信息"安全锁把轨道车套在轨道上" | → | 进行受力分析得,车可受到指向或背离圆心的力 | → | 与"杆球模型"中小球的受力特征相同 | → | 恰好过最高点的最小速度可以为零 |

观念形成

在解决物理问题的过程中,不能仅凭问题情境的表面特征选用物理模型,而是应该从物理学的视角进行分析,把握本质特征后,再选择与之相匹配的物理模型。

具体思维过程如下。

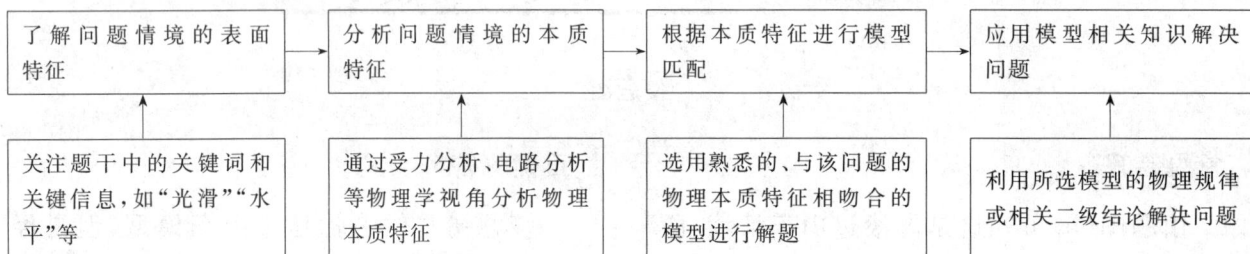

| 了解问题情境的表面特征 | → | 分析问题情境的本质特征 | → | 根据本质特征进行模型匹配 | → | 应用模型相关知识解决问题 |
| 关注题干中的关键词和关键信息,如"光滑""水平"等 | | 通过受力分析、电路分析等物理学视角分析物理本质特征 | | 选用熟悉的、与该问题的物理本质特征相吻合的模型进行解题 | | 利用所选模型的物理规律或相关二级结论解决问题 |

二、针对性训练 ∷∷∷∷∷∷∷∷

基础训练

1. (运动和力的关系内容学习后)许多大商城为方便顾客购物,都设有台阶式自动扶梯,这种自动扶梯扶手带的运行方向与扶梯的运行方向同向,如图所示。假设某顾客质量为 M,自动扶梯扶手带的运行方向与水平方向成角 θ,几名同学对他进行了受力分析,其中正确的是 (　　)

第1题图

A.若扶梯向下匀速运动,则该顾客受到扶梯台阶的摩擦力沿运行方向向上

B.若扶梯向下匀速运动,则该顾客受到扶梯台阶的摩擦力方向沿台阶方向水平向后

C.若扶梯向下加速运动,则该顾客受到扶梯台阶的支持力等于 $Mg\cos\theta$

D.若扶梯向下减速运动,则该顾客受到扶梯台阶的支持力大于 Mg

2.（安培力、洛伦兹力内容学习后）如图所示为一长方体容器，容器内充满 NaCl 溶液，容器的左右两壁为导体板，将它们分别接在电源的正、负极上，电路中形成一定的电流，整个装置处于方向垂直于前后两表面的匀强磁场中。试比较液体上下两表面的电势高低。

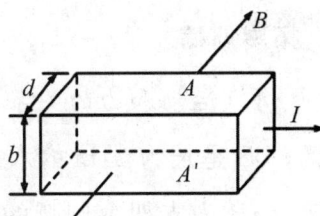

第 2 题图

3.（电磁感应内容学习后）零刻度线在表盘正中间的电流计非常灵敏，通入电流后，当线圈所受安培力和螺旋弹簧的弹力共同作用并达到平衡时，发现指针在示数附近摆动，很难停下。在指针转轴上装扇形铝框或扇形铝板，在合适区域加磁场，可以解决此困难。下列四个方案中最合理的是 （　　）

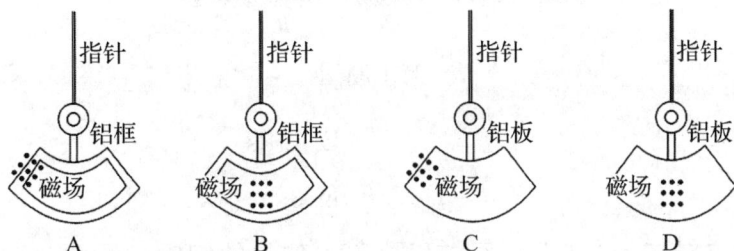

A B C D

4.（机械能守恒定律内容学习后）由于空气阻力的影响，炮弹的实际飞行轨迹不是抛物线，而是"弹道曲线"，如图中实线所示。图中虚线为不考虑空气阻力情况下炮弹的理想运动轨迹，O、a、b、c、d 为"弹道曲线"上的五点，其中 O 点为发射点，d 点为落地点，b 点为轨迹的最高点，a、c 为距地面高度相等的两点。下列说法正确的是 （　　）

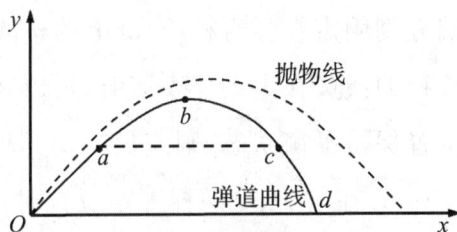

第 4 题图

A. 到达 b 点时，炮弹的加速度为零

B. 炮弹经过 a 点时的速度大于经过 c 点时的速度

C. 炮弹由 O 点运动到 b 点的时间等于由 b 点运动到 d 点的时间

D. 炮弹经过 a 点时的速度小于经过 c 点时的速度

5.（物体平衡内容学习后）如图所示是两个一次注塑成型的奥特曼造型玩偶摆件，将其放在水平桌面上，能保持站立姿势。若两个玩偶的质量相等，试比较左右两个玩偶的双脚受到地面摩擦力的大小。

第 5 题图

◢拓展训练

1.（运动和力的关系内容学习后）如图所示为某一游戏的局部简化示意图。D 为弹射装置，AB 是长为 21m 的水平轨道，倾斜直轨道 BC 固定在竖直放置的半径 $R=10m$ 的圆弧形支架上，B 为支架上圆弧的最低点，轨道 AB 与 BC 平滑连接，且在同一竖直平面内。某次游戏中，无动力小车在弹射装置 D 的作用下，以大小为 $v_0=10m/s$ 的速度滑上轨道 AB，并恰好冲到轨道 BC 的最高点。已知小车在轨道 AB 上受到的摩擦力为其所受重力的 0.2，轨道 BC 光滑，则小车从 A 到 C 的运动时间是　　　（　　）

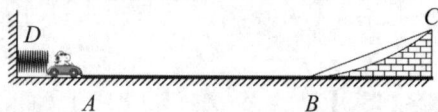

第 1 题图

A. 5s

B. 4.8s

C. 4.4s

D. 3s

2.（物体平衡内容学习后）如图所示，轻质、不可伸长的细钢丝绳两端分别固定在竖直杆 P、Q 上的 a、b 两点，a 点比 b 点低。脚穿粗糙杂技靴的演员在走钢丝表演时，可以在细绳的中点或与两杆 P、Q 等距的位置保持平衡状态，则演员　　　（　　）

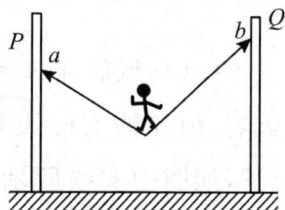

第 2 题图

A. 在与 P、Q 两杆等距位置时，左右两侧绳子张力大小相等

B. 在与 P、Q 两杆等距位置时，左侧绳子张力小于右侧绳子张力

C. 在细绳的中点时，左右两侧绳子张力大小相等

D. 在细绳的中点时，左侧绳子张力大于右侧绳子张力

3.（万有引力定律内容学习后）如图(a)所示是东风-41 洲际弹道导弹。如图(b)所示，假设从地面上 A 点以与地面成 θ 角的速度 v_A 发射一枚中远程地对地导弹，在引力作用下沿 ACB 椭圆轨道飞行击中地面目标 B，C 为轨道的远地点，距地面高度为 h，A、B 两地相距为 s。已知地球半径为 R，地球质量为 M，引力常量为 G，不计空气阻力。求导弹在 C 点的速度 v_C 和加速度 a_C。

(a)

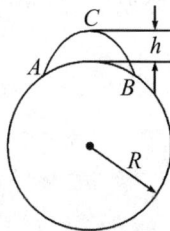

(b)

第 3 题图

4. (电磁感应内容学习后)完全相同的、电阻不可忽略的两个导电圆盘的边缘用电阻不计的导电材料包裹,圆盘可绕固定点 O 在水平面内转动,其轴心 O 和边缘处电刷 A 均不会在转动时产生阻力,空气阻力可忽略不计。用导线将电动势为 E 的电源、导电圆盘、电阻和开关连接成闭合回路,如图(a)所示在圆盘所在区域内充满竖直向下的匀强磁场,如图(b)所示只在 A、O 之间的一圆形区域内存在竖直向下的匀强磁场,两图中磁场的磁感应强度大小均为 B,且磁场区域固定。将图(a)和图(b)中的开关 S_1 和 S_2 闭合,经足够长时间后,两图中的圆盘转速均达到稳定,试比较开关断开后,两图中的哪一个圆盘减速得较快。

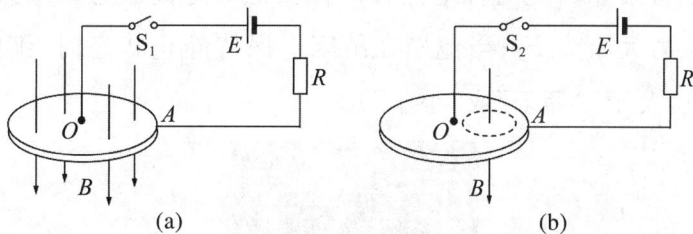

第4题图

5. (电磁感应内容学习后)如图所示,固定的光滑金属导轨间距为 d,电阻不计,导轨在 M、N 处平滑连接,MN 右端导轨倾角 θ,上端连接有一电动势为 E、内阻不计的电源,斜面下段宽度为 l 的区域内存在磁感应强度大小为 B、方向垂直于斜面向上的匀强磁场,水平导轨左侧连接一个电容为 C 的电容器,导轨上 e 与 f 两处有一小段用绝缘材料制成,在 ef 左侧存在磁感应强度大小为 B、方向竖直向上的匀强磁场。现在闭合开关 K_1,断开开关 K_2,将质量为 m、电阻为 R 的导体棒 ab 从磁场上边缘释放,导体棒 ab 由静止开始沿导轨向下运动,在出磁场前已经开始匀速,在出磁场的瞬间闭合开关 K_2,随后导体棒 ab 进入水平轨道并与质量为 $2m$、电阻为 R 的静止导体棒 cc' 发生弹性碰撞,导体棒 cc' 初始时刻与 ef、MN 的距离均为 d。

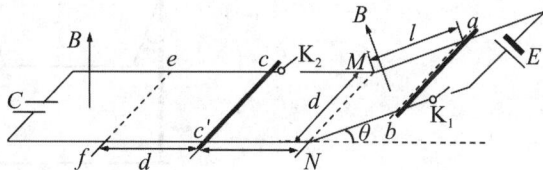

第5题图

(1)求导体棒 ab 匀速下滑的速度 v。

(2)若已知下滑过程中通过导体棒 ab 的电量为 q,求导体棒 ab 从释放到导体棒 cc' 进入 ef 左侧磁场前 ab 棒上产生的焦耳热 Q。

(3)若使导体棒 ab 与棒 cc' 碰后粘为一体,求整体进入 ef 左侧足够长导轨后最终电容器的带电量 q_C。

注意:本题中第(2)(3)问中,导体棒 ab 匀速下滑的速度记作 v。

第13讲 模型主动建构观

引路人　桐乡市教育局教研科研室　沈正杰
　　　　台州市三梅中学　陈林芳

一、案例分析

典型例题

如图所示,用绳子将吊床两边对称地拴在两棵树上的等高位置。某人先躺在吊床上,保持静止状态时,细绳的拉力大小为 F_1;当他坐在吊床上保持静止状态时,细绳的拉力大小为 F_2,则 F_1 _____ F_2(填"大于""等于"或"小于")。

例题图

常见错解

当躺在吊床上或者坐在吊床上保持静止状态时,人受到的合力均为零,所以细绳拉力的合力大小等于人与吊床总的重力大小。因此,两种情况下细绳的拉力大小相等,即 F_1 等于 F_2。

正确解答

从物质结构角度进行模型建构,在人躺着时,人可简化为一根直杆,吊床可简化为一段绳子,细绳与竖直方向的夹角为 θ_1,如图(a)所示;在人坐着时,人可简化为质点,吊床可简化为一段绳子,细绳与竖直方向的夹角为 θ_2,如图(b)所示。

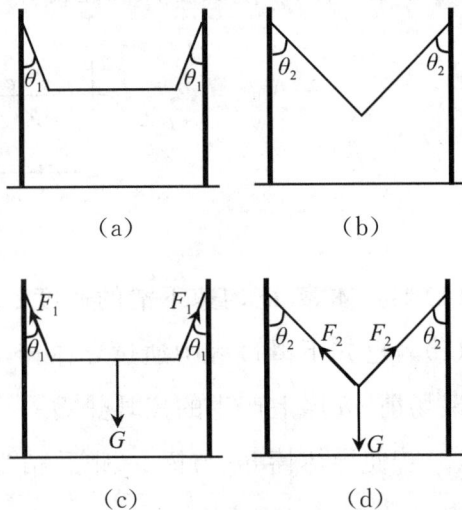

(a)　　　　　(b)

(c)　　　　　(d)

正解答图

由图可见 $\theta_1 < \theta_2$。从运动角度人可视为静止;从相互作用角度根据模型建构,进行受力分析,可得与两种绳子结构对应的受力分

析图,如图(c)(d)所示。由三力平衡可知,细绳拉力的合力大小等于人与吊床整体的重力 G,所以躺着时细绳的拉力小于坐着时细绳的拉力,即 F_1 小于 F_2。

▶ **教师点评**

得到"F_1 等于 F_2"答案的同学,主要原因是没有把两种情况下绳子的结构图作出来,也没有作受力分析示意图,只是想当然地认为"是相同重量的人躺或坐在吊床上,合力为零,绳的拉力的合力大小等于重力,所以绳的拉力大小相等",归根结底是没有进行模型建构。

求解本题的思维过程如下。

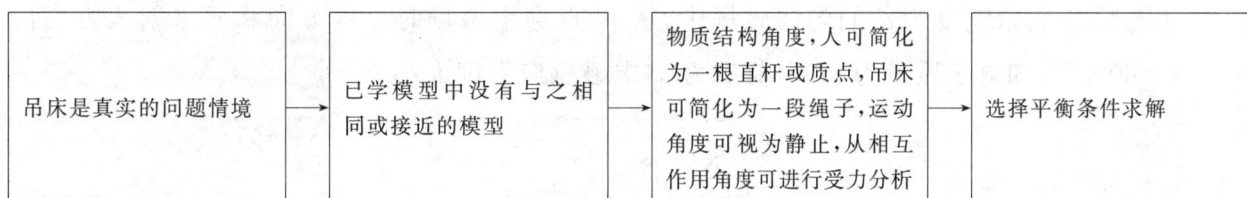

| 吊床是真实的问题情境 | → | 已学模型中没有与之相同或接近的模型 | → | 物质结构角度,人可简化为一根直杆或质点,吊床可简化为一段绳子,运动角度可视为静止,从相互作用角度可进行受力分析 | → | 选择平衡条件求解 |

▶ **观念形成**

(1)在解决生产生活中的实际问题时,当碰到与已学模型不能匹配的情况,此时需要根据题目信息和实际情况主动建构物理模型。

(2)模型主动建构的一般程序如下。

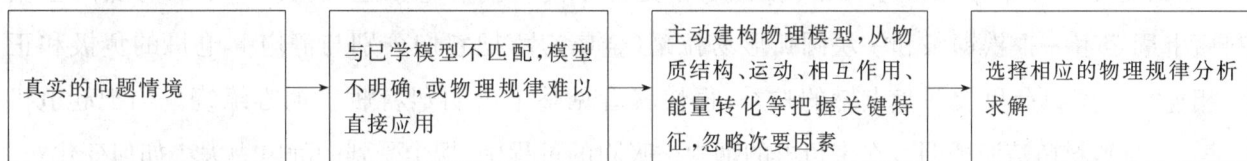

| 真实的问题情境 | → | 与已学模型不匹配,模型不明确,或物理规律难以直接应用 | → | 主动建构物理模型,从物质结构、运动、相互作用、能量转化等把握关键特征,忽略次要因素 | → | 选择相应的物理规律分析求解 |

二、针对性训练

▶ **基础训练**

1.(相互作用——力的内容学习后)如图所示,水平放置的电子秤上有一磁性玩具,玩具由哑铃状物件 P 和左端有玻璃挡板的凹形底座 Q 构成,其重量分别为 G_P 和 G_Q。用手使 P 的左端与玻璃挡板靠近时,感受到 P 对手有靠向玻璃挡板的力,P 与挡板接触后放开手,P 处于"磁悬浮"状态(即 P 和 Q 的其余部分均不接触),P 与 Q 间的磁力大小为 F。求:

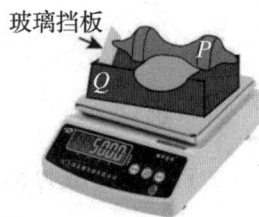

第1题图

(1)Q 对 P 的磁力 F 与 G_P 的大小关系。

(2)电子秤对 Q 的支持力大小。

2.(机械能守恒定律内容学习后)如图所示,在投篮训练中,某同学站在地面投出的篮球,恰好无碰撞地进入篮筐。若篮球离开手时速度方向和竖直方向的夹角为θ_1,进入篮筐时速度方向和竖直方向的夹角为θ_2,忽略空气阻力的影响,则θ_1 _____ θ_2(填"大于""等于"或"小于")。

第2题图

3.(匀变速直线运动的研究内容学习后)如图所示,水龙头安装在墙面上,出水口离地高度为75cm,慢慢拧开水龙头,直至水流向下持续流出。已知水龙头的内径为2cm,水流从出水口流出的速度为1m/s,取重力加速度大小为10m/s^2,则水落到地面时水柱的直径约为多少?(单位时间内水的流量Q、流速v和水流横截面大小S三者间的关系为$Q=vS$。)

第3题图

4.(安培力、洛伦兹力内容学习后)如图所示,一束电子以垂直于磁场并垂直于磁场边界的速度v从M点射入宽度为d的匀强磁场中,从N点穿出磁场时速度方向和原来射入方向的夹角$\theta=60°$。已知电子质量为m,电荷量为q,求磁感应强度大小B。

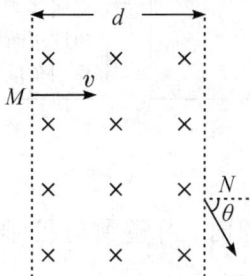

第4题图

5.(静电场及应用内容学习后)如图所示是一个简易的静电除尘装置。一个没有底的空塑料瓶上固定着一根铁锯条和一块圆弧形易拉罐(金属)片,把它们分别与静电起电机的负极和正极相连。在塑料瓶里放一盘点燃的蚊香,很快就看见整个透明塑料瓶里烟雾缭绕。当把起电机一摇,顿时塑料瓶清澈透明。在带负电的烟尘被吸附的过程中,烟尘受到的静电力大小如何变化?

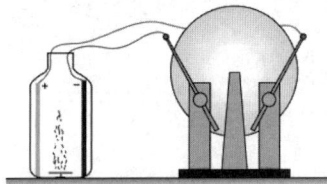

第5题图

拓展训练

1.(运动与力的关系内容学习后)如图所示,甲、乙两人在水平冰面上"拔河",两人中间位置有一分界线,约定先使对方过分界线者获胜。若绳子质量不计,冰面可看成光滑的,则下列判断是否正确?

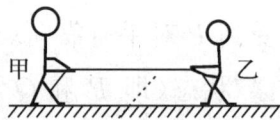

分界线
第1题图

(1)若甲的质量比乙大,则甲能赢得"拔河"比赛的胜利。

(2)若乙收绳的速度比甲快,则乙能赢得"拔河"比赛的胜利。

2. （机械波内容学习后）如图所示，A、B、C、D 为同一根绳子上的四点，$t=0$ 时刻，A、D 两点同时向下起振，且均完成一次全振动，产生的两列波分别向右、向左传播。已知两列波的波长均为 λ，周期均为 T，相邻两点间的距离 $AB=BC=CD=\lambda$，则当 $t=2.5T$ 时，B 点的振动方向_____（填"向上"或"向下"）。

第 2 题图

3. （静电场中的能量内容学习后）如图所示，真空中 A、B 两点分别固定有带电量为 $+2q$ 和 $-q$ 的点电荷，M、O 是两点电荷连线上的两点，其中 O 是连线的中点，N 是连线的中垂线上的一点，则三点电势的大小关系是_____。

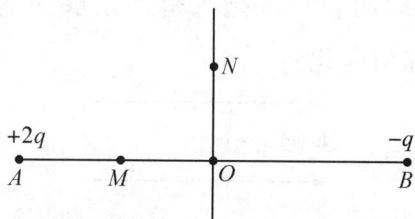

第 3 题图

4. （安培力、洛伦兹力内容学习后）磁流体发电的原理如图所示。将一束速度为 v 的等离子体垂直于磁场方向喷入磁感应强度大小为 B 的匀强磁场中，在两平行金属板 A、B 间便产生电压。如果把上、下板和电阻 R 连接，则上、下板就是一个直流电源的两极。已知稳定时发电机电动势为 E，内阻为 r，则电阻 R 两端电压 $U_{ab}=$ _____。

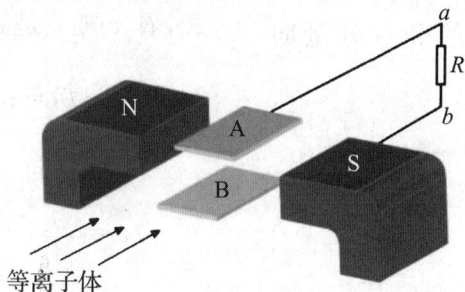

第 4 题图

5. （电磁感应内容学习后）如图所示，自行车后轮由金属内圈、金属外圈和绝缘辐条构成。后轮的内、外圈之间等间隔地接有 4 根金属条，每根金属条的中间均串联有一电阻值为 R 的小灯泡。在支架上装有磁铁，形成了"扇形"匀强磁场。后轮以一定的角速度相对于转轴转动。若不计其他电阻，忽略磁场的边缘效应。当金属条 ab 进入"扇形"磁场时，产生的感应电动势为 E，求 ab 上的电流大小。

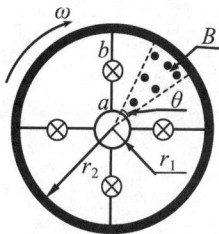

第 5 题图

6. （圆周运动内容学习后）如图所示，照片中的汽车②正匀速率地经过山间的一段水平弯道，已知图中路面的总宽度约为 $6m$，假设能够给汽车提供做圆周运动向心力的最大静摩擦力等于车重的 0.7，则汽车此时运动的最大速度不能超过多少？（g 取 $10m/s^2$。）

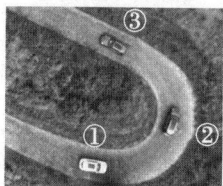

第 6 题图

第 14 讲 数形结合观

引路人　绍兴市第一中学　杨国平

一、案例分析 ░░░░░░░░░░

典型例题

如图所示,将一带正电的小球向右水平抛入范围足够大的匀强电场中,电场方向水平向左,不计空气阻力,小球的速率如何变化?

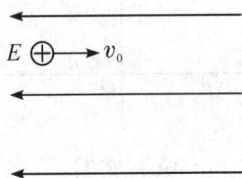

$E \oplus \longrightarrow v_0$

例题图

常见错解

引入等效重力场可得

$$mg' = \sqrt{(mg)^2 + (qE)^2}$$

原运动可看作在 g' 场内的竖直分量向上的斜抛运动,如图所示。

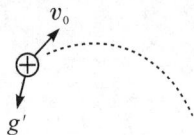

v_0

$\oplus$

g'

错解答图

综上可知,小球速率先变小后变大。

正确解答

方法 1:

写出小球速度 v 随时间 t 变化的关系式,看 v 随 t 是否单调变化。

水平方向:$a_1 = \dfrac{qE}{m}$,$v_1 = v_0 - \dfrac{qE}{m}t$。

竖直方向:$a_2 = g$,$v_2 = gt$。

$$v = \sqrt{v_1^2 + v_2^2}$$

$$= \sqrt{\left(v_0 - \dfrac{qEt}{m}\right)^2 + g^2 t^2}$$

$$= \sqrt{\left(g^2 + \dfrac{q^2 E^2}{m^2}\right)t^2 - \dfrac{2v_0 qE}{m}t + v_0^2}$$

当 $t = \dfrac{mv_0 qE}{m^2 g^2 + q^2 E^2}$ 时,v 最小。

方法 2:

如果只要求定性讨论,则左栏的矢量图(错解答图)解法显然更直观,即把小球在复合场中的运动看作类斜抛运动。但最后缺乏论证,解答不够完整。

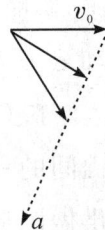

v_0

a

正解答图

正确的解答:如图所示,作出合加速度的

方向(其大小 $a=\sqrt{a_x^2+g^2}$),即速度增量 Δv 的方向恒定,根据三角形定则(首尾连接),代表合速度的有向线段先变短后又变长,即速度 v 先小后大。

教师点评

　　正确解答中的方法 1 要求基本功比较扎实,数理融合能力较强。该解法的写法尚欠轻灵,如设水平方向的加速度为 a,竖直方向的加速度为 g,这样表达式会更简捷一些,同样能得到结论。

　　常见错解中的解法更为巧妙,相信其积累了一定量的成功案例(例如,缓慢移动情况下的共点力平衡问题,斜上抛过程中的最小速率),但理解深度尚有欠缺,规范的思维过程如下。

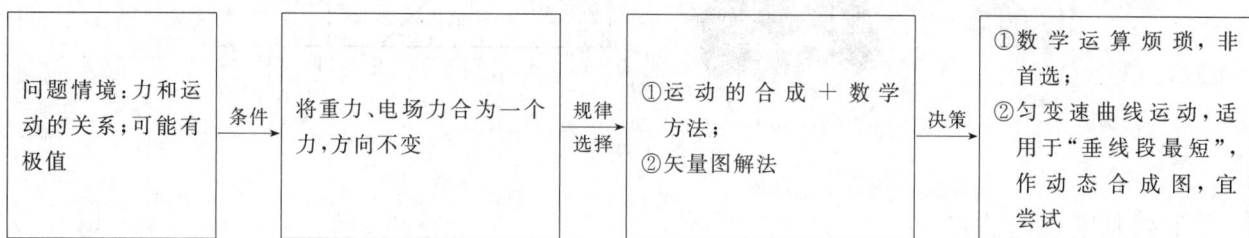

问题情境:力和运动的关系;可能有极值	条件	将重力、电场力合为一个力,方向不变	规律选择	①运动的合成＋数学方法;②矢量图解法	决策	①数学运算烦琐,非首选;②匀变速曲线运动,适用于"垂线段最短",作动态合成图,宜尝试

观念形成

　　"数缺形来少直观,形少数时难入微。"

　　说明:数形结合体现在两个方面,一是"以数化形"(借助于数具有的精确性和代数性质来描述形的某些属性),二是"以形解数"(借助形的几何直观性来辅助阐明数之间的某种关系)。既是一种观念,也是一种解题策略,其思维过程如下。

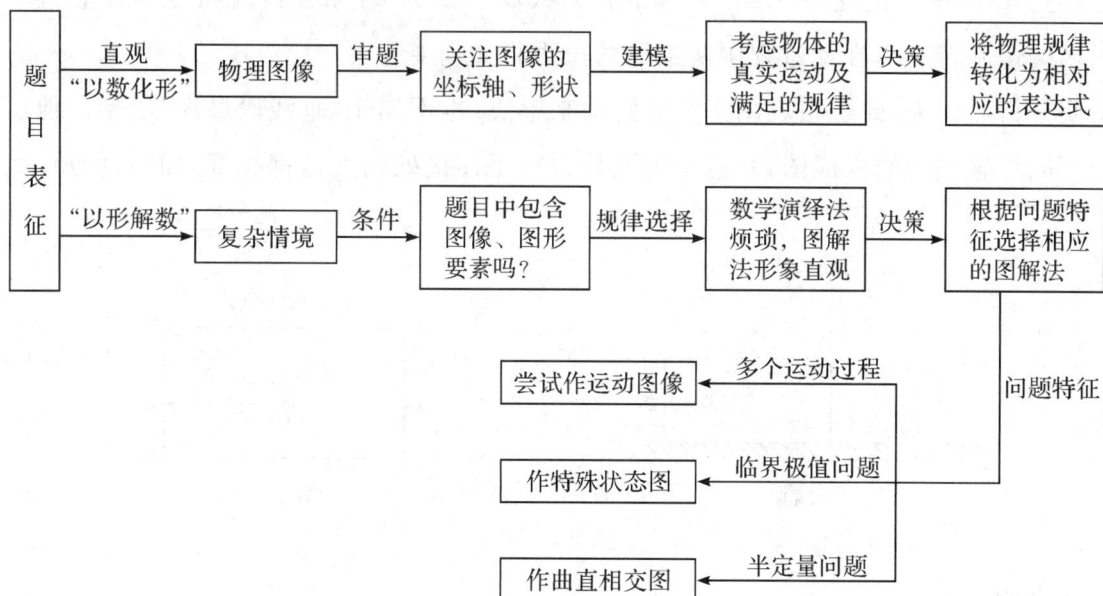

二、针对性训练

基础训练

1.（匀变速直线运动内容学习后）如图（a）所示是一款冰壶运动机器人，它可以通过与人协作的方式完成冰壶比赛。在比赛过程中，它与冰壶的距离需要保持在8m以内（超过8m它便不能实时追踪冰壶的运动信息了）。在某次投壶过程中，机器人先夹取冰壶由静止开始做匀加速运动，在将冰壶释放后，两者均做匀减速直线运动，最终冰壶准确命中目标，整个运动过程的 $v-t$ 图像如图（b）所示。

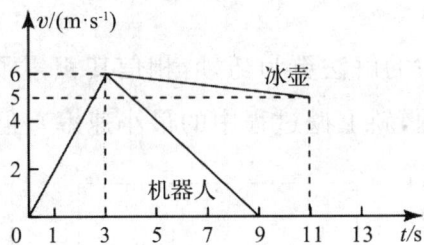

（a）　　　　　　　　　　（b）

第1题图

下列判断正确的有　　　　　　　　　　　　　　　　　　　　　　　　　　　　（　　）

A. 匀加速运动的加速度是 $2m/s^2$

B. 在 $t=6s$ 时冰壶的速度是 $5.5m/s$

C. 在减速过程中，冰壶的加速度比机器人的大

D. 在 $t=11s$ 时，机器人已不能实时追踪冰壶的运动信息

2.（共点力平衡内容学习后）如图（a）所示，在地面的矩形框架中用两细绳拴住质量为 m 的小球，绳 BO 水平。记绳 AO、BO 对球的拉力大小分别为 F_1 和 F_2，现将框架在竖直平面内绕左下端缓慢旋转 $90°$，在此过程中两细绳的拉力将如何变化？

小明分析后认为，此题很难用正交分解法来解决，也不属于"垂线段最短"题型。他试着作出几个不同位置的力的合成图，并意识到两分力首尾连接处的夹角都相等，如图（b）所示。

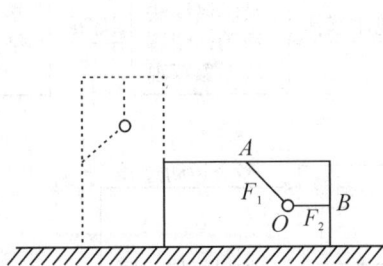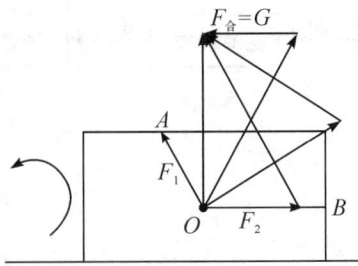

（a）　　　　　　　　　　（b）

第2题图

连接点的轨迹是　　　　　　　　　　　　　　　　　　　　　　　　　　　　　（　　）

A. 圆　　　　　　　B. 椭圆　　　　　　　C. 抛物线　　　　　　　D. 双曲线

3.（磁场"动态圆"内容学习后）如图所示，真空室内存在着垂直于纸面向里的匀强磁场，磁感应强度大小为 B，磁场内有一块平面感光板 ab，板面与磁场方向平行，在距离 ab 平板 l 处有一个点状的 α 粒子放射源 S，它向各个方向发射的 α 粒子速率都是 v，已知 α 粒子的比荷为 $\dfrac{q}{m}$。现只考虑在图纸平面内运动的 α 粒子，请作出平板上被 α 粒子打中的两个极端位置。

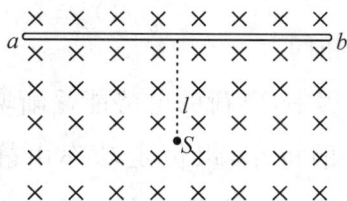

第 3 题图

4.（直流电路内容学习后）在如图所示的电路中，接入小灯泡 L "6V，3W" 恰好正常发光。现改为接入另一只小灯泡 L′ "6V，6W"，请通过作 $U-I$ 图像，判断 L′ 能否正常发光。

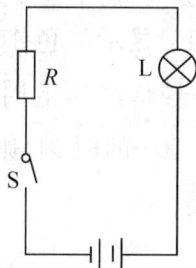

第 4 题图

拓展训练

1.（一轮复习）如图所示，在一块很大的接地金属板旁相距 a 处放置一个带电量为 $+Q$ 的点电荷，求电荷 Q 受到的电场力。

小明意识到金属板上将感应出电荷，但不知感应电荷的分布情况，无从下手。请你帮他作出点电荷和金属板间的电场线，并试着回忆：这与哪个典型的电场线分布类同？

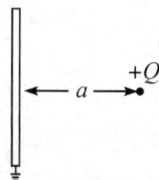

第 1 题图

2.（二轮复习）如图(a)所示，将重为 G 的物块用水平推力 $F=kt$（常数 $k>0$）压在竖直墙壁上，离地足够高，要求作出从 $t=0$ 时刻起物块所受的摩擦力 F_f 随时间 t 变化的图像。某些教辅用书中给出的答案如图(b)所示，试检验其科学性。

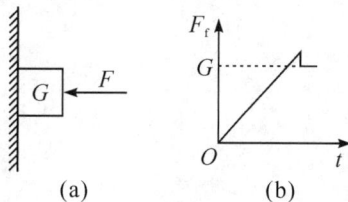

(a)　　　　(b)

第 2 题图

3.（二轮复习）一个检验电荷＋q仅在电场力的作用下，沿x轴从$-\infty$向$+\infty$运动，其速度v随位置x变化的规律如图所示，在x_1和$-x_1$处图像切线的斜率绝对值均为最大且相等，则在x轴上　　　　　（　　）

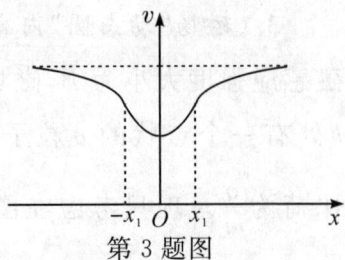

第3题图

A.$x=0$处电势最低

B.x_1处的电场强度最大

C.x_1和$-x_1$两处的电场强度相同

D.在从x_1处运动到$+\infty$的过程中，电荷的电势能逐渐增大

4.（二轮复习）质量$m=500t$的机车，以恒定功率由静止出发，经$t=5min$行驶了$s=2.25km$后速度达到最大值$v_m=54km/h$，求机车的功率。尝试作出该过程的$v\text{-}t$图像，论证本题的数据不自洽。

5.（二轮复习）在一条笔直的公路上依次设置三盏交通信号灯L_1、L_2、L_3，L_2与L_1相距80m，L_3与L_1相距120m。每盏信号灯显示绿色的时间间隔都是20s，显示红色的时间间隔都是40s；L_1与L_3同时显示绿色，L_2则在L_1显示红色10s后开始显示绿色，信号灯随时间变化的图像如图所示。规定车辆通过三盏信号灯经历的时间不得超过150s。若一辆匀速向前行驶的自行车通过L_1时是L_1已显示绿色10s的时刻，则此自行车能不停顿地通过三盏信号灯的最小速度是多少？最大速度又是多少？

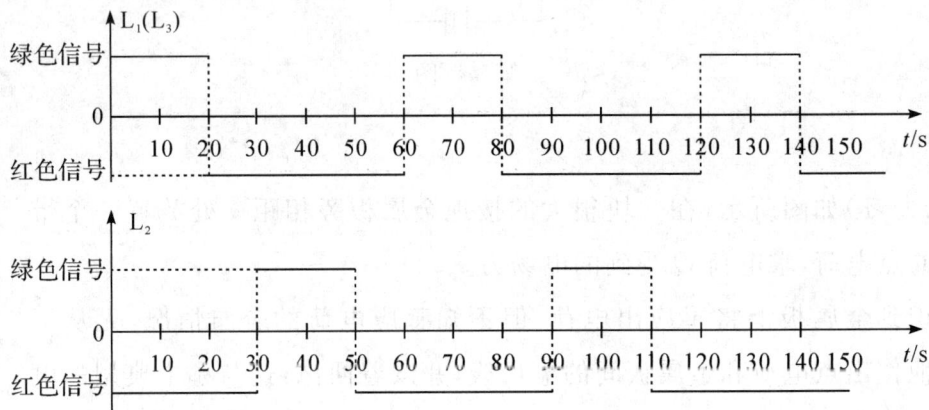

第5题图

第15讲 分类讨论观

引路人　绍兴市第一中学　杨国平

一、案例分析

典型例题

如图所示，水平地面上有长为 L、高为 h 的矩形滑块，质量为 M，与地面间的动摩擦因数为 μ，滑块上表面光滑，其右端放置一个质量为 m 的小球。用水平外力击打滑块左端，使其在极短时间内获得向右的速度 v_0，经过一段时间后小球落地。求落地时小球到滑块左端的水平距离。

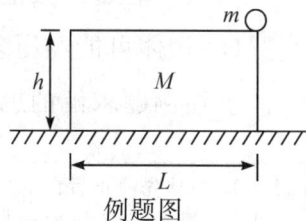

例题图

常见错解

小球下落前，滑块做匀减速运动的加速度大小 $a_1 = \dfrac{\mu(M+m)g}{M}$，脱离时滑块的速度为 $v = \sqrt{v_0^2 - 2a_1 L}$，此后滑块的加速度大小 $a_2 = \mu g$，在小球下落的时间 $t = \sqrt{\dfrac{2h}{g}}$ 内，滑块（左端）运动的距离

$$x = vt - \frac{1}{2}a_2 t^2$$

$$= \sqrt{\frac{2h}{g}\left[v_0^2 - \frac{2L\mu(M+m)g}{M}\right]} - \mu h$$

按照上述思路求解的过程中，有同学认为 $a_1 = a_2 = \mu g$，还有同学在求距离时写成 $x = vt + \dfrac{1}{2}a_2 t^2$，导致出错。

此外，还有一些同学选用错误的规律，如看到"光滑"就认为系统动量守恒，甚至有同学用"人船模型"求解位移……

正确解答

本题的数据都是以字母形式给出，小球的下落时间、滑块做匀减速运动的时间关系不确定，需要讨论。

左栏中的解答不完整，现补充如下。

若滑块做匀减速运动的时间

$$t_2 < \sqrt{\frac{2h}{g}}$$

则左栏中所求得的结果偏小（停下后的那部分时间内滑块"倒退了"），此时匀减速的位移

$$x_2 = \frac{v^2}{2a_2}$$

$$= \frac{v_0^2}{2\mu g} - \frac{(M+m)L}{M}$$

教师点评

在下列情形下，(存在不确定性)一般需要进行分类讨论。

(1)带电粒子的电性未知，导致其在电场、磁场中的受力、运动情况不同。

（2）矢量（例如力、速度）的方向不确定，导致多解性。典型如弹簧的伸缩状态，运动到圆周最高点时轻杆对小球的张力，套在（曲、直）轨道上的小环运动时与轨道的接触点，波的传播方向不定，入射球碰撞后状态（进、退），斜面上物块的运动方向等。

（3）数据以字母形式给出，无法知晓其与临界值的大小关系（例题就属于这种情况）。

（4）当存在多个可能的过程时，如质点不脱离圆轨道的条件，多次经过同一位置的结果分析等。

（5）已知条件（数值中）带有量子数 k（需要对 k 取不同的值进行讨论）。

（6）物体可能经历多个过程（类似数学中的"分段函数"）。

上述例题求解的思维过程如下。

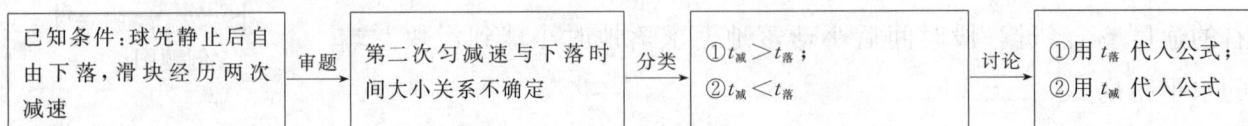

观念形成

状态不清需分类，过程不定要讨论。具体思维过程如下。

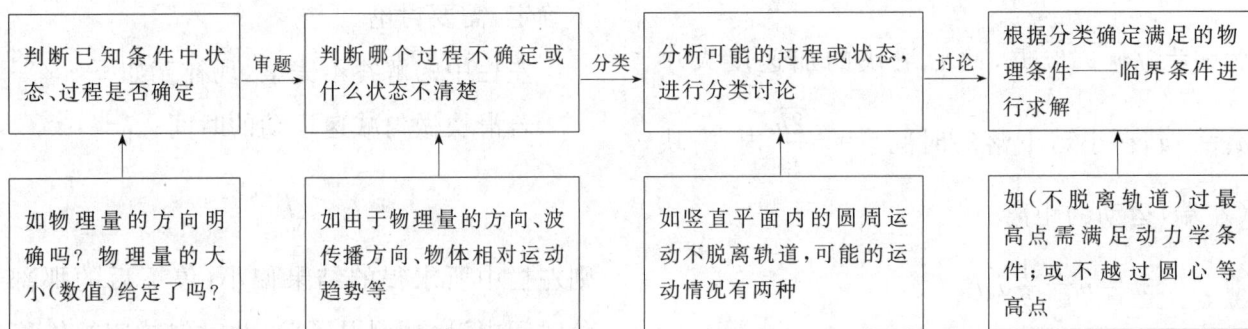

说明：此处的"状态不清"通常是物理量的方向（电性也可纳入其中）不确定导致的，"过程不定"通常是物理量的大小不确定而导致可能的运动（轨迹、区间等）不确定。

二、针对性训练

基础训练

1.（静力学内容学习后）如图所示，位于斜面上的物块 M 在沿斜面向上的力 F 的作用下，处于静止状态，斜面作用于物块的静摩擦力 （　　）

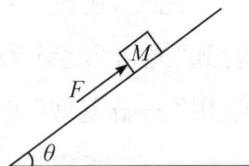
第1题图

A. 方向可能沿斜面向上

B. 方向可能沿斜面向下

C. 大小可能等于 0

D. 大小可能等于 F

有的学生仅凭直觉做题，认为可能选项 A、B、C 正确，漏选 D。请你给出论证。

2.(磁场"临界极值问题"内容学习后)如图所示,平行金属板长为L,两板间距也为L,区域内有垂直于纸面向里的匀强磁场,磁感应强度大小为B。质量为m、电荷量为$+q(q>0)$的粒子沿着极板中心线以速度v射入磁场。要使粒子不打在板上,粒子的入射速度v应满足什么条件?

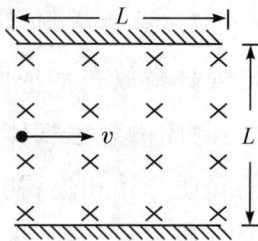

第2题图

小明认为:当速度v很大时,粒子几乎能沿直线飞出,故临界条件为从上板的右端点射出,求出此时的半径,即得$v>\dfrac{5qBL}{4m}$。

你是否同意他的观点?请说明理由。

3.(机械波内容学习后)如图所示,绳中有一列简谐横波,沿x轴传播,a、b是绳上两点,它们在x轴上的距离小于一个波长,当a点振动到最高点时,b点恰好经过平衡位置向下运动。a、b之间的波形图有_____种可能。

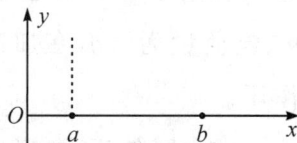

第3题图

4.(静电场内容学习后)光滑水平面上放置三个点电荷q_1、q_2、q_3,满足什么条件时三个电荷都能保持平衡状态?

拓展训练

1.(曲线运动与能量内容学习后)如图所示的装置由水平轨道AB、竖直圆轨道BCB'(B'与B几乎重合即略微错开)和倾斜轨道$B'D$三部分组成,水平轨道长$L_{AB}=1\text{m}$,圆轨道半径$R=0.4\text{m}$,倾斜轨道和水平面的夹角$\theta=37°$。质量$m=0.2\text{kg}$的玩具小车(可看作质点)在恒力F的作用下由静止开始匀加速运动至B点,之后撤去外力,小车沿圆轨道继续运动,已知小车和轨道间的动摩擦因数$\mu=0.5$,与圆轨道的摩擦不计,g取10m/s^2。要使小车第一次在圆轨道内运动时不脱离轨道,外力F应满足什么条件?

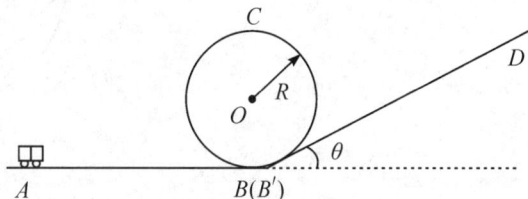

第1题图

以下是小翁同学的解答,其中遗漏了一种情况,请补充完整。

解:不脱轨的临界条件是小车恰过圆周最高点C,根据$mg=\dfrac{mv_C^2}{R}$得$v_C=2\text{m/s}$。

在$A\to C$过程中,$(F-\mu mg)L-mg\cdot 2R=\dfrac{1}{2}mv_C^2-0$,解得$F=3\text{N}$。

2.（热力学内容学习后）如图所示，质量为 m、长为 $2L$ 的圆筒形气缸横放在水平面上，在气缸中央有一个截面积为 S 的轻质活塞，封闭的理想气体温度为 T_0，活塞和墙壁之间通过劲度系数为 k 的轻质弹簧相连；初始状态弹簧处于原长，外界大气压强为 p_0。现对气体缓慢加热，不计气缸和活塞之间的摩擦，气缸与地面的最大静摩擦力等于滑动摩擦力，且动摩擦因数为 μ。当温度升高到多少时气体体积变为原来的 2 倍？

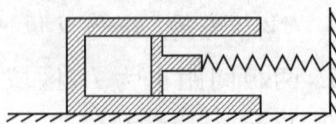

第 2 题图

3.（一轮复习）1932 年，劳伦斯和利文斯设计出了回旋加速器。回旋加速器的工作原理如图所示，置于高真空中的 D 形金属盒半径为 R，两盒间的狭缝很小，带电粒子穿过的时间可以忽略不计。磁感应强度为 B 的匀强磁场与盒面垂直。A 处粒子源产生的粒子，质量为 m、电荷量为 $+q$，在加速器中被加速，加速电压为 U。加速过程中不考虑相对论效应和重力作用。

在实际使用中，磁感应强度和加速电场频率都有最大值的限制。若某一加速器磁感应强度和加速电场频率的最大值分别为 B_m、f_m，试讨论粒子能获得的最大动能 E_{km}。

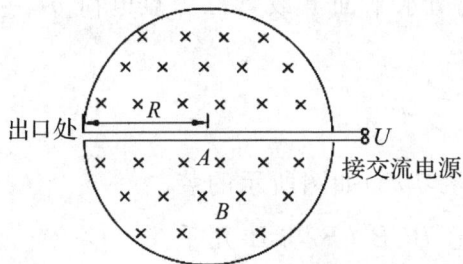

第 3 题图

4.（一轮复习）如图所示，在竖直平面内建立 xOy 坐标系，正方形 $OACD$ 和 $OHGF$ 的边长均为 L，区域 $OACD$ 中有竖直方向的匀强电场 E_1 和垂直于纸面方向的匀强磁场 B，区域 $OHGF$ 中存在另一匀强电场。质量为 m、带电量为 $+q$ 的小球从 C 点正上方高为 L 的 K 点由静止释放进入区域 $OACD$ 做匀速圆周运动，并从 O 点沿 x 轴负方向进入下方的 $OHGF$ 区域，重力加速度为 g。若区域 $OHGF$ 内的匀强电场方向水平向右，大小 $E_2=\dfrac{kmg}{q}$（k 为正整数），则小球将从哪个位置射出？

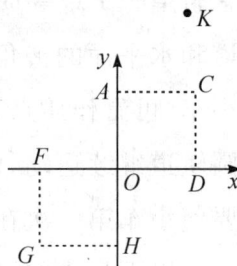

第 4 题图

小明的部分解答如下。

球自由下落到 C 处时的速度 $v=\sqrt{2gL}$，匀速圆周运动到 O 点时的速度 $v_0=\sqrt{2gL}$，之后小球做曲线运动，将其分解：沿水平方向做匀减速运动，$a_x=\dfrac{qE_2}{m}=kg$，能到达的最左端位置坐标 $x=\dfrac{v_0^2}{2a_x}=\dfrac{L}{k}$（$k$ 为正整数）；沿竖直方向做自由落体运动，$a_y=g\cdots\cdots$

请你帮他完成关于 k 值的讨论。

5.（动量内容学习后）如图所示，竖直平面内半径 $R=1.25\text{m}$ 的四分之一圆弧轨道与平台相切，平台高 5m，其右侧地面上有一小沟 MN 宽 3m，M 端距离平台 1m。质量为 0.3kg 的 B 球静止在平台上，现让小球 A 从圆心 O 等高处由静止释放，A 球下滑至平台并与 B 球发生碰撞。不计一切阻力，g 取 10m/s^2。求：

（1）A 球到达圆弧底端时的速度大小。

（2）能使碰撞后两球刚好落在小沟两侧的 A 球的可能质量。

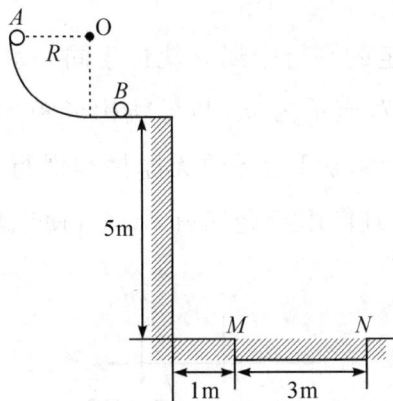

第5题图

6.（二轮复习）如图所示，在竖直平面内建立 xOy 坐标系，在 $0\leqslant x\leqslant0.65\text{m}$、$y\leqslant0.40\text{m}$ 范围内存在一具有理想边界、方向垂直于纸面向里的匀强磁场区域。一边长 $l=0.10\text{m}$、质量 $m=0.02\text{kg}$、电阻 $R=0.40\Omega$ 的匀质正方形刚性导线框 $abcd$ 处于图示位置，其中心的坐标为 $(0,0.65\text{m})$。现将线框以大小为 $v_0=2.0\text{m/s}$、水平向右的初速度抛出，线框在进入磁场的过程中速度保持不变，然后在磁场中运动，最后从磁场右边界离开磁场区域，完成运动全过程。线框在全过程中始终处于 xOy 平面内，其 ab 边与 x 轴保持平行，空气阻力不计。求全过程中，cb 两端的电势差 U_{cb} 与线框中心位置的 x 坐标的函数关系。

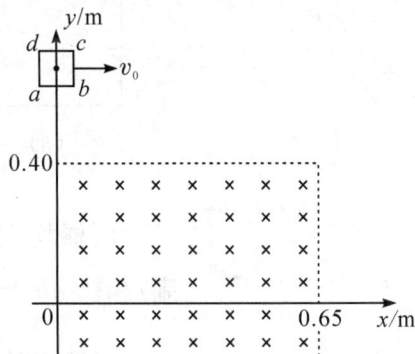

第6题图

第16讲 定性动态分析观

引路人　浙江省永康市第一中学　陈辉

一、案例分析

典型例题

如图所示,两根足够长且固定的平行金属导轨位于同一水平面内,导轨上横放着两根相同的导体棒 ab 和 cd。导体棒长为 l,质量为 m,与导轨构成矩形回路。在整个导轨平面内都有竖直向下的匀强磁场。设两导体棒均可沿导轨无摩擦地滑行。开始时棒 ab、cd 都静止,现有一个与导轨平行、大小恒为 F 的力作用于金属杆 cd 上,使金属杆在导轨上滑动,求稳定后金属杆 ab、cd 的加速度。

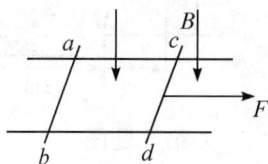

例题图

常见错解

对两棒进行受力分析,如图所示。

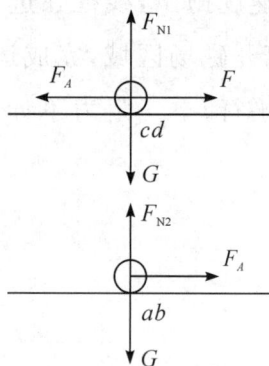

错解答图

棒 ab 加速度

$$a_1 = \frac{Bil}{m}$$

棒 cd 加速度

$$a_2 = \frac{F - Bil}{m}$$

回路电流

$$i = \frac{BLv_{cd}}{2R}$$

正确解答

研究对象为两金属棒 ab 和 cd,对其受力分析如左栏中的错解答图所示,构建电路结构模型如图(a)所示。

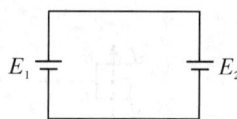

(a)

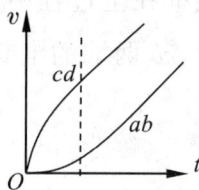

(b)

正解答图

两棒均在加速,棒 cd 产生的电动势(电流)和棒 ab 产生的电动势(电流)相反;

回路电流 $i = \dfrac{Bl(v_{cd} - v_{ab})}{2R}$;

棒 ab 加速度 $a_1 = \dfrac{Bil}{m} = \dfrac{B^2 l^2 (v_{cd} - v_{ab})}{2mR}$;

棒 cd 加速度

$$a_2 = \frac{F - Bil}{m} = \frac{F}{m} - a_1 = \frac{F}{m} - \frac{B^2 l^2 (v_{cd} - v_{ab})}{2mR}$$

随着棒 cd 速度增大,电流增大,安培力增大,棒 ab 做加速度增大的加速运动,棒 cd 做加速度减小的加速运动。

当 $F=Bil$ 时,两棒运动达到稳定;

棒 cd 做匀速运动,加速度 $a_2=0$;

棒 ab 做匀加速运动,加速度

$$a_1=\frac{F}{m}$$

两金属棒的速度、电动势、电流、安培力和加速度等物理量相互制约,动态变化。

根据加速度表达式 $a_1=\frac{B^2 l^2(v_{cd}-v_{ab})}{2mR}$ 和 $a_2=\frac{F}{m}-\frac{B^2 l^2(v_{cd}-v_{ab})}{2mR}$ 可知,最初棒 cd 先做加速度减小的加速运动,棒 ab 先做加速度增大的加速运动,两者的速度差增大,当 cd 与 ab 速度增加得一样快时,速度差恒定,电流恒定,安培力大小恒定,两棒的加速度等大恒定。当加速度等大后,两者速度差恒定,运动达到稳定状态,作出两棒的 v-t 图像如图(b)所示。

最终两棒加速度大小相等,由两个加速度表达式联立可解得两者的加速度

$$a=\frac{Bil}{m}=\frac{F-Bil}{m}=\frac{F}{2m}$$

教师点评

常见错解中存在以下问题:

(1)没有进行正确的电路模型构建,漏掉了棒 ab 产生的电动势。

(2)认为回路电流 $i=\frac{BLv_{cd}}{2R}$ 只由棒 cd 决定,从而得到错误答案,原因是只对开始状态(cd 棒开始运动)进行了分析,没有对过程进行动态分析。

(3)除了缺乏静态电路模型的构建,还缺少运用"数形结合"对动态过程进行分析的观念,从而导致错误。

本题所涉及的速度、电动势、电流、安培力和加速度等物理量相互制约,动态变化,需要进行有序思考,正确解答的思维过程应如下。

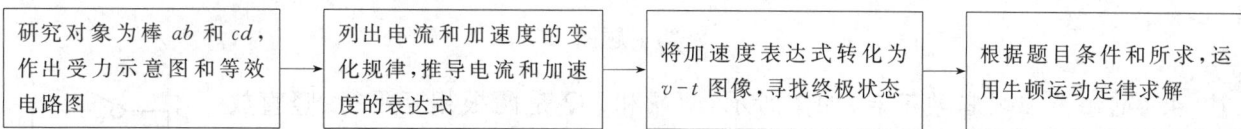

研究对象为棒 ab 和 cd,作出受力示意图和等效电路图 → 列出电流和加速度的变化规律,推导电流和加速度的表达式 → 将加速度表达式转化为 v-t 图像,寻找终极状态 → 根据题目条件和所求,运用牛顿运动定律求解

观念形成

当我们面对由某一个或多个物体构成的、复杂的、不太熟悉的物理情境问题时,应先确定研究对象,建立物理模型,推导变化规律,列出物理表达式,运用数形结合进行定性动态分析寻找终极状态,最后利用条件列式求解。具体的思维过程如下。

```
┌──────────────────────┐      ┌──────────────────────┐      ┌──────────────────────┐      ┌──────────────────────┐
│  确定对象,建立模型    │ ───→ │  列出规律,进行推理    │ ───→ │  数形结合,动态分析    │ ───→ │  利用条件,求解问题    │
└──────────────────────┘      └──────────────────────┘      └──────────────────────┘      └──────────────────────┘
            ↑                             ↑                             ↑                             ↑
┌──────────────────────┐      ┌──────────────────────┐      ┌──────────────────────┐      ┌──────────────────────┐
│ 确定研究对象,进行受力  │      │ 列出与状态和过程相对   │      │ 将物理表达式转化为物   │      │ 根据题目条件和所求,运  │
│ 分析(相互作用模型)、作 │      │ 应的物理规律、推导物理  │      │ 理图像,寻找临界状态或  │      │ 用物理规律列式求解     │
│ 电路图(电路结构模型)等 │      │ 表达式                │      │ 终极状态              │      │                       │
└──────────────────────┘      └──────────────────────┘      └──────────────────────┘      └──────────────────────┘
```

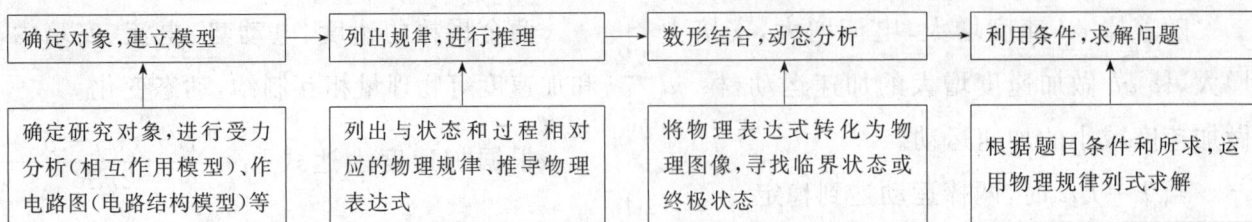

二、针对性训练

基础训练

1. (动量守恒定律内容学习后)如图所示,两根足够长的、固定的平行金属导轨位于同一水平面内,导轨上横放着两根导体棒 ab 和 cd,两者质量相等,构成矩形回路。在整个导轨平面内都有竖直向上的匀强磁场,设两导体棒均可沿导轨无摩擦地滑行。开始时,棒 cd 静止,棒 ab 有指向棒 cd 的初速度 v_0。若两导体棒在运动中始终不接触,求两棒稳定运动时的速度大小。

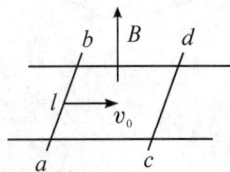

第 1 题图

2. (动量守恒定律内容学习后)如图所示,将质量为 M 的小车放在光滑的水平面上,将系绳小球(质量为 m)拉开一定角度,使轻绳恰好处于伸直状态,长为 L,与竖直方向的夹角为 $60°$,然后释放小球。求小球和小车在运动过程中的最大速度。

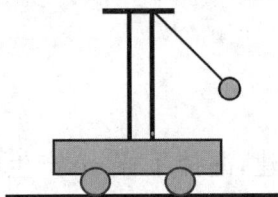

第 2 题图

3. (动量守恒定律内容学习后)如图所示,A、B 两个物体在光滑的水平面上,中间由一根轻质弹簧连接,开始时弹簧呈自然状态,A、B 的质量均为 $M=0.1kg$,一颗质量 $m=25g$ 的子弹,以一定的速度水平射入 A 物体,并留在其中,此时其速度 $v_1=9m/s$。在以后的运动过程中,何时弹簧具有最大的弹性势能? 求弹性势能最大值。

第 3 题图

4. (电磁感应内容学习后)如图所示,MN 和 PQ 是两根相互平行、竖直放置的光滑金属导轨,已知导轨足够长,且电阻不计,导轨间距为 l。ab 是一根与导轨垂直而且始终与导轨接触良好的金属棒,金属棒质量为 m,电阻为 R,长度为 l。开始时,将开关断开,让棒 ab 由静止开始自由下落,过段时间后,再将 S 闭合,下落过程中 ab 棒始终保持水平。分析开关 S 闭合后棒 ab 可能的运动情况及最终的运动状态,求其稳定后的速度大小。

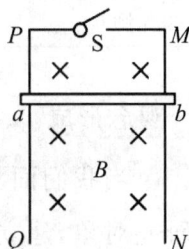

第 4 题图

5.（运动学内容学习后）如图所示，一根竖直固定的长直圆管内有一个静止的薄圆盘，圆盘到管上端口的距离为 l，圆管长度为 $20l$。一个小球从管的上端口由静止下落，以 $v_0 = \sqrt{2gl}$ 与静止圆盘的中心发生弹性碰撞。碰撞后小球速度大小 $v_1 = -\dfrac{v_0}{2}$，方向竖直向上；圆盘速度大小 $v_2 = \dfrac{v_0}{2}$，方向竖直向下，所受滑动摩擦力与其所受重力大小相等。不计空气阻力，小球在管内运动时与管壁不接触，圆盘始终水平，重力加速度大小为 g。求在第一次碰撞到第二次碰撞之间，小球和圆盘的最远距离。

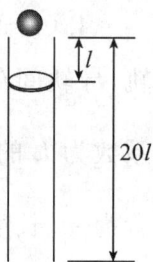

第 5 题图

拓展训练

1.（机械能守恒定律内容学习后）如图所示，质量 $m_1 = 1\,\text{kg}$ 的木板静止在光滑水平地面上，右侧的竖直墙面上固定一根劲度系数 $k = 20\,\text{N/m}$ 的轻质弹簧，弹簧处于自然状态。质量 $m_2 = 4\,\text{kg}$ 的小物块以水平向右的速度 v_0 滑上木板左端，当两者达到共速 v_1 时木板恰好与弹簧接触，木板与弹簧接触以后，物块和木板即将相对滑动时木板的速度为 v_2。木板足够长，物块和木板间的动摩擦因数 $\mu = 0.1$，最大静摩擦力等于滑动摩擦力，弹簧始终处在弹性限度内。若已知木板向右运动的速度从 v_2 减小到 0 所用的时间为 t_0。求木板从速度为 v_2 到之后再次加速度相同的过程，系统因摩擦转化的内能 ΔU。

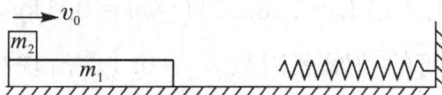

第 1 题图

2.（电磁感应内容学习后）如图所示，间距为 L 的两根平行的光滑导轨竖直放置，导轨间接有电容 C，处于垂直于轨道平面的匀强磁场 B 中。质量为 m、电阻为 R 的金属杆 ab 接在两导轨之间并由静止释放，ab 在下落过程中始终保持与导轨接触良好，设导轨足够长，电阻不计。分析金属杆 ab 的运动状态，并求经时间 t 金属杆下落的距离。

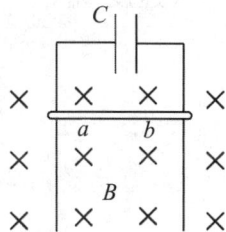

第 2 题图

3.（静电场内容学习后）处于真空中的实验装置如图所示，平行金属板电容器 M 水平放置，电容器右侧存在沿电容器的中心轴线方向水平向左的匀强电场区域，电场强度大小 $E = 1.5 \times 10^3\,\text{V/m}$。以电容器右边缘中点 O 点为坐标原点，水平方向为 x 轴，竖直方向为 y 轴建立直角坐标系。现有一个可视为质点的带正电小球，已知质量 $m = 2.0 \times 10^{-4}\,\text{kg}$，$q = 1.0 \times 10^{-6}\,\text{C}$。当小球从电容器左边缘中点 A 水平向右射入电容器时，小球恰好向右做匀速直线运动，从右边缘中点 O 飞入右侧的水平电场区域。分析小球在电场运动过程中何时动能最小，并求最小动能。

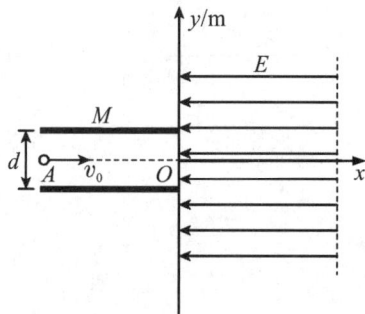

第 3 题图

4.（简谐振动内容学习后）如图所示,间距为 d、倾角为 θ 的两条足够长的光滑平行金属导轨,导轨间存在垂直于导轨平面向上、磁感应强度大小为 B 的匀强磁场。导轨上端接一自感系数为 L 的电感线圈,当流过线圈的电流变化时,线圈中产生自感电动势 $E = L\dfrac{\Delta i}{\Delta t}$。将一根质量为 m、长度略大于 d 的金属棒垂直于导轨放置,在 $t = 0$ 时刻由静止释放。已知电感线圈的直流电阻、金属棒和导轨的电阻均为零,当金属棒下滑时切割磁感线产生的电动势与线圈的自感电动势大小相等,求金属棒沿斜面向下运动的最大距离(忽略电磁波辐射)。

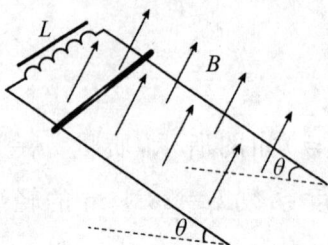

第 4 题图

5.（一轮复习）一弹射游戏装置的竖直截面如图所示,固定的光滑水平直轨道 AB 与长度为 d 的固定凹槽 $BCDE$ 交于 B 点。长为 L、质量为 M 的平板紧靠凹槽侧壁 BC 放置,平板上表面与 AB 齐平。将一质量为 m 的小滑块从 A 端弹射,滑上平板并带动平板一起运动,平板到达 DE 即被锁定。已知 $d = 4.4\text{m}$,$L = 1.8\text{m}$,$M = m = 0.1\text{kg}$,平板与滑块间的动摩擦因数 $\mu_1 = 0.6$,与凹槽水平底面 CD 间的动摩擦因数 $\mu_2 = 0.1$。滑块视为质点,不计空气阻力,最大静摩擦力等于滑动摩擦力。重力加速度 $g = 10\text{m/s}^2$。若滑块能到达 E 点,求其离开弹簧时的最大速度 v_m。

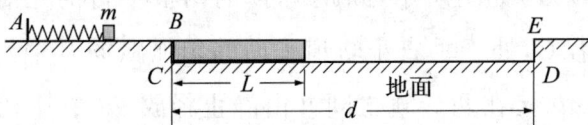

第 5 题图

第17讲 规律综合满足观

引路人 浙江省台州中学 徐婷婷

一、案例分析

典型例题

质量为 m_2 的小车在光滑的水平面上,小车上固定一竖直轻杆,轻杆上端的 O 点系一长为 l 的细线,细线另一端系一质量为 m_1 的小球,如图所示,将小球向右拉至细线与竖直方向成 $60°$ 角后由静止释放,求小球运动到达最低点时的速度大小。

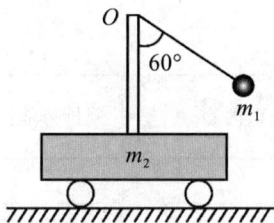

例题图

常见错解

小球由静止释放到最低点满足机械能守恒,有

$$m_1gl(1-\cos60°)=\frac{1}{2}m_1v_1^2$$

可得小球运动到最低点时的速度大小

$$v_1=\sqrt{gl}$$

正确解答

当小球下摆时,由于绳子拉力有水平分力,光滑水平面上的小车也会运动。设当小球运动到最低点时,小球的速度大小为 v_1,小车的速度大小为 v_2,从静止释放到最低点,小球与小车组成的系统水平方向动量守恒,规定水平向右为正方向,由水平方向动量守恒得 $m_2v_2-m_1v_1=0$,又由机械能守恒得 $m_1gl(1-\cos60°)=\frac{1}{2}m_1v_1^2+\frac{1}{2}m_2v_2^2$,联立可得小球运动到最低点时的速度大小

$$v_1=\sqrt{\frac{m_2gl}{m_1+m_2}}$$

教师点评

从常见错解看,解题者没有注意到小车放在光滑的水平面上,在小球下摆的运动过程中,小球和小车之间存在相互作用,小车也会发生运动。因此,小球和小车之间会发生能量的转移,小球的机械能是不守恒的,但是小球和小车组成的系统机械能守恒。

本题的研究对象应该是小球和小车组成的系统,该系统不仅满足机械能守恒定律,同时还

满足水平方向动量守恒。可见问题所涉及的研究对象(系统)在运动过程中往往需要遵循多个物理规律,不能片面只考虑某一规律,真实的结果需要学生有序地思考、分析并确定其所需要满足的多个规律,综合进行求解才能得到。思维过程如下。

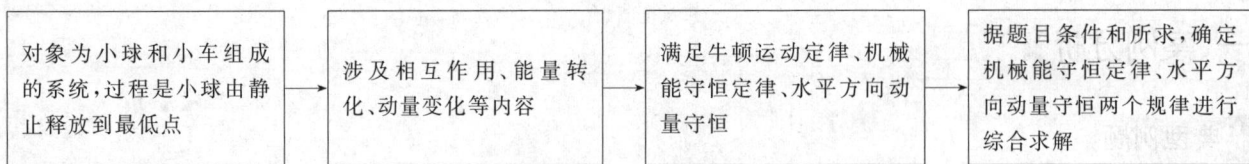

| 对象为小球和小车组成的系统,过程是小球由静止释放到最低点 | → | 涉及相互作用、能量转化、动量变化等内容 | → | 满足牛顿运动定律、机械能守恒定律、水平方向动量守恒 | → | 据题目条件和所求,确定机械能守恒定律、水平方向动量守恒两个规律进行综合求解 |

观念形成

一个物理过程往往需要综合满足多个规律的结果,这就需要有序考虑,避免遗漏。具体思维过程如下。

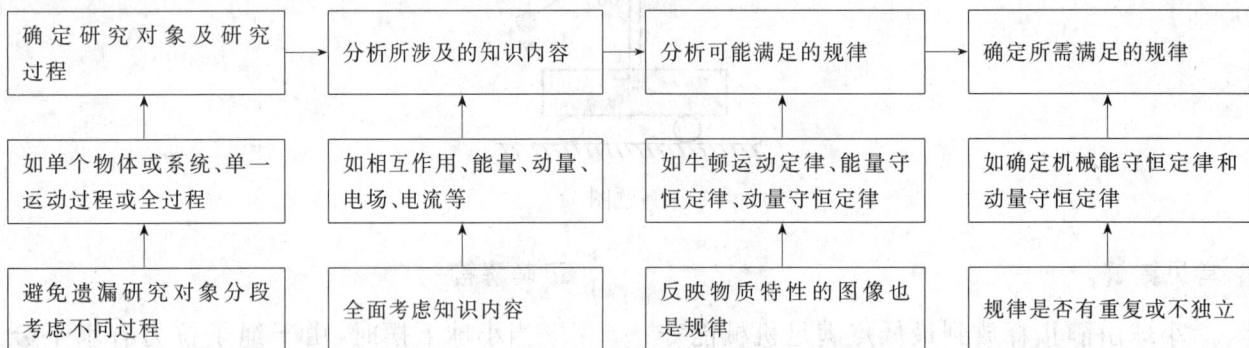

确定研究对象及研究过程	→	分析所涉及的知识内容	→	分析可能满足的规律	→	确定所需满足的规律
如单个物体或系统、单一运动过程或全过程		如相互作用、能量、动量、电场、电流等		如牛顿运动定律、能量守恒定律、动量守恒定律		如确定机械能守恒定律和动量守恒定律
避免遗漏研究对象分段考虑不同过程		全面考虑知识内容		反映物质特性的图像也是规律		规律是否有重复或不独立

二、针对性训练

基础训练

1.(曲线运动、机械能守恒定律内容学习后)如图所示,一物体从光滑固定斜面 AB 底端 A 点以初速度 v_0 上滑,沿斜面上升的最大高度为 h,现将斜面形状做如下改变,物体从 A 点上滑的初速度仍为 v_0,各表面均光滑。

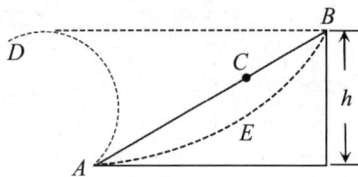

第1题图

(1)把斜面 CB 部分截去。

(2)把斜面 AB 变成曲面 AEB。

(3)把斜面 AB 变成圆弧面 AD。

请判断上述三种情境中,物体能够上升的最大高度是否仍为 h,并说明理由。

2.(动量内容学习后)如图所示,质量为 m、半径为 R 的四分之一光滑圆弧轨道小车静置于光滑水平面上。一质量也为 m 的小球以水平初速度 v_0 冲上小车,到达某一高度后,小球又返回小车的左端,不计空气阻力。求小球返回小车左端时的速度大小。

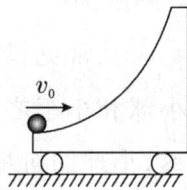

第2题图

3.（交变电流内容学习后）某水电站,用总电阻为2.5Ω的输电线输电给$500km$外的用户,其输出电功率是3×10^6kW。现用$500kV$电压输电,输电线上损失的功率为9×10^4kW。

有同学说:"若改用$5kV$电压输电,则输电线上损失的功率为9×10^8kW。"请判断上述说法是否正确,并说明理由。

4.（闭合电路欧姆定律内容学习后）已知通过实验测得某灯泡的伏安特性曲线如图所示,若将此灯泡与19Ω的定值电阻串联,接在电动势为$6V$、内阻为1Ω的电源上,则灯泡的实际功率为_____W。

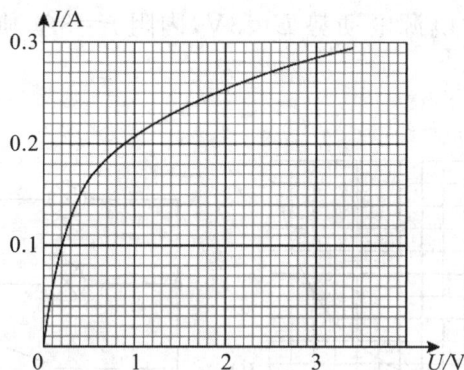

第4题图

5.（匀变速直线运动内容学习后）某探究小组在调研某款汽车的性能时,记录了该汽车某次沿平直公路由静止启动、匀速行驶和制动停止三个过程的部分数据如下表所示。若汽车启动和制动过程均可视为匀变速直线运动,则在本次测试过程中,汽车匀速运动的时长是多少?

时间/s	0	2	4	6	8	10	12	14	16	18	20
速度/(m·s⁻¹)	0	6	12	18	24	30	33	33	24	12	0

6.（平抛运动内容学习后）在研究小球做平抛运动的实验中,某同学用频闪照相机拍摄到如图所示的小球平抛运动的照片,小球在平抛运动中的几个位置如图中的a、b、c、d所示。

请判断图中的a是否为抛出点,并说明理由。

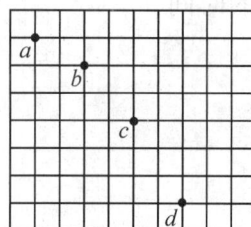

第6题图

拓展训练

1.（曲线运动、机械能守恒定律内容学习后）如图所示,内壁光滑的圆轨道竖直固定,小球（视为质点）静止在轨道的最低点A。现用小锤沿水平方向击打（击打后迅速移开小锤）小球,第一次击打小球后,小球未能到达圆轨道的最高点,当小球回到A点时,再次用小锤沿水平方向击打小球,第二次击打后,小球通过圆轨道的最高点。已知小球在运动过程中始终未脱离轨道,第一次击打过程中小锤对小球做的功为W,两次击打过程中小锤对小球做的功全部用来增加小球的动能,则第二次击打过程中小锤对小球做的功可能为　　　（　　　）

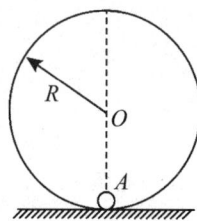

第1题图

A.W　　　　　　　　B.$2W$　　　　　　　　C.$3W$　　　　　　　　D.$4W$

2.（动量内容学习后）如图所示，质量为 $2m$、内壁光滑的圆弧槽 B 和质量为 m 的滑块 C，并排放在光滑水平面上，B 与 C 不粘连。现将一可视为质点、质量为 m 的小球 A，放置在圆弧槽内与圆心 O 点等高处，并由静止释放 A。已知圆弧槽半径为 R，重力加速度为 g，不计空气阻力。求 A 到达 B 左侧最高点时与圆心的高度差。

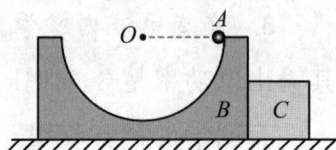

第 2 题图

3.（闭合电路欧姆定律内容学习后）已知通过实验测得小灯泡两端的电压 U 与通过它的电流 I，作出的小灯泡的 $U\text{-}I$ 图像如图（a）所示，某同学将两个完全相同的这种小灯泡并联接到如图（b）所示的电路中，其中电源电动势 $E=3\text{V}$，内阻 $r=3\Omega$，则此时每个小灯泡的实际功率为_____ W。

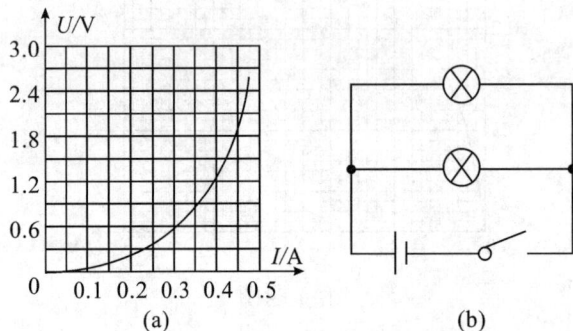

第 3 题图

4.（匀变速直线运动内容学习后）如图所示，A、B 两物体（可视为质点）相距 $x=7\text{m}$，物体 A 以 $v_A=4\text{m/s}$ 的速度向右匀速运动，而物体 B 此时的速度 $v_B=10\text{m/s}$，只在摩擦力作用下向右做匀减速运动，加速度大小 $a=2\text{m/s}^2$。求物体 A 追上物体 B 所用的时间。

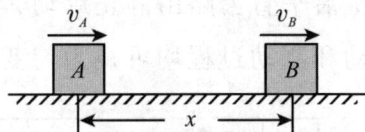

第 4 题图

第18讲 立体平面转化观(力学篇)

引路人　浙江省临安中学　周敏

一、案例分析

(一)物体受共点力平衡情境

典型例题

用瓦片做屋顶是我国建筑特色之一,屋顶部分结构如图所示,横截面为圆弧形的瓦片静置在两根相互平行的椽子正中间。已知椽子间距离为d,椽子与水平面的夹角均为θ,瓦片质量为m,圆弧半径为d,忽略瓦片厚度,重力加速度为g,最大静摩擦力等于滑动摩擦力,则瓦片和椽子间的动摩擦因素至少为多大?

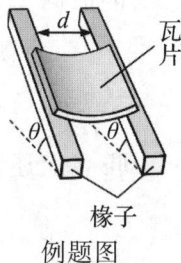

例题图

常见错解

常见错解1:

瓦片的受力情况如图(a)所示,当瓦片刚好能平衡时,有

$$mg\sin\theta = F_f$$

$$mg\cos\theta = F_N$$

$$F_f = \mu F_N$$

联立上述方程解得

$$\mu = \tan\theta$$

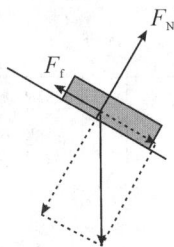

错解答图(a)

常见错解2:

瓦片的受力情况如图(b)所示,刚好能平衡时,最大静摩擦力约为滑动摩擦力,有

$$f_2 = \mu F_2$$

$$f_1 = \mu F_1$$

正确解答

先在立体图中作出瓦片的立体受力分析图如图(a)所示(进行立体受力分析,观察受力特点,为立体情境转化为平面情境做准备)。

与瓦片受力情况最接近的模型是斜面平衡模型(等效简化)。在斜面上的受力情况如图(b)所示(F_N是F_1、F_2的等效合力,F_f是F_{f1}、F_{f2}的等效合力)。

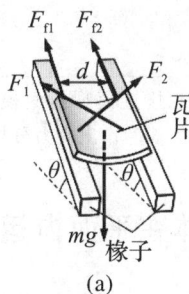
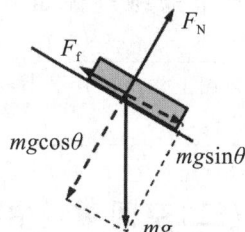

(a)　　　　　　(b)

正解答图

F_N、F_1、F_2在平面内的关系如图(c)所示,由瓦片半径与椽子间距可知F_1、F_2的夹角为$60°$;F_f、F_{f1}、F_{f2}在平面内的关系如图(d)所示(将立体情境转化成平面情境)。

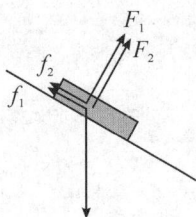

错解答图(b)

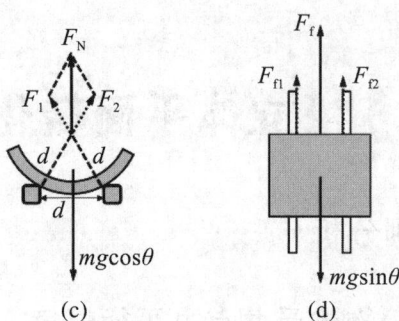

(c)　　　　　(d)

正解答图

由对称性知

$$F_1 = F_2$$

再根据平衡条件得

$$F_1 + F_2 = mg\cos\theta$$

$$mg\sin\theta = f_1 + f_2$$

联立上述方程解得

$$\mu = \tan\theta$$

由对称性可知 $F_1 = F_2$，$F_{f1} = F_{f2}$，则有：

支持力平面内 $F_N = 2F_1\cos30° = mg\cos\theta$；

摩擦力平面内 $F_f = 2F_{f1} = mg\sin\theta$；

最大静摩擦力等于滑动摩擦力，即

$$F_{f1} = \mu F_1$$

由以上方程解得 $\mu = \dfrac{\sqrt{3}}{2}\tan\theta$。

教师点评

常见错解1没有进行瓦片的立体受力分析，而将受力情况简单地等效为斜面平衡模型；常见错解2缺少立体和平面转换的观点，未能在垂直于椽子的平面上进行正确的受力分析，缺乏对垂直于椽子的平面上的两个支持力不平行的认识，错误地将两椽子的支持力当作同方向作用力。

本例是空间背景下的物体受力平衡问题，瓦片的平衡涉及立体空间受力（处于不在同一平面的力）情况，需要学生将空间受力分析转化为平面受力分析，通过合成与分解，将不同平面内的空间受力情况等效到同一平面内的受力情况，运用平衡条件以及力的合成、分解的关系式综合求解。思维过程如下。

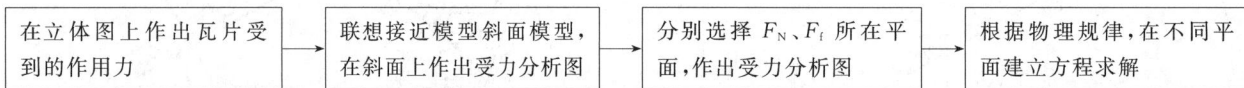

| 在立体图上作出瓦片受到的作用力 | → | 联想接近模型斜面模型，在斜面上作出受力分析图 | → | 分别选择 F_N、F_f 所在平面，作出受力分析图 | → | 根据物理规律，在不同平面建立方程求解 |

（二）空间背景中物体在平面内运动情境

典型例题

（一轮复习）如图所示为足球球门，球门宽为 L，一名球员在球门中心正前方距离球门 s 处高高跃起，将足球顶入球门的左下方死角（图中 P 点）。球员顶球点的高度为 h。足球被顶出的瞬间，速度沿水平方向（足球可看作质点，忽略空气阻力），求足球落地时的速度大小。

例题图

常见错解

足球做平抛运动。

竖直位移

$$h = \frac{1}{2}gt^2$$

水平位移

$$s = v_0 t$$

竖直速度

$$v_y = gt$$

联立上述方程求得初速度

$$v_0 = s\sqrt{\frac{g}{2h}}$$

再解得落地的末速度

$$v = \sqrt{v_0^2 + v_y^2} = \sqrt{\frac{gs^2}{2h} + 2gh}$$

正确解答

如图(a)所示,在立体图上作出足球受到的作用力和运动方向(在立体图中确定运动模型)。

结合情境联想最接近的熟悉模型——平抛运动,在立体图中的轨迹如图(b)所示(为立体的运动情况简化为平面内的运动情况做准备)。

如图(c)所示,选择受力情况与初速度方向确定的轨迹平面,在轨迹平面作出运动分析图;如图(d)所示,是水平地面俯视图,平抛运动的水平位移为 x(将立体情境转换成平面情境)。

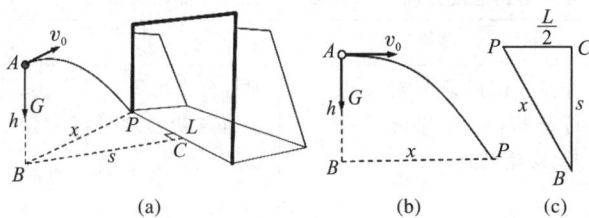

正解答图

在轨迹平面图即图(b)中,由平抛运动规律可知:

$$x = v_0 t, \quad h = \frac{1}{2}gt^2$$

$$v_y = gt, \quad v = \sqrt{v_0^2 + v_y^2}$$

在俯视图即图(c)中,$x = \sqrt{s^2 + \frac{L^2}{4}}$;联立上述方程可求得 $v = \sqrt{\frac{g}{2h}\left(\frac{L^2}{4} + s^2\right) + 2gh}$。

教师点评

从常见错解看,解题者有一定的平抛运动知识基础,但未能准确确定平抛运动的轨迹平面以计算平抛的水平位移。其根本原因在于未能将空间问题转化成平面问题,没有根据受力情况与初速度方向确定轨迹。

本例是立体空间背景下,物体在某个平面内做变速曲线运动的问题。解答时需要在空间图形中进行受力分析、运动分析,再根据受力情况与初速度方向确定轨迹平面,将立体问题转化为平面问题,在平面内求解运动量。思维过程如下。

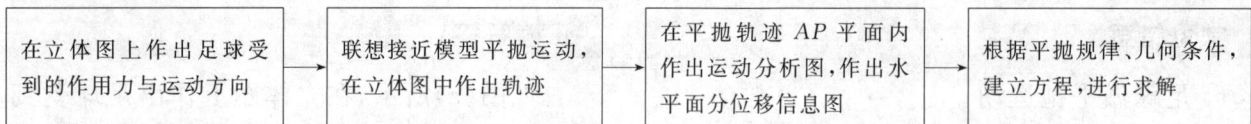

在立体图上作出足球受到的作用力与运动方向	→	联想接近模型平抛运动，在立体图中作出轨迹	→	在平抛轨迹 AP 平面内作出运动分析图，作出水平面分位移信息图	→	根据平抛规律、几何条件，建立方程，进行求解

（三）观念形成

立体空间的平衡问题、物体在平面内的运动问题，通常需要将立体问题转化成平面问题，在平面内建立模型，寻找物理规律，建立方程求解。具体思维过程如下。

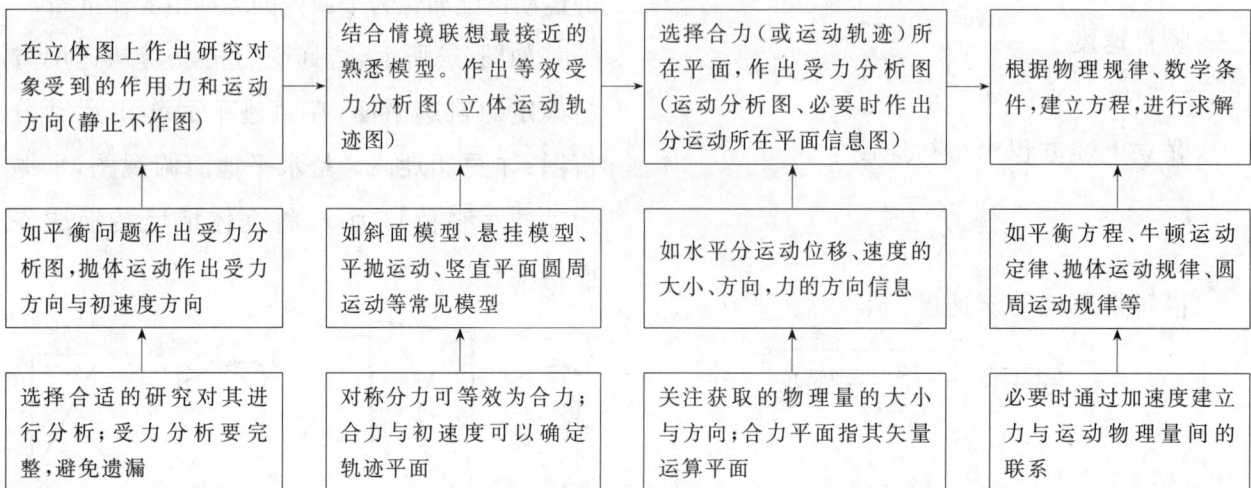

在立体图上作出研究对象受到的作用力和运动方向（静止不作图）	→	结合情境联想最接近的熟悉模型。作出等效受力分析图（立体运动轨迹图）	→	选择合力（或运动轨迹）所在平面，作出受力分析图（运动分析图、必要时作出分运动所在平面信息图）	→	根据物理规律、数学条件，建立方程，进行求解
↑		↑		↑		↑
如平衡问题作出受力分析图，抛体运动作出速度方向与初速度方向		如斜面模型、悬挂模型、平抛运动、竖直平面圆周运动等常见模型		如水平分运动位移、速度的大小、方向，力的方向信息		如平衡方程、牛顿运动定律、抛体运动规律、圆周运动规律等
↑		↑		↑		↑
选择合适的研究对其进行分析；受力分析要完整，避免遗漏		对称分力可等效为合力；合力与初速度可以确定轨迹平面		关注获取的物理量的大小与方向；合力平面指其矢量运算平面		必要时通过加速度建立力与运动物理量间的联系

二、针对性训练

基础训练

1.（一轮复习）如图所示，两名同学提起总重量为 G 的水桶向右匀速运动，四根绳子长度均与桶口的直径相等，它们与竖直方向的夹角均相等，两同学手臂的夹角为 $60°$，求绳子的拉力。

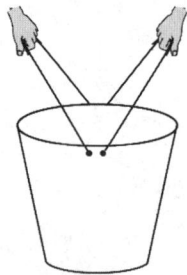

第 1 题图

2.（一轮复习）如图所示，用两根等长的细绳将一个匀质圆柱体悬挂在竖直木板的 P 点，将木板以底边 MN 为轴向后方缓慢转动直至水平，绳与木板间的夹角保持不变，忽略圆柱体与木板间的摩擦，则在转动过程中木板对圆柱体的支持力、两根细绳对圆柱体的拉力怎样变化？

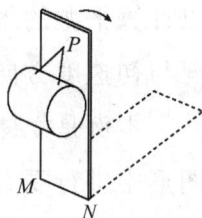

第 2 题图

3.（一轮复习）如图所示，一个质量 $m=1\text{kg}$ 的木块静止在倾角 $\theta=37°$ 的斜面上，木块与斜面间的动摩擦因数 $\mu=0.85$。现试着沿斜面水平向右拉木块，使木块刚好做匀速运动，则这个力有多大（滑动摩擦力近似等于最大静摩擦力，重力加速度 g 取 10m/s）？

第 3 题图

4.（一轮复习）如图所示，有一个小物块在水平圆形转台的边缘，当转台的转速缓慢增大到某一临界值时，小物块恰好滑离转台。现测得圆形转台的半径 $R=0.6\text{m}$，距离水平地面的高度 $H=0.8\text{m}$，物块落地点离转轴的距离 $s=1\text{m}$。求物块滑落时转台的角速度（重力加速度 g 取 10m/s）。

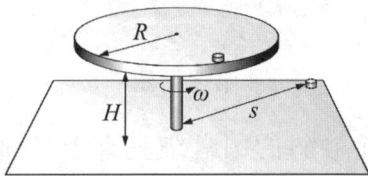

第 4 题图

5.（一轮复习）如图所示，一个倾斜的圆筒绕固定轴 OO' 以恒定的角速度转动，圆筒的半径 $r=1.5\text{m}$，筒壁内有一个小物体与圆筒始终保持相对静止，小物体与圆筒间的动摩擦因数 $\mu=\dfrac{\sqrt{3}}{2}$（设最大静摩擦力等于滑动摩擦力），转动轴与水平面间的夹角 $\theta=60°$。重力加速度 g 取 10m/s^2，要使小物体不发生相对滑动，则圆筒边缘转动的最小速度应为多大？

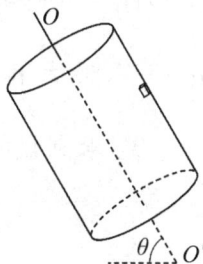

第 5 题图

拓展训练

1.（一轮复习）如图所示，五个半径相同的匀质球在碗中堆成锥形；下面四个球处于同一水平面上且紧密接触。已知各球重均为 G，试求上方小球对底部四个球的压力大小。

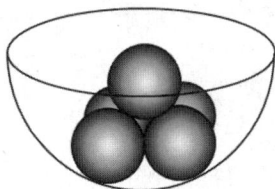

第 1 题图

2.（一轮复习）如图所示，均匀 T 形物块 A 重为 G，夹在两个相同的水平垫板中，A 与垫板间的动摩擦因数为 μ。当垫板 B、C 以相同的水平速率 v_1 对称且匀速地向两侧退开时，若要使 A 以速率 v_2 匀速前移，则作用在 A 的中央位置上的与 v_2 同向的水平拉力 F 应为多大？

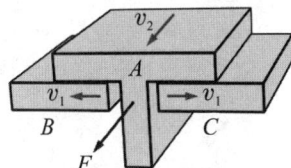

第 2 题图

3. (一轮复习)图(a)是乒乓球的发球机,图(b)是其简化示意图。设球桌的 AB 边长为 L_1,BC 边长为 L_2,球网高为 h;发球机简化为 EF,其中 E 点固定在 AB 边的中点,F 点为乒乓球发射点,EF 始终保持竖直,高度为 H。乒乓球可看成质点,每次均从 F 点水平发射,发射方向可以在水平面内任意调整。不计空气阻力,不考虑乒乓球的旋转,求使球落在 $JKCD$ 区域的发射速度大小的取值范围。

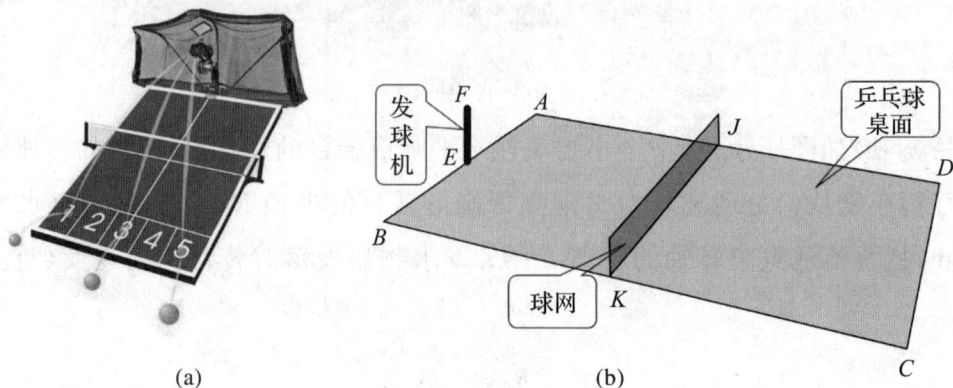

(a)   (b)

第 3 题图

4. (一轮复习)如图所示,一个倾斜的圆盘绕垂直于盘面、过圆盘中心的轴以恒定角速度转动,盘面上到转轴的距离 $l = 2.5\mathrm{m}$ 处有一个小物体与圆盘始终保持相对静止。已知物体与盘面间的动摩擦因数 $\mu = \dfrac{\sqrt{3}}{2}$,最大静摩擦力等于滑动摩擦力,又知盘面与水平面的夹角 $\theta = 30°$,求圆盘的最大角速度。

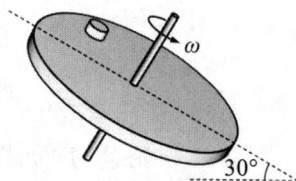

第 4 题图

第 19 讲 立体平面转化观(电学篇)

引路人　浙江省临安中学　周敏

一、案例分析

(一)通电导线在磁场中的受力问题

典型例题

如图所示,水平固定放置的平行导轨间距为 L,质量为 m 的金属棒 ab 置于导轨上,棒 ab 与导轨的夹角 $\beta=60°$。整个装置处在磁感应强度大小为 B、方向与导轨平面成 $\alpha=30°$ 角斜向右上方的匀强磁场中。已知当棒 ab 通有电流 I 时,棒 ab 恰好能静止于水平导轨上,最大静摩擦力等于滑动摩擦力。求棒 ab 与导轨间的动摩擦因数 μ(重力加速度为 g)。

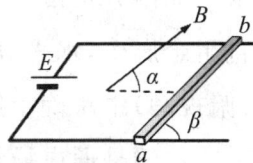
例题图

常见错解

将磁场分解为竖直分量和水平分量,在竖直方向的磁场中,棒 ab 的受力分析如图所示,其中

$$F_A = ILB\sin\alpha$$

$$F_f = F_A$$

$$F_N = mg$$

$$F_f = \mu F_N$$

联立方程解得

$$\mu = \frac{F_f}{F_N}$$

$$= \frac{ILB\sin\alpha}{mg}$$

$$= \frac{ILB}{2mg}$$

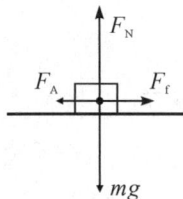

错解答图

正确解答

因为磁场与金属棒不垂直,故在竖直平面内将磁场沿竖直方向和水平方向分析,如图(a)所示;俯视图如图(b)所示,将水平磁场 $B\cos\alpha$ 分解成垂直和平行于棒 ab 的磁场(为立体情境转平面情境做准备),并求得棒的有效长度 $L' = \frac{L}{\sin\beta}$。

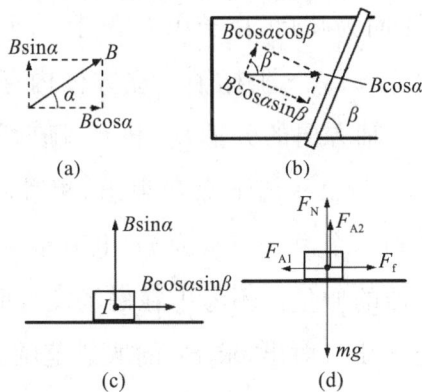

正解答图

题设的立体图转化成沿金属棒方向的平面视图,作电流方向及与其垂直的磁场方向如图(c)所示(选择合适的模型)。

在图(c)平面内进行受力分析,棒 ab 受力情况如图(d)所示,其中 $F_{A1} = \frac{ILB\sin\alpha}{\sin\beta}$,

$$F_{A2} = ILB\cos\alpha。$$

由平衡条件可知 $F_N + F_{A2} = mg$；$F_f = F_{A1}$，且 $F_f = \mu F_N$。联立上述方程解得

$$\mu = \frac{F_f}{F_N} = \frac{2ILB}{2\sqrt{3}mg - 3ILB}$$

教师点评

从常见错解看，解题者具有一定的立体转平面的意识，但转换的能力不足，未能进一步在水平面内分析磁场方向与金属棒中电流方向的关系，错误地认为只有竖直向上的磁场分量垂直于金属棒，水平分量因与金属棒平行而对棒没有安培力作用；也未通过立体转平面在平面图（俯视图）中正确求解棒的有效长度。

本例是通电导线在磁场中的空间受力问题，涉及立体空间磁场、通电导线的空间方位等问题，需要通过分解磁感应强度，将在空间情境转化为平面情境，在平面内进行受力分析与运动分析，运用平衡条件和电磁学知识综合求解。思维过程如下。

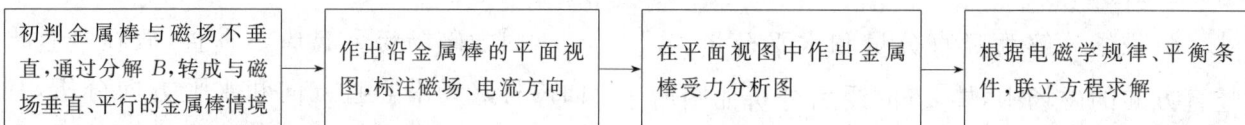

初判金属棒与磁场不垂直，通过分解 B，转成与磁场垂直、平行的金属棒情境 → 作出沿金属棒的平面视图，标注磁场、电流方向 → 在平面视图中作出金属棒受力分析图 → 根据电磁学规律、平衡条件，联立方程求解

（二）运动电荷在磁场中的受力问题

典型例题

如图（a）所示，某氙离子推进器由离子源 O、边长为 L 的立方体 $CDEF - C'D'E'F'$ 构成，$DEE'D'$ 面为喷口，离子源 O 位于 $CFF'C'$ 面的中点。以离子源 O 为坐标原点，垂直于立方体侧面建立 x、y、z 坐标轴。立方体内存在磁场，其磁感应强度沿 z 轴方向的分量始终为 0，沿 x 轴和 y 轴方向的分量 B_x 和 B_y 随时间做周期性变化的规律如图（b）所示，图中 B_0 可调。氙离子 (Xe^{2+}) 束从离子源 O 射出，相对推进器的速度大小为 v_0，方向沿 z 轴方向，最后从喷口射出。已知单个离子质量为 m，电荷量为 $2e$，忽略离子间的相互作用，且射出离子的总质量远小于推进器的质量。不考虑在磁场突变时运动的离子，调节 B_0 的值，使得从离子源 O 射出的离子均能从喷口射出，求 B_0 的取值范围。

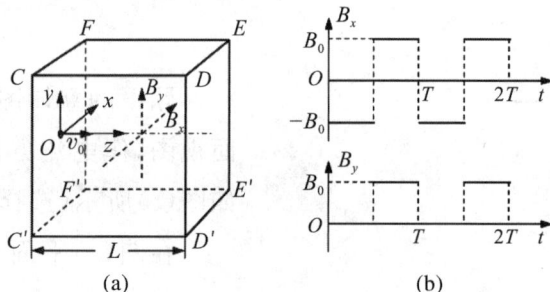

例题图

常见错解

从 0—$\dfrac{T}{2}$ 时段进入磁场的离子,在沿 x 轴负方向的磁场中运动,如图所示,离子做圆周运动刚好运动到 $D'E'$ 中点时,离子运动的半径最小,B_0 取最大值。

由几何关系有

$$\left(R-\dfrac{L}{2}\right)^2+L^2=R^2$$

解得半径

$$R=\dfrac{5}{4}L$$

又因为

$$2ev_0B_{max}=\dfrac{mv_0^2}{R}$$

解得

$$B_{max}=\dfrac{2mv_0}{5eL}$$

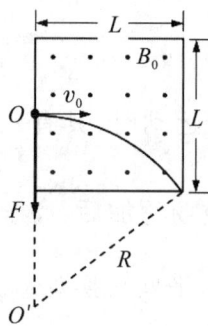

错解答图

$\dfrac{T}{2}$—T 时段,

$$B_x=B_y=B_0$$

因此当 B_0 取最大值时,离子向 y 轴方向刚好运动到 DE 中点,向 x 轴负方向刚好运动到 DD' 中点。

由对称性知磁感应强度最大仍为

$$B_{max}=\dfrac{2mv_0}{5eL}$$

综上,B_0 的取值范围为 0~$\dfrac{2mv_0}{5eL}$。

正确解答

速度 v_0 沿 z 轴方向,磁感应强度沿 x 轴或 y 轴方向,所以速度一定与磁场垂直(为立体情境转平面情境选择最优平面做准备)。

从 0—$\dfrac{T}{2}$ 时段进入磁场的离子,在沿 x 轴负方向的磁场中运动,yOz 平面如图(a)所示(将立体问题转化成沿磁场方向的平面问题)。

离子受洛伦兹力如图(b)所示,离子做圆周运动,当 B_0 取最大值时,离子运动的半径最小,离子从喷口的下边缘 $D'E'$ 中点射出。

由几何关系知 $\left(R_1-\dfrac{L}{2}\right)^2+L^2=R_1^2$;由洛伦兹力提供向心力知 $2ev_0B_0=\dfrac{mv_0^2}{R_1}$;联立以上两式解得 $B_0=\dfrac{2mv_0}{5eL}$。

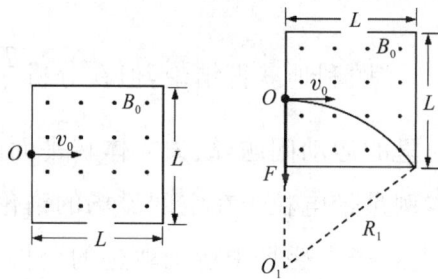

(a)　　　(b)

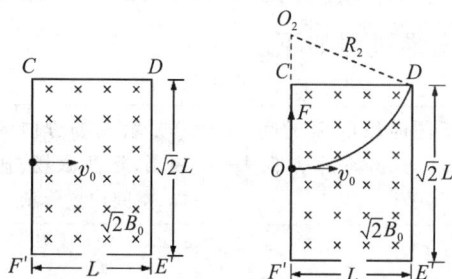

(c)　　　(d)

正解答图

$\dfrac{T}{2}$—T 时段,$B_x=B_y=B_0$,合磁感应强

度大小为 $\sqrt{2}B_0$，方向沿 $C'F$，仍然与速度 v_0 垂直。离子源 O 在平面 $CDE'F'$ 上，沿合磁场方向（$C'F$ 方向）的平面视图如图(c)所示（将立体问题转化成沿磁场方向的平面问题）。

离子受洛伦兹力如图(d)所示，离子做圆周运动，当 B_0 取最大值时，离子运动的半径最小，离子从喷口的 D 点射出。

根据几何关系有 $\left(R_2 - \dfrac{\sqrt{2}L}{2}\right)^2 + L^2 = R_2^2$；

由洛伦兹力提供向心力，$2ev_0 \cdot \sqrt{2}B_0 = \dfrac{mv_0^2}{R_2}$；

联立解得 $B_0 = \dfrac{mv_0}{3eL}$。

因为 $\dfrac{mv_0}{3eL} < \dfrac{2mv_0}{5eL}$，所以 B_0 的取值范围为 $0 \sim \dfrac{mv_0}{3eL}$。

教师点评

常见错解中，解题者在分析求解 $0-\dfrac{T}{2}$ 时段进入磁场的离子运动时，具有一定立体转平面的意识，较顺利地获得结论，但在分析 $\dfrac{T}{2}-T$ 时段过程时，遇到磁场叠加后，离子在较复杂的立体空间里的运动问题，缺失立体转平面的意识，没有强烈的立体、平面转换观念。

本例是带电粒子在空间磁场的洛伦兹力作用下的圆周运动问题，涉及立体空间磁场叠加后，带电粒子在磁场中运动轨迹的分析，需要通过将复杂的立体空间情境转化为熟悉的平面情境，在平面内进行受力分析与运动轨迹的临界条件判断，综合几何关系与牛顿运动定律解决问题。思维过程如下。

初判不同时段的离子速度方向与磁场的方向垂直	→	作出沿磁场方向的平面视图，标注磁场、速度方向、空间位置信息	→	在平面视图中作出离子受力分析图，进一步分析离子的运动轨迹	→	根据电磁学规律、几何条件、牛顿运动定律，联立方程求解

(三)观念形成

立体空间的平衡问题、物体在平面内的运动问题，通常需要将立体问题转化成平面问题，在平面内建立模型，寻找物理规律，建立方程求解。具体思维过程如下。

在立体图上初判磁场方向与导体棒(离子速度 v)是否垂直,不垂直时,通过分解 B(或 v)转换成垂直与平行的情境	作出沿导体棒方向(沿磁场方向)的平面视图或磁感线平面图,转化为平面情境	在平面图中,作出受力分析图、运动分析图(必要时作出分运动所在平面的信息图)	根据物理规律、数学条件,建立方程,进行求解
如通电导线在磁场中的平衡问题,带电粒子在磁场中的运动问题	如平面斜拉模型、斜面模型、圆周运动、螺旋运动、"×"、"·"磁场等常见模型	如安培力、洛伦兹力、带电粒子做圆周运动的轨迹、圆心、圆心角、半径等	如平衡方程、牛顿运动定律、圆周运动规律、电磁学规律等
选择合适的磁场(粒子速度)所在平面进行正交分解,非匀强磁场可选磁感线平面	如果是非匀强磁场,其中某一小区域可视为匀强磁场;非直导线,可取电流元	受力分析要完整,特别要避免漏分析不直接接触的作用力	要留意联立物理规律中的临界条件,数学、几何上的约束条件

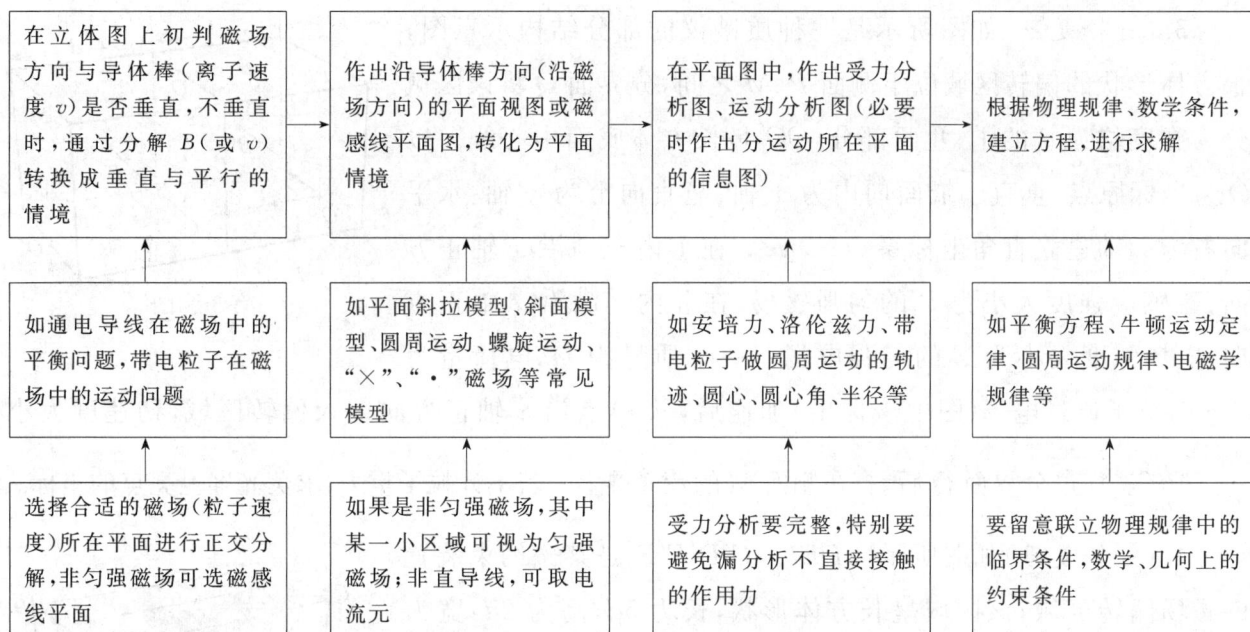

二、针对性训练

基础训练

1. (一轮复习)如图所示,表面粗糙的平行金属导轨倾斜放置,间距 $d=0.8\mathrm{m}$,导轨平面与水平面的夹角 $\theta=37°$,导轨中间整个区域有竖直向上的匀强磁场,磁感应强度大小 $B=2.5\mathrm{T}$。将一根质量 $m=0.2\mathrm{kg}$ 的导体棒 ab 垂直于导轨放置。调节滑动变阻器的阻值,当流过导体棒的电流大小 $I=2\mathrm{A}$ 时,导体棒恰好处于静止状态。已知重力加速度 $g=10\mathrm{m/s^2}$,$\sin37°=0.6,\cos37°=0.8$,最大静摩擦力等于滑动摩擦力,求导体棒和导轨间的动摩擦因数。

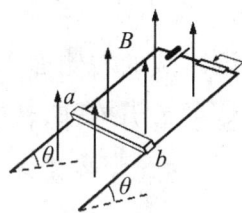

第 1 题图

2. (一轮复习)如图所示,一个金属线圈放在条形磁体 S 极的右侧,条形磁体刚好在其轴线上。当线圈内通以图示方向的电流(从右向左看沿逆时针方向)后,线圈的运动或运动趋势如何?

第 2 题图

3.（一轮复习）如图所示是一种质谱仪的部分结构示意图，长方体形状的偏转区域位于侧面 P、M 之间，分界面 Q 将该区域分为宽度均为 d 的 Ⅰ、Ⅱ 两部分，OO' 是长方体底面中心线。以 O 为坐标原点，垂直于纸面向内为 x 轴、竖直向上为 y 轴、水平向右为 z 轴建立直角坐标系 $O-xyz$。在 Ⅰ 内充满沿 x 轴正方向、磁感应强度大小为 B 的匀强磁场，在 Ⅱ 内充满沿 x 轴正方向、电场强度大小为 E 的匀强电场。一个质量为 m、电荷量为 $+q$ 的粒子通过电场（图中未标出）加速后，从 O 点沿 z 轴正方向射入偏转区域，初速度大小 $v_0 = \dfrac{2qBd}{m}$，穿过分界面 Q 后，打在侧面 M 的荧光屏上。若不计粒子重力，求荧光屏上亮点的坐标。

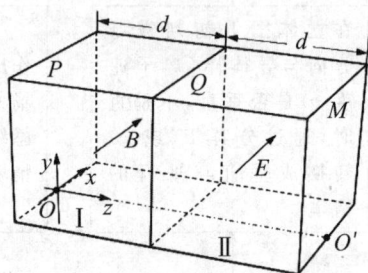

第 3 题图

4.（一轮复习）如图所示，$CDEF-C'D'E'F'$ 是某磁约束装置的磁场偏转区域，该区域呈长方体形状，长为 $5d$，高为 $2d$，宽为 $3d$，整个区域内存在方向沿 CD 边的匀强磁场，磁感应强度大小为 B，区域外磁场忽略不计。该区域的竖直对称面左侧中点 S 处有一粒子源，在对称面上不断向区域内各个方向均匀发射质量均为 m、电荷量均为 $+q$ 的带电粒子，粒子的速度大小均为 $v = \dfrac{3qBd}{2m}$。

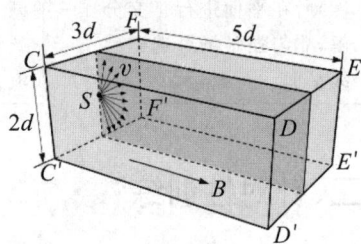

第 4 题图

该区域的右侧面 $DEE'D'$ 上装有一个粒子收集器，收集器接地，不影响区域内粒子的运动。若粒子重力不计，粒子间的相互作用力不计，则粒子收集器的收集率为多大？

5.（一轮复习）某粒子分析器的圆柱形电磁偏转区如图所示，图中坐标系原点 O 是底面中心，x、y 轴沿底面直径，z 轴沿圆柱形区域的轴线 $O'O$，右侧底面装有检测器，检测器被带电粒子撞击的位置会发光。圆柱形区域足够大，区域内存在匀强磁场和匀强电场，电场方向沿 z 轴正方向，电场强度大小为 E，磁场方向沿 z 轴负方向，磁感应强度大小为 B。一束质量为 m、电荷量为 q 的正离子不断从左侧底面中心 O' 沿 x 轴

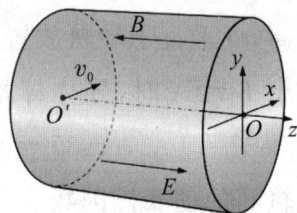

第 5 题图

正方向以初速度 v_0 射入后，在检测器上发现有一个稳定的亮点。已知轴线 $O'O$ 长 $L = \dfrac{2\pi^2 mE}{9qB^2}$，运动过程中离子所受重力可以忽略不计，离子间的相互作用不计，求检测器上亮点的坐标。

拓展训练

1.（一轮复习）如图所示，足够长且表面粗糙的平行金属导轨倾斜放置，间距 $L = 0.5\text{m}$，与水平面的夹角 $\theta = 37°$，上端接有一个阻值 $R = 3\Omega$ 的定值电阻，导轨中间整个区域有水平向左的匀强磁场，磁感应强度大小 $B = 1\text{T}$。将一根质量 $m = 0.03\text{kg}$、阻值 $r = 2\Omega$ 的导体棒 ab 垂直于导轨放置，导体棒与导轨间的动摩擦因数 $\mu = 0.5$。现将导体棒由静止释放，则导体棒刚离开导轨时的速度为多大？（已知重力加速度 $g = 10\text{m/s}^2$，$\sin37° = 0.6$，$\cos37° = 0.8$。）

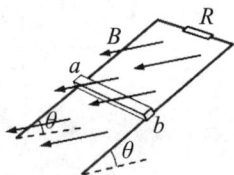

第 1 题图

2. (一轮复习)把一根通电的硬导线放在蹄形磁体的磁场中,导线放在两磁极的正上方,如图所示。导线可以在空中自由移动和转动,给导线通入由 a 到 b 方向的电流,试描述通电后一段不长的时间内,导线在磁场力作用下的运动情况。

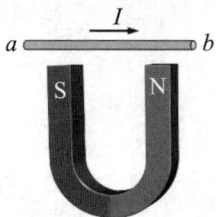

第 2 题图

3. (一轮复习)如图所示为一根圆柱形真空管,长度为 d,管内存在平行于轴线的匀强磁场,磁感应强度大小为 B。在真空管的底面圆心 O 处有一个离子源,不断向管内发射质量为 m、电荷量为 q 的正离子。这些离子的速度大小、方向各不相同,速度方向与轴线的最大夹角为 $60°$。经测量发现,这些离子均能从真空管的另一底面圆心 O' 射出,且在真空管中运动的时间均相等,则真空管的半径 R 至少为多大?

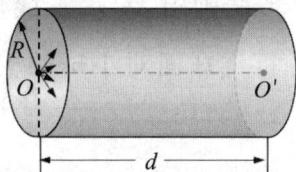

第 3 题图

4. (一轮复习)在现代研究受控热核反应的实验中,需要把 $10^7 \sim 10^9$ K 的高温等离子体限制在一定空间区域内,这样的高温环境下几乎所有作为容器的固体材料都会熔化,磁约束就成了重要的技术。如图所示,科学家设计了一种中间弱两端强的磁场,该磁场由两侧通有等大同向电流的线圈产生。假定一个带正电的粒子(不计重力)从左端附近以斜向纸内的速度进入该磁场区域,其运动轨迹为图示的螺旋线(未全部绘出)。此后,该粒子将被约束在左右两端之间来回运动,就像光在两面镜子之间来回"反射"一样,不能"逃脱"。这种磁场被形象地称为磁瓶,磁场区域的两端被称为磁镜。试分析粒子从左端到右端的运动过程中,其运动轨迹的螺距如何变化。

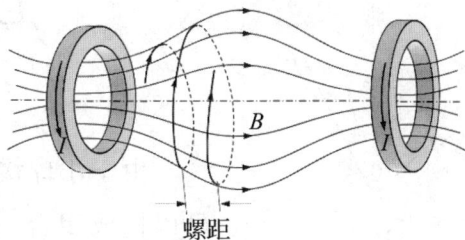

第 4 题图

第二章　思维方法

第1讲　相似三角形法

引路人　温州第二高级中学　顾声和

一、案例分析

典型例题

如图所示,光滑半球面固定不动,其圆心 O 的正上方有一个定滑轮(不计滑轮大小和质量),放在半球面上的小球(可视为质点)用不可伸长的细绳连接,并绕过定滑轮。用力 F 拉动细绳,在将小球从 A 点缓慢拉到半球面最高点 M 点的过程中,试分析半球面对小球的支持力 F_N 和细绳对小球的拉力 F 的大小如何变化。

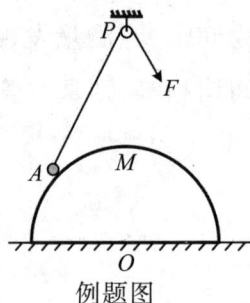

例题图

常见错解

常见错解1:

受力分析如图(a)所示,对小球运动过程中的两个位置(如图中 A、B 两个位置)进行受力分析,比较两个位置的支持力 F_N、拉力 F 的力的图示的长度,确定两个力的大小变化:拉力 F 减小,支持力 F_N 不变。

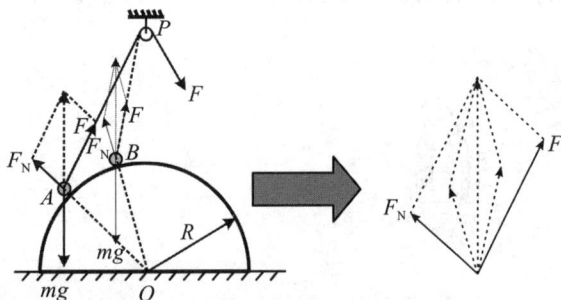

错解答图(a)

常见错解2:

根据小球缓慢运动,每时每刻均为平衡

正确解答

如图所示,作小球受力示意图,分析可知,小球的重力大小和方向都不变,而支持力、拉力的大小和方向均发生改变。

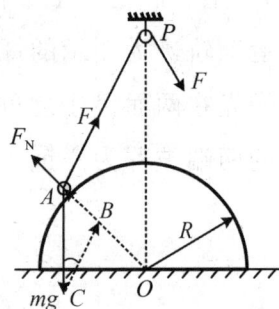

正解答图

由于小球缓慢运动,合力为零,即三个力可以构成闭合三角形(建议:大小、方向都不变的重力可以不动,将支持力 F_N 平移到 AB 处,将拉力 F 平移到 BC 处,构成矢量 $\triangle ABC$)。

状态,受到的力有重力 mg、支持力 F_N、绳子拉力 F,将它们平移头尾相接构成闭合三角形 ABC,如图(b)所示。

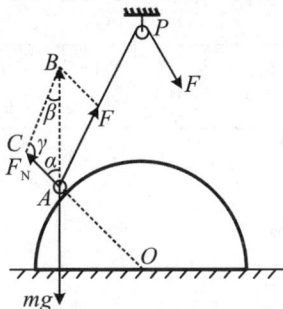

错解答图(b)

根据正弦定律有 $\dfrac{mg}{\sin\gamma}=\dfrac{F}{\sin\alpha}=\dfrac{F_N}{\sin\beta}$。

从小球向上运动的过程中,可以看出 γ 为钝角且增大,α 减小、β 减小,进而可通过上式判断重力 mg、支持力 F_N、绳子拉力 F 大小变化,结果各个力的变化情况是无法确定的。

从图中可以寻找到几何 $\triangle OAP$ 与矢量 $\triangle ABC$ 相似。根据相似三角形对应边成比例,有

$$\frac{mg}{OP}=\frac{F}{AP}=\frac{F_N}{OA}$$

其中,小球重力 mg、滑轮到半球面球心的高度 OP、半球面的半径 OA 均不变。

因此,支持力 F_N 的大小不变,定滑轮左侧的绳长 AP 减小,故拉力 F 变小。

教师点评

常见错解1具有一定的科学性,但存在弊端:一是要求作图必须精准,但哪怕在精准作图的情况下也难以判断一个大小不变的力,如该题中的支持力 F_N;二是仅通过两个位置的分析容易以偏概全。常见错解2中,解题者想通过正弦定理,利用闭合矢量三角形中各个角的变化确定各个边的变化,但结果是,虽然知道各个角的变化,却无法判断各个边(即各个力的大小)的变化。

在利用图解法处理力的动态平衡时,有时需要主动作辅助线来构建三角形,比如在常见错解中,若能作 PO 连线,或许能注意到几何 $\triangle AOP$,发现矢量 $\triangle CAB$ 和几何 $\triangle AOP$ 相似,进而找到解决问题的可能性。

审题环节需注意题中条件和细节,比如半球面光滑、可视为质点、不可伸长的细绳、不计滑轮大小与质量、缓慢拉动等。分析环节:小球沿半球面缓慢运动,每时每刻可以看作平衡。分析受力特点:受到三个力,只有重力恒定,另外两个力的大小和方向均不断改变。在不能通过合成法或正交分解法列式求解的情况下,应该积极构建力的矢量三角形,利用正弦、余弦定理或闭合三角形法,或寻找三角形相似等特殊法。

方法提炼

在三力平衡问题中,如果有一个力是恒力,另外两个力方向、大小都变化,且题目给出了几何关系,可能存在矢量三角形与空间几何三角形相似,应通过比较两个三角形的特征证明相似,并利用相似三角形对应边成比例的方法进行求解。

思维过程如下。

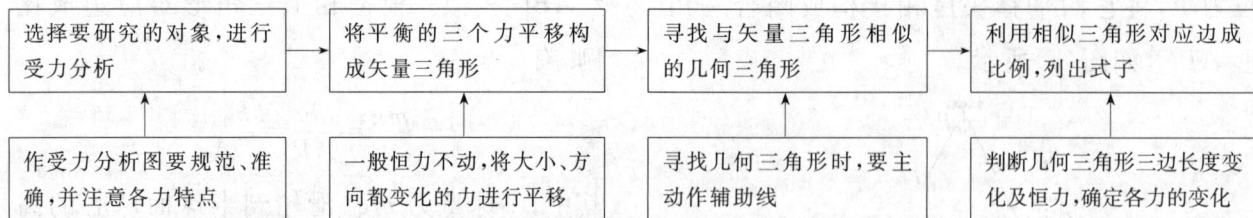

```
┌─────────────────┐   ┌─────────────────┐   ┌─────────────────┐   ┌─────────────────┐
│选择要研究的对象,进行│→ │将平衡的三个力平移构│→ │寻找与矢量三角形相似│→ │利用相似三角形对应边│
│受力分析          │   │成矢量三角形      │   │的几何三角形      │   │成比例,列出式子    │
└─────────────────┘   └─────────────────┘   └─────────────────┘   └─────────────────┘
        ↑                     ↑                     ↑                     ↑
┌─────────────────┐   ┌─────────────────┐   ┌─────────────────┐   ┌─────────────────┐
│作受力分析图要规范、准│   │一般恒力不动,将大小、方│   │寻找几何三角形时,要主│   │判断几何三角形三边长度变│
│确,并注意各力特点    │   │向都变化的力进行平移  │   │动作辅助线        │   │化及恒力,确定各力的变化│
└─────────────────┘   └─────────────────┘   └─────────────────┘   └─────────────────┘
```

二、针对性训练

基础训练

1.(相互作用内容学习后)如图所示,半径为 R 的光滑大圆环竖直固定,一根劲度系数为 k、自然长度为 L_0($L_0 < 2R$)的轻质弹簧,上端固定在大圆环的最高点 A,下端连接一质量为 m 的小环,小环套在大圆环上,在 B 点处于静止状态。此时

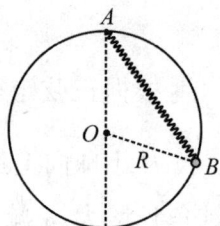

(1)作出小环的受力分析示意图。

(2)小环受到的三个力能否通过平移构成闭合矢量三角形?若能,请作出该三角形,并在图中寻找与之相似的几何三角形。

(3)写出几何三角形与矢量三角形的对应边关系。

第1题图

2.(相互作用内容学习后)如图所示是一个简易起吊设施的示意图,AC 是轻杆,A 端与竖直墙用铰链连接,C 端吊重物 P,一个滑轮(大小不计)固定在 A 点正上方,BC 绳连接在滑轮与 C 端之间。现施加拉力 F 缓慢将重物 P 向上拉,在 AC 杆达到竖直前,判断正确的是 (   )

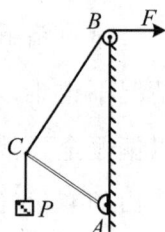

A. BC 绳中的拉力越来越大

B. BC 绳中的拉力越来越小

C. AC 杆中的支撑力越来越大

D. AC 杆中的支撑力大小不变

第2题图

3.(静电场及其应用内容学习后)如图所示,已知带电小球 A、B 的电荷量分别为 Q_A、Q_B,用长度均为 L 的绝缘丝线(即 $OA = OB$)悬挂在 O 点。静止时 A、B 相距为 d。为使平衡时 A、B 间的距离减为 $\dfrac{d}{2}$,可采用 (   )

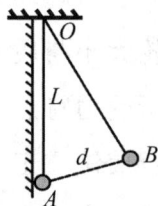

A. 将小球 A、B 的质量都增大到原来的 2 倍

B. 将小球 B 的质量增大到原来的 8 倍

C. 将小球 A、B 的电荷量都减小到原来的 $\dfrac{1}{2}$

D. 将小球 A、B 的电荷量都减小到原来的 $\dfrac{1}{2}$,同时将小球 B 的质量增加到原来的 2 倍

第3题图

拓展训练

拓展引导:相似三角形法不仅可以应用在三力平衡问题中,同样,存在于由其他矢量构成的闭合三角形问题中(如两个分位移与合位移构成的闭合矢量三角形、两个分速度与合速度构成的闭合矢量三角形等),若能从题中找到与该矢量三角形对应的相似几何三角形,也可以尝试利用该方法,写出对应边成比例的关系式,寻求各量的关系。

1. (抛体运动内容学习后)如图所示,点光源 S 到竖直墙壁的距离为 d,一小球从 S 处水平抛出,初速度为 v_0,则小球在墙壁上的影子做什么运动?请给予证明(说明)。

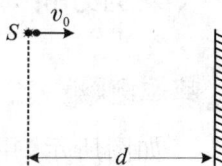

第 1 题图

2. (圆周运动内容学习后)如图所示,一物体沿着半径为 R 的圆周运动,在 A 点的速度为 v,经过足够短的时间 Δt,到达 B 点,请推导物体在 A 点的向心加速度大小的表达式。

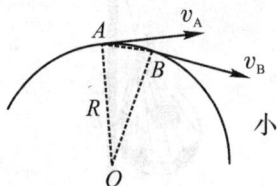

第 2 题图

3. (电场中的能量内容学习后)如图所示,间距为 d,长为 L 的两极板 M、N 水平放置,M、N 间的电压为 U,一群速率不同的电子从两极板正中垂直于电场方向射入偏转电场。在距离两极板右端 L 处有一块竖直放置,上、下端分别与 M、N 极板等高的挡板 P,可使射到其上的电子不能再射到其后的屏 S 上,挡板与屏的距离也为 L。不考虑电子间的相互作用,初动能为多大的电子经偏转电场后能达到屏 S 上?

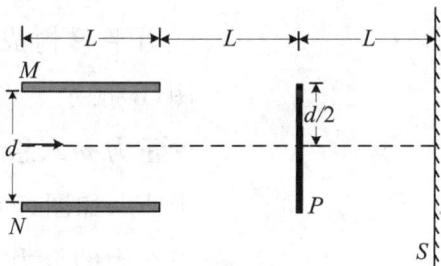

第 3 题图

4. (一轮复习)表面光滑、半径为 R 的半球固定在水平地面上,球心 O 的正上方 O' 处有一个无摩擦定滑轮,轻质细绳两端各系一个小球挂在定滑轮上,如图所示,当两个小球平衡时,若滑轮两侧细绳的长度分别为 $L_1 = 2.4R$ 和 $L_2 = 2.5R$,则这两个小球的质量之比 $m_1 : m_2$(不计小球及定滑轮的大小)为　　　　(　　)

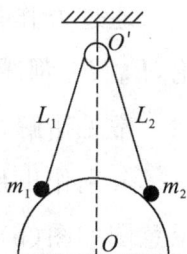

第 4 题图

A. 24 : 1　　　　　　　　　　　B. 25 : 1

C. 24 : 25　　　　　　　　　　D. 25 : 24

第2讲 动态矢量三角形法

引路人　浙江省桐乡市高级中学　李静芳

一、案例分析

典型例题

如图所示，用网兜把足球挂在光滑墙壁上的 O 点，足球与墙壁的接触点为 B，设悬绳对 A 点的拉力为 F_A，墙壁对足球的支持力为 F_B。求当悬绳 OA 长度缩短后，F_A、F_B 的变化情况。

例题图

常见错解

常见错解 1：

将足球在两种情况下的受力分析示意图平移到同一幅图中，如图（a）所示。

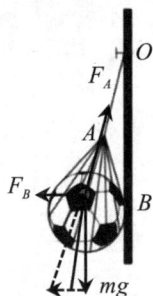

错解答图（a）

通过力作用线长度的变化情况得出结论，F_A、F_B 都减小。

常见错解 2：

分别作出足球在两种情况下的受力分析示意图如图（b）所示。

正确解答

以足球为研究对象进行受力分析，足球受重力 mg、悬绳对其拉力 F_A，墙壁对其支持力 F_B，如图（a）所示（正解答图均见下页）。足球处于静止状态，所受三个力的合力为零，三力平移构成首尾相连的矢量三角形，如图（b）所示。当悬绳 OA 长度缩短后，足球仍受重力 mg、悬绳对其拉力 F_A，墙壁对其支持力 F_B，如图（c）所示，足球处于平衡态，所受三个力的合力为零，三力平移构成首尾相连的矢量三角形，如图（d）所示。两种情况中，重力 mg 的大小与方向不变、墙壁对其支持力 F_B 的方向不变，我们可以将两次受力情况平移到同一幅图中，如图（e）所示。在同一幅图中，通过力作用线长度的变化判断力大小的变化情况。在图（e）中，重力 mg 不变，其作用线长度也不变；悬绳对足球拉力 F_A 的作用线长度变长，F_A 增大；墙壁对足球支

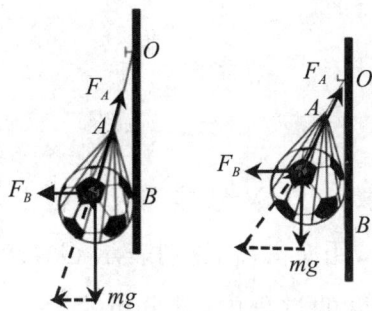

错解答图（b）

持力 F_B 的作用线长度变长，F_B 增大。

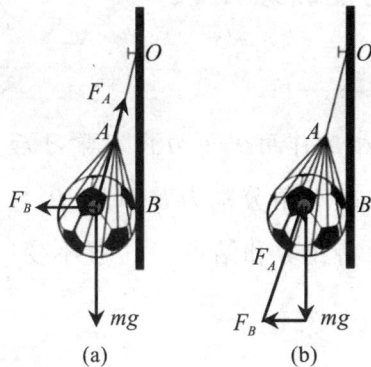

(a)　　　　(b)

通过上述两幅图中力作用线长度的变化得出结论，F_A 减小，F_B 增大。

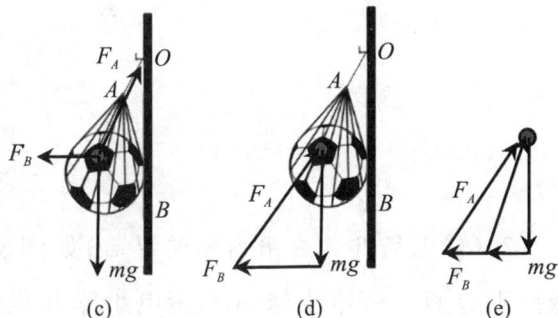

(c)　　　(d)　　　(e)

正解答图

教师点评

常见错解 1 中，解题者认识到 F_A、F_B、mg 构成首尾相连封闭的矢量三角形，mg 为恒力始终不变，F_B 的方向不变，但未考虑清楚悬绳 OA 长度缩短后悬绳 OA 与竖直方向的夹角的变化情况。

常见错解 2 中，解题者正确回答了足球的受力情况以及悬绳 OA 缩短后悬绳 OA 与竖直方向的夹角增大的问题，但未认识到我们进行受力分析时用的是力的示意图，作用线的长短无法准确表达力的大小。

本题为三力作用下的动态平衡问题。重力 mg 为恒定的力，其大小和方向始终不变；墙壁对足球的支持力 F_B 方向始终不变；当悬绳 OA 长度缩短后，悬绳 OA 与竖直方向的夹角增大；将两次受力情况表达在同一幅图中，恒力作用线长度不变，另两个力作用线长度变化情况即代表其大小变化情况。

方法提炼

在三力动态平衡问题中，如果有一个力为恒力，另一个力的方向始终不变，则可将三个力平移到同一个三角形中，再把多个状态的力三角形作于同一幅图中构成动态矢量三角形，通过分析比较图中各力的大小和方向解决问题。具体思维过程如下。

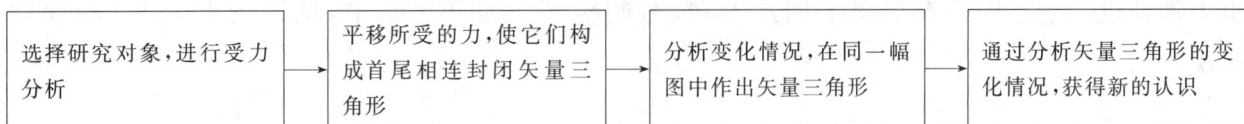

二、针对性训练

1.（相互作用——力内容学习后）如图所示,吊灯通过 OM、ON 悬挂在天花板上,两绳与竖直方向的夹角分别为 α、β（$\alpha > \beta$,且 α 与 β 之和大于 $90°$）,用 F_1、F_2 分别表示 OM、ON 的拉力。若保持角 β 和结点 O 位置不变,在不断减小 OM 绳长度的过程中,试分析拉力 F_1 大小的变化情况。

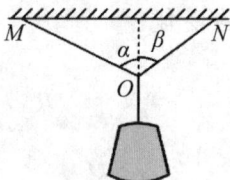

第 1 题图

2.（静电场及其应用内容学习后）如图所示,一带电小球 B 用绝缘轻质细线悬挂于 O 点。带电小球 A 与带电小球 B 处于同一水平线上,小球 B 平衡时细线与竖直方向成 θ 角（$\theta < 45°$）。现在同一竖直平面内缓慢向下移动小球 A,使带电小球 B 能够保持在原位置不动,直到小球 A 移动到小球 B 位置的正下方。试讨论此过程中,A、B 间静电力 F_{AB} 的变化情况。

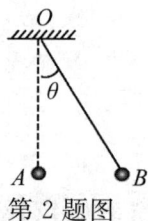

第 2 题图

3.（静电场及其应用内容学习后）如图所示,在一电场强度沿纸面方向的匀强电场中,用一绝缘丝线系一带电小球。小球的质量为 m,电荷量为 q。为保证当丝线与竖直方向的夹角 $\theta = 60°$ 时,小球处于平衡状态,求匀强电场的最小值（重力加速度为 g）。

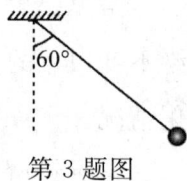

第 3 题图

4.（安培力与洛伦兹力内容学习后）质量为 m、长为 L 的直导体棒放置于光滑的四分之一圆弧轨道上,其截面如图所示。导体棒中通有电流强度大小为 I 的电流,空间内存在磁感应强度大小为 B 的匀强磁场,磁场方向竖直向上。当导体棒平衡时,导体棒与圆心的连线与竖直方向的夹角为 θ,轨道对导体棒的弹力为 F_N。若仅将电流强度 I 缓慢增大,讨论 θ、F_N 的变化情况。

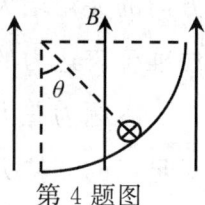

第 4 题图

1.（相互作用——力内容学习后）筷子是中华饮食文化的标志之一。如图所示,用筷子夹质量为 m 的小球处于静止,筷子均在竖直平面内,且筷子与竖直方向的夹角均为 θ,左侧、右侧筷子对小球的弹力分别为 F_{N1}、F_{N2}。忽略小球与筷子间的摩擦,已知重力加速度为 g。保持左侧筷子固定不动,右侧筷子缓慢变为水平,试讨论 F_{N1}、F_{N2} 的变化情况。

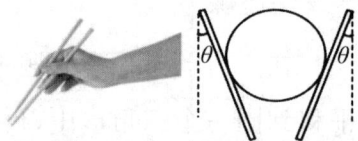

第 1 题图

2.（静电场及其应用内容学习后）如图所示,把一带正电的小球 a 放在光滑的绝缘斜面上。欲使小球 a 能静止在斜面上,需在 M、N 间放一带电小球 b。试讨论带电小球 b 放置在图中 A、B、C 三处的可能性,以及小球 b 的电性。

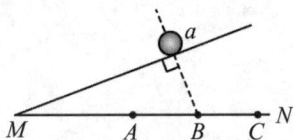

第2题图

3.（安培力与洛伦兹力内容学习后）如图所示,金属棒 MN 质量为 m,长度为 L,两端由等长的轻质细线水平悬挂,现处于竖直向上的匀强磁场中。金属棒中通以方向由 M 到 N、大小为 I 的电流,平衡时两悬线向右偏离竖直方向的夹角均为 θ,重力加速度为 g。要保持该金属棒的平衡位置不变,仅改变匀强磁场的大小和方向,匀强磁场的磁感应强度至少多大?此时方向如何?

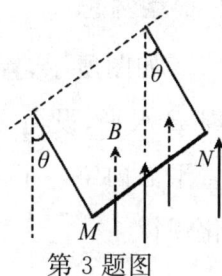

第3题图

4.（相互作用——力内容学习后）如图所示,位于水平地面上的物体在斜向上的拉力 F 作用下,做速度为 v 的匀速运动,拉力 F 与水平方向的夹角为 θ。已知物体质量为 m,重力加速度大小为 g,物体与地面间的动摩擦因数为 μ,求 F 的最小值 F_{min},以及最小拉力与水平方向的夹角的正切值。

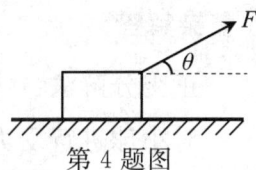

第4题图

第3讲 辅助圆法

引路人 杭州市富阳区江南中学 李娜

一、案例分析

（一）三力平衡情境中的辅助圆法

典型例题

如图所示，置于地面的矩形框架中两细绳拴住质量为 m 的小球，绳 B 水平，设绳 A、B 对球的拉力大小分别为 F_1、F_2。现将框架在竖直平面内绕左下端逆时针缓慢旋转 $90°$，试分析此过程中 F_1、F_2 的变化规律。

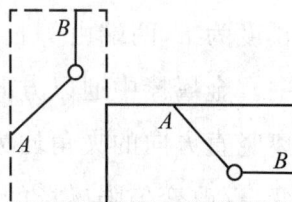
例题图

复杂解答

正交分解法：

对小球进行受力分析，小球受到重力 G、绳 A 的拉力 F_1、绳 B 的拉力 F_2，如图中实线箭头所示。

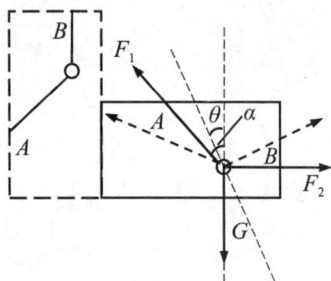
复杂解答图

设 F_1 的初始位置与竖直方向的夹角为 α，当框架转过 θ 角时，两绳上拉力 F_1、F_2 均沿逆时针转过 θ 角，如图中虚线箭头所示，再将三力沿水平和竖直方向正交分解。

x 轴方向：

$$F_1\sin(\alpha+\theta)=F_2\cos\theta$$

y 轴方向：

$$F_1\cos(\alpha+\theta)+F_2\sin\theta=mg$$

$0°\leqslant\theta\leqslant90°$，进行数学代换，可以写出

简捷解答

辅助圆法：

对小球进行受力分析，小球受到重力 G、绳 A 的拉力 F_1、绳 B 的拉力 F_2，如图（a）所示，由于小球处于平衡状态，将三个力移至首尾相连，构建矢量三角形，如图（b）所示，在三角形中重力大小方向不变，在框架转动过程中 A、B 绳的夹角不变，即两拉力的夹角不变，所以可以考虑构建该三角形的外接辅助圆（作外接圆的方法：作矢量三角形任意两条边的中垂线，以中垂线交点为圆心，以交点到任一顶点的距离为半径作圆），如图（c）所示，因为 F_2 初始位置与重力垂直，所以 F_1 的初始位置在某条直径上，随着框转动，F_1、F_2 交点在辅助圆上逆时针方向移动，F_1 对应弦的长度从直径开始一直减小，F_2 从水平开始，绕与重力的交点逆时针方向转动到直径时最长，再转动会变短，所以 F_1 逐渐变小，F_2 先变大再变小。

$$F_1 \frac{\cos\alpha}{\cos\theta} = mg$$

α 角是定值，随着 θ 角从 $0°$ 增加到 $90°$，$\cos\theta$ 从 1 逐渐减小到 0，所以 F_1 逐渐变小。

代入 $F_2 = \dfrac{F_1 \sin(\alpha+\theta)}{\cos\theta}$，易得 F_2 先变大再变小。

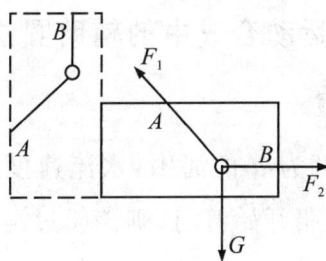

（a）

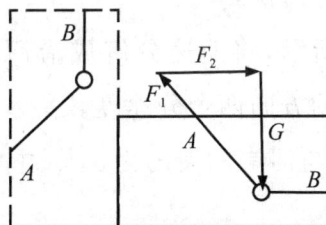

（b）

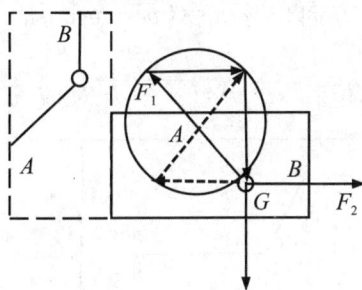

（c）

简捷解答图

▶ **教师点评**

　　在三力动态平衡问题中，其中有两个力的夹角不变时，学生已有的一些方法，如相似三角形法、图解法等就显得不那么趁手，正交分解的计算量又大，这时用辅助圆法就能让问题迎刃而解。

　　本题小球只受三力作用，且重力是恒力，而另两个力大小、方向虽改变但夹角不变，考虑到圆中固定弦所对应的圆周角是恒定的，尝试用辅助圆法来解决问题，固定弦对应不变的恒力（如重力），所对的角为剩余两力（如拉力 F_1、F_2）首尾相连处的夹角，随着框转动，三角形 F_1 边逐渐缩短，F_2 到直径时最长，再转动会变短，因而 F_1 逐渐变小，F_2 先变大再变小。

　　思维过程如下。

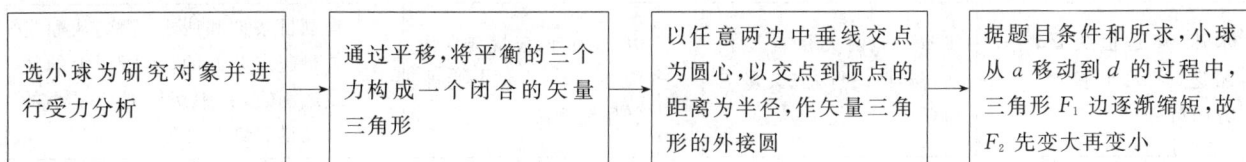

(二)运动合成中的辅助圆法

在宽度为 d 的河中,水流速度为 v_2,船在静水中速度为 v_1(且 $v_1 < v_2$),船头方向可以选择,现让该船开始渡河,则该船过河的最小位移是多少?

复杂解答

正交分解法:

如图所示,将船速分解成沿河方向和垂直于河岸的方向两个分速度。

设 v_1 与河岸的夹角为 α,则过河时间 $t = \dfrac{d}{v_1 \sin\alpha}$。

沿河方向位移 $x = (v_2 - v_1 \cos\alpha) \dfrac{d}{v_1 \sin\alpha}$。

最小位移 $s_{\min} = \sqrt{x^2 + d^2}$ 对应 $x_{\min}$。

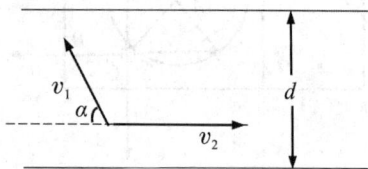

复杂解答图

对 x 求导,$x' = -\dfrac{v_2 d}{v_1} \cdot \dfrac{\cos\alpha}{\sin^2\alpha} + \dfrac{d}{\sin^2\alpha}$。

令 $x' = 0$,有 $\cos\alpha = \dfrac{v_1}{v_2}$,可得 $s_{\min} = \dfrac{d v_2}{v_1}$。

简捷解答

辅助圆法:

如图所示,设合速度方向与河岸成 β 角,因为河宽一定,渡河位移 $s = \dfrac{d}{\sin\beta}$,所以当 β 最大时,渡河位移最小。在求合速度时,将船速 v_1 与水速 v_2 移至首尾相连,如图所示,因为船速大小不变,方向在变,可将 v_1 看作在以船速大小为半径,以 v_1、v_2 交点为圆心的圆周上移动,则过 v_2 起点指向圆周的有向线段即合速度,当合速度与辅助圆相切时 β 角最大,此时 $\sin\beta = \dfrac{v_1}{v_2}$,即最小位移 $s_{\min} = \dfrac{d v_2}{v_1}$。

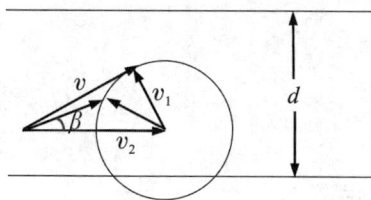

简捷解答图

正交分解法解题过程的表达式较为复杂,且涉及三角函数和复合函数求导问题,对导数知识和数学计算能力有较高的要求,且耗费较多时间。

本题中,涉及两个矢量——船速度 v_1 与水速 v_2 的合成,因为船速 v_1 大小不变,方向在变,可联想到 v_1 矢量在以 v_1 大小为半径的圆周上转动,尝试用辅助圆法。具体思维过程如下。

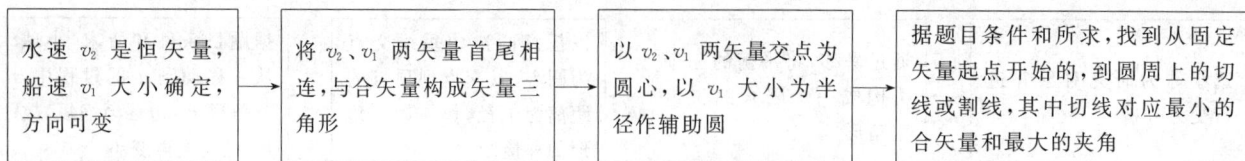

（三）方法提炼

在矢量合成分解问题中,若一个是恒矢量,另一个是大小确定、方向可变的情况,求极值的问题时,考虑到"大小确定,方向可变"的特征,可尝试用辅助圆法。若三个矢量中有一个是恒定矢量(合矢量),而另两个矢量(分量)的夹角不变,考虑到"夹角确定,方向大小可变"的特征,也可尝试用辅助圆法。具体思维过程如下。

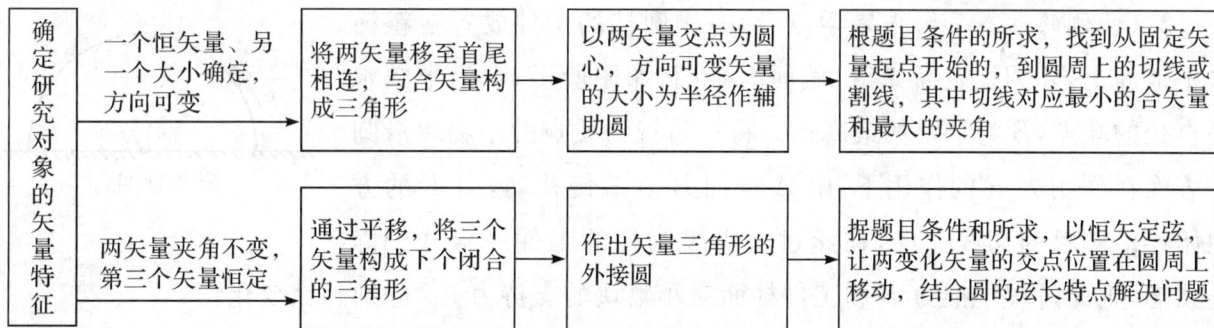

二、针对性训练

基础训练

1. (相互作用、共点力平衡内容学习后)如图所示,圆弧形货架上摆着一个光滑小球,挡板一端固定在圆心 O 点,另一端从 A 缓慢转动到 B,则在转动过程中,圆弧面对小球的支持力 F_1,挡板对小球的支持力 F_2 分别怎么变化?

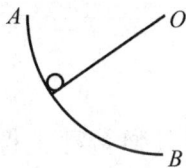 

第 1 题图　　　　　第 2 题图

2. (相互作用、共点力平衡内容学习后)马戏团有长臂猿表演节目,如图所示,当长臂猿双手抓住大圆环吊挂不动时,顺时针缓慢转动大圆环至长臂猿右臂竖直,试分析在此过程中长臂猿左右手臂受到的拉力 F_1、F_2 的变化情况。

3. (抛体运动内容学习后)如图所示,河水流动的速度为 v 且处处相同,河宽度为 a。在船下水点 A 的下游距离为 b 处是瀑布。当小船沿轨迹 AB 渡河时,如何求船在静水中的最小速度?

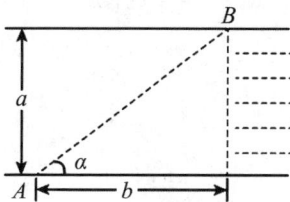

第 3 题图

4.（相互作用、共点力平衡内容学习后）已知力 $F=10\text{N}$,它的一个分力 $F_1=8\text{N}$,求另一个分力 F_2 与 F 的夹角取值范围。

拓展训练

1.（力的合成与分解内容学习后）将已知力 F 分解为 F_1 和 F_2,已知 $F=10\text{N}$,F_1 和 F_2 的夹角为 $150°$,则 F_2 的最大值为多少?

2.（物体的动态平衡内容学习后）一半圆柱的工件放置在粗糙水平地面上,外圆柱表面光滑,截面为半圆,如图所示,A 为半圆水平直径的端点,B 为半圆的最高点。将一可视为质点的小物块沿圆柱表面在作用力 F 的作用下,由 A 点向 B 点缓慢移动,力 F 的方向始终沿圆弧的切线方向,在此过程中半圆柱的工件一直处于静止状态,则此过程中推力 F 和工件柱面对小物块的支持力 F_N 分别怎么变化?

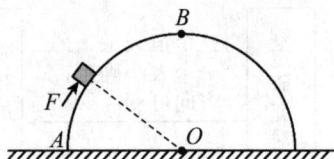
第2题图

3.（物体的动态平衡章节复习）如图所示,轻质弹簧一端固定在水平墙上,另一端与一小球相连,在小球上再施加一个拉力 F 使小球处于静止状态,弹簧与竖直方向的夹角为 α,拉力 F 与竖直方向的夹角为 β,且 $\alpha+\beta<90°$;现保持拉力 F 大小不变,方向缓慢转至水平,则弹簧上的弹力和角 α 分别怎么变化?

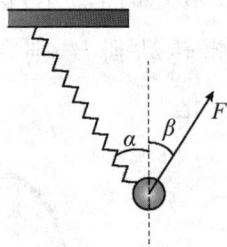
第3题图

4.（物体的动态平衡章节复习）如图所示,A、B 两只弹簧秤把橡皮条上的结点拉到某一位置 O,这时两绳套 AO、BO 的夹角小于 $90°$。现在保持弹簧秤 A 的示数不变而改变其拉力方向使 α 角变小。若要使结点仍在位置 O,应该如何调整弹簧秤 B 的拉力大小和角 β?

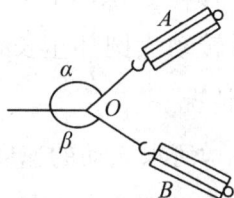
第4题图

第4讲 能流图法

引路人 杭州市余杭第一中学 贺琳

一、案例分析

典型例题

某节水喷灌系统如图所示,水以 $v_0 = 15\text{m/s}$ 的速度水平喷出,每秒喷出的水的质量 $m = 2.0\text{kg}$。喷出的水是从井下抽取的,喷口离水面的高度保持 $H = 3.75\text{m}$ 不变。水泵由电动机带动,电动机正常工作时,输入电压 $U = 220\text{V}$,输入电流 $I = 2.0\text{A}$。不计电动机的摩擦损耗,电动机的输出功率等于水泵所需要的输入功率。已知水泵的抽水效率(水泵的输出功率与输入功率之比)为 75%,忽略水在管道中运动的机械能损失,求水泵的输入功率 $P_入$。

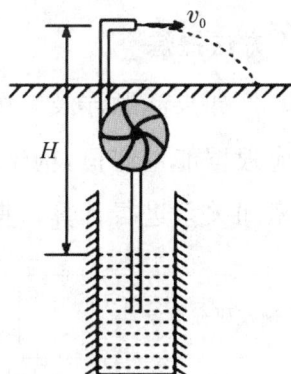

例题图

常见错解

常见错解1:

电动机的功率

$$P = UI = 220\text{V} \times 2\text{A} = 440\text{W}$$

由于电动机的输出功率等于水泵所需要的输入功率,因此水泵的输入功率

$$P_入 = 440\text{W}$$

常见错解2:

水泵通过做功,将电动机的能量转化为水的动能和重力势能,可得

$$W = \Delta E = mgH + \frac{1}{2}mv_0^2 = 300\text{J}$$

因此水泵的输入功率

$$P_入 = \frac{W}{t} = 300\text{W}$$

正确解答

输入电动机的电能通过电动机、水泵时的能量发生转化或转移,这个过程中主要的能量转化(转移)流程如图所示。

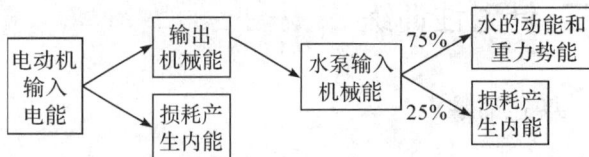

正解答图

水泵的输出能量转化为水的动能和重力势能,可得 $W = \Delta E = mgH + \frac{1}{2}mv_0^2 = 300\text{J}$。

水泵的输出功率 $P_出 = \dfrac{W}{t} = 300\text{W}$。

水泵的抽水效率(水泵的输出功率与输入功率之比)为 75%,则 $P_入 = \dfrac{P_出}{75\%} = 400\text{W}$。

教师点评

常见错解1中,解题者有认识到水泵的功率是由电动机提供的,但未考虑到电动机的输入功率与输出功率并不相等,电动机因为内阻等损耗会产生内能。

常见错解 2 中,解题者从能量最终的状态入手,先计算出最终水获得的能量,再反推水泵的输入功率,思路是正确的,但未考虑到水泵的抽水效率。

本题涉及多个仪器之间的能量转化关系,需要学生借助能量转化(转移)流程图(以下简称能流图),认识能量转化(转移)间的关系。如果要正确求解本题,需要遵循以下思维过程。

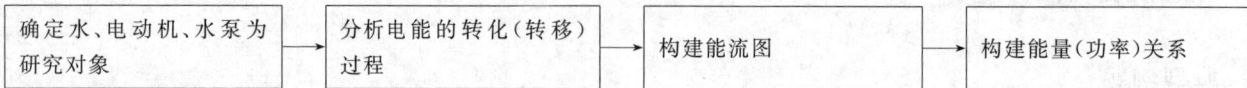

| 确定水、电动机、水泵为研究对象 | → | 分析电能的转化(转移)过程 | → | 构建能流图 | → | 构建能量(功率)关系 |

方法提炼

如果问题涉及三次及以上的能量转化(转移)过程或三种及以上能量间的转化关系,那么应根据能量守恒,构建能量转化(转移)流程图,理清能量转化(转移)关系,并进一步转化为功率间关系进行计算。具体思维过程如下。

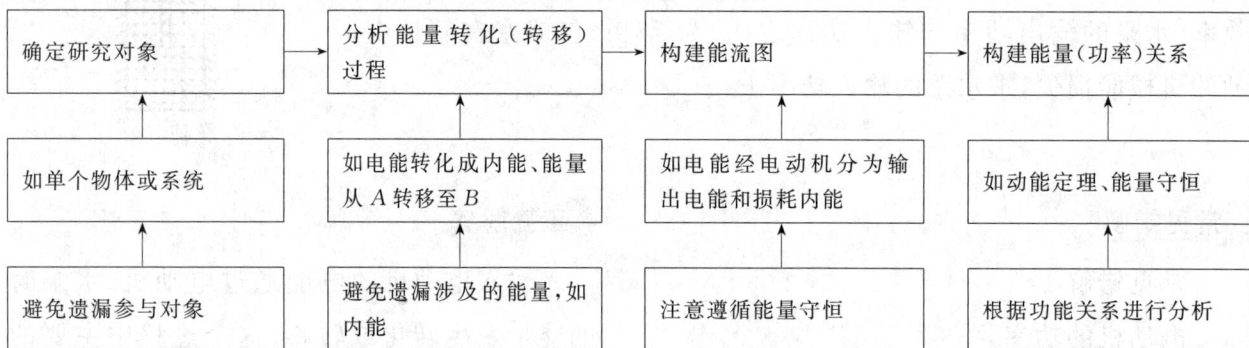

| 确定研究对象 | → | 分析能量转化(转移)过程 | → | 构建能流图 | → | 构建能量(功率)关系 |

| 如单个物体或系统 | 如电能转化成内能、能量从 A 转移至 B | 如电能经电动机分为输出电能和损耗内能 | 如动能定理、能量守恒 |

| 避免遗漏参与对象 | 避免遗漏涉及的能量,如内能 | 注意遵循能量守恒 | 根据功能关系进行分析 |

二、针对性训练

基础训练

1. (机械能守恒定律内容学习后)《天工开物》中记载了古人借助水力使用高转筒车往稻田里引水的场景,如图所示。引水过程简化如下:两个半径均为 R 的水轮,因为水流的推力近似匀速转动,水筒在筒车上均匀排布,与水轮间无相对滑动。每个水筒离开水面时装有质量为 m 的水,其中一部分通过输水管道被输送到高出水面 H 处灌入稻田。试分析水推动水车转动到送到高处灌溉稻田的过程中能量的转化过程,并作出主要能流图。

第 1 题图

2.（电能、能量守恒定律内容学习后）风能是一种清洁的可再生能源,利用风力发电将助力我国实现"碳中和"目标。风力发电机组主要由叶片、齿轮箱、发电机等组成,其简化结构如图(a)所示。叶片横截面的设计原理如图(b)所示,一面较平,另一面较弯曲,叶片在风的作用下旋转,经过齿轮箱增速后,发电机转子高速旋转发电。试完成能量转化分析,并作出风力发电的主要能流图。

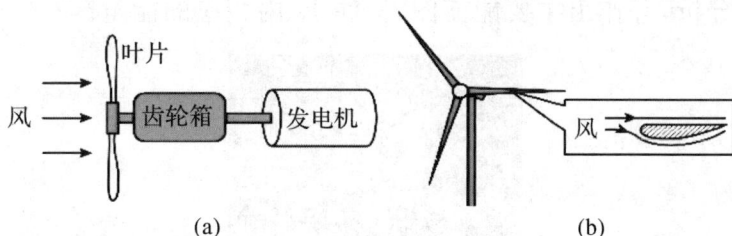

第 2 题图

3.（电能内容学习后）如图所示是利用地面直流电源通过电缆供电的无人机,旋翼由电动机带动。现有质量为 m、额定功率为 P 的无人机从地面起飞沿竖直方向上升,经过时间 t 到达高度为 h 处后悬停并进行工作。已知直流电源供电电压为 U,若不计电缆的质量,忽略电缆对无人机的拉力。试完成能量转化分析,并作出电源供电过程中的主要能流图。

第 3 题图

4.（光学内容学习后）如图所示,一束光与某材料表面成 $45°$ 角入射,每次的反射光能量为入射光能量的 $k(0<k<1)$。若这束光最终进入材料的能量为入射光能量的 $1-k^2$,试完成能量转化分析,并作出主要能流图。

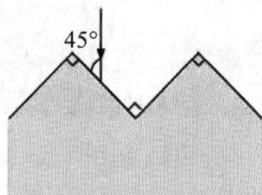

第 4 题图

5.（电磁感应内容学习后）如图所示的水平光滑导轨上放置了两根导体棒,开始时 cd 棒静止,ab 棒有初速度 v_0,两导体棒质量均为 m,电阻均为 R。若两导体棒在运动过程中始终不接触,试分析在 ab 棒从开始运动到达到稳态的过程中,系统能量的转化情况,并作出主要能流图。

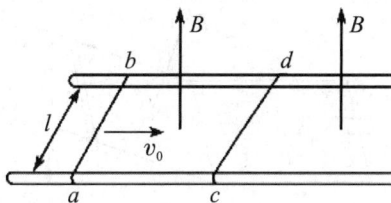

第 5 题图

拓展训练

1.（一轮复习）风力发电已成为我国实现"双碳"目标的重要途径之一。如图所示，风力发电机是一种将风能转化为电能的装置。已知该风机叶片旋转一周扫过的面积为 A，空气密度为 ρ，风场风速为 v，并假设风保持正面吹向叶片。该发电机将空气动能转化为电能的效率为 η。试完成能量转化分析，并作出主要能流图，标注 1s 内相应的能量。

第1题图

2.（一轮复习）如图所示是被誉为"中国天眼"的 500m 口径球面射电望远镜（FAST）。FAST 对距地球为 L 的天体进行观测，其接收光子的横截面半径为 R。若天体射向 FAST 的辐射光子中，有 $\eta(\eta<1)$ 被 FAST 接收，FAST 每秒接收到该天体发出的频率为 ν 的 N 个光子。已知普朗克常量为 h，试完成能量转化分析并作出主要能流图，标注 t 时间内相应的能量（或功率）。

第2题图

3.（一轮复习）如图所示，光滑导轨由水平、倾斜两部分顺滑对接而成，导轨末端接电容为 C 的电容器。倾斜导轨处在一垂直于斜面的匀强磁场区，磁感应强度为 B。质量为 m、电阻为 R 的导体棒从倾斜导轨高度为 h 处由静止释放，滑到倾斜导轨底端时的速度为 v，导轨电阻不计。试完成能量转化分析，并作出导体棒由静止滑到倾斜导轨底端的过程中的主要能流图。

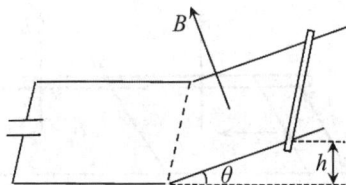

第3题图

4.（一轮复习）如图所示是一辆小汽车以某一速度行驶时能量分配的大致比例图。在消耗的总能量中,有小部分由于汽油的蒸发而"消失"——散发到大气中而无法被利用。其余能量进入发动机,一部分用于做功,其余能量包括排气管排出的废热和散热器的热量散失均属于能量耗散而无法利用。用于做功的能量也有不少损耗,一部分用于发动机的水箱循环和空调,一部分消耗于传动装置,其余到达驱动轮。到达驱动轮的能量推动汽车向前进,其中约一半用于克服空气阻力,另外一半用于克服滚动摩擦。根据上述信息,试完成能量转化分析,并作出汽车的主要能流图。

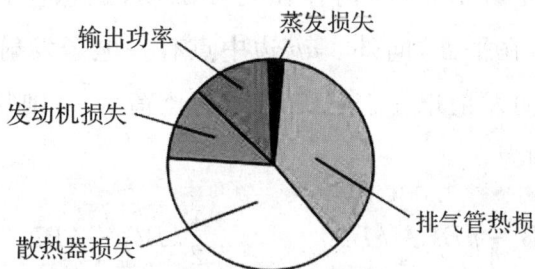

第 4 题图

5.（一轮复习）为了降低潜艇噪声,提高其前进速度,可用电磁推进器替代螺旋桨。潜艇下方有左右两组推进器,每组由 6 个相同的用绝缘材料制成的直线通道推进器构成,其原理如图所示。在直线通道内充满海水,通道中存在由超导线圈产生的匀强磁场,磁场区域上、下方各有金属板 M、N,当其与推进器专用直流电源相连后,在两板间的海水中产生了从 N 到 M 的电流,设电流只存在于磁场区域。当潜艇以恒定速度前进时,海水在出口处相对于推进器向后喷出,思考专用直流电源所提供的电能如何分配,并作出主要能流图。

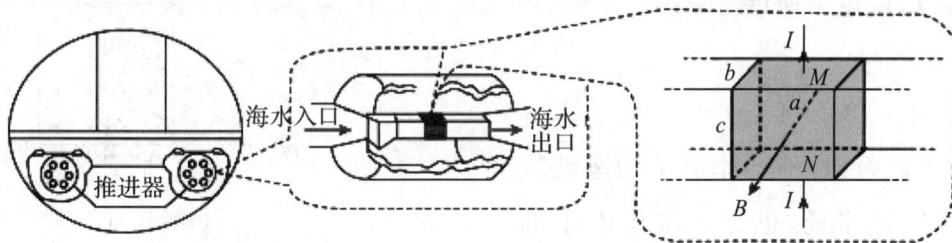

第 5 题图

第5讲 知"三"定圆法

引路人 浙江省丽水中学 李玉霜

一、案例分析

典型例题

如图所示,边长为 l 的正方形 $abcd$ 内存在匀强磁场,磁感应强度大小为 B,方向垂直于纸面($abcd$ 所在平面)向外。ab 边中点有一电子发射源 O,可向磁场内沿垂直于 ab 边的方向发射电子。已知电子的比荷为 k,则从 a、d 两点射出的电子的速度大小分别为 （ ）

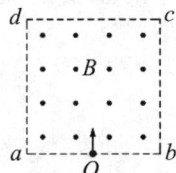
例题图

A. $\dfrac{1}{4}kBl,\dfrac{\sqrt{5}}{4}kBl$ B. $\dfrac{1}{4}kBl,\dfrac{5}{4}kBl$ C. $\dfrac{1}{2}kBl,\dfrac{\sqrt{5}}{4}kBl$ D. $\dfrac{1}{2}kBl,\dfrac{5}{4}kBl$

常见错解

如图所示,电子从 a 点射出,轨迹半径

$$r_a=\frac{l}{4}$$

由洛伦兹力提供向心力,有

$$ev_aB=m\frac{v_a^2}{r_a}$$

又有 $\dfrac{e}{m}=k$,则电子速度

$$v_a=\frac{kBl}{4}$$

电子从 d 点射出,不会作电子的运动轨迹,无法求出轨迹半径,也无法求出电子的速度。

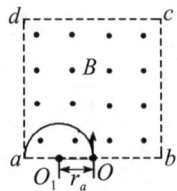
错解答图

正确解答

作出初速度方向的垂线 → 以 Oa 中点为圆心,作出电子圆周运动的轨迹 → 根据几何关系,求出半径大小

如图所示,电子从 a 点射出时,其运动轨迹为线①,轨迹半径 $r_a=\dfrac{l}{4}$。

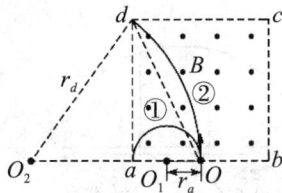
正解答图

由洛伦兹力提供向心力,有 $ev_aB=m\dfrac{v_a^2}{r_a}$,又有 $\dfrac{e}{m}=k$,解得 $v_a=\dfrac{kBl}{4}$。

电子从 d 点射出时,运动轨迹为线②。

由几何关系有 $r_d{}^2=l^2+\left(r_d-\dfrac{l}{2}\right)^2$,解得 $r_d=\dfrac{5l}{4}$。

由洛伦兹力提供向心力,有 $ev_dB=m\dfrac{v_d^2}{r_d}$,又有 $\dfrac{e}{m}=k$,得 $v_d=\dfrac{5kBl}{4}$,B 项正确。

教师点评

要解决带电粒子在磁场中运动的问题,要先确定带电粒子做圆周运动的圆心,接着作出带电粒子的轨迹圆,然后根据几何关系求出半径,最后根据待求物理量进行计算。该学生还没有掌握好带电粒子在磁场中运动的定圆心、作轨迹、求半径的方法。

方法提炼

带电粒子在磁场中的运动,若已知粒子的入射点、入射方向、出射点、出射方向和轨道半径5个物理量中的3个,就能确定轨迹圆的圆心,并能作出带电粒子在磁场中运动的轨迹圆。

| 确定粒子的入射速度、出射速度方向,并作出垂线 | → | 垂线交点即圆心,再作出轨迹圆,如图1所示 | → | 根据图像建立几何关系,求出偏转半径 |

1. 若已知粒子运动轨迹上的两点和其中某一点的速度方向,则弦的中垂线与粒子在这点的速度方向的垂线的交点即圆心,如图2所示。

2. 若已知粒子轨迹上某点速度方向,又能根据 $r=\dfrac{mv}{qB}$ 计算出半径 r,则在该点沿洛伦兹力方向距离为 r 的位置为圆心,如图3所示。

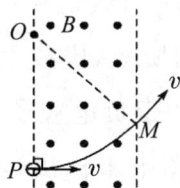 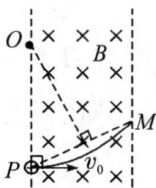 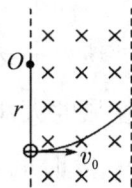

图1   图2   图3

二、针对性训练

基础训练

1.(带电粒子在匀强磁场中的运动内容学习后)如图所示,直线 MN 上方有垂直于纸面向里的匀强磁场,电子1从磁场边界上的 a 点垂直于 MN 和磁场方向射入磁场,经 t_1 时间从 b 点离开磁场。之后电子2也由 a 点沿图示方向以相同速率垂直于磁场方向射入磁场,经 t_2 时间从 a、b 连线的中点 c 离开磁场,则 $\dfrac{t_1}{t_2}$ 为 （　　）

A. 3   B. 2   C. $\dfrac{3}{2}$ D. $\dfrac{2}{3}$

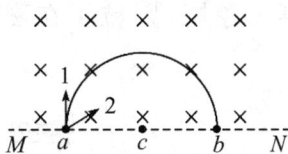

第1题图

2.（带电粒子在匀强磁场中的运动内容学习后）如图所示,平行边界区域内存在匀强磁场,比荷相同的带电粒子 a 和 b 依次从 O 点垂直于磁场的左边界射入,经磁场偏转后从右边界射出,粒子 a 和 b 射出磁场时与磁场右边界的夹角分别为 $30°$ 和 $60°$。不计粒子的重力,下列判断正确的是（　　）

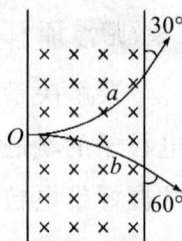

A. a 带负电, b 带正电

B. a 和 b 在磁场中运动的半径之比为 $1:\sqrt{3}$

C. a 和 b 在磁场中运动的速率之比为 $\sqrt{3}:1$

D. a 和 b 在磁场中运动的时间之比为 $1:2$

3.（带电粒子在匀强磁场中的运动内容学习后）如图所示,圆形区域内有垂直于纸面向里的匀强磁场,质量为 m、电荷量为 $q(q>0)$ 的带电粒子从圆周上的 M 点沿直径 MON 方向射入磁场。若粒子射入磁场时的速度大小为 v_1,则离开磁场时速度方向偏转 $90°$;若射入磁场时的速度大小为 v_2,则离开磁场时速度方向偏转 $60°$。若粒子重力不计,则 $\dfrac{v_1}{v_2}$ 为（　　）

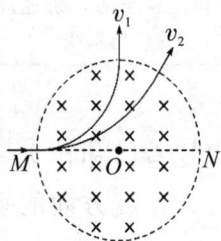

A. $\dfrac{1}{2}$ B. $\dfrac{\sqrt{3}}{3}$ C. $\dfrac{\sqrt{3}}{2}$ D. 3

4.（带电粒子在匀强磁场中的运动内容学习后）如图所示,虚线上方存在垂直于纸面的匀强磁场(方向未知),磁感应强度大小为 B。一比荷为 k 的带负电粒子从虚线上的 M 点垂直于磁场方向射入磁场,经过一段时间,该粒子经过 N 点(图中未标出),速度方向与虚线平行向右,忽略粒子的重力。下列说法正确的是（　　）

A. 磁场的方向垂直于纸面向外

B. 粒子从 M 运动到 N 的时间为 $\dfrac{\pi}{6kB}$

C. 如果 N 点到虚线的距离为 L,则粒子在磁场中做圆周运动的半径为 $2L$

D. 如果 N 点到虚线的距离为 L,则粒子射入磁场的速度大小为 kBL

拓展训练

1.（一轮复习）如图所示,在坐标系的第一和第二象限内存在磁感应强度大小分别为 $\dfrac{B}{2}$ 和 B、方向均垂直于纸面向外的匀强磁场。一质量为 m、电荷量为 $q(q>0)$ 的粒子垂直于 x 轴射入第二象限,随后垂直于 y 轴进入第一象限,最后经过 x 轴离开第一象限,则粒子在磁场中运动的时间为（　　）

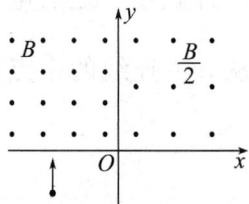

A. $\dfrac{5\pi m}{6qB}$ B. $\dfrac{7\pi m}{6qB}$ C. $\dfrac{11\pi m}{6qB}$ D. $\dfrac{13\pi m}{6qB}$

2. (一轮复习)在如图所示的 xOy 平面的第一象限内,存在着垂直于纸面向里(图中未标出)、磁感应强度大小分别为 B_1、B_2 的两个匀强磁场。Oa 是两磁场的边界,其与 x 轴的夹角为 $45°$。一不计重力、带正电的粒子从坐标原点 O 沿 x 轴正方向射入磁场,之后粒子在磁场中的运动轨迹恰与 y 轴相切但未离开磁场,则两磁场区域的磁感应强度大小之比 $\dfrac{B_1}{B_2}$ 为 （   ）

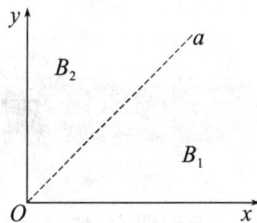
第 2 题图

A. $\dfrac{1}{4}$ B. 4 C. $\dfrac{1}{2}$ D. 2

3. (一轮复习)如图所示,$abcd$ 为边长为 L 的正方形,在四分之一圆 abd 区域内有垂直于正方形平面向外的匀强磁场,磁感应强度大小为 B。一质量为 m、电荷量为 $+q$ 的带电粒子从 b 点沿 ba 方向射入磁场,粒子恰好能通过 c 点。不计粒子的重力,则粒子的速度大小为 （   ）

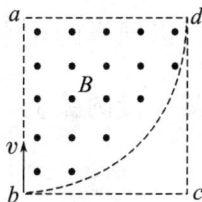
第 3 题图

A. $\dfrac{qBL}{m}$

B. $\dfrac{\sqrt{2}\,qBL}{2m}$

C. $\dfrac{(\sqrt{2}-1)qBL}{m}$

D. $\dfrac{(\sqrt{2}+1)qBL}{m}$

4. (一轮复习)真空中有一匀强磁场,磁场边界为半径分别是 a 和 $2a$ 的两同轴圆柱面,磁场方向与圆柱轴线平行,其截面如图所示。一电子以速率 v 沿半径方向射入磁场。已知电子质量为 m,电荷量为 e,忽略电子重力,为使电子不能进入内部无磁场区域,则磁场的磁感应强度 B 最小为 （   ）

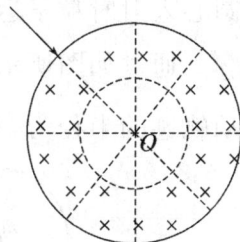
第 4 题图

A. $\dfrac{mv}{ae}$

B. $\dfrac{2mv}{3ae}$

C. $\dfrac{mv}{3ae}$

D. $\dfrac{mv}{2ae}$

第6讲 虚拟边界法

引路人　浙江师范大学附属中学　陈冬武

一、案例分析

典型例题

如图所示，半径为 R 的圆形区域内有一垂直于纸面的匀强磁场，P 为磁场边界上的一点。有无数个带有相同电荷和相同质量的粒子在纸面内沿各个方向以同样的速率通过 P 点进入磁场。这些粒子射出边界的位置均处于边界的某一段圆弧上，这段圆弧的弧长是圆周长的 $\dfrac{1}{3}$，则粒子运动的半径为多大？

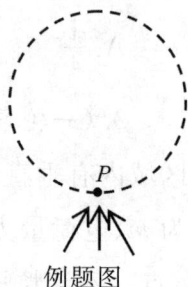

例题图

常见错解

将速度从水平向右作为初始方向进行动态分析，到速度水平向左，根据对称性，指向圆心入射时粒子运动得最远。

通过如图所示的几何关系可求出粒子运动轨迹的半径为 $\sqrt{3}R$。

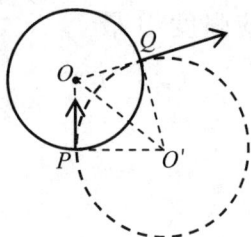

错解答图

正确解答

方法1：如图（a）所示，$\angle QOT = 120°$，则 $\angle OPQ = 30°$，故 $\angle TPQ = 150°$。

设 $\angle QO'P = \alpha$，入射方向与 OP 的夹角为 θ，可知 $\alpha = 180° - 2 \times (60° - \theta) = 60° + 2\theta$。

作 $O'H \perp PQ$，$PH = \dfrac{\sqrt{3}}{2}R$，则

$$r = \frac{PH}{\sin\dfrac{\alpha}{2}} = \frac{\sqrt{3}}{2}R \cdot \frac{1}{\sin(\theta + 30°)}, \theta \in (0, 90°)$$

因此当 $\sin(\theta + 30°)$ 取最大时，r 最小，即

$$\sin(\theta + 30°) = 1, r_{\min} = \frac{\sqrt{3}}{2}R, \theta = 60°$$

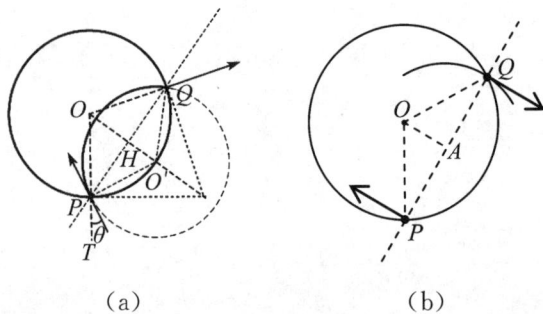

（a）　　　　　（b）

错解答图

方法2：如图（b）所示，确定距离 P 点为圆周长的 $\dfrac{1}{3}$ 处的 Q 点，连接 P 点、Q 点构建虚

拟边界 PQ。在虚拟边界上,从 P 点入射的所有粒子速率相同。方向不确定的粒子中,速度方向垂直于虚拟边界 PQ 的粒子运动距离最远。由此可知 PQ 为粒子做圆周运动的轨迹圆的直径。添加辅助线 OP、OQ、OA,根据几何关系可得粒子运动轨迹半径 $r=\dfrac{\sqrt{3}}{2}R$。

教师点评

常见错解中解题者没有掌握方法,不知道如何下手解构题中三分之一圆周有粒子出射的题意,只能根据对称性认为正对圆心进场的粒子,运动得最远。正确解答方法1的解题者数学功底深厚,通过复杂的几何关系和数学关系,利用函数最值问题解决了物理问题。

虚拟边界法是指根据题目描述,做出虚拟边界,利用已有的知识,结合题意,将抽象的信息转化为熟悉、具体的情境,帮助解决问题的一种方法和策略。解本题的思维过程如下。

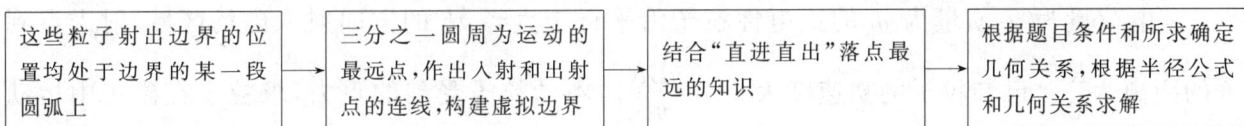

| 这些粒子射出边界的位置均处于边界的某一段圆弧上 | → | 三分之一圆周为运动的最远点,作出入射和出射点的连线,构建虚拟边界 | → | 结合"直进直出"落点最远的知识 | → | 根据题目条件和所求确定几何关系,根据半径公式和几何关系求解 |

方法提炼

具体的思维过程如下。

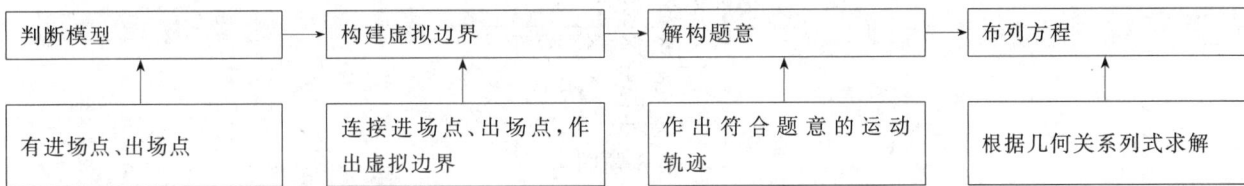

判断模型	→	构建虚拟边界	→	解构题意	→	布列方程
↑		↑		↑		↑
有进场点、出场点		连接进场点、出场点,作出虚拟边界		作出符合题意的运动轨迹		根据几何关系列式求解

二、针对性训练

基础训练

1. 某"粒子探测器"由加速电场和磁场两部分组成,如图所示,其原理可简化如下:辐射状的加速电场区域边界为两同心平行半圆弧面,圆心为 O,外圆弧面 AB 的电势 $\varphi_1=1.0\times10^4\text{V}$,内圆弧面 CD 的电势 $\varphi_2=0$。A、B、C、D 的右侧有一半径 $R=0.1\text{m}$ 的圆形区域内存在垂直于纸面向里的匀强磁场,磁场所在的圆与圆弧 AB、CD 所在半圆相切于 O 点。现假设有大量质量 $m=6.4\times10^{-27}\text{kg}$、电荷量 $q=$

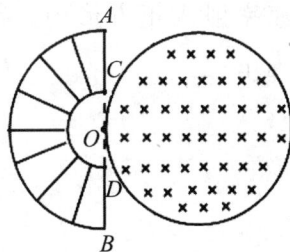

第1题图

$+3.2\times10^{-19}\text{C}$ 的带电粒子吸附到圆弧面 AB 上,并被加速电场由静止开始加速。不计粒子间相互作用的影响,若这些粒子在磁场边界的出射点分布在六分之一的圆周上,求磁感应强度大小 B。

2. 如图所示,在 $y>0$ 的空间中存在场强 $E=\dfrac{mv_0^2}{2qh}$ 的匀强电场,场强沿 y 轴负方向;在 $y<0$ 的空间中,存在匀强磁场,磁场方向垂直于 xOy 平面(纸面)向外。一电量为 q、质量为 m 的带正电的粒子,经过 y 轴上 $y=h$ 处的点 P_1 时速率为 v_0,方向沿 x 轴正方向;然后,经过 x 轴上 $x=2h$ 处的 P_2 点进入磁场,速度大小 $v=\sqrt{2}v_0$,方向与 x 轴正方向成 $45°$ 角。并经过 y 轴上 $y=-2h$ 的 P_3 点。不计重力,求磁感应强度大小 B。

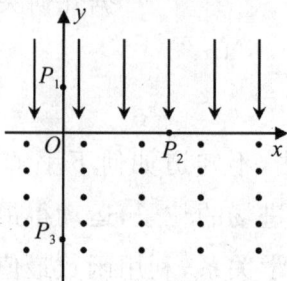

第 2 题图

3. 如图所示,圆形匀强磁场区域的半径为 R,磁感应强度大小为 $2B$、方向垂直于纸面向里。一电荷量为 q、质量为 m 的正电性粒子沿平行于直径 ab 的方向射入磁场区域,射入点到 ab 的距离为 $\dfrac{R}{2}$。已知粒子的初速度大小为 $\dfrac{qBR}{m}$。不计粒子受到的重力,求粒子在磁场中运动的时间。

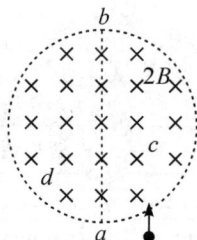

第 3 题图

▶ 拓展训练

1. 如图所示,正方形 $abcd$ 区域内有垂直于纸面向里的匀强磁场,O 点是 cd 边的中点。现设法使正电性粒子(重力忽略不计)从 O 点沿纸面以与 Od 成 $30°$ 角的方向,以各种不同的速率射入正方形内。判断该带电粒子是否能够刚好从正方形的某个顶点射出磁场,并说明理由。

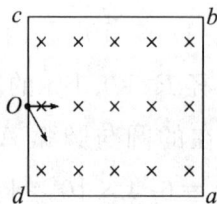

第 1 题图

2. 如图所示,第四象限内有互相正交的匀强电场 E 与匀强磁场 B_1,E 的大小为 0.5×10^3 V/m,B_1 大小为 0.5 T;第一象限的某个矩形区域内,有方向垂直于纸面向里的匀强磁场 B_2,磁场的下边界与 x 轴重合。一质量 $m = 1 \times 10^{-14}$ kg、电荷量 $q = 1 \times 10^{-10}$ C 的正电性微粒以某一速度 v 沿与 y 轴正方向成 $60°$ 角从 M 点沿直线运动,经 P 点即刻进入处于第一象限内的磁场 B_2 区域。一段时间后,小球经过 y 轴上的 N 点并与 y 轴正方向成 $60°$ 角飞出。M 点的坐标为 $(0,-10)$,N 点的坐标为 $(0,30)$,不计粒子重力,g 取 10 m/s²。求 B_2 磁场区域的最小矩形面积。

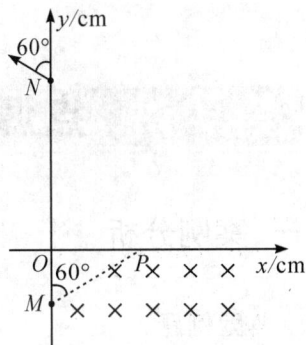

第 2 题图

3. 一匀强磁场的磁感应强度大小为 B,方向垂直于纸面向外,其边界如图中的虚线所示,圆弧 ab 为半圆,ac、bd 与直径 ab 共线,a、c 间的距离等于半圆的半径。一束质量为 m、电荷量为 $q(q > 0)$ 的粒子,在纸面内从 c 点垂直于 ac 射入磁场,这些粒子具有各种速率。不计粒子间的相互作用,在磁场中运动时间最长的粒子,其运动时间为 ( )

A. $\dfrac{7\pi m}{6qB}$ B. $\dfrac{5\pi m}{4qB}$ C. $\dfrac{4\pi m}{3qB}$ D. $\dfrac{3\pi m}{2qB}$

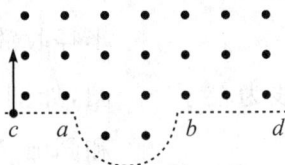

第 3 题图

第7讲 点源收放圆法

引路人　浙江省丽水中学　李玉霜

一、案例分析

典型例题

如图所示，一足够长的矩形区域 $abcd$ 内充满磁感应强度大小为 B、方向垂直于纸面向里的匀强磁场，矩形磁场区域宽为 L，现从磁场左边界 ad 的中点 O 垂直于磁场方向射入一正电性粒子，速度大小为 v_0，沿与 ad 边成角 $\alpha=30°$ 的方向。已知粒子的电荷量为 q，质量为 m（重力不计），且粒子能从 ab 边射出磁场区域，求 v_0 的取值范围。

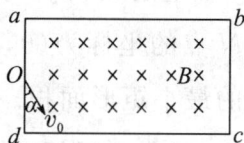

例题图

常见错解

由于粒子带正电，故粒子沿逆时针方向偏转。

当 v_0 最大时，粒子从 b 点射出。

如图所示，连接 O、b 两点，此连线为粒子做圆周运动的轨迹圆的直径。

设半径为 r_1。

由几何关系得

$$L_{Ob}=2r_1=L$$

解得

$$r_1=\frac{L}{2}$$

则有

$$v_{\max}=\frac{qBr_1}{m}=\frac{qBL}{2m}$$

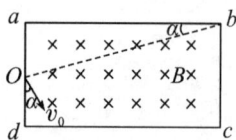

错解答图

当 v_0 最小时，粒子从 a 点飞出。

设半径为 r_2。

由几何关系可得

正确解答

粒子带正电，则沿逆时针方向偏转。以入射点 O 为定点，圆心位于 OO_7 直线上，将半径收放作出带电粒子在磁场中偏转的动态图，如图（a）所示，探索出临界状态为圆弧 3 和圆弧 7。

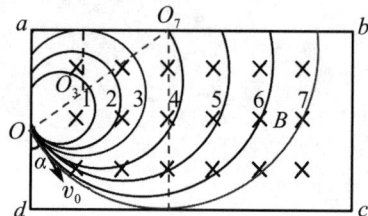

正解答图（a）

具体过程如图（b）所示。

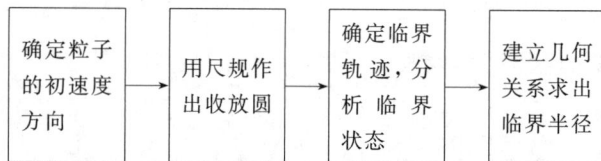

正解答图（b）

当 v_0 最大时，轨迹与 cd 相切，轨迹为圆弧 7。圆心为 O_7，半径为 r_1。由几何关系得 $r_1-r_1\sin30°=\frac{L}{2}$，解得 $r_1=L$；则

$$r_2=\frac{L}{4}$$

则有

$$v_{\min}=\frac{qBr_2}{m}=\frac{qBL}{4m}$$

综上可得

$$\frac{qBL}{4m}\leqslant v_0\leqslant\frac{qBL}{2m}$$

$$v_{\max}=\frac{qBr_1}{m}=\frac{qBL}{m}$$

当 v_0 最小时,轨迹与 ab 相切,轨迹为圆弧 3,圆心为 O_3,半径为 r_2。由几何关系得 $r_2+r_2\sin30°=\frac{L}{2}$,解得 $r_2=\frac{L}{3}$;则

$$v_{\min}=\frac{qBr_2}{m}=\frac{qBL}{3m}$$

综上可得,

$$\frac{qBL}{3m}<v_0\leqslant\frac{qBL}{m}$$

教师点评

当粒子以垂直于磁场方向的速度进入磁场后,速度越大,粒子在磁场中做圆周运动的轨迹圆半径就越大,这个解题思路是正确的。常见错解中解题者认为 b 点到 O 点的距离最大,粒子做圆周运动的轨迹圆半径最大,粒子从 b 点飞出的速度就最大。但是,本题的磁场有边界,所以要先判断带电粒子能否到达 b 点,利用收放圆法作出带电粒子的运动轨迹图。将 b 点到 O 点直接连线,构成的直角三角形 Oab 的顶角 $\angle Oba$ 并不等于 α 角,所以对最大偏转半径的求解也存在错误。

分析最小速度时,解题者认为从 a 点飞出的粒子做圆周运动的轨迹圆半径最小,则对应的速度也最小,同样需要注意,粒子能否到达 a 点。本情境下正电性粒子在磁场中逆时针偏转,粒子在磁场中的运动轨迹是优弧。粒子在到达 a 点前,已经从 ab 边飞出。

方法提炼

粒子源发射的速度方向一定、大小不同的同种带电粒子垂直地进入匀强磁场时,以入射点 O 为定点,圆心位于初速度的垂线上,将半径收放作出轨迹圆,从而探索出临界条件。达到临界条件时,带电粒子的运动轨迹与磁场边界相切,切点速度方向与磁场边界重合,如图所示。

具体思维过程如下。

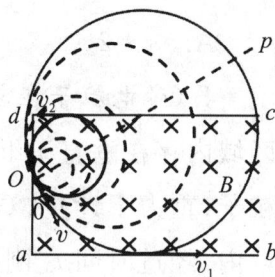

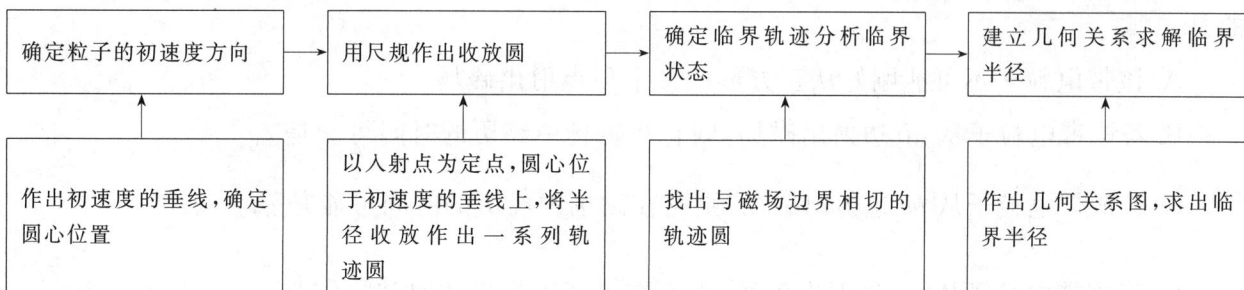

确定粒子的初速度方向	→	用尺规作出收放圆	→	确定临界轨迹分析临界状态	→	建立几何关系求解临界半径
↑		↑		↑		↑
作出初速度的垂线,确定圆心位置		以入射点为定点,圆心位于初速度的垂线上,将半径收放作出一系列轨迹圆		找出与磁场边界相切的轨迹圆		作出几何关系图,求出临界半径

二、针对性训练

基础训练

1. （带电粒子在匀强磁场中的运动内容学习后）真空中有一匀强磁场，磁场边界是半径分别为 a 和 $3a$ 的两同轴圆柱面，磁场的方向与圆柱轴线平行，其横截面如图所示。一速率为 v 的电子从圆心沿半径方向进入磁场，已知电子质量为 m，电荷量为 e，忽略重力。为使该电子的运动被限制在图中实线圆所围成的区域内，则磁场的磁感应强度最小为 　　（　　）

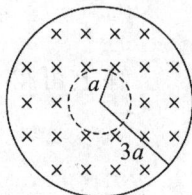
第 1 题图

A. $\dfrac{3mv}{2ae}$ 　　　　 B. $\dfrac{mv}{ae}$ 　　　　 C. $\dfrac{3mv}{4ae}$ 　　　　 D. $\dfrac{3mv}{5ae}$

2. （带电粒子在匀强磁场中的运动内容学习后）如图所示，在一直角三角形区域 ABC 内，存在方向垂直于纸面向里、磁感应强度大小为 B 的匀强磁场，AC 边长为 $3L$，$\angle C=90°$，$\angle A=53°$。一质量为 m、电荷量为 $+q(q>0)$ 的粒子从 AB 边上距 A 点为 L 的 D 点垂直于 AB 射入匀强磁场。要使粒子从 BC 边射出磁场区域（$\sin 53°=0.8$，$\cos 53°=0.6$），求粒子速率应满足的条件。

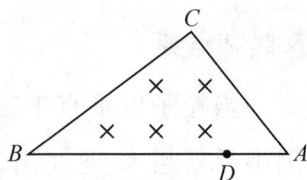
第 2 题图

3. （带电粒子在匀强磁场中的运动内容学习后）如图所示，虚线所示的圆形区域内存在一垂直于纸面的匀强磁场，P 为磁场边界上的一点，大量相同的带电粒子以相同的速率经过 P 点，在纸面内沿不同的方向射入磁场。若粒子射入的速率为 v_1，这些粒子在磁场边界的出射点分布在六分之一圆周上；若粒子射入的速率为 v_2，相应的出射点分布在三分之一圆周上。不计粒子重力及粒子间的相互作用，则 $v_2 : v_1$ 为 　　（　　）

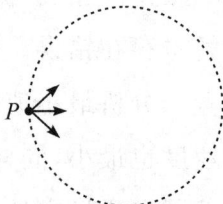
第 3 题图

A. $\sqrt{3} : 2$ 　　　　 B. $\sqrt{2} : 1$ 　　　　 C. $\sqrt{3} : 1$ 　　　　 D. $3 : \sqrt{2}$

4. （带电粒子在匀强磁场中的运动内容学习后）如图所示，正方形 $abcd$ 区域内存在垂直于纸面向里的匀强磁场，O 是 cd 边的中点。一带正电的粒子（重力不计）从 O 点沿纸面以垂直于 cd 边的某一速度射入正方形区域内，经过时间 t_0 刚好从 c 点射出磁场。现设法使该粒子从 O 点沿纸面以与 Od 成 $30°$ 角的方向以不同的速率射入正方形区域内，下列说法正确的是 　　（　　）

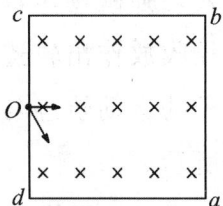
第 4 题图

A. 该带电粒子不可能刚好从正方形的某个顶点射出磁场

B. 若该带电粒子从 ab 边射出磁场，则它在磁场中经历的时间可能是 t_0

C. 若该带电粒子从 bc 边射出磁场，则它在磁场中经历的时间可能是 $\dfrac{3}{2}t_0$

D. 若该带电粒子从 cd 边射出磁场，则它在磁场中经历的时间一定是 $\dfrac{5}{3}t_0$

拓展训练

1.（一轮复习）一匀强磁场的磁感应强度大小为 B，方向垂直于纸面向外，其边界如图中虚线所示，圆弧 ab 为半圆周，ac、bd 与直径 ab 共线，a、c 间的距离等于半圆的半径。一束质量为 m、电荷量为 $q(q>0)$ 的粒子，在纸面内从 c 点垂直于 ac 射入磁场，这些粒子具有各种不同的速率。不计粒子间的相互作用，则在磁场中运动时间最长的粒子其运动时间为 （ ）

第1题图

A.$\dfrac{7\pi m}{6qB}$ B.$\dfrac{5\pi m}{4qB}$ C.$\dfrac{4\pi m}{3qB}$ D.$\dfrac{3\pi m}{2qB}$

2.（一轮复习）如图所示，磁感应强度大小 $B=0.15T$、方向垂直于纸面向里的匀强磁场分布在半径 $R=0.10m$ 的圆形区域内，圆的左端与 y 轴相切于直角坐标系的原点 O，右端与很大的荧光屏 MN 相切于 x 轴上的 A 点。置于原点的粒子源可沿 x 轴正方向射出速率不同的带正电的粒子流，粒子的比荷 $\dfrac{q}{m}=1.0\times10^8 C/kg$。不计粒子重力，要使粒子能打在荧光屏上，求粒子的入射速度 v_0 的大小应满足的条件。

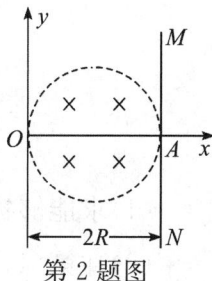

第2题图

3.（一轮复习）如图所示，虚线 MO 与水平线 PQ 相交于 O 点，夹角 $\theta=30°$，MO 左侧存在电场强度大小为 E、方向竖直向下的匀强电场；MO 右侧某个区域存在磁感应强度大小为 B、方向垂直于纸面向里的匀强磁场，且 O 点在磁场的边界上。现有大量质量为 m、电量为 $+q$ 的带电粒子在纸面内以速度 $v\left(0<v\leq\dfrac{E}{B}\right)$ 垂直于 MO 从 O 点射入磁场，所有粒子通过直线 MO 时，速度方向均平行于 PQ 向左。不计粒子的重力及粒子间的相互作用，求磁场区域的最小面积。

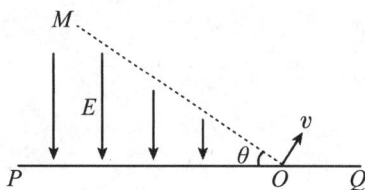

第3题图

4.（一轮复习）如图所示的平面直角坐标系中，x 轴上方区域存在垂直于纸面向里的匀强磁场，磁感应强度大小 $B=0.2T$。原点 O 处有一粒子源，可沿 y 轴正方向向磁场区域发射比荷均为 $\dfrac{q}{m}=2.5\times10^5 C/kg$、速度大小从 0 到 $v_m=2\times10^4 m/s$ 不等的一系列带负电的粒子。在 $x_0=0.64m$ 处垂直于 x 轴放置一块足够长的粒子收集板 PQ，当粒子运动到收集板时即被吸收。不计粒子间相互作用和重力的影响，粒子被吸收的过程中收集板始终不带电，则至少经过多长时间会有粒子到达收集板？

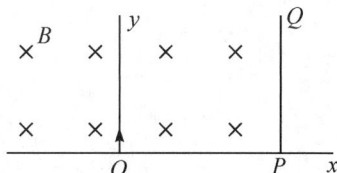

第4题图

5.（一轮复习）如图所示的直角坐标系 xOy 中，y 轴上 P 点处有一粒子源，可沿 x 轴负方向到 x 轴正方向向上 180°范围内发射带正电的粒子，粒子的比荷均为 $\dfrac{q}{m}=5.0\times10^6$ C/kg，速度大小为 $0\sim3.0\times10^5$ m/s。MN 是一块置于 x 轴上的粒子收集薄金属板，各点坐标如图所示，其中 $a=0.3$m。可以通过施加磁场的方式进行粒子的收集。若在平面内加一垂直于纸面向外、足够大的匀强磁场，磁感应强度大小 $B=0.1$T。

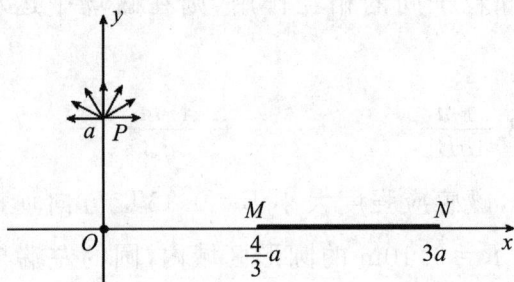

第 5 题图

（1）求能够被板 MN 收集到的粒子的最小速度。

（2）在第（1）问的条件下，求能够被板 MN 收集到的粒子的最长运动时间。

第8讲 点源旋转圆法

引路人 浙江省丽水中学 李玉霜

一、案例分析

典型例题

如图所示,在 $0 \leqslant x \leqslant \sqrt{3}a$ 区域内存在与 xOy 平面垂直的匀强磁场,磁感应强度大小为 B。在 $t=0$ 时刻,一位于坐标原点 O 的粒子源在 xOy 平面内发射大量同种带电粒子,所有粒子的初速度大小相同,方向与 y 轴正方向的夹角分布在 $0° \sim 180°$ 范围内。已知沿 y 轴正方向发射的粒子在 $t=t_0$ 时刻刚好从磁场边界上 $P(\sqrt{3}a, a)$ 点离开磁场。求:

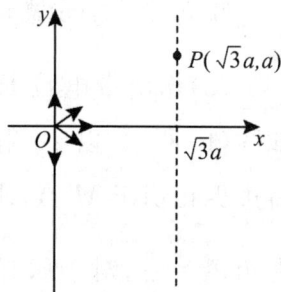

(1)粒子在磁场中做圆周运动的半径 R 和粒子的比荷 $\dfrac{q}{m}$。

(2)$t=t_0$ 时刻仍在磁场中的粒子的初速度方向与 y 轴正方向间的夹角的范围。

(3)从粒子发射到全部粒子离开磁场所用的时间。

例题图

常见错解

(1)如图(a)所示,作出沿 y 轴正方向发射的粒子在磁场中的运动轨迹。

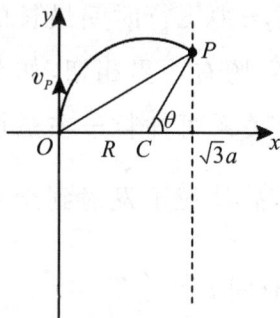

错解答图(a)

由题给条件可知

$$R\sin\theta = a, \quad R + R\cos\theta = \sqrt{3}a$$

联立上述两式求得 $\theta = \dfrac{\pi}{3}$,即

$$\angle OCP = \dfrac{2\pi}{3} \qquad ①$$

此粒子飞出磁场所用的时间

$$t_0 = \dfrac{T}{3} \qquad ②$$

正确解答

根据旋转圆法作图如下。将 $R = \dfrac{2}{\sqrt{3}}a$ 的圆①以入射点为圆心进行旋转,探索出临界轨迹②(与磁场右边界相切)和轨迹③$\left(\text{从左边界射出,粒子转过的圆心角也为} \dfrac{2\pi}{3}\right)$。

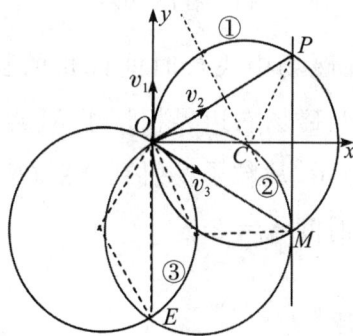

正解答图

(1)沿 y 轴正方向发射的粒子在磁场中的运动轨迹,如图中轨迹①所示。由题给条件可以得出

由几何关系可得圆周运动的轨迹半径

$$R=\frac{2}{\sqrt{3}}a \qquad ③$$

$$qvB=\frac{mv^2}{R} \qquad ④$$

$$T=\frac{2\pi R}{v} \qquad ⑤$$

联立②③④⑤式，得 $\frac{q}{m}=\frac{2\pi}{3Bt_0}$。

（2）作出带电粒子在磁场中的运动轨迹如图（b）所示，以 v_M 射入的粒子恰好与磁场右边界相切于 M 点，求出此时 v_M 与 y 轴的夹角 $\theta_M=\frac{\pi}{3}$，对于所有此时仍在磁场中的粒子，其初速度与 y 轴正方向所成的夹角 θ 应满足 $\frac{\pi}{3}\leqslant\theta\leqslant\pi$。

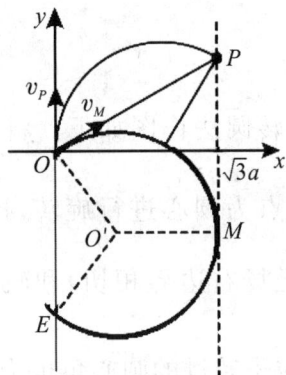

错解答图（b）

（3）在磁场中飞行时间最长的粒子的运动轨迹应与磁场右边界相切于 M 点，其轨迹如图（b）所示，从粒子发射到全部粒子飞出磁场所用的时间 $t_M=2t_0$。

$$\angle OCP=\frac{2\pi}{3} \qquad ①$$

此粒子飞出磁场所用的时间

$$t_0=\frac{T}{3} \qquad ②$$

由几何关系可得圆周运动的轨迹圆半径

$$R=\frac{2}{\sqrt{3}}a \qquad ③$$

$$qvB=m\frac{v^2}{R} \qquad ④$$

$$T=\frac{2\pi R}{v} \qquad ⑤$$

联立②③④⑤式，得 $\frac{q}{m}=\frac{2\pi}{3Bt_0}$。

（2）利用作图可知，不同速度方向的粒子在磁场中做圆周运动的临界状态如图中轨迹①②③所示，此时仍在磁场中运动的粒子为速度方向处于 v_2 方向到 v_3 方向间的粒子，由几何关系可知其初速度方向与 y 轴正方向所成的夹角 θ 应满足 $\frac{\pi}{3}\leqslant\theta\leqslant\frac{2\pi}{3}$。

（3）在磁场中飞行时间最长的粒子的运动轨迹应与磁场右边界相切，如图中轨迹②所示，由几何关系可知粒子在磁场中转过的圆心角为 $\frac{4\pi}{3}$，故从粒子发射到全部粒子飞出磁场所用的时间 $t_M=\frac{2}{3}T=2t_0$。

教师点评

第（2）问求解时，要解决带电粒子在磁场中做圆周运动的问题，首先要作出带电粒子在磁场中的轨迹图，然后通过定圆心、求半径去解决问题。

常见错解中的解题者已经初步具备解决此类问题的基本思路，能通过作图分析出一种临界状态。但是还缺乏全局观，没能将粒子的运动情况等效成将半径 $R=\frac{mv_0}{qB}$ 的圆以入射点为

圆心进行旋转,从而探索粒子的临界条件。

　　根据磁场边界和带电粒子运动轨迹的动态变化找出粒子与磁场边界相切的临界点,根据粒子在磁场中运动圆弧的长短(也可以看圆弧对应的弦长)就可以确定运动最长时间和最短时间,从而确定粒子对应的入射方向。

方法提炼

　　粒子源发射速度大小为 v_0、方向不同的带电粒子进入匀强磁场时,将半径 $R = \dfrac{mv_0}{qB}$ 的圆以入射点为圆心进行旋转,从而探索粒子的临界条件,如图所示。

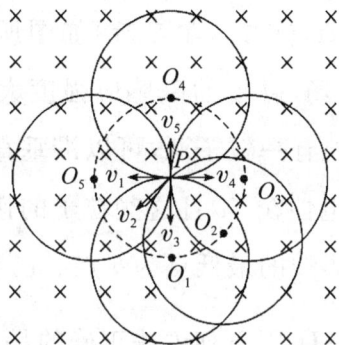

　　具体的思维过程如下。

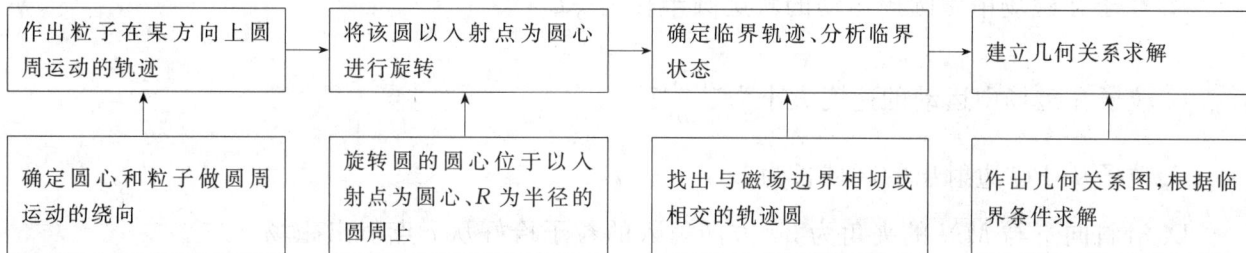

作出粒子在某方向上圆周运动的轨迹	→	将该圆以入射点为圆心进行旋转	→	确定临界轨迹、分析临界状态	→	建立几何关系求解
↑		↑		↑		↑
确定圆心和粒子做圆周运动的绕向		旋转圆的圆心位于以入射点为圆心、R 为半径的圆周上		找出与磁场边界相切或相交的轨迹圆		作出几何关系图,根据临界条件求解

二、针对性训练

基础训练

　　1.(带电粒子在匀强磁场中的运动内容学习后)如图所示,在 x 轴的上方($y \geqslant 0$)存在着垂直于纸面向里的匀强磁场(未标注),磁感应强度大小为 B。在原点 O 处有一离子源可向 x 轴上方的各个方向发射出质量为 m、电荷量为 q、速率均为 v 的正离子。对于在 xOy 平面内运动的离子,在磁场中可能到达的位置中,到 x 轴和 y 轴的最远距离分别为　　　　　　　　　　　　　　　　　(　　)

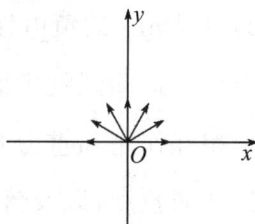

第 1 题图

A. $\dfrac{2mv}{qB}, \dfrac{2mv}{qB}$　　　　　　　　　　B. $\dfrac{mv}{qB}, \dfrac{2mv}{qB}$

C. $\dfrac{2mv}{qB}, \dfrac{mv}{qB}$　　　　　　　　　　D. $\dfrac{mv}{qB}, \dfrac{mv}{qB}$

2. (带电粒子在匀强磁场中的运动内容学习后)如图所示,真空室内存在匀强磁场,方向垂直于纸面向里,磁感应强度大小 $B = 0.60\text{T}$。磁场区域内有一块很大的平面感光板 ab,板面与磁场方向平行。在距离 ab 为 $l = 16\text{cm}$ 处,有一个点状的 α 粒子放射源 S,该放射源向各个方向发射速率均为 $v = 3.0 \times 10^6 \text{m/s}$ 的 α 粒子。已知 α 粒子的比荷 $\dfrac{q}{m} = 5.0 \times 10^7 \text{C/kg}$。现只考虑在纸面内运动的 α 粒子,不计粒子间的相互作用,求 ab 板上被 α 粒子打中区域的长度。

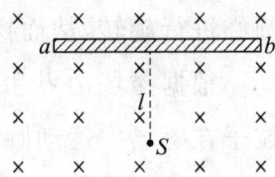

第2题图

3. (带电粒子在匀强磁场中的运动内容学习后)如图所示,平行线 MN、PQ 间有垂直于纸面向外的匀强磁场,磁场的磁感应强度大小为 B,MN、PQ 间的距离为 L。在 MN 上的 a 点处有一粒子源,可以沿垂直于磁场的各个方向射入质量为 m、电荷量为 q 的负电性粒子,且这些粒子的速度大小相等。这些粒子经磁场偏转后,穿过 PQ 边界线的最低点为 b 点。已知 c 是 PQ 上的一点,ac 垂直于 PQ,c、b 间的距离为 $\dfrac{1}{2}L$,则下列说法正确的是 ( )

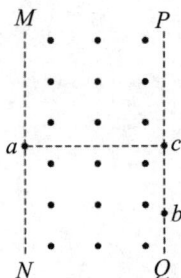

第3题图

A. 粒子在磁场中做圆周运动的轨迹圆半径为 $\dfrac{1}{2}L$

B. 粒子在磁场中运动的速度大小为 $\dfrac{5qBL}{8m}$

C. 粒子从 PQ 边射出的区域长为 L

D. 沿斜向下与 MN 的夹角为 $30°$ 方向射入的粒子恰好从 c 点射出磁场

4. (带电粒子在匀强磁场中的运动内容学习后)如图所示的平面直角坐标系中,x 轴上方区域存在磁感应强度大小 $B = 0.2\text{T}$,方向垂直于纸面向里的匀强磁场。原点 O 处有一个粒子源,可以在坐标平面内沿各个方向向磁场区发射比荷 $\dfrac{q}{m} = 2.5 \times 10^5 \text{C/kg}$、速度大小 $v_m = 2 \times 10^4 \text{m/s}$ 的负电性粒子。在 $x_0 = 0.64\text{m}$ 处垂直于 x 轴放置一块足够长的粒子收集板 PQ,当粒子运动到收集板时会有两个不同方向入射的粒子在 PQ 上的同一位置被收集,不计粒子间相互作用和重力的影响,粒子被吸收的过程中收集板始终不带电。求 PQ 上这种位置分布的区域长度,以及落在该区域的粒子占所发出粒子总数的百分比。

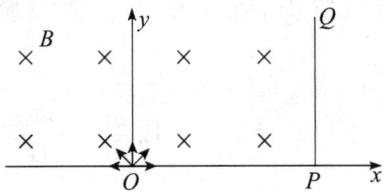

第4题图

拓展训练

1.(一轮复习)如图所示,在直角坐标系 xOy 中,x 轴上方有匀强磁场,磁感应强度大小为 B,方向垂直于纸面向外。大量质量为 m、电荷量为 $+q$ 的粒子,以相同的速率 v 沿纸面内,由 x 轴负方向和 y 轴正方向间的各个方向从原点 O 射入磁场区域。不计重力及粒子间的相互作用。下列选项中阴影部分表示带电粒子在磁场中可能经过的区域,其中 $R = \dfrac{mv}{qB}$,正确的图是（　　）

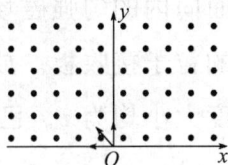

第1题图

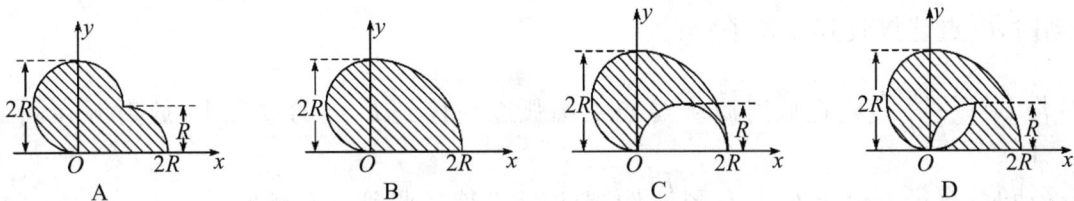

2.(一轮复习)如图所示,一长度为 a 的竖直薄挡板 MN 处在垂直于纸面向里的匀强磁场(未标注)中,磁感应强度大小为 B。O 点处有一粒子源在纸面内向各个方向均匀发射电荷量为 $+q$、质量为 m 的带电粒子,所有粒子的初速度 v(未知)大小相同。已知初速度方向为与 ON 成 $60°$ 角发射的粒子恰好经过 N 点(不被挡板吸收)。若粒子与挡板碰撞则会被吸收。$ON = \sqrt{3}a$,$ON \perp MN$,不计粒子重力,不考虑粒子间的相互作用,则（　　）

A. 粒子在磁场中做圆周运动的轨迹圆半径为 $\dfrac{\sqrt{3}}{2}a$

B. 挡板左侧能被粒子击中的长度为 a

C. 能击中挡板右侧的粒子数占粒子总数的 $\dfrac{1}{6}$

D. 若调节初速度 v 的大小使挡板的右侧被粒子击中的长度为 a,则 v 的最小值为 $\dfrac{qBa}{m}$

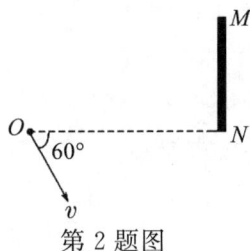

第2题图

3.(一轮复习)如图所示,在平面直角坐标系 xOy 的第一象限内,存在垂直于纸面向外的匀强磁场,磁感应强度大小为 B,大量质量为 m、电荷量为 q 的相同粒子从 y 轴上的 $P(0,\sqrt{3}L)$ 点,以相同的速率在纸面内沿不同方向先后射入磁场。设入射速度方向与 y 轴正方向的夹角为 $\alpha(0° \leqslant \alpha \leqslant 180°)$。当 $\alpha = 150°$ 时,粒子垂直于 x 轴离开磁场,不计粒子的重力,则（　　）

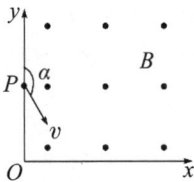

A. 粒子一定带正电

B. 当 $\alpha = 45°$ 时,粒子也垂直于 x 轴离开磁场

C. 粒子入射速率为 $\dfrac{2\sqrt{3}qBL}{m}$

D. 粒子离开磁场的位置到 O 点的最大距离为 $3\sqrt{5}L$

第3题图

4.（一轮复习）如图所示,在半径为 R 的半圆形区域内存在垂直于纸面向内的匀强磁场,磁感应强度大小可以改变,直径 PQ 处放有一层极薄的粒子接收板。放射源 S 放出的 α 粒子向纸面内各个方向均匀发射,速度大小均为 v。已知 α 粒子质量为 m,电荷量为 q。

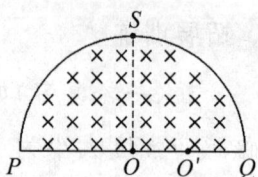

第 4 题图

(1)若 $B=\dfrac{8mv}{5qR}$,放射源 S 位于圆心 O 点正上方的圆弧上,试求粒子接收板能接收到粒子部分的长度。

(2)若 $B=\dfrac{mv}{qR}$,则把放射源从 Q 点沿圆弧逐渐移到 P 点的过程中,放射源在圆弧上的什么范围移动时,O 点能接收到 α 粒子?

(3)若 $B=\dfrac{4\sqrt{3}\,mv}{3qR}$,则把放射源从 Q 点沿圆弧逐渐移到 P 点的过程中,放射源在圆弧上什么范围移动时,直径上位于 O 点右侧 $\dfrac{R}{2}$ 距离的 O' 点能接收到 α 粒子?

第9讲 平移圆法

引路人　浙江省宁波中学　史再

一、案例分析

典型例题

如图所示,有界匀强磁场磁感应强度大小为 B,方向垂直于纸面向里,MN 为其左边界,磁场中放置一半径为 R 的圆柱形金属圆筒,圆心 O 到 MN 的距离 $OO_1=2R$,圆筒轴线与磁场方向平行,圆筒用导线通过一个电阻 r_0 接地,最初金属圆筒不带电。现有范围足够大的平行电子束以 $v_0=\dfrac{4eBR}{m}$ 的速度从很远处沿垂直于左边界 MN 向右射入磁场区域。已知电子的质量为 m,电荷量为 e,求能够打到圆筒上的电子对应 MN 边界上的位置及范围大小。

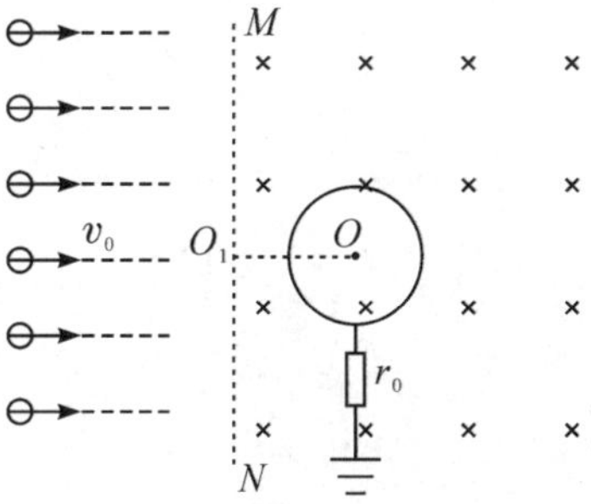

例题图

常见错解

电子垂直地进入磁场中,洛伦兹力提供向心力。

由 $qv_0B=m\dfrac{v_0^2}{r}$,解得 $r=4R$。

如图所示,找出与圆筒相切的临界条件,并作出两个轨迹圆(实线、虚线圆)。

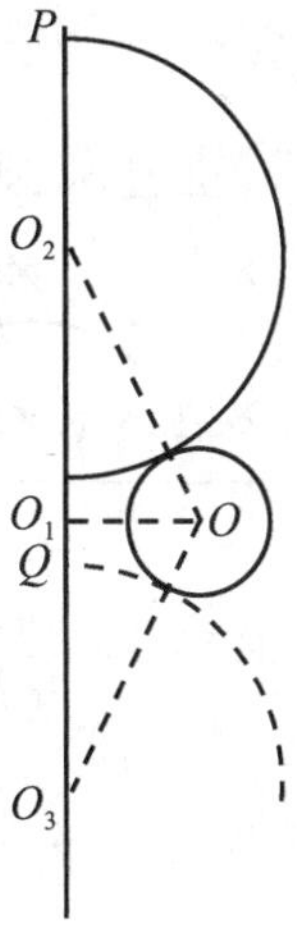

错解答图

通过作图分析可知,从 O_1 上方 P 点射入的电子,其轨迹刚好与圆筒相切,有

$$O_1O_2=\sqrt{(5R)^2-(2R)^2}=\sqrt{21}R$$

正确解答

电子垂直地进入磁场中,洛伦兹力提供向心力,由 $qv_0B=m\dfrac{v_0^2}{r}$,解得 $r=4R$。

这些电子束在磁场中运动具有这样的共同特征——圆心在边界 MN 上,半径均为 $4R$。作出其中一个轨迹圆并向下平移作出多个动态圆,找出临界条件。

通过作图(如图中实线圆部分)分析可知,从 O_1 上方 P 点射入的电子,其轨迹刚好与圆筒外切,则有

$$O_1O_2=\sqrt{(5R)^2-(2R)^2}=\sqrt{21}R$$

$$O_1P=O_1O_2+r=(4+\sqrt{21})R$$

从 O_1 上方 Q 点射入的电子,其轨迹刚好与圆筒内切,有

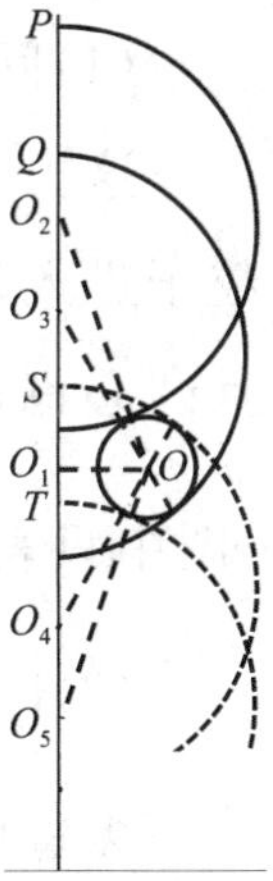

$$O_1O_3=\sqrt{(3R)^2-(2R)^2}=\sqrt{5}R$$

$$O_1Q=O_1O_3+r=(4+\sqrt{5})R$$

正解答图

$$O_1P=O_1O_2+r=(4+\sqrt{21})R$$

同理可得 O_1 下方 Q 点到 O_1 点的距离

$$O_1Q=(\sqrt{21}-4)R$$

则从 O_1、P 间和 O_1、Q 间射入的电子均能打到圆筒上。

由此可知,从 P、Q 间

$$PQ=O_1P-O_1Q=(\sqrt{21}-\sqrt{5})R$$

范围内射入的电子均能打到圆筒上。

同理,通过作图(如图中虚线圆部分)分析可知,从 O_1 上方 S 点射入的电子,其轨迹刚好与圆筒内切,有

$$O_1O_4=\sqrt{(3R)^2-(2R)^2}=\sqrt{5}R$$

$$O_1S=r-O_1O_3=(4-\sqrt{5})R$$

从 O_1 下方 T 点射入的电子,其轨迹刚好与圆筒外切,有

$$O_1O_5=\sqrt{(5R)^2-(2R)^2}=\sqrt{21}R$$

$$O_1T=O_1O_5-r=(\sqrt{21}-4)R$$

由此可知,从 S、T 间

$$ST=O_1S+O_1T=(\sqrt{21}-\sqrt{5})R$$

范围内射入的电子均能打到圆筒上。

教师点评

从常见错解可以看出,解题者对临界相切状态还是比较熟练的,在解题过程中能及时调用,但从解答情况反映出,其对平移圆的动态过程不能很好地进行想象,导致求解过程不全面。通过平移圆法作图可以弥补空间想象的不足。

方法提炼

(1)问题情境:粒子源发射速度大小、方向一定——"等速同向",轨迹圆圆心共线。

这类问题的最大特点是入射点不同但在同一直线上的带电粒子进入匀强磁场时,它们做匀速圆周运动的轨迹圆半径相同,且圆心也在同一直线上,该直线与入射点的连线平行,如图所示(图中只表示出粒子带负电的情形),若粒子入射速度大小为 v_0,则半径 $r=\dfrac{mv_0}{qB}$。

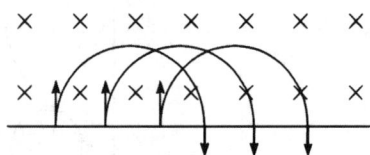

(2)问题解决:平移圆法——用一系列半径等大的(平行)圆替代。

先算出粒子轨迹圆半径 $r=\dfrac{mv_0}{qB}$,然后作出某一粒子的轨迹圆并进行平移,就可以得到其他粒子的轨迹圆,从而探索粒子的临界条件,这种方法称为平移圆法。具体的思维过程如下。

确定已知量:粒子电性、质量、电荷量、B 的大小和方向、v 的大小和方向 → 由 $qv_0B=m\dfrac{v_0^2}{R}$ 计算轨迹圆半径 → 用平移圆法确定可能的临界条件,并进行求解

对多个粒子等速同向问题,可利用平移圆法进行求解,具体方法如下。

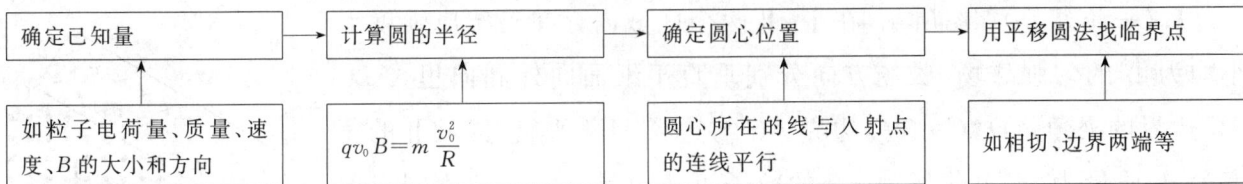

确定已知量 → 计算圆的半径 → 确定圆心位置 → 用平移圆法找临界点

如粒子电荷量、质量、速度、B的大小和方向

$qv_0B=m\dfrac{v_0^2}{R}$

圆心所在的线与入射点的连线平行

如相切、边界两端等

二、针对性训练

基础训练

1.(磁场内容学习后)如图所示,长方形 $abcd$ 长 $ad=0.6m$,宽 $ab=0.3m$,O、e 分别是 ad、bc 的中点,以 ad 为直径的半圆内有垂直于纸面向里的匀强磁场(边界上无磁场),磁感应强度大小 $B=0.25T$。一群不计重力、质量 $m=3\times10^{-7}kg$、电荷量 $q=+2\times10^{-3}C$ 的带电微粒,以速度 $v=5\times10^2m/s$ 沿垂直于 ad 的方向且垂直于磁场的方向射入磁场区域。试分别作出从 Od、aO 边射入的微粒出长方形 $abcd$ 边界的范围。

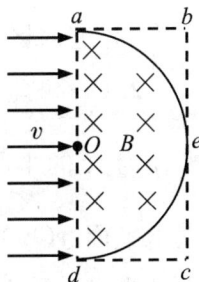

第1题图

2.(磁场内容学习后)质谱仪的工作原理如图所示。大量离子飘入电压为 U_0 的加速电场中,其初速度几乎为 0,经过加速后,通过宽为 L 的狭缝 MN,沿着与磁场垂直的方向进入磁感应强度大小为 B 的匀强磁场中,离子最后打到照相底片上。已知离子的质量为 m,电荷量为 $+q$,不考虑离子的重力及离子间的相互作用。在图中用斜线标出磁场中离子经过的区域,并求该区域最窄处的宽度 d。

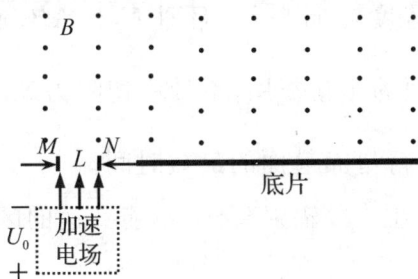

第2题图

3.(磁场内容学习后)如图所示,在等腰直角三角形 BAC 内存在磁感应强度大小为 B、方向垂直于纸面向外的匀强磁场(图中未标注)。一群质量为 m、电荷量为 $+q$、速度为 v 的正电性粒子垂直于 AB 边射入磁场,已知从 AC 边射出且在磁场中运动时间最长的粒子,离开磁场时速度方向垂直于 AC 边。不计粒子重力和粒子间的相互作用。

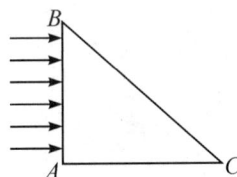

第3题图

(1)求粒子在磁场中运动的最长时间,并作出该粒子的运动轨迹。

(2)求从 AB 中点射入的粒子离开磁场时的位置到 A 点的距离。

◀拓展训练

1.(一轮复习)如图所示,在Ⅰ、Ⅱ两个区域内存在磁感应强度大小均为 B 的匀强磁场,磁场方向分别垂直于纸面向外和向里,AD、AC 边界的夹角 $\angle DAC = 30°$,边界 AC 与边界 MN 平行,区域Ⅱ的宽度为 d,质量为 m、电荷量为 $+q$ 的粒子可从边界 AD 上的不同点射入,入射速度方向垂直于 AD 边且垂直于磁场方向。若入射速度大小 $v = \dfrac{qBd}{m}$,不计粒子重力及粒子间的相互作用。

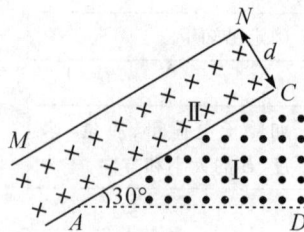
第1题图

(1)距 A 点多远处射入的粒子不会进入区域Ⅱ?

(2)进入区域Ⅱ的粒子在区域Ⅱ内运动的最短时间是多少?

2.(一轮复习)如图所示,在 xOy 平面的第Ⅰ、Ⅳ象限内有一圆心为 O、半径为 R 的半圆形匀强磁场区域,磁场的磁感应强度大小 $B = \dfrac{mv_0}{2qR}$、方向垂直于平面 xOy 向里。线状粒子源从 y 轴左侧平行于 x 轴正方向不断射出质量为 m、电荷量为 q、速度大小为 v_0 的正电性粒子。不考虑粒子的重力及粒子间的相互作用,求进入磁场的粒子在磁场中运动的最长时间。

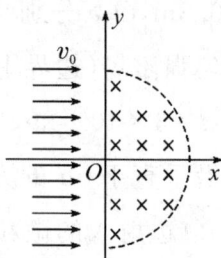
第2题图

3.(二轮复习)如图所示,某行星的赤道半径为 R,在其赤道平面上,行星在其外部产生的磁场可以近似看成内边界是行星表面,外边界是以行星中心为圆心、半径为 $3R$ 的圆的有界匀强磁场区域,磁感应强度大小为 B,方向与赤道平面垂直。太阳耀斑爆发时,向该行星持续不断地辐射大量质量为 m、电荷量为 $+q$ 的粒子,粒子速度方向平行,且垂直于 AB,速度大小 $v = \dfrac{2qBR}{m}$,不计粒子的重力及粒子间的相互作用,不计一切阻力。

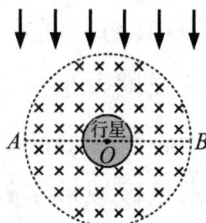
第3题图

(1)求粒子从磁场外边界到行星赤道面的最短时间。

(2)粒子在该行星赤道上存在一段辐射盲区(不能到达的区域),求赤道上的盲区所对应圆心角的余弦值。

第 10 讲 磁会聚(发散)法

引路人　温州第二高级中学　顾声和

一、案例分析

典型例题

如图所示,边长为 L 的正方形区域 $SACD$ 内的适当区域(图中未标注)中分布有匀强磁场。位于 S 处的粒子源,沿纸面向正方形区域内各个方向均匀发射速率为 v_0 的负电性粒子,粒子的质量为 m,电荷量为 $-q$。所有粒子均从 S 点进入磁场,离开磁场时速度方向均与 SD 平行,其中沿 SA 方向射入磁场的粒子从 C 点射出磁场。紧靠 CD 置一收集板,粒子打到收集板后通过接地导线及时导走。不计粒子的重力和相互作用。

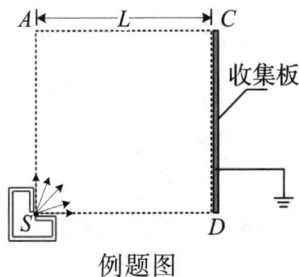
例题图

(1)求磁场的磁感应强度 B 和磁场分布的最小面积 S。

(2)若 S 处粒子源每秒射出的粒子数为 N,求稳定后每秒打在收集板下半部分的粒子数 n。

常见错解

(1)根据粒子带电性和偏转方向,由左手定则可以判断磁感应强度 B 的方向为垂直于纸面向里。

由题意,所有粒子离开磁场时速度方向均与 SD 平行,根据磁会聚(发散)结论可知,磁场分布为四分之一圆(扇形),如图所示,且磁场半径 r 与粒子轨迹半径 R 相等,即

$$r = R = L$$

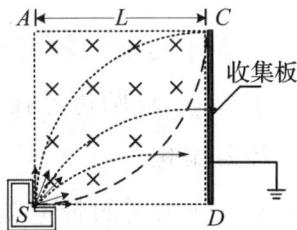
错解答图

由牛顿第二定律有

$$qv_0 B = m \frac{v_0^2}{R}$$

正确解答

(1)根据粒子带电性和偏转方向,由左手定则可以判断磁感应强度 B 的方向为垂直于纸面向里。

由题意,所有粒子离开磁场时速度方向均与 SD 平行,根据磁会聚(发散)结论可知,磁场半径 r 与粒子轨迹半径 R 相等,即

$$r = R = L$$

由牛顿第二定律有 $qv_0 B = m \dfrac{v_0^2}{R}$,可得

$$B = \frac{mv_0}{qL}$$

磁场分布的上边界为沿 SA 方向入射粒子的四分之一圆周长的圆弧轨迹 SMC,下边界为以 A 为圆心、半径为 L 的四分之一圆周长的圆弧 SNC,如图所示,故最小面积

$$S = 2\left(\frac{1}{4}\pi \cdot r^2 - \frac{1}{2}L^2\right) = \left(\frac{\pi}{2} - 1\right)L^2$$

则有

$$B = \frac{mv_0}{qL}$$

故最小面积

$$S = \frac{1}{4}\pi \cdot r^2 = \frac{1}{4}\pi \cdot L^2$$

(2)每秒打在收集板下半部分的粒子数

$$n = \frac{1}{2}N$$

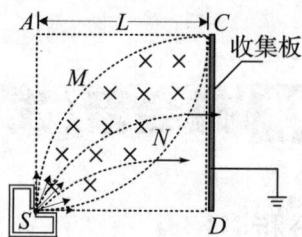

正解答图

(2)由分析可知,刚好打在收集板中点的粒子,从 S 入射方向与 SD 成 $60°$,可见入射方向与 SD 所成夹角在 $60°$ 内的粒子均打在收集板下半部分。所以,每秒打在收集板下半部分的粒子数

$$n = \frac{60}{90}N = \frac{2}{3}N$$

教师点评

从常见错解可以看出,解题者对等半径磁会聚规律是有一定意识的,而且在解题过程中能及时调用,但从解答情况可以反映出以下两个问题。

(1)对每秒打在收集板下半部分的粒子数的求解不对,可能存在如下原因。其一,认为打到板上的粒子是均匀的,殊不知粒子从 S 点射入磁场时各方向是均匀分布的,但通过磁场偏转后分布已经不均匀,从而打到收集板上分布是不均匀的。其二,知道打到板上的粒子不是均匀的,但对粒子出射磁场的位置与入射方向的关系没分析清楚,不知道"径速角相等",以为打到板的中点对应入射角是 $45°$。

(2)对磁场分布的最小面积的分析有误,只分析出磁场下边界,即构成磁会聚结论的原磁场的四分之一圆,而对磁场上边界没有进一步思考,没有对边界粒子轨迹进行分析,或者没有对题中"最小面积"的"最小"两个字加于理解。

方法提炼

(1)等半径磁会聚(或磁发散)规律

一群相同的带电粒子平行射入有圆形边界的匀强磁场,如果粒子运动的轨迹半径 R 与圆磁场半径 r 相等,则粒子从磁场边界上同一点(如图1中 A 点)射出,磁场圆边界在该点的切线与粒子入射方向平行。该规律叫作等半径磁会聚,或叫作等半径磁聚焦。

等半径磁发散是等半径磁聚焦的逆过程:一个带电粒子(或一群相同的带电粒子)从圆形有界匀强磁场边界上同一点(如图2中 A 点)射入,如果粒子运动的轨迹半径 R 与圆磁场半径 r 相等,则粒子出射方向与磁场边界在入射点的切线(即过 A 点的磁场边界圆的切线)方向平行。

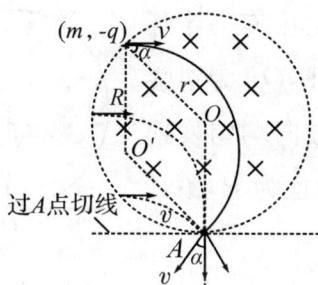

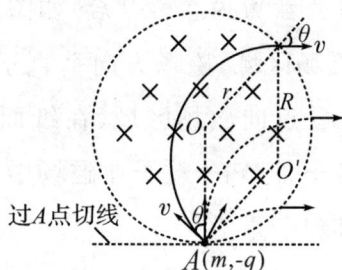

图1   图2

(2)磁会聚(或磁发散)中"径速角相等"规律

在等半径磁会聚或磁发散问题中,粒子入射磁场时入射速度方向与入射点磁场半径的夹角等于出射磁场时出射速度方向与出射点磁场半径的夹角,即"径速角相等"。比如图1中两个 α 角相等,图2中两个 θ 角相等。

思维过程如下。

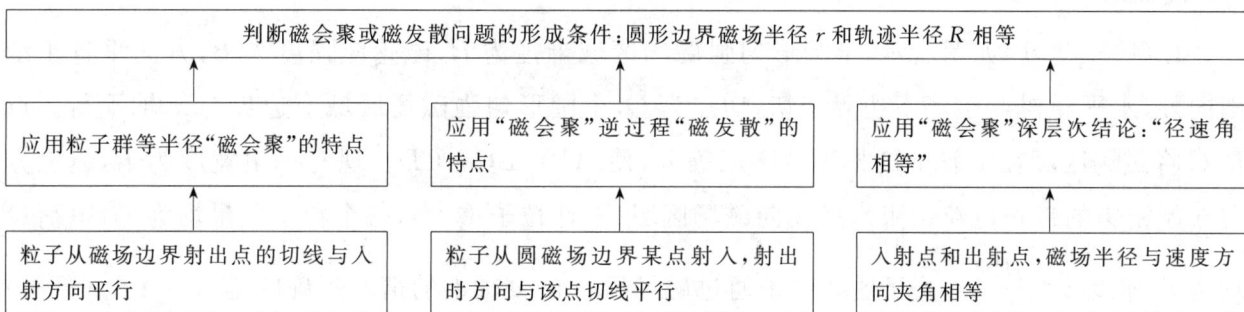

二、针对性训练

基础训练

1. (安培力、洛伦兹力内容学习后)如图所示,真空中一个半径 $r=10\text{cm}$ 的圆形区域,圆心 O 在坐标系原点,区域内有垂直于纸面向里的匀强磁场,磁感应强度 $B=2.0\text{T}$。平行金属网 M、N 与 x 轴平行,$U_{MN}=1.0\times10^4\text{V}$,假设电场只分布在金属网内。一个正电性微粒,电荷量和质量分别为 $q=1.0\times10^{-10}\text{C}$,$m=2.0\times10^{-16}\text{kg}$,由金属网外从 C 点无初速度地飘进金属网后加速,然后从点 $P(-6\text{cm},8\text{cm})$ 进入磁场。不计微粒重力。

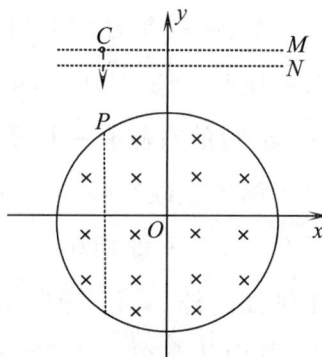

第1题图

(1)求微粒在磁场中运动的速度 v,以及微粒在磁场中运动轨迹半径 R。

(2)判断轨迹半径与圆磁场半径的大小关系,并作出微粒在磁场中运动的轨迹。

2. (安培力、洛伦兹力内容学习后)如图所示,真空中有一半径为 R 的圆形匀强磁场区域,磁场方向垂直于纸面向外,Ox 为边界上 O 点的切线,从 O 点向磁场区域,在纸面内向各方向均匀发射速率均为 v 的 α 粒子,已知 α 粒子在磁场中偏转半径也为 R,不计粒子间相互作用和粒子重力。

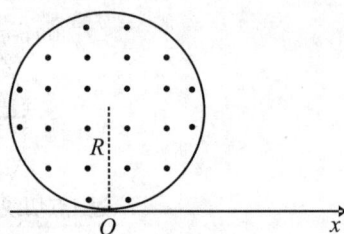
第2题图

(1)所有从磁场边界射出的 α 粒子,速度方向有何特征?请说明理由。

(2)求速度方向与 Ox 方向成 $60°$ 角的 α 粒子在磁场中运动的时间。

3. (安培力、洛伦兹力内容学习后)在上述第 2 题中,若已知 α 粒子的电量为 $+q$,质量为 m,在 Ox 上距离 O 点 L 处有一点 $P(L>2R)$。

(1)请设计一种匀强磁场分布,使得从上述磁场边界射出的 α 粒子都能够会聚到 P 点。

(2)设入射速度方向与入射点磁场半径的夹角为 θ(即入射时的径速角)、出射速度方向与出射点磁场半径的夹角为 γ(即出射时的径速角),证明:$\theta=\gamma$(即径速角相等)。

拓展训练

1. (一轮复习)如图所示,半圆形匀强磁场区域半径为 R,磁感应强度为 B,方向垂直于纸面向外,水平 x 轴与磁场下边界相切,切点为 O,半圆形匀强磁场区域上边界与 x 轴平行。点 B、C 将磁场区域在 x 轴上的投影 AD 三等分,使 $AB=BC=CD$。现有一束宽度为 R,越上方分布越密集的带正电粒子束水平飞向磁场区域(不计粒子重力),每个粒子质量均为 m,电荷量均为 q,速度 $v=\dfrac{qBR}{m}$。关于这些粒子通过磁场后打在 x 轴上的情况正确的是（　　）

A. 打在 CD 区域的粒子数可能比打在 AB 区域的粒子数要多

B. 打在 AB 区域的粒子数可能比打在 CD 区域的粒子数要多

C. 打在 AB、BC、CD 三区域的粒子数一样多

D. 打在 BC 区域的粒子数一定比打在 AB、CD 区域的粒子数要多

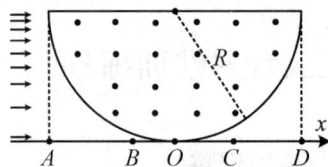
第1题图

2. (一轮复习)如图所示,在 xOy 坐标系中,第一象限有一对电压 $U_1=3\times10^4$ V 的平行金属板,板间距离和板长均为 $L=40$ cm,板的右侧有一粒子接收屏,下极板刚好在 x 轴上,且带负电。第二象限有一半径 $R=20$ cm 的圆形匀强磁场,与 x 轴相切于 C 点,与 y 轴相切于 D 点。磁感应强度 $B=0.1$ T,方向垂直于纸面向外。第三象限有一半圆形带正电的电极 AO,圆心在 C 点,其内部存在由电极指向圆心 C 点的电场,电极与 C 点的电势差 $U_2=1\times10^4$ V。现有许多 $m=6.4\times10^{-27}$ kg、$q=+3.2\times10^{-19}$ C 的粒子在圆形电极附近均匀分布,由静止释放。不考虑粒子间的相互作用与粒子重力。求:

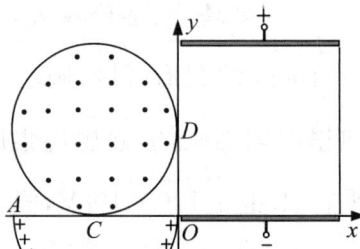
第2题图

(1)粒子击中 y 轴的范围。

(2)粒子接收屏接收到的粒子数和进入平行板总粒子数的比值 k。

3.（二轮复习）如图所示，xOy 平面内，有一电子源持续不断地沿 y 轴正方向每秒发射出 N 个速率均为 v 的电子，形成宽度为 $2b$、在 x 轴方向均匀分布且关于 y 轴对称的电子流。电子流沿 y 轴正方向射入一半径为 R、中心在原点 O 的圆形匀强磁场区域，磁场方向垂直于 xOy 平面向里，电子经过磁场偏转后均从 P 点射出。在磁场区域的右方有一平行于 y 轴的接地金属挡板 MN，挡板与 P 点的距离为 d，中间开有宽度为 $2d$ 且关于 x 轴对称的小孔。已知 $b=\dfrac{\sqrt{3}}{2}R$，电子质量为 m，电荷量为 e，忽略电子间的相互作用及电子重力。求：

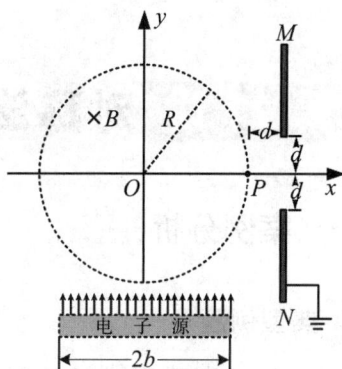

第 3 题图

(1)磁感应强度 B 的大小。

(2)电子流从 P 点射出时与 x 轴正方向的夹角 θ 的范围。

(3)每秒进入小孔的电子数。

第11讲 对称法

引路人 桐乡市凤鸣高级中学 赵惠松

一、案例分析 ⠿⠿⠿⠿⠿

▶ 典型例题

某一滑雪运动员从滑道滑出并在空中翻转时经多次曝光得到照片如图所示,每次曝光的时间间隔相等。若运动员的重心轨迹与同速度、不计阻力的斜抛小球的轨迹重合,A、B、C、D 表示重心位置,且 A 和 D 处于同一水平高度,则相邻位置运动员重心的速度变化是否相同? 运动员重心位置的最高点位于何处?

例题图

▶ 常见错解

运动员重心从 A 到 B 是减速运动,从 C 到 D 是加速运动。

从题图中可知,运动员在上升和下降时,前后两个位置的间隔大小不一样,所以相邻位置运动员重心的速度变化不相同。

由于 A 和 D 处于同一水平高度,连接 A、D 两点,作线段 AD 的垂直平分线,发现垂直平分线经过 B、C 两点间。

根据对称性可知,最高点应在 B、C 之间。

▶ 正确解答

根据上述情境可知,滑雪运动员做的是斜抛运动,可先作出如图所示的模型结构图。由于每次曝光的时间间隔相等(设为 Δt),运动员在空中只受重力作用,加速度为 g,根据对称性可知,相邻位置运动员重心的速度变化均为 $g\Delta t$,即速度变化相同。

由图可知,重心从 A 到 C 的曝光时间间隔数等于从 C 到 D 的曝光时间间隔数,说明重心从 A 到 C 的时间等于从 C 到 D 的时间,根据斜抛运动的结构对称性,运动员重心位置的最高点位于 C 点。

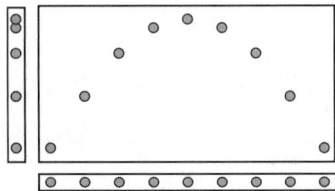
正解答图

▶ 教师点评

本题可以根据 $\Delta v = g\Delta t$ 和对称性分析相邻位置运动员重心的速度变化关系,以及最高点的位置。

我们在研究一个具有对称性的问题时,先要从物质结构(场)对称、力对称、运动对称、轨迹对称等角度进行分析,找出该问题的对称点,作出结构图,然后利用对称性简化所研究的问题。

例如在研究汽车飞越黄河问题时,若考虑空气阻力,就没有对称性。当汽车斜向上运动时,空气阻力是斜向下的,而当汽车斜向下运动时,空气阻力是斜向上的。若不考虑空气阻力,只受重力作用,汽车飞越黄河这个斜抛运动就具有对称性,就可以作出斜抛运动的结构图,这样就可使问题变得简单。

方法提炼

物理学中的对称一般有物质结构(场)对称、力对称、运动对称、轨迹对称等。当所研究的问题具有物质结构(场)对称、力对称、运动对称、轨迹对称时,要善于用对称方法简化问题。

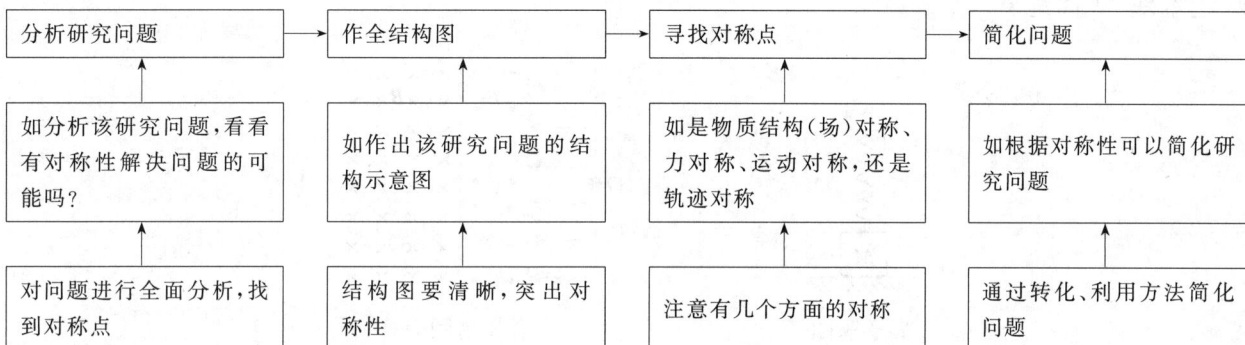

分析研究问题	作全结构图	寻找对称点	简化问题
如分析该研究问题,看看有对称性解决问题的可能吗?	如作出该研究问题的结构示意图	如是物质结构(场)对称、力对称、运动对称,还是轨迹对称	如根据对称性可以简化研究问题
对问题进行全面分析,找到对称点	结构图要清晰,突出对称性	注意有几个方面的对称	通过转化、利用方法简化问题

二、针对性训练

基础训练

1.(机械能守恒定律内容学习后)如图所示,一根绳的两端分别固定在两座猴山的 A、B 处,A、B 两点水平距离为 16m,竖直距离为 2m,A、B 间绳长为 20m。质量为 10kg 的猴子抓住套在绳上的滑环从 A 处滑到 B 处。以 A 点所在水平面为参考平面,猴子在滑行过程中重力势能最小值约为多少?

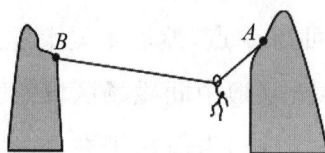

第 1 题图

2.(机械振动内容学习后)做简谐运动的物体,当它每次经过同一位置时,下列物理量中,可能不同的是   (   )

   A. 位移   B. 速度   C. 加速度   D. 回复力

3.(相互作用——力内容学习后)叠放在水平地面上的四个完全相同的排球如图所示,质量均为 m,相互接触。球与地面间的动摩擦因数均为 μ,重力加速度为 g。请判断下方三个球与水平地面间有无摩擦力。此时水平地面对下方三个球的支持力各为多少?

第 3 题图

拓展训练

1.（一轮复习）如图所示，一轻质晒衣架静置于水平地面上，水平横杆两端通过铰链与斜杆相连，水平横杆与四根相同的斜杆垂直，两斜杆的夹角 $\theta=60°$。一重为 G 的物体悬挂在横杆中点，则每根斜杆受到地面的作用力和摩擦力各为多少？

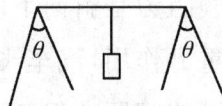

第 1 题图

2.（一轮复习）用一轻质弹簧把两块质量分别为 M 和 m 的木块连接起来，放在水平面上，如图所示。问：必须在上面的木块上施加多大的压力 F，才能使撤去此力后，木块 m 跳起来恰好让木块 M 离地？

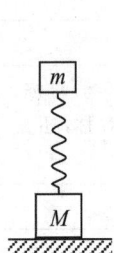

第 2 题图

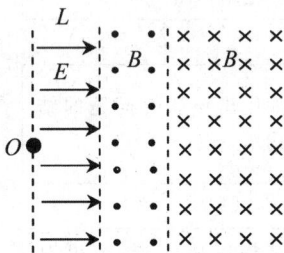

第 3 题图

3.（一轮复习）如图所示，空间内分布着有理想边界的匀强电场和匀强磁场。左侧匀强电场的场强大小为 E，方向水平向右，电场宽度为 L；中间区域和右侧区域匀强磁场的磁感应强度大小均为 B，方向分别垂直于纸面向外和向里。一质量为 m、电量为 q、不计重力的正电性粒子从电场的左边缘 O 点由静止开始运动，穿过中间磁场区域进入右侧磁场区域后，又正好返回到 O 点，然后重复上述运动过程。求：

（1）中间磁场区域的宽度。

（2）带电粒子在电、磁场中运动一周所用的时间。

4.（一轮复习）一半圆柱形透明物体横截面如图所示，底面 AOB 镀银（图中粗线），O 为半圆截面的圆心。一束光线在横截面内，从 M 点入射经过 AB 面反射后从 N 点射出。已知光线在 M 点的入射角为 $30°$，$\angle MOA=60°$，$\angle NOB=30°$。已知 $\sin 15°=\dfrac{\sqrt{6}-\sqrt{2}}{4}$，求：

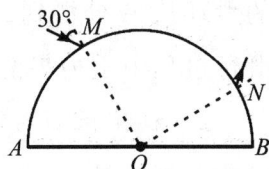

第 4 题图

（1）光线在 M 点的折射角。

（2）透明物体的折射率。

5.（一轮复习）电荷 q 均匀分布在半球面 ACB 上，球面的半径为 R，CD 为通过半球顶点 C 与球心 O 的轴线，如图所示，P、Q 为 CD 轴线上在 O 点两侧、到 O 点距离相等的两点。已知 P 点的电势为 φ_P，均匀带电的球面内电势处处相等且等于球面上的电势，即 $\varphi=k\dfrac{2q}{R}$。试求 Q 点的电势 φ_Q。

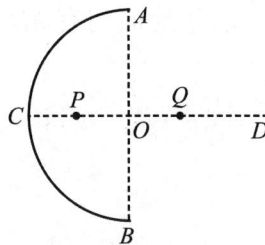

第 5 题图

第 12 讲　本质特征分析法

引路人　浙江省青田县中学　饶军民

一、案例分析

典型例题

如图所示为一截面为"凵凵"形的磁铁，图(a)为横截面，图(b)为俯视图，磁体沿竖直方向足够长，且 N、S 极间存在以 N 极为圆心、沿半径方向均匀辐向分布的磁场。一套在 N 极棒上且与其同圆心、半径为 R 的金属圆环由静止开始自由下落，假设下落过程环平面始终保持水平。已知圆环质量为 m，电阻为 r，环所在处的磁感应强度大小为 B，重力加速度为 g。试求圆环下落过程的最终速度 v。

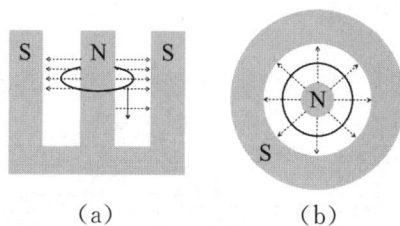

(a)　　　(b)

例题图

常见错解

由于在环下落的过程中，磁极 N 极棒所产生的磁场的磁感线都包含在环中，并没有发生磁通量的变化(俯视)，环中并没有产生感应电流，即没有受到安培力，环做自由落体运动，因而在磁极棒沿竖直方向足够长的情况下并不存在终极速度。

正确解答

磁场为均匀辐向，对环进行微分取极短的一小段圆弧，如图(a)所示，可将该圆弧段视为直导线。

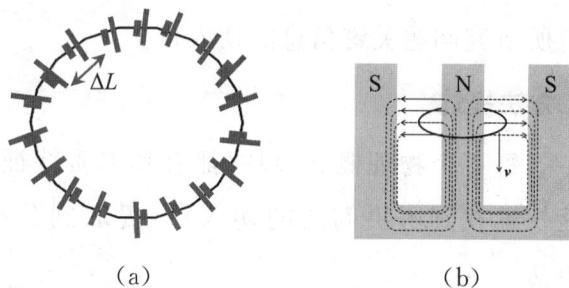

(a)　　　　(b)

正解答图

将所有小段圆弧进行展开并求和即圆环的周长，故圆环受到的安培力大小

$$F = \sum BI\Delta L = BI \cdot 2\pi R$$

计算产生的电流，也可以将其视为无数段直导线切割累加所形成的感应电流，即

$$I = \frac{\sum Bv\Delta L}{r} = \frac{Bv \cdot 2\pi R}{r}$$

圆环在下落的最终状态时所受合力为 0，即

$$mg = \frac{4\pi^2 B^2 R^2 v}{r}$$

$$v = \frac{mgr}{4\pi^2 B^2 R^2}$$

从磁通量变化的角度理解环内感应电动势产生的原因,我们可以从磁体的磁感线分布出发,理解电磁感应现象产生的本质特征。

如图(b)所示,在环向下运动的过程中,由于环的下落,有一部分竖直向上的磁感线被环包含进来了,向上的磁通量在增加,从而产生了沿顺时针方向(俯视)的感应电流,阻碍原磁通量的变化。

教师点评

常见错解中的解题思路较为清晰,但解题者对于磁极棒的磁场分布规律和圆环中磁通量的变化情况的认识还不清楚。

通电导线处于磁场中时,导线受到的安培力总是与导线和磁场的方向垂直,这是安培力的本质特征。一个回路要产生电磁感应现象,则穿过回路的磁通量必须发生变化,这是产生电磁感应现象的本质特征。根据安培力或者电磁感应现象的本质特征,我们可以找到理解或者提取所研究问题关键信息的切入口。

方法提炼

每一个物理概念、规律都有其本质特征,运用其特征去比对或者理解研究的问题,往往能快速找到解决问题的切入点,提取到分析问题的关键信息。这一方法叫作本质特征分析法。

这一方法不仅能从本质角度深刻理解物理概念和规律,对于各种物理模型和器件原理等的学习也具有十分重要的意义。学生不仅要从某一方面、某一要素的视角去理解物理模型、器件,更要从全面、多要素的视角综合地去分析及运用物理知识剖析各类模型、器件的本质特征。

思维过程如下。

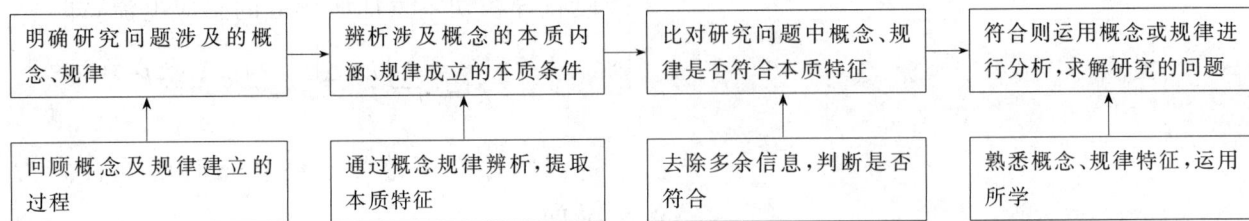

明确研究问题涉及的概念、规律	→	辨析涉及概念的本质内涵、规律成立的本质条件	→	比对研究问题中概念、规律是否符合本质特征	→	符合则运用概念或规律进行分析,求解研究的问题
↑		↑		↑		↑
回顾概念及规律建立的过程		通过概念规律辨析,提取本质特征		去除多余信息,判断是否符合		熟悉概念、规律特征,运用所学

二、针对性训练

基础训练

1. (运动的描述内容学习后)有人认为运动员沿着运动场跑道跑一圈回到出发点,运动员的位移为 0 但平均速度不为 0。你是否同意他的判断? 你的依据是什么?

2. (机械振动内容学习后)如图所示,一列质量为 m 且质量分布均匀、长为 L 的玩具小车,以初速度 v_0 从光滑水平轨道冲上倾角 θ 很小的光滑斜坡后速度恰好减为 0,水平轨道与斜坡间平滑连接,重力加速度为 g。试求小车冲上斜坡所用的时间。

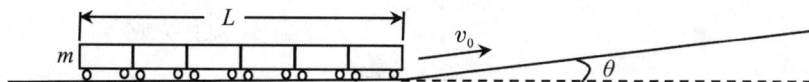

第 2 题图

3. (交变电流内容学习后)如图所示,一发电机的矩形线框匝数为 N,面积为 S,线框所处磁场可视为匀强磁场,磁感应强度大小为 B,线框从图示位置开始绕轴 OO' 以恒定的角速度 ω 匀速转动,线框输出端接有换向器,通过电刷和外电路连接。定值电阻 R_1、R_2 的阻值均为 R,两电阻间接有理想变压器,原、副线圈的匝数比为 $2:1$。忽略线框以及导线电阻,试判断线圈转动一圈的过程中,流经 R_1 的电流方向是否变化,并求 R_2 两端的电压有效值大小。

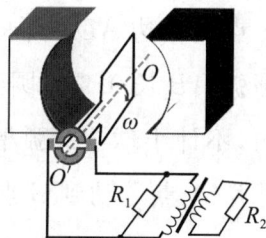

第 3 题图

拓展训练

1. (一轮复习)如图所示为法拉第圆盘发电机的示意图,半径为 r 的铜圆盘安装在竖直的铜轴上,两铜片 c、d 分别与圆盘的边缘和铜轴接触,虚线左侧圆盘处于竖直向上的匀强磁场 B 中,圆盘以角速度 ω 顺时针旋转(俯视),a、b 间接一外电阻 R,不计圆盘内阻。

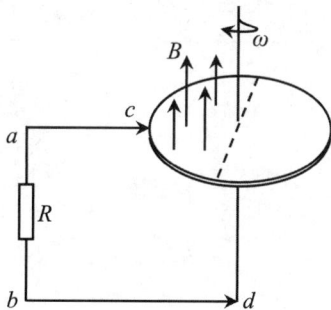

第 1 题图

(1)求 c、d 两点间的电势差。

(2)若整个圆盘均处在竖直向上的磁场中,求电阻 R 上产生的热功率。

2.（电路及其应用内容学习后）如图所示，现将一小量程的表头改装成一大量程的电压表，若改装后的电压表与另一原来同型号的表头一起串联接入同一电路（甲），两者的指针偏转角度是否相同？若并联接入电路（乙），两者的指针偏转角度是否相同？

若将一小量程的表头改装成一大量程的电流表并与原来同型号的表头串联接入同一电路（丙），两者的指针偏转角度是否相同？若并联接入（丁）呢？

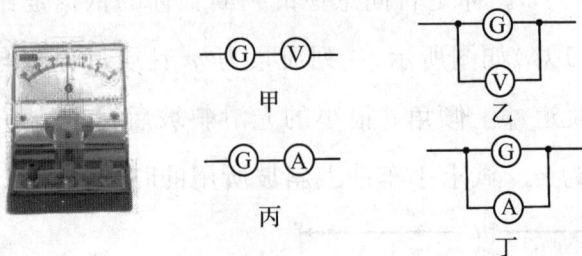

第 2 题图

3.（一轮复习）如图所示，在一水平放置的圆弧槽中，有一小球自 A 点沿槽边 AD 方向以一定的速度抛出，经一段时间到达 C 点，已知圆弧 AB 长 0.9m，圆弧半径 $R=10$m，A、B、C、D 四点位于同一水平面内，不计小球与圆弧槽间的摩擦，重力加速度 g 取 10m/s²。试计算小球从 A 点运动到 C 点的时间。

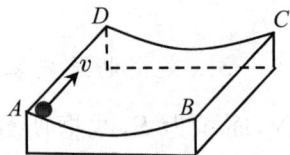

第 3 题图

4.（一轮复习）如图所示，矩形裸导线框长边的长度为 $2l$，短边的长度为 l，在两个短边上均接有电阻 R，其余部分电阻不计。导线框的一条长边与 x 轴重合，其左端点的坐标 $x=0$。线框内有一垂直于线框平面的磁场，磁场的磁感应强度大小满足关系 $B=B_0\sin\left(\dfrac{\pi}{2l}x\right)$，一光滑导体棒 AB 与短边平行且与长边接触良好，电阻也是 R。开始时导体棒处于 $x=0$ 处，从 $t=0$ 时刻起，导体棒 AB 在沿 x 轴方向的力 F 的作用下以速度 v_0 做匀速运动。求导体棒 AB 从 $x=0$ 到 $x=2l$ 的过程中回路产生的焦耳热。

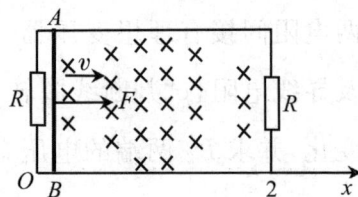

第 4 题图

第13讲 正向逆向转化法

引路人 浙江省杭州第四中学 齐国元

一、案例分析

典型例题

如图所示,物体以一定的初速度冲上固定的光滑斜面,斜面总长度为 l,到达斜面最高点 C 时速度恰好为零。已知物体减速运动到距斜面底端 $\frac{3}{4}l$ 的 B 点时,所用时间为 t,求物体从 B 继续减速滑到 C 所用的时间。

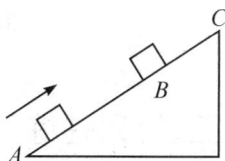
例题图

复杂解答

建立匀减速直线运动的模型,由于初始速度和加速度大小未知,故设初速度为 v_0,加速度大小为 a,$t_{AC}=t$。利用匀变速直线运动的相关公式有

$$\frac{3}{4}l=v_0 t-\frac{1}{2}at^2$$

$$l=v_0 t'-\frac{1}{2}at'^2$$

$$v_0=at'$$

三式联立,求解得到物体从 B 滑到 C 所用的时间为 t。

简捷解答

逆向思维,转化视角,将物块从 A 到 C 的匀减速直线运动视为反向的从零开始的等大加速度的匀加速直线运动。设加速度大小为 a,$t_{CA}=t$,则 $l=\frac{1}{2}at'^2$,$\frac{1}{4}l=\frac{1}{2}a(t'-t)^2$,易得 $t'=2t$,所以物体从 B 滑到 C 所用的时间为 t。或者按照初速度为零的匀加速直线运动规律,在相邻的相等时间内的位移之比为 $1:3:5:\cdots$,这样可以很容易得到物体从 A 运动到 B 的时间和从 B 运动到 C 的时间相等,即得物体从 B 滑到 C 所用的时间为 t。

教师点评

本题学生容易按照题设给定的运动模型,即按照物块匀减速直线运动处理。但由于本题中初速度、加速度大小均未知,设定的未知数比较多,导致联立的方程比较多,学生面对三个及以上的方程,求解方程难度大大增加,致使求解耗时,或者计算易错,甚至无法求解。从思维上来说,相较于匀减速直线运动,学生更容易接受匀加速直线运动,尤其是初速度为零的匀加速直线运动。如果基于转化思想,把学生不熟悉的匀减速直线运动模型转化为学生熟悉的由静止开始的匀加速直线运动模型,能有效地降低思维难度和方程求解难度。

方法提炼

当某个问题正向观察、分析比较复杂、陌生,处理起来比较棘手,但是逆向来看,却变得简

单、熟悉,处理起来比较方便时,我们可以进行逆向思维来分析、处理问题。如:匀减速至零的直线运动,逆向看可视为初速为零、加速度大小相等的匀加速直线运动;研究物体从某点以某一速度斜抛后运动至最高点的过程,逆向看就可以把这个复杂斜抛运动视为从最高点开始,与最高点速度等大、反向的平抛运动。又如光学中的光路可逆等。这些均用到正向逆向转化法。

方法使用程序如下。

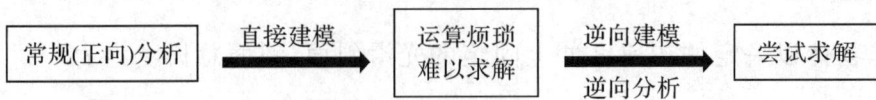

二、针对性练习

基础训练

1.(匀变速直线运动的研究内容学习后)如图所示,篮球架下的运动员原地垂直起跳扣篮,离地后重心上升的最大高度为 H。上升第一个 $\dfrac{H}{4}$ 所用的时间为 t_1,第四个 $\dfrac{H}{4}$ 所用的时间为 t_2。不计空气阻力,则 $\dfrac{t_2}{t_1}$ 满足 （ ）

A. $1<\dfrac{t_2}{t_1}<2$

B. $2<\dfrac{t_2}{t_1}<3$

C. $3<\dfrac{t_2}{t_1}<4$

D. $4<\dfrac{t_2}{t_1}<5$

第1题图

2.(抛体运动内容学习后)在竖直平面内固定一条光滑细圆管道,管道半径为 R。若沿如图所示的两条虚线截去轨道的四分之一,管内有一个直径略小于管径的小球在运动,且小球恰能从一个截口抛出,从另一个截口无碰撞地进入继续做圆周运动。那么小球每次飞越无管区域的时间为 （ ）

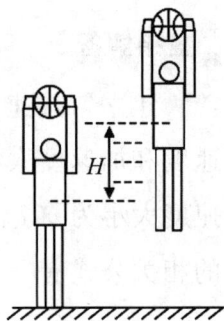

第2题图

A. $\sqrt{\dfrac{\sqrt{3}R}{g}}$

B. $\sqrt{\dfrac{2\sqrt{2}R}{g}}$

C. $\sqrt{\dfrac{2\sqrt{3}R}{g}}$

D. $\sqrt{\dfrac{\sqrt{2}R}{g}}$

3.(光学内容学习后)如图所示,某玻璃工件的上半部分是半径为 R 的半球体,O 点为球心;下半部分是半径为 R、高为 $2R$ 的圆柱体,圆柱体底面镀有反射膜。有一束平行于中心轴 OC 的光线从半球面射入,该光线与 OC 间的距离为 $0.6R$。已知最后从半球面射出的光线恰好与入射光线平行(不考虑多次反射)。求该玻璃的折射率。

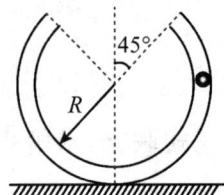

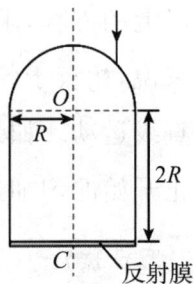

第3题图

拓展训练

1.(一轮复习)抛体运动常见于各类体育运动项目如乒乓球运动中。现讨论乒乓球发球问题,设球台长 $2L$,网高 h,乒乓球反弹前后水平分速度不变,竖直分速度大小不变,方向相反,且不考虑乒乓球的旋转和空气阻力(设重力加速度为 g)。

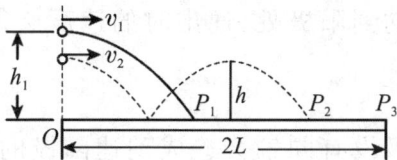

第 1 题图

(1)若球在球台边缘 O 点正上方高度为 h_1 处以速度 v_1 水平发出,落在球台的 P_1(如图中实线所示),求 P_1 点到 O 点的距离 s_1。

(2)若球在 O 点正上方以速度 v_2 水平发出,恰好在最高点时越过球网落在球台的 P_2 点(如图中虚线所示),求 v_2 的大小。

(3)若球在 O 点正上方水平发出后,球经反弹恰好越过球网且刚好落在对方球台边缘的 P_3 点,求发球点到 O 点的高度 h_3。

2.(一轮复习)如图所示,一小球(视为质点)以速度 v 从倾角为 θ 的斜面底端斜向上抛出,落到斜面上的 M 点且速度水平向右,重力加速度为 g,则小球从斜面底端到 M 点的时间为 （　　）

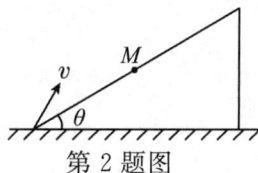

第 2 题图

A. $\dfrac{2v}{g\sqrt{1+4\tan^2\theta}}$

B. $\dfrac{2v\cos\theta}{g\sqrt{1+4\tan^2\theta}}$

C. $\dfrac{2v\tan\theta}{g\sqrt{1+4\tan^2\theta}}$

D. $\dfrac{2v\sin\theta}{g\sqrt{1+4\tan^2\theta}}$

3.(一轮复习)真空光电管(又称电子光电管)由封装于真空管内的光电阴极和阳极丝构成,如图(a)所示是半圆柱面阴极式光电管,阴极材料的逸出功为 W,阳极与阴极同轴放置,当频率为 ν 的入射光穿过光窗照到阴极上时,由于光电效应,逸出的电子在电场作用下做加速运动,最后被高电位阳极接收,形成光电流。不计电子重力及电子间的相互作用。已知元电荷电量为 e,电子质量为 m,普朗克常量为 h。

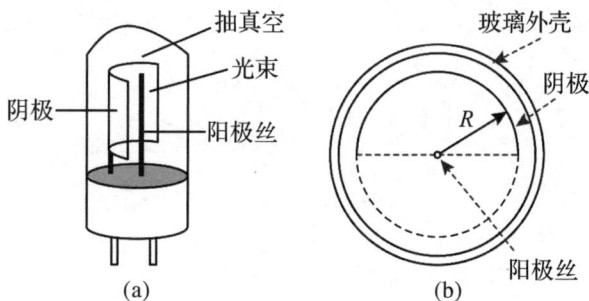

第 3 题图

（1）给光电管两极加上电压 U，求阴极表面逸出的电子的最大初速度 v_m 和到达阳极的电子的最大动能。

（2）图（b）是小明绘制的光电管横截面示意图，他撤去光电管两极的电压，在半径为 R 的半圆平面内加一垂直于截面向外的匀强磁场，只考虑电子在截面内的运动。

①研究发现，要使电子能运动到阳极处，逸出时的速度必须大于 $\frac{5}{8}v_m$，求所加磁场的磁感应强度大小 B。

②进一步研究表明，阴阳两极没有同轴会造成到达阳极的光电子数目不同。小明拿到一个"次品"，其阳极比正常圆心位置向右偏离了 $\frac{R}{5}$。假设光电子从阴极表面均匀逸出，且只考虑速度为 v_m 的光电子，则此情况下到达阳极的光电子数是正常情况的百分之几？

可能用到的三角函数：$\sin37° = \frac{3}{5}$，$\sin39° = \frac{5}{8}$。

第 14 讲 对称反演转化法

引路人　浙江省杭州第四中学　齐国元

一、案例分析

典型例题

如图所示，一名同学用双手水平夹起一摞书，并停留在空中。已知手掌与书间的动摩擦因数 $\mu_1 = 0.3$，书与书间的动摩擦因数 $\mu_2 = 0.2$，设最大静摩擦力大小等于滑动摩擦力大小。若每本书的质量均 0.2kg，该同学对书的水平正压力为 200N，每本书均呈竖直状态，他最多能夹住 _____ 本书。

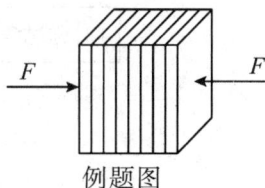

例题图

常见错解

根据对称性，取中间整体为研究对象，手给书本的最大正压力为 200N，故一只手给书本的最大静摩擦力为 60N，两边最大静摩擦力共计 120N，故两只手最多能夹起 60 本书。

正确解答

首先根据两边受力对称，假设中间提起 n 本书时恰好不下滑，则以中间 n 本书整体为研究对象，由于 n 本书整体两边受力对称，n 本书整体外侧书本给予 n 本书整体的最大静摩擦力等于 $\mu_2 F_N = 40N$，两侧共计 80N，故 $n = 40$ 本。再对 n 本书整体外侧书本第一本书进行受力分析，其受到重力 2N，n 本书整体给它向下的静摩擦力 40N，根据三力平衡，手给其摩擦力为 42N，方向向上，两侧对称，n 本书整体另一侧的第一本受力情况相同，故最多能夹起 42 本。

教师点评

常见错解错在没有注意到书本与书本间的动摩擦因数比手与书本间的动摩擦因数小。根据受力的对称性，选择研究对象和定量分析力的大小，有助于问题的解决。求解需要遵循下列分析过程如下。

对称思考 —特征分析→ 对称类型 —受力对称→ 对称特征（受力特征）

方法提炼

对称反演转化法是从对称性的角度研究、处理物理问题的一种思维方法。它表明物理规律在某种变换下具有不变的性质。用这种思维方法来处理问题可以开拓思路，使复杂问题的解决变得简捷。在高中物理中常见的对称有受力的对称（如例题）、结构的对称（如天体运动中

的三星系统、等量同种电荷电场等)，轨迹的对称(如简谐运动、竖直上抛运动、圆周运动等)，过程的对称，光路的对称，图像的对称(如解决图像问题时，抓住图像的对称往往能快速地解决问题)。明晰对称特征，抓住对称关系往往能快速地解决问题。对称在物理解题中有其他方法不可替代的作用，巧妙利用对称解题，往往能出奇制胜，迅速而准确，事半功倍。

方法使用程序如下。

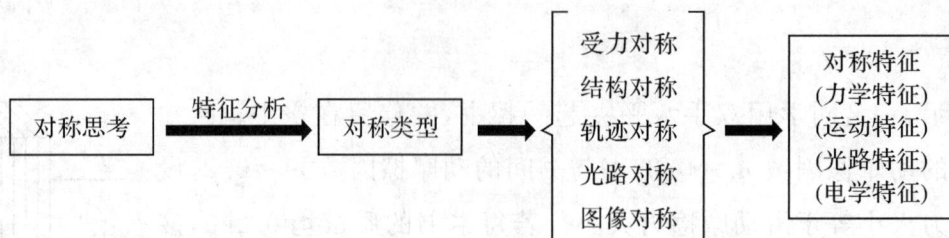

$$
\boxed{\text{对称思考}} \xrightarrow{\text{特征分析}} \boxed{\text{对称类型}} \Rightarrow \left\{\begin{array}{l}\text{受力对称}\\\text{结构对称}\\\text{轨迹对称}\\\text{光路对称}\\\text{图像对称}\end{array}\right\} \Rightarrow \boxed{\begin{array}{l}\text{对称特征}\\\text{(力学特征)}\\\text{(运动特征)}\\\text{(光路特征)}\\\text{(电学特征)}\end{array}}
$$

二、针对性练习

基础训练

1.(平抛运动内容学习后)如图所示，设有两面垂直于地面的光滑墙 A 和 B，两墙水平距离为 1.0m，从距地面高 20m 处的一点 C 以 5.0m/s 的初速度，沿水平方向投出一小球。设球与墙的碰撞为弹性碰撞，求小球落地点到墙 A 的水平距离。球落地前与墙壁碰撞了几次？(忽略空气阻力，g 取 10m/s^2。)

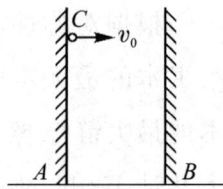

第1题图

2.(静电场内容学习后)如图所示，竖直平面内一绝缘细圆环的左、右半圆均匀分布着等量异种电荷。a、b 为圆环竖直直径上两点，c、d 为圆环水平直径上两点，它们与圆心 O 的距离相等，则 （　　）

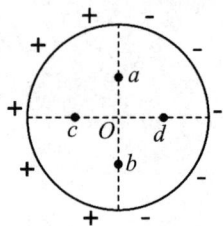

A. a 点的电势高于 b 点的电势

B. c 点的电场强度大于 d 点的电场强度

C. 点电荷 $+q$ 在 a 点的电势能大于在 b 点的电势能

D. 点电荷 $-q$ 在 d 点的电势能大于在 b 点的电势能

第2题图

3.(光的全反射内容学习后)如图所示为一直径处镀银的半圆形介质，O 点为圆心，半径为 R。一细黄光束从 C 点平行于直径 AB 入射，入射角 $\theta=60°$。光束经 AB 边反射，在圆弧 BC 上某处折射后，恰好以垂直于 AB 的方向向上射出，已知 $\sin15°=\dfrac{\sqrt{6}-\sqrt{2}}{4}$，$\cos15°=\dfrac{\sqrt{6}+\sqrt{2}}{4}$，则 （　　）

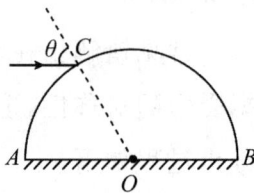

第3题图

A. 该介质的折射率为 $\sqrt{3}$

B. 光束在介质中传播的时间为 $\dfrac{(3+2\sqrt{3})R}{c}$

C. 仅将入射点下移，光束可能无法从介质中射出

D. 仅将黄光束改为紫光束，光束可能无法从介质中射出

拓展训练

1.(一轮复习)如图所示,一圆形闭合铜环从高处由静止开始下落,穿过一根竖直悬挂的条形磁铁,铜环的中心轴线与条形磁铁的中轴线始终保持重合。若取磁铁中心 O 为坐标原点,建立竖直向下为正方向的 x 轴,则图中最能正确反映环中感应电流 i 随环心位置坐标 x 变化的关系图像是 (　　)

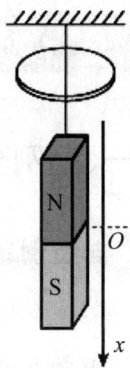

第1题图

A.

B.

C.

D.

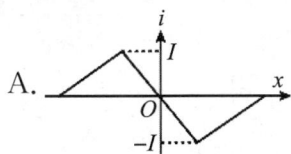

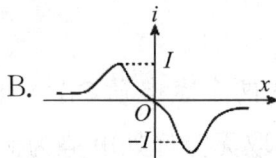

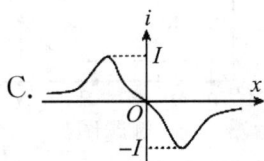

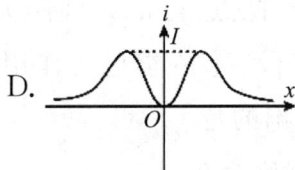

2.(一轮复习)如图所示,在质量为 M 的无下底的木箱顶部用一轻质弹簧悬挂质量均为 $m(M \geqslant m)$ 的 A、B 两物块,箱子放在水平地面上,平衡后剪断 A、B 间的细线,此后 A 将做简谐运动。当 A 运动到最高点时,木箱对地面的压力为 (　　)

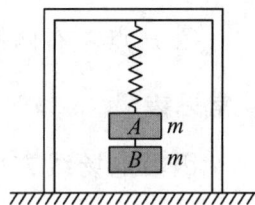

第2题图

A. Mg B. $(M-m)g$

C. $(M+m)g$ D. $(M+2m)g$

3.(一轮复习)如图所示,AB 是半径为 R 的圆的一条直径,该圆处于匀强电场中,场强为 E,在圆周平面内,将一带正电的、电荷量为 q 的小球从 A 点以相同的动能抛出,抛出的方向不同时,小球会经过圆周上不同的点,在这些所有的点中,到达 C 点时小球的动能最大。已知 $\angle CAB = 30°$,若不计重力和空气阻力,试求电场方向与直径 AB 间的夹角 θ。

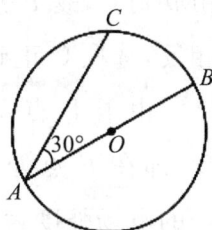

第3题图

4.(一轮复习)如图所示,直角坐标系 xOy 的第一象限内存在与 x 轴正方向成 $45°$ 角的匀强电场,第二象限内存在与第一象限方向相反的匀强电场,两电场的场强大小相等。x 轴下方区域 Ⅰ 和区域 Ⅱ 内分别存在磁感应强度不同、方向垂直于纸面向外、足够大的匀强磁场,两磁场的分界线与 x 轴平行,区域 Ⅰ 中磁场的磁感应强度大小为 B。在分界线上有一绝缘弹性挡板,挡板关于 y 轴对称。现在 $P(0, y_0)$ 点由静止释放一质量为 m、电荷量为 q 的带正电的粒子(不计粒子重力),粒子立即进入第一象限运动,以速度 v 穿过 x 轴后,依次进入区域 Ⅰ 和区域 Ⅱ 磁场,已知粒子从区域 Ⅰ 进入区域 Ⅱ 时,速度方向垂直于挡板紧贴挡板的右侧边缘,在与挡板进行碰撞时粒子的电荷量和能量均无变化,且与挡板的中央发生过碰撞。求粒子再次回到 y 轴时的位置坐标。

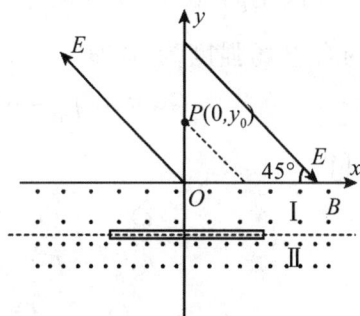

第4题图

第15讲 变化率分析法

一、案例分析

典型例题

a、b 是位于 x 轴上的两个点电荷,沿 x 轴方向 a、b 间各点对应的电势如图中曲线所示(取无穷远处电势为 0),M、P、N 为 x 轴上的三点,P 点对应曲线的最低点,且 a、P 间距大于 b、P 间距。一质子以某一初速度从 M 点出发,仅在静电力作用下沿 x 轴从 M 点运动到 N 点,则下列说法正确的是 （ ）

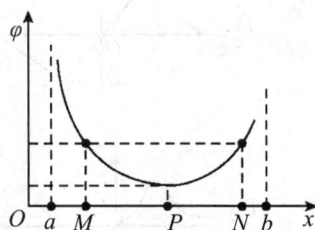
例题图

A. P 点处的电场强度为 0

B. a 和 b 一定带等量同种电荷

C. P 点左右两侧的电场强度方向相反

D. 质子在运动过程中加速度先增大后减小

常见错解

因沿电场线方向电势降低,由题图可以看出从 a 到 P 电势降低,故电场强度方向由 a 到 P,从 P 到 b 电势升高,故电场强度方向由 b 到 P,故 P 点左右两侧的电场强度方向相反,选项 C 正确。

由于 P 点左右两侧的电场强度方向相反,即在 P 点处电场强度方向改变,则 P 点处的电场强度大小 $E_P = 0$,选项 A 正确。

因 $E_P = 0$,即 a、b 两个点电荷在 P 点处的合电场强度为 0,即

$$E_a - E_b = 0$$

可得

$$k\frac{Q_a}{r_{aP}^2} - k\frac{Q_b}{r_{Pb}^2} = 0$$

$$k\frac{Q_a}{r_{aP}^2} = k\frac{Q_b}{r_{Pb}^2}$$

考虑到 $r_{aP} > r_{Pb}$,可以判断 $Q_a > Q_b$,选项 B 错误。

由题意及题图没有找到质子运动过程中

正确解答

$\varphi - x$ 图像的斜率表示该点的电场强度 $E = \frac{\Delta U}{\Delta d}$,$P$ 点为 $\varphi - x$ 图像的最低点,其斜率 $k = 0$,即该处的 $E = 0$,选项 A 正确。

由 $\varphi - x$ 图像的斜率变化可以看出,从 a 到 P 再到 b,图像的斜率先变小再变大,即从 a 到 P 再到 b,E 先变小再变大;再由牛顿第二定律得质子的加速度 $a = \frac{qE}{m} \propto E$,可得质子的加速度 a 先减小后增大,选项 D 错误。

由题图可以看出从 a 到 P 电势降低,从 P 到 b 电势升高,因沿电场线方向电势降低(或者由 $\varphi - x$ 图像可以看出从 a 到 P 图像的斜率是负值,从 P 到 b 斜率是正值,$\varphi - x$ 图像斜率的正负反映电场强度 E 方向的正反),可知 P 点左侧电场强度方向由 a 到 P,P 点右侧电场强度方向由 b 到 P,故 P 点左右两侧的电场强度方向相反,选项 C 正确。

由题图知 P 点处的合电场强度 $E_P = 0$,

加速度变化的判断依据,选项 D 无法判断。

由点电荷电场强度表达式 $E=k\dfrac{Q}{r^2}$,可知 $k\dfrac{Q_a}{r_{aP}^2}-k\dfrac{Q_b}{r_{Pb}^2}=0$,即 $k\dfrac{Q_a}{r_{aP}^2}=k\dfrac{Q_b}{r_{Pb}^2}$,由 $r_{aP}>r_{Pb}$,可判断 $Q_a>Q_b$,故选项 B 错误。

教师点评

假设 A、B 是匀强电场中沿电场强度方向相距为 d 的两点,则电势差 $U_{AB}=Ed$,即 $E=\dfrac{U_{AB}}{d}$;若是非匀强电场,可取极小的一个区域研究(微元),该区域内的电场可视为匀强电场,仍有 $E=\dfrac{\Delta U}{\Delta d}(\Delta d\rightarrow 0)$。$\varphi$-$x$ 图像的变化率(变化梯度)$k=\dfrac{\Delta U}{\Delta d}=\dfrac{\varphi_A-\varphi_B}{\Delta x}$,说明 φ-x 图像的斜率可表示电场强度。当 φ-x 图像的斜率 $k=0$(切线水平)时,说明该处的电场强度大小 $E=0$。

方法提炼

涉及一个物理量 y 随另一个物理量 x 变化的问题,当仅观察 y-x 图像的大小或变化量已无法得到待求的结果时,可以考虑利用物理量的变化率(或变化梯度)$\dfrac{\Delta y}{\Delta x}$ 即图像的斜率来分析和解决问题。

方法使用程序如下。

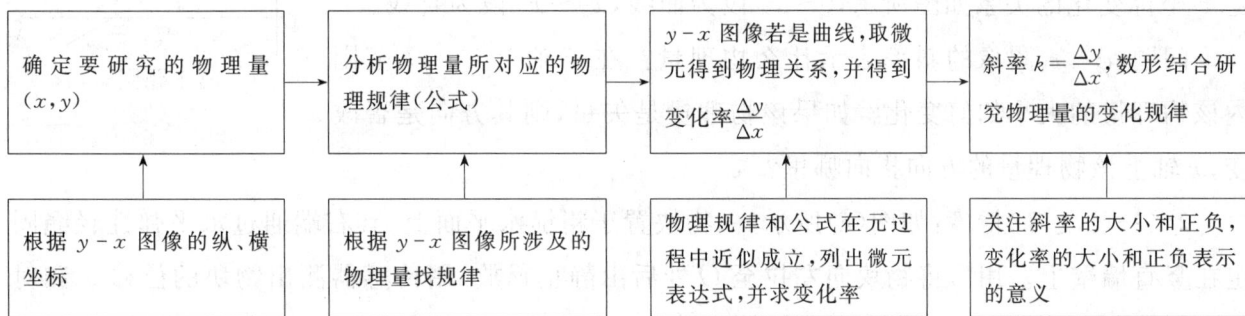

确定要研究的物理量 (x,y)	→	分析物理量所对应的物理规律(公式)	→	y-x 图像若是曲线,取微元得到物理关系,并得到变化率 $\dfrac{\Delta y}{\Delta x}$	→	斜率 $k=\dfrac{\Delta y}{\Delta x}$,数形结合研究物理量的变化规律
↑		↑		↑		↑
根据 y-x 图像的纵、横坐标		根据 y-x 图像所涉及的物理量找规律		物理规律和公式在元过程中近似成立,列出微元表达式,并求变化率		关注斜率的大小和正负,变化率的大小和正负表示的意义

二、针对性训练

基础训练

1. (匀变速直线运动内容学习后)一质点由静止开始做直线运动的 v-t 图像如图所示,则该质点的 x-t 图像可大致表示为选项图中的　　　　　　　　　　　　　　　　(　　)

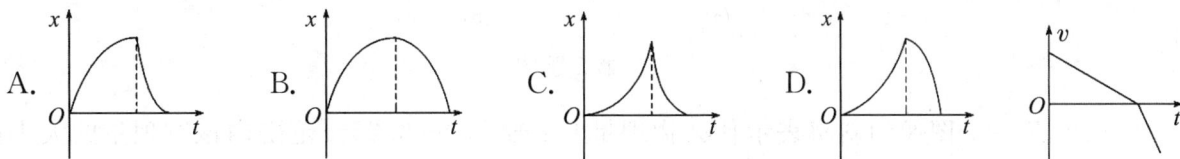

A. ⎡图⎤　B. ⎡图⎤　C. ⎡图⎤　D. ⎡图⎤　⎡图⎤

第1题图

2.（机械能守恒定律内容学习后）如图所示为一物体的机械能随上升高度变化的 $E-h$ 图像，图中曲线上 A 点处的切线斜率最大，则物体上升过程中受到的除重力外的其他力是如何变化的？

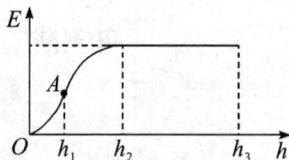

第 2 题图

3.（静电场内容学习后）一带电小球只在静电力作用下沿 x 轴正方向运动，其电势能随位移变化的 E_p-x 图像如图所示，图像的斜率表示什么物理量？$x_1\sim x_2$ 过程中该物理量如何变化？

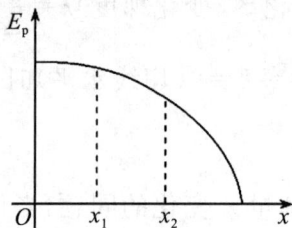

第 3 题图

拓展训练

1.（一轮复习）情境：x 轴位于某电场中，x 轴正方向上各点电势 φ 随 x 坐标变化的关系如图所示，$0\sim x_2$ 段为曲线，$x_2\sim x_4$ 段为直线。

问题：$\varphi-x$ 图像的斜率表示什么物理量？在 x 轴上 $0\sim x_4$ 范围内该物理量的大小如何变化？如果该物理量是矢量，则其方向是否改变，x 轴上该物理量的方向指向哪里？

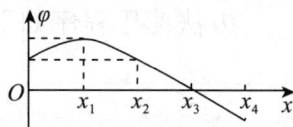

第 1 题图

2.（一轮复习）情境：如图(a)所示，一物块置于粗糙水平面上，其右端通过水平弹性轻绳固定在竖直墙壁上。用力将物块向左拉至 O 处后由静止释放，用传感器测出物块的位移 x 和对应的速度，作出物块的动能与位移关系的 E_k-x 图像如图(b)所示，x 轴上 $0.10\sim 0.25\mathrm{m}$ 范围内的图像为直线，其余部分为曲线。

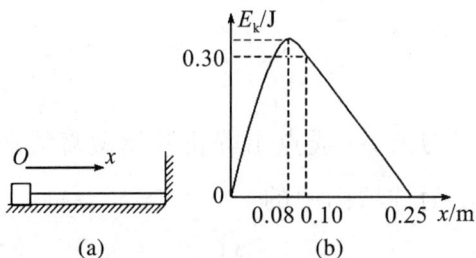

第 2 题图

问题：E_k-x 图像的斜率表示什么物理量？x 轴上 $0\sim 0.25\mathrm{m}$ 范围内该物理量的大小如何变化？从力与运动的角度说明该物理量发生变化的原因。

3.（一轮复习）情境：如图（a）所示，一轻质弹簧竖直放置，下端固定在水平地面上，自然伸长时弹簧上端处于 A 点。$t=0$ 时刻将小球从 A 点正上方的 O 点由静止释放，t_1 时到达 A 点，t_2 时弹簧被压缩到最低点 B。以 O 为原点，向下为正方向建立 x 轴，以 B 点为重力势能零点，弹簧形变始终处于弹性限度内。

问题：在小球向下运动的过程中，小球的动能 E_k、重力势能 E_{pg}、机械能 E_0 和弹簧的弹性势能 E_{pq} 均发生变化，图（b）中的能量随位移变化的 E–x 曲线可能是表示哪个能量随位移 x 变化的图像？

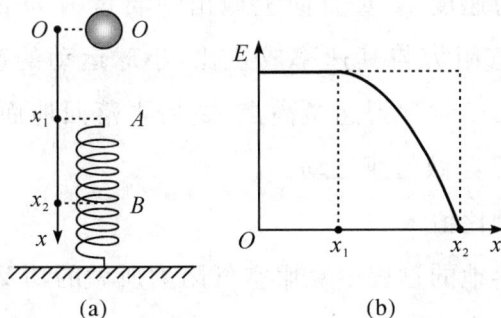

第 3 题图

4.（一轮复习）情境：如图（a）所示，小车静止在粗糙的水平地面上，一人站在车上抡起重锤从 P 处由静止砸向车的左端 Q，锤下落的同时小车向左运动，锤瞬间砸在 Q 处后与小车保持相对静止，最终小车停止运动。取水平向右为正方向，不考虑空气阻力。

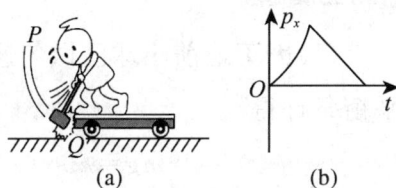

第 4 题图

问题：此过程人、锤和小车组成的系统水平方向的动量 p_x 随时间 t 变化的图像如图（b）所示，则 p_x–t 图像的斜率表示什么物理量？该物理量是如何变化的？从力与运动的角度说明该物理量发生变化的原因。

第16讲 微元累积法

引路人　浙江省温岭中学　陈林龙

一、案例分析

典型例题

$t=0$ 时刻从地面上以初速度 v_0 竖直向上抛出一质量为 m 的小球,若运动过程中受到的空气阻力与其速率成正比,小球运动的速率随时间变化的规律如图所示,t_1 时刻到达最高点,之后再落回地面,落地时速率为 v_1,且落地前球已经做匀速运动。

(1)求空气阻力与速率的比值 k。

(2)求小球在从抛出到落地的过程中克服空气阻力所做的功 W_f。

(3)求小球上升的最大高度 H。

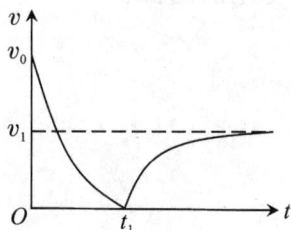

例题图

常见错解

(1)因落地前小球已做匀速直线运动,由平衡条件得

$$mg = kv_1$$

解得

$$k = \frac{mg}{v_1}$$

(2)对从抛出到落地的全过程应用动能定理,可得

$$-W_f = \frac{1}{2}mv_1^2 - \frac{1}{2}mv_0^2$$

解得

$$W_f = \frac{1}{2}mv_0^2 - \frac{1}{2}mv_1^2$$

(3)常见错解1:

上升阶段小球做初速度为 v_0,末速度为0的直线运动,由均变速运动规律可得

$$H = \frac{v_0}{2}t_1$$

常见错解2:

由于上升和下落阶段位移大小相等,因此上升阶段克服阻力做功为全程的一半,对

正确解答

(1)(2)问解答与左栏中的相同。

(3)小球在上升过程中做减速运动,阻力会随速度大小发生变化,因此加速度也会变化,匀变速直线运动规律已不适用。但细致分析不难发现,因为阻力与瞬时速度大小成正比,所以某时刻的加速度与速度也存在关联。设在上升过程中速度为 v 时,加速度为 a,取向上为正方向,根据牛顿第二定律得

$$-mg - kv = ma \Rightarrow a = -g - \frac{kv}{m}$$

若将上升过程按时间无限分割,在极短的微元时间 Δt 内,加速度 a 可认为不变,Δt 时间内速度的变化量

$$\Delta v = a\Delta t = -g\Delta t - \frac{k}{m}v\Delta t$$

对上式进行累积有

$$\sum \Delta v = -g \sum \Delta t - \frac{k}{m} \sum v\Delta t$$

对上升过程而言,$\sum \Delta v = 0 - v_0$,$\sum \Delta t = t_1$,$\sum v\Delta t = \sum \Delta h = H$,即

上升过程应用动能定理有

$$-mgH - \frac{1}{2}W_f = 0 - \frac{1}{2}mv_0^2$$

$$H = \frac{v_0^2 + v_1^2}{4g}$$

$$0 - v_0 = -gt_1 - \frac{k}{m}H$$

$$H = \frac{v_1(v_0 - gt_1)}{g}$$

教师点评

第(3)问常见错解所采用的运动学方法是大多数学生的首选方法,但需要注意的是始、末速度的平均值等于全程的平均速度只适用于匀变速直线运动,因此本题中用 $\frac{v_0}{2}$ 作为平均速度来求解是错误的。其中所采用的动能定理也是求解位移的重要方法,但是由于本题中阻力与速率成正比,上升和下降阶段克服阻力做功并不相等,因此用 $\frac{1}{2}W_f$ 来表示上升阶段克服阻力做功是错误的。

如例题所描述情境,当物理量随时间(或空间)变化的规律较为复杂,无法直接对全程应用公式求解,也无法取平均值求解时,就要考虑采用微元累积法。

方法提炼

微元累积法是物理学中的一种重要方法,是微积分思想在中学阶段的雏形。微元累积法包括微元和累积两个过程。微元通常是将研究过程按时间(或空间)分割成无数个微元,认为每个微元内研究的物理量不变;或者是将研究对象分割成无数个微元,让物理公式可以直接适用于每个微元;这样就把复杂的物理规律无法直接适用的过程或对象转化为简单的、物理规律适用的微元。累积就是在写出针对微元的物理表达式的基础上,再对表达式进行累积求和,得到针对全过程或者整体的结果。微元累积法使用的一般程序如下。

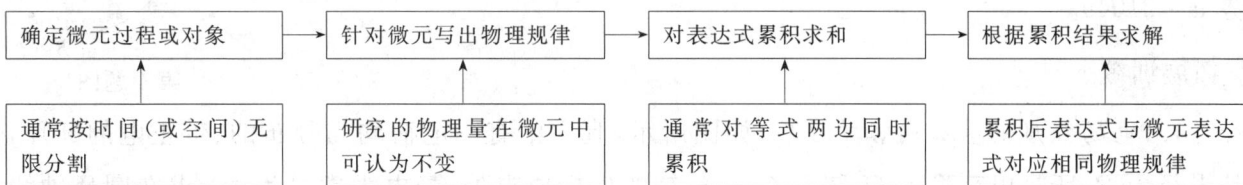

确定微元过程或对象	→	针对微元写出物理规律	→	对表达式累积求和	→	根据累积结果求解
通常按时间(或空间)无限分割		研究的物理量在微元中可认为不变		通常对等式两边同时累积		累积后表达式与微元表达式对应相同物理规律

二、针对性训练

基础训练

1.(动能定理内容学习后)如图所示,粗糙程度处处相同的水平桌面上有一长为 L 的轻质细杆,一端可绕竖直光滑轴 O 转动,另一端与质量为 m 的小木块相连。木块以与细杆垂直的方向的初速度 v_0 开始运动,并恰好能完成一个完整的圆周运动。求在运动过程中木块所受摩擦力的大小。

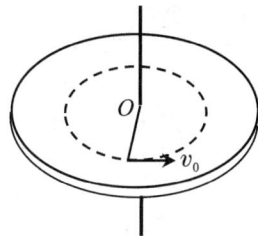

第1题图

2.（电势差与电场强度的关系内容学习后）在 x 轴上的 O 点有一固定的正点电荷，其沿 x 轴正方向的电场强度 E 随 x 的关系如图所示，x 轴正方向为电场强度的正方向，且 x_1 和 x_2、x_2 和 x_3 间的图像与 x 轴所围的面积相同。试分析 x_1、x_2 间的电势差 U_{12}，以及 x_2、x_3 间的电势差 U_{23} 的关系。

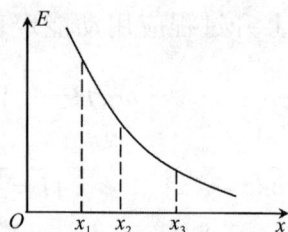

第 2 题图

3.（观察电容器的充、放电实验内容学习后）利用如图(a)所示的电容器充放电实验装置，可以测定电容器的电容，已知电源电动势为 16V。实验中，先将开关 S 与 1 端连接，电源给电容器充电；充电完成后将开关 S 掷向 2 端，电容器通过电阻 R_0 放电，电流传感器将电流信息传入计算机，屏幕上显示出电流随时间变化的 $i\text{-}t$ 图像如图(b)中的曲线 a 所示。

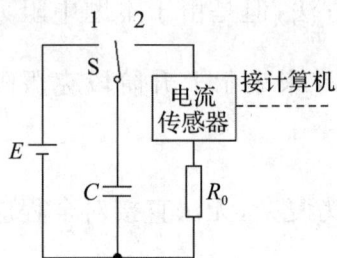

(a)

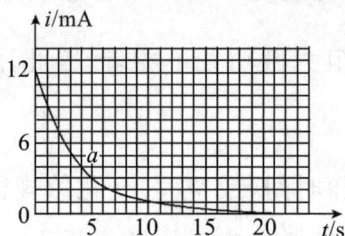

(b)

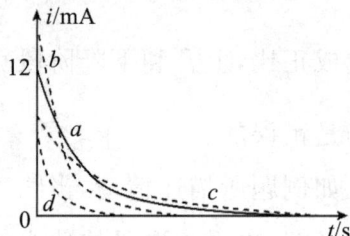

(c)

第 3 题图

(1)根据图(b)中的信息估算电容器的电容。

(2)若只将电阻 R_0 的阻值增大，则放电时的 $i\text{-}t$ 图像应该是图(c)中曲线 b、c、d 中的哪一条？

4.（导线切割磁感线时的感应电动势内容学习后）如图所示，有一垂直于纸面的匀强磁场，磁感应强度大小为 B，一半径为 R 的半圆形导线框以垂直于直径 AB 的速度 v 在纸面内切割磁感线。求证：切割产生的感应电动势 $E = 2BRv$。

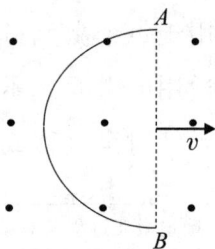

第 4 题图

▶ 拓展训练

1.（电场强度的叠加内容学习后）如图所示，真空中有一电荷均匀分布的、带正电的圆环，其半径为 R，所带电荷量为 Q，圆心 O 在 x 轴的坐标原点处，静电力常量为 k。求在圆环轴线上到圆心 O 点的距离 $x = R$ 处的 P 点的电场强度。

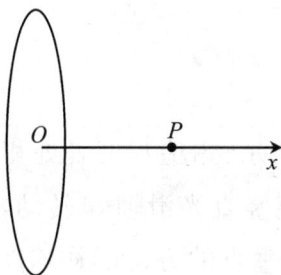

第 1 题图

2.（一轮复习）电通量是表征电场分布情况的物理量，它与磁通量的定义类似，与穿过一个面的电场线的数目成正比，符号为 Φ_E。已知在电场强度为 E 的匀强电场中，有一与电场方向垂直的、面积为 S 的平面，则通过这个面的电通量 $\Phi_E = E \cdot S$。现有如图所示的点电荷所产生电场的电场线和等势面分布。已知点电荷的电荷量为 Q，静电力常量为 k，等势面 S_1、S_2 到点电荷的距离分别为 r_1、r_2。求：

（1）通过等势面 S_1（球面）的电通量。

（2）穿过两等势面 S_1、S_2 单位面积的电场线数目之比 $N_1 : N_2$。

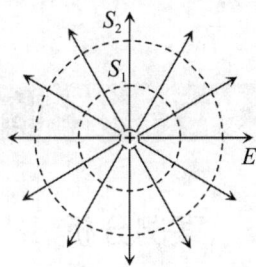

第 2 题图

3.（一轮复习）某汽车的四冲程内燃机利用奥托循环进行工作，该循环由两个绝热过程和两个等容过程组成。如图所示为一定质量的理想气体所经历的奥托循环的 p-V 图像。试判断从状态 a 开始经历一个循环总体来说是吸热还是放热，并指出吸热或放量的数值与 p-V 图像中的哪部分面积对应。

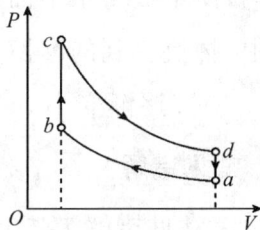

第 3 题图

4.（一轮复习）如图所示，两条相距为 L 的足够长光滑平行金属导轨位于水平面（纸面）内，其左端接一阻值为 R 的电阻，导轨平面与磁感应强度大小为 B 的匀强磁场垂直，导轨电阻不计。质量为 m 的金属棒 ab 垂直于导轨放置并接触良好，接入电路的电阻也为 R。某时刻给棒一垂直于棒向右的初速度 v_0，并以此为初始时刻。试推导：

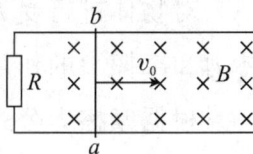

第 4 题图

（1）通过棒的电荷量 q 与棒的速度 v 的关系。

（2）棒的位移 x 与棒的速度 v 的关系。

5.（一轮复习）如图所示，接有恒流源的正方形线框边长为 $\sqrt{2}L$，质量为 m，电阻为 R，放在光滑水平地面上，线框部分处于垂直于地面向下、磁感应强度为 B 的匀强磁场中。以磁场边界 CD 上一点为坐标原点，水平向右建立 Ox 轴，线框中心和一条对角线始终位于 Ox 轴上。开关 S 断开，线框保持静止，不计空气阻力。线框中心位于 $x=0$ 处，闭合开关 S 后，线框中电流大小为 I，求当线框中心运动至 $x = \dfrac{L}{2}$ 过程中，安培力的冲量。

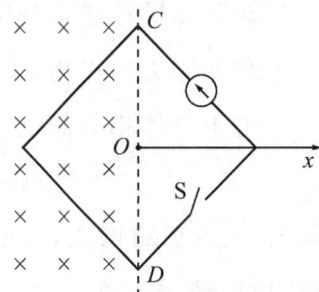

第 5 题图

第 17 讲 临界状态(条件)确定法

引路人 浙江省龙泉市第一中学 徐欢

一、案例分析

典型例题

如图所示,一物块静止放在足够长的水平木板上,现缓慢抬高木板的一端,使木板与水平面的夹角 θ 逐渐增大,如图所示,直到 $\theta=90°$,在此过程中,物块受到的摩擦力大小的变化情况为　　　( )

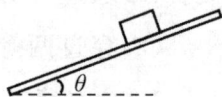
例题图

A.逐渐变小　　　　B.逐渐变大　　　　C.先变大后变小　　　　D.先变小后变大

常见错解

常见错解 1:

对物体进行受力分析,物体受到重力、支持力和摩擦力的作用。

根据摩擦力公式

$$F_f=\mu F_N=\mu mg\cos\theta$$

随着角度 θ 的增大,$\cos\theta$ 变小,故摩擦力变小,所以选 A。

常见错解 2:

对物体进行受力分析,物体受到重力、支持力和摩擦力的作用。

由于物体相对静止,摩擦力大小

$$F_f=mg\sin\theta$$

随着角度 θ 的增大,$\sin\theta$ 变大,故摩擦力变大,所以选 B。

正确解答

木板从水平至抬高的过程中,对物块进行受力分析,如图所示,当角度较小时,物体相对木板静止,摩擦力为静摩擦力,其大小 $F_f=mg\sin\theta$。

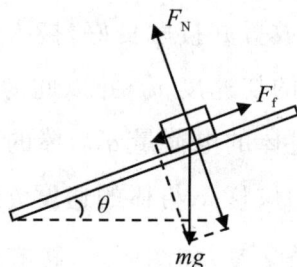

正解答图

随着 θ 的增大,摩擦力增大,当摩擦力超过最大静摩擦力时物体开始下滑,摩擦力变为滑动摩擦力,其大小 $F_f=\mu mg\cos\theta$,随着角度 θ 的增大,摩擦力变小,所以整个过程中摩擦力先变大后变小。综上,选 C。

教师点评

两种常见错解中,解题者都未发现物体运动状态发生变化,原因是他们对题中"直到 $\theta=90°$"这个条件缺乏敏感度,以及没有结合生活中的经验进行定性分析。

本题要得到正确的结论,分析的思维过程如下。

根据题目信息和生活经验知道 θ 增大到 $90°$ 的过程中物体会下滑	→	结合测量摩擦力的实验知道摩擦力增大有最大值	→	分析角度增大时物体运动状态的变化和摩擦力表达式的变化	→	关注到当摩擦力达到最大时物体从静止变为运动

方法提炼

要寻找到临界状态(条件),需要对某一物理量进行连续变化的分析,在分析时既要用到物理知识,又要结合生活经验,既需要多角度地定性分析,又需要定量计算。具体思维过程如下。

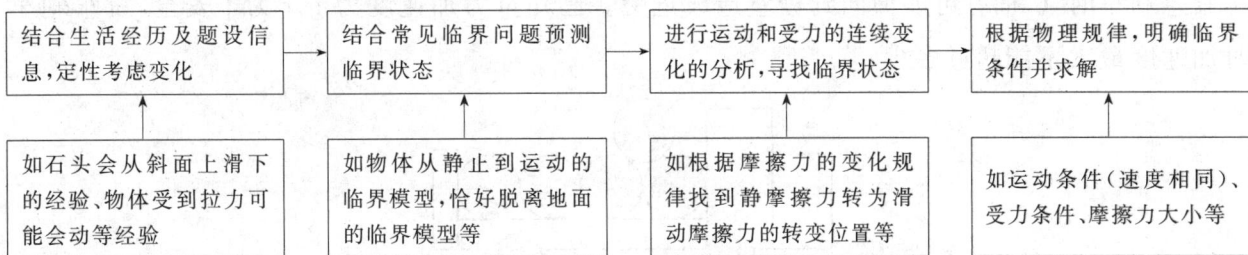

结合生活经历及题设信息,定性考虑变化	结合常见临界问题预测临界状态	进行运动和受力的连续变化的分析,寻找临界状态	根据物理规律,明确临界条件并求解
如石头会从斜面上滑下的经验、物体受到拉力可能会动等经验	如物体从静止到运动的临界模型,恰好脱离地面的临界模型等	如根据摩擦力的变化规律找到静摩擦力转为滑动摩擦力的转变位置等	如运动条件(速度相同)、受力条件、摩擦力大小等

图中所说的临界状态(条件)是指一个状态到另一个状态的转折点,题目中常会用"恰好""刚刚""即将"等关键字表达。

二、针对性训练

基础训练

1. (摩擦力和牛顿运动定律内容学习后)如图所示,把一重为 G 的物体,用一水平方向的推力 $F=kt$(k 为恒量,t 为时间)压在竖直的、足够高的平整墙面上,作出当推力随时间 t 变化时,物体受到的摩擦力随时间 t 变化的图像。

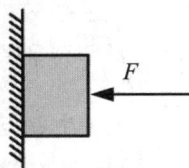

第1题图

2. (匀变速直线运动规律内容学习后)甲、乙两名同学在水平直跑道上进行接力训练,甲以 $v_1=9\text{m/s}$ 的速度向乙跑去,乙在原地等待甲跑来,当甲和乙相距 $x_0=10\text{m}$ 时,甲开始以 $a_1=2.5\text{m/s}^2$ 的加速度减速,同时乙以 $a_2=2\text{m/s}^2$ 的加速度加速向前跑去,则在此次训练中甲和乙的最近距离为多少?

3. (牛顿运动定律内容学习后)如图所示,细线的一端固定在倾角为 $45°$ 的光滑楔形滑块 A 的顶端 P 处,细线的另一端拴一质量为 m 的小球(重力加速度为 g)。若滑块以 $a=g$ 的加速度向左做匀加速运动,则绳对小球的拉力为多大?

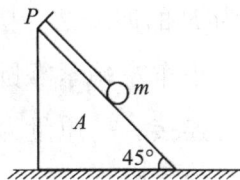

第3题图

4. (平抛运动内容学习后)如图所示,排球场长为 L,宽为 d,球网高为 h,某一排球运动员在球场内,在距离网 x 处的前方向对方场地水平击球,击球方向与球网速度方向垂直,击球点在离地面高度 H 处,不计空气阻力,排球可视为质点。已知运动员该次击球能得分,求击球速度 v_0 的取值范围。

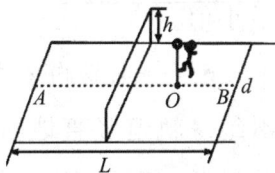

第4题图

5. (牛顿运动定律内容学习后)如图所示,A、B 两物块叠放在光滑水平面上,其质量分别为 m 和 M,A、B 两物体间的动摩擦因数为 μ。设最大静摩擦力等于滑动摩擦力,现对 M 施加一水平恒力 F,要使 m 和 M 一起加速运动,则拉力 F 的最大值为多少?

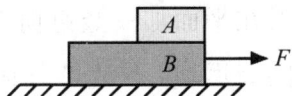

第5题图

拓展训练

1.（牛顿运动定律内容学习后）如图所示，一辆货车载着一些相同的圆柱形光滑空油桶，底部一层油桶平整排列且相互紧贴，上一层只有 C 桶自由摆放在 A、B 桶之间。当向左行驶的货车紧急刹车时，C 桶有可能撞向驾驶室造成危险。已知重力加速度为 g。为了安全，货车刹车时加速度最大不能超过多少？

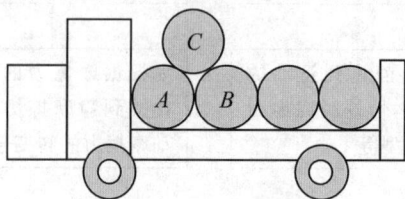

第 1 题图

2.（牛顿运动定律和圆周运动内容学习后）如图所示，水平面上有一光滑的圆锥体，圆锥体轴线沿竖直方向，其顶端用长为 L 的细线悬挂一质量为 m 的小球，其细线与锥体母线平行，锥体母线与轴线的夹角 $\theta = 37°$，当圆锥体以角速度 $\omega = \sqrt{\dfrac{2g}{L}}$ 绕轴线做水平圆周运动时，求细线对小球的拉力大小。

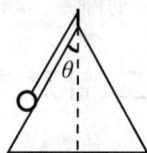

第 2 题图

3.（牛顿运动定律和圆周运动内容学习后）如图所示，在匀速转动的水平圆盘上，沿半径方向放置用长 $L=0.1$m 的细线相连接的 A、B 两小物块。已知 A 到轴心 O 的距离 $r_1=0.2$m，A、B 的质量均为 $m=1$kg，它们与盘面间的摩擦力最大值为其重力的 0.3，g 取 10m/s^2。要使 A、B 与盘面间不发生相对滑动，圆盘的最大角速度为多大？

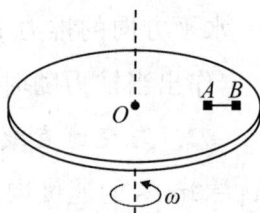

第 3 题图

4.（动量内容学习后）如图所示，光滑水平面上固定着一半径为 R 的四分之一圆周的光滑圆弧轨道，一长为 $2R$、质量为 $2m$ 的平板小车左端紧靠圆弧轨道，小车上表面恰好与圆弧轨道最低点平滑连接。一质量为 m 的小滑块从圆弧轨道的顶端由静止释放，不计空气阻力，重力加速度为 g。要使滑块不滑离小车，求滑块与小车上表面间的动摩擦因数的最小值。

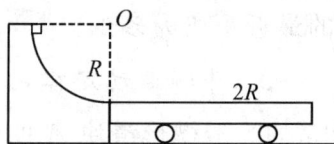

第 4 题图

5.（静电场内容学习后）如图所示，质量为 m、半径为 R 的圆形光滑绝缘轨道竖直地固定在 M、N 两竖直墙壁间，P、Q 两点分别为轨道的最低点和最高点，在 P 点有一质量为 m、电荷量为 q 的正电性小球，当给小球一初速度 v_0 时，发现小球无法沿轨道做圆周运动。现在轨道所在平面加一竖直向上的匀强电场使小球能在竖直平面内沿轨道做圆周运动，不计空气阻力，重力加速度为 g，求电场强度 E 的取值范围。

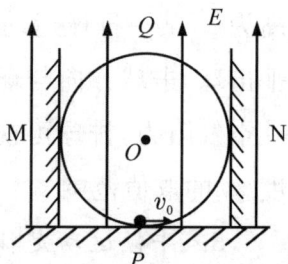

第 5 题图

第18讲 逆推分析法

引路人　浙江省三门中学　赖兴俊

一、案例分析

典型例题

如图所示为回旋加速器的工作原理图。D_1 和 D_2 是两个半径为 R 的中空半圆金属盒,分别和一高频交流电源的两极相连。两盒处于磁感应强度大小为 B 的匀强磁场中,磁场方向垂直于盒面。位于 D_1 盒圆心附近的 A 处有一个粒子源,产生质量为 m、电荷量为 $+q$ 的带电粒子。不计粒子的初速度、重力和粒子通过两盒间缝隙的时间,加速过程中不考虑相对论效应。若带电粒子束从回旋加速器输出时形成的等效电流为 I,求回旋加速器加速带电粒子的平均功率 $\overline{P}$。

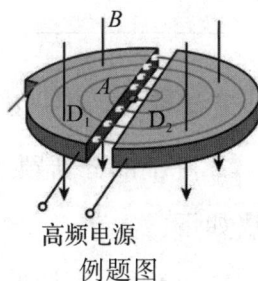

高频电源
例题图

常见错解

常见错解 1:

$$qvB = \frac{mv^2}{r},\ r = \frac{mv}{qB}$$

最大运动半径时,$r = R = \dfrac{mv_{\max}}{qB}$,最大速度 $v_{\max} = \dfrac{qBR}{m}$

$$\overline{P} = Fv = \frac{Fv_{\max}}{2}$$

常见错解 2:

带电粒子从回旋加速器输出时的平均功率

$$\overline{P} = \frac{W}{t}$$

回旋加速器对带电粒子做的功

$$W = UIt = \cdots$$

正确解答

带电粒子从回旋加速器输出时的平均功率

$$\overline{P} = \frac{W}{t} = \frac{NE_k}{t}$$

其中,

$$E_k = \frac{1}{2}mv^2$$

$$R = \frac{mv}{qB}$$

又由 $I = \dfrac{Nq}{t}$ 得

$$N = \frac{It}{q}$$

最终解得

$$\overline{P} = \frac{qIB^2R^2}{2m}$$

教师点评

从常见错解 1 和 2 看,解题者均能采用逆向思维的方法进行推理,但都只是简单的套用公式,没有充分挖掘题中所给的条件去找相关规律解决问题。

本例求解的是带电粒子在输出过程中的平均功率。题中已知回旋加速器的 D 形盒半径、

磁感应强度、等效电流，以及粒子的相关信息，求解平均功率可以选择物理规律 $\overline{P}=\dfrac{W}{t}$ 或者 $\overline{P}=F\overline{v}$。结合题目条件可以推出粒子的最大动能，以及单位时间内输出粒子的个数，最终选择 $\overline{P}=\dfrac{W}{t}$，$W=\Delta E_k$ 来求解，推导过程如下。

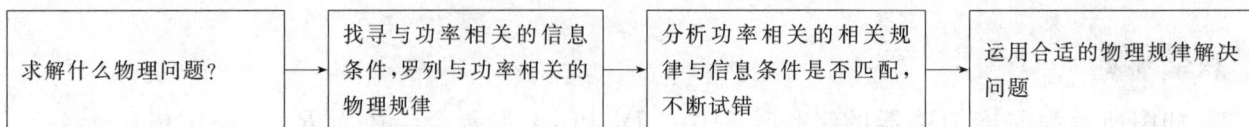

| 求解什么物理问题？ | → | 找寻与功率相关的信息条件，罗列与功率相关的物理规律 | → | 分析功率相关的相关规律与信息条件是否匹配，不断试错 | → | 运用合适的物理规律解决问题 |

方法提炼

对于部分新颖题，我们可采取根据物理量间的物理规律进行逆推的方法来求解，其解题方法如下。

(1)通过审题明确要求的物理量。

(2)寻找与该物理量相关的物理规律(定义式，二级结论，动力学、能量、动量公式)，并结合题目所给的限定条件进行公式匹配。

(3)正向推导，求得结果。

思维过程如下。

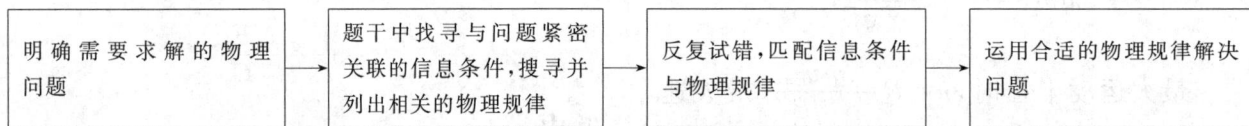

| 明确需要求解的物理问题 | → | 题干中找寻与问题紧密关联的信息条件，搜寻并列出相关的物理规律 | → | 反复试错，匹配信息条件与物理规律 | → | 运用合适的物理规律解决问题 |

二、针对性训练

基础训练

1.(光学章末复习)光学镊子是靠激光束"夹起"细胞、病毒等极微小粒子的工具。为了简化问题，将激光束看作粒子流，其中的粒子以相同的动量沿光传播方向运动。如图所示，是一个半径为 R、折射率均匀的圆柱形玻璃砖的横截面，两束光线从 A 点与横截面中轴线(图中虚线)成 $74°$ 角射入玻璃砖后从 B、C 点射出，出射光与中轴线平行。分析两束光线对玻璃砖的合力方向。

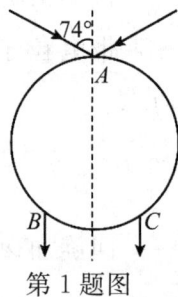

第1题图

2.(动量章末复习)如图所示，质量为 2kg 的物块以初速度 $v_0=12\text{m/s}$ 进入木板的左端，受到阻力(与摩擦力类似)的大小与物块速度大小 v 成正比，即 $f=kv$，$k=4\text{kg/s}$。已知木板固定，不计其他阻力，则要使物块不滑出木板，木板至少为多长？

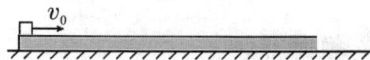

第2题图

3. (电磁感应章末复习)如图所示,质量 $M=0.1kg$ 的方形铝管静置在足够大的绝缘光滑水平面上,现使质量 $m=0.2kg$ 的条形磁铁(条形磁铁横截面比铝管管内横截面小)以 $v=3m/s$ 的水平初速度自左向右穿过足够长的铝管。忽略一切摩擦,不计管壁厚度,则磁铁穿过铝管的过程中,铝管产生的最大焦耳热可能为多少?

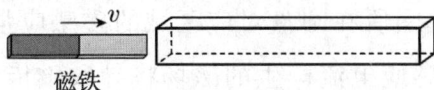

第 3 题图

4. (电磁感应章末复习)将一根足够长的空心铜管竖直放置,使一枚直径略小于铜管内径、质量为 m 的圆柱形强磁铁从管内某处由静止开始下落,如图所示,它不会做自由落体运动,而是非常缓慢地穿过铜管,在铜管内下落时的最大速度为 v_0。强磁铁在管内运动时,不与铜管内壁发生摩擦,空气阻力也可以忽略。求强磁铁达到最大速度后铜管的热功率 P。

第 4 题图

5. (电磁感应章末复习)"实验证实超导态'分段费米面'"科研成果入选 2022 年度"中国科学十大进展",超导体圆环半径为 r,常温下电阻为 R,圆环的环横截面半径远小于圆环半径。磁单极子是指理论物理中一些仅带有 N 极或 S 极的单一磁极的磁性物质,它们的磁感线分布类似于点电荷的电场线分布,如图所示,图中包围一个 N 极的磁单极子球面的磁通量为 φ_0,此磁单极子从上向下以恒定速度 v 沿轴线穿过低温超导态的圆环。求该磁单极子到达圆环中心时圆环中的感应电动势(不考虑线圈的自感)。

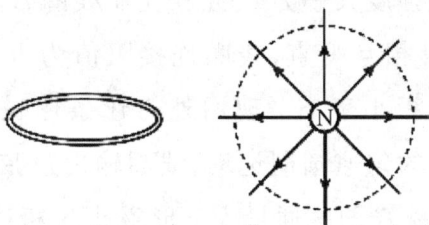

第 5 题图

拓展训练

1. (一轮复习)为估算池中睡莲叶面承受雨滴撞击产生的平均压强,小明在雨天将一圆柱形水杯置于露台,测得 1h 内杯中水上升了 45mm。查询得知,当时雨滴竖直下落速度约为 12m/s,据此估算:该压强约为多少帕?(设雨滴撞击睡莲后无反弹,不计雨滴的重力,雨水的密度为 $1×10^3 kg/m^3$。)

2. (一轮复习)光照射到物体表面并被反射时,如同大量气体分子与器壁的频繁碰撞一样,将产生持续均匀的压力,这种压力会对物体表面产生压强,这就是光压。一台发光功率为 P 的激光器发出的一束激光,光束的横截面积为 S。当该激光束垂直照射在物体表面时,若几乎能被物体表面完全反射,试写出其在物体表面引起的光压表达式。

3.（一轮复习）现有一种利用电磁感应原理测血栓的传感器,该传感器的部分构成如图(a)所示,激励线圈和反馈线圈分别装在两个圆盘上,两个圆盘的圆心在同一竖直线上。圆盘 a 固定,其边缘围绕一组环形的激励线圈,内部铺装有许多点状磁感应强度传感器。转盘 b 可转动,内部单匝反馈线圈为三叶式,如图(b)所示。该传感器工作原理:当检测部位放入两个圆盘间时,有血栓部位将导致反馈线圈所在圆盘对应区域的磁感应强度发生变化,反馈线圈以角速度 ω_0 转动时将产生感应电流,感应电流产生的磁场将导致磁传感器所在处的耦合磁场磁感应强度发生变化,从而确定血栓所在位置和大小。某次模拟测试时,放入半径为 r_2 的六分之一圆的扇形模拟血栓块,使得两个圆盘间对应区域的磁感应强度为零。若反馈线圈处磁感应强度与激励线圈的电流关系为 $B=kI$,反馈线圈单位长度的电阻为 R,线圈内圈半径 $r_1=r$,外圈半径 $r_2=2r_1$,激励线圈接 I 的恒定电流,求转动过程中反馈线圈所产生的电流大小。

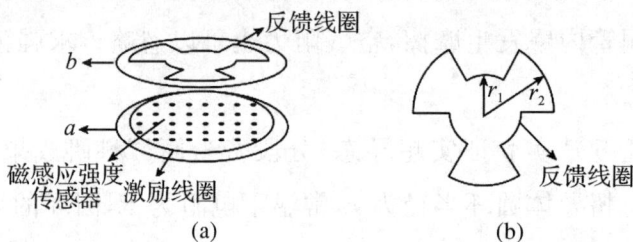

第 3 题图

4.（一轮复习）如图所示是简化的某种旋转磁极式发电机原理图。转子是中心在 O 点的条形磁铁,条形磁铁长为 $2a$,质量为 m,横截面积为 S,磁体两极的磁感应强度大小为 B;定子是小线圈 A,匝数为 n,两者轴线在同一平面内且相互垂直,线圈连接阻值为 R 的电阻,线圈的长度远小于 a,截面积小于 S。现用外力让条形磁铁绕 O 点在该平面内做角速度为 ω 的匀速圆周运动,线圈输出正弦式交变电流。已知图示位置穿过线圈 A 的磁通量为条形磁铁 N 极磁通量的 $K(K<1)$,不计线圈、电阻,以及自感、两线圈和磁场间的相互影响。求条形磁铁匀速转动 1 圈时,与 A 线圈中相连接的电阻 R 产生的焦耳热。

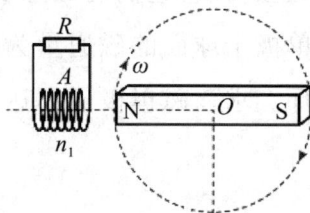

第 4 题图

5.（一轮复习）如图所示,一比荷为 $\dfrac{v_0}{BL}$ 的正电性粒子从坐标为 $(0,2L)$ 的 P 点以速度 v_0 垂直于磁场边界射入磁感应强度大小为 B、方向垂直于纸面向外的匀强磁场。若粒子进入磁场后受到了与速度大小成正比、方向相反的阻力,观察发现该粒子轨迹呈螺旋状并与磁场左边界相切于点 $Q(0,y)$（未作出）。已知整个装置处于真空中,匀强磁场的磁感应强度大小为 B,不计粒子重力,求坐标 y 的值。

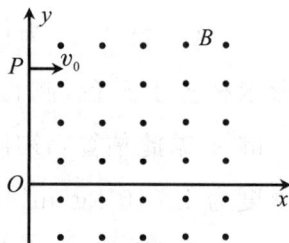

第 5 题图

第 19 讲　极值思维法

引路人　磐安县教育局教研室　洪晓标　浙江省磐安中学　陈平男

一、案例分析 ⣿⣿⣿⣿⣀⣀

典型例题

如图所示，一木箱重为 G，与地面间的动摩擦因数为 μ。现用斜向上与水平地面成 α 角（$0° \leqslant \alpha \leqslant 90°$）的力 F 拉木箱使之沿水平地面匀速前进，求 α 变化的过程中 F 的取值范围。

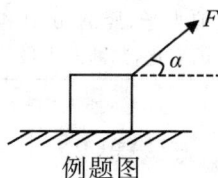

例题图

常见错解

因为

$$F\sin\alpha + F_N = G$$

$$F\cos\alpha = \mu F_N$$

所以

$$F = \frac{\mu G}{\cos\alpha + \mu\sin\alpha}$$

$$= \frac{\mu G}{\sqrt{1+\mu^2}\sin(\alpha+\varphi)}$$

又因为

$$\tan\varphi = \frac{1}{\mu}$$

$$0° \leqslant \alpha \leqslant 90°$$

所以 F 的最小值

$$F_{\min} = \frac{\mu G}{\sqrt{1+\mu^2}}$$

最大值

$$F_{\max} = \frac{\mu G}{\sqrt{1+\mu^2}\sin(\alpha+\varphi)_{\min}}$$

正确解答

当 $\alpha = 0°$ 木箱匀速前进时，F 水平，有

$$F_1 = \mu G$$

当 $\alpha = 90°$ 木箱匀速前进时，F 竖直，水平方向没有作用力，有 $F_2 = G$，此时，支持力 F_N 为 0，摩擦力 F_f 为 0。

随着 α 角变化，F 的水平分量变化，F 的竖直分量也变化，同时影响支持力大小，进而影响到摩擦力大小。如图所示，对木箱进行完整的受力分析。

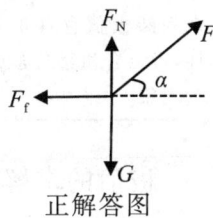

正解答图

根据平衡条件有

$$F\cos\alpha = \mu(G - F\sin\alpha)$$

解得 $F = \dfrac{\mu G}{\cos\alpha + \mu\sin\alpha}$；

变形可得 $F = \dfrac{\mu G}{\sqrt{1+\mu^2}\sin(\alpha+\theta)}$；

最小值 $F_{\min} = \dfrac{\mu G}{\sqrt{1+\mu^2}}$；

最大值 $F_{\max} = G(0 < \mu < 1)$，$F_{\max} = \mu G(\mu > 1)$。

即 $\dfrac{\mu G}{\sqrt{1+\mu^2}} \leqslant F \leqslant G(0 < \mu < 1)$；

$\dfrac{\mu G}{\sqrt{1+\mu^2}} \leqslant F \leqslant \mu G(\mu > 1)$。

教师点评

本题很容易想到拉力沿水平方向和竖直方向两种特殊情况,先分析角度变化时 F 水平分力、竖直分力、正压力和摩擦力同步变化,判断角度变化过程中可能存在极值;接着对木箱进行完整的受力分析和运动分析;然后是确定 α 为自变量,再利用平衡条件和正交分解列出函数表达式;最后是将表达式中的三角函数变形为易求极值的三角函数形式。具体步骤如下。

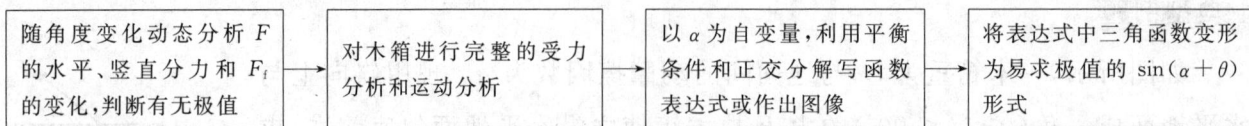

| 随角度变化动态分析 F 的水平、竖直分力和 F_f 的变化,判断有无极值 | → | 对木箱进行完整的受力分析和运动分析 | → | 以 α 为自变量,利用平衡条件和正交分解写函数表达式或作出图像 | → | 将表达式中三角函数变形为易求极值的 $\sin(\alpha+\theta)$ 形式 |

方法提炼

从极值的角度考虑问题:先对变化量进行定性动态分析,寻找制约关系,判断极值存在的可能性;再对研究对象进行完整的运动分析、受力分析等,进而建立模型;然后确定自变量,根据物理规律列所求量与自变量间的表达式;最后让表达式往学生熟悉的可求极值的典型函数类型靠拢。具体思维过程如下。

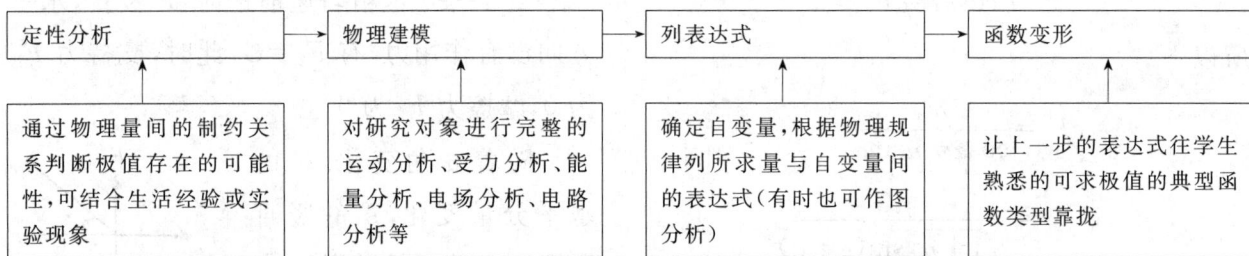

定性分析	→	物理建模	→	列表达式	→	函数变形
通过物理量间的制约关系判断极值存在的可能性,可结合生活经验或实验现象		对研究对象进行完整的运动分析、受力分析、能量分析、电场分析、电路分析等		确定自变量,根据物理规律列所求量与自变量间的表达式(有时也可作图分析)		让上一步的表达式往学生熟悉的可求极值的典型函数类型靠拢

极值的求解函数需要根据变量的不同进行选择,可能是三角函数、二次函数、均值不等式、等比数列等中的任意一种,我们在理解题意时要做好相应分析。

二、针对性训练

基础训练

1. (牛顿运动定律内容学习后)如图所示,底边 AB 长度恒定为 b,斜面长度与倾角 θ 可以调节。当倾角 θ 为多大时,物体沿此光滑斜面由静止从顶端滑到底端所用的时间最短?

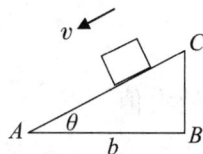

第1题图

2. (匀变速直线运动内容学习后)A 物体以速度 v 做匀速直线运动 T s 后,B 物体以加速度 a 从同一地点由静止开始做匀加速直线运动追赶 A。求 B 追到 A 之前,它们间的最大距离。

3. (电能、能量守恒定律内容学习后)如图所示,已知电源电动势为 E,内阻为 r,滑动变阻器的最大阻值为 $R(R>r)$。当滑动变阻器接入电路的电阻 R_x 为多大时,在变阻器上消耗的功率最大?

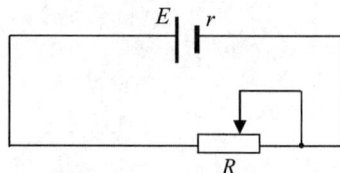

第3题图

4. (牛顿运动定律内容学习后)如图所示,一条全长为 L、质量为 M 的均匀柔软绳索置于光滑水平桌面上,转角处有一光滑弧形挡板,开始有一小段下垂在桌边,使它由静止开始运动(绳上端离开桌边时下端未着地)。试分析:当下垂部分为多长时绳的转折 O 处的张力最大? 最大张力是多少?

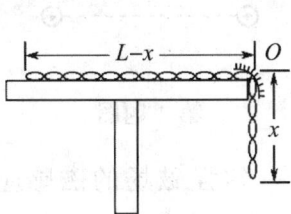

第 4 题图

拓展训练

1. (曲线运动、机械能守恒定律内容学习后)如图所示,一内表面光滑的半圆形容器固定在水平地面上,B 为其最低点。一质量为 m 的小球(可看成质点)从 A 点处由静止释放,求小球从 A 点运动到 B 点的过程中重力功率的取值范围。

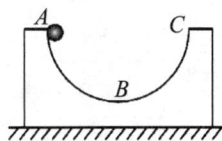

第 1 题图

2. (曲线运动、机械能守恒定律内容学习后)一探险队员在探险时遇到一山沟,山沟的一侧竖直,另一侧的坡面呈抛物线形状。此队员从山沟的竖直一侧,以速度 v_0 沿水平方向跳向另一侧坡面。如图所示,以沟底的 O 点为原点建立坐标系 xOy。已知山沟竖直一侧的高度为 $2h$,坡面的抛物线方程为 $y = \frac{1}{2h}x^2$,探险队员的质量为 m,探险队员视为质点,忽

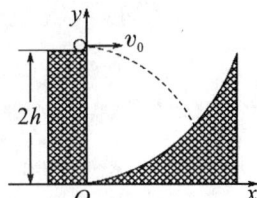

第 2 题图

略空气阻力,重力加速度为 g。随着初速度 v_0 的变化,人在坡面上的落点也会变化。试分析:人落在坡面上的动能是否存在极值? 若存在,则此人水平跳出的速度为多大? 动能的极值为多少?

3. (牛顿运动定律内容学习后)某同学利用如图所示的实验装置探究小车加速度与所受合力的关系。实验中,该同学保持小车的质量 M(200g)不变,加槽码改变所挂物体的质量 m,得到纸带相应的加速度 a 的共 10 组数据,并描出了如图(a)所示的 10 个点。

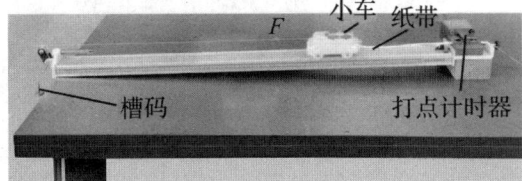

(a)

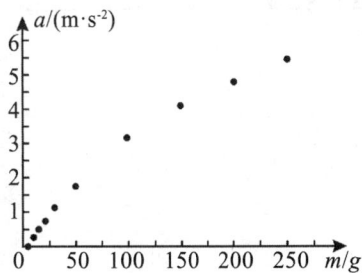

(b)

第 3 题图

若再加 10 个相同质量的槽码,加速度改变量为 Δa_1;继续加 10 个相同质量的槽码,加速度改变量为 Δa_2;则 Δa_1 _____ Δa_2 (填">""<"或"=")。

4.(静电场内容学习后)如图所示,两带电荷量均为$+Q$的点电荷相距为$2r$。求两点电荷连线的中垂线上电场强度大小的取值范围。

第 4 题图

5.(磁场内容学习后)如图所示,一匀强磁场的磁感应强度大小为B,方向垂直于纸面向外,其边界如图中虚线所示,圆弧ab为半圆周,ac、bd与直径ab共线,a、c间的距离等于半圆的半径。一束质量为m、电荷量为$q(q>0)$的粒子,在纸面内从c点垂直于ac射入磁场,这些粒子具有各种速率。不计粒子间的相互作用,求粒子在磁场中运动时间的取值范围。

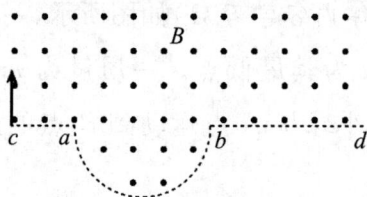

第 5 题图

第20讲 整体分析法

引路人　浙江省镇海中学　应俊

一、案例分析

典型例题

在水平面上放置两根平行的光滑导轨 MN、PQ（电阻均不计），两根导轨的间距为 L，相互平行的两根质量均为 m 的导体棒 ab、cd 垂直于 MN、PQ 放置在导轨上面（如图所示），ab、cd 接入回路的电阻均为 R。整个装置处于磁感应强度方向垂直于纸面向下、大小为 B 的匀强磁场中。现给 ab 棒施加一个恒力 F，使其由静止开始向右运动。

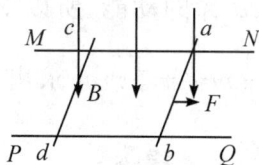
例题图

(1) 若某时刻 ab 棒的加速度为 a_1，求此时 cd 棒的加速度 a_2。

(2) 若经过时间 t，ab 棒的加速度为 a_1，求此时 ab 棒的速度 v_1 和 cd 棒的速度 v_2。

(3) 若恒力 F 对 ab 棒做功为 W，此时 ab 棒的速度为 v_1，cd 棒的速度 v_2，求在此过程中产生的焦耳热。

常见错解

常见错解 1：

针对第 (2) 问。

对 ab 进行分析，有

$$F-BIL=ma_1$$

$$I=\frac{BL(v_1-v_2)}{2R}$$

从中能够找出两者速度的关系，却求不出速度具体的值，也不知道如何使用 t。

常见错解 2：

针对第 (3) 问。

对 ab 进行分析，ab 棒只受到恒力 F 和安培力的作用，根据动能定理可列式

$$W-Q=\frac{1}{2}mv_1^2$$

求出 Q 即可。

正确解答

(1) 方法 1（隔离分析法）：对 ab 进行分析，有 $F-BIL=ma_1$；对 cd 进行分析，有 $BIL=ma_2$；联立求出 cd 棒的加速度 a_2。

方法 2（整体分析法）：对两根棒整体进行分析，有 $F=ma_1+ma_2$，$a_2=\dfrac{F-ma_1}{m}$。

(2) 对 ab 进行分析，有 $F-BIL=ma_1$，$I=\dfrac{BL(v_1-v_2)}{2R}$。把两棒整体作为研究对象，已知力和时间可以使用整体动量定理分析速度关系，对两根棒整体运用动量定理有 $Ft=mv_1+mv_2$。联立上述三个式子就能求出 ab、cd 棒的速度。

(3) 由于此过程中产生的焦耳热是一个系统能，整体的做功和系统的动能变化是已知的，应该对两根棒整体运用动能定理，则 $W-Q=\dfrac{1}{2}mv_1^2+\dfrac{1}{2}mv_2^2$，从而求出 Q。

教师点评

常见错解 1 采用隔离分析法,但解题者缺乏对多个对象的整体考虑,在原来的基础上再加一个动量定理表达式 $Ft = mv_1 + mv_2$,就可以求出两者的速度。很多学生缺乏从整体角度使用动量定理的认知。当然本题中对两棒分别使用动量定理也是可以的,但是那样会更加烦琐。

常见错解 2 中,因为安培力做的负功并没有全部用来发热,还有一部分的能量用来增加 cd 棒的动能,所以对单个物体的分析是片面和错误的,可以对整体使用动能定理 $W - Q = \frac{1}{2}mv_1^2 + \frac{1}{2}mv_2^2$ 求出 Q。

方法提炼

整体分析法是把研究对象拟合成整体,根据整体分析法的使用条件和外在已知物理参量选择合适的物理规律,进行列式求解。它在分析外部物理量时可有效避开烦琐推算。

方法使用程序如下。

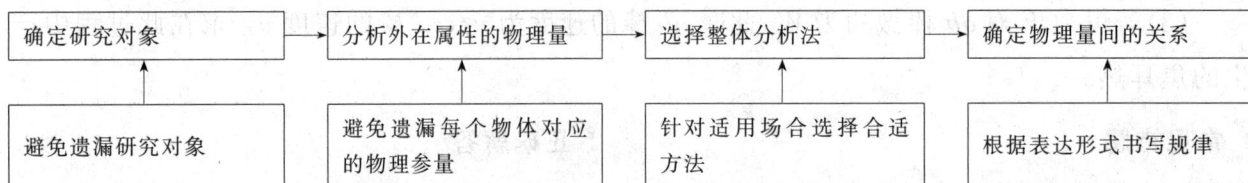

确定研究对象	→	分析外在属性的物理量	→	选择整体分析法	→	确定物理量间的关系
↑		↑		↑		↑
避免遗漏研究对象		避免遗漏每个物体对应的物理参量		针对适用场合选择合适方法		根据表达形式书写规律

以牛顿第二定律、动能定理以和动量定理为核心规律的处理物理问题的三大观点都可使用整体分析法,它们在解决物理问题方面有自己的适用场合,也要注意条件判断,如下表所示。

表 1 三种物理规律分析比较

物理规律	表达形式	适用场合	条件判断
整体牛顿第二定律	$\sum F_{ix} = m_1 a_{1x} + m_2 a_{2x} + m_3 m a_{3x} + \cdots$	分析外力与各部分加速度间的关系,可以用于加速度不同的情况,还可以在某一方向使用	确保所有的力都是外力,并且外力与同一方向的加速度对应起来
整体动能定理	$\sum W_i = \frac{1}{2}m_1 v_1^2 + \frac{1}{2}m_2 v_2^2 + \frac{1}{2}m_3 v_3^2 + \cdots$	分析整体做功与各部分动能间的关系,允许物体有不同的速度,寻找 F、x、v 等物理量间的关系	如果内力参与做功,在外力总功计算时应该将相应的内力部分减去,例如板块模型等
整体动量定理	$\sum I_{ix} = m_1 v_{1x} + m_2 v_{2x} + m_3 v_{3x} + \cdots$	分析整体冲量与各部分速度间的关系,允许物体的速度不同,也可以在某一方向使用,寻找 F、v、t 等物理量间的关系	如果内力冲量总和不为 0,在计算总冲量时应该将内力冲量部分减去,如电磁感应问题中不等间距双棒切割模型等

二、针对性训练

基础训练

1. (牛顿运动定律内容学习后)"滑滑梯"是小朋友喜爱的活动。小朋友沿着滑梯能够加速向下滑,通过两只脚顶着滑梯两竖直侧面来控制下滑的加速度进而控制下滑速度,如图所示。假设两只脚顶着侧面时,对滑梯两竖直侧面的正压力相等,摩擦力也相等,假设小朋友下滑时滑梯始终静止。小朋友的两只脚顶着侧面匀速下滑时,地面对滑梯的摩擦力沿什么方向?小朋友加速下滑时,地面对滑梯的摩擦力沿什么方向?

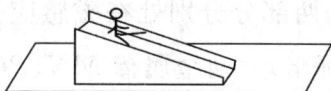

第 1 题图

2. (牛顿运动定律内容学习后)如图所示,质量为 M 的框架放在水平地面上,一根轻质弹簧上端固定在框架上,下端固定一个质量为 m 的小球,小球上下振动时,框架始终没有跳起。当框架对地面压力为 0 的瞬间,小球的加速度大小为多少?

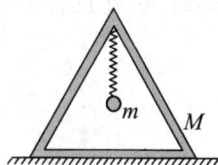

第 2 题图

3. (动量定理内容学习后)置于光滑水平面上的物块 a、b 中间用一根轻质弹簧相接,其中 $m_a = 6\text{kg}$,如图(a)所示。开始时两物块均静止,弹簧处于原长,$t = 0$ 时对物块 a 施加水平向右的恒力 F,$t = 2\text{s}$ 时撤去 F,在 $0 \sim 2\text{s}$ 内两物体的加速度随时间变化的情况如图(b)所示。

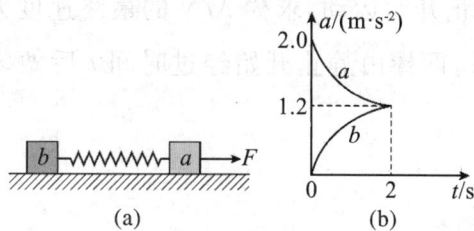

第 3 题图

弹簧始终处于弹性限度内。

(1)物块 b 的质量是多少?

(2)当弹簧拉伸至最长时,b 的速度大小为多少?

拓展训练

1. (一轮复习)杂技是一种集技能、体能、娱乐性于一体的表演活动。如图所示为杂技"顶竿"表演,一个质量为 m 的人 A 站在地上,肩上扛一根质量为 M 的竖直竹竿。当竿上一个质量也为 m 的人 B 以加速度 a 加速下滑时,已知重力加速度为 g,求:

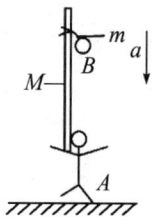

第 1 题图

(1)竿对人 A 的压力大小。

(2)地面对 A 的支持力大小。

2. (一轮复习)如图所示,质量为 M 的木板静止在光滑水平面上,木板左端固定一块轻质挡板,一根轻质弹簧左端固定在挡板上,质量为 m 的小物块从木板最右端以速度 v_0 滑上木板,压缩弹簧后被弹回,运动到木板最右端时与木板相对静止。已知物块与木板间的动摩擦因数为 μ,整个过程中弹簧的形变均在弹性限度内。求:

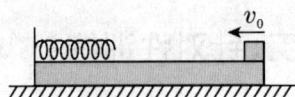
第 2 题图

(1)弹簧压缩到最短时,小物块到木板最右端的距离。

(2)整个过程中弹簧弹性势能的最大值。

3. (一轮复习)如图所示,两固定的平行金属导轨,水平部分间距为 $3L$,倾斜部分间距为 L,与水平面的夹角 $\alpha=30°$。导轨的两部分分别处在磁感应强度大小为 B、方向垂直于各自导轨平面向下的匀强磁场中(磁场未标出)。两金属棒 MN、PQ,其材料和横截面积相同,分别垂直于两导轨放置。棒 MN 质量为 m,电阻为 R,长为 L;棒 PQ 长为 $3L$。运动过程中棒与导轨始终垂直且保持良好接触,所有接触面都光滑,导轨足够长且电阻可忽略,重力加速度为 g。

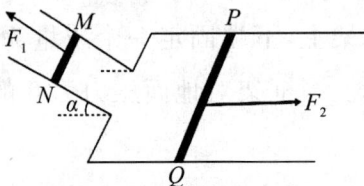
第 3 题图

(1)对棒 MN 施加沿倾斜导轨向上的恒力 $F_1=1.5mg$ 的同时,对棒 PQ 施加水平向右的恒力 $F_2=3mg$,两棒同时由静止开始运动,求棒 MN 的最终速度大小。

(2)若在第(1)问的条件下,两棒由静止开始经过时间 t 后做匀速运动,求此过程中系统产生的焦耳热。

第21讲　质疑论证——寻找生活经历法
引路人　浙江省缙云中学　江险峰

一、案例分析

典型例题

如图所示为一特种兵训练装置,右侧为秋千,左侧 C 处为一横杆。特种兵小陈要站立在秋千上,通过自身的动作,让秋千越荡越高,达到某一高度后,顺势跃起抓住横杆 C,完成动作。请问若要使秋千越荡越高,则在秋千从高处 A 向低处 B 运动的过程中,小陈需要完成_____(填"下蹲"或"起立")动作。

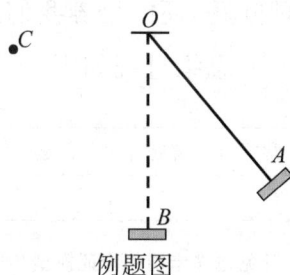

例题图

常见错解

荡秋千的过程中,在高处蹲着更安全稳定,在低处站着更平稳,所以在秋千从高处 A 向低处 B 的运动过程中,小陈需要完成起立动作。

正确解答

对比两个动作的重力势能差,动作一是在高处站着而在低处蹲着,动作二是在高处蹲着而在低处站着,显然是前者的重力势能差更大,即前者通过自身做功将更多的重力势能转化为动能。所以填下蹲动作。

教师点评

常见错解中考虑的是生活中荡秋千的平稳性与安全性,但本题要考虑的是如何通过自身做功增加机械能。

寻找生活经历:在荡秋千的过程中,若人保持相对静止,由于阻力作用,秋千越摆越低,直到停止运动。所以,需要有人在每次荡到最高点时,推动荡秋千的人一下,即给秋千做功。人在秋千上的下蹲和起立动作,主要是通过改变重心的位置,改变重力势能。对比两个动作,在秋千下摆过程中,若人做下蹲的动作,则降低了重心,其与外力的"推"动作更接近。由此质疑起立的动作,因为若在最高点处蹲着,而在最低点处站着,其重力势能差小,若在最高点处站着,而在最低点处蹲着,其重力势能差大,即后一动作会有更多的重力势能转化为动能。所以,每次在下摆的过程中,下蹲,能让更多的重力势能转变为动能,在每次上摆的过程中,顺势起立,尽可能提高重心,积蓄更多的机械能。

如何通过自身做功使秋千的机械能增大	→	寻找生活经历:每次荡到最高点时,推动一下秋千。由此质疑:"起立"与推的动作不一致	→	结论:下摆时下蹲,有更大的重力势能差。提炼:以能量观思考此类问题

方法提炼

当遇到与生活密切相关且一时无法用具体物理知识解释的问题时,我们可以尝试运用"问题情境—生活经历—质疑论证—结论提炼"的论证方法来求解。首先,将问题中的核心要素转化为可论证的具体问题;其次,回顾自己的生活经验,寻找与问题相关的实例或经历;接着,基于这些生活经历提出假设,并通过质疑论证来验证假设的正确性;最后,结合生活经历和理论推理,提炼出解决问题的有效方法和途径。这种方法不仅有助于我们理解和解决生活中的物理问题,还能培养我们的逻辑思维和批判性思维。

思维过程如下。

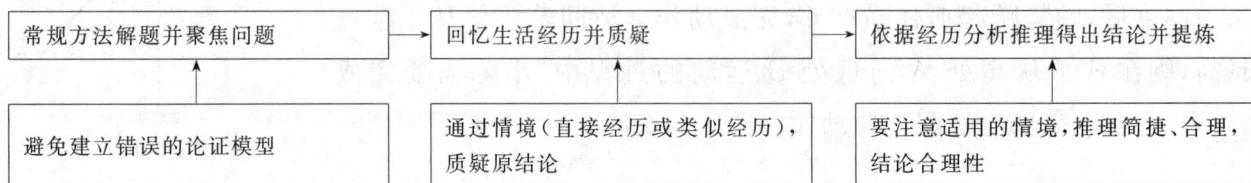

常规方法解题并聚焦问题	→	回忆生活经历并质疑	→	依据经历分析推理得出结论并提炼
↑		↑		↑
避免建立错误的论证模型		通过情境(直接经历或类似经历),质疑原结论		要注意适用的情境,推理简捷、合理,结论合理性

二、针对性训练

基础训练

1.(圆周运动内容学习后)如图所示,照片中的汽车在水平路面上做匀速圆周运动,已知图中双向四车道的总宽度约为 15m,假设汽车受到的侧向最大静摩擦力等于车重的 $\frac{7}{10}$,则汽车的最大速度不能超过多少?

第 1 题图

2.(运动和力的关系内容学习后)如图所示,某同学为了取出羽毛球筒中的羽毛球,一只手拿着球筒的中部,另一只手用力击打球筒的左端,则羽毛球将从球筒的_____(填"左端"或"右端")出来。为什么?

第 2 题图

3.(原子结构和波粒二象性内容学习后)如图所示是某版 10 元纸币,纸币正面印有红色凤凰图案的荧光防伪标志。它在某种射线的照射下会发出荧光,显现夺目耀眼的凤凰图案,被外界称为火凤凰。通过改进荧光材料,在红外线照射下_____(填"能"或"不能")显现火凤凰图案。为什么?

第 3 题图

4.（气体、固体和液体内容学习后）如图所示，某吸盘吸在墙面上，小张同学根据其说明"直径为 7.5cm 的强力真空吸盘挂钩，可承重 30 斤"估算大气压。

$$p=\frac{F}{S}=\frac{mg}{\pi r^{2}}=\frac{15\times10}{3.14\times3.75\times3.75\times10^{-4}}\text{Pa}=3.4\times10^{4}\text{Pa}$$

请问：小张同学的估算正确吗？

第 4 题图

5.（气体、固体和液体内容学习后）王亚平在"天宫"课堂上演示了水球光学实验，在失重环境下，水球呈现的形状是_____（填"球形"或"略扁鹅卵石形"或"雨滴形"）。

拓展训练

1.（圆周运动内容学习后）如图所示，底部均有 4 个轮子的相同行李箱 a、b 放置在轮船上，其中 a 竖立，b 平卧，箱子四周有一定空间。当轮船急转弯时，_____（填"a"或"b"）行李箱更有可能相对轮船向外侧运动。

第 1 题图

2.（电磁振荡与电磁波内容学习后）如图所示，在火箭发射塔周围有钢铁制成的四座尖尖的高塔，高塔的功能最有可能的是_____（填"预防雷电"或"发射信号"）。

第 2 题图

3.（机械能守恒定律内容学习后）如图所示，小王同学一脚强力任意球轰破对方球门。有同学估算这次射门时，小王同学对足球做功约为 $1.5\times10^{3}\text{J}$。请你根据小王估算的做功值计算出足球刚踢出时的速度大小，并判断该同学的估算是否合理（已知足球的质量约为 450g）。

第 3 题图

4.（光学内容学习后）肥皂膜的干涉条纹如图所示，条纹间距上面宽、下面窄。上半部分的肥皂膜从形成到破裂的过程中，条纹宽度_____（填"变小"或"变大"），相邻条纹间距_____（填"变小"或"变大"）。

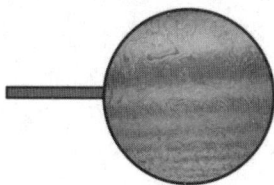

第 4 题图

第22讲 质疑论证——结合典型案例法

引路人 浙江省奉化中学 顾春杰

一、案例分析

典型例题

如图所示,在铁芯上下分别绕有匝数 $n_1=800$ 和 $n_2=200$ 的两个线圈,上线圈两端与 $u=51\sin314t$ V 的交流电源相连,将下线圈两端接交流电压表,则交流电压表的读数可能是 ( )

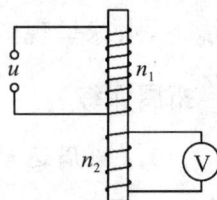

例题图

A. 2.0 V

B. 9.0 V

C. 12.7 V

D. 144.0 V

常见错解

原线圈为正弦式交流电,其电压有效值

$$u_1=\frac{51}{\sqrt{2}}\text{V}\approx36\text{V}$$

交流电压表测的是有效值,由理想变压器结论

$$\frac{u_1}{u_2}=\frac{n_1}{n_2}$$

可得,$u_2=9$ V。

综上,选 B。

正确解答

该问题能用理想变压器原、副线圈的端电压之比等于匝数之比求得吗?

回忆课堂学习经历(典型案例),老师课堂演示变压器给小灯泡供电的实验中,当老师将可拆变压器上面的铁芯慢慢地横向移动到铁芯不再闭合,甚至最后移除的过程中,我们看到小灯泡亮度明显变暗,甚至熄灭。

从小灯泡亮度明显下降的事实,我们可以推知铁芯不闭合时灯泡两端电压较铁芯闭合时下降很多,为何会这样呢?原因是铁芯闭合时磁场几乎被约束在铁芯内部,有多少磁感线穿过原线圈,就有多少磁感线穿过副线圈,根据法拉第电磁感应定律可得,原、副线圈电动势之比等于匝数之比,因线圈电阻可忽略,所以原、副线圈端电压之比等于匝数之比;当铁芯不闭合时,漏磁较为严重,原线圈产生的磁场只有小部分穿过副线圈,因此副线圈磁通量变化率明显小于原线圈,即同样一匝线圈,原线圈电压要大于副线圈,所以得到 $\frac{u_1}{u_2}>\frac{n_1}{n_2}$。此处铁芯亦是非闭合铁芯,存

在严重的漏磁,故不能视为理想变压器,原线圈电压有效值 $u_1 = \dfrac{51}{\sqrt{2}}V = 36V$,交流电压表测得的是有效值,由理想变压器结论 $\dfrac{u_1}{u_2} = \dfrac{n_1}{n_2}$ 可得,$u_2 = 9V$,而此处的结果肯定小于 $9V$,故选 A。

教师点评

导致错解的原因,一方面是平时求解的几乎都是理想变压器的问题,以至于形成了思维的惯性,凡是碰到变压器都认为是理想的;另一方面是有些老师上课没有做变压器的演示实验,学生缺少直观感受。

本例是非理想变压器的实际问题,要求学生在理解理想变压器原理的基础上发现问题,提出质疑,关联课堂典型案例,再进行推理论证。

方法提炼

有些问题情境,并不能直接套用结论或者公式求解,甚至要对常规方法(用结论或公式)获得的结论进行质疑。质疑过程需要回忆学习经历,既可结合课堂的典型案例,又可结合生活经历,使其成为质疑的证据,再依据证据进行推理、论证,得出结论。这种质疑论证方法,即结合典型案例法的使用程序可用流程图表示如下。

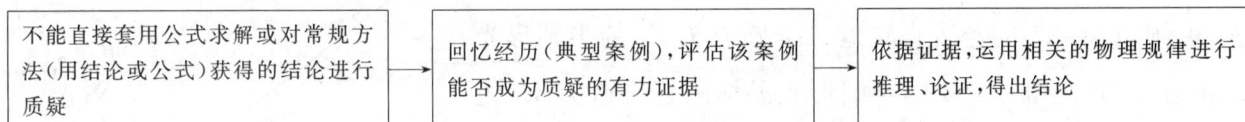

不能直接套用公式求解或对常规方法(用结论或公式)获得的结论进行质疑	→	回忆经历(典型案例),评估该案例能否成为质疑的有力证据	→	依据证据,运用相关的物理规律进行推理、论证,得出结论

二、针对性训练

基础训练

1.(电路及其应用内容学习后)某同学从规格为"220V,25W","220V,300W","220V,500W"的 3 只灯泡中任选一只,正确使用多用电表测量灯泡阻值如图所示。该灯泡的阻值是_____,标称的额定功率为_____W。

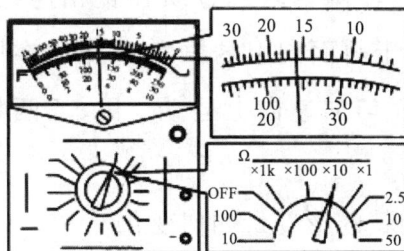

第 1 题图

2.（静电场中的能量内容学习后）是否存在如图所示的静电场,电场线相互平行,但间距并不相等? 请说明理由。

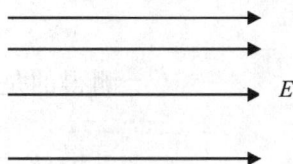

第 2 题图

3.（相互作用——力内容学习后）质量为 m 的木块放在倾角为 θ 的粗糙的斜面上,欲使其静止在斜面上,现作用一平行于斜面的力 F,如图所示,求该力的大小范围。已知动摩擦因素为 μ,可认为最大静摩擦力等于滑动摩擦力。对此问题,部分同学求解的结果是:$mg\sin\theta - \mu mg\cos\theta \leqslant F \leqslant mg\sin\theta + \mu mg\cos\theta$,对此结论,你认为正确吗? 请说出理由。

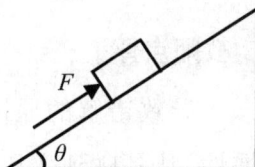

第 3 题图

4.（机械能守恒定律内容学习后）一质量为 m 的小球,用长为 l 的轻绳悬挂于 O 点的正下方 P 点。小球在水平拉力的作用下,从 P 点缓慢地移到 Q 点,如图所示。已知重力加速度为 g,求水平拉力 F 做的功 W。对此问题,同学中有一种典型的解法:$W = Fs\cos\alpha = Fl\sin\theta$。请你评价这种解法是否正确。若不正确,请说明理由,并给出正确的解答。

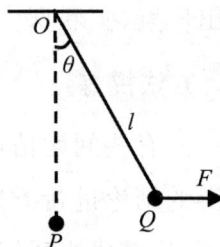

第 4 题图

5.（一轮复习）如图所示,处于竖直平面内的一探究装置,由倾角 $\alpha = 37°$ 的光滑直轨道 AB、圆心为 O_1 的半圆形光滑轨道 BCD、圆心为 O_2 的半圆形光滑细圆管轨道 DEF 组成,B 和 D 为轨道间的相切点,B、O_1、D、O_2 和 F 点处于同一直线上。已知可视为质点的滑块质量 $m = 0.1\text{kg}$,轨道 BCD 和 DEF 的半径 $R = 0.15\text{m}$,轨道 AB 长度 $l_{AB} = 3\text{m}$。

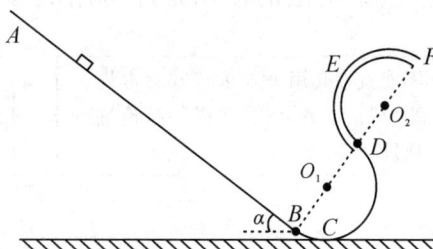

第 5 题图

滑块开始时均从轨道 AB 上某点由静止释放,则滑块在能过圆弧轨道最高点的情况下是否一定能过 D 点?（已知 $\sin37° = 0.6$,$\cos37° = 0.8$。）

拓展训练

1.（一轮复习）如图所示,甲、乙两物块用轻质弹簧相连,放置在倾角为 θ 的粗糙斜面上,平行于斜面向上的恒力 F 作用在甲物块上,使甲、乙两物块共同沿斜面匀加速向上运动。甲、乙两物块与斜面间的动摩擦因数均为 μ。

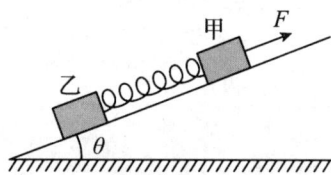

第 1 题图

(1)若动摩擦因数 μ 增大,弹簧的形变量如何变化?

(2)若乙的质量增大,弹簧的形变量如何变化?

2.（运动与力的关系内容学习后）如图所示，A、B、C 为三个实心小球，A 为铁球，B、C 为木球。A、B 两球分别连在两根弹簧上，C 球连接在细线一端，弹簧和细线的下端固定在装水的杯子底部，该水杯置于用绳子悬挂的静止吊篮内。若将挂吊篮的绳子剪断，则剪断的瞬间 A、B、C 相对于杯底如何运动？（不计空气阻力，$\rho_木 < \rho_水 < \rho_铁$。）

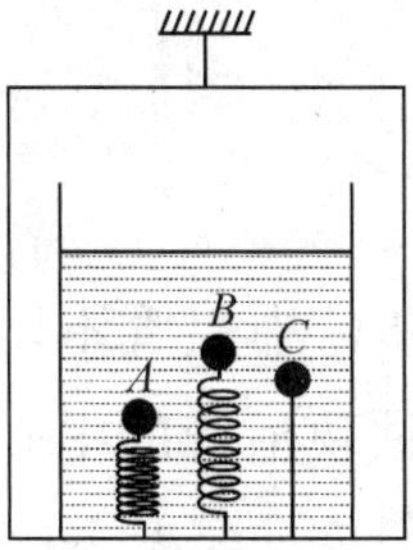

第 2 题图

3.（二轮复习）某兴趣小组设计了一种火箭落停装置，简化原理如图所示，它由两根竖直导轨、承载火箭装置（简化为与火箭绝缘的导电杆 MN）和装置 A 组成，并形成闭合回路。装置 A 能自动调节其输出电压确保回路电流 I 恒定，方向如图所示。导轨长度远大于导轨间距，不论导电杆运动到什么位置，电流 I 在导电杆以上空间产生的磁场近似为零，在导电杆所在处产生的磁场近似为匀强磁场，磁感应强度大小 $B_1 = kI$（其中 k 为常量），方向垂直于导轨平面向里；在导电杆以下的两导轨间产生的磁场近似为匀强磁场，磁感应强度大小 $B_2 = 2kI$，方向与 B_1 相同。火箭无动力下降到导轨顶端时与导电杆粘接，以速度 v_0 进入导轨，到达绝缘停靠平台时速度恰好为零，完成火箭落停。已知火箭与导电杆的总质量为 M，导轨间距 $d = \dfrac{3Mg}{kI^2}$，

第 3 题图

导电杆电阻为 R。导电杆与导轨保持良好接触滑行，不计空气阻力和摩擦力，不计导轨电阻和装置 A 的内阻。在火箭落停过程中，求回路的感应电动势。甲同学认为此情境中只存在动生电动势，求得结果 $E = B_1 dv$；乙同学根据法拉第电磁感应定律求解，得到 $E = \dfrac{\Delta\Phi}{\Delta t} = B_2 dv$。你认为谁的结论正确？请说明理由。

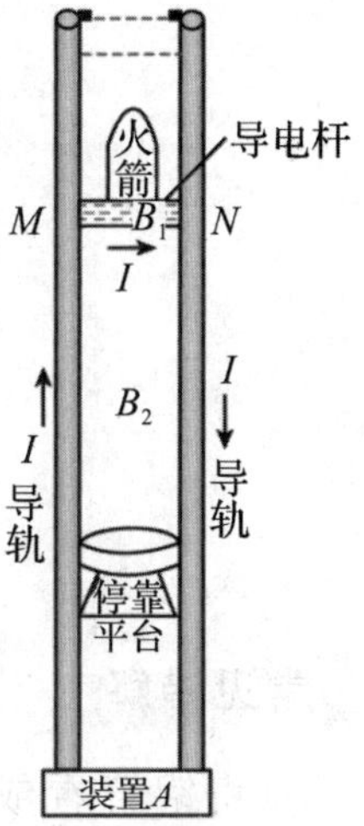

第 23 讲 质疑论证——联系实验现象法 引路人 义乌市义亭中学 楼志刚

一、案例分析

典型例题

如图所示,四根等长的金属管(其中 C 中铝管不闭合,其他两根铝管和铁管均闭合)竖直放置在同一竖直平面内,分别将磁铁和铁块沿管的中心轴线从管的上端由静止释放,忽略空气阻力,则下列关于磁铁和铁块穿过管的时间 t 的大小比较正确的是　　　　　　( )

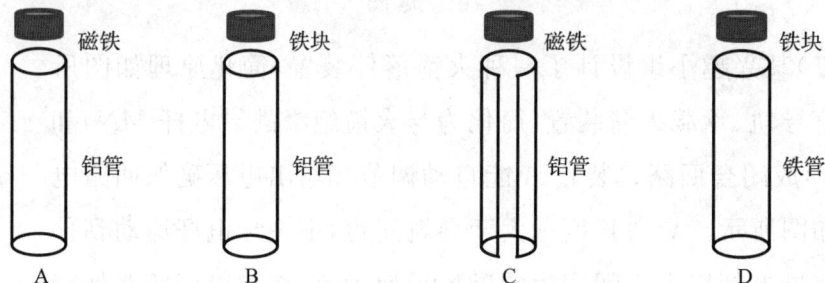

例题图

A. $t_A > t_B = t_C = t_D$ 　　B. $t_C = t_A = t_B = t_D$ 　　C. $t_A > t_C > t_B = t_D$ 　　D. $t_C = t_A > t_B = t_D$

常见错解

将铝管看成无数铝环的叠加,磁铁穿过 A 中铝管时发生电磁感应现象,铝管对磁铁下落有阻碍。

C 中铝管不闭合,所以磁铁穿过铝管的过程无感应电流产生,因此不会对磁铁产生力的作用,磁铁做自由落体运动。

B 和 D 中铁块穿过铝管均不受铝管的作用力,所以磁铁和铁块在管中运动的时间满足 $t_A > t_B = t_C = t_D$,选 A。

正确解答

A 中闭合铝管可看成很多圈水平放置的铝环,但当磁铁穿过铝管的过程中,据楞次定律知,铝环产生感应电流并形成磁场阻碍磁铁的相对运动。问题疑点在于铝管中只有水平方向的感应电流吗?联系磁铁掠过铝片实验现象(用强磁铁快速从铝片边上掠过,铝片会跟着发生运动,说明铝片内部有感应电流产生),C 中铝管虽然不闭合,结合楞次定律分析,磁铁穿过开口铝管时管壁上仍然可以产生涡流并阻碍磁铁的运动,因此磁铁在 C 中运动时间应大于在 B 和 D 中运动的时间,选 C。

教师点评

本题当利用理论分析解决实际问题时出现与理想化模型发生偏差或者理论分析出现障碍,错解中,解题者未能调用自身经历的实验体验,或者缺乏实验体验,更缺乏对实验仪器本身的观察及一些实验中出现预设外的现象研究及拓展。

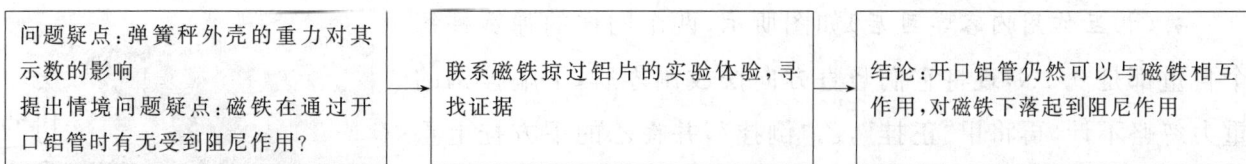

问题疑点:弹簧秤外壳的重力对其示数的影响 提出情境问题疑点:磁铁在通过开口铝管时有无受到阻尼作用?	→	联系磁铁掠过铝片的实验体验,寻找证据	→	结论:开口铝管仍然可以与磁铁相互作用,对磁铁下落起到阻尼作用

方法提炼

解决或讨论涉及实验现象的问题和情境时,要善于联系自己平时的观察体验和实验经历进行分析和论证。解决问题一般程序如下。

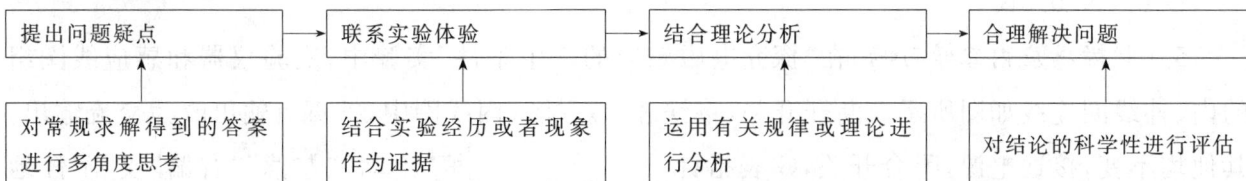

提出问题疑点	→	联系实验体验	→	结合理论分析	→	合理解决问题
对常规求解得到的答案进行多角度思考		结合实验经历或者现象作为证据		运用有关规律或理论进行分析		对结论的科学性进行评估

二、针对性训练

基础训练

1.(光的干涉内容学习后)如图所示为一显示薄膜干涉现象的实验装置,P 是附有肥皂膜的竖直放置的铁丝环,由于重力作用,形成上薄下厚的楔形,S 是一点燃的酒精灯,往火焰上撒些盐后,在肥皂膜上观察到干涉现象。若实验中将金属线圈在其所在的平面内缓慢旋转,则肥皂膜上干涉条纹会如何变化?

第1题图

2.(电磁感应内容学习后)物理实验课上,同学们用可拆变压器探究"变压器原、副线圈电压与匝数的关系",可拆变压器如图所示,关于变压器的设计,定性分析其两个线圈所用漆包线,可知　　　（　　）

A.匝数多的线圈漆包线更粗

B.匝数少的漆包线更粗

C.作为原线圈的漆包线更粗

D.作为副线圈的漆包线更粗

第2题图

3.(电磁感应内容学习后)图中的 A 和 B 都是铝环,A 环是闭合的,B 环是断开的,横梁可以绕中间的支点转动。某同学在实验室用普通条形磁铁的任意一极移近 A 环,A 环都会被推斥,把磁铁远离 A 环,A 环又会被磁铁吸引。但磁极移近或远离 B 环时,未发现 B 环发生明显运动。试

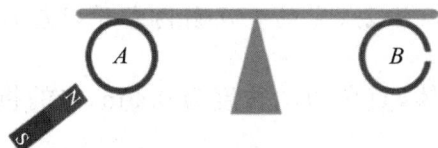

第3题图

分析如果把磁铁换成钕铁硼强磁铁,再重复上述实验过程,当磁极移近或远离 A 环时,发现 A 环_____(填"会"或"不会")被推斥和吸引,当磁极移近或远离 B 环时,发现 B 环_____(填"会"或"不会")被推斥和吸引。

4.（相互作用内容学习后）如图所示，两个同样的弹簧秤每个自重都是0.1N，现将它们竖直方向摆放调零后，下端挂钩的重力忽略不计，再将甲"正挂"，乙"倒挂"，并在乙的下方挂上重0.2N的钩码，则甲、乙两弹簧秤的示数分别为　　　（　　）

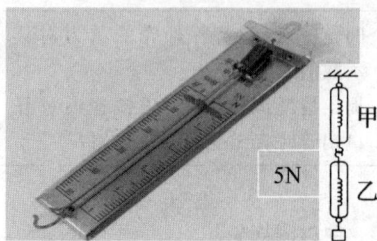

A. 0.2N、0.3N

B. 0.3N、0.2N

C. 0.3N、0.3N

D. 0.4N、0.3N

第4题图

5.（电磁感应内容学习后）在"探究电磁感应的产生条件"实验中，实验仪器和感应线圈组的内、外线圈连线如图所示。断开开关，将铁芯重新插入内线圈中，把直流输出改为交流输出，其他均不变，接通电源，闭合开关，G 表指针＿＿＿＿＿＿（填"不动""左偏""右偏"或"不停地振动"）。

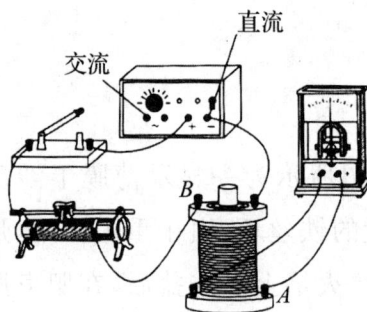

第5题图

拓展训练

1.（牛顿第二定律内容学习后）如图所示，一水平轻质橡皮绳左端固定在竖直墙壁上，另一端与小球相连。细绳与竖直方向的夹角 $\theta =$ 53°，一端固定在天花板上，另一端也与小球相连。小球处于静止状态且与固定斜面恰好接触但无弹力。已知斜面倾角 $\alpha = 37°$，小球质量为 m，斜面光滑，重力加速度为 g。问：剪断橡皮绳的瞬间，斜面对小球的支持力为多少？

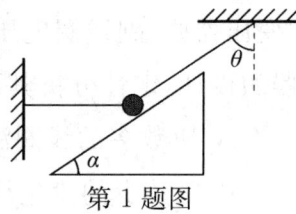

第1题图

2.（光的全反射内容学习后）在水池底部水平放置三条细灯带构成的等腰直角三角形发光体，直角边的长度为0.9m，水的折射率 $n = \dfrac{4}{3}$，细灯带到水面的距离 $h = \dfrac{\sqrt{7}}{10}$ m，则有光射出的水面形状（用阴影表示）为　　　（　　）

A.

B.

C.

D.

3. (圆周运动相关内容学习后)如图所示,一圆盘可绕一通过圆心且垂直于盘面的竖直轴转动,在圆盘上放一块橡皮,橡皮块随圆盘一起转动(俯视图中为逆时针方向)。某段时间内圆盘转速不断增大,但橡皮块仍相对圆盘静止,在这段时间内,关于橡皮块所受摩擦力 F_f 的方向的四种表示(俯视图)中,正确的是　　　　　(　　)

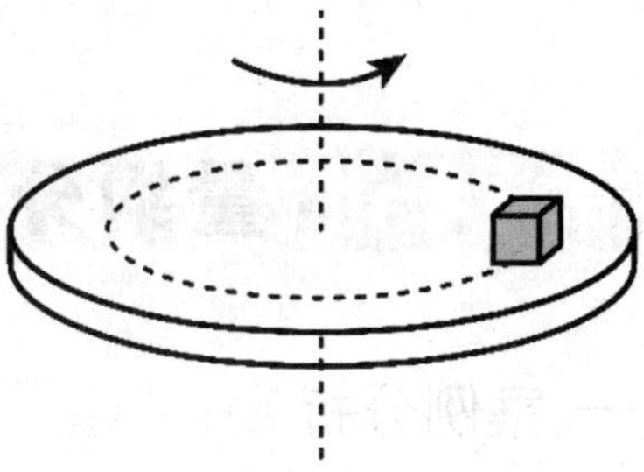

第 3 题图

A. 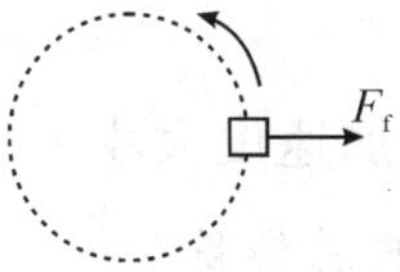　　　　B. 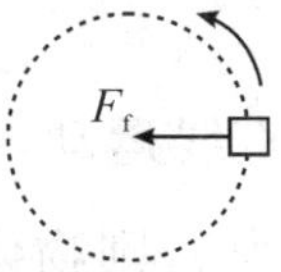　　　　C. 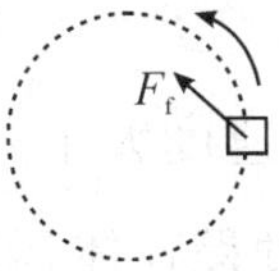　　　　D.

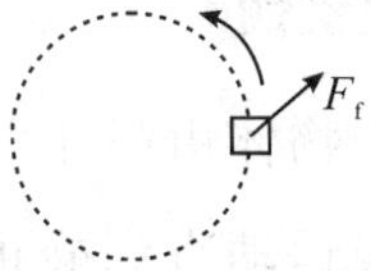

4. (安培力相关内容学习后)某同学自制的简易电动机示意图如图所示。圆形线圈由一根漆包线绕制而成,漆包线的两端分别从线圈的一条直径两侧引出,并作为线圈的转轴。将线圈架在两个金属支架之间,初始时刻线圈平面位于竖直面内,永磁铁置于线圈下方。为了使电池与两金属支架连接后线圈能连续转动起来,该同学应将　　　　　(　　)

A. 左、右转轴下侧的绝缘漆都刮掉

B. 左、右转轴上、下侧的绝缘漆都刮掉

C. 左转轴上侧的绝缘漆刮掉,右转轴下侧的绝缘漆刮掉

D. 左转轴上、下侧的绝缘漆都刮掉,右转轴下侧的绝缘漆刮掉

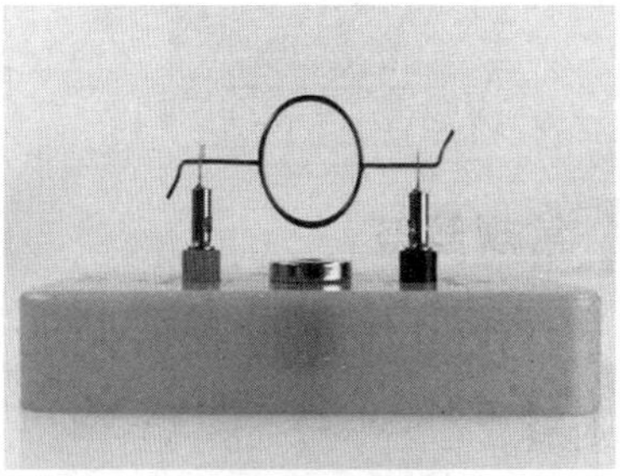

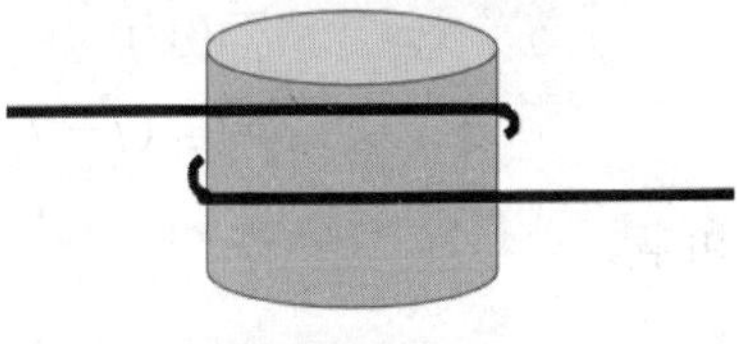

线圈绕制示意图
第 4 题图

5. (交变电流内容学习后)在"探究变压器线圈两端的电压与匝数的关系"实验中,可拆变压器如图所示。为了减小涡流在铁芯中产生的热量,铁芯是由相互绝缘的硅钢片平行叠成。硅钢片应平行于　　　　　(　　)

A. 平面 $abcd$　　　B. 平面 $abfe$　　　C. 平面 $abgh$　　　D. 平面 $aehd$

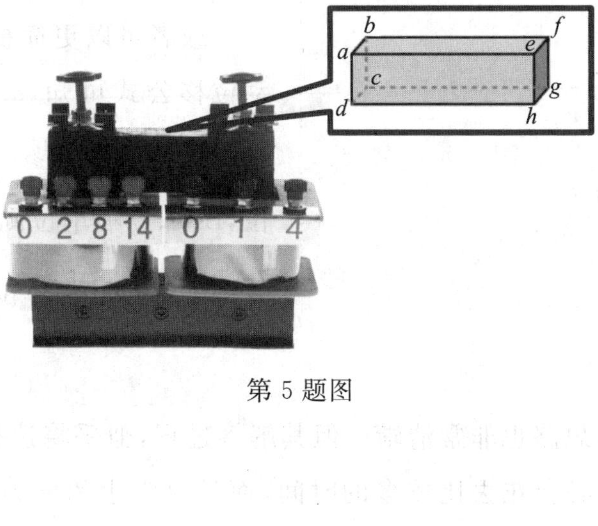

第 5 题图

第 24 讲 量纲分析法

引路人 温州第二高级中学 顾声和

一、案例分析

典型例题

一物体由静止开始,先以加速度大小 a_1 做匀加速直线运动,接着以加速度大小 a_2 做匀减速直线运动直到静止。如果全过程物体运动的总时间为 t,则物体运动的总位移为 （ ）

A. $\dfrac{a_1 a_2 t^2}{2(a_1+a_2)}$
B. $\dfrac{(a_1+a_2)t^2}{2(a_1-a_2)}$
C. $\dfrac{(a_1+a_2)t^2}{2a_1 a_2}$
D. $\dfrac{a_1 a_2 t}{2(a_1+a_2)^2}$

常规解答

设匀加速过程时间为 t_1,末速度为 v。则有

$$v = a_1 t_1$$
$$= a_2(t-t_1)$$

可得

$$t_1 = \frac{a_2 t}{a_1+a_2}$$

全程的平均速度

$$\bar{v} = \frac{v}{2}$$

由此可得

$$x = \bar{v} t$$
$$= \frac{v}{2} t$$
$$= \frac{a_1 t_1}{2} t$$
$$= \frac{a_1 a_2 t^2}{2(a_1+a_2)}$$

故 A 项正确。

巧妙解答

利用量纲分析法巧妙解答:

本题求的是总位移,位移的单位为 m,比较四个选项,A 项单位为 $\dfrac{\frac{m}{s^2} \cdot \frac{m}{s^2} s^2}{\frac{m}{s^2}} = m$;B 项单位为 $\dfrac{\frac{m}{s^2} s^2}{\frac{m}{s^2}} = s^2$;C 项单位为 $\dfrac{\frac{m}{s^2} s^2}{\left(\frac{m}{s^2}\right)^2} = \dfrac{s^4}{m}$;D 项单位为 $\dfrac{\frac{m}{s^2} \cdot \frac{m}{s^2} s}{\left(\frac{m}{s^2}\right)^2} = s$。综合四个选项,只有 A 项是正确的。

或者可以更简捷地看,由匀变速直线运动位移公式可知,at^2 的单位就是位移的单位,比较四个选项,A 项单位就是 at^2 的单位,B、C、D 项单位则分别是 t^2、$\dfrac{t^2}{a}$、t 的单位,故都不是位移的单位,都不正确。

教师点评

常规解答是正确的,思路也非常清晰。但其解答过程,似乎将选择题当作计算题来做,如果是时间紧张的考试,势必会花去比较多的时间,而且对学生的能力要求比较高。作为选择题,有没有更快捷、更有效的方法值得思考。

任何物理等式的左右两边都有相同的量纲(简单地讲,就是有相同的单位),因此检查等式两边的量纲是否一致可以初步判断等式的正确性。因此,有时如果题目是问某一个物理量的表达式是否正确,可以尝试这种通过量纲来验证的方法。这个过程可以暂且避开复杂表达式的推导,仅仅通过量纲分析,将问题解决。

方法提炼

一个物理量,必须与它所对应的量纲(单位)相符合;一个物理规律的数学表达式,其等式两边最后得到的量纲必须一致。因此,有时可以通过所求物理量与最后得到的量纲是否吻合,或者一个数学表达式两边的量纲是否一致,来初步判断结果是否正确,这种方法称为量纲分析法或量纲验证观。

量纲分析法在解决一些选择题时,简单快捷,能有效地节约做题时间,提高答题的准确率。当然,量纲分析法不仅应用在选择题,而且在计算题等板块也有广泛的应用,也可以利用量纲间的关系推导出表达式间的关系等。

方法流程如下。

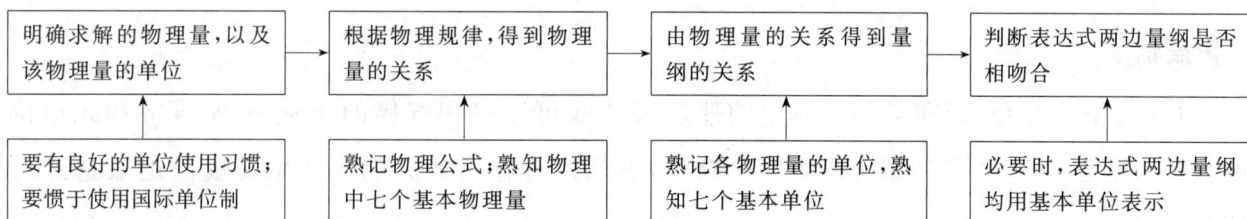

明确求解的物理量,以及该物理量的单位	→	根据物理规律,得到物理量的关系	→	由物理量的关系得到量纲的关系	→	判断表达式两边量纲是否相吻合
↑		↑		↑		↑
要有良好的单位使用习惯;要惯于使用国际单位制		熟记物理公式;熟知物理中七个基本物理量		熟记各物理量的单位,熟知七个基本单位		必要时,表达式两边量纲均用基本单位表示

二、针对性训练

基础训练

1.(运动和力的关系内容学习后)(1)请写出物理学中的七个基本物理量名称和符号,并写出在国际单位制中,基本物理量对应的七个基本单位名称和符号。

(2)通过单位(量纲)判断匀变速直线运动位移方程 $x=x_0+v_0t+\frac{1}{2}at^2$ 是否正确。

2.(运动和力的关系内容学习后)生活中的许多实际现象如果要用物理规律严格地进行求解往往会很复杂,甚至可能无法求解,而有时候如果能从量纲论证观出发,则可以比较简便地把问题解决。比如,鸟能够飞起来的必要条件是空气对鸟的升力大于鸟的重力。现设鸟的升力为 F,它与鸟的翅膀面积 S 和飞行速度 v 有关。另外,鸟是在空气中飞行的,因而可能与空气的密度 ρ 有关。人们猜测与这些相关因素间的关系式为 $F=kS^av^b\rho^c$,其中 k 为无量纲的常数。

(1)请用国际单位制的基本单位分别表示力 F、面积 S、速度 v 三个物理量的单位。

(2)根据量纲分析的方法,你认为该公式中的 a、b、c 应该分别为 (   )

A. $a=1,b=1,c=1$　　　　　　　　B. $a=1,b=2,c=1$

C. $a=1,b=2,c=2$　　　　　　　　D. $a=2,b=2,c=2$

3.（静电场中的能量内容学习后）两个相距很近的等量异号点电荷组成的系统称为电偶极子。设相距为 l，电荷量分别为 $+q$ 和 $-q$ 的点电荷构成电偶极子。如图所示，取两者连线方向为 y 轴方向，中点 O 为原点，建立 xOy 坐标系，P 点到坐标原点 O 的距离为 $r(r \gg l)$，P、O 两点间的连线与 y 轴正方向的夹角为 θ。设无穷远处的电势为零，P 点的电势为 φ，真空中静电力常量为 k。以下是 φ 的四个表达式：

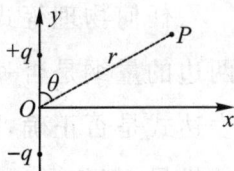

第 3 题图

A. $\varphi = \dfrac{kql\sin\theta}{r}$ B. $\varphi = \dfrac{kqr\cos\theta}{l^2}$

C. $\varphi = \dfrac{kql\cos\theta}{r^2}$ D. $\varphi = \dfrac{kql\sin\theta}{r^2}$

（1）用国际单位制的基本单位表示静电力常量 k 的单位是_____。

（2）上述四个表达式中只有一个是合理的。你可能不会求解 P 点的电势 φ，但是你可以通过一定的物理分析，判断表达式的合理性。根据你的判断，φ 的合理表达式应为_____（填选项前的字母）。

▶ 拓展训练

1.（一轮复习）声音在某种气体中的速度表达式可以只用气体的压强 p、密度 ρ 和无单位的数值 k 表示。试根据上面所述的情况判断，下列声音在所研究的气体中速度 v 的表达式可能正确的是 （　　）

A. $v = k\sqrt{\dfrac{p}{\rho}}$ B. $v = k\sqrt{\dfrac{\rho}{p}}$

C. $v = kp\rho$ D. $v = k\dfrac{p}{\rho}$

2.（一轮复习）如图所示，将质量为 M、倾角为 θ 的斜面体 A 置于光滑水平地面上，把质量为 m 的小滑块 B 放在斜面体 A 的顶端，高度为 h。开始时两者保持相对静止，然后 B 由 A 顶端沿斜面滑至地面。若以地面为参考系，且忽略一切摩擦，在此过程中，斜面体对小滑块的支持力做的功为 W。下面给出的 W 的四个表达式中，只有一个是合理的，你可能不会求解，但是可以通过分析，对下列表达式做出合理的判断。根据你的判断，W 的合理表达式应为 （　　）

A. $W = 0$

B. $W = -\dfrac{Mm^2h\cos^2\theta}{(M+m)(M+m\sin^2\theta)}g$

C. $W = \dfrac{M^2mh\cos^2\theta}{(M+m)(M+m\sin^2\theta)}g$

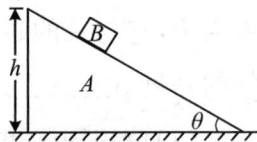

第 2 题图

D. $W = -\dfrac{Mmh\cos^2\theta}{(M+m)(M+m\sin^2\theta)}g$

3.（一轮复习）某个由电阻率为 ρ 的导电介质制成的电阻截面如图所示，是内、外半径分别为 a 和 b 的半球壳层形状（图中阴影部分），半径为 a、电阻不计的球形电极被嵌入导电介质的球心作为一个引出电极，在导电介质的外层球壳镀上一层电阻不计的金属膜成为另外一个电极。设该电阻的阻值为 R。下面给出的 R 的四个表达式中只有一个是合理的，你可能不会求解 R，但是可以通过一定的物理分析，对下列表达式做出合理的判断。根据你的判断，R 的合理表达式应为　　　（　　）

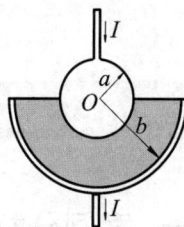

第 3 题图

A. $R=\dfrac{\rho(b+a)}{2\pi ab}$ 　　　B. $R=\dfrac{\rho(b-a)}{2\pi ab}$ 　　　C. $R=\dfrac{\rho ab}{2\pi(b-a)}$ 　　　D. $R=\dfrac{\rho ab}{2\pi(b+a)}$

4.（一轮复习）如图所示为一个内、外半径分别为 R_1 和 R_2 的圆环状均匀带电平面，其单位面积带电量为 σ。取环面中心 O 为原点，以垂直于环面的轴线为 x 轴。设轴上任意点 P 到点 O 的距离为 x，P 点电场强度大小为 E。下面给出的 E 的四个表达式（式中 k 为静电力常量），其中只有一个是合理的。你可能不会求解此处的场强 E，但是你可以通过一定的物理分析，对下列表达式做出合理的判断。根据你的判断，E 的合理表达式应为　　　　（　　）

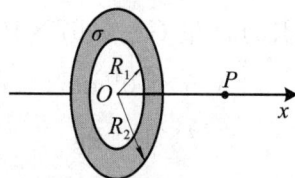

第 4 题图

A. $E=2\pi k\sigma\left(\dfrac{R_1}{\sqrt{x^2+R_1^2}}-\dfrac{R_2}{\sqrt{x^2+R_2^2}}\right)x$ 　　　B. $E=2\pi k\sigma\left(\dfrac{1}{\sqrt{x^2+R_1^2}}+\dfrac{1}{\sqrt{x^2+R_2^2}}\right)x$

C. $E=2\pi k\sigma\left(\dfrac{R_1}{\sqrt{x^2+R_1^2}}+\dfrac{R_2}{\sqrt{x^2+R_2^2}}\right)x$ 　　　D. $E=2\pi k\sigma\left(\dfrac{1}{\sqrt{x^2+R_1^2}}-\dfrac{1}{\sqrt{x^2+R_2^2}}\right)x$

第 25 讲 估算法 　引路人　台州市永宁中学　蔡文杰　宁波外国语学校（浙江省八一学校）　孙俊尔

一、案例分析

（一）数量级估算法

典型例题

土星最大的卫星叫"泰坦"，每 16 天绕土星 1 周，其公转轨道半径约为 1.2×10^6 km。已知引力常量 $G = 6.67 \times 10^{-11}$ N·m²/kg²，则土星的质量约为 　　（　　）

A. 5×10^{17} kg
B. 5×10^{26} kg
C. 7×10^{33} kg
D. 4×10^{36} kg

常规解答

设土星质量为 M，"泰坦"质量为 m。

根据万有引力提供向心力得

$$G\frac{Mm}{r^2} = m\frac{4\pi^2}{T^2}r$$

则有

$$M = \frac{4\pi^2 r^3}{GT^2}$$

$$= \frac{4 \times 3.14^2 \times (1.2 \times 10^6 \times 10^3)^3}{6.67 \times 10^{-11} \times (16 \times 24 \times 3600)^2} \text{kg}$$

$$\approx 5 \times 10^{26} \text{kg}$$

故选 B。

巧妙解答

建立土星的质量计算模型，根据万有引力提供向心力，$G\frac{Mm}{r^2} = m\frac{4\pi^2}{T^2}r$。

审视选项，数量级差异较大，可忽略常数差异直接比较数量级进行解题。

判定估算类型，确定估算类型为数量级估算。近似估算，化简得

$$M = \frac{4\pi^2 r^3}{GT^2}$$

$$\approx \frac{4 \times 10 \times (1.2 \times 10^6 \times 10^3)^3}{7 \times 10^{-11} \times (20 \times 20 \times 3500)^2} \text{kg}$$

$$\approx a \times \frac{10^{1+9\times3}}{10^{6\times2-11}} \text{kg} \approx a \times 10^{27} \text{kg}$$

式中 a 表示某一常数，故选 B。

教师点评

常规解答先根据万有引力提供向心力得到质量的表达式，再代入数值直接计算，虽能得到准确的计算结果，但计算过程烦琐易出错。

本例是典型的数量级估算问题，观察选项特征可发现各选项在数量级上有较大差异，因此不必进行精确计算，只要对数量级进行快速估算即可确定正确选项。估算时可以将数值取整进行近似计算。本题在运算时将 $6.67 \approx 7$，$\pi^2 \approx 10$，$16 \times 24 \approx 20 \times 20$ 代入计算。思维过程如下。

建立模型：建立土星的质量计算模型	→	审视选项：各选项数量级差异较大	→	判定估算类型：确定估算类型为数量级估算	→	近似估算：代入 $\pi^2 \approx 10$，$16 \times 24 \approx 20 \times 20$ 等近似整数进行估算

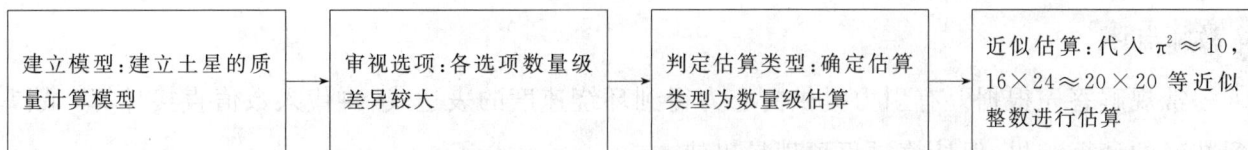

（二）经验估算法

典型例题

　　"嫦娥五号"探测器是我国首个实施月面采样返回的航天器，由轨道器、返回器、着陆器和上升器等多个部分组成。为等待月面采集的样品，轨道器与返回器的组合体环月做圆周运动。已知引力常量 $G = 6.67 \times 10^{-11} \, \text{N} \cdot \text{m}^2/\text{kg}^2$，地球质量 $m_1 = 6.0 \times 10^{24} \, \text{kg}$，月球质量 $m_2 = 7.3 \times 10^{22} \, \text{kg}$，月地距离 $r_1 = 3.8 \times 10^5 \, \text{km}$，月球半径 $r_2 = 1.7 \times 10^3 \, \text{km}$。当轨道器与返回器的组合体在月球表面上方约 200 km 处做环月匀速圆周运动时，其环绕速度约为　　　　（　　）

A. $16 \, \text{m/s}$

B. $1.1 \times 10^2 \, \text{m/s}$

C. $1.6 \times 10^3 \, \text{m/s}$

D. $1.4 \times 10^4 \, \text{m/s}$

常规解答

　　设组合体的质量为 m。

　　根据万有引力提供向心力得

$$G \frac{m_2 m}{(r_2 + h)^2} = m \frac{v^2}{r_2 + h}$$

可得

$$v = \sqrt{\frac{G m_2}{r_2 + h}}$$

代入数据可得环绕速度约为 $1.6 \times 10^3 \, \text{m/s}$，选 C。

巧妙解答

　　建立环绕速度计算模型，根据万有引力提供向心力有 $G \frac{Mm}{R^2} = m \frac{v_1^2}{R}$，得到中心天体的第一宇宙速度 $v_1 = \sqrt{\frac{GM}{R}}$。

　　审视选项，数量级差异不大，无法通过数量级估算。

　　判定估算类型，本题关于速度的选择可结合生活经验利用排除法进行经验估算。

　　经验估算，根据题意，月球质量约为地球质量的 $\frac{1}{100}$，月球半径约为地球半径的 $\frac{1}{4}$，根据物理常量，地球的第一宇宙速度为 7.9 km/s，月球的第一宇宙速度一定比地球小，则月球表面上方约 200 km 处的组合体的环绕速度将更小，排除 D 项；A 项数量级过小，根据经验不可能为天体运行速度，可排除，B 项 110 m/s 接近高铁运行速度数量级，可排除；故选 C。

教师点评

常规解答先根据万有引力提供向心力得到环绕速度的表达式,再代入数值直接计算,虽得到准确的计算结果,但计算过程烦琐易出错。

本例是天体运动中速度大小的计算问题,观察选项特征可发现各选项在数量级上差异不大。本题可以根据第一宇宙速度的物理常量,结合各类交通工具的速度经验和天体运动速度经验数值,利用排除法进行估算。思维过程如下。

| 建立模型:建立环绕速度计算模型 | → | 审定选项:数量级差异不大 | → | 判定估算类型:确定估算类型为经验估算法 | → | 经验估算:根据物理常量和各类交通工具、天体运动经验数值逐一比较排除 |

(三)数字近似估算法

典型例题

太阳内部核反应主要模式之一是质子-质子循环,循环的结果可表示为 $4{}_1^1H \longrightarrow {}_2^4He + 2{}_1^0e + 2\nu$,已知 ${}_1^1H$ 和 ${}_2^4He$ 的质量分别为 $m_p = 1.0078u$ 和 $m_\alpha = 4.0026u$,$1u = 931MeV/c^2$,c 为光速。在 4 个 ${}_1^1H$ 转变成 1 个 ${}_2^4He$ 的过程中,释放的能量约为 （　　）

A. 8MeV　　　　　　　　　　　　B. 16MeV

C. 26MeV　　　　　　　　　　　　D. 52MeV

常规解答

亏损的质量

$$\Delta m = 4 \times 1.0078u - 4.0026u - 2m_e$$

电子质量因相比质子质量小得太多,故可忽略不计。

$$\Delta m \approx 0.0286u$$

$$\Delta E = \Delta mc^2$$
$$= 0.0286 \times 931MeV$$
$$\approx 26.6MeV$$

综上,C 项正确。

巧妙解答

建立核能计算模型,$\Delta E = \Delta mc^2$。

审视选项,数量级无差别,仅有常数上的差异。

判定估算类型,核反应前后质量守恒,亏损的质量只需计算小数点后的数字即可,因为 $\Delta m = (78 \times 4 - 26) \times 10^{-4}u - 2m_e$,由于电子质量远远小于质子质量,可忽略,即 $\Delta m \approx (78 \times 4 - 26) \times 10^{-4}u = 286 \times 10^{-4}u$。本题可用数字近似估算法,仅进行常数估算判定选项。

近似估算,为与选项中的常数位数保持一致,计算过程中常数取两位数,释放的核能 $\Delta E = \Delta mc^2 = (286 \times 931 \times 10^{-4})MeV < 28.6 \times 10000 \times 10^{-4}MeV$,所以最后的值要比 28.6 略小,故选 C。

教师点评

常规解答先直接代入数值求出核反应前后亏损的质量并舍去电子质量,再代入质能方程计算,虽能得到准确的计算结果,但计算过程烦琐易出错。

本例是核能的计算问题,观察选项特征可发现各选项在数量级上无较大差异,因此无法对数量级进行估算,也无法凭经验确定核反应中释放出核能的大小。本题四个选项只有数值的差别,核反应前后质量守恒,因此质量亏损的计算只需关注小数点后的数字计算。本题可以尝试进行数字近似估算。思维过程如下。

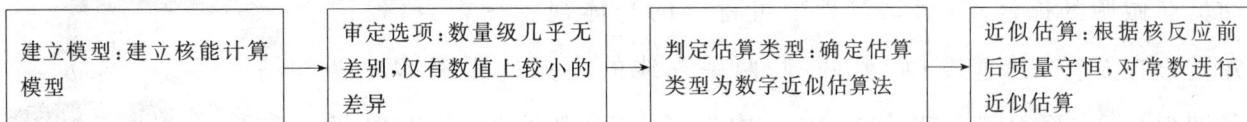

建立模型:建立核能计算模型	→	审定选项:数量级几乎无差别,仅有数值上较小的差异	→	判定估算类型:确定估算类型为数字近似估算法	→	近似估算:根据核反应前后质量守恒,对常数进行近似估算

数字近似法逼近正确选项时有多种途径,如近似忽略、近似取整、特殊值代入、图像近似等,解题过程中要根据选项特征巧妙处理数据,达到快速估算的目的。

(四)方法提炼

在选择题的求解过程中,可根据题目条件和选项特征,通过数量级估算法、经验估算法、数字近似估算法等进行合理推算,快速获得结果。

具体思维过程如下。

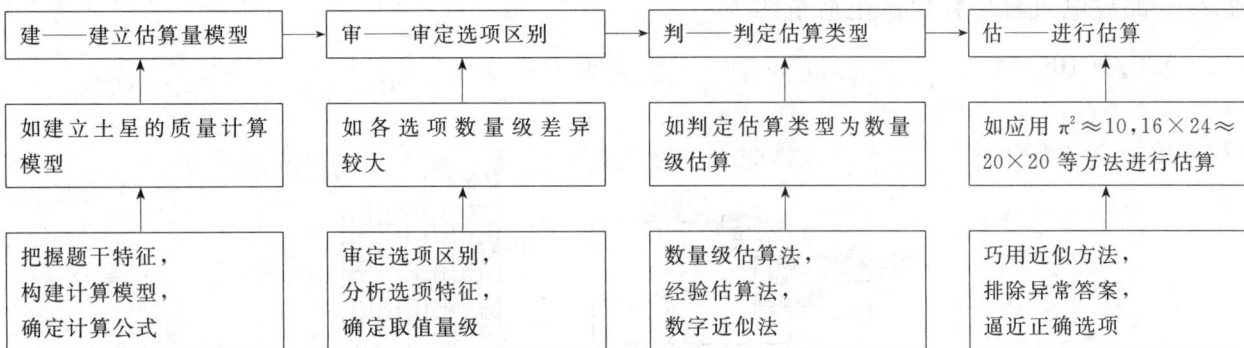

建——建立估算量模型	→	审——审定选项区别	→	判——判定估算类型	→	估——进行估算
如建立土星的质量计算模型		如各选项数量级差异较大		如判定估算类型为数量级估算		如应用 $\pi^2 \approx 10$, $16 \times 24 \approx 20 \times 20$ 等方法进行估算
把握题干特征,构建计算模型,确定计算公式		审定选项区别,分析选项特征,确定取值量级		数量级估算法,经验估算法,数字近似法		巧用近似方法,排除异常答案,逼近正确选项

二、针对性训练

基础训练

1. (运动的描述内容学习后)如图所示为高速摄影机拍摄到的子弹穿透苹果瞬间的照片。放大该照片后分析出,在曝光时间内,子弹影像前后错开的距离约为子弹长度的 $1\% \sim 2\%$。已知子弹飞行速度约为 500m/s,由此可估算出这幅照片的曝光时间最接近　　　　　(　　)

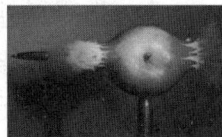

第 1 题图

　　A. $10^{-3}\,\text{s}$ 　　　　　　　　　　　　B. $10^{-6}\,\text{s}$

　　C. $10^{-9}\,\text{s}$ 　　　　　　　　　　　　D. $10^{-12}\,\text{s}$

2. (万有引力与宇宙航行内容学习后)卡文迪什用扭秤实验测定了引力常量,以实验验证了万有引力定律的正确性。应用引力常量还可以计算出地球的质量,卡文迪什也因此被称为"能称出地球质量的人"。已知引力常量 $G=6.67\times10^{-11}\text{N}\cdot\text{m}^2/\text{kg}^2$,地面附近的重力加速度 $g=9.8\text{m/s}^2$,地球半径 $R=6.4\times10^6\text{m}$,则地球质量约为 （　　）

A. $6\times10^{18}\text{kg}$　　　　　　　　　　B. $6\times10^{20}\text{kg}$

C. $6\times10^{22}\text{kg}$　　　　　　　　　　D. $6\times10^{24}\text{kg}$

3. (机械能守恒定律内容学习后)如图所示,质量为 60kg 的某运动员在做俯卧撑运动,运动过程中可将她的身体视为一根直棒,已知重心在 C 点,其垂线 OC 到两脚、两手连线的中点的距离 Oa、Ob 分别为 0.9m 和 0.6m,若她在 1min 内做了 30 个俯卧撑,每次肩部上升的距离均为 0.4m,则她在 1min 内克服重力做的功和相应的功率分别为 （　　）

第 3 题图

A. $430\text{J},7\text{W}$　　　　　　　　　　B. $4300\text{J},70\text{W}$

C. $720\text{J},12\text{W}$　　　　　　　　　　D. $7200\text{J},120\text{W}$

4. (电容器的电容内容学习后)在"用传感器观察电容器的充电和放电"实验中,电路如图(a)所示。某同学使用的电源电动势为 10.0V,测得放电的 $I-t$ 图像如图(b)所示,则电容器在全部放电过程中释放的电荷量约为 （　　）

A. 0.0010C　　　　　　　　　　B. 0.0014C

C. 0.010C　　　　　　　　　　D. 0.014C

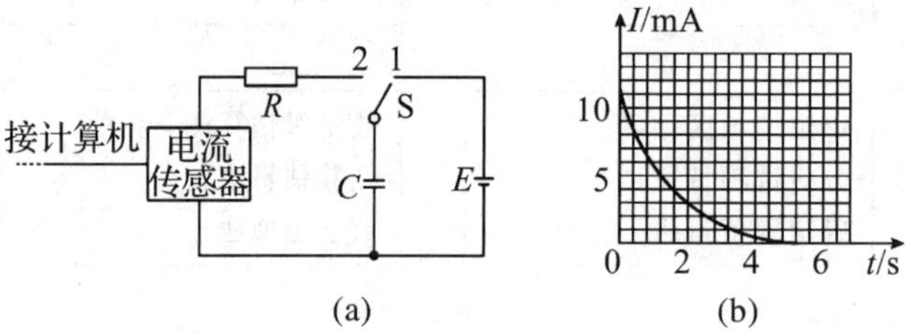

第 4 题图

拓展训练

1. (机械能守恒定律内容学习后)浙江省某地的"渔光互补"光伏发电项目计划在 5000 多亩荒草地和水域上方安装 90 余万块单晶双面双玻光伏组件,如图所示,该光伏电站在阳光照射时正常工作的总容量为 $4.0\times10^8\text{W}$,则晴朗的一天能够提供的电能约为 （　　）

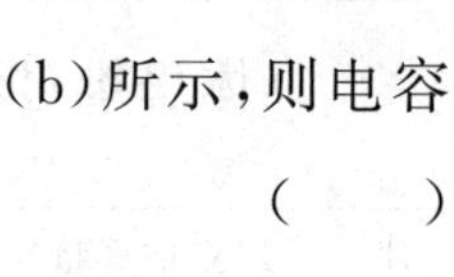

第 1 题图

A. $4.0\times10^8\text{kW}\cdot\text{h}$　　　　　　　　B. $3.0\times10^6\text{kW}\cdot\text{h}$

C. $9.6\times10^5\text{kW}\cdot\text{h}$　　　　　　　　D. $9.6\times10^9\text{kW}\cdot\text{h}$

2. (万有引力与宇宙航行内容学习后)太阳系各行星几乎在同一平面内沿同一方向绕太阳做圆周运动。当地球恰好运行到某地外行星和太阳之间,三者几乎排成一条直线的现象,称为"行星冲日"。已知地球及各地外行星绕太阳运动的轨道半径如下表所示。

行星名称	地球	火星	木星	土星	天王星	海王星
轨道半径 R/AU	1.0	1.5	5.2	9.5	19	30

相邻两次"冲日"时间间隔约为 （　　）

A. 火星 365 天　　　　B. 火星 800 天　　　　C. 天王星 365 天　　　　D. 天王星 800 天

3. (原子结构和波粒二象性内容学习后)已知普朗克常量 $h = 6.63 \times 10^{-34}$ J·s,电子的质量为 9.11×10^{-31} kg,每个电子和每滴直径约为 $4\mu m$ 的油滴具有相同动能,则电子与油滴的德布罗意波长之比的数量级为 （　　）

A. 10^{-8}　　　　B. 10^{6}　　　　C. 10^{8}　　　　D. 10^{16}

4. (安培力、洛伦兹力内容学习后)某小型医用回旋加速器,最大回旋半径为 0.5m,磁感应强度大小为 1.12T,质子加速后获得的最大动能为 1.5×10^{7} eV。根据给出的数据,可计算质子经该回旋加速器加速后的最大速率约为(忽略相对论效应,$1eV = 1.6 \times 10^{-19}$ J) （　　）

A. 3.6×10^{2} m/s　　B. 1.2×10^{4} m/s　　C. 5.4×10^{7} m/s　　D. 2.4×10^{10} m/s

5. (机械能守恒定律内容学习后)如图所示为某海上风电厂的照片,该海上风电厂的风力发电机叶片长为 52m,有 40 个发电机组。假设 1 年中有 $\frac{1}{3}$ 的时间可以发电,且发电时风速约为 10m/s;发电机将风能转变为电能的效率约为 30%。空气密度为 1.3kg/m³,试通过估算判断,该海上风电厂年发电量最接近 （　　）

第 5 题图

A. 2×10^{6} kW·h　　B. 2×10^{8} kW·h　　C. 2×10^{10} kW·h　　D. 2×10^{12} kW·h

第26讲 近似处理法

引路人 桐乡市凤鸣高级中学 王精国

一、案例分析 ⣿⣿⣿⣿⣿

典型例题

如图(a)所示,刚性导体线框由长均为 L、质量均为 m 的两根竖杆和长均为 $2l$ 的两根轻质横杆组成,且 $L \gg 2l$。线框通有恒定电流 I_0,可以绕其中心竖直轴转动。以线框中心 O 为原点、转轴为 z 轴建立直角坐标系,在 y 轴上距离 O 为 a 处,固定放置一半径远小于 a、面积为 S、电阻为 R 的小圆环,其平面垂直于 y 轴。在外力作用下,通电线框绕转轴以角速度 ω 匀速转动,当线框平面与 xOz 平面重合时为计时零点,圆环处磁感应强度的 y 轴分量 B_y 与时间 t 的近似关系如图(b)所示,图中 B_0 已知,电流有效值 $I_{\text{有}} = \dfrac{2\sqrt{3}\,\omega B_0 S}{\pi R}$。当撤去外力,线框将缓慢减速,经 $\dfrac{\pi}{\omega}$ 时间角速度减小量为 $\Delta\omega\left(\dfrac{\Delta\omega}{\omega} \ll 1\right)$。设线框与圆环的能量转换效率为 k,求 $\Delta\omega$。

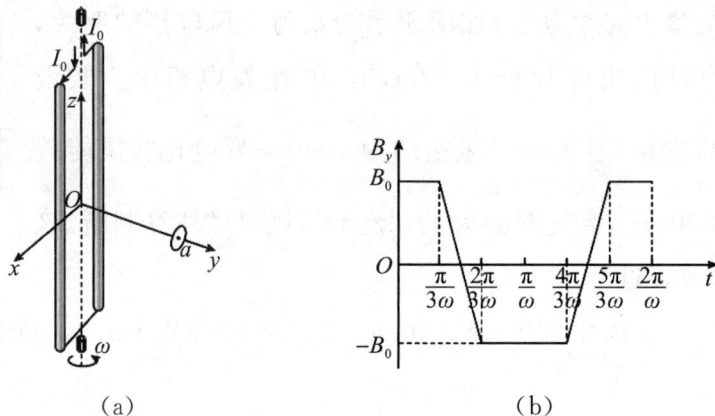

(a)   (b)

例题图

有同学认为经过 $\dfrac{\pi}{\omega}$ 时间,线框减小的动能

$$\Delta E_k = \frac{1}{2} \cdot 2m[\omega^2 l^2 - (\omega - \Delta\omega)^2 l^2] = ml^2[\omega^2 - (\omega - \Delta\omega)^2]$$

后续处理如下。

因式分解,略去二次小量 $\Delta\omega^2$。

$$\Delta E_k = ml^2[\omega^2 - (\omega - \Delta\omega)^2] = ml^2(\omega - \omega + \Delta\omega)(\omega + \omega - \Delta\omega) = ml^2[(2\omega - \Delta\omega)\Delta\omega] = 2ml^2\omega\Delta\omega$$

由能量守恒 $km[\omega^2 l^2 - (\omega - \Delta\omega)^2 l^2] = I_{\text{有}}^2 R \dfrac{\pi}{\omega}$,将 $I_{\text{有}} = \dfrac{2\sqrt{3}\,\omega B_0 S}{\pi R}$ 代入,得 $\Delta\omega = \dfrac{6B_0^2 S^2}{\pi k m l^2 R}$。

请分析解答过程中因式分解后略去 $\Delta\omega^2$ 是否合理,并给出理由。

常见错解

不合理。推理过程无问题,减小的动能表达式应该为

$$\Delta E_k = ml^2 \left[(2\omega - \Delta\omega)\Delta\omega \right]$$
$$= ml^2 \left[(2\omega\Delta\omega - \Delta\omega^2) \right]$$
$$= 2ml^2\omega\Delta\omega - ml^2\Delta\omega^2$$

含有 $\Delta\omega^2$ 的项是实实在在存在的。

难道 $-ml^2\Delta\omega^2$ 没有意义吗?

正确解答

合理。因式分解后关于 $\Delta\omega$ 的项有一次项和二次项,因为根据题干条件 $\dfrac{\Delta\omega}{\omega} \ll 1$,说明 $\Delta\omega$ 相对于 ω 来说是一个小量,满足近似条件,题干中已经列出动能减小的表达式,在近似处理时保留一次项,可略去相对小量的二次项。

教师点评

常见错解中,解题者对物理的推导过程没有疑义,对动能减小量的表达式中二阶小量的舍去表示了不理解,说明其缺乏小量近似的思想。题干中已经说明 $\dfrac{\Delta\omega}{\omega} \ll 1$,说明 $\Delta\omega$ 相对于 ω 来说是一个小量,在列出带有小量的公式中,可以做近似处理,如果公式中存在一阶小量和二阶以上等更高阶的小量,那么二阶及以上的项均可以忽略,这符合小量运算规则。

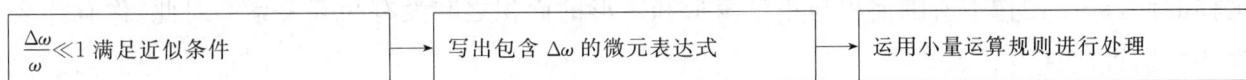

$\dfrac{\Delta\omega}{\omega} \ll 1$ 满足近似条件	→	写出包含 $\Delta\omega$ 的微元表达式	→	运用小量运算规则进行处理

方法提炼

近似处理法是在解决物理实际问题时使用的一种方法,实际问题往往都是复杂的,为了解决问题,在满足一定条件的情况下,可以对实际情况进行简化和近似处理,从而得到更容易求解的模型或方程。

具体的近似运算规则如下。

(1)小角度近似:如果问题涉及小角度的提醒,例如角度很小(或小于 $5°$),则应先规范作出物理过程的草图,找到题目涉及的小角度,运用几何关系,进行小角度的近似列式计算。一般当 α 很小(通常要求小于 $5°$)时,有 $\sin\alpha \approx \tan\alpha \approx \alpha$,$\cos\alpha \approx 1$,$\sin\alpha\cos\alpha \approx \alpha$,$\cos\alpha \approx 1 - \dfrac{1}{2}\alpha^2$ 等近似处理,再根据几何关系或数学运算得到简化的结果。

(2)其他小量近似:如果问题涉及某一个物理量的比较提醒,如 $x \gg \Delta x$,那么在正确分析物理过程后,可在计算中大胆使用小量近似简化运算。

小量近似一般有以下几种情况。

①有限量 A 与小量 Δx 的乘积 $A \cdot \Delta x$ 仍为小量。

②有限量 A 与小量 $B \cdot \Delta x$ 相加,后者可忽略,即 $A + B \cdot \Delta x \approx A$。

③小量 Δx 与更高阶的小量 $B \cdot (\Delta x)^2$ 相加,更高阶的小量可略,即 $\Delta x + B \cdot (\Delta x)^2 \approx \Delta x$。

④在处理问题的中间步骤出现有限量与若干小量相加时,可按需要略去某些高阶小量,保

留一些低阶小量。例如$(1+\Delta x)^N=1+N\cdot\Delta x+\dfrac{1}{2}N(N-1)\cdot(\Delta x)^2+\cdots\approx1+N\cdot\Delta x(N$为任意实数)。

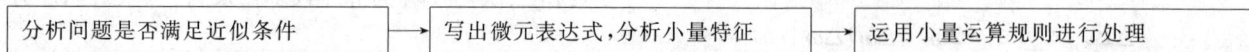

分析问题是否满足近似条件 $\longrightarrow$ 写出微元表达式,分析小量特征 $\longrightarrow$ 运用小量运算规则进行处理

二、针对性训练

基础训练

1.（匀变速直线运动内容学习后）某v-t图像如图所示,将t时间平均分成5个小段,在每小段内,可粗略认为物体做匀速直线运动。我们把每小段起始时刻的速度乘时间$\dfrac{t}{5}$,近似地当作各小段中物体的位移,在v-t图像中,各段位移可以用如图中阴影小矩形的面积代表。5个小矩形的面积之和近似地代表物体在整个运动过程中的位移。显然算出来的位移比实际位移少了5个小三角形区域的面积和。有同学说,我们可以把t分成更多的n段,假设每个小三角形的面积为S,这样的话n个小三角形的总面积为nS,当n趋向于无穷大时,nS也会无穷大,这样的话,v-t图像下所围面积与小三角形和矩形的面积之和没有相等关系。对此,你有什么看法？请说明理由。

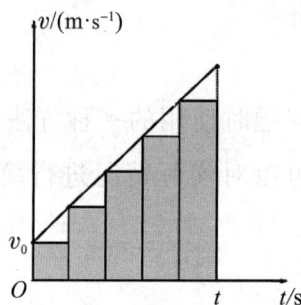

第1题图

2.（机械振动内容学习后）为探究单摆的小角振动（摆角$\theta<5°$）是否可看作简谐运动,小明同学证明如下。他的做法是否存在问题？如有问题,请提出改正方法。

作出草图如图所示,对小球进行受力分析,可以得到单摆振动中的回复力$F=mg\sin\theta$。

第2题图

设小球的位移aO大小为x。

由几何关系得到$x=2l\sin\dfrac{\theta}{2}$,由二倍角公式转换得到$x=\dfrac{l\sin\theta}{\cos\dfrac{\theta}{2}}$;

则$F=mg\dfrac{x}{l}\cos\dfrac{\theta}{2}$,不符合简谐运动力学特征。

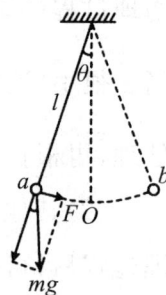

3.（圆周运动内容学习后）如图所示，一物体沿着圆周运动，在 A、B 两点的速度分别为 v_A、v_B，为了推导向心加速度的方向，某同学做了如下处理：根据曲线运动的速度方向沿着轨迹的切线方向，作出物体经过 A、B 两点时的速度方向，分别用 v_A、v_B 表示，如图（a）所示；平移 v_A 至 B 点，如图（b）所示；根据矢量运算法则，作出物体由 A 点到 B 点的速度变化量 Δv，其方向由 v_A 的箭头位置指向 v_B 的箭头位置，如图（c）所示。该同学假设物体由 A 点到 B 点的时间极短，在匀速圆周运动的速度大小一定的情况下，A 点到 B 点的距离将非常小，作出此时的 Δv，如图（d）所示。该同学又仔

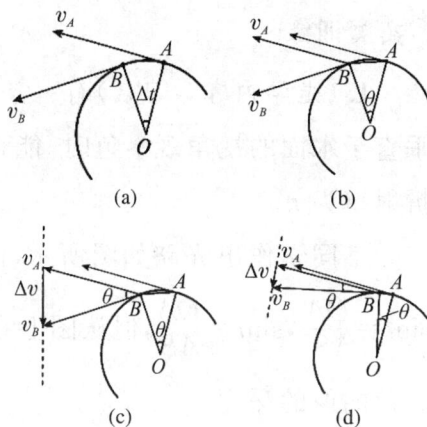

第 3 题图

细观察图（d），认为此时 Δv 与 v_A、v_B 都几乎垂直，因此 Δv 的方向几乎沿着圆周的半径，指向圆心。由于加速度 a 与 Δv 的方向是一致的，所以该同学认为向心加速度的方向指向圆心。对于该同学的推导过程，你有什么看法？请说明理由。

4.（机械振动内容学习后）如图所示，带电量分别为 $4q$ 和 $-q$ 的小球 A、B 固定在水平放置的光滑绝缘细杆上，相距为 d。若杆上套一带电小环 C（C 套在 B 右端），带电体 A、B 和 C 均可视为点电荷。若小环 C 带电量为 $-q$，将小环拉离平衡位置一小段位移 $x(|x|\ll d)$ 后由静止释放，证明：小环 C 将做简谐运动。

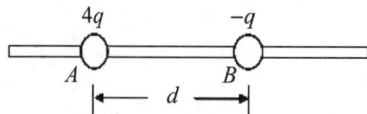

第 4 题图

提示：当 $\alpha\ll 1$ 时，$\dfrac{1}{(1+\alpha)^n}\approx 1-n\alpha$。

5.（气体、固体和液体内容学习后）如图所示，一气缸内有一质量为 m、截面积为 S 的活塞，到气缸底部距离为 l，它封闭着一定质量的理想气体。外界压强为 p_0，现用力将活塞从原来的平衡位置稍稍向外移动 $\Delta x(\Delta x\ll l)$ 后松手，则从松手到活塞第一次回到平衡位置的时间是多少？假设气缸内气体温度不变，不计活塞与气缸间的摩擦。

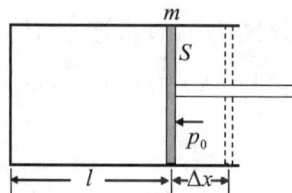

第 5 题图

某同学做了如下解答。

活塞拉开一段距离的过程中，气缸内气体发生等温变化，由平衡条件可知，原来气缸内的气体压强 $p=p_0$。设活塞移动后气缸内气体压强为 p'，由玻意耳定律得 $p_0lS=p'(l+\Delta x)S$，则 $p_0l=p'(l+\Delta x)$。

在回复到原来位置的过程中，内外压力差是一个变力，所以活塞不做匀变速直线运动，无法运用匀变速运动规律求解。

但如果活塞的回复过程是一个具有周期性的简谐运动，那么通过证明该运动符合简谐运动的力学特征，就可以利用简谐运动的周期公式求得时间。

活塞移动后，作用在活塞上使它回复到平衡位置的力 $F=(p_0-p')S$，$p_0-p'=\dfrac{\Delta x}{l+\Delta x}p_0$，

$F=(p_0-p')S=\dfrac{\Delta x}{l+\Delta x}S$，$\dfrac{\Delta x}{l+\Delta x}$ 不为常数，则该思路也无法解答。

该同学对活塞运动的力学证明是否正确？请说明理由，并求出活塞回到平衡位置的时间。

拓展训练

1.（光学内容学习后）有一条小鱼在水面下 h 处，当观察者从几乎垂直于水面的视角观察鱼时，能否计算看到的像的深度 h'？已知水的折射率为 n。

某同学作出光路如图所示，由光的折射定律有 $1 \times \sin i = n \times \sin r$，$\sin i = \dfrac{OA}{AS'}$，$\sin r = \dfrac{OA}{AS}$，但从图上看得不到具体的几何关系，所以不能计算鱼的像的深度。

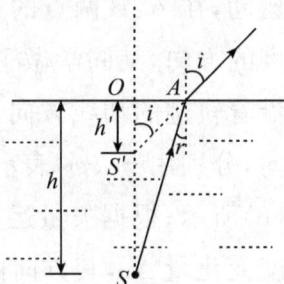

该同学的分析是否正确？请给出理由。

第 1 题图

2.（机械振动内容学习后）如图所示，在边长为 a 的正方形的 4 个顶点处各固定 1 个点电荷 Q，在正方形对角线的交点 O 处放置可以自由移动的点电荷 q，q 与 Q 同号。现将 q 沿一条对角线从 O 点移到 P 点，O、P 点间的距离 $x \ll a$，释放 q 后，q 是否做简谐运动？

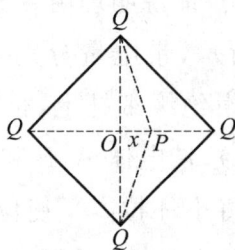

第 2 题图

3.（光学内容学习后）如图所示是双缝干涉示意图，从 A、B 两缝到屏上 P 点的距离（光程）分别为 r_1、r_2，连接 P 点与双缝中央 O 点，过 O 点作 OO' 垂直屏于 O' 点，P、O' 点间的距离为 x，它与 OO' 方向的夹角为 θ，求从双缝射至 P 点的两束光的光程差 Δx（用 d、l、x 表示）。

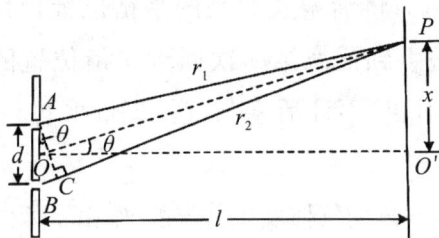

第 3 题图

4.（安培力、洛伦兹力内容学习后）如图所示，一个显像管中的电子束的电子能量 $E = 1.2 \times 10^4 \, \text{eV}$，这个显像管的位置取向刚好使电子束水平地由南向北运动。若地磁场的垂直分量向下，其大小 $B = 5.5 \times 10^{-5} \, \text{T}$，则电子束在管内南北方向上通过 $y = 20 \, \text{cm}$ 时，受洛伦兹力作用将产生多少偏离的距离？（电子质量 $m_e = 0.91 \times 10^{-30} \, \text{kg}$。）

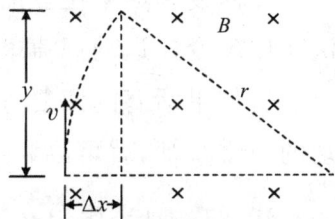

第 4 题图

第 27 讲 特殊值法

引路人　浙江省永康市第一中学　陈泽南

一、案例分析

典型例题

如图所示,平行玻璃砖的厚度为 d,折射率为 n,一束光线以入射角 α 射到玻璃砖上,出射光线相对于入射光线的侧移距离为 Δx,如图所示,则 Δx 决定于下列表达式中的 　　（　　）

A. $\Delta x = d\left(1 - \dfrac{\cos\alpha}{\sqrt{n^2 - \sin^2\alpha}}\right)$

B. $\Delta x = d\left(1 - \dfrac{\sin\alpha}{\sqrt{n^2 - \cos^2\alpha}}\right)$

C. $\Delta x = d\sin\alpha \cdot \left(1 - \dfrac{\cos\alpha}{\sqrt{n^2 - \sin^2\alpha}}\right)$

D. $\Delta x = d\cos\alpha \cdot \left(1 - \dfrac{\sin\alpha}{\sqrt{n^2 - \cos^2\alpha}}\right)$

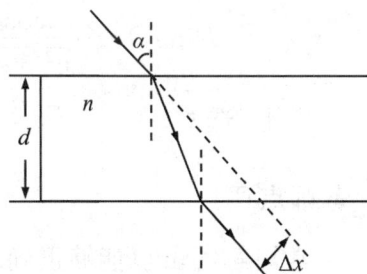

例题图

常规解答

作出光路如图所示,设折射角为 γ。由折射定律 $n = \dfrac{\sin\alpha}{\sin\gamma}$ 得 $\sin\gamma = \dfrac{\sin\alpha}{n}$,则

$$\cos\gamma = \sqrt{1 - \sin^2\gamma} = \sqrt{1 - \dfrac{\sin^2\alpha}{n^2}}$$

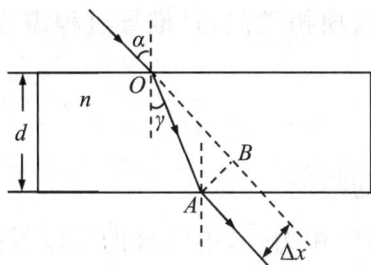

常规解答图

由图知 $\angle AOB = \alpha - \gamma$,则由几何关系得

$$\Delta x = AB = AO \cdot \sin\angle AOB$$
$$= AO \cdot \sin(\alpha - \gamma)$$
$$= AO \cdot (\sin\alpha\cos\gamma - \cos\alpha\sin\gamma)$$

又因 $AO = \dfrac{d}{\cos\gamma}$,解得

巧妙解答

用特殊值法求解:

出射光线相对于入射光线的侧移距离 Δx 与厚度 d、入射角 α、折射率 n 有关,因此可以将 d、α、n 设置成特殊值。

当光线垂直入射,即入射角 $\alpha = 0$ 时,侧移距离 $\Delta x = 0$;

当玻璃砖的厚度 $d = 0$ 时,侧移距离 $\Delta x = 0$;

当折射率 $n = 1$ 时,侧移距离 $\Delta x = 0$。

观察四个选项,其中能满足此三种情况的只有 C 项,A、B、D 项错误。

综上,选 C。

$$\Delta x = \frac{d}{\cos\gamma} \cdot (\sin\alpha\cos\gamma - \cos\alpha\sin\gamma)$$

$$= d\sin\alpha - \frac{d\cos\alpha\sin\gamma}{\cos\gamma}$$

$$= d\sin\alpha - \frac{d\cos\alpha\dfrac{\sin\alpha}{n}}{\sqrt{1 - \dfrac{\sin^2\alpha}{n^2}}}$$

$$= d\sin\alpha\left(1 - \frac{\cos\alpha}{\sqrt{n^2 - \sin^2\alpha}}\right)$$

综上,选 C。

教师点评

常规解答虽也能够正确求解,但由于影响因素较多,且需要大量的推理和复杂的运算,往往需要花费较长的时间才能获得结论,对于选择题来说,时间性价比不高。

审视表达式,发现四个选项相类似,且题中没有对影响侧移距离 Δx 的相关因素做出条件限制,说明选项中的表达式应普遍适用,因此根据特殊模型(垂直入射等),赋予厚度 d、入射角 α、折射率 n 特殊值,得到相应的结论,再将 d、α、n 的特殊值代入各个表达式中,检验与得到的结论是否吻合,这样能避开抽象、复杂的运算,降低解题难度,优化解题过程,快速做出正确的判断。思维过程如下。

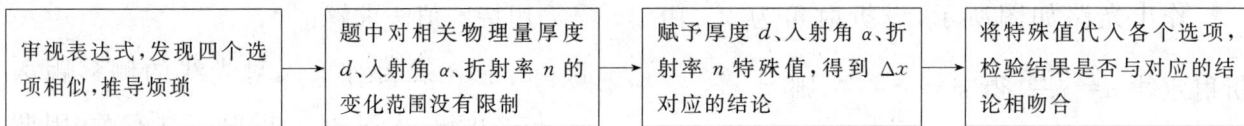

| 审视表达式,发现四个选项相似,推导烦琐 | → | 题中对相关物理量厚度 d、入射角 α、折射率 n 的变化范围没有限制 | → | 赋予厚度 d、入射角 α、折射率 n 特殊值,得到 Δx 对应的结论 | → | 将特殊值代入各个选项,检验结果是否与对应的结论相吻合 |

方法提炼

选择题中遇到推导某个物理量的表达式时,发现四个选项相类似,且推导过程需要进行大量的推理和复杂的运算时,我们可以这样做:

(1)观察相关物理量的变化范围是否受到限制。

(2)赋予相关物理量特殊值,运用物理规律,得到相应的结论。

(3)将特殊值代入四个选项,检验结果是否与相应的结论相吻合,不吻合的可以排除,如果仍存在多个选项吻合,可以再对相关物理量赋予其他特殊值,直到获得正确选项。

具体思维过程如下。

| 审视表达式,是否选项相似,推导烦琐 | → | 观察相关物理量的变化范围是否受到限制 | → | 运用物理规律,赋予特殊值,得到特殊解 | → | 特殊值代入各个表达式,检验与得到的特殊解是否吻合 |

二、针对性训练

基础训练

1. (匀变速直线运动内容学习后)一辆汽车由静止开始做加速度大小 a_1 的匀加速直线运动,运动了一段时间后,紧接着以加速度大小 a_2 做匀减速直线运动,再经过一段时间停止运动。已知汽车在两段时间内的总位移为 s,则运动总时间 t 为 （　　）

A. $\sqrt{\dfrac{a_1 a_2}{s(a_1+a_2)}}$
B. $\dfrac{2s(a_1+a_2)}{a_1 a_2}$
C. $\sqrt{\dfrac{2s(a_1+a_2)}{a_1 a_2}}$
D. $\sqrt{\dfrac{s(a_1+a_2)}{a_1 a_2}}$

2. (牛顿运动定律内容学习后)如图所示,细线的一端系一质量为 m 的小球,另一端固定在倾角为 θ 的光滑斜面体顶端,细线与斜面平行。在斜面体以加速度大小 a 水平向右做匀加速直线运动的过程中,小球始终静止在斜面上,小球受到细线的拉力 F_T 和斜面的支持力 F_N 的大小分别为(重力加速度大小为 g) （　　）

A. $F_T = m(g\sin\theta + a\cos\theta),\ F_N = m(g\cos\theta - a\sin\theta)$
B. $F_T = m(g\cos\theta + a\sin\theta),\ F_N = m(g\sin\theta - a\cos\theta)$
C. $F_T = m(a\cos\theta - g\sin\theta),\ F_N = m(g\cos\theta - a\sin\theta)$
D. $F_T = m(a\sin\theta + g\cos\theta),\ F_N = m(g\sin\theta - a\cos\theta)$

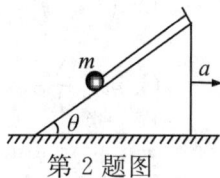

第2题图

3. (功和功率内容学习后)质量为 M 的汽车以恒定功率 P 在平直公路上行驶,汽车所受阻力不变,汽车匀速行驶时速度大小为 v_1,则当速度大小为 v_2 时,汽车的加速度大小 a 为（　　）

A. $\dfrac{P(v_1-v_2)}{Mv_1 v_2}$
B. $\dfrac{Pv_1 v_2}{M(v_1-v_2)}$
C. $\dfrac{P}{Mv_1}$
D. $\dfrac{P}{Mv_2}$

4. (电场内容学习后)如图所示,一半径为 R 的绝缘圆环上,均匀地分布着电荷量为 Q 的电荷,在垂直于圆环平面的对称轴上有一点 P,它到环心 O 的距离 $OP=L$。静电力常量为 k。关于 P 点的电场强度 E,下列四个表达式中有一个是正确的,请你根据所学的物理知识,通过一定的分析判断,下列表达式正确的是 （　　）

第4题图

A. $E=\dfrac{kQ}{R^2+L^2}$
B. $E=\dfrac{kQL}{R^2+L^2}$
C. $E=\dfrac{kQR}{\sqrt{(R^2+L^2)^3}}$
D. $E=\dfrac{kQL}{\sqrt{(R^2+L^2)^3}}$

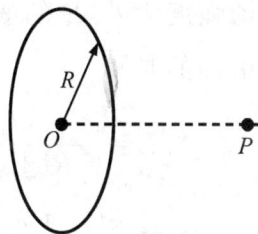

5. (动量内容学习后)如图所示,质量为 M 的小车在光滑的水平面上,其上表面左侧水平轨道与右侧四分之一圆周长的圆弧轨道平滑连接。有一质量为 m、速度大小为 v_0 的小物块沿水平方向滑上小车,小物块与小车间的摩擦不计,最终小物块没有离开轨道,则小物块在轨道上上升的最大高度 h 为 （　　）

第5题图

A. $\dfrac{mv_0^2}{2(M+m)g}$
B. $\dfrac{Mv_0^2}{2(M+m)g}$
C. $\dfrac{Mv_0^2}{2mg}$
D. $\dfrac{mv_0^2}{2Mg}$

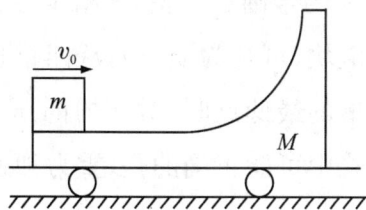

◆ **拓展训练**

1.（牛顿运动定律内容学习后）如图所示,将长度为 L 的铁丝绕成一个高度为 H 的等螺距螺旋线圈,将它竖直地固定于水平桌面上。穿在铁丝上的一小珠子可沿此螺旋线圈无摩擦地下滑(下滑过程中线圈形状保持不变)。已知重力加速度大小为 g,则小珠子从螺旋线圈最高点无初速度地滑到桌面经历的时间 t 为 （ ）

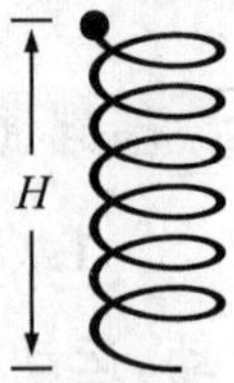

第 1 题图

A. $\sqrt{\dfrac{2H}{g}}$　　　　B. $\dfrac{L}{\sqrt{2gH}}$　　　　C. $\dfrac{L}{\sqrt{gH}}$　　　　D. $L\sqrt{\dfrac{2}{gH}}$

2.（相互作用内容学习后）如图所示,一根轻质弹簧上端固定,下端挂一个质量为 m_0 的托盘,盘中有一个质量为 m 的物体。当盘静止时,弹簧比自然长度伸长了 L。今向下拉盘使弹簧再伸长 ΔL 后停止,然后松开。若该弹簧总在弹性限度内,则松手时盘对物体的支持力为 （ ）

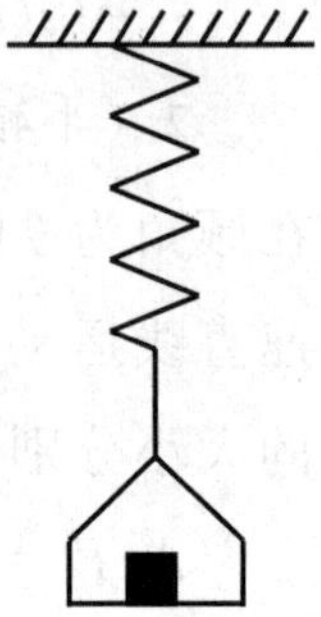

A. $\left(1+\dfrac{\Delta L}{L}\right)mg$　　　　　　　　B. $\left(1+\dfrac{\Delta L}{L}\right)(m+m_0)g$

C. $mg\dfrac{\Delta L}{L}$　　　　　　　　　　　D. $(m+m_0)g\dfrac{\Delta L}{L}$

第 2 题图

3.（电场内容学习后）如图所示,有两个彼此平行且共轴、半径分别为 R_1 和 R_2 的圆环,环上的电荷量均为 $q(q>0)$,而且电荷均匀分布。两圆环的圆心 O_1 和 O_2 相距 $2a$,连线的中点为 O,轴线上的 A 点在 O 点右侧与 O 点相距 $r(r<a)$。下列关于 A 点处电场强度大小 E 的表达式(式中 k 为静电力常量)中,正确的是 （ ）

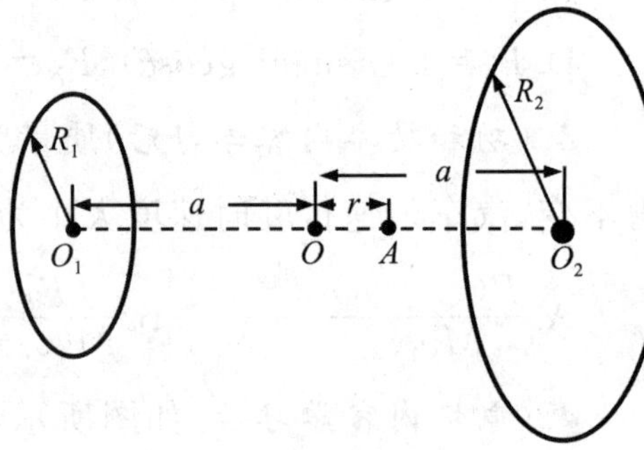

第 3 题图

A. $E=\left|\dfrac{kqR_1}{[R_1^2+(a+r)^2]}-\dfrac{kqR_2}{[R_2^2+(a-r)^2]}\right|$　　　B. $E=\left|\dfrac{kqR_1}{[R_1^2+(a+r)^2]^{\frac{3}{2}}}-\dfrac{kqR_2}{[R_2^2+(a-r)^2]^{\frac{3}{2}}}\right|$

C. $E=\left|\dfrac{kq(a+r)}{[R_1^2+(a+r)^2]}-\dfrac{kq(a-r)}{[R_2^2+(a-r)^2]}\right|$　　　D. $E=\left|\dfrac{kq(a+r)}{[R_1^2+(a+r)^2]^{\frac{3}{2}}}-\dfrac{kq(a-r)}{[R_2^2+(a-r)^2]^{\frac{3}{2}}}\right|$

4.（动量内容学习后）如图所示,光滑地面上静置一个质量为 M 的半圆形凹槽,凹槽半径为 R,表面光滑。将一个质量为 m 的小滑块(可视为质点),从凹槽边缘处由静止释放,当小滑块运动到凹槽的最低点时,对凹槽的压力为 F_N,则关于 F_N 的大小,下列表达式中可能正确的是(重力加速度大小为 g) （ ）

第 4 题图

A. $\dfrac{(3M+2m)mg}{M}$　　B. $\dfrac{(3m+2M)mg}{M}$　　C. $\dfrac{(3M+2m)mg}{m}$　　D. $\dfrac{(3m+2M)mg}{m}$

第28讲 单选排除法

引路人 浙江省龙泉市第一中学 吴华弟

一、案例分析

典型例题

一个半径为 r、质量为 m、电阻为 R 的金属圆环,用一根长为 L 的绝缘轻细杆悬挂于 O 点,在 O 点的正下方有一块半径为 $L+2r$ 的圆形匀强磁场区域,其圆心 O_2 与 O 点在同一竖直线上,金属环的圆心为 O_1,如图所示。现使绝缘轻细杆从水平位置由静止释放,下摆中金属环所在平面始终垂直于磁场,已知重力加速度大小为 g,忽略空气阻力。下列说法正确的是 ( )

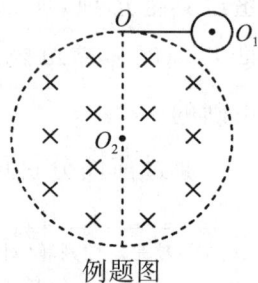

A. 在金属环第一次进入磁场的过程中电流方向为顺时针方向

B. 金属环在进磁场时所受安培力的方向沿 O、O_1 连线方向

C. 金属环产生的焦耳热是 $\frac{1}{2}mg(L+2r)$

D. 在金属环第一次进入磁场过程中通过环截面的电荷量为零

常见错解

在金属环第一次进入磁场的过程中,磁通量增大,根据楞次定律可知环中感应电流的磁场与原磁场反向,所以电流方向应为逆时针方向,A 项错误。

金属环在进磁场时,产生感应电流,受到的安培力是阻碍金属环的相对运动,所以受安培力的方向应该沿 O_2、O_1 连线方向,B 项错误。

$$E=n\frac{\Delta \Phi}{\Delta t}, I=\frac{E}{R}, Q=I^2Rt$$

因为算不出产生的焦耳热,再用能量守恒计算这个过程中产生的焦耳热,考虑到金属环进入磁场肯定会在环中产生电流,会产生焦耳热,最终会静止在 O 点正下方,所以 $Q=mg(L+r)$,C 项错误,所以应选 D。

正确解答

从题目及选项可以看出,A、B 两项是定性分析,D 项判断是否为零,这三项的判断有明确的路径。

对 A、B 项的判断同常见错解中所述(见左栏)。

在金属环第一次进入磁场的过程中,通过环截面的电荷量

$$q=\frac{\Delta \Phi}{R}=\frac{B\Delta S}{R}\neq 0$$

因而 D 项错误。

综上,选 C。

教师点评

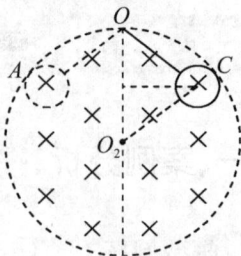

与正确解答中的方法相比,常见错解中没有对各选项的求解路径和难度进行评估。C 项因求解时,有学生认为金属环不断产生焦耳热,最终会静止在 O 点正下方。其实当整个金属环在磁场区域中摆动时,如图所示,因没有磁通量变化也就没有感应电流,自然就不会产生焦耳热,金属环在磁场区域内做不停歇的摆动。这个选项的思维难度明显超过其他选项,所以学生去直接思考这个选项怎么计算是困难的。但是 D 项明显简单容易排除,所以排除其他三项后,即使这一选项计算不出来,结果也必然是正确的。

点评图

通过前面分析可以总结用排除法确定选项的思维过程如下。

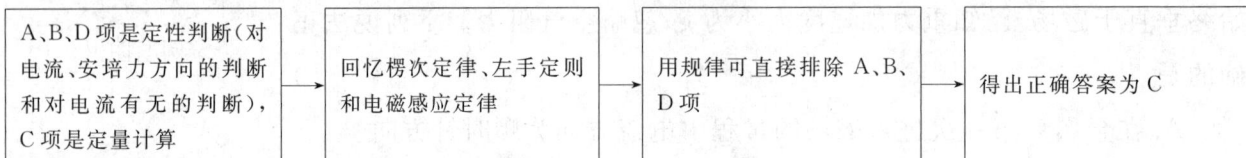

| A、B、D 项是定性判断(对电流、安培力方向的判断和对电流有无的判断),C 项是定量计算 | → | 回忆楞次定律、左手定则和电磁感应定律 | → | 用规律可直接排除 A、B、D 项 | → | 得出正确答案为 C |

方法提炼

单项选择题的四个选项中一般不会每个选项的计算量都很大,在求解单项选择题时,应该在理解题意的基础上,初步判定所需知识和思维路径的难易程度,排定选项考虑的前后,具体思维过程如下。

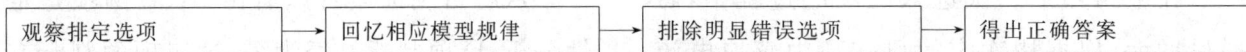

| 观察排定选项 | → | 回忆相应模型规律 | → | 排除明显错误选项 | → | 得出正确答案 |

二、针对性训练

基础训练

1.(原子核章末复习)"玉兔二号"装有核电池,不"惧"漫长寒冷的月夜。核电池将衰变释放的核能一部分转换成电能。$^{238}_{94}\mathrm{Pu}$ 的衰变方程为 $^{238}_{94}\mathrm{Pu}\longrightarrow{}^{X}_{92}\mathrm{U}+{}^{4}_{2}\mathrm{He}$,则　　　　　(　　)

A. 衰变方程中的 X 等于 233 　　　　　B. α 射线的穿透能力比 γ 射线强

C. $^{238}_{94}\mathrm{Pu}$ 比 $^{X}_{92}\mathrm{U}$ 的比结合能小 　　　　　D. 月夜的寒冷导致 $^{238}_{94}\mathrm{Pu}$ 的半衰期变大

2.(抛体运动章末复习)如图所示,钢球从斜槽轨道末端以 v_0 的水平速度飞出,经过时间 t 落在斜靠的挡板 AB 的中点。若钢球以 $2v_0$ 的速度水平飞出,则　　　　　(　　)

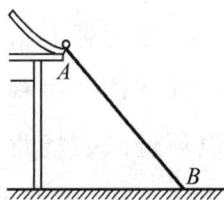

A. 下落时间仍为 t 　　　　　B. 下落时间为 $2t$

C. 下落时间为 $\sqrt{2}\,t$ 　　　　　D. 落在挡板底端 B 点

第 2 题图

3.（机械能守恒定律章末复习）某物体从距地面高为 H 处开始做自由落体运动，用 v 表示物体的速度，E_k 表示物体的动能，E_p 表示物体的重力势能，h 表示物体下落的高度，以水平地面为零势能面，下列图像中不能正确反映各物理量之间关系的是　　　　（　　）

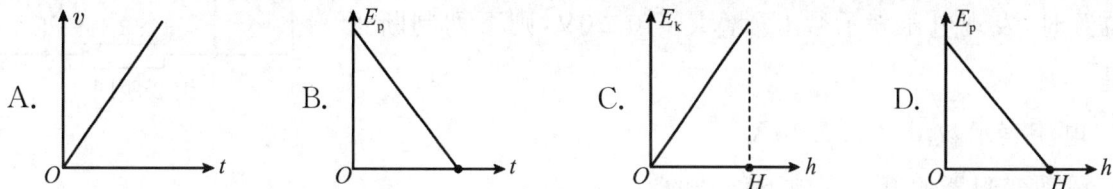

4.（一轮复习）有一只小量程电流表，满偏电流为 $200\mu A$，内阻为 800Ω。现将它改装成 $0\sim1mA$、$0\sim10mA$ 的双量程电流表和 $0\sim1V$、$0\sim10V$ 的双量程电压表，电路如图所示。下列说法正确的是　　　　　　　　　　　　　　　　　（　　）

A. 当选择开关 B 接 1 时，该表为量程 $0\sim1mA$ 的电流表

B. 当选择开关 B 接 4 时，该表为量程 $0\sim1V$ 的电压表

C. R_3 阻值为 840Ω

D. R_1+R_2 约为 16Ω

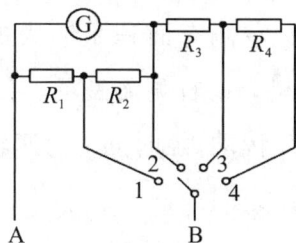

第 4 题图

5.（电磁感应章末复习）如图所示，匀强磁场存在于虚线框内，矩形线圈竖直下落，如果线圈受到的安培力总小于其重力，则它在 1、2、3、4 位置时的加速度大小的关系为　　　　　　　　　　（　　）

A. $a_1>a_2>a_3>a_4$　　　　　　　　　B. $a_1=a_3>a_2>a_4$

C. $a_1=a_3>a_4>a_2$　　　　　　　　　D. $a_4=a_2>a_3>a_1$

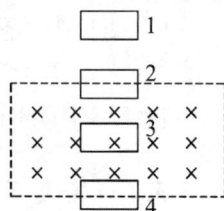

第 5 题图

拓展训练

1.（一轮复习）如图所示为一个半径为 R 的均匀带电圆环，其单位长度带电量为 η。取环面中心 O 为原点，以垂直于环面的轴线为 x 轴。设轴上任意点 P 到点 O 的距离为 x，以无限远处为零势点，点 P 处电势大小为 φ。下面给出的四个 φ 表达式（k 为静电力常量）中，其中只有一个是合理的。你可能不会求解此处的电势 φ，但是你可以通过一定的物理分析，对下列表达式做出合理的判断。根据你的判断，φ 的合理表达式应为　　　　（　　）

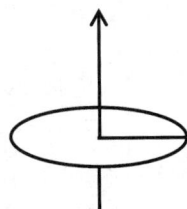

第 1 题图

A. $\varphi=\dfrac{2\pi R\eta k}{\sqrt{R^2+x^2}}$　　　　B. $\varphi=\dfrac{2\pi Rk}{\sqrt{R^2+x^2}}$　　　　C. $\varphi=\dfrac{2\pi R\eta k}{\sqrt{R^2-x^2}}$　　　　D. $\varphi=\dfrac{2\pi R\eta k}{\sqrt{R^2+x^2}}x$

2.(一轮复习)在如图所示的电路中,电源电动势 $E=8V$,电源内阻 r 为 0.5Ω,电阻 R_1 为 1Ω,滑动变阻器 $R_2=0\sim5\Omega$,电表均为理想电表。当滑动变阻器 R_2 的滑片从图示中间位置移到另一位置时,发现电压表示数 U_1 增大了 $0.20V$,则下列判断正确的是　　　　　　　　　(　　)

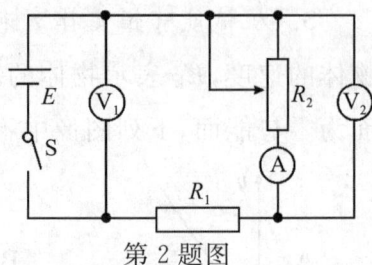
第 2 题图

A.电流表示数增大了 $0.40A$

B.滑动变阻器的滑片是向下移动的

C.滑动变阻器接入电路中的阻值增大了 1.0Ω

D.电压表示数 U_2 增大量小于 $0.20V$

3.(一轮复习)在光滑水平面上有 A、B 两个小球,它们均向右在同一直线上运动,若它们在碰撞前的动量分别是 $p_A=12kg\cdot m/s$,$p_B=13kg\cdot m/s$(向右为正方向),则 A 碰撞 B 后它们动量的变化量 Δp_A 和 Δp_B 可能分别是　　　　　　(　　)

A.$\Delta p_A=4kg\cdot m/s$,$\Delta p_B=-4kg\cdot m/s$　　　　B.$\Delta p_A=-3kg\cdot m/s$,$\Delta p_B=3kg\cdot m/s$

C.$\Delta p_A=-24kg\cdot m/s$,$\Delta p_B=24kg\cdot m/s$　　　D.$\Delta p_A=-5kg\cdot m/s$,$\Delta p_B=8kg\cdot m/s$

4.(一轮复习)如图所示,虚线 ad 左侧有面积足够大的区域内存在磁感应强度大小为 B 的匀强磁场,磁场方向垂直于纸面向里,ad 右侧无磁场。使边长为 L、电阻为 R 的正方形单匝导线框绕其一顶点 a,在纸面内顺时针转动,经时间 t 匀速转到图中虚线位置,则　　　　　(　　)

A.线框中感应电流方向为逆时针方向

B.该过程中流过线框任意横截面的电荷量为 $\dfrac{BL^2}{R}$

C.t 时刻的感应电动势大小为 $\dfrac{\pi BL^2}{4t}$

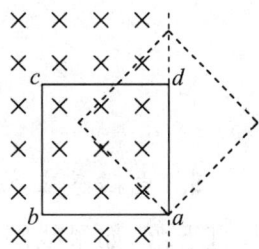
第 4 题图

D.平均感应电动势大小为 $\dfrac{BL^2}{t}$

5.(一轮复习)如图所示,在竖直向下的匀强磁场中,水平 U 形导体框左端连接两阻值均为 R 的电阻,质量为 m、有效电阻为 r 的导体棒 ab 在光滑导体框上,不计导体框的电阻。若 ab 以水平向右的初速度 v_0 开始运动,最终停在导体框上,则在此过程中　　　　　(　　)

A.导体棒做匀减速直线运动　　　　　　　B.导体棒中感应电流的方向为 $a\to b$

C.电阻 R 上产生的焦耳热为 $\dfrac{mv_0^2R}{4(R+2r)}$　　D.导体棒克服安培力做的总功小于 $\dfrac{1}{2}mv_0^2$

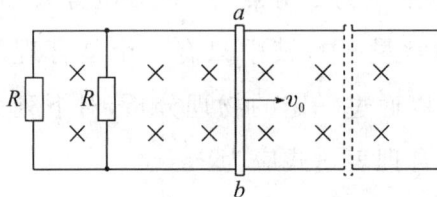

第 5 题图

第29讲 快速确定法

引路人　杭州市富阳区江南中学　金益锋

一、案例分析

典型例题

在"探究加速度与力、质量的关系"实验中，利用如图所示的装置得到的 $a-F$ 图像可能是 _____。

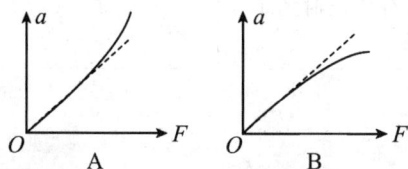

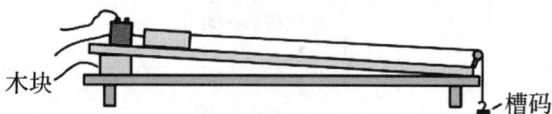

例题图

常规解答

设小车质量为 M，槽码的质量为 m，绳子拉力为 F。实验中认为拉力等于槽码的重力，实际上，拉力不等于槽码所受的重力，则：

对小车有 $F=Ma$；

对槽码有 $mg-F=ma$；

联立上两式可得 $F=\dfrac{Mm}{m+M}g=\dfrac{m}{1+\dfrac{m}{M}}g$。

只有当 $M\gg m$ 时，才能认为拉力等于槽码所受的重力，故造成图像明显偏离直线的主要原因可能是悬挂的槽码的总质量过大。

对小车、槽码整体有 $mg=(m+M)a$。

因实验中用 mg 代替 F，故斜率 $k=\dfrac{a}{mg}=\dfrac{1}{m+M}$，当 m 足够小时，斜率几乎不变，当 m 增大并接近 M 时，斜率明显减小，故 B 项正确。

巧妙解答

随着槽码质量 m 不断增大，槽码和小车的加速度也不断增大。槽码的质量和整体的加速度呈现单调的对应关系。

如果采用极限的思想，让槽码的质量趋向于无穷大，此时绳子和小车的影响几乎不计，可以认为没有绳子，槽码在只受重力的作用下，加速度大小为 g。

因此在有绳子拉力的作用下，槽码的加速度不可能超过 g，只能逐渐水平趋近 g。

综上，B 项正确。

教师点评

常规解答是从图像的斜率和总质量的对应关系，得出图像的变化规律，虽然较好地解释了该实验系统误差产生的原因，但是详细、严谨的推导需要花费大量的时间。

思维过程如下。

槽码质量增大，导致小车的加速度单调增大，变化范围是 0～g	→	代入槽码质量无穷大	→	小车加速度趋向于 g

方法提炼

    对物理规律变化单一、结论表征非常复杂的问题,或物理过程无法定量计算的问题,通过极限值求解法、特殊值代入法等可快速得到答案。两种方法在本质上都是通过对模型的简化处理,凸显物理规律,获得定性、定量结果的目的。具体思维过程如下。

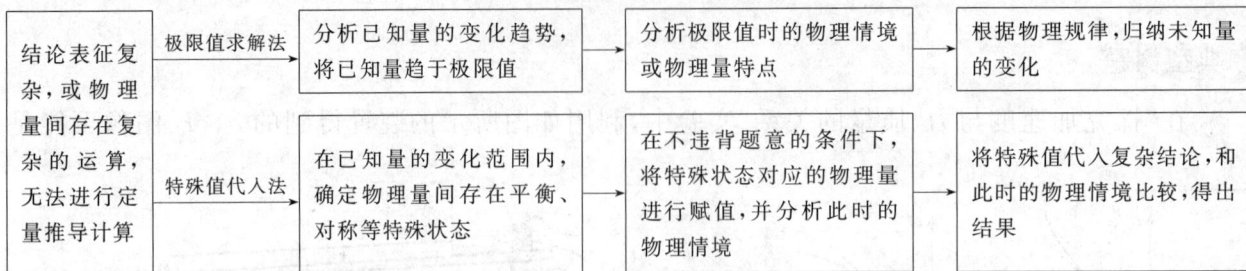

结论表征复杂,或物理量间存在复杂的运算,无法进行定量推导计算	极限值求解法 →	分析已知量的变化趋势,将已知量趋于极限值	→	分析极限值时的物理情境或物理量特点	→	根据物理规律,归纳未知量的变化
	特殊值代入法 →	在已知量的变化范围内,确定物理量间存在平衡、对称等特殊状态	→	在不违背题意的条件下,将特殊状态对应的物理量进行赋值,并分析此时的物理情境	→	将特殊值代入复杂结论,和此时的物理情境比较,得出结果

二、针对性训练

基础训练

    1.(共点力的平衡内容学习后)在科学研究中,可以用风力仪直接测量风力的大小。仪器中用一根轻绳悬挂一个金属球,无风时金属球自由下垂,当受到沿水平方向吹来的风时,轻绳偏离竖直方向一个角度并保持恒定,如图所示。重力加速度为 g,关于风力大小 F 与金属球质量 m、偏角 θ 间的关系,下列表达式中正确的是 （   ）

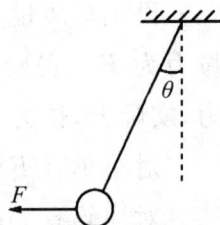

第 1 题图

    A. $F = mg\tan\theta$ B. $F = mg\sin\theta$ C. $F = \dfrac{mg}{\cos\theta}$ D. $F = \dfrac{mg}{\tan\theta}$

    2.(机械振动内容学习后)如图(a)所示,一根导体杆用两根等长的细导线悬挂于水平轴 OO',接入电阻 R 构成回路。导体杆处于竖直向上的匀强磁场中,将导体杆从竖直位置拉开小角度由静止释放,导体杆开始下摆。当 $R = R_0$ 时,导体杆振动图像如图(b)所示。

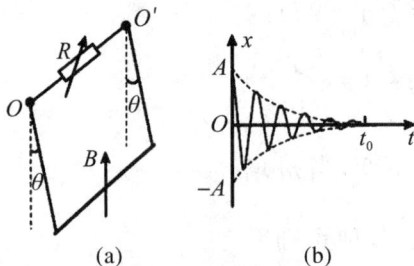

(a)   (b)

第 2 题图

    若横、纵坐标皆采用如图(b)所示的标度,则当 $R = 2R_0$ 时,导体杆振动的图像是 （   ）

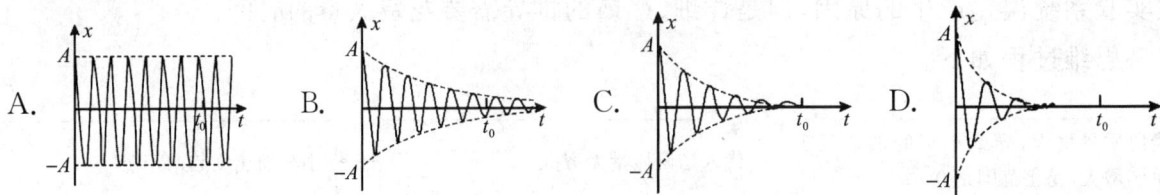

3. (牛顿运动定律的应用内容学习后)如图所示,一不可伸长的轻质细绳跨过滑轮后,两端分别悬挂质量为 m_1 和 m_2 的物体 A 和 B。若滑轮有一定大小,质量为 m 且分布均匀,在转动时滑轮和绳间无相对滑动,不计滑轮和轴间的摩擦。设细绳对 A 和 B 的拉力大小分别为 F_{T1} 和 F_{T2}。已知下列四个关于 F_{T1} 的表达式中只有一个是正确的。根据所学的物理知识,通过一定的分析判断,正确的表达式是　　　(　　)

A. $F_{T1}=\dfrac{(m+2m_2)m_1 g}{m+2(m_1+m_2)}$

B. $F_{T1}=\dfrac{(m+2m_1)m_2 g}{m+4(m_1+m_2)}$

C. $F_{T1}=\dfrac{(m+4m_2)m_1 g}{m+2(m_1+m_2)}$

D. $F_{T1}=\dfrac{(m+4m_1)m_2 g}{m+4(m_1+m_2)}$

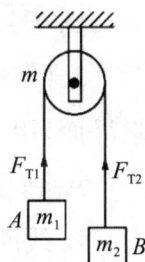

第3题图

4. (动量守恒定律的应用内容学习后)如图所示,载有物资的热气球静止于距水平地面 H 的高处。现将质量为 m 的物资以相对地面的速度 v_0 水平投出。已知投出物资后热气球的总质量为 M,所受浮力不变,重力加速度为 g,不计阻力,则落地时物资与热气球的距离 $d=$ _____ [填 "$\left(1+\dfrac{m}{M}\right)\sqrt{\dfrac{2Hv_0^2}{g}+H^2}$" 或 "$\sqrt{\dfrac{2Hv_0^2}{g}+\left(1+\dfrac{m}{M}\right)^2 H^2}$"]。

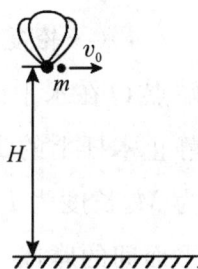

第4题图

5. (光的折射内容学习后)如图所示为一斜边镀银的等腰直角棱镜的截面图。一束细黄光从直角边 AB 以角度 θ 入射,依次经 AC 和 BC 两次反射,从直角边 AC 出射。出射光线相对于入射光线偏转了 α 角,则 α　　　(　　)

A. 等于 $90°$　　　　　　　B. 大于 $90°$

C. 小于 $90°$　　　　　　D. 大小与棱镜的折射率有关

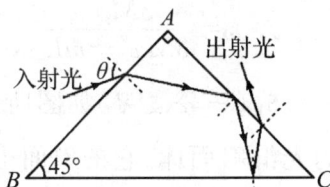

第5题图

拓展训练

1. (静电场内容学习后)如图所示,半径为 r 的均匀带电圆形平板,单位面积带电量为 σ,其轴线上任意一点 P(坐标为 x)的电场强度可以由库仑定律和电场强度的叠加原理求出,$E=2\pi k\sigma\left[1-\dfrac{x}{\sqrt{(r^2+x^2)}}\right]$,方向沿 x 轴。现考虑单位面积带电量为 σ_0 的无限大均匀带电平板,从其中间挖去一半径为 r 的圆板,则圆孔轴线上任意一点 Q(坐标为 x)的电场强度为　　　(　　)

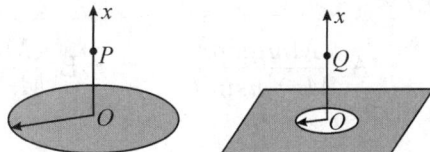

第1题图

A. $2\pi k\sigma_0\dfrac{x}{(r^2+x^2)^{\frac{1}{2}}}$　　B. $2\pi k\sigma_0\dfrac{r}{(r^2+x^2)^{\frac{1}{2}}}$　　C. $2\pi k\sigma_0\dfrac{x}{r}$　　D. $2\pi k\sigma_0\dfrac{r}{x}$

2. （闭合电路欧姆定律内容学习后）在如图所示的电路中，当可变电阻 R 的阻值增大时 （　　）

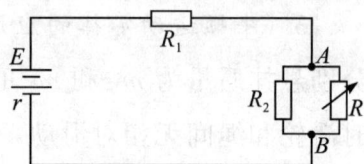

A. A、B 两点间的电压 U 增大

B. A、B 两点间的电压 U 减小

C. 通过 R 的电流 I 增大

D. 通过 R 的电流 I 减小

第 2 题图

3. （电磁感应内容学习后）如图所示，磁感应强度为 B 的匀强磁场有理想界面，用力将矩形线圈匀速拉出磁场，在其他条件不变的情况下 （　　）

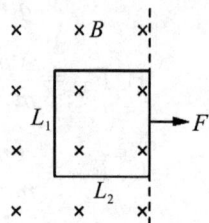

A. 速度越大，拉力做功越多

B. 线圈长 L_2 越大，拉力做功越多

C. 线圈宽 L_1 越大，拉力做功越多

D. 线圈电阻越大，拉力做功越多

第 3 题图

4. （一轮复习）如图所示，在水平面内有一质量分布均匀的木杆可绕端点 O 在水平面上自由转动。一颗子弹以垂直于杆的水平速度 v_0 击中静止木杆上的 P 点，并随木杆一起转动（碰撞时间极短）。已知木杆质量为 M，长度为 L，子弹质量为 m，点 P 到点 O 的距离为 x。忽略木杆和水平面间的摩擦。设子弹击中木杆后绕点 O 转动的角速度为 ω。下面给出的 ω 的四个表达式中只有一个是合理的。根据你的判断，ω 的合理表达式应为 （　　）

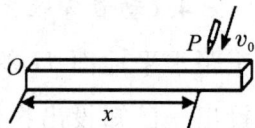

第 4 题图

A. $\omega = \dfrac{3Mv_0x}{3Mx^2 + mL^2}$　　B. $\omega = \dfrac{3mv_0x^2}{3mx^2 + ML^2}$　　C. $\omega = \dfrac{3mv_0x}{3mx^2 + ML^2}$　　D. $\omega = \dfrac{3mv_0L}{3ML^2 + Mx^2}$

5. （一轮复习）如图所示，在光滑的水平面上有一质量为 M、倾角为 θ 的光滑斜面体，它的斜面上有一质量为 m 的物块沿斜面下滑。关于物块在下滑过程中对斜面压力大小的解答，有如下四个表达式。要判断这四个表达式是否合理，你可以不进行复杂的计算，根据所学的物理知识和物理方法进行分析，从而判断解的合理性或正确性。根据你的判断，下述表达式中可能正确的是 （　　）

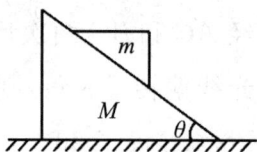

第 5 题图

A. $\dfrac{Mmg\sin\theta}{M - m\sin^2\theta}$　　B. $\dfrac{Mmg\sin\theta}{M + m\sin^2\theta}$　　C. $\dfrac{Mmg\cos\theta}{M - m\sin^2\theta}$　　D. $\dfrac{Mmg\cos\theta}{M + m\sin^2\theta}$

第1讲 文字信息可视化策略

引路人　杭州市余杭第一中学　刘堂锦

一、案例分析

典型例题

某课外兴趣小组想设计一游戏装置,其目的是让匀质木板 Q 获得一定的速度,"穿越"水平面上长度 $d=1$m 的粗糙区域 CD(其余部分均光滑),并获得一定的动能。如图所示,半径 $r=2$m 的光滑圆弧轨道 P 固定于水平地面上,轨道末端水平且与木板 Q 等高。木板 Q 左端与轨道 P 的右端接触(不粘连),木板 Q 右端离 C 点足够远。将滑块在轨道 P 上从距离轨道底端高 $h=1.8$m 处由静止释放,并冲上木板 Q。若两者最终不能相对静止,则游戏失败;若两者能相对静止,当两者相对静止时,立即取下滑块(不改变木板 Q 的速度)。木板 Q 的右端运动到 C 点时,对木板施加水平向右、大小为 2N 的恒力 F。已知木板 Q 长度 $L=2$m,质量 $M=1$kg。木板 Q 与粗糙区域 CD 间的动摩擦因数 $\mu_1=0.4$,滑块与木板 Q 上表面间的动摩擦因数 $\mu_2=0.5$。现有三种不同质量的滑块(可视为质点)甲、乙、丙,质量分别为 $m_甲=0.5$kg, $m_乙=1.0$kg, $m_丙=2.0$kg,不计空气阻力的影响。

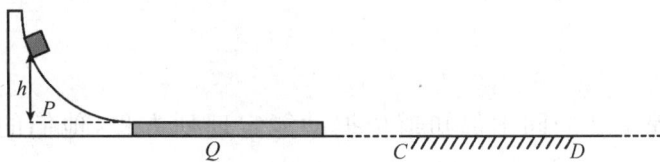

例题图

(1)若释放的是滑块乙,求该滑块对轨道 P 的压力的最大值。

(2)若释放的是滑块乙,求该滑块在木板 Q 上相对木板运动的距离。

(3)若要使游戏成功,且木板 Q 的左端通过 D 点时木板 Q 的动能最大,应选择哪块滑块?最大动能是多少?

常见错解

在第(3)问对木板 Q 的右端从 C 点运动到木板的左端 D 点过程,很多同学写出如下的两种方程。

正确解答

(1)若释放的是滑块乙,该滑块对轨道 P 的压力最大值为滑块下落至轨道 P 最低点的时候,由动能定理有 $\frac{1}{2}m_乙v^2=m_乙gh$,得

方程1：

$$-\mu_1 Mg \times \frac{1}{2} \times \left(d+\frac{L}{2}\right) = \frac{1}{2}Mv_D^2 - \frac{1}{2}Mv^2$$

方程2：

$$-\mu_1 Mg \times \frac{1}{4} \times d + F \times d = \frac{1}{2}Mv_D^2 - \frac{1}{2}Mv^2$$

$v=6\text{m/s}$。

由牛顿第二定律有 $F_{Nmax} - G = m_乙\dfrac{v^2}{r}$，得 $F_{Nmax} = 28\text{N}$。

(2) $-\mu_2 m_乙 g = m_乙 a_乙$，$\mu_2 m_乙 g = Ma_1$，解得 $a_1 = 5\text{m/s}^2$，$a_乙 = -5\text{m/s}^2$。

滑块乙和木板 Q 在共速后，先一起运动，再移动至 C 点。

设滑块乙冲上木板 Q 后共速所经历的时间为 t_1，则有 $v+a_乙t_1 = a_1 t_1$，得 $t_1 = 0.6\text{s}$，$v_乙 = v + a_乙 t_1 = (6-5\times0.6)\text{m/s} = 3\text{m/s}$。此时滑块乙在木板 Q 上相对木板运动的距离 $\Delta x = vt_1 + \frac{1}{2}a_乙t_1^2 - \frac{1}{2}a_2 t_1^2 = 1.8\text{m}$。

(3) 木板 Q 在经过 CD 区域时不能看成质点，设最终木板 Q 的最大速度为 v_D。

根据动能定理可得

$$-\mu_1 Mg \times \frac{1}{2} \times \left(d+\frac{L}{2}\right) + F \times (d+L)$$
$$= \frac{1}{2}Mv_D^2 - \frac{1}{2}Mv^2$$

解得 $\frac{1}{2}Mv_D^2 = 10\text{J}$。

教师点评

常见错解中写方程1、2的同学都知道依据动能定理列方程，他们的思路都是正确的。写方程1的同学漏掉了恒力 F 做功。写方程2的同学虽然没有漏掉恒力 F 做功，但是把运动的末状态看成木板右端运动到 D 点，导致两个力的功都出现错误。以上错误的根本原因在于同学们在审题过程中缺少正确的策略指导，如果审题时将恒力 F 标注在示意图上，另外在示意图中补充运动过程的初、末状态，如图所示，漏掉信息或看错信息的概率将会大大降低。

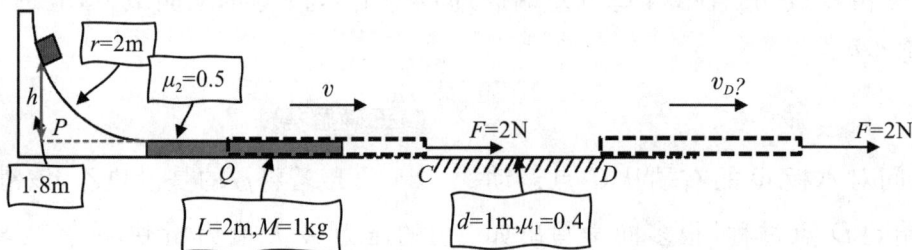

点评图

可视化的策略即把每句话中的信息标注在示意图上,具体操作程序如下。

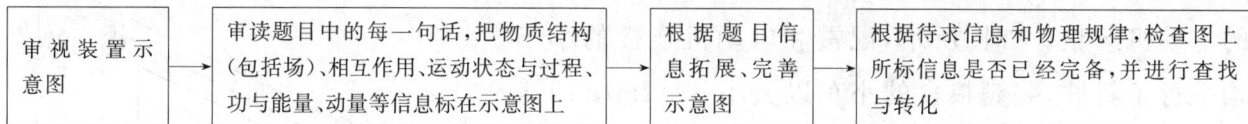

```
审视装置示 ──▶ 审读题目中的每一句话,把物质结构 ──▶ 根据题目信 ──▶ 根据待求信息和物理规律,检查图上
意图            (包括场)、相互作用、运动状态与过程、   息拓展、完善      所标信息是否已经完备,并进行查找
               功与能量、动量等信息标在示意图上       示意图          与转化
```

二、针对性训练

基础训练

1. (热力学定律内容学习后)学习任务:根据题目求解需要,将题中的文字信息标注到示意图中,不需要求解题目。

某探究小组设计了一个报警装置,其原理如图所示。在竖直放置的圆柱形容器内用面积 $S=100cm^2$、质量 $m=1kg$ 的活塞密封一定质量的理想气体,活塞能无摩擦地滑动。开始时气体处于温度 $T_A=300K$、活塞与容器底的距离 $h_0=30cm$ 的状态 A。环境温度升高时容器内气体被加热,活塞缓慢上升 $d=3cm$ 恰好到达容器内的卡口处,此时气体达到状态 B。活塞保持不动,气体被继续加热至温度 $T_C=363K$ 的状态 C 时触动报警器。从状态 A 到状态 C 的过程中,气体内能增加了 $\Delta U=158J$。大气压 p_0 取 0.99×10^5Pa,重力加速度 g 取 $10m/s^2$。求:

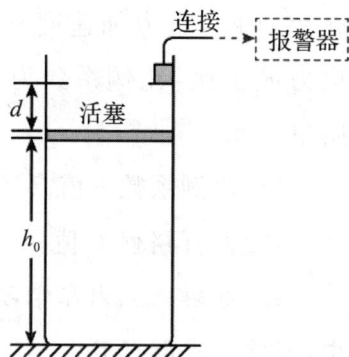

第1题图

(1)气体在状态 B 的温度。

(2)气体在状态 C 的压强。

(3)气体在由状态 A 到状态 C 的过程中从外界吸收热量 Q。

2. (机械能守恒定律内容学习后)学习任务:根据题目求解需要,将题中的文字信息标注到示意图中,不需要求解题目。

如图所示,竖直平面内由倾角 $\alpha=60°$ 的斜面轨道 AB、半径均为 R 的半圆周细圆管轨道 $BCDE$ 和六分之一圆周细圆管轨道 EFG 构成一游戏装置固定于地面,B、E 两处轨道平滑连接,轨道所在平面与竖直墙面垂直。轨道出口处 G 和圆心 O_2 的连线,以及 O_2、E、O_1 和 B 四点连成的直线,与水平线间的夹角均为 $\theta=30°$,G 点与竖直墙面的距离 $d=\sqrt{3}R$。现将质量为 m 的小球从斜面的某高度 h 处由静止释放。小球只有与竖直墙面间的碰撞可视为弹性碰撞,不计小球大小和所受阻力,重力加速度为 g。

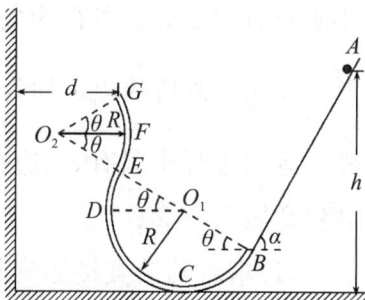

第2题图

(1)若释放处高度 $h=h_0$,当小球第一次运动到圆管最低点 C 时,求小球的速度大小 v_C,以及在此过程中它所受合力的冲量 I 的大小和方向。

(2)求小球在圆管内与圆心 O_1 点等高的 D 点所受弹力 F_N 与 h 的关系式。

(3)若小球释放后能从原路返回到出发点,高度 h 应该满足什么条件?

3.(电能、能量守恒定律内容学习后)学习任务:根据题目求解需要,将题中的文字信息标注到示意图中,不需要求解题目。

某粮库使用额定电压 $U=380\text{V}$、内阻 $R=0.25\Omega$ 的电动机运粮。如图所示,配重和电动机连接的小车均平行于斜坡,装满粮食的小车以大小 $v=2\text{m/s}$ 的速度沿斜坡匀速上行,此时电流 $I=40\text{A}$。关闭电动机后,小车又沿斜坡上行路程 L 到达卸粮点时,速度恰好为零。卸粮后,给小车一个向下的初速度,小车沿

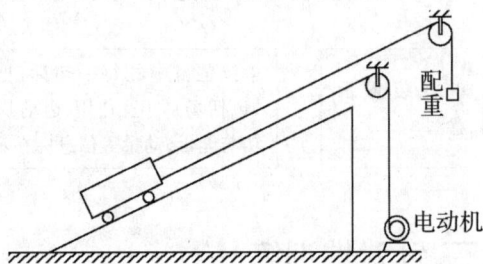
第 3 题图

斜坡刚好匀速下行。已知小车质量 $m_1=100\text{kg}$,车上粮食质量 $m_2=1200\text{kg}$,配重质量 $m_0=40\text{kg}$,重力加速度 g 取 10m/s^2,小车运动时受到的摩擦阻力与车及车上粮食所受总重力成正比,比例系数为 k,配重始终未接触地面,不计电动机自身机械摩擦损耗及缆绳质量。求:

(1)比例系数 k 值。

(2)上行路程 L 值。

4.(电磁感应内容学习后)学习任务:根据题目求解需要,将题中的文字信息标注到示意图中,不需要求解题目。

"嫦娥五号"成功实现月球着陆和返回,鼓舞人心。小明知道月球上没有空气,无法靠降落伞减速降落,于是设计了一种新型着陆装置。如图所示,该装置由船舱、间距为 l 的平行导轨、产生垂直于导轨平面且磁感应强度大小为 B 的匀强磁场的磁体和刚性"∧"形线框组成,"∧"形线框 ab 边可沿导轨滑动并接触良好。船舱、导轨和磁体固定在一起,总质量为 m_1。整个装置竖直着陆到月球表面前瞬间的速度大小为 v_0,接触月球表面后线框速度立即变为零。经过减速,在导轨下方缓冲弹簧接触月球表面前船舱已可视为匀速。已知船舱电阻为 $3r$;"∧"形线框的质量为 m_2,其 7 条边的边长均为 l,电阻均为 r;月球表面的重力加速度为 $\dfrac{g}{6}$。

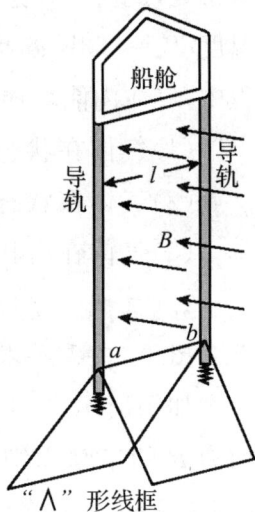
"∧"形线框
第 4 题图

整个运动过程中只有 ab 边在磁场中,线框与月球表面绝缘,不计导轨电阻和摩擦力。

(1)求着陆装置接触到月球表面后瞬间线框 ab 边产生的电动势 E_0。

(2)通过作等效电路图,求着陆装置接触到月球表面后瞬间流过 ab 的电流 I_0。

(3)求船舱匀速运动时的速度大小 v。

(4)同桌小张认为在磁场上方、两导轨间连接一个电容为 C 的电容器,在着陆减速过程中还可以回收部分能量,在其他条件不变的情况下,求船舱匀速运动时的速度大小 v' 和此时电容器所带电荷量 q。

拓展训练

1.(动量守恒定律内容学习后)学习任务:根据题目求解需要,将题中的文字信息标注到示意图中,不需要求解题目。

为了探究物体间的碰撞特性,设计了如图所示的实验装置。水平直轨道 AB、CD 和水平传送带平滑无缝连接,两半径均为 $R=0.4\text{m}$ 的四分之一圆周长的圆弧组成的竖直细圆管道 DEF 与轨道 CD、足够长的水平直轨道 FG 平滑相切连接。质量为 $3m$ 的滑块 b 与质量为 $2m$ 的滑块 c 用劲度系数 $k=$

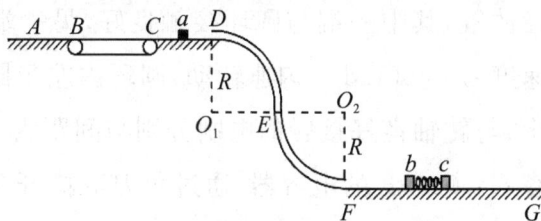

第1题图

100N/m 的轻质弹簧连接,静置于轨道 FG 上。现有质量 $m=0.12\text{kg}$ 的滑块 a 以初速度 $v_0=2\sqrt{21}\text{m/s}$ 从 D 处进入,经管道 DEF 后,与 FG 上的滑块 b 碰撞(时间极短)。已知传送带长 $L=0.8\text{m}$,以 $v=2\text{m/s}$ 的速率顺时针转动,滑块 a 与传送带间的动摩擦因数 $\mu=0.5$,其他摩擦和阻力均不计,各滑块均可视为质点,重力加速度 g 取 10m/s^2,弹簧的弹性势能 $E_p=\frac{1}{2}kx^2$(x 为形变量)。

(1)求滑块 a 到达管道 DEF 最低点 F 时速度大小 v_F 和所受支持力大小 F_N。

(2)若滑块 a 碰撞后返回到 B 点时速度 $v_B=1\text{m/s}$,求滑块 a、b 碰撞过程中损失的机械能 ΔE。

(3)若滑块 a 碰撞到滑块 b 立即被粘住,求碰撞后弹簧最大长度与最小长度之差 Δx。

2.(磁场内容学习后)学习任务:根据题目求解需要,将题中的文字信息标注到示意图中,不需要求解题目。

探究离子源发射速度大小和方向分布的原理如图所示。x 轴上方存在垂直于 xOy 平面向外、磁感应强度大小为 B 的匀强磁场。x 轴下方的分析器由两块相距为 d、长度足够的平行金属薄板 M 和 N 组成,其中位于 x 轴的 M 板中心有一小孔 C(孔径忽略不计),N 板连接电流表后接地。位于坐标原点 O 的离子源能发射质量为 m、电荷量为 q 的正离子,其速度方向与 y 轴的夹角的最大值为 $60°$;且各个方向均有速度大小连续分布在 $\frac{1}{2}v_0$ 和 $\sqrt{2}v_0$ 间的离子射出。

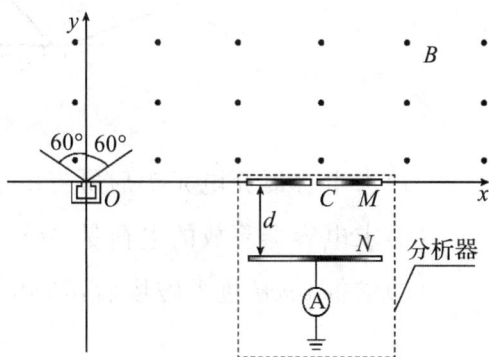

第2题图

已知速度大小为 v_0、沿 y 轴正方向射出的离子,经磁场偏转后恰好垂直于 x 轴射入孔 C。未能射入孔 C 的其他离子被分析器的接地外罩屏蔽(图中没有作出)。不计离子的重力及相互作用,不考虑离子间的碰撞。

(1)求孔 C 所处位置的坐标 x_0。

(2)求离子打在 N 板上区域的长度 L。

(3)若在 N 板与 M 板间加载电压,调节其大小,求电流表示数刚为 0 时的电压 U_0。

(4)若将分析器沿着 x 轴平移,调节加载在 N 板与 M 板间的电压,求电流表示数刚为 0 时的电压 U_x 与孔 C 位置坐标 x 的关系式。

3. (电磁感应内容学习后)学习任务:根据题目求解需要,将下题中的文字信息标注到示意图中,不需要求解题目。

如图所示,水平固定一半径 $r=0.2$m 的金属圆环,长均为 r、电阻均为 R_0 的两金属棒沿直径放置,其中一端与圆环接触良好,另一端固定在过圆心的导电竖直转轴 OO' 上,并随轴以角速度 $\omega=600$rad/s 匀速转动,圆环内左半圆均存在磁感应强度大小为 B_1 的匀强磁场。圆环边缘、与转轴良好接触的电刷分别与间距为 l_1 的、水平放置的平行金属轨道相连,轨道间接有电容 $C=0.09$F 的电容器,通过单刀双掷开关 S 可分别与接线柱 1、2 相连。电容器左侧有宽度也为 l_1、长度为 l_2、磁感应强度大小为 B_2 的匀强磁场区域。在磁场区域内靠近左侧边缘处垂直于轨道放置金属棒 ab,磁场区域外有间距也为 l_1 的绝缘轨道与金属轨道平滑连接,在绝缘轨道的水平段上放置"["形金属框 $fcde$。棒 ab 长度和"["形框的宽度也均为 l_1、质量均为 $m=0.01$kg,de 与 cf 长度均为 $l_3=0.08$m。已知:$l_1=0.25$m,$l_2=0.068$m,$B_1=B_2=1$T,方向均为竖直向上;棒 ab 和"["形框 cd 边的电阻均为 $R=0.1\Omega$,除已给电阻外其他电阻不计,轨道均光滑,棒 ab 与轨道接触良好且运动过程中始终与轨道垂直。开始时开关 S 和接线柱 1 接通,待电容器充电完毕后,将 S 从 1 拨到 2,电容器放电,棒 ab 被弹出磁场后与"["形框粘在一起形成闭合框 $abcd$,此时将 S 与 2 断开,已知框 $abcd$ 在倾斜轨道上重心上升 0.2m 后返回进入磁场。重力加速度 g 取 10m/s²。

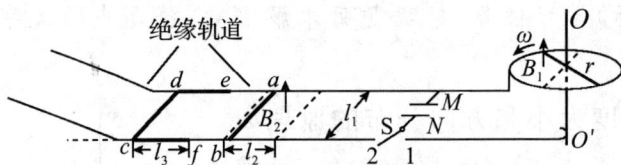

第 3 题图

(1)求电容器充电完毕后所带的电荷量 Q,并回答哪个极板(M 板或 N 板)带正电。

(2)求电容器释放的电荷量 ΔQ。

(3)求框 $abcd$ 进入磁场后,ab 边与磁场区域左边界的最大距离 x。

第2讲 图像信息提取策略

引路人 杭州市余杭第一中学 梁振华

一、案例分析

(一)v-t 图像 1

典型例题

电场中有 A、B、C 三点,一电荷量为 $+q$、质量为 m 的带电粒子仅受电场力作用,从 A 点开始以初速 v_0 做直线运动,其 v-t 图像如图所示。粒子在 t_0 时刻运动到 B 点,在 $3t_0$ 时刻运动到 C 点。由图像可推断,A、B、C 三点中哪点的电场强度最大?粒子经过哪点时具有的电势能最大?A、C 两点的电势差 U_{AC} 为多少?

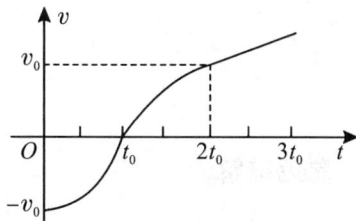

例题图

常见错解

v-t 图像的斜率大小表示加速度大小,在 t_0 时刻图像斜率最大,因此 B 点处的电场强度最大。

带电粒子在 0 时刻的速度为 $-v_0$,则在 A 点时速度最小,故动能最小,所以 A 点处的电势能最大。

正确解答

根据图像的斜率,加速度先增大后减小,所以 B 点的加速度最大,由牛顿第二定律及电场力表达式可知,电场强度最大;根据图像信息可知速度先减小后增大,则动能先减小后增大,由功能关系可知:电势能先增大后减小,电场力先做负功后做正功,B 点处动能为零,则 B 点的电势能最大,A、C 两点的动能相等,则电势能相等,

$$W_{AC} = 0$$
$$U_{AC} = 0$$

教师点评

从 v-t 图像中可提取带电粒子的运动过程:带点粒子做直线运动,先向负方向做减速运动,后向正方向做加速运动。

从 v-t 图像中可提取带电粒子在运动过程中的物理量变化:根据速度大小可知动能的变化,根据能量守恒可知电势能的变化,根据功能关系可知电场力做功情况;速度图像的斜率大小表示加速度的大小,由此可进一步判断电场力大小和电场强度大小的关系。

(二) $v-t$ 图像 2

▶ 典型例题

小新以大小为 6m/s 的初速度将足球水平踢出,足球在草坪上滚动直到停下来的全过程的 $v-t$ 图像如图所示。请根据图像判断足球所受阻力的变化情况,并估算其最大位移。

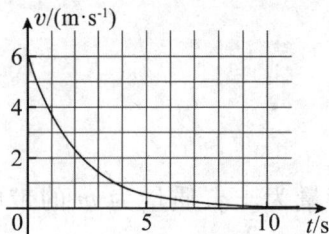

例题图

▶ 常见错解

足球运动时的 $v-t$ 图像斜率反映足球的加速度逐渐减小,因此足球所受的阻力逐渐减小;足球运动的最大位移

$$x=\frac{v_0 t}{2}=30\text{m}$$

▶ 正确解答

$v-t$ 图像中的斜率代表加速度,图像与轴所围面积代表位移。由题图可知斜率不断变小,所以足球的加速度不断变小,由牛顿第二定律 $f=ma$ 知足球所受阻力不断减小,停止时阻力为零。题图中每个小方格面积代表位移大小 $x=1\text{m}$,超过半格以上的小方格总数为 12 个,所以最大位移约为 $x_\text{m}=12\text{m}$。

▶ 教师点评

物理图像的图像与轴所围的面积表示横、纵轴坐标物理量的乘积,常代表另一个物理量。如 $v-t$ 图像中,图像与轴所围的面积代表位移,$F-s$ 图像中图像与轴所围的面积代表功,$F-t$ 图像中图像与轴所围的面积代表冲量等。

(三) $U-I$ 图像

▶ 典型例题

如图所示,某同学分别绘制了某电源与某种电路元件的伏安特性曲线 ($U-I$ 图像),其中虚线 PI_1 为曲线 b 过 P 的切线。当该元件与该电源串联工作时,该元件的电阻和此时电源的效率为多少?

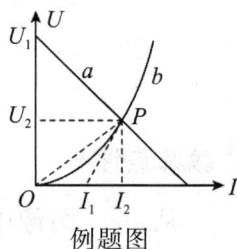

例题图

▶ 常见错解

电阻的 $U-I$ 图像在 P 点的切线斜率为 $\frac{U_2}{I_2-I_1}$,所以电阻的大小为 $\frac{U_2}{I_2-I_1}$。

▶ 正确解答

根据欧姆定律,该元件电阻 $R=\frac{U_2}{I_2}$。

根据题图可判断电源电动势为 U_1,电源与电阻串联时电源两端电压为 U_2,经过电源

图像交点 P 表示电源两端电压为 U_1，电流为 I_2，此时电源的功率 $P = U_1 I_2$，电源输出功率为 $I_2(U_1 - U_2)$，则电源的效率

$$\eta = \frac{U_1 - U_2}{U_1} \times 100\%$$

的电流为 I_2，则该电源的内阻损耗的功率

$$P_内 = (U_1 - U_2)I_2$$

则该电源的工作效率

$$\eta = \frac{U_2 I_2}{U_1 I_2} \times 100\% = \frac{U_2}{U_1} \times 100\%$$

教师点评

电阻的伏安特性图像反映了不同电压下的电流，其切线的斜率没有意义，对应的电压与电流的比值为其电阻；电源的伏安特性图像的纵坐标截距为电源电动势，图像切线的斜率绝对值表示电源的内阻；电源与电阻的伏安特性图像的交点表示电阻与电源串联时的工作点。

(四) V-T 图像

典型例题

如图所示，一定质量的理想气体从状态 a 出发，经过等容过程到达状态 b，再经过等温过程到达状态 c，直线 ac 过原点。根据图像判断此变化过程中气体在状态 a、b、c 时压强的大小关系，以及气体内能变化情况。

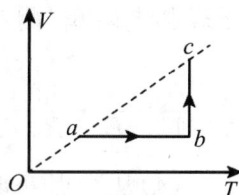

例题图

常见错解

常见错解 1：

$a \rightarrow b$ 为等容变化，气体温度升高，压强变大，气体内能不变；

$b \rightarrow c$ 等温膨胀，气体压强减小，气体对外做功，气体内能减小。

常见错解 2：

根据 V-T 图像特点，a、c 在过原点的直线上，a、c 状态的压强相等。

正确解答

直线 ac 过原点，可知气体在状态 c 的压强等于在状态 a 的压强；b 点与原点连线的斜率小于 c 点与原点连线的斜率，可知在状态 b 的压强大于在状态 c 的压强，故 $p_a = p_c < p_b$；在 $a \rightarrow b$ 过程中，气体的体积不变，温度升高，则气体不对外做功，内能增加；在 $b \rightarrow c$ 过程中，气体的温度不变，则内能保持不变；故气体内能先增大后不变。

教师点评

V-T 图像中过原点的倾斜直线为等压变化，直线的斜率越大则压强越小，可以通过此特点判断 a、b、c 三个状态的气体压强大小。

(五) 策略总结

从图像中获取解决问题的信息是审题的基本要求。具体如下。

(1) 从斜率获取信息：图像上某点切线的斜率一般表示某个物理量，如 x-t 图像中切线斜率表示速度，v-t 图像中切线斜率表示加速度。对于不熟悉的图像，先根据物理规律写出表达

式,再根据图像坐标转换表达式,再确定斜率的意义。如对于单摆测重力加速度实验中所作 $T^2 - l$ 图像,根据公式 $T = 2\pi\sqrt{\dfrac{L}{g}}$,利用 $T^2 = \dfrac{4\pi^2}{g}L$,可确定斜率是 $\dfrac{4\pi^2}{g}$。

(2)从面积获取信息:图像与轴所围的面积表示该图像的纵坐标变量对横坐标变量的积分累加值。如 v-t 图像与轴所围的面积表示位移,F-s 图像与轴所围的面积表示力 F 对质点做功,F-t 图像与轴所围的面积表示力 F 的冲量。对于不熟悉的图像,先根据坐标写出两个量表达式,再根据物理规律进行转化,确定其意义,如 p-V 图像与轴所围的面积表示气体对外界(或外界对气体)所做的功等。

(3)从截距获取信息:截距能反映某些特定状态量,如 s-t 图像中截距表示物体运动的初始位置,在测量电源电动势和内阻的 U-I 图像中截距表示电源的电动势。对于不熟悉的图像,先根据物理规律写出表达式,再根据图像坐标转换表达式,再确定截距的意义。如使用电压表和电阻箱"测量电源电动势和内阻"实验中的 $\dfrac{1}{U}$-$\dfrac{1}{R}$ 图像,根据公式 $I = \dfrac{U}{R}$,$I = \dfrac{E}{R+r}$,利用关系式 $\dfrac{1}{U} = \dfrac{r}{E} \cdot \dfrac{1}{R} + \dfrac{1}{E}$,可确定截距是 $\dfrac{1}{E}$。

(4)从交点获取信息:两图像相交说明这两个变量在相交处有共同的特征,如 v-t 图像中交点代表两物体在该时刻速度刚好相等;电阻的伏安特性图像与电源路端 U-I 图像的交点反映电阻与电源串联时的工作状态,交点处的电压是用电器在该电源下的工作电压,交点处的电流为用电器工作电流。

图像信息提取策略思维过程如下。

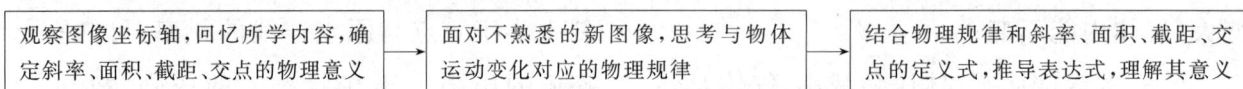

| 观察图像坐标轴,回忆所学内容,确定斜率、面积、截距、交点的物理意义 | → | 面对不熟悉的新图像,思考与物体运动变化对应的物理规律 | → | 结合物理规律和斜率、面积、截距、交点的定义式,推导表达式,理解其意义 |

二、针对性训练

基础训练

1. (匀变速直线运动的研究内容学习后)图(a)和图(b)分别是甲、乙两物体的位移和速度图像,试根据图像说明 $A{\to}B{\to}C{\to}D$ 的各段时间内甲、乙两物各做什么运动?甲、乙物体在 5s 内的位移分别是多少?

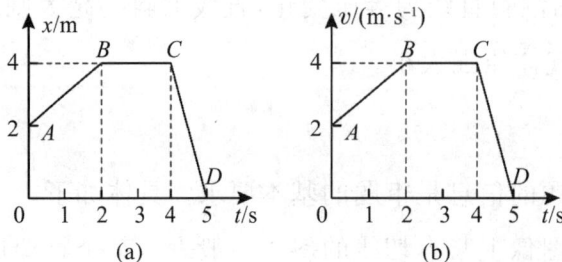

(a)　　　　　(b)

第1题图

2. (匀变速直线运动的研究内容学习后)2022年,第24届冬奥会在北京举办,北京成为历史上首个"双奥之城"。在这届冬奥会中,我国运动员顽强拼搏,最终取得了9金4银2铜的好成绩。若比赛中某滑冰运动员由静止开始做直线运动,其加速度a与时间t的变化关系如图所示。根据图像判断运动员的运动情况和5s末运动员的速度大小。

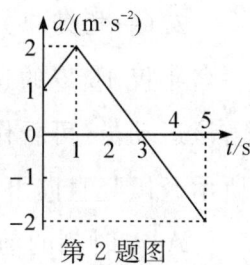

第2题图

3. (匀变速直线运动的研究内容学习后)电动汽车(BEV)是指由车载电源提供动力,由电机驱动其车轮,满足道路交通和安全法规要求的车辆。如图所示为某款电动汽车在平直公路上行驶时的$\frac{x}{t}-t$图像,结合图像分析汽车运动情况,并计算1s末汽车的速度。

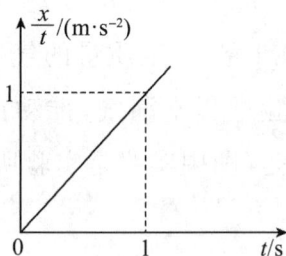

第3题图

4. (电路及其应用内容学习后)发展低碳环保,建设绿色家园。硅光电池是一种太阳能电池,具有低碳环保的优点。如图所示,线a是该电池在某光照强度下的路端电压U和电流I的关系图像,线b是某电阻R的$U-I$图像。在该光照强度下将它们组成闭合回路,则此条件下硅光电池的内阻和效率为多大?

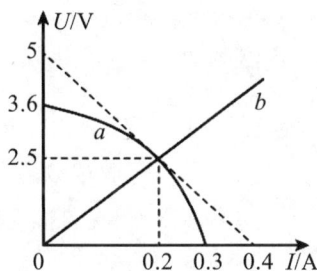

第4题图

拓展训练

1. (一轮复习)某同学骑自行车上学,某时间段内沿平直公路运动的$v-t$图像如图所示。该同学与自行车整体可视为质点,由图像可知 (　　)

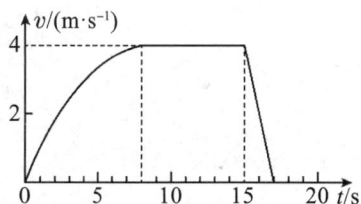

第1题图

A. 在0—8s时间段内,自行车骑行的加速度逐渐变小

B. 在0—8s时间段内,自行车骑行的平均速度等于2m/s

C. 在15—17s时间段内,自行车刹车时的加速度大小为2m/s²

D. 在0—17s时间段内,自行车骑行的总位移等于48m

2.（一轮复习）在 2023 年杭州亚运会女子跳水比赛中，中国队一名年仅 16 岁的运动员以"水花消失术"赢得了多数评委的满分。若该运动员（可看作质点）在某次跳水过程中的速度–时间图像如图所示。以竖直向下为正方向，则下列说法正确的是（　　）

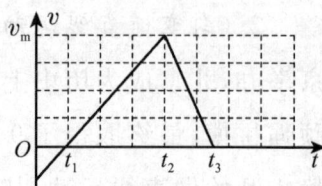

第 2 题图

A. t_1 时刻的前后瞬间，该运动员的加速度方向反向

B. t_3 时刻，该运动员已浮出水面

C. $t_1 - t_3$ 时间内，该运动员的位移大小为 $\dfrac{v_m(t_3 - t_1)}{2}$

D. 该运动员在空中运动的位移大小为 $\dfrac{v_m t_2}{2}$

3.（一轮复习）如图所示，用 DIS 研究"一定质量的气体温度不变时压强与体积的关系"，实验时若实验过程不漏气，推动活塞速度过快，得到的压强与体积关系图像可能是（图中实线是实验所得图像，虚线为参考等温线）（　　）

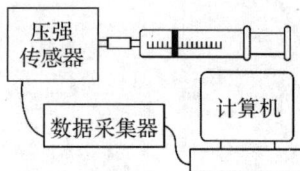

第 3 题图

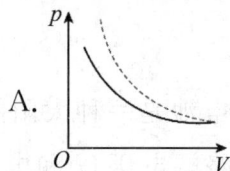

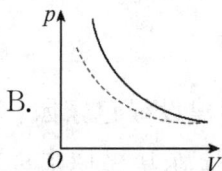

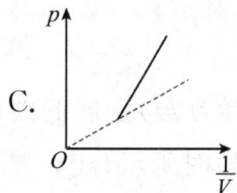

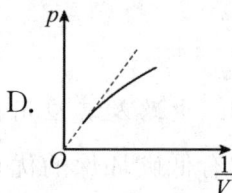

4.（一轮复习）如图所示的 $U - I$ 图像中，一条为电源的 $U - I$ 图像，另一条为定值电阻的 $U - I$ 图像。若将该电源与定值电阻构成闭合回路，则下列说法正确的是（　　）

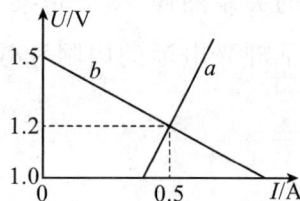

第 4 题图

A. 电源的电动势为 1.2V

B. 电源的输出功率为 0.6W

C. 定值电阻的阻值为 0.4Ω

D. 电源的内阻为 6Ω

第3讲 冗余信息质疑策略

引路人 杭州师范大学附属未来科技城学校 何梁才

一、案例分析

典型例题

小明用额定功率为1200W、最大拉力为300N的提升装置,把静置于地面的质量为20kg的重物竖直提升到高为85.2m的平台,先加速再匀速,最后做加速度大小不超过5m/s²的匀减速运动,到达平台的速度刚好为零,g 取 10m/s²,则提升重物的最短时间为 （　　）

A. 13.2s　　　　B. 15.1s　　　　C. 15.5s　　　　D. 17.0s

常见错解

装置恒定功率启动,故重物先做加速度减小的加速运动,再做为最大速度 v_m 的匀速运动,设这个过程的时间为 t_1,位移为 h_1;又设从速度 v_m 开始做匀减速运动的时间为 t_2,位移为 h_2;则有:

匀速时,

$$P_{额} = mgv_m$$

$$v_m = 6m/s$$

减速时,

$$t_2 = \frac{v_m}{a} = 1.2s$$

位移

$$h_2 = \frac{v_m}{2}t_2 = 3.6m$$

加速和匀速阶段,根据动能定理得

$$P_{额} t_1 - mgh_1 = \frac{1}{2}mv_m^2$$

$$t_1 = 13.9s$$

综上可得

$$t_{总} = 15.1s$$

正确解答

通过审题容易误判此题情况为功率为1200W的恒定功率启动问题,此时会发现题干中存在冗余信息,即"最大拉力为300N"。通过思考"最大拉力为300N"背后的含义可以知道,此物体提升有最大加速度限制,从而可判断物体提升过程为先匀加速后变加速最后是匀速的直线运动过程。经过以上分析可以得出解答过程如下。

重物先匀加速上升,由牛顿第二定律有

$$a_1 = \frac{F_{Tm} - mg}{m} = \frac{300 - 20 \times 10}{20}m/s^2 = 5m/s^2$$

当功率达到额定功率时,速度

$$v_1 = \frac{P_{额}}{F_{Tm}} = \frac{1200}{300}m/s = 4m/s$$

此过程所用时间和上升高度分别为

$$t_1 = \frac{v_1}{a_1} = \frac{4}{5}s = 0.8s$$

$$h_1 = \frac{v_1^2}{2a_1} = \frac{4^2}{2 \times 5}m = 1.6m$$

重物以最大速度 v_m 匀速时,有

$$v_m = \frac{P_{额}}{F} = \frac{P_{额}}{mg} = \frac{1200}{200}m/s = 6m/s$$

重物最后以最大加速度做匀减速运动的

时间和上升高度分别为

$$t_3 = \frac{v_m}{a_m} = \frac{6}{5}\text{s} = 1.2\text{s}$$

$$h_3 = \frac{v_m^2}{2a_m} = \frac{6^2}{2 \times 5}\text{m} = 3.6\text{m}$$

设重物从结束匀加速运动到开始做匀减速运动所用时间为 t_2，该过程根据动能定理可得 $P_额 t_2 - mgh_2 = \frac{1}{2}mv_m^2 - \frac{1}{2}mv_1^2$；

又有 $h_2 = 85.2\text{m} - 1.6\text{m} - 3.6\text{m} = 80\text{m}$；

联立上述方程解得 $t_2 = 13.5\text{s}$。

综上可得，提升重物的最短时间

$$t_{min} = t_1 + t_2 + t_3 = 0.8\text{s} + 13.5\text{s} + 1.2\text{s} = 15.5\text{s}$$

教师点评

常见错解中的过程看上去较为流畅，照此思路，很容易错选 B。细心的同学会发现，"最大拉力为 300N"在解题过程中没有用到，这一信息显得有点"冗余"。如果有"大型考试一般在题目中不会给出没有作用的冗余信息"这一观念，我们就会质疑：这一信息想要告诉我们什么？结合机车启动问题的分析经验，当速度较小时，该信息就是限制牵引力（加速度）的条件。不难发现，在达到恒定功率之前，还有一段牵引力为 300N 的匀加速阶段，即时功率还没有达到额定功率。

本题的思维过程如下。

| 按照恒定功率启动模型求解 | → | 发现"最大拉力 300N"是"冗余"信息 | → | 思考后认识到初始阶段牵引力会超过 300N | → | 还有一段牵引力为 300N 的匀加速阶段 |

策略总结

大型正规考试的试题表述理应是简捷的，当发现试题中存在着"冗余"信息时，首先要思考"冗余"信息对问题解决可能产生的影响，认清问题的本质。

"冗余"信息既可能在问题情境、条件表述中，又可能在运动过程的描述中，还可能在图像的描述中，发现"冗余"信息意义的思维过程如下。

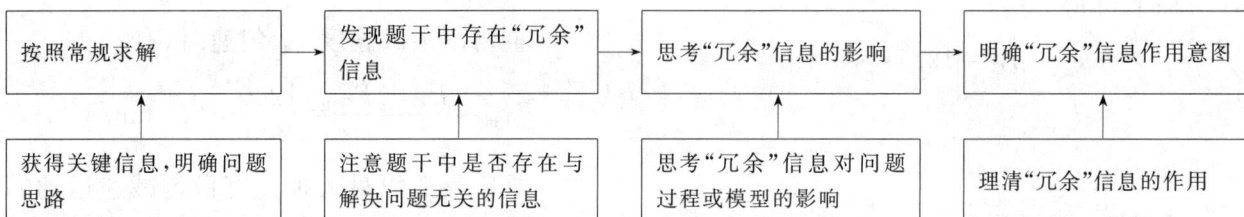

按照常规求解	→	发现题干中存在"冗余"信息	→	思考"冗余"信息的影响	→	明确"冗余"信息作用意图
↑		↑		↑		↑
获得关键信息，明确问题思路		注意题干中是否存在与解决问题无关的信息		思考"冗余"信息对问题过程或模型的影响		理清"冗余"信息的作用

二、针对性训练

基础训练

1.（圆周运动内容学习后）如图所示，一个身高1.4m的女孩尝试站着荡秋千。已知秋千的两根绳长均为5m，女孩和秋千踏板的总质量约为30kg，绳子的质量忽略不计。当女孩运动到最低点时，速度大小为5m/s，此时每根绳子平均承受的拉力最接近于　　　（　　）

第1题图

A. 150N　　　　　　　　B. 225N

C. 240N　　　　　　　　D. 450N

2.（电能、能量守恒定律内容学习后）炎热的夏天，小明在卧室里整晚使用额定电压为220V、制冷时工作电流为8.0A的空调，空调温度设定在28℃，小圆整晚使用"220V，65W"的电风扇，则空调消耗的电能约是电风扇消耗电能的　　　（　　）

A. 2倍　　　　B. 18倍　　　　C. 27倍　　　　D. 30倍

3.（电磁感应、自感与互感内容学习后）电流传感器在电路中相当于电流表，可以用来研究自感现象。在如图所示的实验电路中，L是自感线圈，其自感系数足够大，而直流电阻值小于灯泡D的阻值，电流传感器的电阻可以忽略不计。在$t=0$时刻闭合开关S，经过一段时间后，在$t=t_1$时刻断开开关S。在下列表示电流传感器记录的电流随时间变化的情况的图像中，可能正确的是　　（　　）

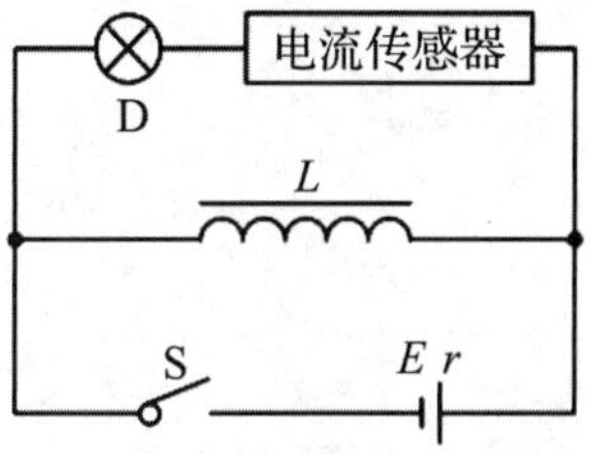

第3题图

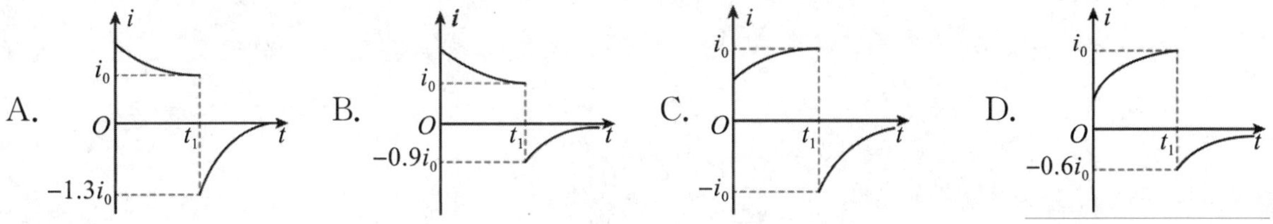

A. $-1.3i_0$　　B. $-0.9i_0$　　C. $-i_0$　　D. $-0.6i_0$

拓展训练

1.（机械波内容学习后）如图所示，x轴上存在均匀的介质，在$t=0$时刻，位于$x=5$m处的波源P开始某种形式的振动，产生的机械波沿x轴负方向传播，当$t=4$s时$x=1$处的质点恰好开始振动，此时的波形图如图所示。已知Q是$x=-1.5$m处的质点，则该列波的波速为_____m/s，从图示时刻起，再经过5s，Q质点通过的路程为_____cm。

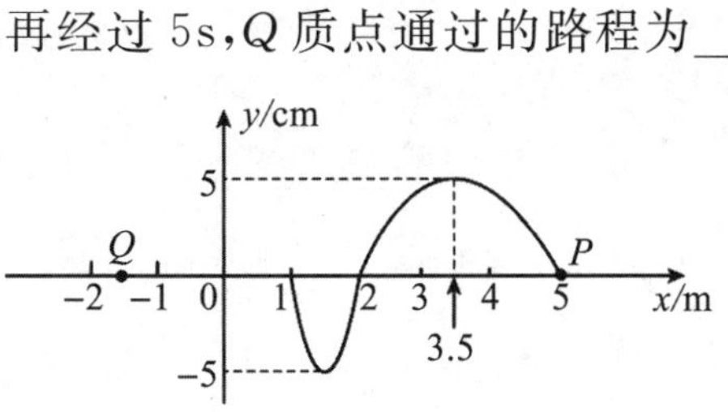

第1题图

2.（相互作用章末复习）如图所示，一名同学用双手水平夹起一摞书，并停留在空中。已知手掌与书间的动摩擦因数 $\mu_1 = 0.3$，书与书间的动摩擦因数 $\mu_2 = 0.2$。设最大静摩擦力的大小等于滑动摩擦力的大小。若每本书的质量为 0.2kg，该同学对书的水平正压力为 200N，每本书均呈竖直状态，重力加速度大小 g 取 10m/s²，则他最多能夹住多少本书？

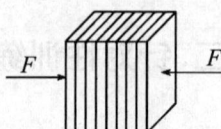

第 2 题图

3.（机械能守恒定律章末复习）如图所示是具有登高平台的消防车，具有一定质量的伸缩臂能够在 5min 内使承载 4 人的登高平台（人连同平台的总质量为 400kg）上升 60m 到达灭火位置，此后，在登高平台上的消防员用水炮灭火，已知水炮的出水量为 3m³/min，水离开炮口时的速率为 20m/s，则伸缩臂抬升登高平台的发动机输出功率_____（填"大于""等于"或"小于"）800W。

第 3 题图

第4讲 换位思考策略

引路人　浙江省龙泉市第一中学　刘正伟

一、案例分析

典型例题

炎热的夏天,小明在卧室里整晚使用额定电压为 220V、制冷时工作电流为 7.4A 的空调,空调温度设定在 28℃,小圆整晚使用"220V,65W"的电风扇,则空调消耗的电能约是电风扇消耗电能的　　　　　　　　　　　　　　　　　　　　　　　　　　　　（　　）

A.0.04 倍　　　　　　B.2 倍　　　　　　C.20 倍　　　　　　D.25 倍

常见错解

根据空调的工作电压、电流,可以计算出空调在制冷工作时的功率 $P_空 = IU =$ 1628W;电风扇的功率为 65W;根据 $E=W=Pt$ 可知,$E_空调 : E_{电扇} = 1628 : 65 \approx 25$,故选 D。

正确解答

根据功率公式可以得出空调的制冷功率为 1628W,约为 65W 的 25 倍,但注意到空调将卧室温度降到所设置的温度 28℃后,将从制冷状态转为控温状态,消耗功率比制冷功率小;又根据生活经验,使用空调时的耗电比使用电风扇时的耗电要大得多,故选 C。

教师点评

在常见错解中,学生简单地利用功率公式得出空调制冷时的功率 $P_空 = IU = 1628W$,再通过求空调和电风扇的功率之比得出 25 倍（D 选项）,求解过程看似正确无误,但这样的答案符合考试的难度要求吗? 命题者出这道题时仅仅是为了考查以上两个知识点? 这道题是否还有被我们忽略的地方? 题中的"炎热的夏天""卧室"和"温度设定在 28℃"等信息在前面的计算中并没有起作用,难道命题者会把这么多"无用"的文字保留在题目中吗? 上述信息说明什么? 联系实际情境思考可知,空调将房间温度降到设定温度后,就从制冷状态转为控温状态,功率变小,所以实际消耗的电能比直接用公式计算得到的消耗要小一些。同时,结合生活经验,使用空调时的耗电比使用电风扇时的耗电要大得多,应选 20 倍。

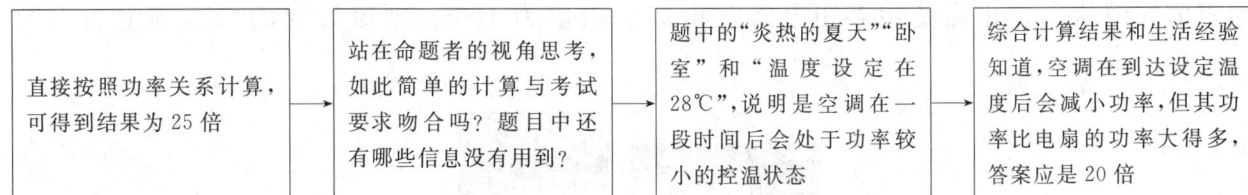

直接按照功率关系计算,可得到结果为 25 倍	站在命题者的视角思考,如此简单的计算与考试要求吻合吗? 题目中还有哪些信息没有用到?	题中的"炎热的夏天""卧室"和"温度设定在 28℃",说明是空调在一段时间后会处于功率较小的控温状态	综合计算结果和生活经验知道,空调在到达设定温度后会减小功率,但其功率比电扇的功率大得多,答案应是 20 倍

策略总结

当对试题的难度、求得的数值、选项的设置、文字的表述等有困惑时,可以站在命题者的角度进行思考:命题者仅是为了考查这个内容吗? 这样的难度符合考试要求吗? 这样的表述符

合精心打磨的表述吗?

思维策略对应的具体思维过程如下。

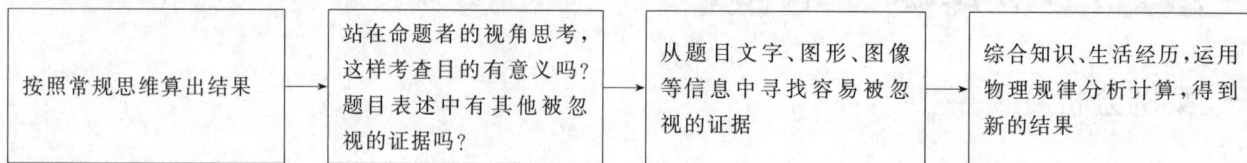

```
┌─────────────┐    ┌─────────────────┐    ┌─────────────────┐    ┌─────────────────┐
│按照常规思维算│ →  │站在命题者的视角思考,│ →  │从题目文字、图形、图像│ →  │综合知识、生活经历,运用│
│出结果        │    │这样考查目的有意义吗?│    │等信息中寻找容易被忽│    │物理规律分析计算,得到│
│             │    │题目表述中有其他被忽│    │视的证据          │    │新的结果          │
│             │    │视的证据吗?        │    │                 │    │                 │
└─────────────┘    └─────────────────┘    └─────────────────┘    └─────────────────┘
```

二、针对性训练

基础训练

1.(机械波内容学习后)两波源Ⅰ、Ⅱ在水槽中形成的波形如图所示,其中实线表示波峰,虚线表示波谷。

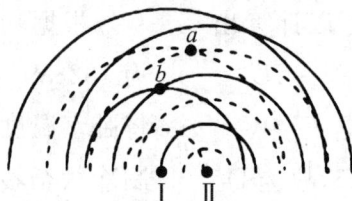

第1题图

以下说法正确的是   (   )

A. a 点始终是振动加强的点   B. b 点始终是振动加强的点

C. a、b 两点始终都是振动加强的点   D. a、b 两点都不是振动始终加强的点

2.(原子核内容学习后)如图所示是秦山核电站,截止到 2021 年 12 月 15 日,它安全发电 30 周年,核电站累计发电约 6.9×10^{11} kW·h,相当于减排二氧化碳六亿多吨。为了提高能源利用率,核电站还将利用冷却水给周围居民供热。秦山核电站发电使原子核亏损的质量_____(填"小于""等于"或"大于")27.6kg。

第2题图

3.(电路及其应用内容学习后)在"描绘小灯泡的伏安特性曲线"实验中,某同学从标称为"220V,25W""220V,300W""220V,500W"的3只灯泡中任选一只,正确使用多用电表测量灯泡阻值如图所示。正确使用多用电表测得灯泡阻值为 160Ω,则该灯泡的标称额定功率为_____W。

第3题图

拓展训练

　　1.（运动和力的关系内容学习后）如图所示,某同学将乒乓球置于球拍中心,并推动乒乓球沿水平直线向前运动。在运动过程中,球与球拍保持相对静止。忽略空气对乒乓球的影响,该同学通过受力分析,得出此乒乓球一定受到重力、弹力、摩擦力三个力的作用。你认为是否正确?

第 1 题图

　　2.（电能、能量守恒定律内容学习后）小明同学在"测定一节干电池的电动势和内阻"实验中,为防止电流过大而损坏器材,在电路中加了一个保护电阻 $R_0＝2.0\Omega$,根据如图(a)所示的电路图进行实验。

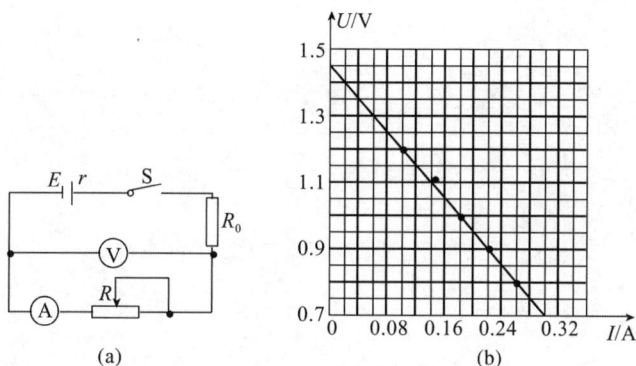

第 2 题图

　　根据实验测得的 5 组数据所作的 U-I 图像如图(b)所示,则干电池的电动势 $E＝$ _____ V,内阻 $r＝$ _____ Ω（结果保留 2 位小数）。

　　3.（动量守恒定律内容学习后）"探究碰撞中的不变量"的实验装置如图所示,阻力很小的水平滑轨上有两辆小车 A、B,给小车 A 一定速度去碰撞静止的小车 B,小车 A、B 碰撞前后的速度大小可由速度传感器测得。

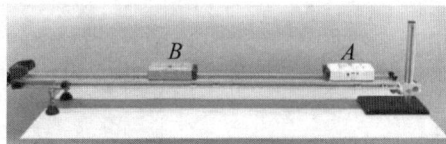

第 3 题图

　　下表是某次实验时测得的数据。

A 的质量/kg	B 的质量/kg	碰撞前 A 的速度大小/$(m \cdot s^{-1})$	碰撞后 A 的速度大小/$(m \cdot s^{-1})$	碰撞后 B 的速度大小/$(m \cdot s^{-1})$
0.200	0.300	1.010	0.200	0.800

　　由表可知,计算得到碰撞后小车 A、B 所构成系统的总动量大小是 _____ kg·m/s（结果保留 3 位有效数字）。

4. (交变电流内容学习后)某水电站,用总电阻为 2.5Ω 的输电线输电给 500km 外的用户,其输出电功率是 3×10^6kW。原来用 500kV 电压输电,现改用 5kV 电压输电,有同学经过计算得到输电线上损失的功率 $P_损=9\times10^8$kW。你认为是否正确?

5. (机械能守恒定律内容学习后)如图所示,系留无人机是利用地面直流电源通过电缆供电的无人机,旋翼由电动机带动。现有质量为 20kg、额定功率为 5kW 的系留无人机从地面起飞,沿竖直方向上升,经过 200s 到达 100m 高处后悬停并进行工作。已知直流电源供电电压为 400V,若不计电缆的质量和电阻,忽略电缆对无人机的拉力,则无人机上升过程中消耗的平均功率_____(填"小于""等于"或"大于")100W。

第 5 题图

第5讲 关注图像差异策略

引路人 杭州师范大学附属未来科技城学校 任浩军

一、案例分析

典型例题

如图(a)所示,在同一介质中,波源分别为 S_1 和 S_2 的频率相同的两列简谐横波在 $t=0$ 时刻同时起振,P 为介质中的一点,P 点到波源 S_1 和 S_2 的距离分别是 $PS_1=7\mathrm{m}$,$PS_2=9\mathrm{m}$。

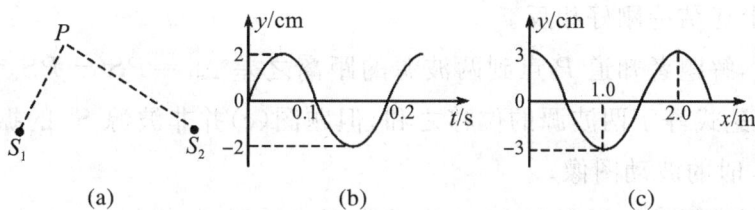

例题图

(1)若波源 S_1、S_2 的振动图像如图(b)所示,则两波均传到 P 点后该处质点的振幅为多大?

(2)若波源 S_1 的振动图像如图(b)所示,以波源 S_2 为坐标原点,S_2S_1 连线方向为 x 轴,波源 S_2 产生的波在 $t=0.35\mathrm{s}$ 时的波形图如图(c)所示,则两波均传到 P 点后该处质点的振幅为多大?

常见错解

常见错解1:

已知 S_1 和 S_2 为频率相同的两列简谐横波,P 点到两波源的距离之差 $\Delta x = PS_2 - PS_1 = \lambda$,则该处质点振动加强,(1)(2)两问中 P 点处的质点振动加强,叠加后的振幅为两列波的振幅之和,均为 $A=5\mathrm{cm}$。

常见错解2:

已知 S_1 和 S_2 为频率相同的两列简谐横波,P 点到两波源的距离之差 $\Delta x = PS_2 - PS_1 = \lambda$,题图(b)(c)为波源 S_1、S_2 的振动图像,根据简谐运动的位移表达式

正确解答

(1)波源 S_1、S_2 为同频同向振动,P 点到两波源的距离之差 $\Delta x = PS_2 - PS_1 = \lambda$,则该处质点振动加强,叠加后的振幅为两列波的振幅之和,$A=5\mathrm{cm}$。

(2)由题图(b)可知波源 S_1 的起振方向沿 y 轴正方向。题图(c)为波源 S_2 产生的波在 $0.35\mathrm{s}$ 时的波动图像,由此可知波源振动 $0.35\mathrm{s}$ 后 $\left(\text{即}\dfrac{7}{4}T\right)$ 到达正向最大位移处,波源 S_2 的起振方向沿 y 轴负方向,故波源 S_1、S_2 为同频反向振动。

P 点到两波源的距离之差 $\Delta x = PS_2 -$

$$x = 2\sin\left(\frac{2\pi}{0.2}t\right) + 3\cos\left(\frac{2\pi}{0.2}t\right)$$

$$= \sqrt{13}\sin\left(\frac{2\pi}{0.2}t + \varphi_0\right)$$

叠加后的振幅 $A = \sqrt{13}\,$cm。

$PS_1 = \lambda$，则该处质点振动减弱，叠加后的振幅为两列波的振幅之差，$A = 1$cm。

教师点评

常见错解 1 中，解题者知道 S_1 和 S_2 为频率相同的两列简谐横波相遇会形成干涉，到两波源距离之差满足 $\Delta x = n\lambda (n = 0,1,2,3,\cdots)$ 时振动加强，满足 $\Delta x = \frac{2n+1}{2}\lambda (n = 0,1,2,3,\cdots)$ 时振动减弱。但他未考虑到上述结论的适用条件——波源 S_1、S_2 同频同向振动。若波源 S_1、S_2 同频反向振动，则上述结论刚好相反。

常见错解 2 中，解题者知道 P 点到两波源的距离之差 $\Delta x = PS_2 - PS_1 = \lambda$，两波相遇之后该处质点的位移表达式等于两波源的位移之和，但题图(c)并非波源 S_2 的振动图像，而是其产生的波在 $t = 0.35$s 时的波动图像。

当出现两种相似图像时，需要逐个、有序关注图像特征（如坐标轴、标度、单位、截距、斜率、面积等），才能"看懂图像"，"用对图像"。

策略总结

物理图像是物理过程、物理规律、物理模型的直观描述，看图用图需要有序关注图像的特征、避免遗漏，具体思维过程如下。

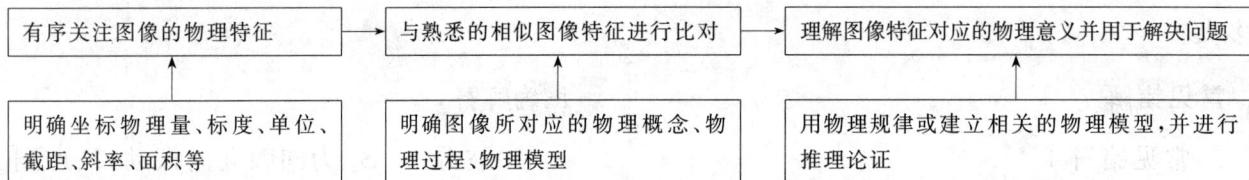

有序关注图像的物理特征	→	与熟悉的相似图像特征进行比对	→	理解图像特征对应的物理意义并用于解决问题
明确坐标物理量、标度、单位、截距、斜率、面积等		明确图像所对应的物理概念、物理过程、物理模型		用物理规律或建立相关的物理模型，并进行推理论证

二、针对性训练

基础训练

1.（运动学图像内容学习后）物体 A、B 均做直线运动，其运动图像分别如图(a)(b)所示。试计算物体 A、B 在前 8s 内的位移。

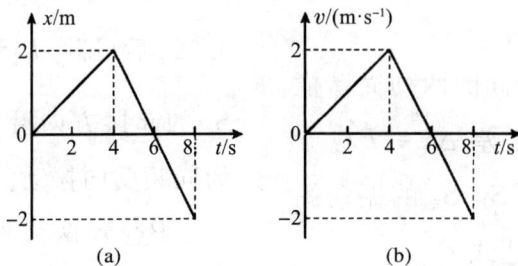

第 1 题图

2.(动能定理内容学习后)如图(a)所示,一质量为 2kg 的物体静止在水平地面上,水平推力 F 随位移 x 变化的关系如图(b)所示,已知物体与地面间的动摩擦因数为 0.1,g 取 10m/s²,试计算物体运动的最大速度。

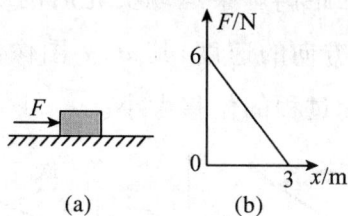

第 2 题图

3.(机械能内容学习后)从地面竖直向上抛出一物体,物体在运动过程中除受到重力外,还受到一大小不变、方向始终与运动方向相反的外力作用。距地面高度 h 在 3m 以内时,物体上升、下落过程中动能 E_k 随 h 的变化如图所示。重力加速度取 10m/s²,求该物体的质量。

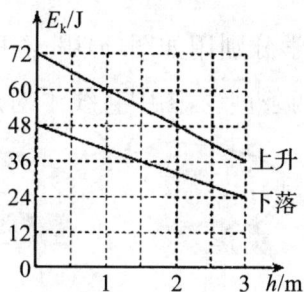

第 3 题图

4.(半衰期内容学习后)医学治疗中常用放射性核素 ^{113}In 产生 γ 射线,而 ^{113}In 是由半衰期相对较长的 ^{113}Sn 衰变产生的。质量为 m_0 的 ^{113}Sn,经过时间 t 后剩余的 ^{113}Sn 质量为 m,其 $\dfrac{m}{m_0}-t$ 图像如图所示。从图中可以得到 ^{113}Sn 的半衰期为   (   )

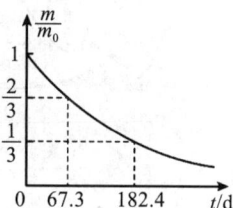

第 4 题图

    A.67.3d   B.101.0d   C.115.1d   D.124.9d

5.(分子运动速率分布规律内容学习后)如图所示为不同温度下氧气分子的速率分布图像,从单个图像看,氧气分子速率分布有什么规律?对比两个图像看,又有什么规律?

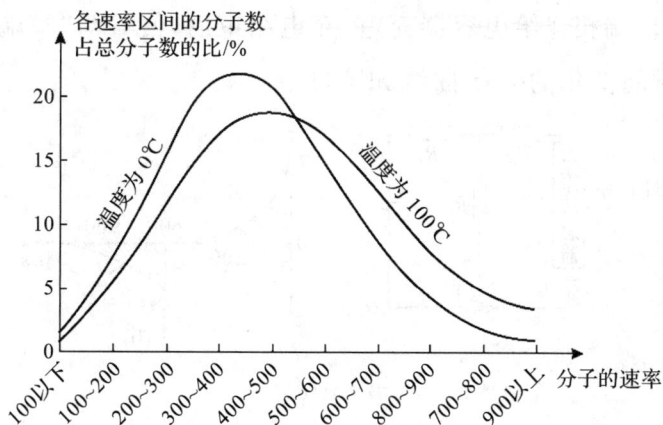

第 5 题图

拓展训练

1.（平抛运动内容学习后）如图(a)所示,在跳台滑雪比赛中,运动员在空中滑翔时身体的姿态会影响其下落的速度和滑翔的距离。某运动员先后两次从同一跳台起跳,每次都从离开跳台开始计时,用 v 表示他在竖直方向的速度,其 v-t 图像如图(b)所示,t_1 和 t_2 是他落在倾斜雪道上的时刻。试比较两次滑翔过程的位移大小。

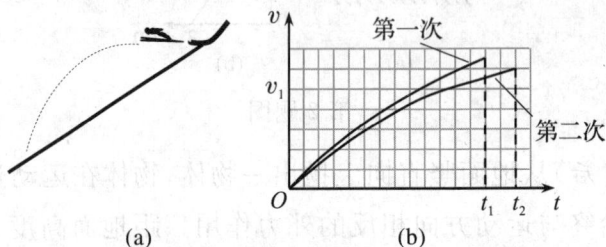

第 1 题图

2.（恒定电流内容学习后）某同学分别用如图(a)甲、乙所示的电路测量同一节干电池的电动势和内阻。实验得到如图(b)所示的两条直线,图中直线 I 对应的电路是_____(填"甲"或"乙")。

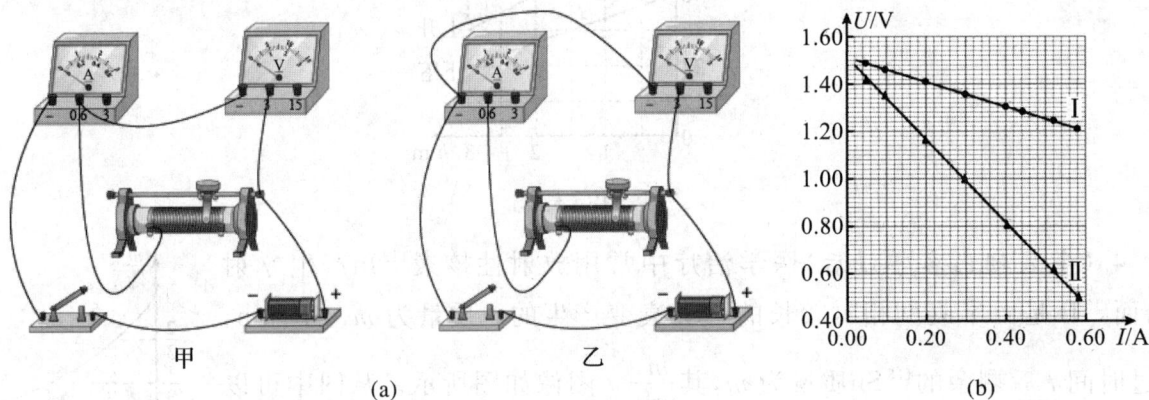

第 2 题图

3.（电容器内容学习后）电容器是一种重要的电学元件,在电工、电子技术中应用广泛。使用如图(a)所示的电路观察电容器的充、放电过程。电路中的电流传感器与计算机相连,可以显示电路中电流与时间的变化关系。图(a)中直流电源电动势 $E=8\text{V}$,内阻不计,实验前电容器不带电。先使 S 与"1"端相连给电容器充电,充电结束后,使 S 与"2"端相连,直至放电完毕。计算机记录的电流随时间变化的 i-t 曲线如图(b)所示。

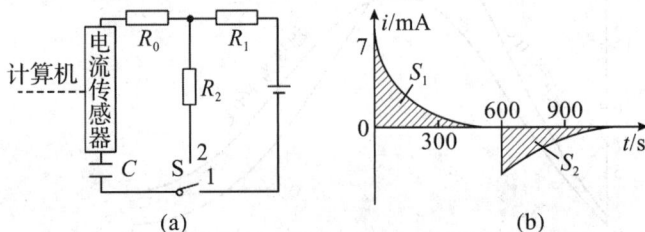

第 3 题图

试比较图(b)中阴影面积 S_1 和 S_2 的大小,并根据图(b)判断 R_1 和 R_2 的大小关系。

4.（动量定理内容学习后）泥石流具有强大的能量,破坏力极大,某课题小组对此进行了模拟研究。他们设计了如图(a)所示的模型:在水平地面上放置一个质量 $m=4kg$ 的物体,让其在随时间均匀减小的水平推力作用下运动,推力 F 随时间变化如图(b)所示。已知物体与地面间的动摩擦因数 $\mu=0.5$,g 取 $10m/s^2$,则物体在水平面上运动多长时间停下?

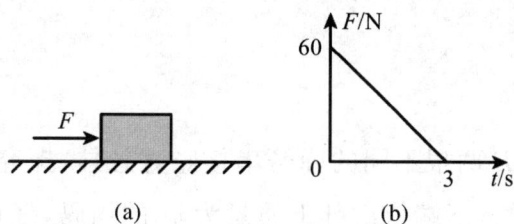

(a)

(b)

第 4 题图

5.（热力学第一定律内容学习后）一定质量的理想气体,沿箭头方向由状态 1 变化到状态 2。下列选项中的图像,反映气体吸收热量的变化过程的是 （ ）

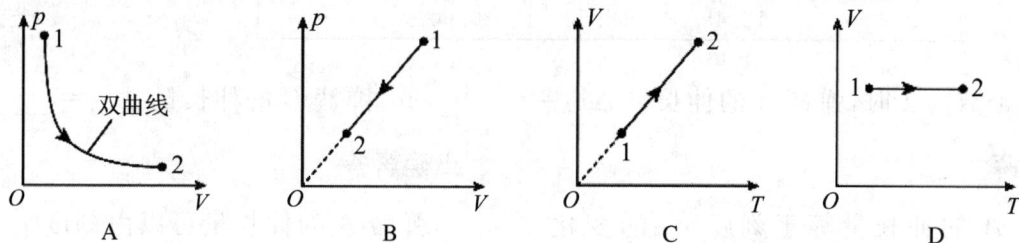

A 双曲线

B

C

D

第6讲 关注图形差异策略

引路人 杭州市富阳区江南中学 潘棋峰

一、案例分析

典型例题

如图所示,某同学把 A、B 两根不同的弹簧串接竖直悬挂,探究 A、B 弹簧弹力与伸长量的关系。在 B 弹簧下端依次挂上质量为 m 的钩码,静止时指针所指刻度 x_A、x_B 的数据如下表所示。

钩码个数	0	1	2	⋯
x_A/cm	7.75	8.53	9.30	⋯
x_B/cm	16.45	18.52	20.60	⋯

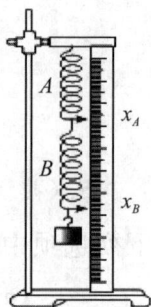

钩码个数为 1 时,弹簧 A 的伸长量 $\Delta x_A =$ _____ cm,弹簧 B 的伸长量 $\Delta x_B =$ _____ cm。

例题图

常见错解

弹簧 A 的伸长量等于刻度 x_A 的变化量,即

$$\Delta x_A = 8.53\text{cm} - 7.75\text{cm} = 0.78\text{cm}$$

弹簧 B 的伸长量等于刻度 x_B 的变化量,即

$$\Delta x_B = 18.52\text{cm} - 16.45\text{cm} = 2.07\text{cm}$$

正确解答

弹簧 A 的伸长量可以由刻度 x_A 的变化量得到,即 $\Delta x_A = 8.53\text{cm} - 7.75\text{cm} = 0.78\text{cm}$;弹簧 A、B 竖直串接,两根弹簧的形变都会造成刻度 x_B 的变化,故弹簧 B 的伸长量等于刻度 x_B 的变化量再减去 Δx_A,即 $\Delta x_B = 18.52\text{cm} - 16.45\text{cm} - 0.78\text{cm} = 1.29\text{cm}$。

教师点评

单个弹簧悬挂时的形变量可由刻度的变化量直接得到;而本题是弹簧 A、B 串接后竖直悬挂,问题的情境与所熟悉的已有模型已经发生了变化。常见错解中,解题者显然没有关注到此差异,依然认为刻度 x_B 的变化量就等于弹簧 B 的形变量。

在审题时,我们需要特别关注图形与所熟悉的已有相似模型之间的差异,重新进行分析推理。本题中两弹簧串接后,弹簧 B 的刻度变化量等于弹簧 A、B 形变量之和,故刻度 x_B 的变化量再减去弹簧 A 的形变量才等于弹簧 B 的形变量。

本题是 A、B 两根弹簧串接后竖直悬挂	→	与单根弹簧悬挂时的形变量进行比较,寻找差异后发现两根弹簧都有伸长	→	由差异知,刻度 x_B 的变化量减去弹簧 A 的形变量等于弹簧 B 的形变量

策略总结

　　在图形审视时我们会发现,有的图形乍一看很熟悉,但仔细与我们所熟悉的已有图形比较,会有一些区别。此时须仔细地将其与熟悉的图形的特征进行比较,发现不同之处,并着重分析不同点可能带来的影响,从而找到解题的突破点。该思维策略对应的思维过程如下。

```
仔细审图,寻找关键特征  →  与所熟悉的已有模型进行比较,寻找差异  →  关注图形差异,综合分析推理
        ↑                              ↑                                    ↑
明确图形所表示的物理意义      全面比较,避免遗漏              把握本质,举一反三
```

二、针对性训练

基础训练

　　1. (光的干涉内容学习后)用平行单色光垂直地照射一层透明薄膜,观察到如图所示的明暗相间的干涉条纹。

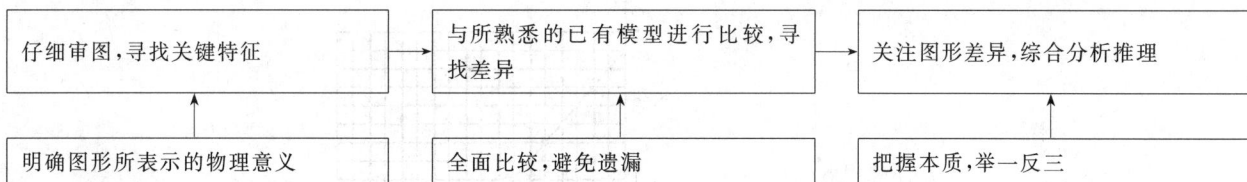

第 1 题图

　　请说出该干涉条纹与双缝干涉条纹的两个区别:

　　(1) _____ ;

　　(2) _____ 。

　　2. (机械能内容学习后)如图所示,质量为 m 的足球从水平地面上位置 1 被踢出后落在位置 3,在空中的最高点是位置 2。整个过程中空气阻力是否可以忽略？为什么?

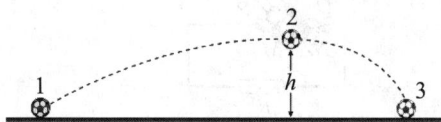

第 2 题图

　　3. (交变电流内容学习后)如图(a)所示,一圆柱形铁芯上沿轴线方向绕有矩形线圈,铁芯与磁极的缝隙间形成了辐向均匀磁场,磁场的中心与铁芯的轴线重合。当铁芯绕轴线以角速度 ω 匀速转动过程中,线圈中的电流变化图像为图(b)中的 _____ (填"甲"或"乙")。

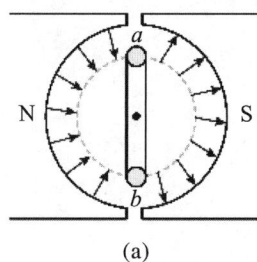 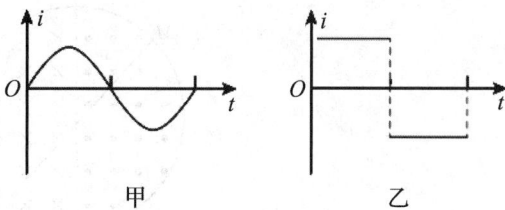

(a)　　　　　　　　　　　　　　　(b)

第 3 题图

拓展训练

1.（电路内容学习后）小明同学在做测定一节干电池的电动势和内阻的实验时,为防止电流过大而损坏器材,在电路中加了一个保护电阻 R_0。根据如图(a)所示的电路图进行实验,根据实验测得的数据作出的 U-I 图像如图(b)所示,则该 U-I 图像斜率的大小是否等于电源内阻 r? 为什么?

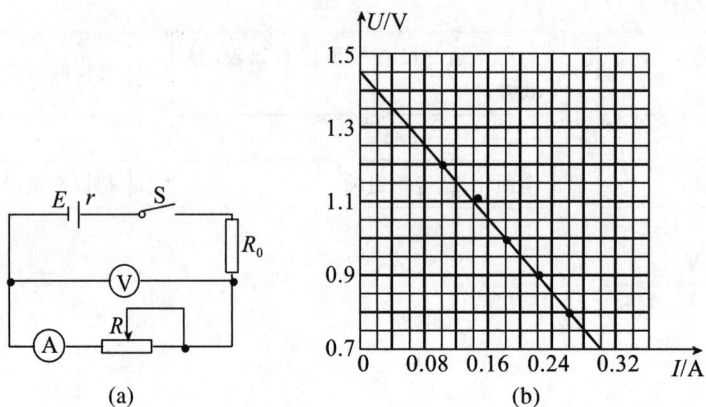

第 1 题图

2.（交变电流内容学习后）如图所示,单匝矩形线圈在磁感应强度为 B 的匀强磁场中绕 OO' 轴以某个角速度 ω 匀速转动,外电路电阻为 R,则通过外电阻 R 的电流是直流电还是交流电? 为什么?

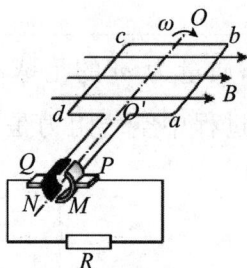

第 2 题图

3.（电磁感应内容学习后）如图所示是用粗细均匀的铜导线制成的、半径为 R 的圆环,PQ 为圆环的直径,在 PQ 的左右两侧均存在垂直于圆环所在平面的匀强磁场,磁感应强度大小均为 B,但方向相反。一根长为 $2R$ 金属棒 MN 绕着圆心 O 以角速度 ω 顺时针匀速转动,求金属棒 MN 产生的感应电动势 E 的大小。

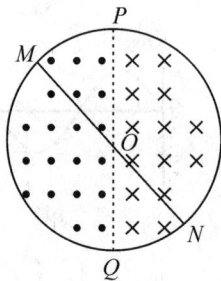

第 3 题图

4. (电磁感应内容学习后)如图所示,固定在水平面上的、半径为 r 的金属圆环内存在方向竖直向上、磁感应强度大小为 B 的匀强磁场。长为 L 的金属棒,一端与圆环接触良好,另一端固定在竖直导电转轴 OO' 上,随轴以角速度 ω 匀速转动。求金属棒产生的感应电动势 E 的大小。

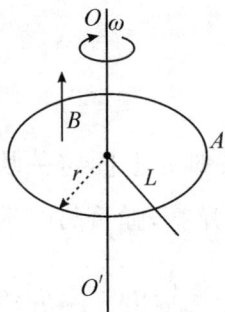

第 4 题图

第7讲 研究对象选择策略 引路人 浙江省永康市第一中学 陈帆

一、案例分析

典型例题

如图所示,在倾角为 α 的光滑绝缘斜面上固定一块挡板,在挡板上连接一根劲度系数为 k_0 的绝缘轻质弹簧,弹簧另一端与 A 球连接。A、B、C 三个小球的质量均为 M,$q_A = q_0 > 0$,$q_B = -q_0$,$q_C = \frac{4}{7}q_0$,当系统处于静止状态时,三个小球等间距排列。已知静电力常量为 k,求 A 球受到的库仑力大小。

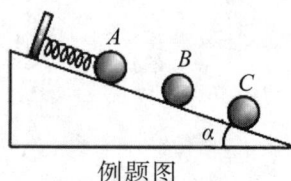

例题图

复杂解答

该情境属于多物体受力平衡问题,需要列平衡方程进行求解,由于题意是求解 A 球受到的库仑力大小,所以直接对 A 球进行受力分析。

A 球的受力分析图如图(a)所示,得出 A 球受到的库仑力 $F = k\dfrac{q_0^2}{r^2} - k\dfrac{\frac{4}{7}q_0^2}{(2r)^2}$。但小球间的间距未知,因此再对 B 球进行受力分析如图(b)所示,列式 $Mg\sin\alpha + k\dfrac{\frac{4}{7}q_0^2}{r^2} = k\dfrac{q_0^2}{r^2}$。联立上两式求得 $F = 2Mg\sin\alpha$。

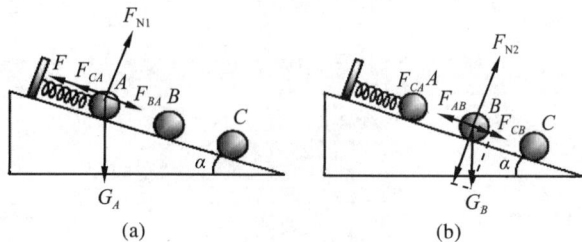

(a)

(b)

复杂解答图

简捷解答

该情境属于多物体受力平衡问题,可以通过列平衡方程进行求解。因为三个小球均静止,可选取 A 球或某几个小球为整体作为研究对象。

选取 B、C 两球这个整体为研究对象,受力简单,求解只需列一个方程。对 B、C 球整体进行受力分析,如图所示,得出 B、C 球整体受 A 的库仑力的合力 $F' = 2Mg\sin\alpha$,再根据牛顿第三定律得出 A 球受到的库仑力大小 $F = 2Mg\sin\alpha$。

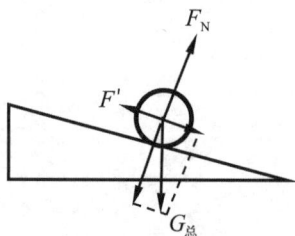

简捷解答图

教师点评

大多学生能分析出该情境属于多物体平衡问题,也知道通过列平衡方程进行求解,但缺乏选取合适研究对象的意识,无法抓住 A、B、C 三个小球都静止的共同特征,没有想到用整体法

分析,导致列的方程数多,求解复杂。同时 B、C 球都受到 A 球的库仑力,所以 A 球受到的库仑力的大小等于 B、C 两球受到库仑力的合力大小,所以可以将 B、C 球看成一个系统。本题选择研究对象的思维过程如下。

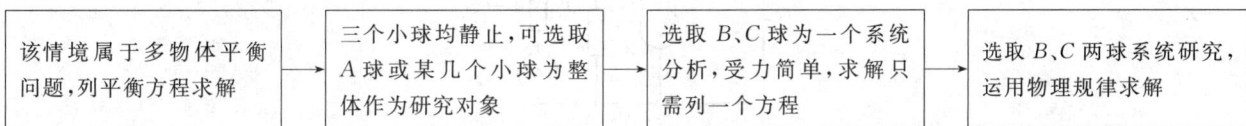

策略总结

对于多物体系统,由于参与作用的物体较多,作用的情况比较复杂,需要具有选择合适研究对象的意识,具体思维过程如下。

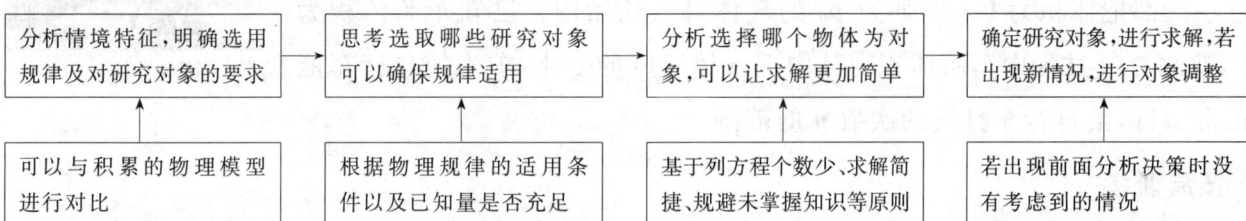

二、针对性训练

基础训练

1. (相互作用内容学习后)叠放在水平地面上的四个完全相同的排球如图所示,质量均为 m,相互接触,球与地面间的动摩擦因数均为 μ,则:

(1)上方球与下方三个球间的弹力大小各为多少?

(2)水平地面对下方三个球的支持力大小均为多少?

第 1 题图

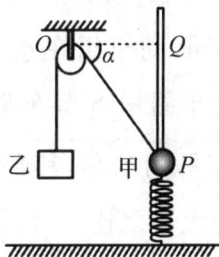

第 2 题图

2. (速度、能量守恒定律内容学习后)如图所示,质量为 m 的小球甲穿过一竖直固定的光滑杆拴在轻质弹簧上,质量为 $4m$ 的物体乙用轻绳跨过轻质定滑轮与甲连接。开始用手托住乙,轻绳刚好伸直,滑轮左侧绳竖直,右侧绳与水平方向成角 $\alpha=53°$。某时刻由静止释放乙(足够高),经过一段时间小球运动到 Q 点,OQ 两点的连线水平,$OQ=d$,且小球在 P、Q 两处时弹簧弹力的大小相等。已知重力加速度为 g,$\sin53°=0.8$,$\cos53°=0.6$,求小球甲到达 Q 点时的速度大小 v。

3. (恒定电流内容学习后)在如图所示的电路中,在滑动变阻器的滑片 P 向上端 a 滑动的过程中,通过 R_3 的电流如何变化?

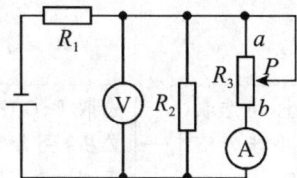

第 3 题图

4. (气体状态方程内容学习后)自行车是一种绿色出行工具。某自行车轮胎在正常骑行时的气压范围为 $2p_0 \sim 2.5p_0$，p_0 为标准大气压。某同学测得车胎气压为 $1.5p_0$，随后用如图所示的打气筒给车胎打气,每打一次都把体积为 V_0、压强为 p_0 的气体打入轮胎内。已知车胎体积为 V，忽略打气过程中车胎体积和其内部气体温度的变化,求为使自行车能正常骑行,给自行车打气的次数 n 的范围。

第 4 题图

拓展训练

1. (恒定电流内容学习后)在如图所示的电路中,定值电阻 $R_1=R$，$R_2=2R$，R_3 是最大阻值为 $2R$ 的滑动变阻器,电源的内阻 $r=R$，电流表 A 和电压表 V_1、V_2 均为理想电表。闭合开关 S,当滑动变阻器的滑片 P 从电阻的中点滑到最右端的过程,电压表 V_1、V_2 和电流表 A 的变化量的绝对值分别是 ΔU_1、ΔU_2 和 ΔI，则 $\frac{\Delta U_1}{\Delta I}$、$\frac{\Delta U_2}{\Delta I}$ 如何变化?

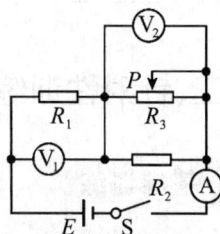

第 1 题图

2. (牛顿运动定律内容学习后)我国高铁技术处于世界领先水平,"和谐号"动车组是由动车和拖车编组而成,提供动力的车厢叫动车,不提供动力的车厢叫拖车,如图所示。假设动车组各车厢质量均相等,动车的额定功率都相同,动车组在水平直轨道上运行的过程中阻力与车重成正比,某列动车组由 8 节车厢组成,其中作为车头的第 1 节车厢和中间的第 5 节车厢为动车,其余为拖车。求该动车组做匀加速运动时,第 5、6 节与第 6、7 节车厢间的作用力的大小之比。

第 2 题图

3. (弹性碰撞内容学习后)如图所示,有一静止在光滑水平面上的小物块甲,质量 $m_甲=0.3kg$，其左端固定一水平轻质弹簧。现使一质量 $m_乙=0.2kg$ 的小物块乙以 $v_0=5m/s$ 的速度沿水平面向右滑向甲,乙的速度方向与弹簧在同一直线上。弹簧始终在弹性限度内,求在两物块相互作用过程中甲的最大速率。

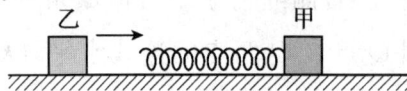

第 3 题图

4. (电磁感应、动量内容学习后) 如图 (a) 所示,方向竖直向下的匀强磁场中,有两根位于同一水平面内的、足够长的平行金属导轨,两根相同的光滑导体棒 ab、cd 质量均为 m 且静止在导轨上。当 $t=0$ 时,棒 cd 受到一瞬时冲量作用而以初速度 v_0 向右滑动,在运动过程中,ab、cd 始终与导轨垂直并接触良好。

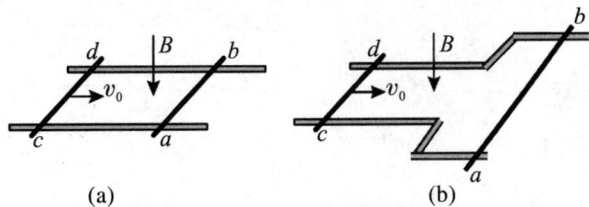

第 4 题图

(1) ab、cd 最终以多大的速度向右滑动?

(2) 如果导轨间距大小为 $1:2$,则如图 (b) 所示,ab、cd 最终以多大的速度向右滑动?

第8讲 模型分段建构策略

引路人 浙江省天台中学 张新华

一、案例分析

(一)多过程运动情境

典型例题

如图所示,长为 l 的轻绳一端固定在 O 点,另一端系一质量为 m 的小球,小球可绕 O 点在竖直面内转动。现将小球拉至使绳与水平方向的夹角 $\theta=30°$ 的位置 A 后轻轻释放,当小球运动到 O 点正下方的位置 B 时,绳对球的拉力为多大?

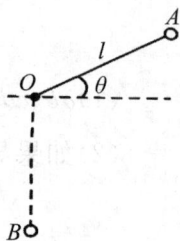

例题图

常见错解

小球在下落过程中只有重力做功,根据机械能守恒和位置 B 的向心力条件,有

$$\frac{1}{2}mv_B^2 = mgl(1+\sin\theta)$$

$$F_T - mg = m\frac{v_B^2}{l}$$

联立上述两式,解得绳对球的拉力

$$F_T = 4mg$$

正确解答

由于绳子的可缩性,刚开始下落时绳子松弛,小球仅受重力作用做自由落体运动,直到落至与位置 A 对称的位置 C(OC 与水平面间的夹角也等于 θ),绳子绷紧,此后小球才绕 O 点做变速圆周运动。对绳子绷紧前后的小球分段建构运动过程模型,运动轨迹如图所示。

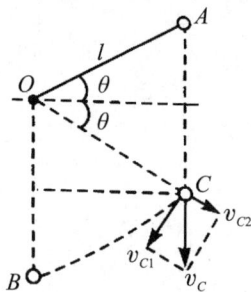

正解答图

① 绳子绷紧前,小球在 $A \rightarrow C$ 的过程中机械能守恒,有 $\frac{1}{2}mv_C^2 = 2mgl\sin\theta$。

② 绳子绷紧过程中,小球有机械能损失。设小球落至位置 C 的速度为 v_C,将它分解为垂直于绳和沿绳的两个分量 v_{C1} 和 v_{C2},则

$$v_{C1}=v_C\cos\theta,v_{C2}=v_C\sin\theta。$$

位置 C，由于绳子绷紧瞬间的冲力作用，使沿绳速度分量 v_{C2} 迅速减小为 0。

③绳子绷紧后，小球以 v_{C1} 沿圆弧运动从位置 C 到位置 B，机械能守恒，有

$$\frac{1}{2}mv_B^2=\frac{1}{2}mv_{C1}^2+mgl(1-\sin\theta)$$

位置 B，由向心力条件有 $F_T-mg=m\dfrac{v_B^2}{l}$。

联立上述各式，得绳对球的拉力

$$F_T=3.5mg$$

教师点评

常见错解中，解题者先求出小球落到 O 点正下方的位置 B 时的速度，再根据位置 B 的向心力条件求解绳对球的拉力，没有注意到全过程中机械能不守恒。本例是多过程运动问题，需要对绳子绷紧前后的小球进行受力分析和运动分析，关注绳子绷紧瞬间小球速度的突变，分段建构运动过程模型，选择相应的物理规律综合求解。思维过程如下。

在情境图上初步分析小球受到的作用力，并进行运动分析	→	结合情境图，找到小球受力发生突变的点（绳子绷紧瞬间）	→	对绳子绷紧前后的小球分段建构运动过程模型	→	选取相应的物理规律，建立方程，进行求解

（二）电磁感应中元件角色发生变化的情境

典型例题

如图所示，$abdfec$ 为"日"字形导线框，其中 $abdc$ 和 $cdfe$ 均为边长为 l 的正方形，导线 ab 的电阻为 r，导线 cd 的电阻为 $2r$，导线 ef 的电阻为 $3r$，其余部分电阻不计。导线框右侧存在宽度略小于 l 的匀强磁场，磁感应强度大小为 B，导线框以速度 v 匀速穿过磁场区域，运动过程中线框始终与磁场垂直且无转动。在线框穿越磁场的过程中，请作出 a、b 两点电势差 U_{ab} 随 ab 边的位移 x 变化的图像。

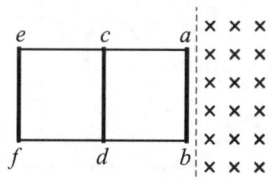

例题图

常见错解

在线框匀速穿越磁场的过程中，导线 ab 充当电源，等效电路如图（a）所示。

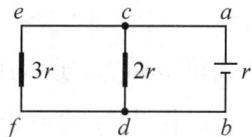

错解答图（a）

正确解答

在情境图上作导线 ab 刚进入磁场的等效电路，如错解答图（a）所示。由于匀强磁场的宽度略小于 l，在线框匀速穿越磁场的过程中，导线 ab、cd、ef 作为电源还是作为外电阻的角色在转换，在每个位置有且只有一根导线充当电源，分段作出等效电路图。

外电路总电阻

$$R_外 = \frac{2r \cdot 3r}{5r} = \frac{6}{5}r$$

路端电压

$$U_{ab} = \frac{R_外}{R_外 + r}Blv = \frac{6}{11}Blv$$

导线 ab 离开磁场后

$$U_{ab} = 0$$

作出 U_{ab} 随位移 x 变化的图像,如图(b)所示。

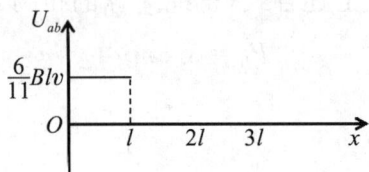

错解答图(b)

①导线 ab 在磁场内,cd、ef 在磁场外。

导线 ab 充当电源,等效电路如错解答图(a)所示。

外电路总电阻 $R_外 = \dfrac{2r \cdot 3r}{5r} = \dfrac{6}{5}r$。

a、b 两点电势差 $U_{ab} = \dfrac{R_外}{R_外 + r}Blv = \dfrac{6}{11}Blv$。

②导线 cd 在磁场内,ab、ef 在磁场外。

导线 cd 充当电源,等效电路如图(a)所示。

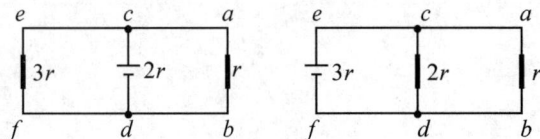

(a)   (b)

正解答图

外电路总电阻 $R_外 = \dfrac{r \cdot 3r}{4r} = \dfrac{3}{4}r$。

a、b 两点电势差

$$U_{ab} = \frac{R_外}{R_外 + 2r}Blv = \frac{3}{11}Blv$$

③导线 ef 在磁场内,ab、cd 在磁场外。

导线 ef 充当电源,等效电路如图(b)所示。

外电路总电阻 $R_外 = \dfrac{r \cdot 2r}{3r} = \dfrac{2}{3}r$。

a、b 两点电势差

$$U_{ab} = \frac{R_外}{R_外 + 3r}Blv = \frac{2}{11}Blv$$

作出 U_{ab} 随位移 x 变化的图像如图(c)所示。

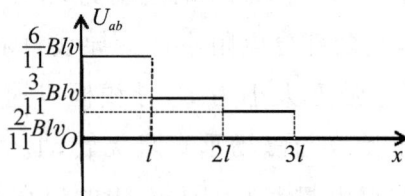

正解答图(c)

教师点评

从常见错解看,解题者有建模的意识,能作出导线 ab 充当电源时的电路图,但缺少分段建模的意识。

本例是电磁感应中元件角色发生变化的多过程问题。在导线框 $abdfec$ 运动的过程中,应该根据电源与电阻角色转换的情况分别对不同阶段进行建模,分别作出等效电路图。思维过程如下。

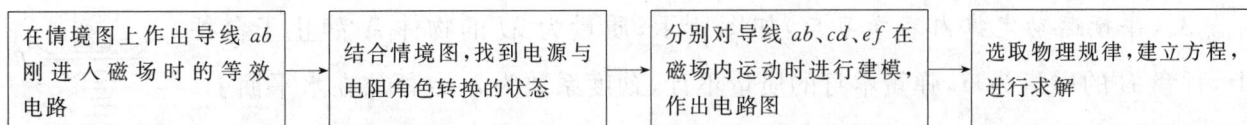

在情境图上作出导线 ab 刚进入磁场时的等效电路	→	结合情境图,找到电源与电阻角色转换的状态	→	分别对导线 ab、cd、ef 在磁场内运动时进行建模,作出电路图	→	选取物理规律,建立方程,进行求解

(三)策略总结

如果复杂情境中研究对象所处的环境或者相互作用发生突变,那么应抓住过程转折点,分段建构物理模型。具体思维过程如下。

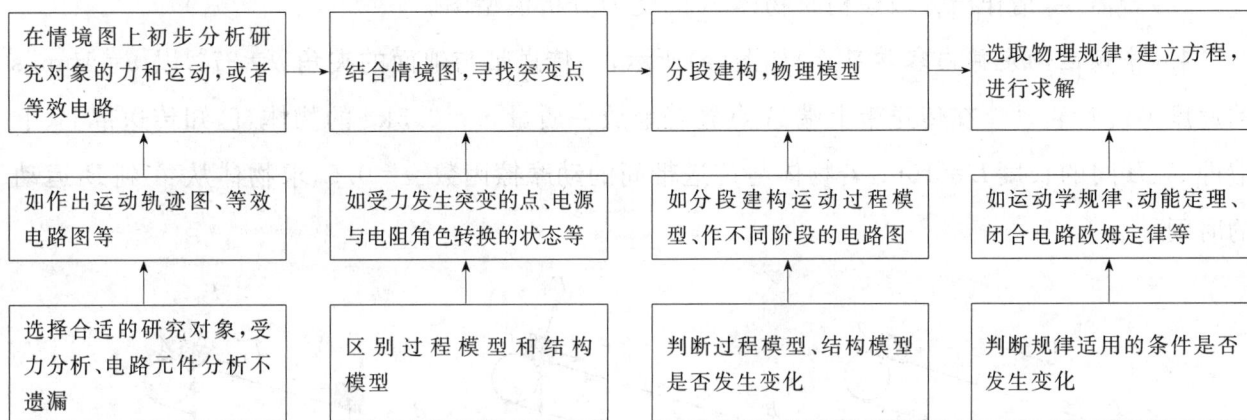

在情境图上初步分析研究对象的力和运动,或者等效电路	→	结合情境图,寻找突变点	→	分段建构,物理模型	→	选取物理规律,建立方程,进行求解
↑		↑		↑		↑
如作出运动轨迹图、等效电路图等		如受力发生突变的点、电源与电阻角色转换的状态等		如分段建构运动过程模型、作不同阶段的电路图		如运动学规律、动能定理、闭合电路欧姆定律等
↑		↑		↑		↑
选择合适的研究对象,受力分析、电路元件分析不遗漏		区别过程模型和结构模型		判断过程模型、结构模型是否发生变化		判断规律适用的条件是否发生变化

二、针对性训练

基础训练

1.(牛顿运动定律内容学习后)假设航天员在中国空间站舱外机械臂上,一手拿小钢球,一手拿羽毛,双手用同样的力作用相同的一小段时间后,向同一方向扔出,预定目标为扔出点正前方的两米处。若要比较哪个先抵达,不妨选择小钢球作为研究对象,你认为其运动分成几个过程?理由是什么?

2.(静电场内容学习后)如图所示为示波管原理示意图。灯丝 K 加热后发射电子,经其与阳极 A 间的加速电场加速后沿中轴线射入两偏转极板间,电子通过偏转极板后打在荧光屏上即能显示一个亮点。

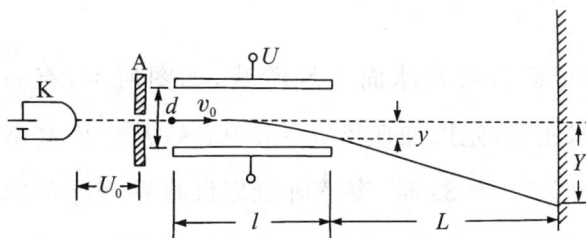

第 2 题图

若需求解"电子打在荧光屏上位置偏离入射方向的距离",你认为:

(1)电子的运动过程需要分段建构模型吗?理由是什么?

(2)若需要,那么分段的过程模型是怎样的?

3.（牛顿运动定律内容学习后）如图所示，质量为 M 的物体 A 静止于台秤上，秤盘 B 的质量为 m，弹簧本身的质量不计，劲度系数为 k，台秤放在水平面上。现给 A 施加一个竖直向上的力 F，使 A 向上做匀加速直线运动。已知力 F 在 t_0 时间内为变力，在 t_0 时间后为恒力。

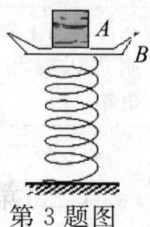

若要求解 F 的最大值和最小值：

(1)你认为物体 A 的运动过程需要分段建构模型吗？理由是什么？

(2)若需要，请作出分段建构时物体 A 的受力分析模型图。

4.（牛顿运动定律内容学习后）如图(a)所示，一传送带与地面的夹角 $\theta=37°$，以 $v=10\text{m/s}$ 的速度逆时针转动。在传送带上端 A 点轻轻地放一质量 $m=0.5\text{kg}$ 的物体，已知传送带上、下端即 A、B 间的长度 $L=16\text{m}$，若物体与传送带间的动摩擦因数 $\mu=0.5$，求物体从 A 到 B 运动的时间。

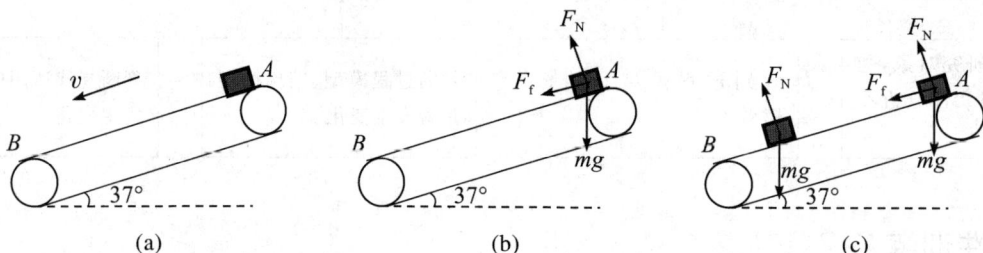

第4题图

在对该问题的求解过程中，两名同学都建构了物体的运动模型。你认为是否合理？理由是什么？

解答1：物体轻轻放上传送带以后，物体和传送带间有相对运动，受力分析如图(b)所示。物体先做匀加速直线运动，与传送带共速后，物体做匀速直线运动。

解答2：物体先做匀加速直线运动，加速度 $a=g\sin37°+\mu g\cos37°=10\text{m/s}^2$。

与传送带共速后，由于摩擦力突变为0，受力分析如图(c)所示，物体仍然做匀加速直线运动，加速度 $a=g\sin37°$。

拓展训练

1.（一轮复习）可爱的企鹅喜欢在冰面上玩游戏，如图所示，有一只企鹅在倾角为 $37°$ 的倾斜冰面上，先以加速度 $a=0.5\text{m/s}^2$ 从冰面底部由静止开始沿直线向上"奔跑"，当 $t=8\text{s}$ 时，突然卧倒以肚皮贴着冰面向前滑行，最后退滑到出发点，完成一次游戏（企鹅在滑动过程中姿势保持不变）。已知企鹅肚皮与冰面间的动摩擦因数 $\mu=0.25$，$\sin37°=0.60$，$\cos37°=0.80$，重力加速度 g 取 10m/s^2。企鹅完成一次游戏，其运动分成几个过程？理由是什么？运动特征物理量主要有哪些？

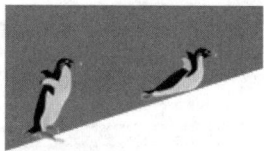

第1题图

2.（一轮复习）一根长为 l_0、劲度系数为 k 的弹性细线，一端系在弹性墙上，另一端系一质量为 m、放在光滑水平面上的小球，如图所示。开始时，小球处于细线为原长的位置 O。现用力把小球右拉，使细线伸长 x_0，此时其弹性势能为 $\frac{1}{2}kx_0^2$。然后轻轻释放使小球往返运动。假设运动过程中没有机械能损失，现要求解小球在水平面上往返运动的周期，则：

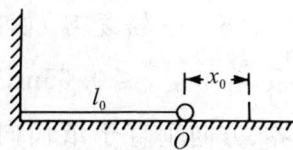
第 2 题图

（1）小球运动过程需要分段建构模型吗？理由是什么？

（2）若需要，那么分段的过程模型是怎样的？

3.（一轮复习）如图所示为两根光滑的平行导轨，其水平部分处于一磁感应强度大小为 B、竖直向上的匀强磁场中。在其水平部分垂直于导轨放置一根质量为 m_2 的导体棒 bb'。另一根质量为 m_1 的导体棒 aa' 从导轨上高 h 处由静止下滑。

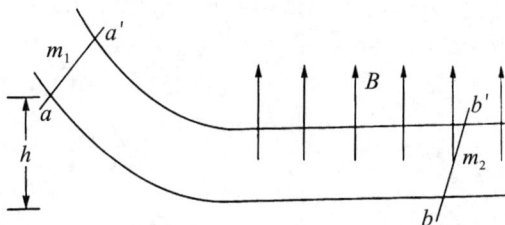
第 3 题图

如果两导体棒始终不接触，导轨的水平部分足够长且始终处于磁场内，现要求解两导体棒最后的速度，则：

（1）需要分段建构模型吗？理由是什么？

（2）若需要，则过程的转折点在哪里？

4.（一轮复习）为了提高自行车夜间行驶的安全性，小明同学设计了一种"闪烁"装置。如图所示，自行车后轮由半径为 r_1 的金属内圈、半径为 r_2 的金属外圈和绝缘辐条构成。后轮的内、外圈间等间隔地接有四根金属条，每根金属条的中间均串联有一只电阻值为 R 的小灯泡。在支架上装有磁铁，形成了磁感应强大小为 B、方向垂直于纸面向外的"扇形"匀强磁场区域，其内半径为 r_1，外半径为 r_2，张角 $\theta=30°$。后轮以转动周期 T 相对于转轴转动。若不计其他电阻，忽略磁场的边缘效应。

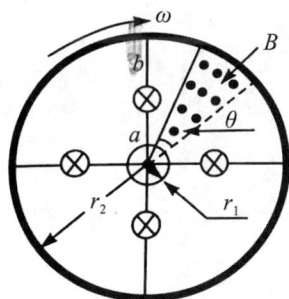
第 4 题图

（1）当金属条 ab 进入"扇形"磁场区域时，作出等效电路模型图。

（2）现需研究轮子转动一圈的过程中内圈与外圈间电势差的变化情况，需要分段建构模型吗？从金属条 ab 刚进入"扇形"磁场区域开始计时，指出一个周期内哪些时间段有内、外圈电势差。

5.（一轮复习）如图所示,在竖直平面内建立 xOy 坐标系,在 $0 \leqslant x \leqslant 0.65\text{m}$, $y \leqslant 0.40\text{m}$ 范围内存在一具有理想边界、方向垂直于纸面向里的匀强磁场区域,磁感应强度大小 $B=2\text{T}$。一边长 $L=0.10\text{m}$、质量 $m=0.02\text{kg}$、电阻 $R=0.40\Omega$ 的匀质正方形刚性导线框 $abcd$ 处于图示位置,其中心的坐标为 $(0,0.65)$。现将线框以初速度 $v_0=2\text{m/s}$ 水平向右抛出,线框在进入磁场的过程中速度保持不变,然后在磁场中运动,最后从磁场右边界离开磁场区域,完成运动全过程。

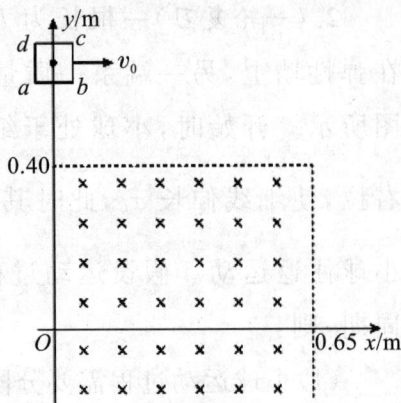

第 5 题图

假设线框在全过程中始终处于 xOy 平面内,其 ab 边与 x 轴保持平行,空气阻力不计,现需讨论在运动全过程中,cb 两端电势差与线框中心位置的 x 坐标的函数关系,需要分段建构模型吗？理由是什么？若需要,请分别作出等效电路图。

第9讲 多过程模型建构策略

引路人 海宁高级中学 林培秋

一、案例分析

典型例题

如图所示,物体从光滑斜面上的 A 点由静止开始下滑,经过 B 点后进入水平面(设经过 B 点前后速度大小不变),最后停在 C 点。每隔 0.2s 通过速度传感器测量物体的瞬时速度,下表给出了部分测量数据。已知重力加速度 g 取 10m/s^2。求 $t=0.6$s 时的瞬时速度 v 的大小。

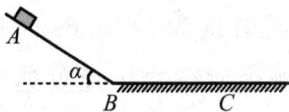

例题图

t/s	0.0	0.2	0.4	...	1.2	1.4	...
v/(m·s^{-1})	0.0	1.0	2.0	...	1.1	0.7	...

常见错解

常见错解 1:

0.6s 处于 $A \to B$ 匀加速阶段,其加速度大小

$$a_1 = 5\text{m/s}^2$$

0.6s 时速度大小

$$v = a_1 t = 3\text{m/s}$$

常见错解 2:

0.6s 处于 $B \to C$ 匀减速阶段,其加速度大小

$$a_2 = -2\text{m/s}^2$$

逆向思维 0.6s 时速度大小

$$v = (1.1 + 2 \times 0.6)\text{m/s} = 2.3\text{m/s}$$

常见错解 3:

寻找不出规律,不会解。

正确解答

由题意可知"物块"可视为质点 → 根据图表数据,物体先后经历匀加速、匀减速直线运动,需要分段进行研究 →

对两个运动过程进行受力、运动分析,寻找"转折点" → 对"转折点"进行假设论证,利用运动学规律进行求解

根据图表数字规律可知,0—0.4s 物体做加速度 $a_1 = 5$m/s^2 的匀加速直线运动,1.2—1.4s 它做加速度 $a_2 = -2$m/s^2 的匀减速直线运动。当 $t = 0.6$s 时,物体运动属于哪个阶段?匀变速运动规律无法直接求解,且不知哪个时刻是两个过程的转折点,所以我们根据题意需要假设论证去寻找两个运动过程的转折点。

假设 0.6s 是匀加速直线运动和匀减速直线运动的转折点,由题中图表规律可知 0.6s 时速度大小为 $v_{0.6} = 3$m/s,紧接着做匀减速直线运动,到 1.2s 时速度大小为 1.8m/s,与题中 1.1m/s 不符,根据数据可知 0.6s 之前物体已经做匀减速直线运动。

设最大速度是 v_m，从 0 加速到 v_m 经历时间 t，则从 v_m 减速到 1.1m/s 过程，经历时间 $1.2s - t$，有 $v_m = a_1 t$，1.2s 时速度大小 $v_{1.2} = v_m - a_2(1.2s - t)$，联立方程解得 $t = 0.5s$，$v_m = 2.5m/s$，此时为转折点。$0.6s > 0.5s$，即 $t = 0.6s$ 时物体处于匀减速直线运动阶段，$v = v_m - a_2 \times 0.1 = 2.3m/s$。

教师点评

由图表数据学生比较容易获得匀加速、匀减速直线运动的加速度大小。常见错解 1 中，解题者认为 $t = 0.6s$ 时物体处于匀加速直线运动过程；常见错解 2 中，解题者认为 $t = 0.6s$ 时物体处于匀减速直线运动过程，虽然答案正确，但为随意猜测，并未思考哪个时刻物体速度达到最大值；常见错解 3 中，解题者思维混乱，无法自行判断。由于物体涉及两个匀变速直线过程，要知道 $t = 0.6s$ 属于哪个过程，我们必须对两个阶段的转折点先进行判断。

策略总结

当研究对象所处的环境或者相互作用发生突变，有可能存在几个过程。但是各过程没有明确的界线，需要我们根据题意挖掘隐含条件，对每个运动过程进行受力、运动、能量等分析，寻找相关过程间物理量的关系，确定转折点，分阶段建构物理模型。在寻找转折点时往往需要采用一些策略帮助我们理清各过程间的关联，比如采用图像法、假设论证法等。最后结合相应的物理方法、规律进行求解，获得结论。

策略示意图如下。

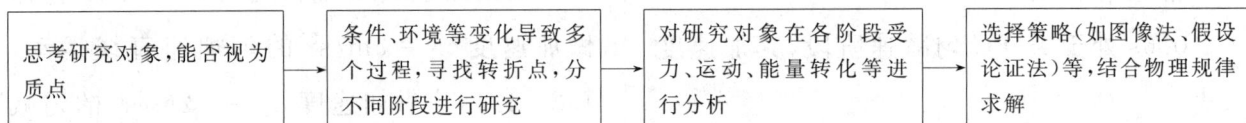

思考研究对象，能否视为质点	条件、环境等变化导致多个过程，寻找转折点，分不同阶段进行研究	对研究对象在各阶段受力、运动、能量转化等进行分析	选择策略(如图像法、假设论证法)等，结合物理规律求解

二、针对性训练

基础训练

1.(运动与力内容学习后)如图所示为池塘里的鱼跃出水面捕获叶上小虫瞬间的照片。若忽略空气阻力，判断鱼在跃起过程中处于超重状态还是失重状态。

第 1 题图

2.（运动与力内容学习后）如图所示，竖井中的升降机可将地下深处的矿石快速运送到地面。某一竖井从底部到井口的距离为104m，升降机运行的最大速度为8m/s，加速度大小不超过1m/s²。假定升降机在底部和到井口的速度大小均为0，则：

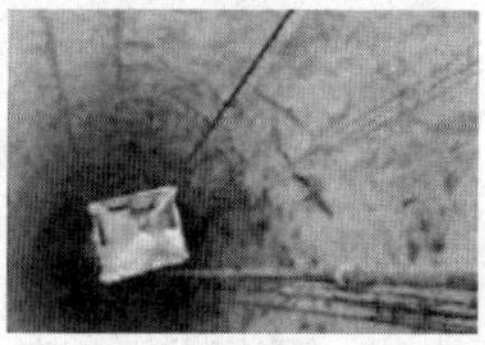

第2题图

你认为将矿石从井底提升到井口的最短时间需要经历哪些过程？

最短时间是多少？

3.（运动与力内容学习后）北京冬奥会后，冰雪运动越发受到民众的喜爱。某冰雪场设计如图所示，倾角 $\theta=37°$ 的斜坡 AB 和一段水平冰道 BC 组成的滑道。斜坡与水平面平滑连接，滑雪者滑板与雪道间的动摩擦因素随速度大小变化而改变。假设滑雪者速度小于 4m/s

第3题图

时，滑雪板与雪地间的动摩擦因数 $\mu_1=0.25$，速度大于 4m/s 时，动摩擦因数变为 $\mu_2=0.125$。滑雪者从倾斜雪道 A 处由静止开始无动力自由下滑，经过 26m 到达 B 处，然后滑上水平冰道。整个过程空气阻力忽略，且经过 B 处前后速度大小不变。已知 $\sin37°=0.6$，$\cos37°=0.8$，g 取 10m/s²。求滑雪者经过 B 处时的速度大小。

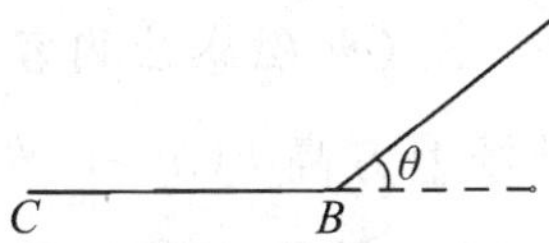

4.（电磁感应内容学习后）如图（a）所示，在水平面上固定有长 $L=2$m、宽 $d=1$m 的金属 U 形导轨，在 U 形导轨右侧 $l=0.5$m 范围内存在垂直于纸面向里的匀强磁场，且磁感应强度随时间变化的规律如图（b）所示。在 $t=0$ 时刻，质量 $m=0.1$kg 的导体棒以大小为 $v_0=1$m/s 的初速度从导轨的左端开始向右运动，导体棒与导轨间的动摩擦因数 $\mu=0.1$，导轨与导体棒单位长度的电阻均为 $\lambda=0.1\Omega$/m，不计导体棒与导轨间的接触电阻及地球磁场的影响，g 取 10m/s²。求 4s 内回路产生的焦耳热。

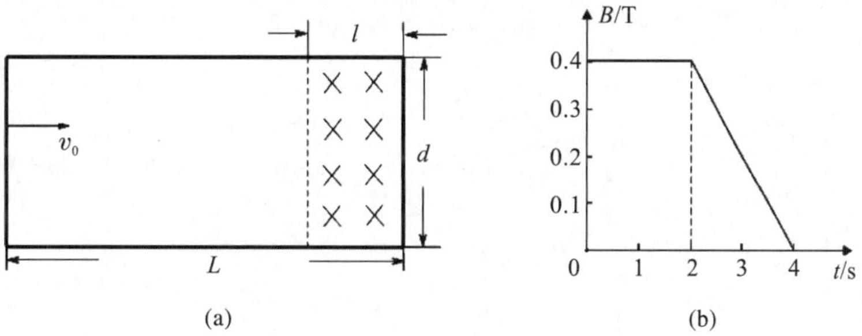

（a）　　　　　　　　　（b）

第4题图

拓展训练

1.（运动与力的关系内容学习后）某物体由静止开始做直线运动，物体所受合力 F 随时间 t 变化的图像如图所示，请思考：在 0—8s 内，哪个时刻速度最大？哪个时刻物体离出发点最远？

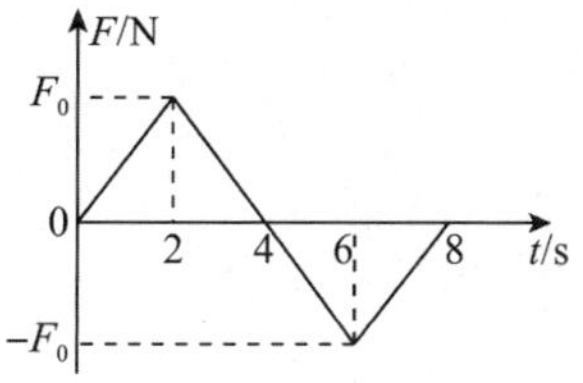

第1题图

2.（一轮复习）额定功率为 1200W、最大拉力为 300N 的提升装置，把静置于地面的质量为 20kg 的重物竖直提升到高为 85.2m 的平台，运动中加速度大小不超过 $5m/s^2$，到达平台的速度刚好为零，g 取 $10m/s^2$，运动过程中空气的阻力不计。甲同学认为以恒定拉力启动到最大功率，再经历匀速运动、匀减速运动，运动时间最短；乙同学认为以恒定最大功率启动，速度达到最大后经历匀速运动、匀减速运动，运动时间最短。你认同他们的观点吗？如不认同，请说明理由。

3.（电磁感应内容学习后）如图所示，质量为 m、边长为 L 的正方形均匀线框，在有界匀强磁场上方高 $h(h>L)$ 处由静止自由下落，线框的总电阻为 R，磁感应强度为 B 的匀强磁场宽度为 $2L$。线框下落过程中，ab 边始终与磁场边界平行且处于水平方向。已知 ab 边刚穿出磁场时线框恰好做匀速运动。求线框穿出整个磁场过程中产生的焦耳热。

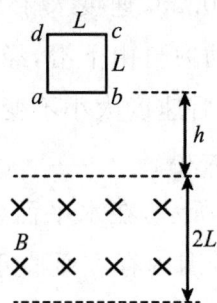

第 3 题图

第 10 讲 多过程寻找适合规律策略
引路人 浙江省龙泉市第一中学 张兆福

一、案例分析

典型例题

如图所示,水平面内有两根电阻不计的光滑金属导轨 MN、PQ 平行放置,两根导轨间的距离为 L。在导轨平面区域 I 和区域 II 中存在垂直于导轨平面向上的、磁感应强度分别为 B_1 和 B_2 的匀强磁场,磁场区域足够大,且 $B_1 < B_2$。两根质量均为 m、电阻相同的均匀直金属杆 AB、CD 放在两导轨上,并与导轨垂直且接触良好。其中 AB 杆在磁场区域 I 中,CD 杆在磁场区域 I 和 II 中间。现有一个水平向右的恒定拉力 F 作用在 CD 杆上,经过 t 时间撤去拉力 F,此时 CD 杆恰好进入磁场区域 II。求 CD 杆进入磁场区域 II 后两根杆速度相同时速度 v 的大小。

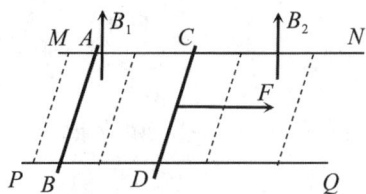

例题图

常见错解

设 CD 杆在受到拉力 F 作用时的加速度为 a,在恰好进入磁场区域 II 时的速度为 v_0。

由牛顿第二定律

$$F = ma$$

和运动学公式

$$v_0 = at$$

可得

$$v_0 = \frac{Ft}{m}$$

进入磁场后,列 AB 杆和 CD 杆的动量守恒公式

$$mv_0 = 2mv$$

可得

$$v = \frac{Ft}{2m}$$

正确解答

CD 杆分别在没有磁场和有磁场两个区域中运动时,两杆的受力情况会发生变化,这是一个复杂的多过程问题。

如图(a)所示为 CD 杆在拉力 F 作用下运动的受力分析图,由受力分析可知 AB 杆所受合力为 0,CD 杆受到水平向右的拉力。设 CD 杆恰好进入磁场区域 II 时的速度为 v_0,由动量定理有 $Ft = mv_0$,得 $v_0 = \frac{Ft}{m}$。

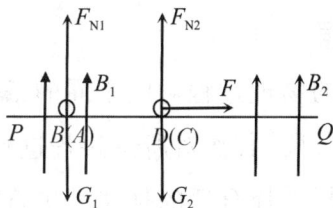

正解答图(a)

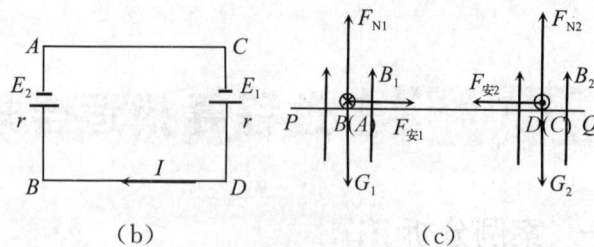

(b)   (c)

正解答图

如图(b)和图(c)所示分别为 CD 杆进入磁场后的电路图和两杆的受力分析。由题图可知，AB 杆和 CD 杆在电路中串联，刚开始电动势 $E_1 > E_2$，通过的瞬时电流相等且为顺时针方向。由受力分析图可知，AB 杆受到水平向右的安培力 $F_{安1} = B_1 IL$，CD 杆受到水平向左的安培力 $F_{安2} = B_2 IL$。由动量定理对 AB 杆有 $B_1 ILt = mv$，对 CD 杆有

$$-B_2 ILt = mv - mv_0$$

联立得

$$v = \frac{B_1 Ft}{(B_1 + B_2)m}$$

教师点评

常见错解中，解题者没有作电路图和受力分析图，对金属杆运动的几个过程没有进行相互作用视角的模型建构，导致对两根杆所受安培力不相等没有察觉，从而根据以前熟悉的双杆问题模型误用动量守恒进行求解。

分析 CD 杆运动情况的具体思维过程如下。

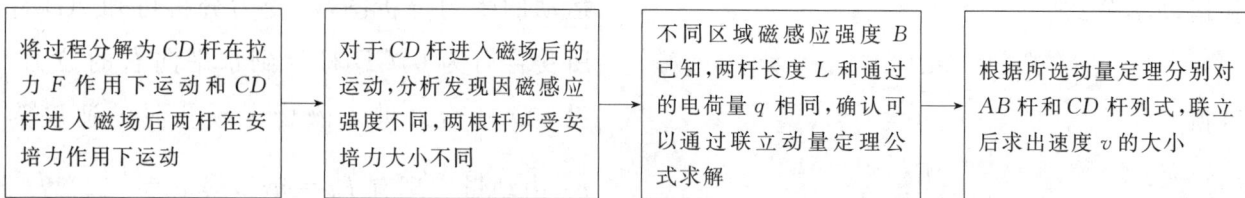

| 将过程分解为 CD 杆在拉力 F 作用下运动和 CD 杆进入磁场后两杆在安培力作用下运动 | → | 对于 CD 杆进入磁场后的运动，分析发现因磁感应强度不同，两根杆所受安培力大小不同 | → | 不同区域磁感应强度 B 已知，两杆长度 L 和通过的电荷量 q 相同，确认可以通过联立动量定理公式求解 | → | 根据所选动量定理分别对 AB 杆和 CD 杆列式，联立后求出速度 v 的大小 |

策略总结

不同的物理过程对应不同的条件，遵循不同的规律。在分析多过程问题时，首先需要先将过程进行分段，其次对所选过程进行综合分析，包括受力分析、运动分析、功能关系分析等，最后通过分析选择合适的规律并进行求解。具体思维过程如下。

分解过程	→	初定对象和规律	→	核检对象与规律	→	表述规律并求解
↑		↑		↑		↑
从外表特征结构与运动特点联想已学的过程变化模型,进行过程分解		对每一个过程,从物质结构、相互作用、能量转化视角进行分析,思考对象选择与适用规律的对应性		回忆规律适用对象和条件,对前面初定的对象和规律进行调整和确认		写出不同过程对应的物理规律并列式求解

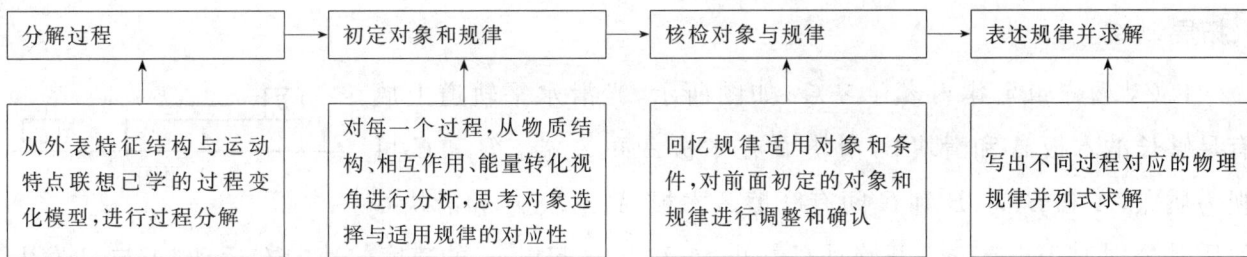

二、针对性训练

基础训练

1.(功的定义和动能定理内容学习后)如图所示,一根长为 l 的细绳将质量为 m 的小球竖直悬挂。若物体在水平外力 F 的作用下缓慢升高到细绳与竖直方向的夹角为 θ 时,撤去外力。求:

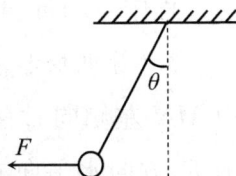

(1)在这个过程中拉力 F 所做的功。

(2)小球返回最低点时速度 v 的大小。

第1题图

2.(动能定理和机械能守恒内容学习后)如图所示,一根轻绳跨过定滑轮,绳的两端分别系 A 球和 B 球,A 球与 B 球的质量比为 $1:3$。当轻绳刚好伸直时,B 球的高度为 h,A 球静止于地面。定滑轮的质量及轮与轴间的摩擦力不计,重力加速度为 g。从离地 h 高处释放 B 球,求 A 球能上升的最大高度 H。

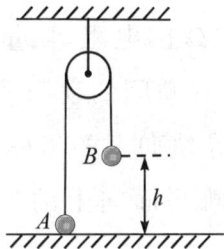

第2题图

3.(功率的定义、动能定理内容学习后)如图所示,质量为 m 的物块静止置于光滑的水平面上。现用一根水平的、不可伸长的轻绳跨过光滑定滑轮将物块和电动机相连。物块在电动机恒定拉力 F 的作用下运动 t_1 时间,达到最大功率后又以恒定功率运行 t_2 时间。求此时物块速度 v 的大小。

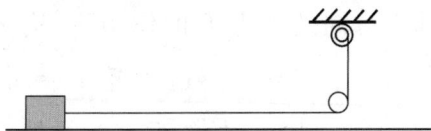

第3题图

4.(动量定理内容学习后)如图所示,两条间距为 L 的光滑金属导轨水平放置,导轨的左端接有电阻 R,导轨自身的电阻可忽略不计。两条导轨间存在大小为 B、宽度为 d,方向垂直于导轨平面向下的匀强磁场。两根质量均为 m、电阻均为 R 的导体棒 AB 和 CD 静置于磁场左侧。现在给导体棒 AB 一个水平向右的初速度 v_0(速度足够大),若两棒发生的碰撞为完全弹性碰撞,求导体棒 CD 离开磁场时的速度大小 v。

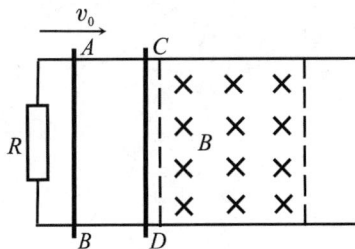

第4题图

拓展训练

1.（动量守恒定律内容学习后）如图所示，光滑水平轨道上放有足够长的木板 A 和滑块 C，滑块 B 在木板 A 的左端。B 和 C 可视为质点，A 和 B 间、B 和 C 间有摩擦。木板 A、滑块 B 和滑块 C 的质量分别为 $2m$、m、m。开始时 C 静止，A 和 B 一起以 v_0 的速度匀速向右运动，A 与 C 发生碰撞（时间极短）并粘在一起。求碰撞完成时 A 和 C 整体的速度大小 v。

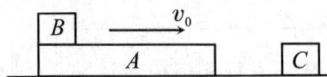

第 1 题图

2.（一轮复习）某同学将质量为 m 的篮球以大小为 v_0 的速度竖直向上抛出，篮球在空中受到的空气阻力与速度成正比，篮球返回抛出点时速度大小为 v_t。求篮球离开手后在空中运动的过程中重力冲量的大小。

3.（静电场和洛伦兹力内容学习后）如图所示，绝缘粗糙的竖直平面 MN 左侧同时存在相互垂直的匀强电场和匀强磁场。电场强度大小为 E，方向水平向右；磁感应强度大小为 B，方向垂直于纸面向外。一质量为 m、电荷量为 q 的带正电的小滑块从 A 点由静止开始沿 MN 下滑，到达 C 点时离开 MN 做曲线运动到 D 点。已知 A、C 两点和 C、D 两点的竖直高度分别为 h_1 和 h_2，D 点到 MN 的水平距离为 x，重力加速度为 g。求小滑块运动到 D 点时的速度大小 v_D。

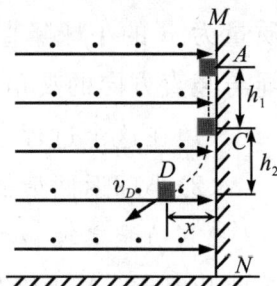

第 3 题图

4.（一轮复习）如图所示，倾角 $\theta = 37°$、间距 $l = 0.1\mathrm{m}$、足够长的金属导轨底端接有阻值 $R = 0.1\Omega$ 的电阻，质量 $m = 0.1\mathrm{kg}$ 的金属棒 ab 垂直于导轨放置，与导轨间的动摩擦因数 $\mu = 0.45$。建立原点位于底端、方向沿导轨向上的坐标轴 x。在 $0.2\mathrm{m} \leqslant x \leqslant 0.8\mathrm{m}$ 区间有垂直于导轨平面向上的匀强磁场，磁感应强度大小 $B = \dfrac{\sqrt{30}}{5}\mathrm{T}$。从 $t = 0$ 时刻起，棒 ab 在沿 x

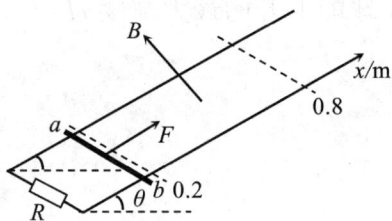

第 4 题图

轴正方向的外力 F 的作用下，从 $x = 0$ 处由静止开始沿斜面向上运动，其速度 v 与位移 x 满足 $v = kx$（$k = 5\mathrm{s}^{-1}$）。运动至 $x_2 = 0.8\mathrm{m}$ 处时撤去外力 F，此后棒 ab 将继续运动，最终返回至 $x = 0$ 处。棒 ab 始终保持与导轨垂直，不计其他电阻，分别求出在棒向上运动和下滑两个过程中电阻 R 产生的热量。

第11讲 数学方法选择策略

引路人　浙江省青田县中学　饶军民

一、案例分析

典型例题

如图所示,一质量 $m=1\text{kg}$ 的物块 P 在与水平方向的夹角为 θ 的力 F 的作用下做匀速运动。已知物块与水平面间的动摩擦因数 $\mu=0.75$,现将 θ 角沿竖直平面从 $0°$ 逆时针转过 $90°$,在此过程中,物块始终没有脱离水平面,则该过程中 θ 角为多少时,力 F 的取值最小,其最小值为多少?

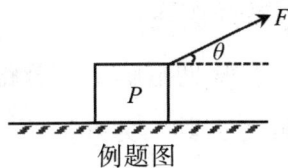

例题图

常见错解

由滑动摩擦力

$$F_{滑}=\mu mg=7.5\text{N}$$

当 F 发生转动时,要进行正交分解,水平分力小于 F;

则当 F 恰好水平向右等于摩擦力时,F 取得最小值。

由二力平衡可得,当 $\theta=0°$ 时,取得极值

$$F_{\min}=7.5\text{N}$$

正确解答

对物块进行研究,物块受到重力、支持力、摩擦力和拉力的作用,如图所示,根据平衡条件得

$$F\sin\theta+F_N=mg$$
$$F\cos\theta=F_f$$

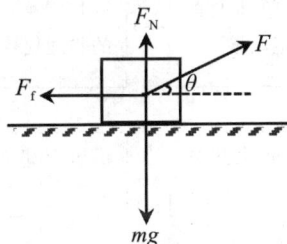

正解答图

又 $F_f=\mu F_N$ 联立得

$$F=\frac{\mu mg}{\cos\theta+\mu\sin\theta}$$

$$=\frac{\mu mg}{\sqrt{1+\mu^2}\left(\dfrac{1}{\sqrt{1+\mu^2}}\cos\theta+\dfrac{\mu}{\sqrt{1+\mu^2}}\sin\theta\right)}$$

令 $\sin\beta=\dfrac{1}{\sqrt{1+\mu^2}}$,$\cos\beta=\dfrac{\mu}{\sqrt{1+\mu^2}}$;

则 $\dfrac{1}{\sqrt{1+\mu^2}}\cos\theta+\dfrac{\mu}{\sqrt{1+\mu^2}}\sin\theta=$

$\sin(\beta+\theta)$。

代入可知 $\beta = 53°$，则 $F =$

$$\frac{\mu mg}{\sqrt{1+\mu^2}\sin(\beta+\theta)}。$$

由此可知当 $\beta+\theta=90°$ 时，即 $\theta=37°$，F

有最小值，最小值 $F_{min}=\dfrac{\mu mg}{\sqrt{1+\mu^2}}=6N$。

教师点评

常见错解中的思路存在一定的局限性，没考虑到此处的滑动摩擦力涉及两个变量，其一为角度 θ，其二为外力 F。当涉及两个自变量或者更多个自变量求解因变量的极值问题时，往往需要运用数学方法进行求解。

策略总结

当因变量涉及两个或者两个以上自变量时，要得到因变量与自变量间的函数关系，常常需要运用数学方法帮助求解，因此学生需要掌握数学方法的选择策略。

掌握数学方法的选择策略不仅能清晰地梳理各量间的定量关系，更适合培养学生从一般到特殊的问题解决策略。

方法流程如下。

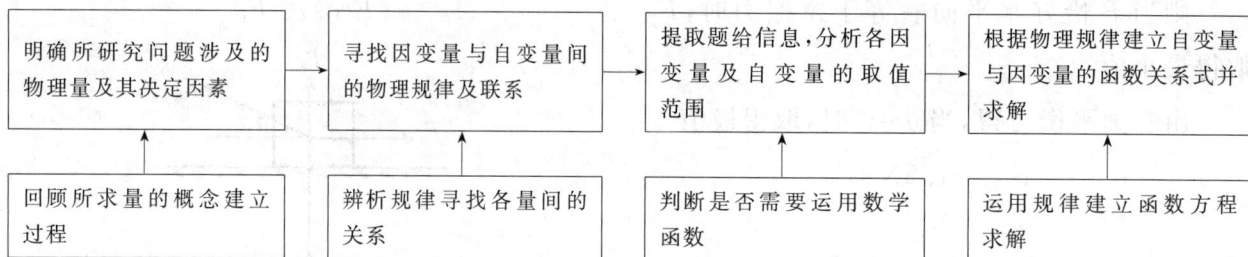

明确所研究问题涉及的物理量及其决定因素	→	寻找因变量与自变量间的物理规律及联系	→	提取题给信息，分析各因变量及自变量的取值范围	→	根据物理规律建立自变量与因变量的函数关系式并求解
↑		↑		↑		↑
回顾所求量的概念建立过程		辨析规律寻找各量间的关系		判断是否需要运用数学函数		运用规律建立函数方程求解

二、针对性训练

基础训练

1. （动能定理内容学习后）如图所示，用一块长 $L_1=1.0$m 的木板在墙和桌面间架设斜面，桌子长 $L_2=1.5$m。斜面和水平桌面间的倾角 θ 可以在 0° 和 60° 间调节后固定。将一个质量 $m=0.2$kg 的小物块从斜面顶端释放，物块与斜面间的动摩擦因数 $\mu_1=0.05$，与桌面间的动摩擦因数 $\mu_2=0.8$，忽略物块在斜面和桌面交接处的能

第 1 题图

量损失。当 θ 为多大时，物块到达桌子边缘处的速度最大？求此最大值 v_m（重力加速度 g 取 10m/s^2）。

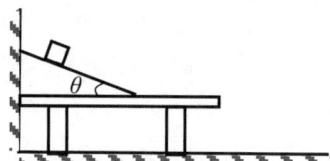

2.（全反射内容学习后）一种发光装置是由半径为 R 的半球体透明介质和发光管芯组成的,管芯发光部分 MN 是一个圆心与半球体介质球心 O 重合的圆面,装置的纵截面如图所示。已知透明介质的折射率为 $\sqrt{3}$,为使从管芯射向半球面上的所有光线都不会发生全反射,则 MN 的半径应满足什么条件?

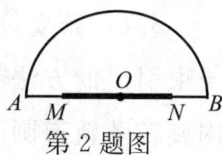

第 2 题图

3.（动能定理内容学习后）如图所示,在一次国际城市运动会中,要求运动员从高为 H 的平台上 A 点由静止出发,沿着动摩擦因数为 μ 的滑道向下运动到 B 点后水平滑出,最后落在水池中。设滑道的水平距离为 L, B 点的高度 h 可由运动员自由调节（g 取 10m/s^2）,则:当运动员在水池中的落点到 A 点的水平位移取得最大值时, B 点的高度 h 应调为多少? 对应的最大水平位移 s_{max} 为多少?

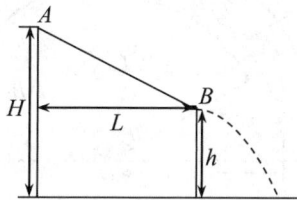

第 3 题图

拓展训练

1.（一轮复习）如图所示,竖直平面内固定有一半径为 R 的四分之一圆周长的圆弧轨道 PQ,其中半径 OP 水平、OQ 竖直。现从圆心 O 处以不同的初速度水平抛出一系列质量为 m 的相同小球,这些小球都落到了圆弧轨道上,不计空气阻力,重力加速度为 g。

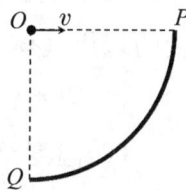

第 1 题图

甲同学认为,初速度越小,则小球撞击轨道时的动能越小。

乙同学认为,初速度越大,小球落到圆弧轨道上时下降的高度越小,即重力做功越小,则小球撞击轨道时的动能就越小。

请通过推理说明你的观点。

2.（一轮复习）如图所示,小球从轨道上的 A 点释放后,从 C 点水平飞离轨道,落到水平地面上的 P 点,已知 P、C 两点间的高度差 $h=3.2\text{m}$。小球落到 P 点后弹起,与地面多次碰撞后静止。假设小球每次与地面碰撞机械能均损失 75%,且碰撞前后小球的速度方向与地面的夹角相等。不计空气阻力,求小球从 C 点飞出到最后静止所需的时间。

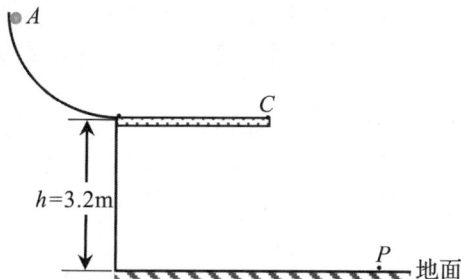

第 2 题图

3.（一轮复习）如图所示，利用回旋加速器加速离子，最后要把离子束从加速器中引出，离子束引出的方法有磁屏蔽通道法和静电偏转法等。质量为 m、速度为 v 的离子在回旋加速器内旋转的轨道圆的圆心在 O 点，半径为 r。整个装置处在垂直于纸面向外的匀强磁场中，磁感应强度大小为 B。为引出离子束，使用磁屏蔽通道法设计引出器。引出器原理如图所示，一对圆弧形金属板组成弧形引出通道，通道的圆心位于 O' 点（O' 点图中未标出）。引出离子时，令引出通道内磁场的磁感应强度降低，从而使离子从 P 点进入弧形通道，沿通道中心线从 Q 点射出。已知 OQ 长度为 L，OQ 与 OP 的夹角为 θ，通道内匀强磁场的磁感应强度大小降为 B'，求 B'。

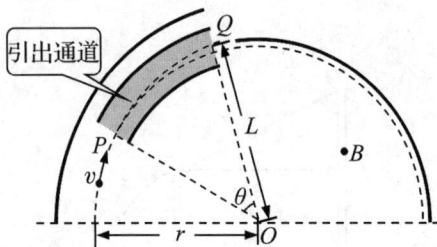

第 3 题图

4.（一轮复习）如图所示，在 27℃、标准大气压的环境下（1 个标准大气压 $=$ 76cmHg），有一长 $l_0 = 80$cm 的试管竖直放置，一长 $l_1 = 10$cm 的水银柱下封有一定质量的理想气体，此时水银上端距试管口的距离 $l_2 = 10$cm。现对试管缓慢加热。

（1）当水银上端和试管口齐平时，试管温度是多少？

（2）温度至少为多少才能使里面的水银完全溢出？

第 4 题图

第 12 讲　与速度相关的力作用下的直线运动求解策略

引路人　杭州市余杭第一中学　贺琳

一、案例分析

典型例题

如图所示,足够长的绝缘竖直杆处于正交的匀强电、磁场中;电场方向水平向左,场强大小为 E;磁场方向垂直于纸面向里,磁感应强度大小为 B。一质量为 m、电荷量为 $-q(q>0)$ 的小圆环套在杆上(环内径略大于杆的直径)无初速度下滑。若重力加速度大小为 g,圆环和杆间的动摩擦因数为 $\mu(\mu qE<mg)$,圆环电荷量不变,试分析小圆环的运动情况。

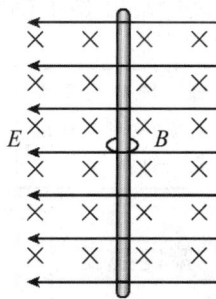

例题图

常见错解

对圆环进行受力分析,水平方向杆对圆环的弹力

$$F_N=Eq-qvB$$

由牛顿第二定律得

$$mg-\mu(qvB-Eq)=ma$$

速度逐渐增大,则洛伦兹力

$$F_{洛}=qvB$$

增大,圆环所受的弹力逐渐减小,则所受的摩擦力

$$F_f=\mu(qvB-Eq)$$

减小,合外力增大,圆环的加速度增大。

综上可知,物体始终做加速度增大的加速直线运动。

正确解答

对小圆环进行受力分析,如图(a)所示。

速度 v 增大,洛伦兹力 $F_{洛}=qvB$,增大。

物体所受的合力为

$$mg-\mu(Eq-qvB)=ma$$

随着速度 v 增大,加速度 a 逐渐增大。

当 $Eq=qvB$ 时,加速度 $a=g$,之后洛伦兹力大于电场力,杆对物体的弹力变为水平向右,如图(b)所示。物体所受的合力为

$$mg-\mu(qvB-Eq)=ma$$

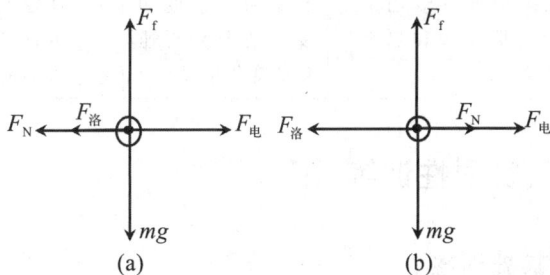

（a）　　　　　（b）

正解答图

随着速度 v 增大,加速度 a 逐渐减小。

最终加速度 $a=0$,速度达最大值,最终做匀速直线运动。最大速度 $v_m=\dfrac{mg+\mu qE}{\mu qB}$。

教师点评

常见错解中,解题者认识到物体受到的洛伦兹力和弹力大小都与速度相关,在进行受力分析后能够根据速度变化判断洛伦兹力的变化情况,进而分析合外力和加速度的变化情况,但忽略了杆对物体的弹力的方向也有可能发生改变。随着洛伦兹力因速度而发生变化,圆环受到的弹力减小到 0 后,弹力方向反向,合外力逐渐减小,物体做加速度减小的加速运动。最终加速度减小到 0 后,圆环运动达到稳定,做匀速直线运动。

如果要正确求解本题,需要遵循以下思维过程。

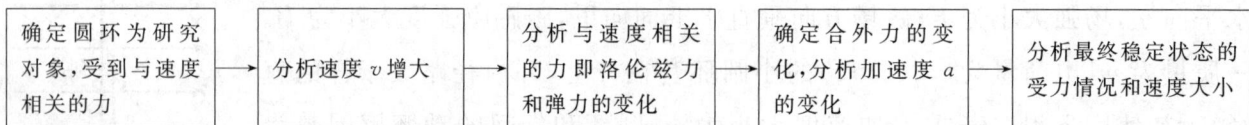

确定圆环为研究对象,受到与速度相关的力 → 分析速度 v 增大 → 分析与速度相关的力即洛伦兹力和弹力的变化 → 确定合外力的变化,分析加速度 a 的变化 → 分析最终稳定状态的受力情况和速度大小

策略总结

如果物体在做直线运动时,受到的某些力与速度有关,那么力与速度是相互制约的关系,应先分析速度变化,然后分析与速度相关的力的变化,再分析合力和加速度的变化,加速度的变化反过来又会影响速度的变化。但最终势必趋于平衡,应从变化中找到最终的平衡状态,从而分析出最终物体的运动情况和受力情况。具体的思维过程如下。

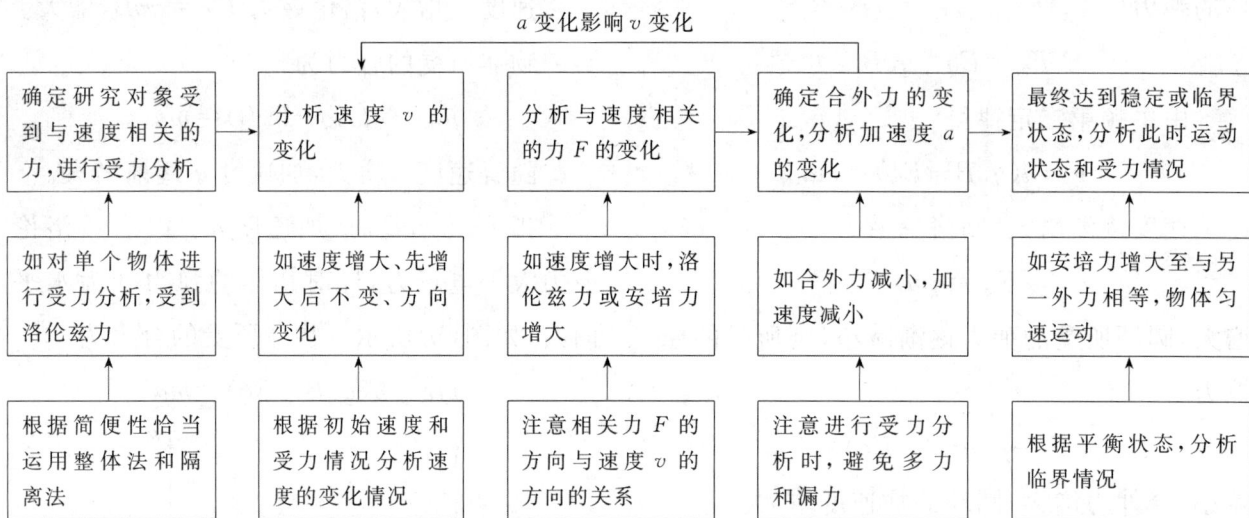

a 变化影响 v 变化

确定研究对象受到与速度相关的力,进行受力分析	分析速度 v 的变化	分析与速度相关的力 F 的变化	确定合外力的变化,分析加速度 a 的变化	最终达到稳定或临界状态,分析此时运动状态和受力情况
如对单个物体进行受力分析,受到洛伦兹力	如速度增大、先增大后不变、方向变化	如速度增大时,洛伦兹力或安培力增大	如合外力减小,加速度减小	如安培力增大至与另一外力相等,物体匀速运动
根据简便性恰当运用整体法和隔离法	根据初始速度和受力情况分析速度的变化情况	注意相关力 F 的方向与速度 v 的方向的关系	注意进行受力分析时,避免多力和漏力	根据平衡状态,分析临界情况

二、针对性训练

基础训练

1.(**功与功率内容学习后**)小明用额定功率为 P、最大拉力为 F 的提升装置,把静置于地面的质量为 m 的重物竖直提升到高为 H 的平台,先加速再匀速,最后做加速度大小不超过 a 的匀减速运动,到达平台的速度刚好为零,重力加速度为 g,分析物体加速阶段的运动情况。

2.(运动和力的关系内容学习后)"反向蹦极"是蹦极运动中的一种类型,如图所示,将弹性绳拉长后下端固定在体验者身上,并与固定在地面上的扣环相连,打开扣环,体验者从 A 点被"发射"出去冲向高空,当上升到 B 点时弹性绳恢复原长,体验者继续上升到最高点 C。若运动员始终沿竖直方向运动并被视为质点,忽略弹性绳质量与空气阻力,试分析运动员的运动情况。

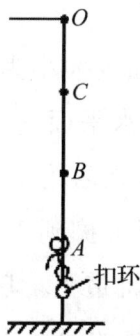

第 2 题图

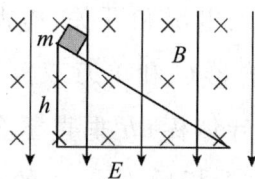

第 3 题图

3.(安培力、洛伦兹力内容学习后)如图所示,在正交的电场和磁场中,一电荷量为 $+q$、质量为 m 的金属块沿倾角为 θ 的、足够长的粗糙绝缘斜面由静止开始下滑。已知:电场强度大小为 E,方向竖直向下;磁感应强度大小为 B,方向垂直于纸面向里;斜面的高度为 h。金属块由静止开始下滑,分析金属块在斜面上的运动情况,并判断是否能一直在斜面上运动。

4.(电磁感应内容学习后)如图所示,在垂直于纸面向里、磁感应强度大小为 B 的匀强磁场中,两根足够长的平行光滑金属轨道固定在水平面内,相距为 L,轨道的左端接有一阻值为 R 的定值电阻。一质量为 m、电阻为 r 的导体棒 ab 垂直于金属导轨放在轨道上,其他电阻均不计。给 ab 一定的初速度 v_0。试分析 ab 的运动情况。

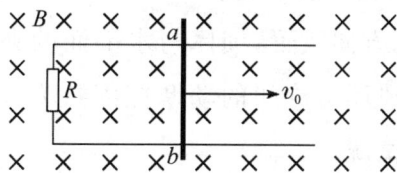

第 4 题图

拓展训练

1.(一轮复习)如图所示,半径为 R、质量为 $2m$ 的四分之一圆周长的光滑圆弧槽 AB 静置在光滑的水平地面上,于圆弧槽低端点 B 与水平地面相切。将质量为 m 的小球从 A 点由静止释放,同时用水平向右的外力 F 使 AB 槽静止不动。小球可视为质点,重力加速度为 g,不计空气阻力。试分析小球下滑过程中水平外力 F 的变化情况。

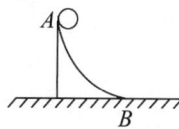

第 1 题图

2. (一轮复习)如图所示,在垂直于纸面向里、磁感应强度大小为 B 的匀强磁场中,两根足够长的平行光滑金属轨道固定在水平面内,相距为 L,轨道的左端接入电源和开关,电源电动势为 E,内阻为 r。一根质量为 m、电阻为 R 的导体棒 ab 垂直于金属导轨放在轨道上,其他电阻均不计。当闭合开关 S,ab 由静止开始在磁场中运动。试分析导体棒 ab 的运动情况和最终的运动状态。

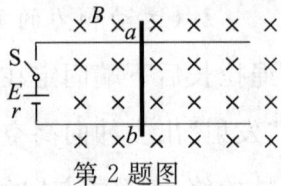

第 2 题图

3. (一轮复习)如图所示,在垂直于纸面向里、磁感应强度大小为 B 的匀强磁场中,两根足够长的平行光滑金属轨道固定在水平面内,相距为 L,轨道的左端接入电源和开关,电源电动势为 E,内阻为 r。在 ab 棒与电源间接入电容器 C 和单刀双掷开关 S,开始开关掷到 1。一质量为 m、电阻为 R 的导体棒 ab 垂直于金属导轨放在轨道上,其他电阻均不计。当 $t=0$ 时,将开关由 1 掷到 2。试分析导体棒 ab 的运动情况和最终的运动状态。

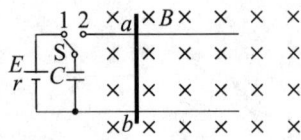

第 3 题图

4. (一轮复习)如图所示,虚线空间内存在由正交的匀强电场 E 和匀强磁场 B 组成的复合场。电场强度方向水平向左,大小为 E;磁感应强度方向垂直于纸面向里,大小为 B。有一个带正电的小球从虚线空间上方的某一高度自由落下,试分析它能否一直沿竖直虚线通过该虚线空间。

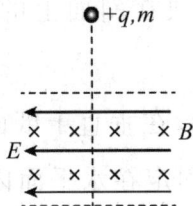

第 4 题图

5. (一轮复习)如图所示,在磁感应强度为 B 的水平匀强磁场中,有一根足够长的绝缘细棒 OO' 在竖直平面内垂直于磁场方向放置,细棒与水平面的夹角为 α。一个质量为 m、电荷量为 $+q$ 的圆环 A 套在 OO' 棒上,圆环与棒间的动摩擦因数为 μ,且 $\mu < \tan\alpha$。现让圆环 A 由静止开始下滑,试分析圆环的运动情况。

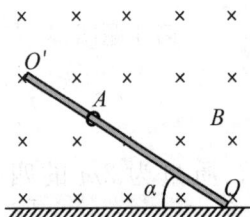

第 5 题图

第 13 讲 与速度相关的力作用下的曲线运动求解策略

引路人 杭州市余杭第一中学 贺琳

一、案例分析

典型例题

利用磁场实现离子偏转是科学仪器中广泛应用的技术。如图所示，xOy 平面（纸面）的第一象限内有足够长且宽度均为 L、边界均平行 x 轴的区域 I 和 II，其中区域 I 存在磁感应强度大小为 B_1 的匀强磁场，区域 II 存在磁感应强度大小为 $B_2 = \dfrac{B_1}{L}y$ 的磁场，方向均垂直于纸面向里，区域 II 的下边界与 x 轴重合。位于 $(0, 3L)$ 处的离子源能释放出质量为 m、电荷量为 q、速度方向与 x 轴的夹角为 $60°$ 的正离子束，沿纸面射向磁场区域。不计离子的重力及离子间的相互作用，并忽略磁场的边界效应。离子源射出的离子数按速度大小均匀地分布在 $\dfrac{B_1qL}{m} \sim \dfrac{6B_1qL}{m}$ 范围，求进入第四象限的离子数与总离子数之比 η。

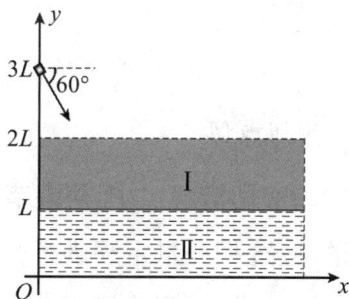

例题图

常见错解

常见错解 1：

B_2 磁场是非匀强磁场，大小与 y 有关，速度 v 的方向也一直在变。虽然考虑到洛伦兹力不做功，应该选择动量定理进行分析，但不知道该如何对变化的洛伦兹力运用动量定理。另外也未分析出恰好无法射入第四象限时的末速度是沿水平方向的。

常见错解 2：

考虑到洛伦兹力不做功，应该选择动量定理进行分析，由于恰好无法射入第四象限时的末速度沿水平方向，可以对水平方向运用动量定理。

由此得

$$B_2qv_x\Delta t = m\Delta v_x$$

求和可得

正确解答

对离子进行受力分析，并沿水平方向和竖直方向进行正交分解，如图所示。

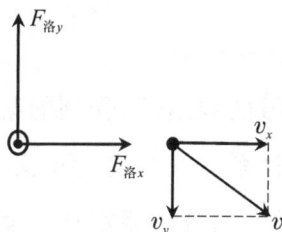

正解答图

对水平方向由动量定理得

$$B_1qv_y\Delta t_1 + B_2qv_y\Delta t_2 = m\Delta v_x$$

$$\Rightarrow B_1q\Delta y_1 + \frac{B_1}{L}yq\Delta y_2 = m\Delta v_x$$

$$\Rightarrow \sum\left(B_1q\Delta y_1 + \frac{B_1}{L}yq\Delta y_2\right) = \sum m\Delta v_x$$

最终进入区域 II 的离子若刚好到达 x 轴，则末速度沿 x 轴正方向，则离子从射出到运动至 x 轴的过程中，有

$$\sum \frac{B_1}{L} y q \Delta x = \sum m \Delta v_x$$

接下来不知该如何计算求和结果。

$$B_1 q L + \frac{B_1}{L} \cdot \frac{0+L}{2} \cdot q L = m(v - v\cos 60°)$$

解得 $v = \dfrac{3B_1 qL}{m}$，则速度在 $\dfrac{3B_1 qL}{m} \sim \dfrac{6B_1 qL}{m}$ 范围的离子才能进入第四象限。因离子源射出离子的速度范围为 $\dfrac{B_1 qL}{m} \sim \dfrac{6B_1 qL}{m}$，又由粒子源射出的粒子个数按速度大小均匀分布，可知能进入第四象限的离子占离子总数的比 $\eta = 60\%$。

教师点评

常见错解 1 中，解题者虽然正确地认识到洛伦兹力不做功，用能量守恒无法求解未知物理量，应选择动量定理进行分析，但局限于对合速度运用动量定理，未注意到临界速度方向的特殊性，未认识到曲线运动可以分解为两个直线分运动，再对分方向运用动量定理。

常见错解 2 中，解题者知道运用动量定理，也注意到临界速度的特殊性，考虑对受力进行正交分解，对水平方向运用动量定理，但是在对水平方向进行受力分析时，误认为水平方向的洛伦兹力受水平速度的影响，从而得出一个难以求解的求和方程，从而无法继续分析。

如果要正确求解本题，需要遵循以下思维过程。

| 确定正离子为研究对象，做曲线运动，受到与速度相关的力即洛伦兹力 | → | 对受力进行分解，确定分运动的受力情况 | → | 对分运动运用动量定理 | → | 综合题目信息和其他规律求解 |

策略总结

若物体做曲线运动，受到的某个力与速度有关，那么力与速度是相互制约的关系，应先选择适当的坐标系对受力进行正交分解，然后结合临界条件对分运动运用动量定理。如果无法求解，则再考虑结合动能定理等能量规律，求出临界状态时的某些物理量。最后综合题目信息和其他规律，求解其他物理量。具体的思维过程如下。

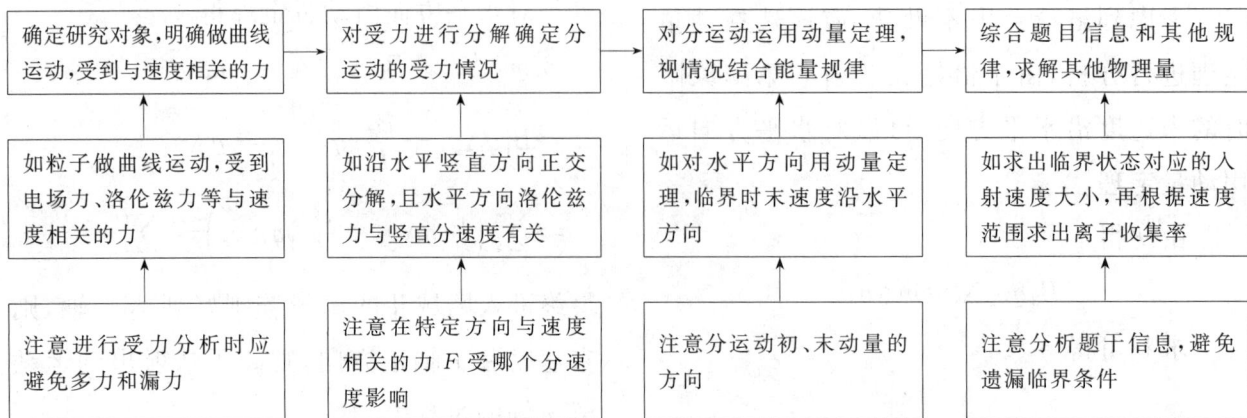

确定研究对象，明确做曲线运动，受到与速度相关的力	对受力进行分解确定分运动的受力情况	对分运动运用动量定理，视情况结合能量规律	综合题目信息和其他规律，求解其他物理量
如粒子做曲线运动，受到电场力、洛伦兹力等与速度相关的力	如沿水平竖直方向正交分解，且水平方向洛伦兹力与竖直分速度有关	如对水平方向用动量定理，临界时末速度沿水平方向	如求出临界状态对应的入射速度大小，再根据速度范围求出离子收集率
注意进行受力分析时应避免多力和漏力	注意在特定方向与速度相关的力 F 受哪个分速度影响	注意分运动初、末动量的方向	注意分析题干信息，避免遗漏临界条件

二、针对性训练

基础训练

1. (动量守恒定律内容学习后)在某次排球比赛中,中国女排队员跳至距水平地面高度为 h 的 A 点将排球以水平速度 v_0 击出,落至地面某点 B 时速度大小为 $\frac{\sqrt{2}}{2}v_0$,方向与水平地面的夹角为 $45°$,如图所示。排球在运动过程中受到的空气阻力大小始终与速度大小成正比,方向始终与运动方向相反。已知排球从 A 点飞出时受到的空气阻力最大,最大值恰好等于自身受到的重力,重力加速度大小为 g。试求出排球从击出到落地的时间以及水平位移的大小。

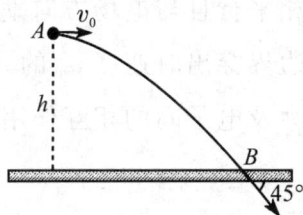

第 1 题图

2. (安培力、洛伦兹力内容学习后)一足够长的条状区域内存在匀强磁场,其在 xOy 平面内的截面如图所示,磁场区域的宽度为 l,下边界距 x 轴的距离为 d。磁感应强度 B 的大小与 y 坐标呈线性关系,且满足 $B=B_0+ky$(B_0 已知,k 未知),方向垂直于 xOy 平面向里。一带正电的粒子,电荷量为 q,质量为 m,以某一速率 v_0 以与 x 轴正方向成 $60°$ 的夹角进入磁场,经过一段时间后恰好到达磁场的上边界。不计粒子重力及电磁间的影响,试确定 k 的值。

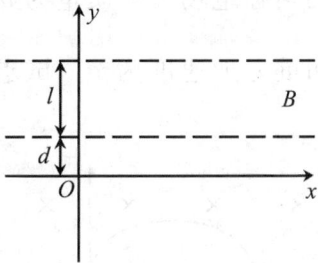

第 2 题图

3. (安培力、洛伦兹力内容学习后)霍尔推进器某局部区域可抽象成如图所示的模型。xOy 平面内存在竖直向下的匀强电场和垂直于坐标平面向里的匀强磁场,磁感应强度大小为 B,电场强度大小为 v_0B。质量为 m、电荷量为 $-e$ 的电子从 O 点沿 x 轴正方向水平入射。入射速度为 v_0 时,电子沿 x 轴做直线运动;入射速度小于 v_0 时,电子的运动轨迹如图中的虚线所示。若电子入射速度在 $0<v<v_0$ 范围内均匀分布,试求出能到达纵坐标 $y_2=\frac{mv_0}{5eB}$ 位置的电子数 N 占总电子数 N_0 的比。不计重力及电子间的相互作用。

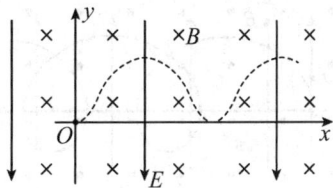

第 3 题图

4.（安培力、洛伦兹力内容学习后）如图所示,在 y 轴右侧加多层紧密相邻的匀强电场和匀强磁场。电场、磁场的宽度均为 d。电场强度大小为 E,方向水平向右,垂直于纸面向里的磁场的磁感应强度大小为 B_1,垂直于纸面向外的磁场的磁感应强度大小为 B_2,电、磁场的边界互相平行且与电场方向垂直。有一电子垂直于 y 轴水平向右射入第 1 层磁场,若从第 n 层右侧边界穿出时速度 v_n 的方向恰好平行于 y 轴向下。已知电子电量为 $-e$,质量为 m,不计电子重力及电子间的相互作用。求 B_2 的大小(用 v_0、e、m、B_1、E 表示)。

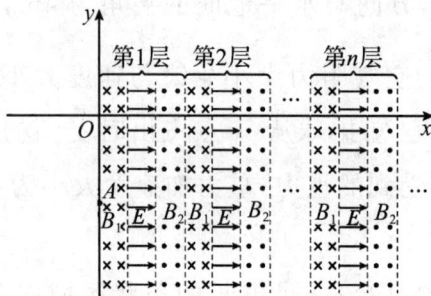

第 4 题图

拓展训练

1.（一轮复习）如图所示,空间内存在范围足够大、磁感应强度大小为 B 的水平匀强磁场,以及竖直向上、场强为 $E\left(E>\dfrac{mg}{q}\right)$ 的匀强电场。一质量为 m、带正电 q 的小球在 O 点由静止释放,小球的运动曲线如图所示。已知重力加速度为 g。试求出小球从 O 点由静止释放后获得的最大速率 v_{m}。

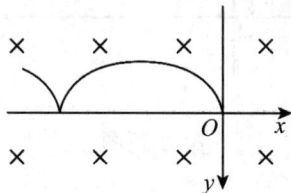

第 1 题图

2.（一轮复习）如图所示,空间内存在一范围足够大、垂直于 xOy 平面向外、磁感应强度大小为 B 的匀强磁场,以及沿 y 轴正方向、大小为 E 的匀强电场。让质量为 m、电荷量为 $q(q>0)$ 的粒子从坐标原点 O 以初速度 v_0 沿 y 轴正方向发射。研究表明:粒子在 xOy 平面内做周期性运动,运动轨迹如图所示。不计重力和粒子间的影响。求该粒子在运动过程中的最大速度值 v_{m}。

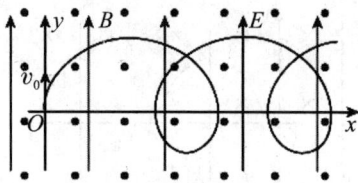

第 2 题图

3. (一轮复习)如图所示,足够大的空间内存在 xOy 坐标系,x 轴水平,y 轴竖直。一质量为 m、电量 $q(q>0)$ 的粒子从坐标原点以初速度 v_0 沿 x 轴射入,不计粒子重力。若在空间内分别施加竖直向下的匀强电场 E 与垂直于 xOy 向里的匀强磁场 B,可使粒子分别通过图中关于 x 轴对称的 A、A' 点。若空间同时施加上述电场和磁场,求粒子在运动过程中的最大速度和最小速度的大小。

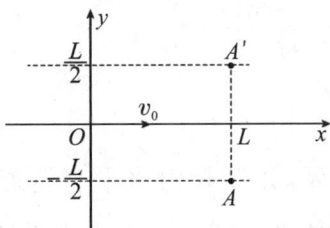

第 3 题图

4. (一轮复习)现代科学仪器常利用电场、磁场控制带电粒子的运动。如图所示,在真空的坐标系中,第一象限和第四象限存在着垂直于纸面向里的匀强磁场,第二象限内有边界互相平行且宽度均为 d 的六个区域,交替分布着方向竖直向下的匀强电场和方向垂直于纸面向里的匀强磁场,调节电场和磁场的强度大小,可以控制飞出的带电粒子的速度大小和方向。现将质量为 m、电荷量为 q 的带正电粒子在边界 P 处由静止释放,粒子恰好以速度大小 v 从 y 轴上的 Q 点进入第一象限,经过 x 轴上的 M 点时速度方向刚好沿 x 轴正向。已知 Q 点坐标为 $(0,L)$,M 点坐标为 $(3L,0)$,不计粒子重力及运动时的电磁辐射,不考虑粒子再次进入第二象限的运动情况。求第二象限中磁感应强度大小 B_0。

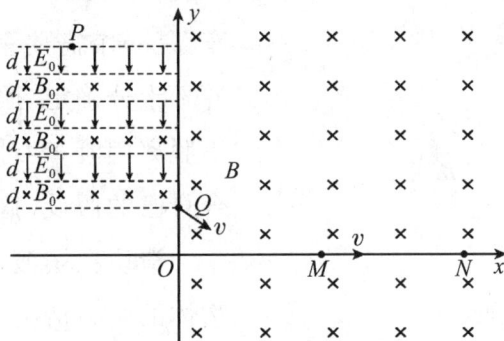

第 4 题图

5. (一轮复习)某研究小组设计了磁场分布如图所示,在 xOy 平面(纸面)内,第一象限和第四象限内存在垂直于纸面向外的匀强磁场,磁感应强度大小为 B,一比荷 $\frac{q}{m}=\frac{v_0}{Bd}$ 的带正电粒子以速度 v_0 在坐标为 $(0,2d)$ 的 P 点处垂直于磁场边界射入磁场。若粒子进入磁场后受到了与速度大小成正比、方向相反的阻力,观察发现该粒子轨迹呈螺旋状并与磁场左边界相切于点 $Q(0,y)$(未标出)。求 Q 点的坐标 y 的值。已知整个装置处于真空中,不计粒子重力。

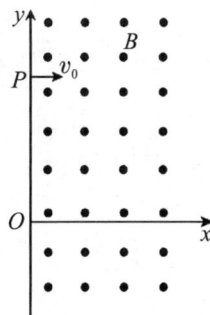

第 5 题图

第 14 讲 自我追问策略

引路人　浙江省临安中学　周敏

一、案例分析

(一)面对复杂的情境

典型例题

一游戏装置的竖直截面如图所示,该装置由水平直轨道 AB、底面水平的凹槽 $BCDE$、放在凹槽内的无动力摆渡车和平台 EF 组成。摆渡车紧靠在竖直侧壁 BC 处,摆渡车上表面与直轨道 AB、平台 EF 位于同一水平面,除摆渡车上表面之外,其余所有摩擦不计,且各处平滑连接。已知 CD 长度 $L_0 = 9\text{m}$,摆渡车长度 $L = 3\text{m}$,质量 $m = 1\text{kg}$。现有一质量也为 m 的滑块从轨道 AB 上以 $v_0 = 6\text{m/s}$ 滑上摆渡车。已知空气阻力不计,滑块可视为质点,摆渡车碰到竖直侧壁 DE 立即静止,且摆渡车碰到 ED 前,滑块恰好不脱离摆渡车,则滑块与摆渡车间的动摩擦因数 μ 为多大?

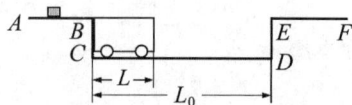
例题图

常见错解

摆渡车碰到 DE 前,滑块恰好不脱离摆渡车,根据系统动量守恒可得

$$mv_0 = 2mv_1$$

根据能量守恒可得

$$\mu mgL = \frac{1}{2}mv_0^2 - \frac{1}{2} \times 2mv_1^2$$

联立上述方程可得

$$v_1 = \frac{v_0}{2} = 3\text{m/s}, \mu = 0.3$$

正确解答

题目中有需要重点关注的特殊条件吗? "摆渡车碰到 ED 前,滑块恰好不脱离摆渡车"是一个需要重点关注的特殊条件。由于并不十分确定"摆渡车碰到 ED 前,滑块恰好不脱离摆渡车"对应的物理条件,因此需要结合自己的假设(猜想)进行思考。

滑块在摆渡车上相对运动的过程中,两物体的受力情况如图(a)所示。

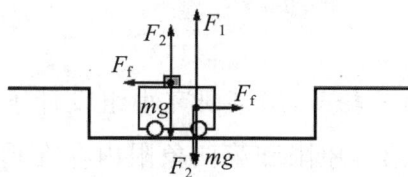

正解答图(a)

假设 1:摆渡车碰到 ED 前一瞬间,滑块恰好滑到摆渡车的右端。选择 v-t 图像用于描述两物体的运动,对应的图像如图(b)所示。

能否用图像验证假设？在图(b)中,阴影Ⅰ是滑块相对摆渡车的位移,阴影Ⅱ是摆渡车的位移,显然滑块的相对位移大于摆渡车的位移。而由题中信息可知,滑块的相对位移 $L=3m$,摆渡车的位移为 $L_0-L=6m$。所以假设不成立。

假设2:摆渡车碰到 ED 前一瞬间,滑块恰好滑到摆渡车的右端且与摆渡车共速。选择 v-t 图像用于描述两物体的运动,对应的图像如图(c)所示。从图像上看,假设2与假设1同理,不成立。

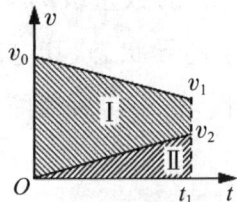
正解答图(b)

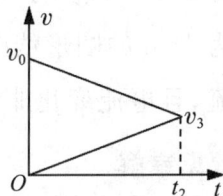
正解答图(c)

假设 3:摆渡车碰到 ED 之前,滑块与摆渡车已经共速,且滑块恰好滑到摆渡车的右端。选择 v-t 图像用于描述两物

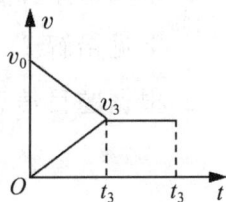
正解答图(d)

体的运动,对应的图像如图(d)所示。对滑块与摆渡车系统有 $mv_0=(m+m)v_3$,可解得 $v_3=3m/s$。共速时物块的位移 $x_物=\dfrac{v_3^2-v_0^2}{-2a_1}$,摆渡车的位移 $x_车=\dfrac{v_3^2}{2a_2}$,$x_物-x_车=L$,$a_1=a_2=\mu g$。联立方程解得 $\mu=0.3$,$x_物=4.5m<9m$,后一段时间,物块与摆渡车一起向右匀速运动,结果自恰,假设是合理的。

教师点评

在常见错解中,解题者虽然掌握了碰撞模型、动量与能量的相关知识,但在分析运动过程、建立运动模型时常常"自以为是",缺乏对可能出现的运动情况进行分类讨论,缺乏对假设结论

的质疑与论证。

为了在解决问题的时候,使自己的思维更加深入和全面,需要有序地在各个环节中对自己进行追问,具体思维过程如下。

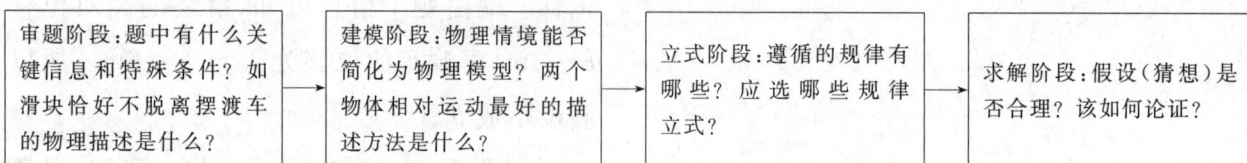

审题阶段:题中有什么关键信息和特殊条件? 如滑块恰好不脱离摆渡车的物理描述是什么?	→	建模阶段:物理情境能否简化为物理模型? 两个物体相对运动最好的描述方法是什么?	→	立式阶段:遵循的规律有哪些? 应选哪些规律立式?	→	求解阶段:假设(猜想)是否合理? 该如何论证?

(二)面对陌生的情境

典型例题

若通以电流 I 的圆形线圈在线圈内产生的磁场近似为方向垂直于线圈平面的匀强磁场,其磁感应强度大小 $B=kI$(k 的数量级为 10^{-4} T/A)。现有横截面半径为 1mm 的导线构成半径为 1cm 的圆形线圈处于超导状态,其电阻率为 $10^{-26}\,\Omega\cdot m$。已知线圈开始时通有 100A 的电流,且电流变化非常缓慢,则一年后线圈电流减小量为多少(保留 1 位有效数字)?

常见错解

常见错解 1:

不知道用什么方法解,不会做。

常见错解 2:

根据题目信息可知线圈电阻

$$R=\rho\frac{2\pi r_2}{\pi r_1^2}$$

开始时线圈两端的电压

$$U=IR$$

代入数据可求得

$$R=2\times10^{-22}\,\Omega$$
$$U=2\times10^{-20}\,V$$

之后不会做。

正确解答

为了正确理解题意,可自我追问:题目中的关键信息有哪些? 是否还有未关注到的信息? 在问题的引导下可以提取的关键信息有超导线圈、在线圈内产生的磁场可视为方向垂直于线圈平面的匀强磁场、线圈的电流减小、电流减小得非常缓慢。

根据题目信息和所学物理规律,可自我追问:题设情境是一种什么物理现象? 物理模型是怎样的? 遵循怎样的物理规律? 在问题的引导下我们可以认识到线圈电流变化会引起线圈磁通量变化,会产生感应电动势,这是电磁感应现象。

虽然可以认识线圈具有闭合回路、电磁感应特征,但很难转化为熟悉的模型。能否从其他角度分析超导线圈的电流变化规律?

能量转化与守恒是普遍满足的规律。题目所述现象中的能量转化情况是,超导线圈具有磁场能,通过电磁感应,磁场能不断转化为电能,最终转化为内能。

方法 1：穿过线圈的磁场可视为匀强磁场，且其强度随电流变化而变化，故可用法拉第电磁感应定律求解感应电动势，从而解出电能。

$E = \dfrac{\Delta \Phi}{\Delta t} = \dfrac{\Delta B \cdot \pi r_2^2}{\Delta t}$，其中 $\Delta B = k\Delta I$，Δt 取 1 年。由能量转化与守恒定律知 $EI = I^2 R$。

由电阻定律知 $R = \rho \dfrac{l}{S} = \rho \dfrac{2\pi r_2}{\pi r_1^2}$。

联立方程得 $\Delta I = \dfrac{2\rho I \Delta t}{\pi k r_2 r_1^2} = 2 \times 10^{-5}\,\text{A}$。

方法 2：减小的磁场能

$$\Delta E = \frac{1}{2}LI^2 - \frac{1}{2}L(I - \Delta I)^2$$

略去高阶小量得 $\Delta E = LI\Delta I$；其中自感系数的大小可由法拉第电磁感应定律求解，因自感电动势 $E = \dfrac{\Delta \Phi}{\Delta t} = \dfrac{\Delta B \cdot S}{\Delta t} = \dfrac{k\Delta I \cdot S}{\Delta t}$，同时自感电动势 $E = L\dfrac{\Delta I}{\Delta t}$，故 $L = kS = k\pi r_2^2$；减小的磁场能最终通过电阻转化为内能，因而 $\Delta E = I^2 R \Delta t$；由电阻定律知 $R = \rho \dfrac{l}{S} = \rho \dfrac{2\pi r_2}{\pi r_1^2}$；

联立方程解得 $\Delta I = \dfrac{2\rho I \Delta t}{\pi k r_2 r_1^2} = 2 \times 10^{-5}\,\text{A}$。

教师点评

从常见错解看，大部分学生面对陌生情境常常束手无策，部分学生虽能根据题目信息求出线圈的电阻和电阻两端的初始电压，但无法进一步正确立式求解。其根本原因是没有做到理解题目对应的物理现象、构建物理模型，选择合适的物理规律进行求解。

为了更好地理解题意，认识本质，需要有序地在解决问题的各个环节中，不断自我追问，具体思维过程如下。

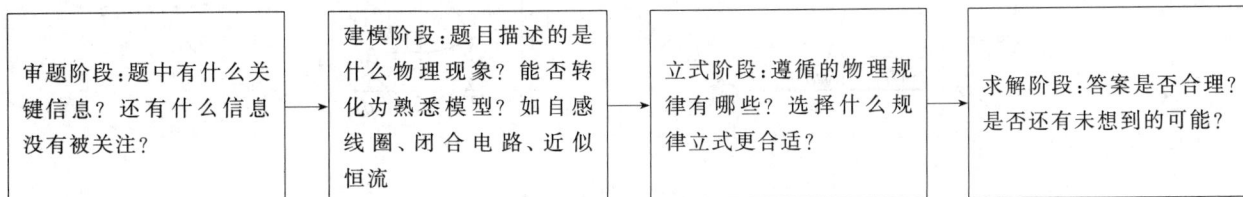

| 审题阶段：题中有什么关键信息？还有什么信息没有被关注？ | → | 建模阶段：题目描述的是什么物理现象？能否转化为熟悉模型？如自感线圈、闭合电路、近似恒流 | → | 立式阶段：遵循的物理规律有哪些？选择什么规律立式更合适？ | → | 求解阶段：答案是否合理？是否还有未想到的可能？ |

（三）策略总结

面对真实的情境、从未见过的陌生情境或复杂情境时，可通过自我追问的策略，在审题、建模、立式、求解等环节进行自我设问，引导自己深入、全面地思考，具体的思维过程如下。

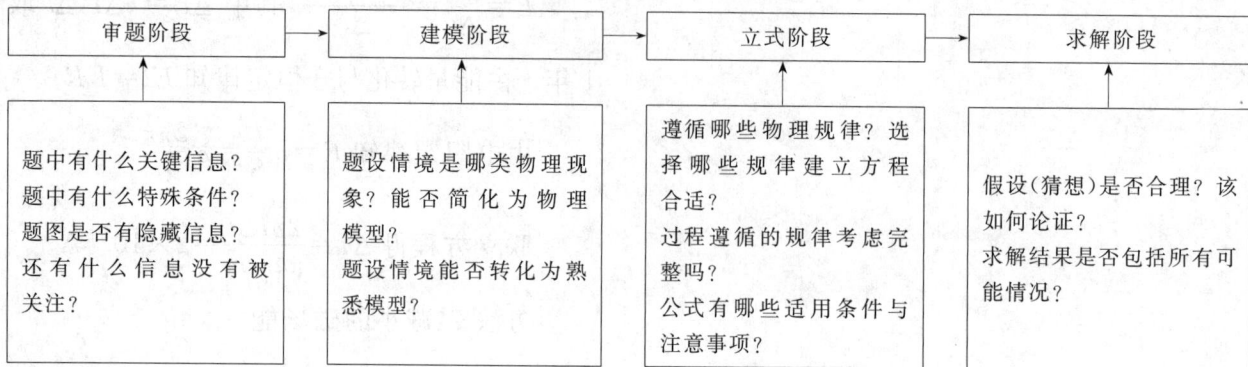

审题阶段 →	建模阶段 →	立式阶段 →	求解阶段

| 题中有什么关键信息？题中有什么特殊条件？题图是否有隐藏信息？还有什么信息没有被关注？ | 题设情境是哪类物理现象？能否简化为物理模型？题设情境能否转化为熟悉模型？ | 遵循哪些物理规律？选择哪些规律建立方程合适？过程遵循的规律考虑完整吗？公式有哪些适用条件与注意事项？ | 假设（猜想）是否合理？该如何论证？求解结果是否包括所有可能情况？ |

二、针对性训练

基础训练

1.（一轮复习）某同学用频闪照相记录平抛小球在不同时刻的位置，研究平抛运动的特点。该同学实验时忘了标记铅垂线方向，无法直接获知重力加速度方向，为解决此问题，他在频闪照片中，以小球的某位置为坐标原点，沿任意两个相互垂直的方向作为 x 轴和 y 轴的正方向，建立直角坐标系 xOy，并测得照片中另外两个位置 A、B 的坐标分别为 (x_1, y_1) 和 (x_2, y_2)，如图所示。试根据平抛运动规律求出重力加速度与 y 轴的夹角的正切值。

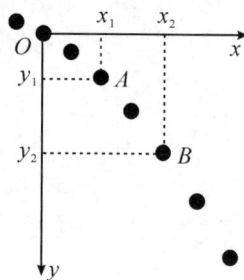

第 1 题图

2.（一轮复习）如图（a）所示，一质量为 m 的物块 A 与轻质弹簧连接，静止在光滑水平面上；物块 B 向 A 运动，当 $t=0$ 时与弹簧接触，到 $t=2t_0$ 时与弹簧分离，第一次碰撞结束，A、B 的 $v-t$ 图像如图（b）所示。A、B 分离后，A 滑上粗糙斜面，然后滑下，与一直在水平面上运动的 B 再次碰撞，之后 A 再次滑上斜面，达到的最高点与前一次相同。已知斜面与水平面光滑连接，碰撞过程中弹簧始终处于弹性限度内。求全过程中弹簧弹性势能的最大值。

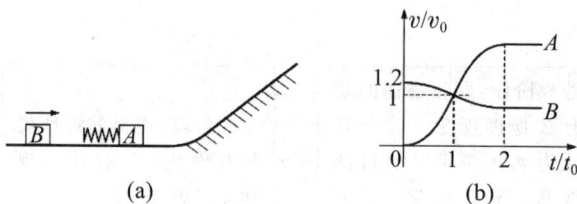

（a）   （b）

第 2 题图

3.（一轮复习）用幻灯机将水槽里的水面波投影到屏幕上，一圈圈的波峰、波谷会形成明暗相间的图案。如图所示，a、b、c、d、e 是水槽水面上同一直线上的五个质点，已知 $ac=bc$。某时刻起两波源 a、b 同方向起振，周期同为 T，形成的水波波速为 v，一段时间后形成两列波叠加的图案，此时 c 点的位移正向最大。

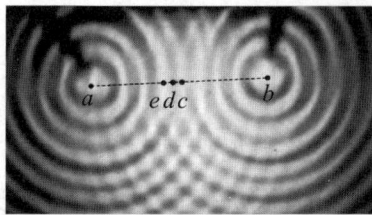

第 3 题图

下列说法错误的是 　　　　　　　　　　　　　　　　　　　　　（　　）

A. d 点是振动加强的点　　　　　　　　　B. 此时 c、e 间有一个振动减弱点

C. c、e 两质点的水平距离约为 vT　　　　D. e 点与 b、a 的水平距离差约 $2vT$

4.（一轮复习）如图（a）所示，在倾角 $\theta=37°$ 的光滑斜面上，有一质量 $M=1\text{kg}$ 的矩形金属导体框 $ACDE$，其中 AC、DE 长 $L=1\text{m}$，电阻均为 $R=1\Omega$；斜面、AE、CD 足够长且电阻不计，AC 与斜面底边平行。另外有一导体棒 MN，其质量 $m=0.5\text{kg}$，长也为 $L=1\text{m}$，电阻也为 $R=1\Omega$，平行于 AC 静置在导体框上，其下方有两个垂直于斜面的绝缘立柱阻挡；导体棒 MN 与导体框间的动摩擦因数 $\mu=0.2$，在 MN 下方存在垂直于斜面向上、磁感应强度大小 $B=1\text{T}$ 的匀强磁场，MN 上方（含 MN 处）存在沿斜面向上、磁感应强度大小也为 $B=1\text{T}$ 的匀强磁场。已知导体框在沿斜面向上的拉力 F 作用下向上运动，测得导体棒 MN 两端电压随时间变化的关系如图（b）所示；当 $t=30.3\text{s}$ 时导体棒与导体框恰好等速。求拉力 F 随时间 t 的变化关系。

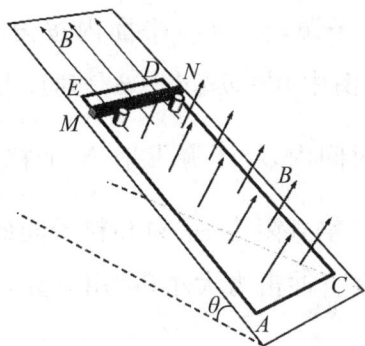
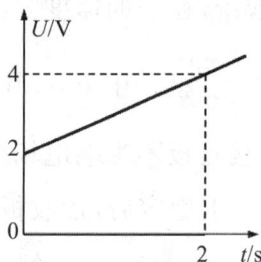

(a)　　　　　　　　　　　　　(b)

第 4 题图

5.（一轮复习）斯特潘定律是热力学中的著名定律之一，其内容如下：一个黑体表面单位面积辐射的功率与黑体本身的热力学温度 T 的四次方成正比，即 $P_0=\sigma T^4$，其中常量 $\sigma=5.67\times10^{-8}\text{W}/(\text{m}^2\cdot\text{K}^4)$。假定太阳和地球都可以看成黑体，不考虑大气层反射、吸收等因素，已知太阳表面平均温度约为 6000K，地球表面平均温度约为 300K，已知日地距离约为 $1.5\times10^{11}\text{m}$，试估算太阳半径（保留 2 位有效数字）。

拓展训练

1.（一轮复习）如图所示是某沙漏照片,照片中漏下的沙粒在空中运动时形成一条条竖影,看不出形状,沙粒在空中的疏密分布也不均匀。若近似认为沙粒从出口处下落的初速度为0,忽略空气阻力,不计沙粒间的相互影响,设沙粒随时间均匀地从出口处漏下,试求出口处正下方 $0\sim3$ cm 范围内的沙粒数与 $3\sim6$ cm 范围内的沙粒数之比 $n_1:n_2$。

第 1 题图

2.（一轮复习）某学习小组基于电磁阻尼原理设计了一个电磁制动系统。如图所示,系统的轨道由固定在水平面上的绝缘板和铝板拼接而成,铝板长度足够,厚度为 d,电阻率为 ρ。无动力小车的总质量为 m,车厢底部装有励磁线圈（图中未画出）,当小车的车头进入铝板上方时,控制系统立即使线圈通电,可使图中边长为 L 的正方形虚线区域内产生方向竖直向下、磁感应强度为 B 的匀强磁场,其他区域的磁场可忽略不计。为了研究方便,铝板只考虑处于磁场区域部分的电阻,其他部分的电阻不计。已知小车向右运动,当车头刚到达铝板开始减速时的速度大小为 v_0,求此后小车滑行距离的可能值。

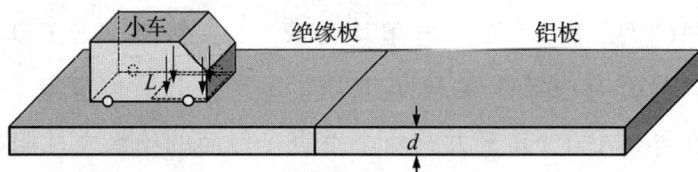

第 2 题图

3.（一轮复习）如图所示,在 $0\leqslant x\leqslant 2d$ 区域内存在电场强度大小 $E=\dfrac{mv_0^2}{3qd}$、方向沿 y 轴正方向的匀强电场;$x\geqslant 2d$ 区域为无场区。在 $x=4d$ 处垂直于 x 轴放置一块长度为 $2d$ 的接收板,上端紧靠 x 轴。在原点 $O(0,0)$ 位置有一粒子源,在 xOy 平面内按角度均匀发射质量为 m、电荷量为 $+q$ 的粒子,粒子的速度方向限制在图中 $0°\leqslant\theta\leqslant 60°$（$\theta$ 是速度与 x 轴的夹角）范围内,速度大小满足 $v=\dfrac{v_0}{\cos\theta}$（其中 v_0 已知）,单位时间内,粒子源发射 N 个粒子。已知粒子打到接收板后即被吸收,接收板不影响电场分布,不计空气阻力、重力和粒子间的相互作用力,可能用到 $\tan 26.5°=0.5$。求稳定后,接收板受到的垂直冲击力大小（可用分数表示）。

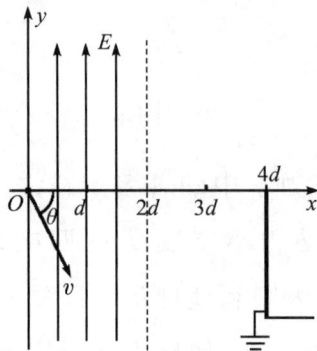

第 3 题图

4.（一轮复习）某同学在到竖直墙壁的水平距离为 d 处，以仰角 α 向墙投掷一个小球，如图所示。若不计空气阻力，忽略小球的转动，则欲使该球从墙壁回跳后仍落到他手中，则他投球的初速度 v_0 需为多大？（已知小球与墙壁的碰撞时间极短，在垂直于墙壁的方向上，小球碰撞前、后速率之比为 $2:1$，球与墙壁间的摩擦因数为 μ，且 $\mu < \tan\alpha$。）

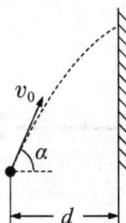

第 4 题图

5.（一轮复习）截面如图所示的直角棱镜 ABC，其中 BC 边和 CA 边镀有全反射膜。一细束白光以入射角 $\theta = 60°$ 从 AB 边入射，然后经过 BC、CA 反射，又从 AB 边射出。已知三角形 AB 边的高为 h，真空光速为 c，某种色光在棱镜中传播时间最短，则该种色光在棱镜中的折射率多大？所用时间为多长？

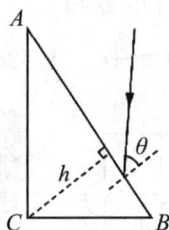

第 5 题图

第四章　科学探究

第1讲　电表电阻观(一)——电表的改装

一、案例分析

典型例题

实验探究电容器两极板间电势差与所带电荷量的关系,其电路图和实物连接图如图(a)和图(b)所示,图中两个电容器 A 与 B 完全相同,V 是直流电压表。先将开关 S_1 接 1,S_2 断开。当开关 S_1 从 1 接到 2 一段时间后,电压表示数将　　　　　　　　　　　　(　　)

A. 不变　　　　　　　B. 减为原来的一半　　　C. 变为 0　　　　　　　D. 变大

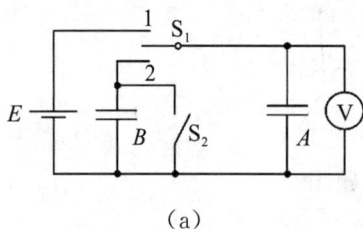

　　　　　　(a)　　　　　　　　　　　　　　　　(b)

例题图

常见错解

常见错解 1:

根据课堂演示实验结论,直接选 B。

常见错解 2:

当开关 S_1 接 2 时,另一个相同的但不带电的电容器 B 与 A 并联,形成放电回路,电荷量变为一半时,不再放电。电压表测量电容器两端的电压,故示数变为一半。选 B。

正确解答

当开关 S_1 接 2 时,另一个相同的但不带电的电容器 B 与 A 并联,形成放电回路。是否电容器 B 电荷量变为一半时,就不再放电呢?因电容器 A、B 与电压表并联,电压表本质是个电阻,会形成另外一个放电回路,经过短暂时间放电结束,电容器两端电势差为零。正确选项为 C。

教师点评

常见错解 1 中,解题者没有分析,仅凭记忆中的结论就回答;常见错解 2 中,解题者有做了分析,但错误地将电压表误认为就是测量电压的仪器,缺乏对电表内部结构的了解,缺乏电表本质是电阻的观念。课本中使用的数字电压表(理想电压表)与常用电压表内部结构不同,相当于电阻值无穷大的电阻。由于电表类型不同,所以对电表特征的关注尤为重要。

本例正确求解的思维过程如下。

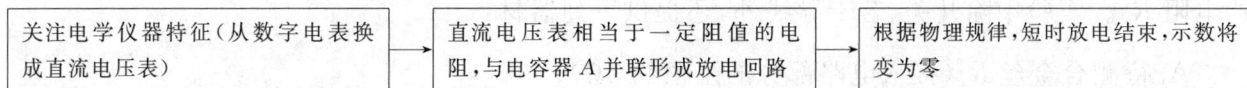

关注电学仪器特征(从数字电表换成直流电压表)	→	直流电压表相当于一定阻值的电阻,与电容器 A 并联形成放电回路	→	根据物理规律,短时放电结束,示数将变为零

观念形成

电路设计、电路分析等问题,通常都与电表电阻有关,应该具有以下认识(观点)。

(1)电表其实就是电阻,且是可以显示自身两端电压或通过电流的特殊电阻。

(2)电表身份可以互换,既可以测电流又可以测电压,还可以扩大量程或改装后测其他物理量。

(3)电表内阻会带来测量的系统误差,在电表内阻已知的情况下,又可以通过恰当的接法和理论分析消除系统误差。

具体思维过程如下。

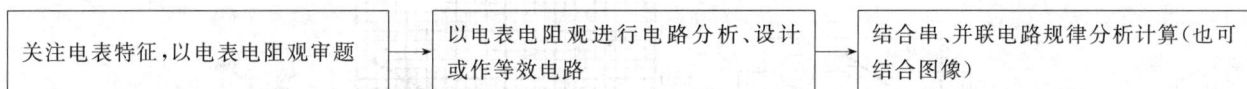

关注电表特征,以电表电阻观审题	→	以电表电阻观进行电路分析、设计或作等效电路	→	结合串、并联电路规律分析计算(也可结合图像)

二、针对性训练

基础训练

1. (恒定电流内容学习后)两个定值电阻 R_1、R_2 串联后接在输出电压稳定于 12V 的直流电源上,若把一个内阻不是远大于 R_1 或 R_2 的电压表接在 R_1 两端,如图(a)所示,电压表的示数为 8V。若把此表改接在 R_2 两端,如图(b)所示,则电压表的示数将 （　　）

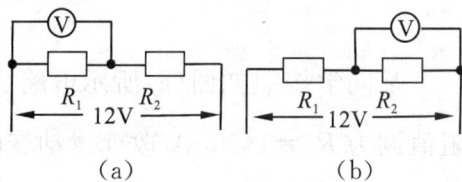

第1题图

A. 小于 4V　　　　　B. 等于 4V　　　　　C. 大于 4V,小于 8V　　D. 等于或大于 8V

2. (恒定电流内容学习后)某同学想制作一个简易多用电表。实验室中可供选择的器材如下。

第2题图

电流表 G_1:量程为 $0\sim200\mu A$,内阻为 500Ω。

定值电阻 R_1:阻值为 125Ω。

定值电阻 R_2:阻值为 $2.9k\Omega$。

滑动变阻器 R_3:最大阻值为 $5k\Omega$。

直流电源:电动势为 1.5V,内阻为 0.5Ω。

红、黑表笔各一支,开关,单刀多向开关,导线若干。

该同学打算用电流表 G_1 表头,他利用所给器材,设计了如图所示的多用电表内部电路,请回答下列问题。

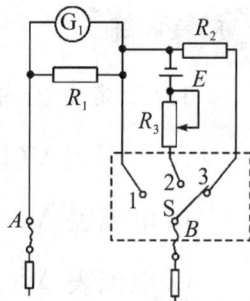

(1)开关接在 1、2、3,上分别对应什么电表?

(2)若用此多用电表测量电压,则其量程为_____V。

3. (恒定电流复习)在"测定金属的电阻率"实验中。按如图(a)所示的电路图测量合金丝的电阻 R_x。实验中除开关、若干导线外,还提供下列器材:

A. 待测合金丝 R_x(接入电路部分的阻值约 5Ω);

B. 电源(电动势为 $4V$,内阻不计);

C. 电流表(量程为 $0\sim0.6A$,内阻约为 0.2Ω);

D. 灵敏电流计 G(满偏电流 I_g 为 $200\mu A$,内阻 r_g 为 500Ω);

E. 电压表 V_1(量程为 $0\sim15V$,内阻约为 $3k\Omega$);

F. 滑动变阻器($0\sim10\Omega$,允许通过的最大电流为 $1A$);

G. 电阻箱 R_0($0\sim99999.9\Omega$)。

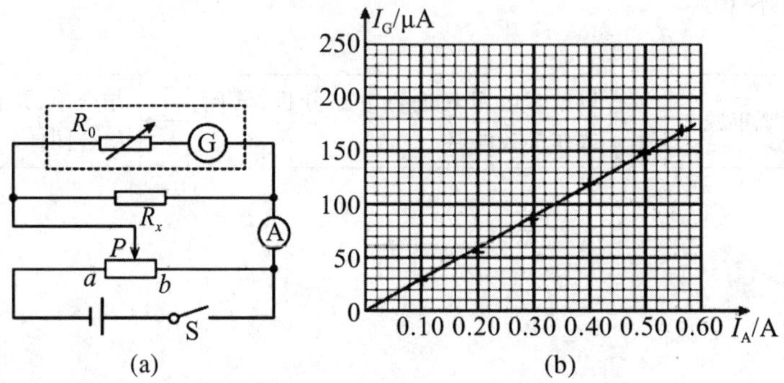

第 3 题图

某同学按照如图(a)所示电路图选择恰当仪器后,正确连接好电路,将电阻箱接入电路的阻值调为 $R_0=14500\Omega$,改变滑动变阻器滑片的位置,进行多次实验,根据实验数据,作出了灵敏电流计 G 的示数 I_G 和电流表 A 的示数 I_A 的关系图像如图(b)所示,由此可知,合金丝接入电路的电阻测量值 $R_x=$ _____ Ω(保留 2 位有效数字)。

拓展训练

1. (恒定电流内容学习后)为尽可能准确测量电压表阻值,实验室备有以下器材:

A. 电压表 V(量程为 $0\sim3V$,内阻约为 $3k\Omega$);

B. 电流表 A_1(量程为 $0\sim3A$,内阻约为 0.1Ω);

C. 电流表 A_2(量程为 $0\sim3mA$,内阻约为 0.1Ω);

D. 滑动变阻器 R_1(10Ω,额定电流为 $3A$);

E. 直流电源 E($3V$,内阻约为 2Ω);

F. 开关、导线若干。

作出测量电压表阻值的实验电路图并写出 R_V 的表达式。

2.(恒定电流内容学习后)四个相同的灵敏电流计(电阻为 R_g)分别改装成两个电流表 A_1、A_2 和两个电压表 V_1、V_2,已知电流表 A_1 的量程小于 A_2 的量程,电压表 V_1 的量程大于 V_2 的量程,之后将它们接入如图所示的电路中,合上开关。下列说法正确的是 ( )

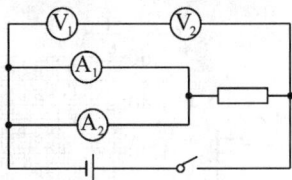

第2题图

A. 两个电压表 V_1、V_2 是由灵敏电流计与小于 R_g 的电阻串联改装而成的

B. A_1 的电阻大于 A_2 的电阻,V_1 的电阻大于 V_2 的电阻

C. V_1、V_2 的指针偏转角不相同,读数相等

D. A_1、A_2 的指针偏转角相同,读数不相等

3.(一轮复习)某同学在测某型号电池的电动势和内阻时所用器材如下。

某型号电池:电动势为 3V 左右,内阻为几欧。

电压表 V:量程为 $0\sim3V$,内阻约为 3000Ω。

电流表 A:量程为 $0\sim30mA$,内阻为 38Ω。

标准电阻 R_0:2Ω。

滑动变阻器 R_1:$0\sim20\Omega$,$2A$。

开关、导线若干。

(1)该小组两名同学各设计了一个实验,电路如图(a)所示,其中可行的是_____(填"甲"或"乙")。

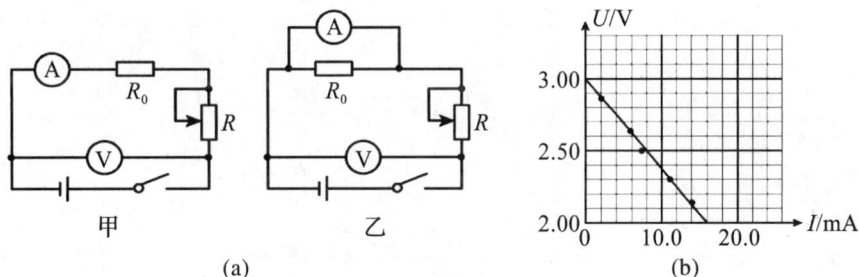

(a)   (b)

第3题图

(2)选择第(1)题中正确的电路后,该小组同学闭合开关,调节滑动变阻器,多次测量,得出多组电压表示数 U 和电流表示数 I,通过描点作出 U-I 图像如图(b)所示,则该电池的电动势 $E=$ _____ V,内阻 $r=$ _____ Ω(结果均保留 3 位有效数字)。

(3)实验时发现电压表坏了,剩余仪器中仅用电阻箱替换掉滑动变阻器,重新连接电路,仍能完成实验。在数据处理时根据电流表示数 I 与电阻箱的阻值 R 作出 $\frac{1}{I}$-R 图像,进行处理得到电源的电动势和内阻。如果考虑电流表的内阻,则这种方案测得的电动势的值与真实值相比,$E_测$ _____ $E_真$,$r_测$ _____ $r_真$(两空均填">""="或"<")。

4.（一轮复习）一实验小组利用图（a）所示的电路测量一电池的电动势 E（约为 1.5V）和内阻 r（小于 2Ω）。图中电压表量程为 $0\sim1V$，内阻 $R_V=380.0\Omega$；定值电阻 $R_0=20.0\Omega$；电阻箱 R 最大阻值为 999.9Ω；S 为开关。按电路图连接电路。

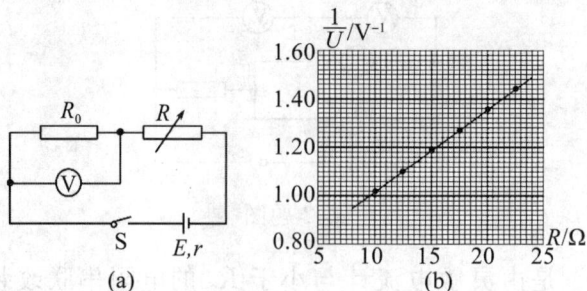

第 4 题图

（1）闭合开关，多次调节电阻箱，记录下阻值 R 和电压表的相应读数 U。

（2）根据如图（a）所示的电路，用 R、R_0、R_V、E 和 r 表示 $\dfrac{1}{U}$，得 $\dfrac{1}{U}=$ _____。

（3）利用测量数据，作 $\dfrac{1}{U}$-R 图像，如图（b）所示。

（4）通过图（b）可得 $E=$ _____ V（结果保留 2 位小数），$r=$ _____ Ω（结果保留 1 位小数）。

（5）则这种方案测得的电动势的值与真实值相比，$E_测$ _____ $E_真$，$r_测$ _____ $r_真$（两空均填"＞""＝"或"＜"）。

第2讲 电表电阻观(二)——电表的使用

引路人 浙江省温州中学 王孝厂

一、案例分析 ::::::::::::

典型例题

现要测量电阻 R_x 的阻值(约为 1000Ω),可供选用的器材有电压表 V_1(量程为 $0\sim5V$,内阻约为 3000Ω),电压表 V_2(量程为 $0\sim3V$,内阻为 3000Ω),电流表 A(量程为 $0\sim25mA$,内阻约为 100Ω),电源(电压可在 $0\sim5V$ 范围内调节),以及导线和开关。请选择合适的实验器材并设计电路对 R_x 进行测量,根据所设计的电路给出 R_x 的计算表达式,要求尽量减小测量误差。

常见错解

常见错解1:

采用伏安法测量电阻 R_x 的阻值。考虑电源提供的电压最大可达 $5V$,选择电压表 V_1 和电流表 A。

由于 $\dfrac{R_A}{R_x}<\dfrac{R_x}{R_V}$,用如图(a)所示的电流表内接法连接电路。

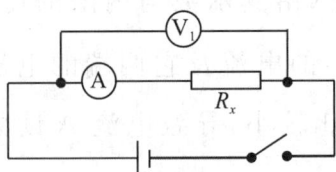

错解答图(a)

若测量时电压表 V_1 示数为 U,电流表 A 示数为 I,则

$$R_x=\frac{U}{I}$$

常见错解2:

采用伏安法测量电阻 R_x 的阻值,选择电压表 V_2 和电流表 A。考虑到电压表 V_2 的内阻已知,用如图(b)所示的电流表外接法连接电路。

正确解答

采用伏安法测量电阻 R_x 的阻值。由电源电动势的调节范围与 R_x 的粗略值可知,电路中的最大电流约为 $5mA$,远小于电流表的量程上限 $25mA$,这使得电流表读数的相对误差较大。考虑到电压表 V_2 的内阻是已知的,通过其示数与其内阻的比值也可较准确求得通过其电流的大小,即电压表 V_2 同时担任电流表的角色。V_2 的内阻与 R_x 的阻值之比为 $3:1$,若 V_2 与 R_x 串联,当 V_2 接近满偏 $3V$ 时,V_1 示数约为 $4V$,也接近满偏,这可使得两电压表读数的相对误差均较小。通过两个电压表示数作差,可较为准确求得 R_x 两端的电压。故本题采用 V_1 和 V_2 相配合进行测量,设计电路如图(a)所示。

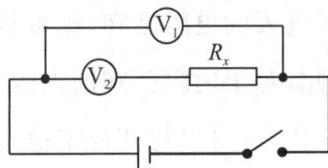

正解答图(a)

若电压表 V_1、V_2 示数分别为 U_1、U_2,可将电路等效如图(b)所示。由电路规律可知

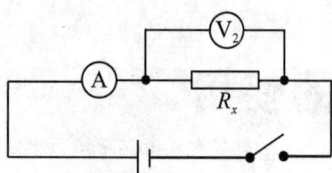

错解答图（b）

若测量时电压表 V_2 示数为 U，电流表 A 示数为 I，则 $R_x = \dfrac{U}{I - \dfrac{U}{R_{V_2}}}$，其中 R_{V_2} 为电压表 V_2 的内阻。

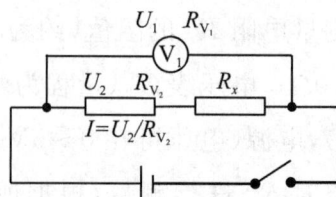

R_x 两端的电压为 $U_1 - U_2$，通过 R_x 的电流为 $\dfrac{U_2}{R_{V_2}}$，所以

$$R_x = \frac{U_1 - U_2}{\dfrac{U_2}{R_{V_2}}} = \frac{U_1 - U_2}{U_2} R_{V_2}$$

其中 R_{V_2} 为电压表 V_2 的内阻。

正解答图（b）

教师点评

从两种常见错解可以看出，学生在设计电路时已经较好地掌握使用伏安法测量电阻，电流表和电压表均分别正确地与被测对象进行串联和并联。学生在设计电路时也意识到电表电阻对测量结果的影响，并试图减小误差。

常见错解 1 中的电路虽然比电流表外接法误差会小一些，但是电流表的电阻约等于被测电阻 R_x 的 10%，测量的误差还是会比较大。常见错解 2 中的电路，考虑到电压表 V_2 的内阻已知，电压表 V_2 还可以同时担任一个电流表的角色（由其示数与内阻的比值，可得通过其自身电流）。后者看似可以较准确地测得通过 R_x 的电流及它两端的电压。但是两种解答均没有考虑到电流表在测量时，指针的偏角会比较小，导致电流 A 读数的相对误差较大。

观念形成

对于电路来说，电表就是一个电阻，但它是一个"聪明"的电阻。电流表将通过其自身的电流显示于表盘，而电压表将通过其自身电流与内阻的乘积（通常也就是自己两端的电压）显示于表盘。若电表的电阻已知，则可根据表盘的电压（或电流）示数，算出通过的电流（或两端的电压）。因此，对于内阻已知的电表，它的角色可以在电流表、电压表间进行转换，或可能同时担当两种角色，也可以与其他定值电阻串联或并联变为量程更大的电压表或电流表。应用该观点解决问题时，具体思维过程如下。

| 关注题目是否给出电表准确内阻信息，并判断可否转换角色 | → | 判断题目是否需要将电表视为"聪明"的电阻，进行角色转换 | → | 若需要转换角色，作出转换后的等效电路 | → | 应用串、并联电路规律进行求解 |

二、针对性训练

基础训练

1.（电路及其应用内容学习后）某同学要测定电阻 R_x 的阻值（约为 200Ω），有下列器材可供选用：

A. 电压表 V（量程为 $0\sim3V$，内阻 R_V 约为 $2k\Omega$）；

B. 测电流表 A（量程为 $0\sim0.3A$，内阻 R_A 为 100Ω）；

C. 电源 E（电动势约为 $3V$，内阻忽略不计）；

D. 开关、导线若干。

请设计测量 R_x 的电路，说明设计原理并给出 R_x 的计算表达式，要求尽量减小测量误差。

2.（电路及其应用内容学习后）某同学测电阻 R_x 时，按图（a）连接后，在电路两端加某一电压，发现电流表 A 的示数 $I_1=2mA$，电压表 V 的示数 $U_1=3.6V$。若按图（b）连接后，在电路两端加另一电压，电流表 A 的示数 $I_2=13mA$，电压表 V 的示数 $U_2=7.8V$。那么 R_x 的测量值为多少？

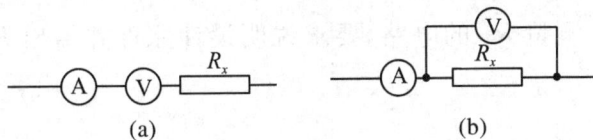

第 2 题图

3.（电能、能量守恒定律内容学习后）如图（a）所示，电压表 V_1、V_2 串联接入电路中时，示数分别为 $6V$ 和 $4V$；当只有电压表 V_2 接入电路中时，如图（b）所示，示数为 $9V$。已知两图中电源是相同的，则电源电动势为多少？

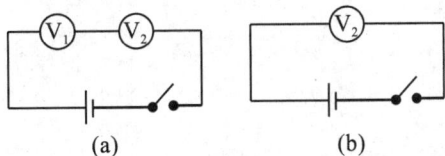

第 3 题图

拓展训练

1.（一轮复习）某同学要测定电阻 R_x 的阻值（约为 5Ω），有下列器材可供选用：

A. 电流表 A_1（量程为 $0\sim0.3A$，内阻为 5Ω）；

B. 电流表 A_2（量程为 $0\sim0.6A$，内阻约为 3Ω）；

C. 电压表 V（量程为 $0\sim15V$，内阻约为 3000Ω）

D. 电源 E（电压可在 $0\sim3V$ 范围内调节）；

E. 开关、导线若干。

请选择实验器材并设计测量 R_x 的电路，要求说明设计原理并给出 R_x 的计算表达式。

2.（一轮复习）如图所示，虚线 MN 左侧区域存在垂直于纸面向里的匀强磁场，磁感应强度为 B。一个边长为 L 的正方形线框 $abcd$，ab 边的中点接有一只电压表，已知正方形线框每条边的电阻均为 R，电压表的内阻为 R_V。整个装置以速度 v 匀速向右运动，当经过如图所示的位置时，电压表的示数为多少？

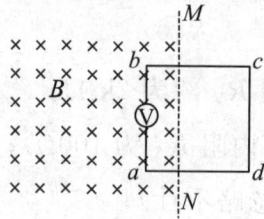

第 2 题图

3.（一轮复习）现要测量电阻 R_x 的阻值（大约为几欧），有下列器材可供选用：

A. 一个电池组 E（电压可调，最大为 6V）；

B. 两个相同的电流表 G（内阻 $R_g=1000\Omega$，满偏电流 $I_g=100\mu A$）；

C. 两个标准电阻（$R_1=29000\Omega$，$R_2=0.1\Omega$）；

D. 一个开关 S，导线若干。

选择实验器材并设计测量 R_x 的电路，要求说明设计原理并给出 R_x 的计算表达式。

第3讲　实验误差分析观

引路人　浙江省临安中学　周敏

一、案例分析

典型例题

现有如图所示的实验器材,其中电阻箱阻值可调范围为 $0\sim9999\Omega$,滑动变阻器阻值变化范围为 $0\sim10\Omega$,电流表 G 的量程为 $0\sim3\text{mA}$ 且内阻为 200Ω,电压表的量程为 $0\sim3\text{V}$ 和 $0\sim15\text{V}$。为了测量一节干电池的电动势和内阻,请在图中选择合适的器材,绘制一个合理的电路图。

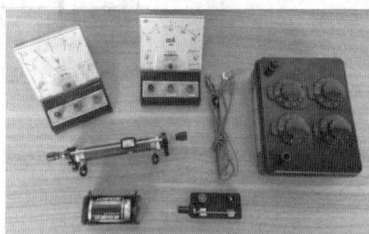

例题图

常见错解

常见错解 1:

利用路端电压和电流的关系测量电池的电动势和内阻。用电压表测量路端电压,用电流表测量电流,考虑到电流表量程较小,所以外电阻选用电阻箱。设计的电路如图(a)所示。

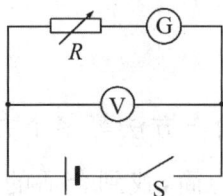

错解答图(a)

常见错解 2:

利用电流表读数 I、电阻箱读数和电流表内阻,计算路端电压 U,绘制 U-I 图像可得电池的电动势和内阻。设计的电路如图(b)所示。

正确解答

实验目的是测定干电池的电动势和内阻,实验原理是闭合电路欧姆定律 $U=E-Ir$,需测量的物理量是电池的路端电压和电流。

测量电动势和内阻的基本电路如图(a)所示,由于题目所给的电流表量程与滑动变阻器阻值不匹配,尝试将滑动变阻器改成电阻箱。变更后,电压表分流与电流表的电流相当,忽略电压表支路电流,用电流表读数代替电池电流会产生较大的误差;其次,流过电池的电流小,路端电压变化不明显,用 U-I 图像法测算内阻的误差也比较大。

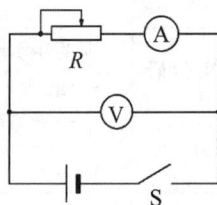

正解答图(a)

为减小实验原理带入的误差,需要增大

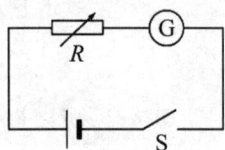

错解答图(b)

图(a)中电流表支路的电流,具体方法如下。

(1)如图(b)所示,用电阻箱将电流表量程扩大,使电阻 R_1 支路电流接近电池电流。

(2)如图(c)所示,用电压表读数和电阻箱读数,计算流过电阻箱的电流,电阻箱选用较小阻值,使电阻箱的电流接近电池电流。

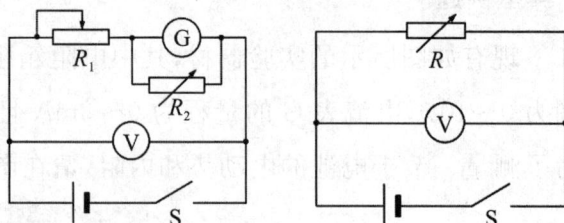

(b)　　　　　　(c)

正解答图

教师点评

进行实验设计时,常见错解 1 考虑了电表的量程与使用环境,具有一定的安全操作意识。常见错解 2 还灵活运用电流表与电阻箱测算外电压。但两种解答均未能从减小系统误差的角度进一步设计出合理的测量电路。

本题在教材"电池电动势和内阻的测量"实验基础上,增加了电阻箱,换了小量程电流表。要求学生在理解教材实验原理的基础上,通过误差分析,选用合适的器材,设计合理的方案。从减小误差的角度设计实验方案的思维过程如下。

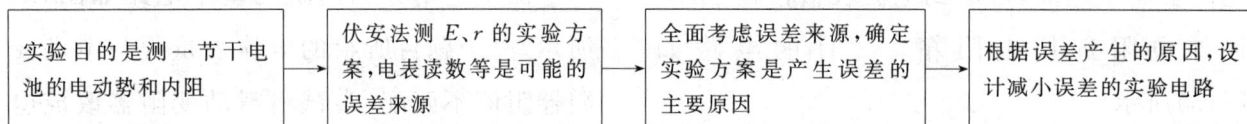

| 实验目的是测一节干电池的电动势和内阻 | → | 伏安法测 E、r 的实验方案,电表读数等是可能的误差来源 | → | 全面考虑误差来源,确定实验方案是产生误差的主要原因 | → | 根据误差产生的原因,设计减小误差的实验电路 |

观念形成

实验误差可能存在于实验原理、实验装置、测量工具以及操作方法等多个方面,分析误差大小、"抓主忽次"(抓住主要因素,忽略次要因素),有利于化繁为简,找到合适的实验方案。具体思维过程如下。

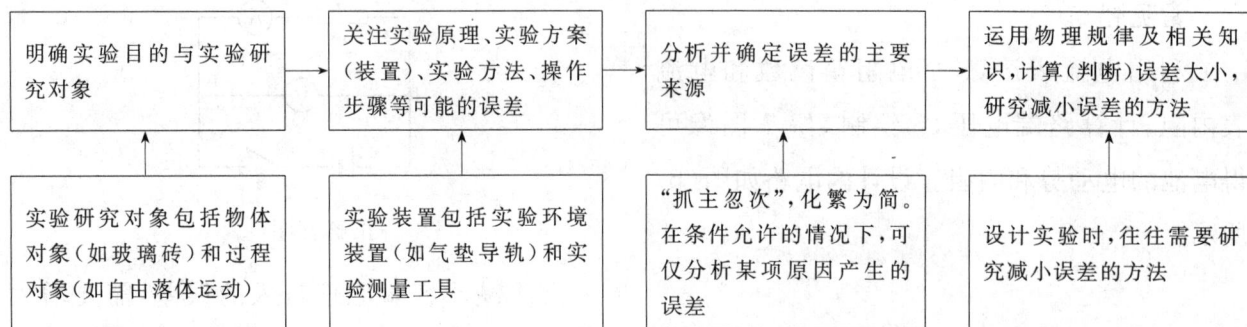

明确实验目的与实验研究对象	→	关注实验原理、实验方案(装置)、实验方法、操作步骤等可能的误差	→	分析并确定误差的主要来源	→	运用物理规律及相关知识,计算(判断)误差大小,研究减小误差的方法
↑		↑		↑		↑
实验研究对象包括物体对象(如玻璃砖)和过程对象(如自由落体运动)		实验装置包括实验环境装置(如气垫导轨)和实验测量工具		"抓主忽次",化繁为简。在条件允许的情况下,可仅分析某项原因产生的误差		设计实验时,往往需要研究减小误差的方法

二、针对性训练

基础训练

1.(恒定电流单元复习)某同学在测量一节干电池的电动势和内阻的实验中,利用如图(a)所示的电路,得到多组电流 I 和电压 U,并已将这些数据标在图(b)所示的 U-I 坐标系中,用作图法求得干电池的电动势 $E=$ _____ V 和内阻 $r=$ _____ Ω(计算结果均保留 2 位小数)。本实验中,由于电压表内阻并非无穷大,因此电动势和内阻的测量值存在误差。试分析电动势和内阻的测量结果偏大还是偏小。

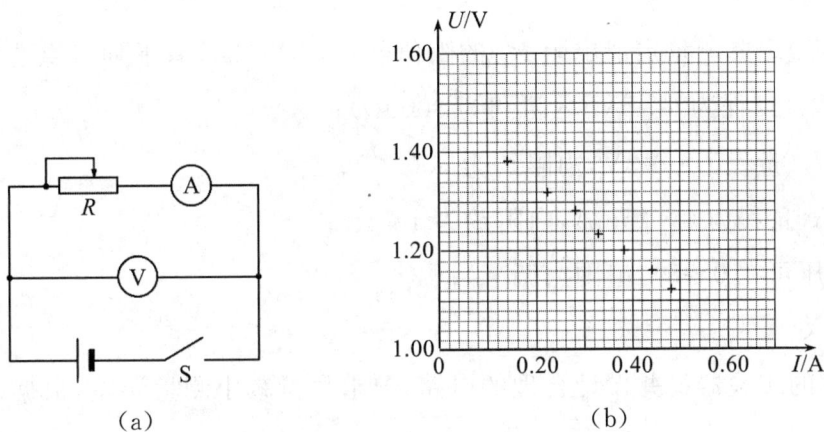

(a)　　　　　　　　　(b)

第 1 题图

2.(几何光学单元复习)某同学做测定玻璃砖的折射率实验,所用器材有玻璃砖、大头针、刻度尺、圆规、笔、白纸。如图所示, P_1、P_2、P_3 和 P_4 是实验中该同学插的四枚大头针。

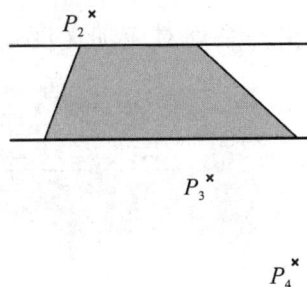

第 2 题图

(1)下列措施中,能够提高实验准确程度的是_____。

A.选用两光学表面间距大的玻璃砖

B.选用两光学表面平行的玻璃砖

C.选用粗的大头针完成实验

D.插在玻璃砖同侧的两枚大头针间的距离尽量小些

(2)若该同学插好大头针 P_1、P_2 并准确好两平行边界后,不小心将玻璃砖向上平推了一小段距离,未做调整后继续后续实验步骤,则实验测得的折射率将_____(填"变大""不变"或"变小")。

3.(恒定电流章末复习)为了测定一段金属丝的电阻 R_x,小明同学设计了如图(a)所示的电路。

(1)试测时,闭合开关 S,滑动变阻器的滑片滑至合适位置保持不变,将 c 点先后与 a、b 点连接,发现电压表示数变化较大,电流表示数基本不变,则测量时应将 c 点接_____(填"a"或"b")点,按此连接测量,R_x 的测量值_____(填"小于""等于"或"大于")真实值。

(2)将滑动变阻器的滑片移到最左侧,闭合开关 S,再慢慢将滑片向右移动,将测得的多组

数据在图(b)中描点。由此可知该电阻不工作时,阻值 $R_x=$ _____ Ω(保留 2 位有效数字)。

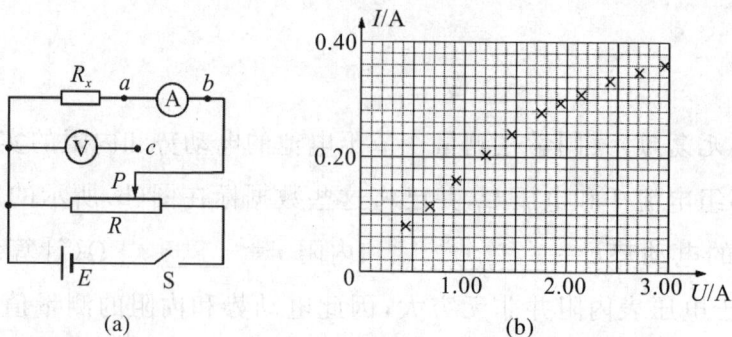

(a) (b)

第 3 题图

4.(一轮复习)现要测量定值电阻 R_x 的阻值(约为 1000Ω),有下列可供选用的器材:

A. 电压表 V_1(量程为 0~5V,内阻约为 3000Ω);

B. 电压表 V_2(量程为 0~3V,内阻约为 3000Ω);

C. 电流表 A(量程为 0~25mA,内阻约为 100Ω);

D. 电源(电压可在 0~5V 范围内调节);

E. 导线、开关。

请选择合适的实验器材并设计合理的电路,要求尽量减小测量误差,根据设计的电路给出 R_x 的计算表达式。

5.(一轮复习)某实验小组利用如图(a)所示的装置探究小车的加速度与所受外力的关系。实验时,调节轨道滑轮端的高度,使轨道始终保持水平,取钩码的重力计作 F。改变 F 大小,测出一系列对应加速度 a,作出小车的加速度 a 随 F 变化的图像如图(b)所示。

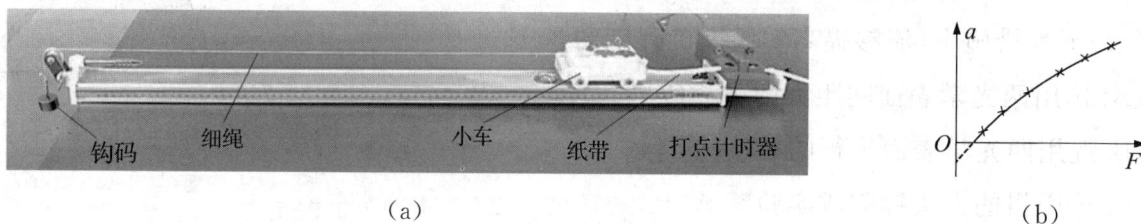

钩码　细绳　　小车　纸带　打点计时器

(a)　　　　　　　　　　　　(b)

第 5 题图

(1)实验中 a-F 图像不过原点的原因是什么?图像发生"弯曲"的原因是什么?

(2)若考虑补偿阻力后再进行实验,将小车实际受到的拉力记作 $F_{真}$,并将 $\dfrac{F-F_{真}}{F_{真}}\times 100\%$ 记作相对误差 δ。设钩码的质量为 m,小车的质量为 M,则相对误差 δ 与 $\dfrac{m}{M}$ 的关系图像正确的是_____。

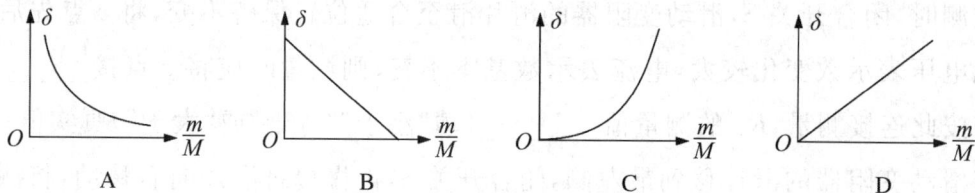

A　　　　　　　B　　　　　　　C　　　　　　　D

拓展训练

1.（一轮复习）用单摆测量重力加速度的实验装置如图(a)所示。

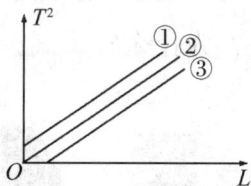

（a）　　　　　　　　（b）

第1题图

（1）第一小组在测量单摆的周期时，从单摆运动到最低点开始计时且计数为1，此后每两次经过最低点时计数加1，第 n 次计数时，所用的时间为 t，该小组算得单摆周期 $T=\dfrac{t}{n}$。若后续其他操作都正确，利用公式 $T=2\pi\sqrt{\dfrac{L}{g}}$ 直接算得的重力加速度将_____（填"偏大""偏小"或"不变"）。

（2）第二小组实验时，用毫米刻度尺测得单摆的摆线长为 L，正确地测得周期为 T。改变摆线长重复实验，得到一系列数据绘出 T^2-L 图像，该图像是图(b)中的线_____（填"①""②"或"③"），根据该图像求得的重力加速度相比正确测量摆长后所求得的重力加速度_____（填"偏大""偏小"或"不变"）。

2.（一轮复习）某物理兴趣小组设计如图(a)所示的装置，利用该装置做"探究加速度与力的关系"的实验，操作如下。

①挂上槽码，调整长木板的倾角，使质量为 M 的小车恰能匀速下滑。

②取下槽码托和槽码，利用天平测出其质量为 m，让小车沿长木板下滑；设小车受到的合力为 F，位移传感器收集数据通过计算机求出小车的加速度为 a。

③改变槽码质量和长木板倾角，重复步骤①②，得出多组 a、F 数据，并作出 a-F 图像。

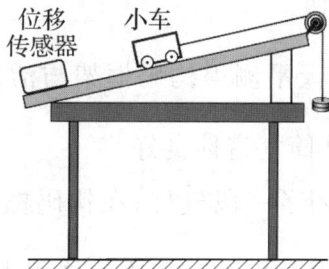
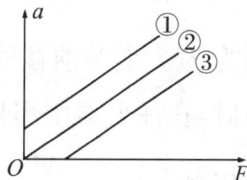

（a）　　　　　　　　（b）

第2题图

（1）本实验开始前_____（填"需要""不需要"）补偿阻力，本实验_____（填"需要""不需要"）满足 $M\gg m$。

（2）在测量质量时，将槽码托和槽码取下，但只测量了槽码的质量 m，则绘制出的 $a\text{-}F$ 图像可能是图（b）中的线_____（填"①""②"或"③"）。

3.（一轮复习）小李在实验室测量一个阻值约为 5Ω 电阻，所用仪器与连线如图所示。实验时先将单刀双掷开关掷到左边，记录电流表读数，再将单刀双掷开关掷到右边，调节电阻箱的阻值，使电流表的读数与前一次尽量相同，电阻箱的示数如图所示，则待测电阻有多大？此方法有无明显的实验误差？为什么？

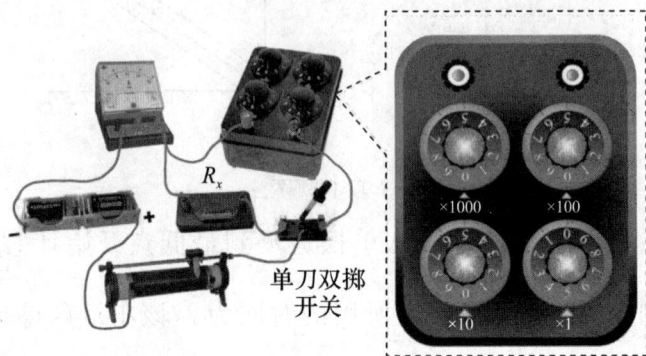

第 3 题图

4.（一轮复习）在"探究气体等温变化的规律"实验中准备了以下实验器材：如图（a）所示的带框架的注射器（有刻度）、铁架台（连铁夹）、橡皮帽、钩码（若干个）、天平（带砝码）、润滑油、气压计和刻度尺。

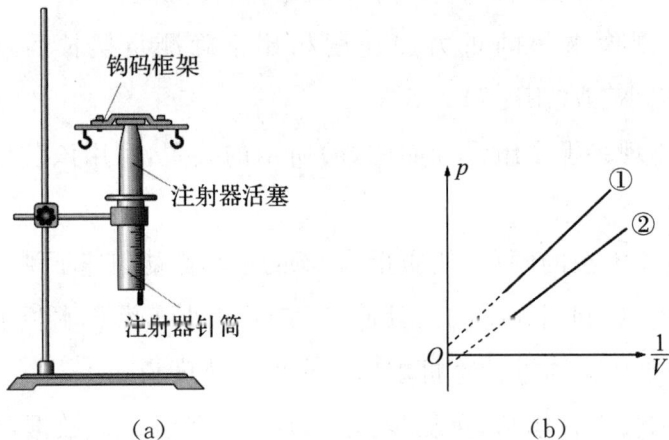

（a）   （b）

第 4 题图

注射器活塞的横截面积可表示为 $S=\dfrac{V_0}{L}$；用天平测得钩码框架与活塞的总质量为 M；再用气压计测得大气压为 p_0。实验前该同学检查针筒气密性良好。

第一组同学实验时，在注射器中用橡皮帽封闭了一段气柱；在钩码框架上挂上钩码（质量记作 m），算得气体的压强 $p=p_0+\dfrac{M+m}{S}g$，稳定后读出此时气体的体积为 V；逐渐增加所挂的钩码数量，得到一系列压强 p 和体积 V 的数据。

第二组同学实验时，先在钩码框架上一次性挂多个钩码，然后逐渐取下钩码，用同样的方法得到一系列压强 p 和体积 V 的数据。

将两次实验的数据绘成 $p-\dfrac{1}{V}$ 图像如图（b）所示，两次实验得到的图像不一致的原因是
_____。

A. 活塞与针筒壁间有摩擦，且第一组实验结果是线①

B. 线①斜率较大的原因可能是手触碰针筒改变了温度

C. 线②未过原点的原因是忽略了橡皮帽处的气体体积

D. 线②斜率较小的原因可能是封闭的气体分子数较少

第4讲 识别电路图和图像

引路人 安吉高级中学 周超庆

一、案例分析

典型例题

(1)在"测定电池的电动势和内阻"实验中,用如图(a)所示的电路图测量,得到的一条实验数据拟合线如图(b)所示,则该电池的电动势 $E=$ _____ V(保留 3 位有效数字);内阻 $r=$ _____ Ω(保留 2 位有效数字)。

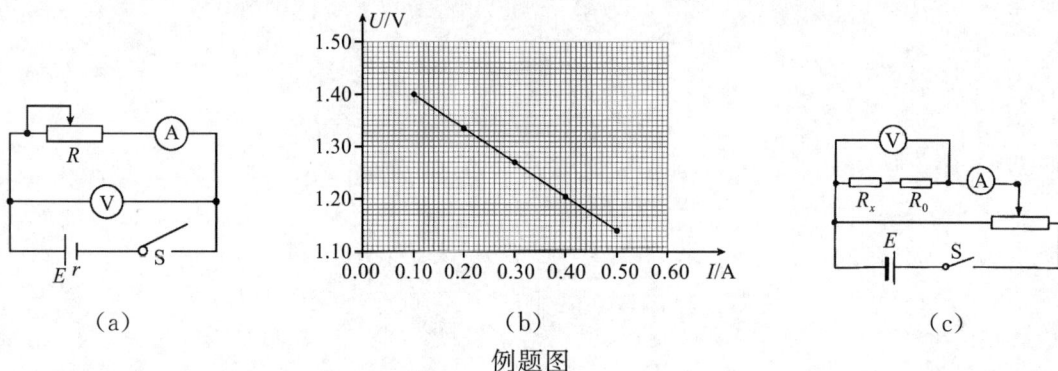

例题图

(2)小明采用伏安法测量电线电阻如图(c)所示,所用器材分别如下:①量程为 0~3V、内阻约为 3kΩ 的电压表;②量程为 0~0.6A、内阻约为 0.1Ω 的电流表;③阻值为 0~20Ω 的滑动变阻器;④内阻可忽略、输出电压为 3V 的电源;⑤阻值 $R_0=4.30\Omega$ 的定值电阻,开关和导线若干。

正确连接电路后,调节滑动变阻器,电流表的示数从 0 开始增加,当示数为 0.50A 时,电压表读数为 2.50V,则所测得的电阻 $R_x=$ _____ Ω。

常见错解

(1)根据图像表达式 $U=E-Ir$,可知图像和纵轴交点的纵坐标表示电动势的大小,延长图像找到它和纵轴交点的纵坐标为 1.46V,得 $E=1.46$V。

图像斜率 $k=-r$,$k=\dfrac{1.46-0}{0-0.56}=-2.61$;由此可得 $r=2.61\Omega$。

(2)根据伏安法测电阻的原理有

$$R=\frac{U}{I}$$

得 $R_x=\dfrac{2.50}{0.50}\Omega=5.0\Omega$。

正确解答

(1)观察图像,由于纵轴的起始点坐标是 1.10V,所以斜率应为

$$k=\frac{1.46-1.10}{0-0.56}\approx-0.64$$

即 $r=0.64\Omega$。延长图像至其与纵轴相交,交点的纵坐标表明电动势 E 约为 1.46V。

(2)观察电路图,回忆伏安法测电阻的原理图,发现本题在 R_x 旁多了电阻 R_0,结合本题图可知,$\dfrac{U}{I}=R_x+R_0=\dfrac{2.50}{0.50}\Omega=5.0\Omega$,可得 $R_x=5.0\Omega-R_0=0.7\Omega$。

教师点评

在常见错解中,第(1)问求解时,错误的原因在于没有仔细观察坐标轴物理量及其单位,直接通过图像求斜率。本题图中纵轴坐标不是从零开始。

第(2)问求解时,错误的原因在于没有仔细观察电路图,直接用公式求电阻。将题目所给电路图,比对伏安法测电阻的基本原理如图所示,发现本题中待测电阻旁边串联了一个定值电阻 R_0,所以用 $\dfrac{U}{I}$ 计算得到的是 R_0 和 R_x 的总电阻。

点评图

为了正确求解,有序的思维过程如下。

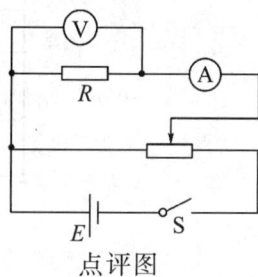

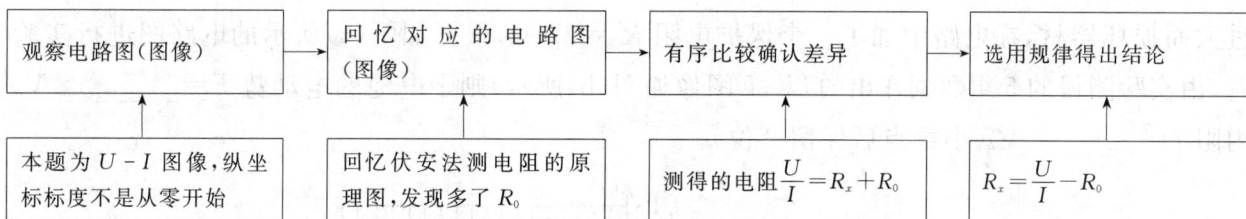

观察电路图(图像)	→	回忆对应的电路图(图像)	→	有序比较确认差异	→	选用规律得出结论
↑		↑		↑		↑
本题为 U-I 图像,纵坐标标度不是从零开始		回忆伏安法测电阻的原理图,发现多了 R_0		测得的电阻 $\dfrac{U}{I}=R_x+R_0$		$R_x=\dfrac{U}{I}-R_0$

方法提炼

实验问题中的图像识别需要全面关注图像的各个信息,关注每个信息对解题的影响。对于实验电路图,在理解实验原理的基础上,要关注每个元件以及连接方式,比较该电路图和所学基本原理图是否存在差异,认识这一差异可能带来的影响。具体来说,思维要有序就要遵循以下思维过程。

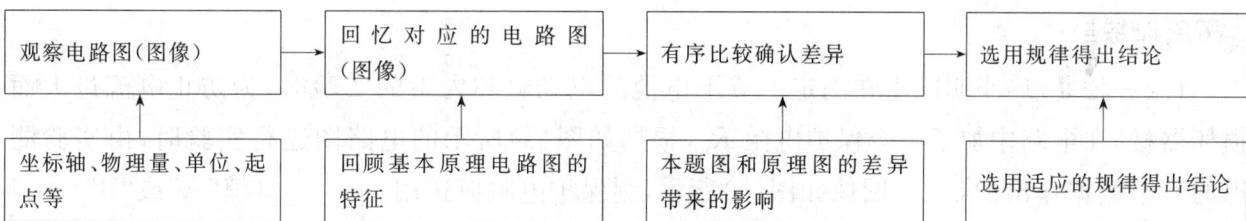

观察电路图(图像)	→	回忆对应的电路图(图像)	→	有序比较确认差异	→	选用规律得出结论
↑		↑		↑		↑
坐标轴、物理量、单位、起点等		回顾基本原理电路图的特征		本题图和原理图的差异带来的影响		选用适应的规律得出结论

二、针对性训练

基础训练

1.(电路及其应用内容学习后)为更精确地测量某溶液的阻值,实验小组使用如图(a)所示的电路进行测量,忽略电表内阻带来的误差。

改变溶液的体积 V,根据电压表和电流表的读数计算出阻值 R,利用描点法作出的 R-V 图像如图(b)所示,由电阻定律可得电阻 R 和溶液的体积 V 的关系式为 $R=\dfrac{\rho}{S}L=\dfrac{\rho}{S^2}V$,则根据图像可以得出溶液电阻率大小 $\rho=$＿＿＿＿＿＿$\Omega\cdot\mathrm{m}$(结果保留 3 位有效数字)。

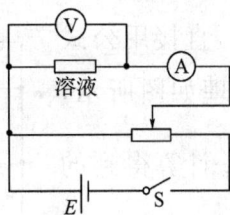

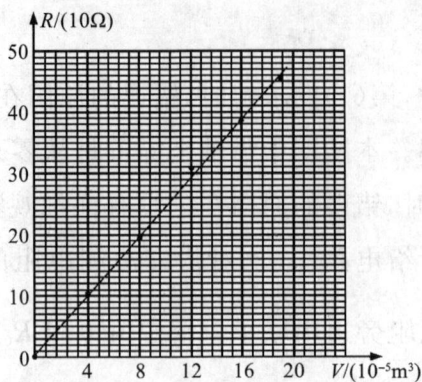

(a) (b)

第1题图

2.（电能内容学习后）小明同学在测定一节干电池的电动势和内阻的实验时，为防止电流过大而损坏器材，在电路中加了一个保护电阻 $R_0 = 2.0\Omega$，根据如图（a）所示的电路图进行实验时，由实验测得的 5 组数据作出的 $U-I$ 图像如图（b）所示，则干电池的电动势 $E=$ _____ V，内阻 $r=$ _____ Ω（小数点后保留 2 位）。

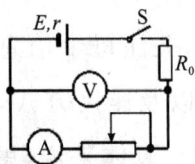

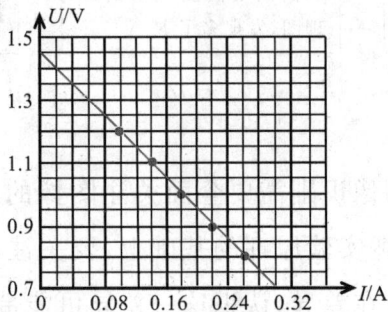

(a) (b)

第2题图

拓展训练

1.（一轮复习）小明同学在测定一节干电池的电动势和内阻的实验时，为防止电流过大而损坏器材，在电路中加了一个保护电阻 R_0，根据如图（a）所示的电路图进行实验时，由实验测得的 5 组数据作出的 $U-I$ 图像如图（b）所示，则保护电阻应选用_____（填"A"或"B"）。

A. 定值电阻（阻值为 10.0Ω，额定功率为 10W）

B. 定值电阻（阻值为 2.0Ω，额定功率为 5W）

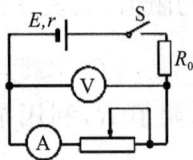

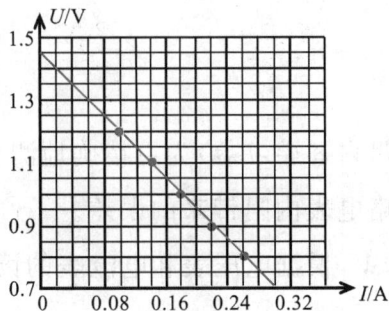

(a) (b)

第1题图

2.（一轮复习）实验小组用伏安法测一待测电阻 R_x 的阻值，由于电压表损坏了，用电流表和电阻箱代替了电压表，如图所示。已知电流表 A 的内阻为 r，某次测量中电流表 A 和 A_1 的示数分别为 I 和 I_1，电阻箱的读数为 R_2，则由此可得 R_x 的准确测量值的表达式为 $R_x =$ _____（用 I、I_1、r、R_2 表示）。

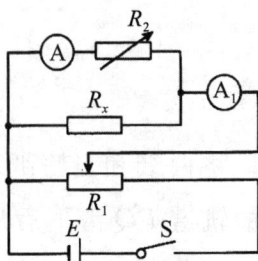

第 2 题图

第5讲 审题与审图

引路人 浙江省台州中学 叶伟龙

一、案例分析

典型例题

用如图所示的装置研究平抛运动。将白纸和复写纸对齐重叠并固定在竖直的硬板上。钢球沿斜槽轨道 PQ 滑下后从 Q 点飞出,落在水平挡板 MN 上。由于挡板靠近硬板一侧较低,钢球落在挡板上时,钢球侧面会在白纸上挤压出一个痕迹点。移动挡板,重新释放钢球,如此重复,白纸上将留下一系列痕迹点。

为定量研究,建立以水平方向为 x 轴、竖直方向为 y 轴的坐标系。取平抛运动的起始点为坐标原点,将钢球静置于 Q 点,钢球的_____(填"最上端""最下端"或者"球心")对应白纸上的位置即原点。

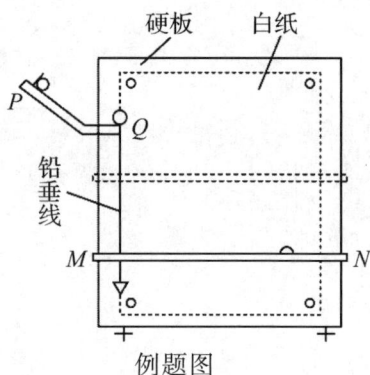
例题图

常见错解

钢球落在水平挡板时,是通过最低点砸在水平挡板上留下痕迹点,因此选取钢球的最下端作为平抛运动的起点。

正确解答

题中"将白纸和复写纸对齐重叠并固定在竖直的硬板上"和"挡板靠近硬板一侧较低,钢球落在挡板上时,钢球侧面会在白纸上挤压出一个痕迹点",对于球来说,在板上挤压的位置与球心等高,所以打出痕迹点对应球心的位置,所以钢球的球心对应白纸上的位置即原点。

教师点评

仔细审题审图,该实验痕迹点是通过小球对白纸和复写纸的挤压在白纸上留下的,因此要关注白纸放置的位置。题中指出白纸是固定在竖直的硬板上。

针对这个实验的方案有多种,在课本实验方案的基础上,往往会出现略有改动甚至创新的实验方案。比如挡板放置的方式有水平放置、水平倾斜放置(如本题)、竖直放置,甚至可以放置圆弧状挡板。这就要求我们在掌握实验原理的前提下认真审题和审图,结合挡板和白纸放置的方式进行分析。

研究平抛运动实验的装置,无明显改动	→	通过钢球砸在白纸上留下的痕迹捕捉其运动轨迹	→	打出的痕迹点对应球心的位置,以此为参考点

策略总结

审题与审图时,要关注重要结构及该结构的作用。若该结构发生变动,就要考虑变动对实

验结果的影响,如果实验题涉及物理量的关系,需要写出测量量的表达式。

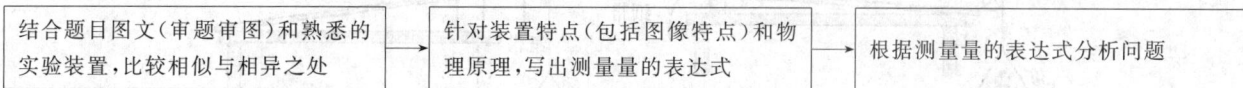

```
结合题目图文(审题审图)和熟悉的     针对装置特点(包括图像特点)和物     根据测量量的表达式分析问题
实验装置,比较相似与相异之处   →    理原理,写出测量量的表达式     →
```

二、针对性训练 ●●●●●●●●●●●

基础训练

1.(实验专题复习)在"研究平抛运动"实验中,为了确定小球在不同时刻所通过的位置,实验时使用如图所示的装置。实验操作的主要步骤如下:

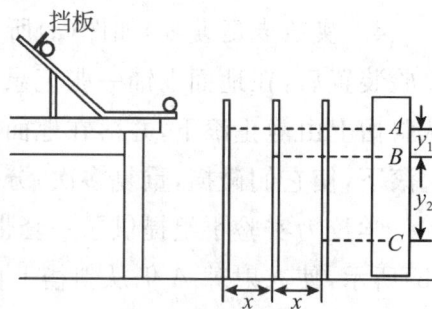

第1题图

A. 在一块平木板上钉上复写纸和白纸,然后将其竖直立于斜槽轨道末端槽口前,使木板与槽口间有一段距离,并保持板面与轨道末端的水平段垂直;

B. 使小球从斜槽上紧靠挡板处由静止滚下,小球撞到木板,在白纸上留下痕迹 A;

C. 将木板沿水平方向向右平移一段动距离 x,再使小球从斜槽上紧靠挡板处由静止滚下,小球撞到木板,在白纸上留下的痕迹 B;

D. 将木板再水平向右平移同样的距离 x,使小球仍从斜槽上紧靠挡板处由静止滚下,再在白纸上得到痕迹 C。

请仔细阅读实验步骤思考:该实验方案将小球的哪个位置选为参考点?

2.(实验专题复习)某同学用如图所示的装置测定重力加速度,小球上安装有挡光部件,光电门安装在小球平衡位置正下方,实验时让单摆做简谐运动并开启传感器的计数模式。

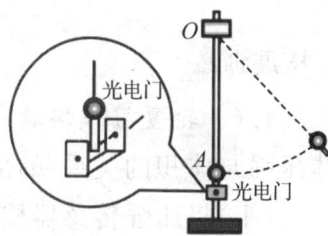

第2题图

该同学做实验时,测得小球半径为 r,通过改变 O、A 间细线长度 l 以改变摆长,并测出单摆做简谐运动对应的周期 T。将细线长度和小球半径的记作 L,测量多组数据后绘制 T^2-L 图像,求得图像斜率为 k,可得当地重力加速度 $g=$_____;但观察发现 T^2-L 图像并不经过原点,你觉得造成这个现象的原因是什么?

3.(实验专题复习)做"探究加速度与力、质量的关系"实验时,如图所示,甲是教材中的实验方案;乙是拓展方案,其实验操作步骤如下:

(ⅰ)挂上托盘和砝码,改变木板的倾角,使质量为 M 的小车拖着纸带沿木板匀速下滑;

(ⅱ)取下托盘和砝码,测出其总质量为 m,让小车沿木板下滑,测出加速度 a;

(ⅲ)改变砝码质量和木板倾角,多次测量,通过作图可得到 $a-F$ 的关系。

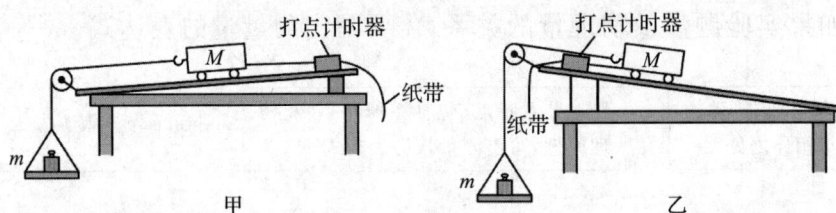

第 3 题图

(1)需要满足条件 $M \gg m$ 的方案是_____(填"甲""乙"或"甲和乙")。

(2)需要平衡摩擦的是_____(填"甲""乙"或"甲和乙")。

4.（实验专题复习）如图(a)所示为某实验小组验证碰撞中动量守恒的实验装置。安装好实验装置后，在地面上铺一张记录纸，记下铅垂线所指的位置 O。先不放小球 B，让入射球 A 从斜槽上由静止滚下，并落在地面上，再将小球 B 放在斜槽前端边缘位置，让入射球 A 从斜槽上滚下，使它们碰撞，重复多次，分别测量三个落地点的平均位置 M、P、N 到 O 点的距离。

学校为实验小组提供了一套带有传感器的圆弧轨道，同学们对实验装置进行了改造，如图(b)所示，使入射球 A 仍从斜槽上由静止滚下，重复前面的操作，使小球落在以斜槽末端为圆心的圆弧轨道上（在小球反弹后再次落下之前取走），落点分别为 M'、P'、N'，传感器能够显示圆弧 OM'、OP'、ON' 对应的圆心角 α_1、α_2、α_3。若小球 A 的质量为 m_1，小球 B 的质量为 m_2，则需要验证两球碰撞过程中动量守恒的表达式为_____。

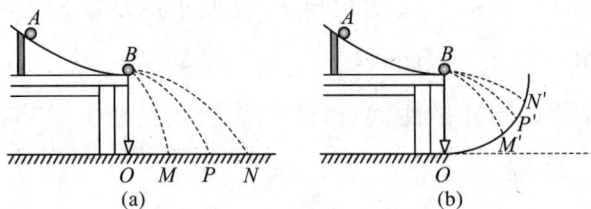

第 4 题图

拓展训练

1.（一轮复习或实验专题复习）如图(a)所示是用 DIS 研究"在温度不变时，一定质量的气体压强与体积的关系"的部分实验装置。主要步骤如下：

（ⅰ）将压强传感器校准；

（ⅱ）把活塞移至注射器满刻度处；

（ⅲ）逐一连接注射器、压强传感器、数据采集器、计算机；

（ⅳ）推动活塞，记录多组注射器内气体的体积 V 和相应的压强传感器示数 p。

第 1 题图

一小组根据测量的数据，绘出 $p - \dfrac{1}{V}$ 图像如图(b)所示。图像的上端出现一小段弯曲，产生这一现象的可能原因是_____。

2. (一轮复习或实验专题复习)小明做"探究碰撞中的不变量"实验的装置如图所示,悬挂在 O 点的单摆由长为 l 的细线和直径为 d 的小球 A 组成,小球 A 与放置在光滑支撑杆上的直径相同的小球 B 发生对心碰撞,碰撞后小球 A 继续摆动,小球 B 做平抛运动。

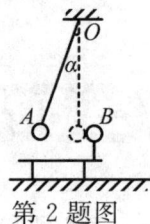

第 2 题图

若 A、B 两球碰后粘在一起形成新单摆,其周期_____(填"小于""等于"或"大于")黏合前单摆的周期(摆角小于 $5°$)。

3. (一轮复习或实验专题复习)如图所示,某同学把 A、B 两根不同的弹簧串接后竖直悬挂,探究 A、B 弹簧弹力与伸长量的关系。在 B 弹簧下端依次挂上质量为 m 的钩码,静止时指针所指刻度 x_A、x_B 的数据如下表所示(不考虑弹簧自重)。

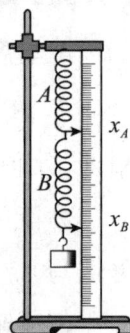

第 3 题图

钩码个数	0	1	2	…
x_A/cm	7.75	8.53	9.30	…
x_B/cm	16.45	18.52	20.60	…

当钩码个数为 1 时,弹簧 A 的伸长量 $\Delta x_A =$ _____ cm,弹簧 B 的伸长量 $\Delta x_B =$ _____ cm。

4. (一轮复习或实验专题复习)在探究弹力和弹簧伸长的关系时,某同学先按如图(a)所示的方法对弹簧甲进行探究,然后把等长的弹簧乙(直径小于弹簧甲)套在弹簧甲内,两弹簧悬挂在同一点,按如图(b)所示的方法进行探究。在弹性限度内,将质量 $m=50g$ 的钩码逐个挂在弹簧下端,测得图(a)(b)中弹簧的长度 L_1、L_2 如下表所示。

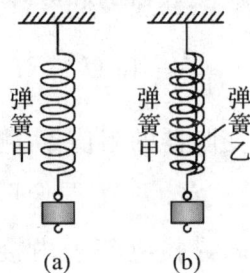

(a)　　(b)

第 4 题图

钩码个数	1	2	3	4
L_1/cm	30.02	31.02	32.02	33.02
L_2/cm	29.33	29.65	29.97	30.29

已知重力加速度 $g=9.8m/s^2$,则弹簧甲的劲度系数 $k_1 =$ _____ N/m,弹簧乙的劲度系数 $k_2 =$ _____ N/m(结果均保留 3 位有效数字)。

第6讲 作电路图

引路人　安吉县孝丰高级中学　李岩民

一、案例分析

典型例题

A 组题　小张同学在做"测量干电池的电动势和内阻"实验时,实验室所提供的器材如下:

A. 两节干电池;B. 学生电源;C. 电流表;D. 指针式多用电表;E. 电压表;F. 滑动变阻器;G. 电阻箱;H. 定值电阻;I. 金属丝;J. 单刀单掷开关;K. 单刀双掷开关;L. 导线若干;M. 小灯泡;N. 金属丝。

为能顺利完成实验,请帮小张同学选择实验所取的器材:＿＿＿＿＿＿＿＿＿＿(按顺序用字母填写)。

B 组题　小张同学根据如图所示的电路图,进行"测量干电池的电动势和内阻"实验,实验室所提供的器材如下:A. 两节干电池;B. 学生电源;C. 电流表;D. 指针式多用电表;E. 电压表;F. 滑动变阻器;G. 电阻箱;H. 定值电阻;I. 金属丝;J. 单刀单掷开关;K. 单刀双掷开关;L. 导线若干;M. 小灯泡;N. 金属丝。

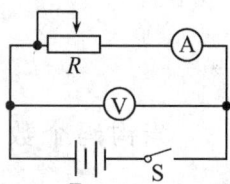

例题图

为能顺利完成实验,请帮小张同学选择实验所取的器材:＿＿＿＿＿＿＿

＿＿＿＿＿＿＿＿＿(按顺序用字母填写)。

常见错解

A 组题

常见错解 1:

ACEFJN。

常见错解 2:

ACEFHLN。

正确解答

A 组题　明确实验目的和原理,根据闭合电路欧姆定律 $I=\dfrac{E}{R+r}$ 和 $U=RI$ 可知,$U=E-Ir$,改变滑动变阻器的阻值 R,测出几组 I、U 的数值,利用公式或 U-I 图像可以求得电动势 E 和内阻 r。寻找电流表内接(或外接)的依据:因干电池内阻不大,电流表分压作用造成测量内阻误差相对于电压表的分流作用更大,故电流表采用内接法。作实验电路图如题图所示。检查电路图是否完整、规范,确认无误后,根据电路图选取器材,即 ACEFJL。

教师点评

对比 A、B 两组题的解答发现,做 A 组题的学生漏选、多选、错选的比例明显高于做 B 组题的学生,且做 A 组题的平均用时较长,究其原因是选择实验器材时的依据不清晰、不具体,而器材选择的主要依据是实验电路图,因此在器材选择之前根据实验目的和原理作出实验电路图是

解决问题的基础。

策略总结

在涉及器材选择、电路实物图连接及判断等问题时,有学生往往因为依据不清晰、不具体导致出错。因实验电路图是解决此类问题的基本依据,故根据实验目的和原理作出实验电路图是解决此类问题的基础。

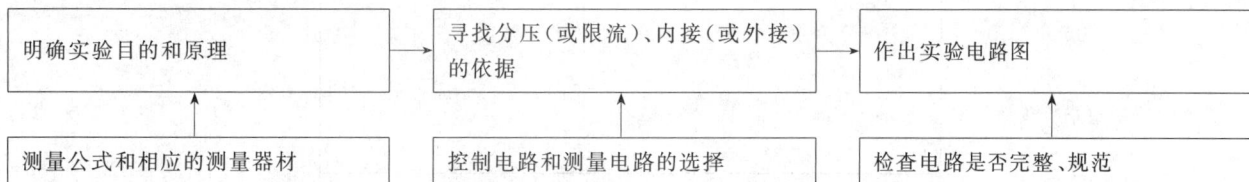

明确实验目的和原理	→	寻找分压(或限流)、内接(或外接)的依据	→	作出实验电路图
↑		↑		↑
测量公式和相应的测量器材		控制电路和测量电路的选择		检查电路是否完整、规范

二、针对性训练

基础训练

1.(相应电学实验内容学习后)在"测量金属丝的电阻率"实验中,某同学用电流表和电压表测量一金属丝的电阻。通过欧姆表粗测金属丝的电阻约为6Ω。除电源(电动势为3.0V,内阻不计),电压表(量程为0~3V,内阻约为3kΩ),以及开关、导线若干外,还提供如下实验器材:

A.电流表(量程为0~0.6A,内阻约为0.1Ω);

B.电流表(量程为0~3.0A,内阻约为0.02Ω);

C.滑动变阻器(最大阻值为10Ω,额定电流为2A);

D.滑动变阻器(最大阻值为1kΩ,额定电流为0.5A)。

为了调节方便,测量准确,小王同学需要选择合适的电流表和滑动变阻器。

(1)请将首先要做的事情在下面方框内完成。

(2)选择_____(填"分压"或"限流")电路的理由是_____
_____;选择电流表_____(填"内接"或"外接")的
理由是:_____。

2.(相应电学实验内容学习后)在"测绘小灯泡的伏安特性曲线"实验中,如图所示为已经连接了一部分的电路,需要你在对应位置将电路连接完整。

(1)为了完成实物图的连接,请将你第一步要做的事在下面方框内完成。

(2)请在图中完成实物图的连接。

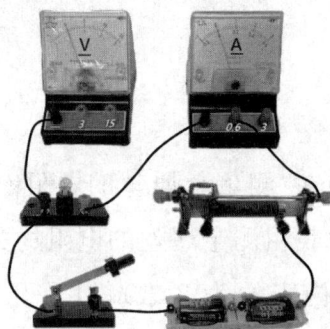

第 2 题图

3.(相应电学实验内容学习后)在"测量干电池的电动势和内阻"实验中,部分连线如图所示,还需要将导线 a 端连接到正确的接线柱上。

(1)请你在下面方框内完成第一步工作。

(2)将 a 接线进行正确的连接。

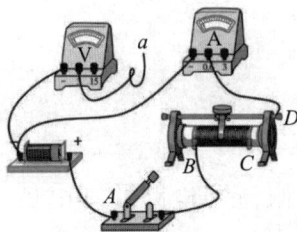

第 3 题图

4.（相应电学实验内容学习后）某实验小组选用以下器材测定电池组的电动势和内阻，要求测量结果尽量准确。电压表（量程为 $0\sim3V$，内阻约为 $3k\Omega$），电流表（量程为 $0\sim0.6A$，内阻约为 1Ω），滑动变阻器（$0\sim20\Omega$，额定电流为 $1A$），待测电池组（电动势约为 $3V$，内阻约为 1Ω），开关、导线若干。该小组连接电路的实物图如图所示，经仔细检查，发现其中有一条导线连接不当。

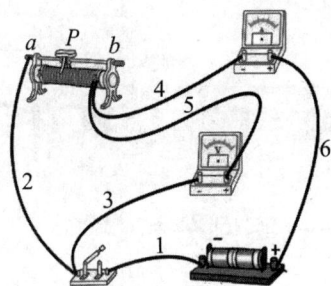

第4题图

（1）为了找出连接不当的导线，请在下面方框内完成第一步工作。

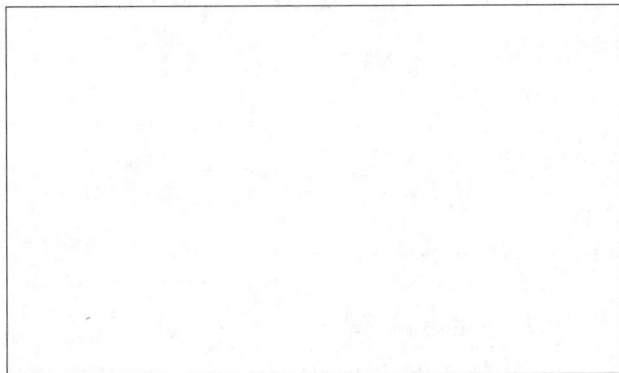

（2）连线不当的导线应该是_____（用数字表示）。

拓展训练

1.（一轮复习）如图所示是某实验小组做"描述小灯泡伏安特性曲线"实验时所用的实验器材，需要将实物图连接完整。

（1）请在下面框内完成第一步工作。

（2）请完成实物图的连接。

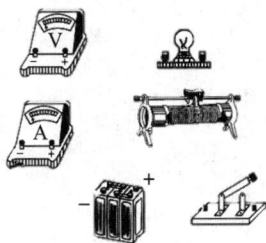

第1题图

第7讲 设计方案论证

引路人 安吉高级中学 郑黎

一、案例分析

典型例题

某同学设计了测量定值电阻 R 的阻值(约 5Ω)的电路,电路如图所示,实验器材可以从下列选项中选取:

A. 电压表 V_1($0\sim15V$,$15k\Omega$);

B. 电压表 V_2($0\sim3V$,$3k\Omega$);

C. 电流表 A_1($0\sim3A$);

D. 电流表 A_2($0\sim0.6A$);

E. 滑动变阻器 R_1($0\sim10\Omega$,额定电流 2A);

F. 滑动变阻器 R_2($0\sim200\Omega$,额定电流 0.5A);

G. 学生电源(4V)。

为取得较为理想的结果,应选择的电压表是_____,电流表是_____,滑动变阻器是_____(均填器材前的字母序号)。

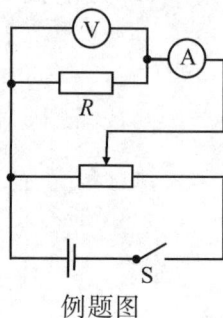

例题图

常见错解

常见错解 1:

应选择的电压表是 A,电流表是 C,滑动变阻器是 F。

因电源电动势为 4V,要保证电路的安全性,需选择量程为 $0\sim15V$ 的电压表;再利用电流公式 $I=\dfrac{E}{R}$,得到电路的最大电流约为 0.8A,为了安全,需选择量程为 $0\sim3A$ 的电流表;滑动变阻器的最大阻值为 200Ω,可以使被测电阻的电压变化范围比较大,所以选择 $0\sim200\Omega$ 的滑动变阻器。

常见错解 2:

应选择的电压表是 B,电流表是 D,滑动变阻器是 F。

电源电动势为 4V,电压表的范围只能为 $0\sim4V$,如选择量程为 $0\sim15V$ 的电压表,

正确解答

应选择的电压表是 B,电流表是 D,滑动变阻器是 E。

由题意可知,被测电阻阻值大约为 5Ω,电源的电动势为 4V,兼顾安全性和精确性原则,选择量程为 $0\sim3V$ 的电压表和 $0\sim0.6A$ 的电流表,电表的安全性可以通过规范的实验操作来进行控制。根据电路图中的分压式接法,为实验操作方便,选择最大阻值为 10Ω 的滑动变阻器,此时,电阻两端的电压变化与滑片位置的变化接近线性关系。

电压表的指针偏转很小,读数不够准确,所以选择量程为 $0 \sim 3V$ 的电压表;再利用电流公式 $I = \dfrac{E}{R}$,得到电路的最大电流为 $0.8A$,如选择量程为 $0 \sim 3A$ 的电流表,电流表的指针偏转很小,读数不准确,所以选择量程为 $0 \sim 0.6A$ 的电流表;滑动变阻器的最大阻值为 200Ω ,可以使被测电阻的电压变化范围比较大,所以选择 $0 \sim 200\Omega$ 的滑动变阻器。

教师点评

根据电路图选择器材的基本原则是保证实验器材的安全性、读数的精确性和可操作性,在安全性和精确性出现"冲突"时,需要先保证精确性,再想办法保证安全性。

常见错解 1 在选择电压表和电流表时仅考虑到电表的安全性,而没有考虑到读数的精确性,所以电流表和电压表的选择是错误的。

常见错解 1、2 在选择滑动变阻器时都没有分析电路结构特点,本题中采用分压式接法,无论用哪个滑动变阻器都可以使电阻的电压在 $0 \sim 3V$ 范围内变化。在分压式接法的情况下需要考虑实验的可操作性,最大阻值比较小的滑动变阻器操作比较方便,得到的数据线性特征明显。

比较合理的做法,在器材选择时,应遵循以下思维过程。

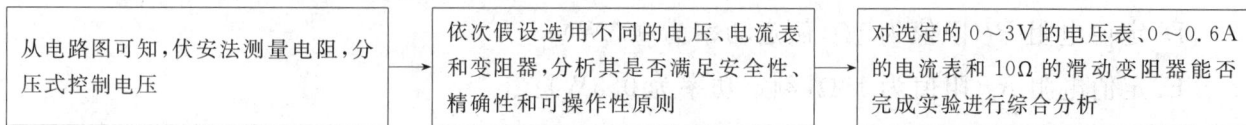

| 从电路图可知,伏安法测量电阻,分压式控制电压 | → | 依次假设选用不同的电压、电流表和变阻器,分析其是否满足安全性、精确性和可操作性原则 | → | 对选定的 $0 \sim 3V$ 的电压表、$0 \sim 0.6A$ 的电流表和 10Ω 的滑动变阻器能否完成实验进行综合分析 |

方法提炼

器材选择其实就是对实验设计方案进行论证,需要先通过题中所给实验目的、原理和实验操作理解实验电路图,然后确定唯一性器材;选择不具唯一性的器材时需要进行论证——即假设选择某个器材,利用实验的安全性、精确性和可操作性原则对该器材是否合适进行分析和计算;最后确定符合要求的器材。

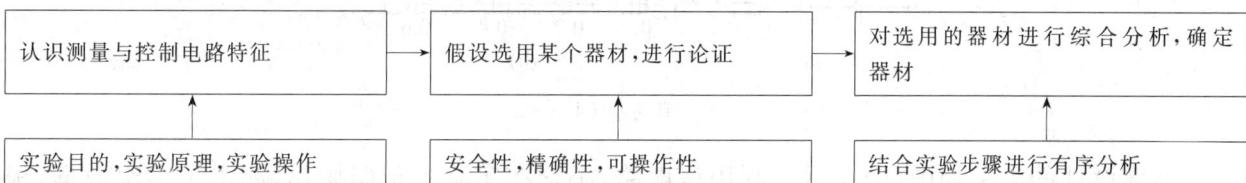

| 认识测量与控制电路特征 | → | 假设选用某个器材,进行论证 | → | 对选用的器材进行综合分析,确定器材 |
| 实验目的,实验原理,实验操作 | | 安全性,精确性,可操作性 | | 结合实验步骤进行有序分析 |

二、针对性训练 ⠿⠿⠿⠿⠿

基础训练

1. (测电阻率实验内容学习后)某实验小组粗略测量一新材料制成、粗细均匀的金属丝的电阻率,其电阻大约为 6Ω。为了精确地测量金属丝的电阻 R_x,设计了如图所示的电路图,实验室提供了下列器材:

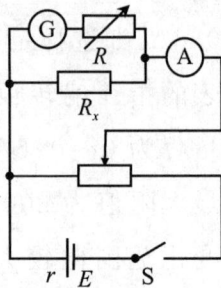

第1题图

A. 电流表 A_1(量程为 $0\sim50\mu A$,内阻为 $1k\Omega$);

B. 电流表 A_2(量程为 $0\sim0.3A$,内阻约为 0.1Ω);

C. 滑动变阻器 R_1($0\sim500\Omega$,额定电流为 $1.0A$);

D. 滑动变阻器 R_2($0\sim10\Omega$,额定电流为 $1.0A$);

E. 电阻箱 R(阻值范围为 $0\sim9999.9\Omega$);

F. 电源(电动势 $3.0V$,内阻约为 0.2Ω);

G. 开关 S,导线若干。

为取得较为理想的结果,电流表 G 应选择_____,电流表 A 应选择_____,滑动变阻器应选择_____(均填器材前字母序号)。

2. (测电源电动势和内阻实验内容学习后)现设计了如图(a)所示的电路图来测量一节电动势约为 $2V$、内阻在 $0.1\sim0.3\Omega$ 范围内的旧蓄电池的电动势和内阻,除蓄电池、开关、导线外,可供使用如下实验器材:

A. 电压表 V(量程为 $0\sim3V$,内阻为 $10k\Omega$);

B. 电流表 A_1(量程为 $0\sim0.6A$,内阻为 0.3Ω);

C. 电流表 A_2(量程为 $0\sim3A$,内阻为 0.05Ω);

D. 定值电阻 R_1(阻值为 1Ω,额定功率为 $0.5W$);

E. 定值电阻 R_2(阻值为 10Ω,额定功率为 $0.5W$);

F. 滑动变阻器 R_3(阻值范围为 $0\sim10\Omega$,额定电流为 $1A$);

G. 滑动变阻器 R_4(阻值范围为 $0\sim100\Omega$,额定电流为 $0.5A$)。

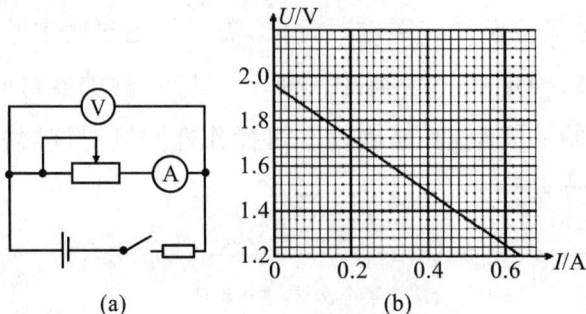

第2题图

小李设计的电路如图(a)所示。利用该电路,小李在实验中正确操作,测出了多组数据,根

据测量数据描点法作出了如图(b)所示的电压表示数 U 与电流表示数 I 的关系图像。

在小李设计的电路中,电流表应选_____,滑动变阻器应选_____,定值电阻应选_____(均填器材前字母序号)。

3. (电学单元复习)某同学探究阻值约为 550Ω 的待测电阻 R_x 在 $0\sim 5\text{mA}$ 范围内的伏安特性。有以下可用器材:

A. 电压表 V_1(量程为 $0\sim 3\text{V}$,内阻很大);

B. 电压表 V_2(量程为 $0\sim 15\text{V}$,内阻很大);

C. 电流表 A(量程为 $0\sim 1\text{mA}$,内阻为 300Ω);

D. 电源 E(电动势约为 4V,内阻不计);

E. 滑动变阻器 R_1(最大阻值为 10Ω);

F. 滑动变阻器 R_2(最大阻值为 $1.5\text{k}\Omega$);

G. 定值电阻 R_3(75Ω);

H. 定值电阻 R_4(150Ω);

开关 S,导线若干。

为了使通过 R_x 的电流可在 $0\sim 5\text{mA}$ 范围内连续可调,设计了如图所示的电路图。图中电压表应选_____,滑动变阻器应选_____,定值电阻 R_0 应选_____(均填器材前字母序号)。

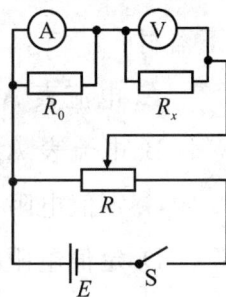

4. (电学单元复习时)某同学利用如图所示的电路测量一电源的电动势和内阻(电动势 E 约为 2V,内阻约为几欧姆)。

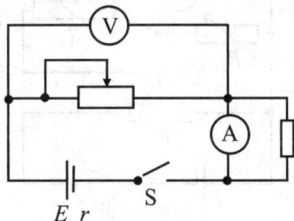

第 4 题图

有以下可供选用的器材:

A. 电流表 A(量程为 $0\sim 30\text{mA}$,内阻为 27Ω);

B. 电压表 V_1(量程为 $0\sim 3\text{V}$,内阻约为 $2\text{k}\Omega$);

C. 电压表 V_2(量程为 $0\sim 15\text{V}$,内阻约为 $10\text{k}\Omega$);

D. 滑动变阻器 R_1(阻值为 $0\sim 20\Omega$);

E. 滑动变阻器 R_2(阻值为 $0\sim 200\Omega$);

F. 定值电阻 $R_3=3\Omega$;

G. 定值电阻 $R_4=300\Omega$。

为了准确地进行实验测量,电压表应该选择_____,滑动变阻器应该选择_____,定值电阻应该选择_____(均填器材前字母序号)。

拓展训练

1.（一轮复习）某实验小组要测定一节蓄电池的电动势和内阻（电动势大约为 1.5V，内阻大约为 5Ω），实验室准备了以下器材：

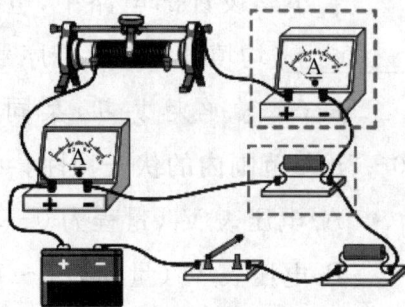

第 1 题图

　A. 电流表 A_1（量程为 $0\sim200\mu A$，内阻为 800Ω）；

　B. 电流表 A_2（量程为 $0\sim300mA$，内阻为 0.3Ω）；

　C. 定值电阻 R_1（阻值为 4.0Ω）；

　D. 定值电阻 R_2（阻值为 9200Ω）；

　E. 滑动变阻器 R_3（最大阻值为 20Ω）；

　F. 滑动变阻器 R_4（最大阻值为 200Ω）；

　G. 待测蓄电池一节（电动势约为 2V）；

　开关 S 一个，导线若干。

该实验小组利用所学知识正确连接实物电路如图所示，图中虚线框内的电表应选_____；虚线框内的定值电阻应选_____；滑动变阻器应选_____（均填器材前字母序号）。

2.（一轮复习）用如图所示的电路测量一只量程为 $0\sim100\mu A$、内阻约为 2000Ω 的微安表头的内阻，所用电源的电动势约为 12V，有两个电阻箱可选，即 R_1（$0\sim9999.9\Omega$）和 R_2（$0\sim99999.9\Omega$），R_M 应选_____，R_N 应选_____。

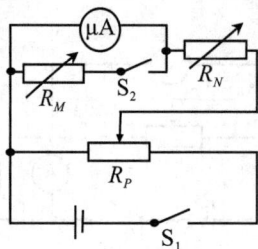

第 2 题图

3.（一轮复习）如图(a)所示为一物理兴趣小组制作的水果电池组，为了准确测量该电池组的电动势和内阻，进行以下操作。

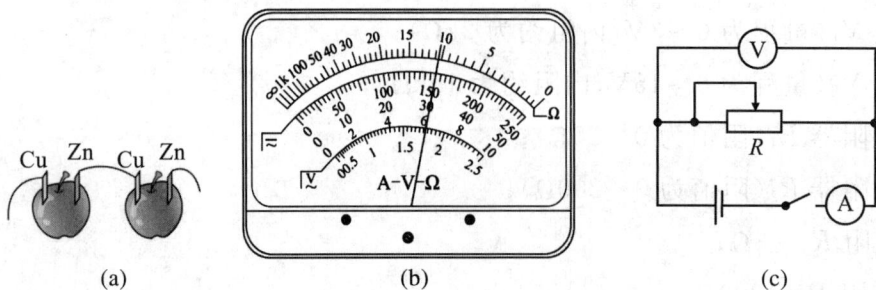

| (a) | (b) | (c) |

第 3 题图

(1)该小组先用多用电表直流 2.5V 挡粗略测量水果电池组的电动势,电表指针如图(b)中所示,则电表的读数为_____V。

(2)为了更准确地测量水果电池组的电动势和内阻,实验室提供了以下器材:

A.待测水果电池组(内阻约为 1000Ω);

B.电流表 A(量程为 0～5mA,内阻为 25Ω);

C.电压表 V_1(量程为 0～3V,内阻约为 1000Ω);

D.电压表 V_2(量程为 0～15V,内阻约为 5000Ω);

E.滑动变阻器 R_1(0～10Ω);

F.滑动变阻器 R_2(0～1500Ω);

G.开关、导线各若干。

实验中用如图(c)所示实验图进行实验,电压表应选_____,滑动变阻器应选_____(均填器材前字母序号)。

4.(一轮复习)小明要描绘某电学元件(最大电流不超过 6mA、最大电压不超过 7V)的伏安特性曲线,设计了如图所示的实物电路。

实验室中有如下器材:

A.定值电阻 $R=1k\Omega$;

B.电流表 A_1(量程为 0～10mA,内阻约为 5Ω);

C.电流表 A_2(量程为 0～50mA,内阻约为 2Ω);

D.电压表 V_1(量程为 0～10V,内阻约为 $10k\Omega$);

E.电压表 V_2(量程为 0～3V,内阻约为 $5k\Omega$);

F.滑动变阻器 R_1(阻值为 0～50Ω,额定电流为 0.4A);

G.滑动变阻器 R_2(阻值为 0～20Ω,额定电流为 0.5A);

H.电源 E(电动势为 12V,内阻不计)。

正确接线后,测得的数据如下表所示。

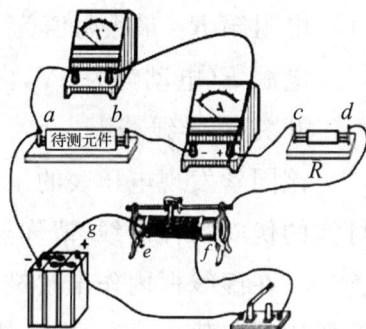

第4题图

实验次序	1	2	3	4	5	6	7	8	9	10
U/V	0.00	3.00	6.00	6.16	6.28	6.32	6.36	6.38	6.39	6.40
I/mA	0.00	0.00	0.00	0.06	0.50	1.00	2.00	3.00	4.00	5.50

本实验小明选用的电流表是_____;电压表是_____;滑动变阻器是_____(均填器材前字母序号)。

第8讲 完善实验设计

引路人 安吉高级中学 朱宝生

一、案例分析

典型例题

某同学用如图(a)所示的电路探究小灯泡的伏安特性,可选如下器材:

小灯泡(额定电压为 2.5V,额定电流为 0.3A);

电压表(量程为 0～300mV,内阻为 300Ω);

电流表(量程为 0～300mA,内阻为 0.27Ω);

定值电阻 R_0(可选 10Ω、20Ω、30Ω);

滑动变阻器 R_1(最大阻值为 20Ω);

电阻箱 R_2(最大阻值为 9999.9Ω);

电源 E(电动势为 6V,内阻不计);

开关 S、导线若干。

该同学发现电压表的量程较小,实验过程中不能得到较完整的小灯泡的伏安特性曲线,请你选择合适的器材对图(b)中的电路进行完善——在虚线框内作出改进后的电路图(如果用到变阻箱请写出电阻箱所用的阻值大小)。

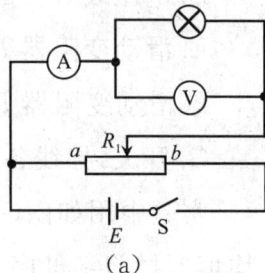

(a)

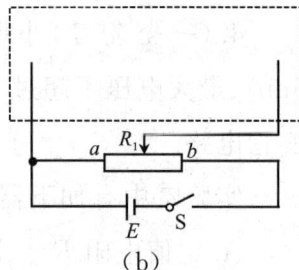

(b)

例题图

常见错解

电路如图所示。当滑动变阻器滑片滑到最右端 b 时,电压表不能超出量程最大值 $U_1=0.3$V,此时小灯泡两端电压即 $U_1=0.3$V,灯泡电阻 $R_L=\dfrac{U_额}{I_额}\approx 8.3$Ω,通过小灯泡的电流 $I_L=\dfrac{U_1}{R_L}=\dfrac{0.3}{8.3}A\approx 0.036$A。为了分压在电流表边上串联电阻

$$R=\frac{U_2}{I_L}=\frac{E-U_1}{I_L}=\frac{6-0.3}{0.036}\Omega\approx 158.3\Omega$$

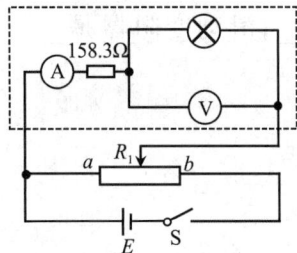

错解答图

正确解答

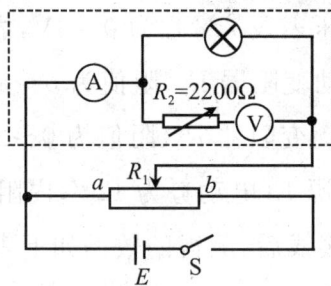

正解答图

教师点评

在常见错解中，解题者发现在本实验中电源电动势 $E=6\text{V}$，由于滑动变阻器采用分压接法，所以调节滑动变阻器滑片从 a 端滑到 b 端的过程中，电压表会出现超量程的情况，这是违反安全性要求的，他采用了在测量电路中串联电阻进行分压的设计，目的是保护电压表。

根据其设计方案进行实验，我们会发现，调节滑动变阻器，小灯泡两端电压只能在 $0\sim 0.3\text{V}$ 范围内变化，得不到完整的伏安特性曲线，不能完成实验目的。

"测量小灯泡伏安特性"实验的基本要求是得到较完整的伏安特性曲线，需要在测量电压 $0\sim 2.5\text{V}$、电流 $0\sim 0.3\text{A}$ 范围内有尽量多的数据。题中原方案的问题在于电压表的量程小，不能测量大于 0.3V 的电压，实验优化的方向是测出小灯泡在 $0.3\sim 2.5\text{V}$ 范围内工作时的电压。

本题从表面上看是电压表超量程使用不安全的问题，结合实验目的分析后发现是电压表量程与待测电压范围不匹配的问题。在此基础上解决问题的方法应该是换用量程更大的电表或者改装电表，而不是减小电路的工作电压。另外，实验方案完善后应该进行必要的论证，确保新方案能满足实验的要求。

为了完善实验方案，需要有正确、有序的思维路径，对于本题，具体思维过程如下。

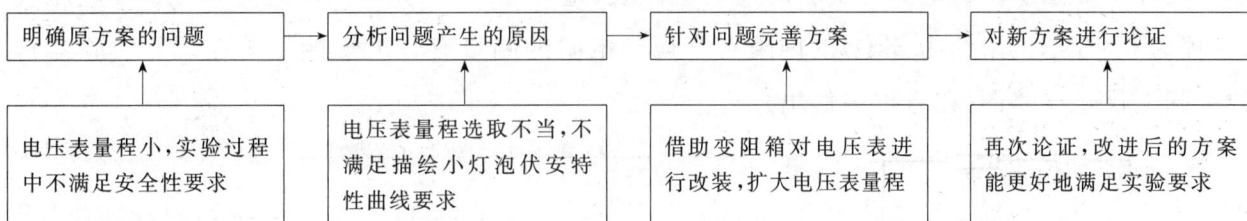

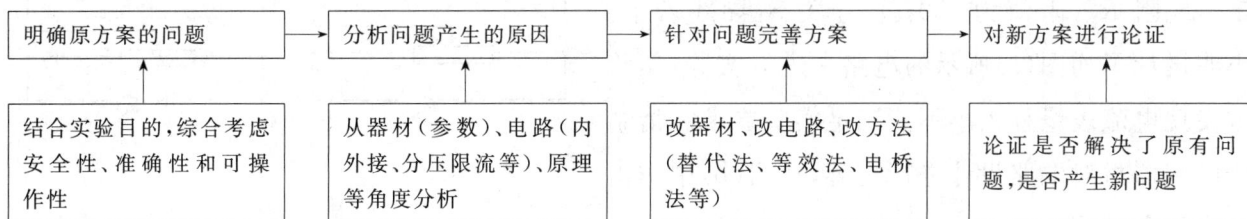

明确原方案的问题	→	分析问题产生的原因	→	针对问题完善方案	→	对新方案进行论证
↑		↑		↑		↑
电压表量程小，实验过程中不满足安全性要求		电压表量程选取不当，不满足描绘小灯泡伏安特性曲线要求		借助变阻箱对电压表进行改装，扩大电压表量程		再次论证，改进后的方案能更好地满足实验要求

方法提炼

电学实验完善设计，首先要基于更好地达成实验目的，在保证各电学元器件都能安全工作的情况下，提高实验测量的准确性和实验操作的简便性；其次要分析现有方案中存在的问题，找准问题产生的原因；再次完善实验设计需要熟悉各种常见问题的解决方法，针对具体问题选择改进效果好且容易实现的方法；最后对改进后的方案也要进行严谨的论证，确保方案可行。

具体思维过程如下。

明确原方案的问题	→	分析问题产生的原因	→	针对问题完善方案	→	对新方案进行论证
↑		↑		↑		↑
结合实验目的，综合考虑安全性、准确性和可操作性		从器材（参数）、电路（内外接、分压限流等）、原理等角度分析		改器材、改电路、改方法（替代法、等效法、电桥法等）		论证是否解决了原有问题，是否产生新问题

二、针对性训练

基础训练

1.（测电阻实验内容学习后）小明同学用伏安法测绘一只额定电压为 6V、额定功率为 3W 的小灯泡的伏安特性曲线，实验所用电压表内阻约为 $6k\Omega$，电流表内阻约为 1.5Ω，电源电动势 $E=9V$ 且内阻忽略不计，滑动变阻器最大阻值为 10Ω，实验所用电路如图所示。实验过程中发现电压表示数无法调节到 5V 以下，故无法描绘 5V 以下小灯泡的伏安特性曲线。

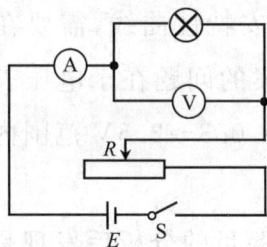

第 1 题图

你有办法在现有实验器材的基础上对电路进行优化，进而更好地完成这个实验吗？请将改进后的电路图在上面的方框中作出。

2.（测电阻等实验内容学习后）为了比较精确地测量某金属丝（阻值约几欧姆）的电阻 R_x，小明设计了如图所示的电路。实验时发现电流表（量程为 0～0.6A，内阻约为 0.1Ω）和电压表（量程为 0～3V，内阻约为 $3k\Omega$）的内阻对金属丝电阻的测量有较大影响。请在现有实验器材的基础上优化电路图（在方框中作出）。

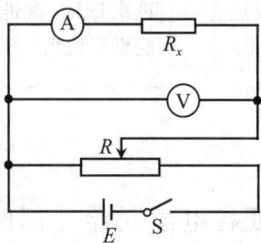

第 2 题图

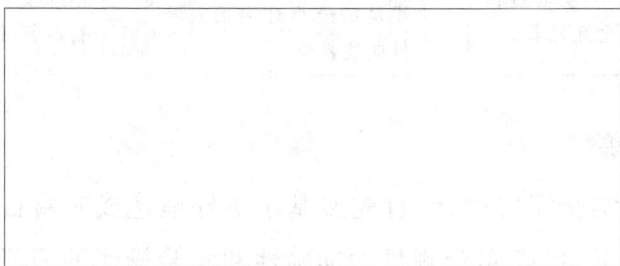

3.（电学单元复习）小明探究阻值约为 550Ω 的待测电阻 R_x 在 0～5mA 范围内的伏安特性。可用器材：电压表 V（量程为 0～3V，内阻很大），电流表 A（量程为 0～1mA，内阻为 300Ω），电源 E（电动势约为 4V，内阻不计），滑动变阻器 R（最大阻值为 10Ω），定值电阻 R_1（阻值为 75Ω），定值电阻 R_2（阻值为 150Ω），开关 S，导线若干。小明设计了如图（a）所示的电路来进行实验，实验时发现电流表量程太小不能满足实验要求。请结合已有器材对电路设计进行完善，在图（b）中作出相应的电路图。

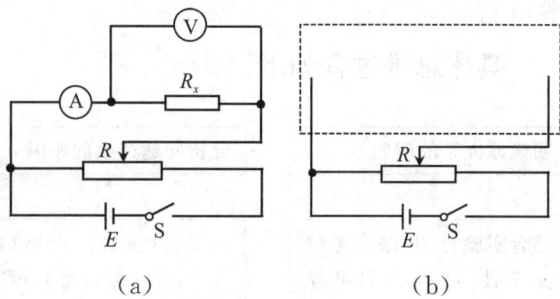

（a）　　　　（b）

第 3 题图

拓展训练

1.（一轮复习）小张采用伏安法测量铅笔芯的电阻 R_x，现有实验器材如下：电源（电动势为 3V，内阻可忽略）；电压表（量程为 0～3V，内阻约为 3kΩ）；电流表（量程为 0～250mA，内阻约为 0.4Ω）；滑动变阻器 R_P（最大阻值为 10Ω）；定值电阻 R_0（阻值为 10Ω）；开关及导线若干。小张设计了如图（a）所示的电路进行实验，发现铅笔芯电阻较小，电压表的示数始终小于量程的 $\frac{1}{3}$，读数误差较大。请你根据已有器材对电路图进行优化，在图（b）中作出相应的电路图。

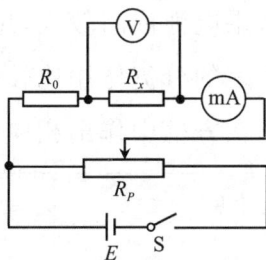 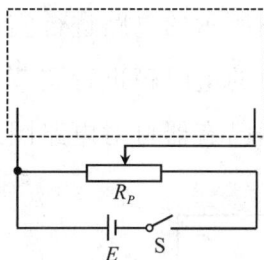

(a)　　　　　　　(b)

第 1 题图

2.（一轮复习）某同学设计了如图（a）所示的电路来测量微安表内阻，可利用的实验器材如下：电源 E（电动势为 1.5V，内阻很小）；电流表（量程为 0～10mA，内阻约为 10Ω），电压表（量程为 0～3V，内阻约为 10kΩ），微安表（量程为 0～100μA，内阻 R_g 待测，约为 1kΩ）；滑动变阻器 R（最大阻值为 10Ω）；定值电阻 R_0（阻值为 10Ω）；开关 S 及导线若干。

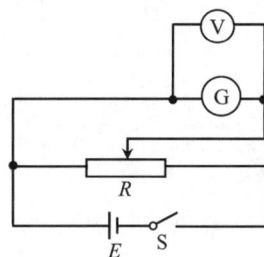 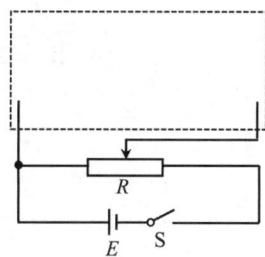

(a)　　　　　　　(b)

第 2 题图

该同学发现微安表两端能加的最大电压约为 0.1V，而电压表最小刻度为 0.1V，所以该电压表并不能准确测量微安表两端电压的大小。请你根据已有器材对电路图进行优化，在图（b）中作出相应的电路图。

3.（一轮复习）为测量干电池的电动势和内阻，小明从实验室找到以下实验器材：电阻箱（阻值可调范围为 0～9999Ω）；滑动变阻器（阻值变化范围为 0～10Ω）；电流表 G（量程为 0～3mA、内阻为 200Ω）；电压表（量程有 0～3V 和 0～15V）；开关和导线。小明设计了如图所示的电路进行实验，发现电流表 G 会因为电流过大而损坏。请你根据已有器材对电路图进行优化，在方框中作出相应的电路图。

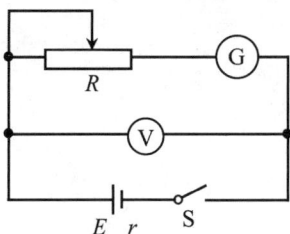

第 3 题图

4.（一轮复习）把铜片和锌片相隔一定距离插入水果中，就制成一个水果电池。某同学设计了以下实验方案测量其电动势和内阻。该同学从实验室找到以下器材：

A. 电压表（量程为 0～3V，内阻约为 3kΩ）；

B. 电流表（量程为 0～300μA，内阻为 100Ω）；

C. 电阻箱（0～9999Ω）；

D. 滑动变阻器（0～10Ω）；

E. 开关，导线若干。

该同学设计了如图所示的电路进行实验，发现水果电池内阻较大，想要获得多组有差异的数据就需要用较大阻值的电阻箱进行调节，此时电压表的分流作用比较明显，所以实验中存在较大的误差。请你根据已有器材对电路图进行优化，在方框中作出相应的电路图。

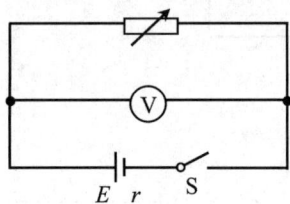

第 4 题图

第9讲 写出测量量表达式(一)

引路人 浙江省宁波中学 史再

一、案例分析

典型例题

某同学利用如图(a)所示的实验装置探究物体做直线运动时的平均速度与时间的关系。小车左端与纸带相连,右端用细绳跨过定滑轮与钩码相连。钩码下落,带动小车运动,打点计时器打出纸带。某次实验得到的纸带和相关数据如图(b)所示。

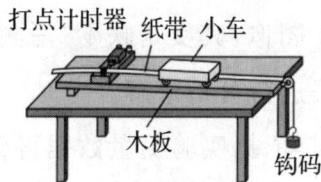

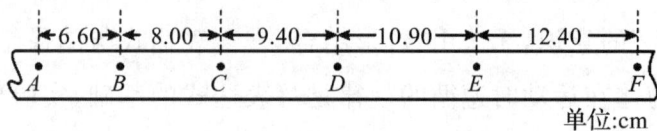

(a) (b)

例题图

已知打出图(b)中相邻两个计数点的时间间隔均为 0.1s。以打出 A 点时小车位置为初始位置,小车发生相应位移所用时间和平均速度分别为 Δt 和 $\overline{v}$,打出 B、C、D、E、F 各点时小车的位移 Δx 及相应的 $\overline{v}$ 如下表所示。

位移区间	AB	AC	AD	AE	AF
$\Delta x/\text{cm}$	6.60	14.60	24.00	34.90	47.30
$\overline{v}/(\text{cm} \cdot \text{s}^{-1})$	66.0	73.0	80.0	87.3	94.6

根据表中数据得到小车平均速度 $\overline{v}$ 随时间 Δt 的变化关系如图(c)所示。小车的加速度大小 $a=$ _____ cm/s² (结果均保留 3 位有效数字)。

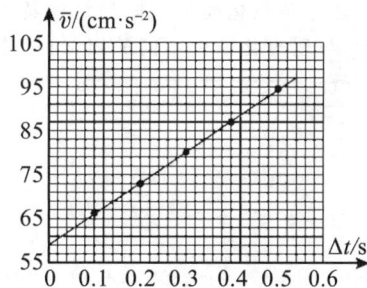

例题图(c)

常见错解

根据以往对 v-t 图像的认知,认为图像的斜率为题中所求的解,故由题图(c)可知

正确解答

由题图(c)可知小车在重物的拉动下做匀变速直线运动。

$$k = \frac{101.0 - 59.0}{0.6}\,\text{cm/s}^2$$

$$= 70.0\,\text{cm/s}^2$$

由位移公式 $x = v_0 t + \frac{1}{2}at^2$；

整理得 $\frac{x}{t} = v_0 + \frac{1}{2}at$；即 $\bar{v} = v_A + \frac{1}{2}at$；

或由 $\bar{v} = v_{\frac{t}{2}}$ 得 $\bar{v} = v_A + \frac{1}{2}at$；

将公式与图像结合分析，可得

$$a = 2k = 140\,\text{cm/s}^2$$

教师点评

在用图像解决物理问题时，经常有学生机械地套用 $v\text{-}t$ 图像的斜率、截距、面积等结论，表面上看是题目中的 $\bar{v}\text{-}\Delta t$ 图像被学生误认为是平时熟悉的 $v\text{-}t$ 图像，其实是缺少"写测量量表达式"的意识，无法用"数形结合"——表达式与图像结合的方法进行分析求解。

物体在运动时遵循的规律是写表达式的基础，实验中的图像是依据实验测量数据得到的，不是理想化的，是真实的运动和受力情况的反映，所以写测量量的表达式需要把物体的受力情况、做功和能量转化情况分析完整。

方法提炼

利用图像处理实验数据的这类题中，往往需要求解某些实验不能直接测得的物理量、误差分析等，这时我们可以根据图像的横、纵轴物理量和实验测得物理量建立起数学关联——根据实验原理（或物理规律）写出物理表达式的方法进行求解。具体流程如下。

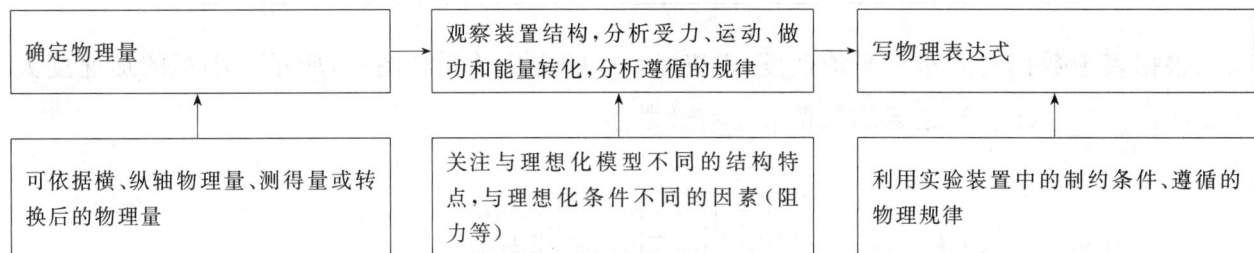

确定物理量	→	观察装置结构，分析受力、运动、做功和能量转化，分析遵循的规律	→	写物理表达式
↑		↑		↑
可依据横、纵轴物理量、测得量或转换后的物理量		关注与理想化模型不同的结构特点，与理想化条件不同的因素（阻力等）		利用实验装置中的制约条件、遵循的物理规律

二、针对性训练

基础训练

1.（牛顿运动定律内容学习后）2020 年 5 月，我国对珠穆朗玛峰进行了高度测量，其中一种方法是通过使用重力仪测量重力加速度，进而间接测量海拔高度。某同学受此启发就地取材设计了如图（a）所示的实验，测量当地重力加速度的大小。

当木板的倾角为 $37°$ 时，测量运动距离 L 与运动时间 t 的数据，所绘 $\frac{2L}{t}\text{-}t$ 图像如图（b）所

示。若想通过图像得到下滑加速度的大小,解决上述问题的初始表达式为_____。

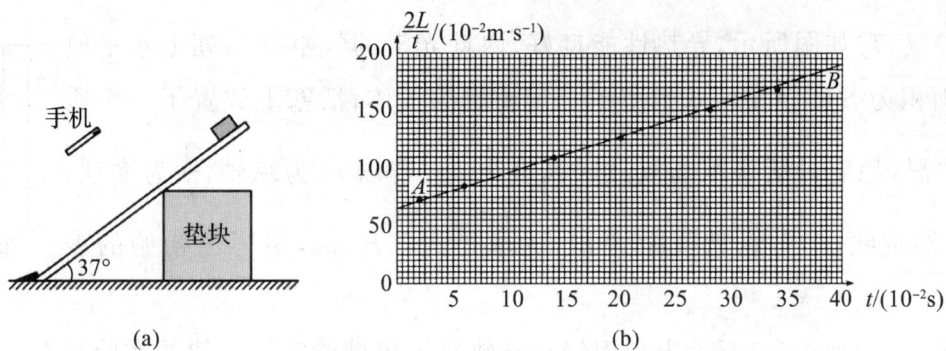

第1题图

2.(牛顿运动定律内容学习后)如图所示,某同学设计了测量铁块与木板间的动摩擦因数的实验。所用器材有铁架台、长木板、铁块、刻度尺、量角器、电磁打点计时器、频率50Hz的交流电源、纸带等。

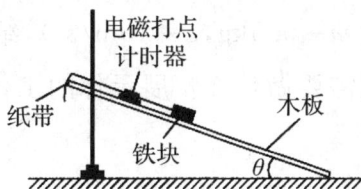

第2题图

为间接测得铁块与木板间的动摩擦因数 μ(用实验仪器可测量的量和当地重力加速度 g 表示),初始的表达式为_____。

3.(力的合成实验内容学习后)如图所示,实验小组的同学在老师指导下用两根完全相同的轻质弹簧和重物验证力的平行四边形定则,他进行了如下操作(弹簧始终处于弹性限度内):

(1)用刻度尺测出弹簧竖直悬挂时的自由长度 L_0。

(2)如图(a)所示,把重物通过细绳连接在弹簧下端,稳定后测出弹簧的长度 L_1。

(3)如图(b)所示,用两根弹簧挂起重物,稳定时两弹簧与竖直方向的夹角均为 $60°$,测出两弹簧的长度分别为 L_2、L_3。

(4)如图(c)所示,把两弹簧调整到相互垂直,稳定后测出两弹簧的长度为 L_4、L_5。

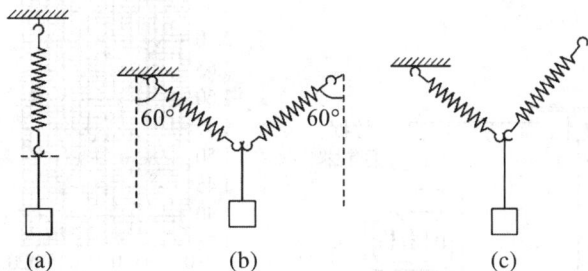

第3题图

对图(b)实验情境,测得的物理量间应满足的关系式是_____;对图(c)实验情境,测得的物理量间应满足的关系式是_____。

拓展训练

1. (一轮复习)如图所示,导热性能良好、内壁光滑的气缸开口朝上水平放在桌面上,面积为 S 的轻质活塞封闭了一定质量的气体,活塞上放置了一个质量为 m 的砝码,稳定时活塞距离气缸底高度为 h。若以 m 为纵轴,$\frac{1}{h}$ 为横轴,得到一条倾斜直线,其中纵轴截距为 b。为求得大气压 p_0,请写出初始的表达式。

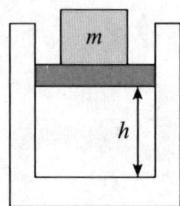

第 1 题图

2. (一轮复习)如图(a)所示为利用气垫导轨验证机械能守恒定律的实验装置,在导轨旁边固定一把与导轨平行的刻度尺,然后将手机固定于导轨上方,使摄像头正对导轨,开启视频录像功能,调节导轨的倾斜角度 θ(通过量角器量出),使滑块从导轨顶端由静止下滑,并用手机记录下滑块做匀加速直线运动的全程情况,然后通过录像回放。取滑块出发点为参考点,得到滑块相对于该点的距离 x 和所用时间 t(通过手机读取)的数据,然后改变轨道倾角 θ,得到相同 x 对应的 t 值(已知滑块的质量 $m=0.5\text{kg}$,$g=10\text{m/s}^2$),结果得到的图像如图(b)所示。为分析该直线不过原点的原因,首先需要做什么?展示你的工作。

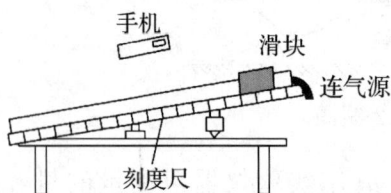

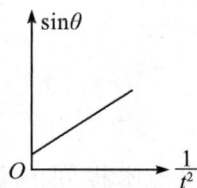

(a)   (b)

第 2 题图

3. (一轮复习)某同学设计了一个用拉力传感器验证机械能守恒定律的实验。一根轻绳一端连接固定的拉力传感器,另一端连接小钢球,如图(a)所示。拉起小钢球至某一位置由静止释放,使小钢球在竖直平面内摆动,记录在钢球摆动过程中拉力传感器示数的最大值 $F_{T\text{max}}$ 和最小值 $F_{T\text{min}}$。改变小钢球的初始释放位置,重复上述过程。根据测量数据在直角坐标系中绘制的 $F_{T\text{max}}$ - $F_{T\text{min}}$ 图像是一条直线,如图(b)所示。

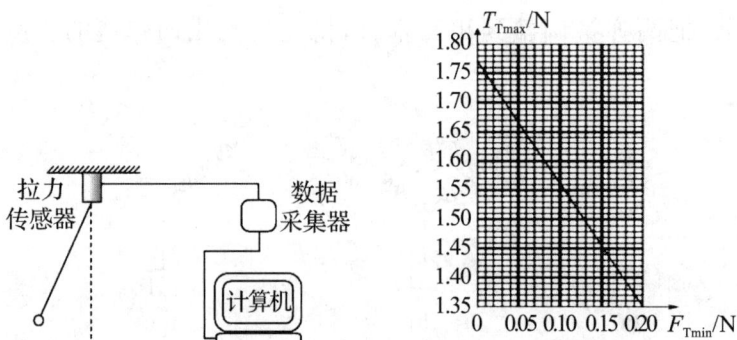

(a)   (b)

第 3 题图

为解释实验图像,首先需要做什么?展示你的工作。

4. (一轮复习)某实验小组利用如图(a)所示的装置探究加速度与物体所受合外力的关系。主要实验步骤如下。

(1)接通气泵,将滑块轻放在气垫导轨上,调节导轨至水平。

(2)在右支点下放一厚度为 h 的垫块,改变气垫导轨的倾斜角度。

(3)在气垫导轨的合适位置释放滑块,记录垫块个数 n 和滑块对应的加速度 a。

(4)在右支点下增加垫块个数(垫块完全相同),重复步骤(3),记录数据如下表所示。

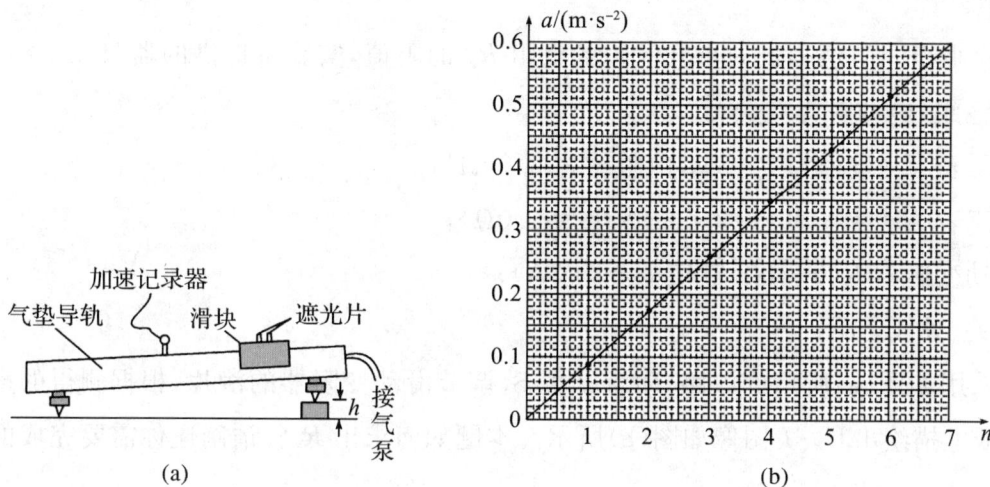

第 4 题图

n	1	2	3	4	5	6
$a/(\text{m}\cdot\text{s}^{-2})$	0.087	0.180	0.260	0.343	0.425	0.519

根据表中数据绘制了如图(b)所示的 $a-n$ 图像,为理解图像斜率 k 的物理意义,首先需要做什么?展示你的工作。

5. (一轮复习)如图所示,某同学把 A、B 两根不同的弹簧串接后竖直悬挂,探究 A、B 弹簧弹力与伸长量的关系。在 B 弹簧下端依次挂上质量为 m 的钩码,静止时指针所指刻度 x_A、x_B 的数据如下表所示。

钩码个数	0	1	2	…
x_A/cm	7.75	8.53	9.30	…
x_B/cm	16.45	18.52	20.60	…

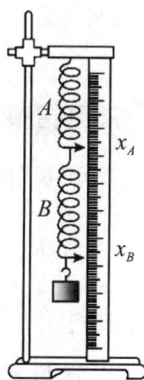

第 5 题图

设钩码个数为 1 时,弹簧 A 的伸长量为 Δx_A,弹簧 B 的伸长量为 Δx_B。为了分析两根弹簧弹性势能的增加量 ΔE_p 与 $mg(\Delta x_A + \Delta x_B)$ 的大小关系,首先需要做什么?展示你的工作。

第 10 讲 写出测量量表达式(二)

引路人　安吉高级中学　项明

一、案例分析

典型例题

某实验小组同学想测量一个几欧姆的电阻 R_x 的阻值,实验室提供的器材:

A. 电池组(电动势为 3V);

B. 电压表 V_1(量程为 0~3V,内阻约为 3.0kΩ);

C. 电流表 A_1(量程为 0~0.6A,内阻为 1.0Ω);

D. 滑动变阻器 R(0~1Ω,额定电流为 2A);

E. 开关、导线若干。

实验采用如图(a)所示的电路,闭合开关 S,调节滑动变阻器的滑片,根据测得的多组数据,已在坐标纸上描绘出 $U\text{-}I$ 图像如图(b)所示。本题如何求出 R_x? 请阐述你需要完成的工作。

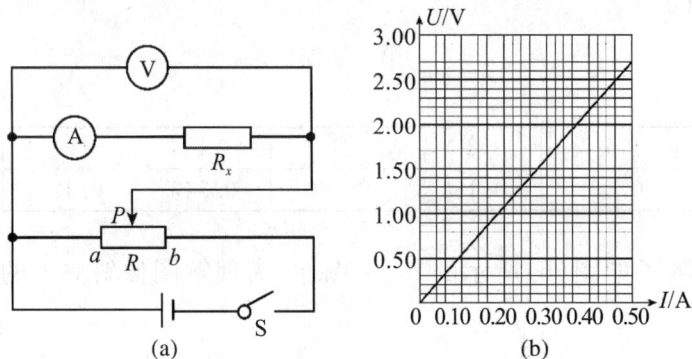

例题图

常见错解

常见错解 1:

由 $R_x = \dfrac{U}{I}$,斜率代表 R_x,求得 $R_x = 5.40Ω$。

常见错解 2:

题图(a)中由于电压表的分流作用,根据串、并联规律与欧姆定律得 $I = \dfrac{U}{R_V} + \dfrac{U}{R_x}$,$U\text{-}I$ 图像的斜率代表 $\dfrac{R_x R_V}{R_x + R_V}$,可进一步求出电阻 $R_x = 5.39Ω$。

正确解答

本题是通过伏安法测数据并根据作图求解待测量 R_x,图像中的纵轴电压值是电压表读数,横轴电流值是电流表的读数,都是通过实际测量得到的。由电路,结合串、并联规律与欧姆定律,可知电压表读数 U、电流表读数 I 和电流表内阻 R_A、待测电阻 R_x 间的关系式为 $U = I(R_x + R_A)$,结合 $U\text{-}I$ 图像,可知斜率 k 对应 $R_x + R_A$,则 $R_x = k - R_A = 4.40Ω$。

教师点评

常见错解 1 只认识到 $U-I$ 图像斜率代表 R_x，未从实验视角认识到图像中的纵轴电压值是电压表读数，横轴电流值是电流表的读数，都是实际测量得到的，缺乏联系电路图和物理规律进一步深入思考。

常见错解 2 能够从实验视角关注到电路图中的仪表参数，也用串、并联规律及欧姆定律进行推理，但未结合电路图明确各物理量间的关系，无法写出正确表达式。

本题涉及电路图中多个仪器参数、测量量与待测量间的关系，需要调用多个物理规律，片面考虑某一规律或未综合考虑电路图和仪器参数，将无法得到有效结论。要得到准确的结果，需观察电路图与图表明确待测量与测量量，审视电路图寻找涉及的物理规律，综合各元件与仪器的参数考虑影响因素，明确各物理量间的关系并写出准确表达式进行求解。思维过程如下。

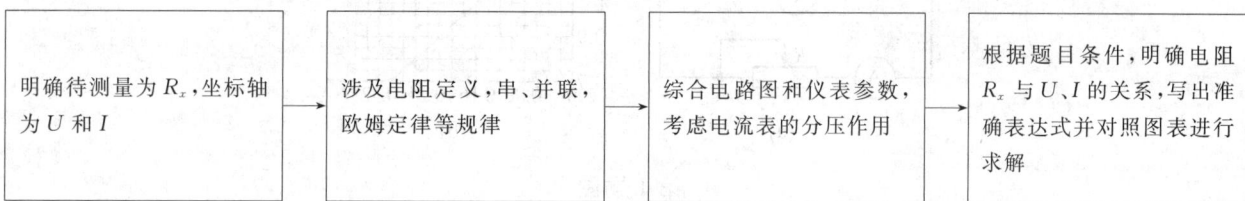

| 明确待测量为 R_x，坐标轴为 U 和 I | → | 涉及电阻定义，串、并联，欧姆定律等规律 | → | 综合电路图和仪表参数，考虑电流表的分压作用 | → | 根据题目条件，明确电阻 R_x 与 U、I 的关系，写出准确表达式并对照图表进行求解 |

方法提炼

在实验题中往往需要根据所给仪表参数和电路图来解决相关问题，此时需写出测量量的表达式。由于涉及多个物理规律且需综合考虑问题，应有序考虑，避免遗漏，具体思维过程如下。

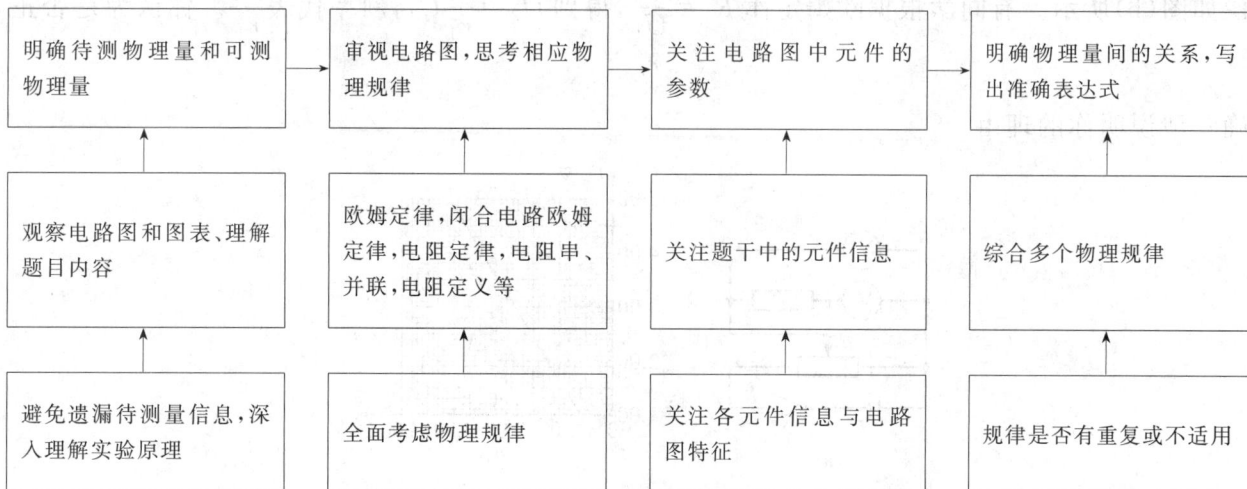

| 明确待测物理量和可测物理量 | → | 审视电路图，思考相应物理规律 | → | 关注电路图中元件的参数 | → | 明确物理量间的关系，写出准确表达式 |

| 观察电路图和图表、理解题目内容 | 欧姆定律，闭合电路欧姆定律，电阻定律，电阻串、并联，电阻定义等 | 关注题干中的元件信息 | 综合多个物理规律 |

| 避免遗漏待测量信息，深入理解实验原理 | 全面考虑物理规律 | 关注各元件信息与电路图特征 | 规律是否有重复或不适用 |

二、针对性训练 ▪▪▪▪▪▪▪▪

基础训练

1. (电路的章节复习)小明同学在测定一节干电池的电动势和内阻的实验时,为防止电流过大损坏器材,在电路中加了一个保护电阻 $R_0 = 2.0\Omega$,电路中还有电压表 V(量程为 $0\sim3$V,内阻很大)和电流表 A(量程为 $0\sim0.6$A,内阻为 1.0Ω),根据如图(a)所示的电路进行实验,根据实验测得的 5 组数据作出的 U-I 图像如图(b)所示。某同学根据闭合电路欧姆定律 $E = I(r + R_A) + U$,求得 $U = -(r + R_A)I + E$,得到图像的斜率代表 $-r + R_A$,截距代表 E。你认为是否正确?请说明你的理由。

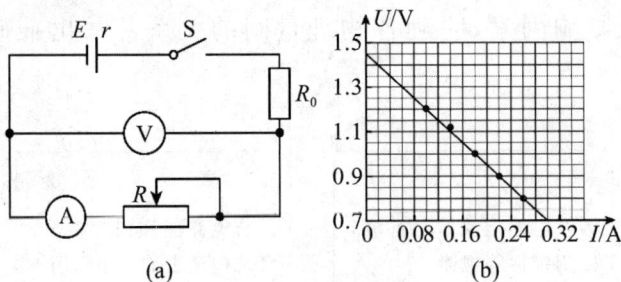

第 1 题图

2. (电路的章节复习)在测量定值电阻阻值的实验中,提供的实验器材如下:电压表 V_1(量程为 $0\sim3$V,内阻 $r_1 = 3.0$kΩ);电压表 V_2(量程为 $0\sim5$V,内阻 $r_2 = 5.0$kΩ);滑动变阻器 R(额定电流为 1.5A,最大阻值为 100Ω);待测定值电阻 R_x;电源 E(电动势为 6.0V,内阻不计);单刀开关 S;导线若干。按图(a)连接电路,测量多组 V_2 和 V_1 的示数 U_2 和 U_1,作出 U_2-U_1 图像如图(b)所示。有同学根据欧姆定律 $R_x = \dfrac{U_2}{\dfrac{U_1}{r_1}}$,得到 $U_2 = \dfrac{R_x}{r_1}U_1$,斜率代表 $\dfrac{R_x}{r_1}$。你认为是否正确?请说明你的理由。

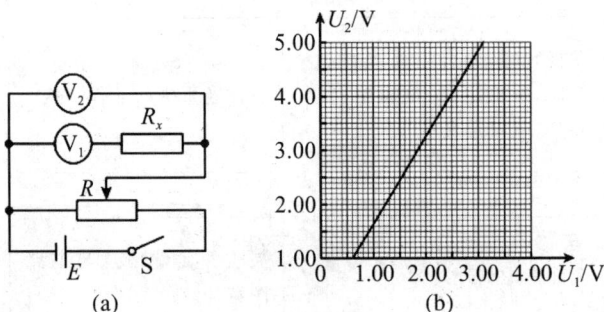

第 2 题图

3.(电路的章节复习)实验室提供下列器材:电源(电动势 $E=3.0$V);电阻箱(0~999Ω);电流表 A(量程为 0~0.6A,内阻为 0.2Ω);电压表 V(量程为 0~3V,约为 3.0kΩ);一段电阻率较大、粗细均匀的电阻丝(镍铬合金丝)ab,其横截面积 $S=1.2\times10^{-7}$m²;米尺;开关,导线若干。

为测量这段电阻丝的电阻率,实验小组的实验电路如图(a)所示,其中电阻箱 $R_0=2$Ω。实验时,闭合开关 S,调节滑片 P 到某一位置,测出 aP 的长度 x 和对应的电压 U、电流 I 的值,改变滑片 P 的位置,得到多组 x 及对应的 U、I 值。根据实验记录的数据,已用描点法在坐标纸上作出 $\frac{U}{I}$-x 图像,如图(b)所示,有两名同学分别作出了直线 A 和直线 B,想通过拟合直线的斜率求电阻率。为了判断哪条拟合直线正确,需要做什么工作?

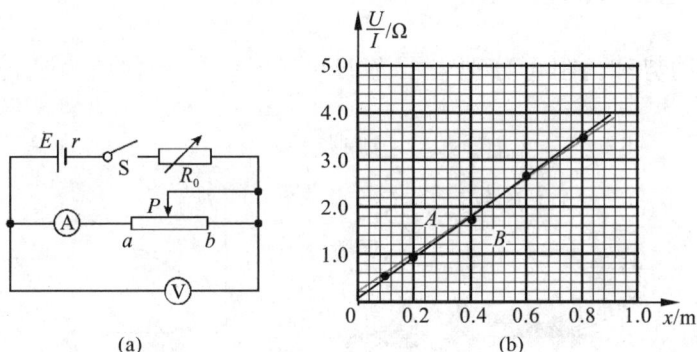

第 3 题图

4.(电路章节复习)某同学要研究一小灯泡 L(3.6V,0.30A)的伏安特性。所用器材有电流表 A_1(量程为 0~200mA,内阻 $R_{g1}=10.0$Ω),电流表 A_2(量程为 0~500mA,内阻 $R_{g2}=1.0$Ω),定值电阻 R_0(阻值 $R_0=10.0$Ω),滑动变阻器 R_1(最大阻值为 10Ω),电源 E(电动势为 4.5V,内阻很小),开关 S 和若干导线。设计的电路如图所示。若 I_1、I_2 分别为流过电流表 A_1 和 A_2 的电流。实验时,先调节滑动变阻器,使开关闭合后两电流表的示数为零,然后移动滑动变阻器,测得某组的实验数据 $I_1=173$mA 时,$I_2=424$mA。

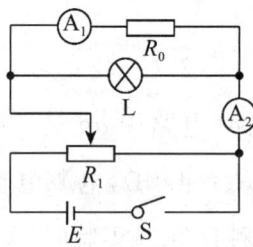

第 4 题图

根据实验数据,有同学认为此时的灯丝电阻可通过欧姆定律来求解,$R=\dfrac{U}{I}=\dfrac{I_1(R_{g1}+R_0)}{I_2}=$ 7.3Ω。你认为是否正确,理由是什么?

5.(电路章节复习)中空金属圆柱体如图(a)所示,其内径和外径分别为 a 和 b,A、B 两接线柱间的距离 $L=98.00$cm,电阻大致为 5Ω。为进一步研究其导电特性,用如下器材:电源 E(电动势约为 5.0V,内阻 0.5Ω);电压表 V(量程为 0~5V,内阻 r_2 约为 10kΩ);电流表 A(量程为 0~30mA,内阻 $r_3=15$Ω);定值电阻 $R_1=140$Ω;滑动变阻器 R_3(0~10Ω);导线若干、开关,按图(b)连接电路。某次小明同学读得电压表、电流表读数分别为 U、I,认为该圆柱体金属的电阻率 $\rho=\dfrac{U}{I}\cdot\dfrac{\pi(b^2-a^2)}{4L}$。你认为是否正确?请说明你的理由。

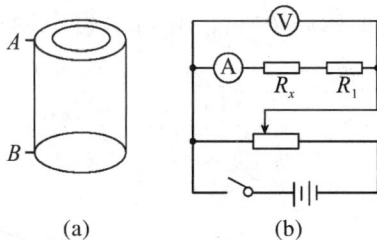

(a)　(b)

第 5 题图

▶拓展训练

1. (一轮复习)需测定电池的电动势和内阻,器材有一节待测电池、一个单刀双掷开关、一个定值电阻(阻值为 R_0)、一个电流表(内阻为 R_A)、一根均匀电阻丝(总阻值大于 R_0 且配有可在电阻丝上移动的金属夹)、导线若干。由于缺少刻度尺,无法测量电阻丝长度,可用桌上的一个圆形时钟表盘。将电阻丝绕在该表盘上,利用圆心角来表示接入电路的电阻丝长度,并测量出单位角度对应电阻丝的阻值为 r_0。将器材按图(a)连接:改变金属夹的位置,闭合开关,记录每次接入电路的电阻丝对应的圆心角 θ 和电流表示数 I,得到多组数据。根据闭合电路欧姆定律可得 $E = I\theta r_0 + Ir$,可得 $\dfrac{1}{I} = \dfrac{r_0}{E}\theta + \dfrac{r}{E}$,作出 $\dfrac{1}{I}-\theta$ 图像如图(b)所示。若图像斜率为 k,与纵轴截距为 d,有同学认为该电池电动势和内阻可分别表示为 $E = \dfrac{r_0}{k}$,$r = \dfrac{r_0 d}{k}$。你认为是否正确,理由是什么?

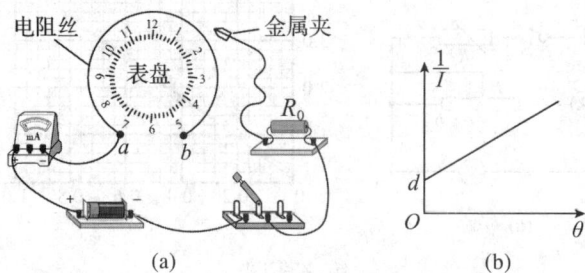

第 1 题图

2. (一轮复习)某同学为测定电阻丝的电阻率 ρ 和电池的内阻 r,设计了如图(a)所示的电路,电路中 ab 是一段电阻率较大、粗细均匀的电阻丝,电阻丝的直径 $d = 0.400\text{mm}$,保护电阻 $R_0 = 4.0\Omega$,电源电动势 $E = 3.0\text{V}$,内阻未知,电流表内阻 R_A 为 0.5Ω,滑片 P 与电阻丝始终接触良好。实验时闭合开关,调节滑片 P 的位置,分别用米尺测量出每次实验的 aP 长度 x 和对应的电流值 I。将表中数据描在 $\dfrac{1}{I}-x$ 坐标纸中,如图(b)所示。某同学根据电阻定律 $R = \rho\dfrac{x}{\pi\dfrac{d^2}{4}}$ 与闭合电路欧姆定律 $E = I(R+r)$,得到 $\dfrac{1}{I} = \dfrac{r}{E} + \dfrac{4\rho}{\pi d^2 E}x$,认为图像的斜率 $k = \dfrac{4\rho}{\pi d^2 E}$,纵轴截距 $b = \dfrac{r}{E}$,并可求得电阻率 ρ 和电池的内阻 r。你认为是否正确?说出你的理由。

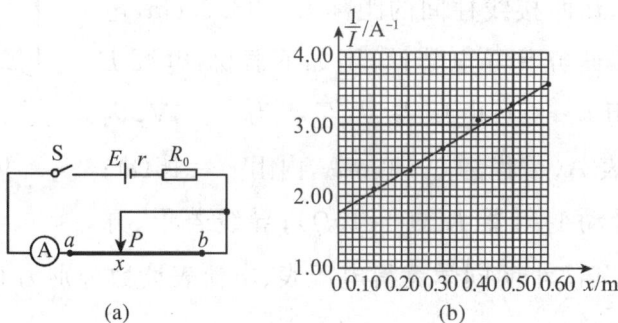

第 2 题图

3.（一轮复习）在"探究导体电阻与其影响因素的定量关系"实验中，为了探究三根材料未知、横截面积均为 $S=0.20\text{mm}^2$ 的金属丝 a、b、c 的电阻率，采用如图(a)所示的实验电路，M 为金属丝 c 的左端点，O 为金属丝 a 的右端点，P 是金属丝上可移动的接触点。在实验过程中，电流表读数始终为 1.25A。电压表读数 U 随 O、P 间的距离 x 的变化如图(b)所示，请作出电压表读数 U 随 O、P 间的距离 x 变化的图像。某同学根据所给数据直接描作出了如图(c)所示的 $U-x$ 图像。你认为是否正确？理由是什么？

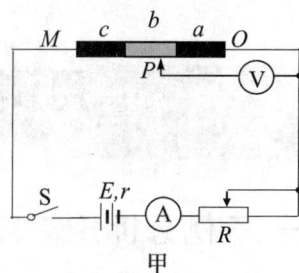

第 3 题图(a)

x/mm	600	700	800	900	1000	1200	1400
U/V	3.95	4.50	5.10	5.90		6.65	6.82
x/mm	1600	1800	2000	2100	2200	2300	2400
U/V	6.93	7.02		7.85	8.50	9.05	9.78

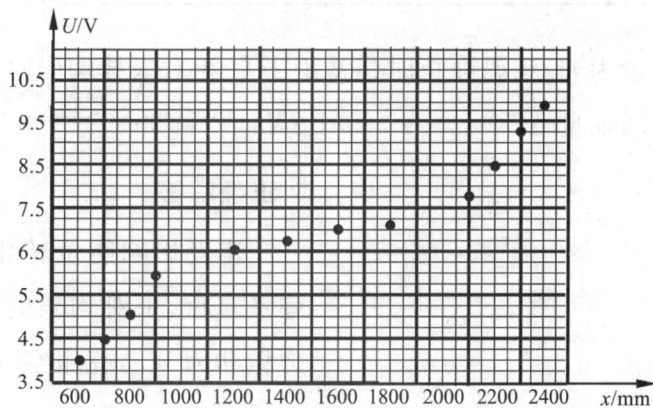

(b)

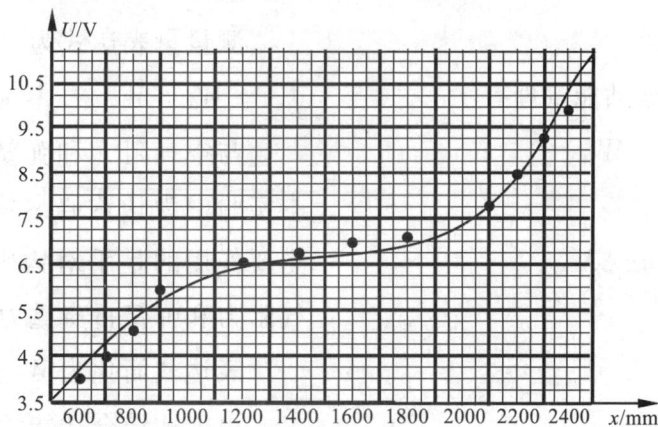

(c)

第 3 题图

第11讲 用测量量表达式进行分析(一)

引路人　浙江省台州中学　周志林

一、案例分析

典型例题

如图所示,某同学把 A、B 两根不同的弹簧串接后竖直悬挂,探究 A、B 弹簧弹力与伸长量的关系。在 B 弹簧下端依次挂上钩码,静止时指针所指刻度 x_A、x_B 的数据如下表所示。

钩码个数	1	2	3	…
x_A/cm	7.75	8.53	9.30	…
x_B/cm	16.45	18.52	20.60	…

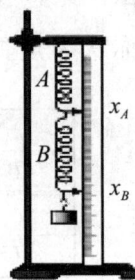

例题图

某次实验钩码总质量为 m,钩码静止时弹簧 B 指针相对未挂钩码时下移了 ΔX,则此过程中两根弹簧弹性势能的增加量 ΔE_p _____ $mg\Delta X$(填"＝""＜"或"＞")。

常见错解

常见错解 1:

根据动能定理有

$$W_G - W_弹 = 0$$

可得

$$\Delta E_p = mg\Delta X$$

常见错解 2:

考虑弹簧自重,根据动能定理有

$$W_G + W_{自重} - W_弹 = 0$$

可得

$$\Delta E_p > mg\Delta X$$

正确解答

本题影响能量转化的因素有空气阻力、弹簧自重、手对钩码的作用力等。设钩码重力做功为 W_G,克服空气阻力做功为 W_f,弹簧自重做功为 $W_{自重}$,克服弹簧弹力做功为 $W_弹$,克服手对钩码的作用力做功为 $W_手$。

测量量表达式为

$$W_G + W_{自重} - W_弹 - W_手 - W_f = 0$$

与空气阻力和弹簧自身重力做功相比,本实验中为让钩码尽快静止在平衡位置,起主要作用的是手对钩码的作用力做的功,空气阻力和弹簧自身重力做功可忽略不计。

表达式简化为 $W_G - W_弹 - W_手 = 0$。

由上式结合功能关系可得

$$\Delta E_p < mg\Delta X$$

教师点评

常见错解 1 中,解题者没有考虑实验过程中弹簧自重、空气阻力、手的作用力等外力干扰重物停止的影响因素。常见错解 2 中解题者考虑到了弹簧自重的影响,但还不够全面,没有找

到让重物快速停止的关键因素。本题涉及多个力做功的能量转化,需要学生回忆实验操作过程,全面分析钩码从开始下降到静止的过程中参与能量转化的所有做功因素,对所有做功因素做一个评估,确定主导因素。思维过程如下。

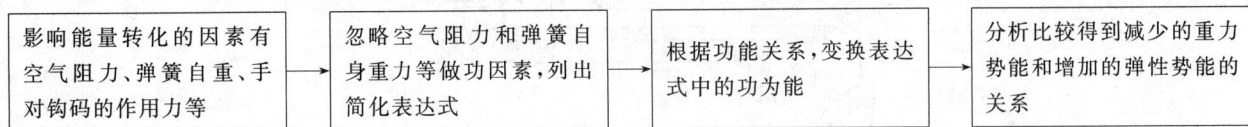

影响能量转化的因素有空气阻力、弹簧自重、手对钩码的作用力等 → 忽略空气阻力和弹簧自身重力等做功因素,列出简化表达式 → 根据功能关系,变换表达式中的功为能 → 分析比较得到减少的重力势能和增加的弹性势能的关系

方法提炼

在真实的实验情境下列出的测量量表达式必是包含多种因素在内的一个复杂式子,我们需要分析式子中各因素的影响大小,抓住主要因素,忽略次要因素来简化表达式,若是图像题型,当表达式与图像坐标不对应时,还需进行表达式的变换,再进行实验结果解释。

方法使用程序如下。

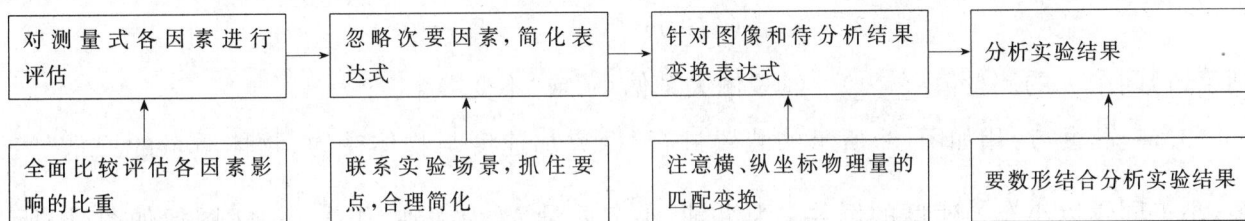

对测量式各因素进行评估 → 忽略次要因素,简化表达式 → 针对图像和待分析结果变换表达式 → 分析实验结果

全面比较评估各因素影响的比重 → 联系实验场景,抓住要点,合理简化 → 注意横、纵坐标物理量的匹配变换 → 要数形结合分析实验结果

二、针对性训练

基础训练

1. (一轮复习)某同学用如图(a)所示的实验装置验证机械能守恒定律。

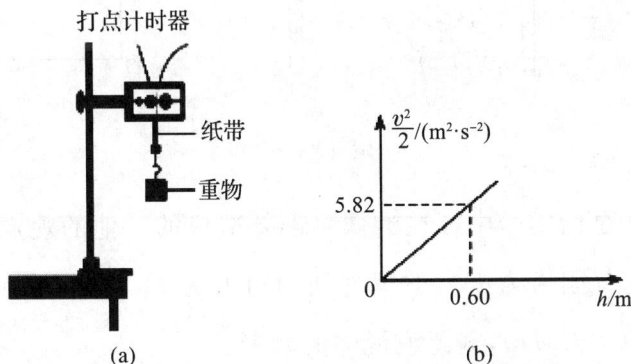

打点计时器
纸带
重物
(a)

$\frac{v^2}{2}/(m^2 \cdot s^{-2})$
5.82
0　　0.60　　h/m
(b)

第 1 题图

(1)通过对纸带的数据进行处理,作出 $\frac{v^2}{2} - h$ 图像如图(b)所示,由此可得当地的重力加速度 $g = $ _____ m/s²。

(2)若考虑下落过程中受到的阻力,且设重物下落过程中阻力恒为 F_f,已知按照动能定理写出的表达式为 $(mg - F_f)h = \frac{1}{2}mv^2$,则测量结果 _____ (填"偏大""正常"或"偏小")。

2.（一轮复习）为了测量滑块和桌面间的动摩擦因数 μ，某同学设计了如图所示的实验装置，A 为带滑轮的滑块，B 为盛有沙的沙桶。

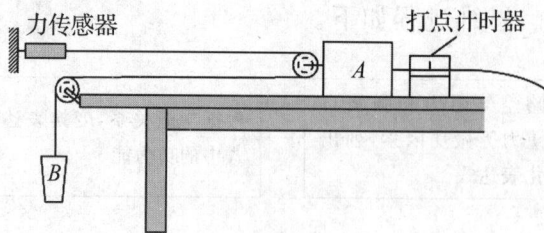

第 2 题图

（1）实验中已测得滑块的质量为 M，将滑块由静止释放，力传感器的示数为 F，当滑块运动距离为 s_1 时，沙桶刚好接触地面且不反弹，滑块再滑行 s_2 的距离后停止运动，用以上测量量表示的动摩擦因数 μ 的表达式为_____。

（2）设滑轮的质量为 m，纸带克服阻力做功为 W_f，根据动能定理得到的表达式为

$$2Fs_1 - \mu g(M+m)(s_1+s_2) - W_f = 0$$

则第（1）问中 μ 的测量值_____（填"偏大""偏小"或"不变"）。

3.（一轮复习）用如图（a）所示的装置进行"探究加速度与物体受力、物体质量的关系"实验，小王同学以小车加速度的倒数 $\frac{1}{a}$ 为纵轴、小车质量 M 为横轴，作出 $\frac{1}{a}$-M 图像如图（b）所示，发现图像在纵轴上存在截距。

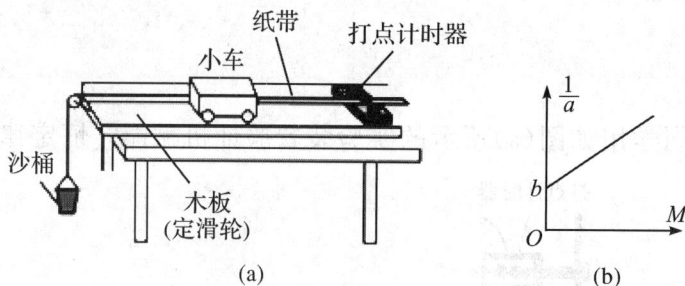

第 3 题图

（1）小王同学认为这是由实验中存在的偶然误差造成的。他的观点正确吗？

（2）设沙桶受到的空气阻力为 F_{f1}，小车受到的阻力为 F_{f2}，根据牛顿第二定律写出的表达式为 $mg-(F_{f1}+F_{f2})=(m+M)a$，据此说说你的解释。

拓展训练

1.（一轮复习）某同学用如图所示的装置验证机械能守恒定律。一根长为 L 的细线系住小钢球，悬挂在铁架台上，钢球静止于 A 点，光电门固定在 A 的正下方，在钢球底部竖直地粘住一片宽度为 d、长为 l 的轻质遮光条。将钢球拉至不同位置由静止释放，遮光条下端经过光电门的挡光时间 t 可由计时器测出，取 $v=\frac{d}{t}$ 作为钢球经过 A 点时的速度。记录钢球每次下落

的高度 h 和计时器示数 t，计算并比较钢球在释放点和 A 点间的势能变化大小 ΔE_p 与动能变化大小 ΔE_k，就能验证机械能是否守恒。

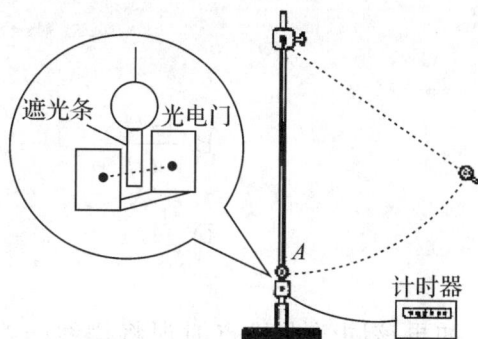

第 1 题图

下表为该同学的实验结果。

$\Delta E_p/(10^{-2}\text{J})$	4.892	9.786	14.69	19.59	29.38
$\Delta E_k/(10^{-2}\text{J})$	5.04	10.1	15.1	20.0	29.8

(1)他发现表中的 ΔE_p 和 ΔE_k 间存在差异，认为这是由空气阻力造成的。你是否同意他的观点？

(2)按照装置结构可写出速度测量量表达式为 $v_{测}=\dfrac{v_{球}}{L}(L+l)$，请结合测量量表达式说明理由。

2. (一轮复习)在验证机械能守恒的实验中，如图(a)所示放置实验器材，接通电源，释放托盘与砝码，并测得遮光片宽度 d，遮光片到光电门的距离 l，遮光片通过光电门的时间 Δt，托盘和砝码的总质量 m_1，小车和遮光片的总质量 m_2。改变 l，做多组实验，作出以 l 为横坐标、以 $\left(\dfrac{d}{\Delta t}\right)^2$ 为纵坐标的图像如图(b)所示。

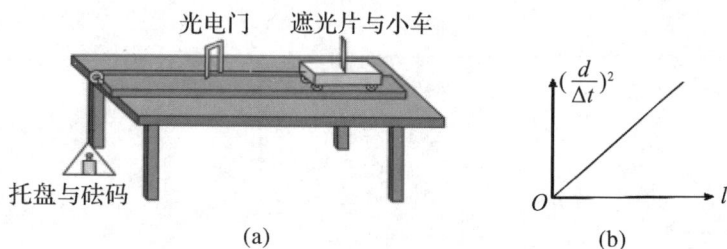

(a)   (b)

第 2 题图

(1)用以上测量量表示的图像斜率为_____。

(2)根据动能定理写出表达式为 $(m_1g-F_f)l=\dfrac{1}{2}(m_1+m_2)\left(\dfrac{d}{\Delta t}\right)^2$，则第(1)问中的测量值_____(填"偏大""正常"或"偏小")。

3.（一轮复习）在"用单摆测重力加速度"实验中，某同学用图像法处理数据，并通过改变摆长，测得多组摆长 l 和对应的周期 T，并用这些数据作出 $T^2 - l$ 图像如图所示。

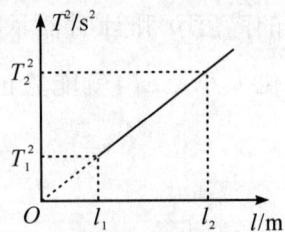

第 3 题图

（1）图像斜率的意义是_____。

A. $\dfrac{g}{4\pi^2}$

B. $\dfrac{4\pi^2}{g}$

C. g

D. $\dfrac{1}{g}$

（2）已知 $T = 2\pi\sqrt{\dfrac{L_{线} + r}{g}}$，如果该同学在描点时误将摆线长当作摆长，那么作出的直线将不通过原点，由图像斜率得到的重力加速度与正常的相比，将产生哪一种结果？_____。

A. 不变　　　　　B. 偏大　　　　　C. 偏小　　　　　D. 都有可能

第12讲 用测量量表达式进行分析(二)

引路人 安吉高级中学 吴丽华

一、案例分析

典型例题

例1 某实验小组为测量干电池的电动势和内阻,设计了如图(a)所示的电路,所用器材如下:电压表(量程为 $0\sim3V$,内阻很大);电流表(量程为 $0\sim0.6A$);电阻箱(阻值为 $0\sim999.9\Omega$);干电池一节;开关一个;导线若干。

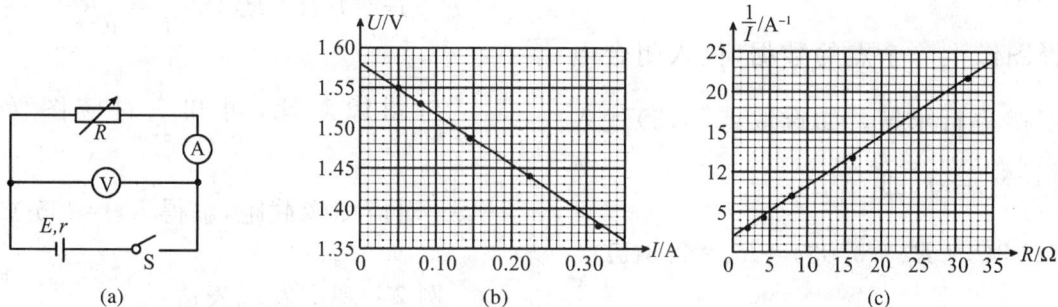

例题图

(1)调节电阻箱到最大阻值,闭合开关。逐次改变电阻箱的电阻,记录其阻值 R、相应的电流表示数 I 和电压表示数 U。根据记录数据作出的 $U-I$ 图像如图(b)所示,该小组已经得到关于本题的关系式 $E=U+Ir,U=I(R+R_A)$。选用合适的关系式并结合图(b),求解干电池的电动势和内阻,可以得到 $E=$ _____ V,内阻 $r=$ _____ Ω(保留2位小数)。

(2)该小组根据实验记录数据作出 $\frac{1}{I}-R$ 图像如图(c)所示。结合(1)问得到的电动势与内阻,电流表内阻 $R_A=$ _____ (保留2位有效数字)。

例2 某同学要测量一节干电池的电动势和内阻,实验器材如下:①电压表 V(量程为 $0\sim3V$,内阻 R_V 约为 $10k\Omega$);②电流表 G(量程为 $0\sim3mA$,内阻 $R_G=100\Omega$);③滑动变阻器 $R(0\sim20\Omega,2A)$;④定值电阻 $R_3=0.5\Omega$;⑤开关 S 和导线若干。他先根据已有器材作出如图(a)所示的实验电路图,并依据闭合电路欧姆定律得表达式 $E=r\left(I_G+\dfrac{I_G R_G}{R_3}+\dfrac{U}{R_V}\right)+U$;后又测量多组 U、I_G 数据并作图,得到如图(b)所示的图像。电源的电动势 $E=$ _____ V;内阻 $r=$ _____ Ω(保留2位小数)。

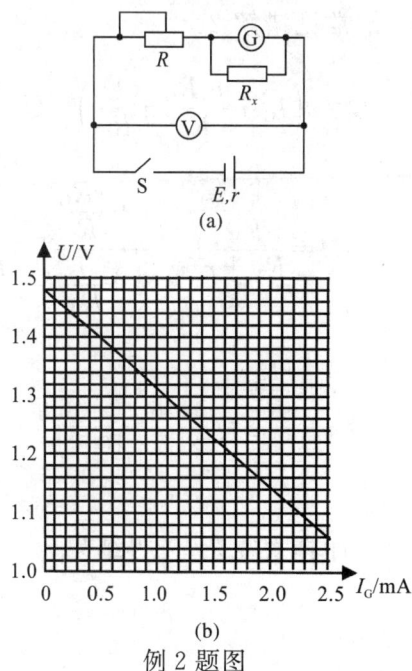

例2题图

例1 (1)常见错解:

根据教材结论:电源 U-I 图像纵坐标的截距对应电源电动势 E,斜率对应电源内阻 r,得 $E=1.58\text{V}$,$r=0.63\Omega$。

(2)常见错解1:

不能利用图像所给信息,无法求解。

常见错解2:

选择图像上一个点的数据,代入闭合电路欧姆定律进行求解。如选取点 $(5,5)$ 代入 $E=I(R+R_A+r)$,即

$$1.58=0.2(5+R_A+0.63)\Rightarrow R_A=2.3(\Omega)$$

例2 常见错解1:

选择图像上两个点的数据,代入公式

$$E=r\left(I_G+\frac{I_G R_G}{R_3}+\frac{U}{R_V}\right)+U$$

求解。如选取 $(0,1.48)$,$(2.5,1.06)$ 代入,计算太复杂,未得结果。

常见错解2:

$$E=r\left(I_G+\frac{I_G R_G}{R_3}+\frac{U}{R_V}\right)+U$$

$$\Rightarrow U=\frac{R_V}{R_V+r}E-\frac{r+\dfrac{rR_G}{R_3}}{1+\dfrac{r}{R_V}}I_G,\ \frac{R_V}{R_V+r}E=1.48$$

$$\Rightarrow \frac{r+\dfrac{rR_G}{R_3}}{1+\dfrac{r}{R_V}}=\frac{1.48-1.06}{2.5\times10^{-3}}$$

计算太复杂,未得结果。

例1 (1)由 $E=U+Ir$ 和 U-I 图像坐标轴特征,可将表达式变形得 $U=E-Ir$,与图像对比可知,r 对应图像斜率,E 对应图像截距,可得 $E=1.58\text{V}$,$r=0.63\Omega$。

(2)由 $E=U+Ir$ 和 $U=I(R+R_A)$,根据图像坐标轴特征可得

$$E-Ir=I(R+R_A)\Rightarrow\frac{1}{I}=\frac{1}{E}R+\frac{R_A+r}{E}$$

与图像对比,可知 $\dfrac{1}{E}$ 对应图像斜率,$\dfrac{R_A+r}{E}$ 对应图像截距,解得 $R_A=2.5\Omega$。

例2 观察发现表达式

$$E=r\left(I_G+\frac{I_G R_G}{R_3}+\frac{U}{R_V}\right)+U$$

和 U-I_G 图像有联系,表达式变形可得

$$U=\frac{R_V}{R_V+r}E-\frac{r+\dfrac{rR_G}{R_3}}{1+\dfrac{r}{R_V}}I_G$$

根据题意,干电池的内阻 r 远小于电压表的内阻 R_V,R_3 远小于 R_G,所以

$$U=\frac{R_V}{R_V+r}E-\frac{r+\dfrac{rR_G}{R_3}}{1+\dfrac{r}{R_V}}I_G\Rightarrow U=E-\frac{rR_G}{R_3}I_G$$

与图像对比,可知 $\dfrac{rR_G}{R_3}$ 对应图像斜率,E 对应截距,解得 $E=1.48\text{V}$,$r=0.84\Omega$。

教师点评

凭着对教材内容的记忆(U-I 图像的截距对应电动势,斜率对应内阻),学生能求解例 1 第(1)问的电动势 E 和内阻 r。而面对陌生的图像,学生能想到的是取图像上的点的数据代入公式计算,如例 1 第(2)的常见错解 2 和例 2 的常见错解 1,说明学生有将图像和公式结合的意识,但缺乏将图像与公式结合的思维程序和方法。

遇到不熟悉物理量的图像,有序的思路:

先建立关系式与坐标轴物理量的联系,将公式变形成纵坐标物理量关于横坐标物理量的关系式,再根据斜率、截距求解物理量。

对于例 2 的常见错解 2,学生有"图像与公式结合"的思维和方法,但缺乏"抓主忽次,化繁为简"的物理思想。

我们解决例 1 和例 2 的思维过程如下。

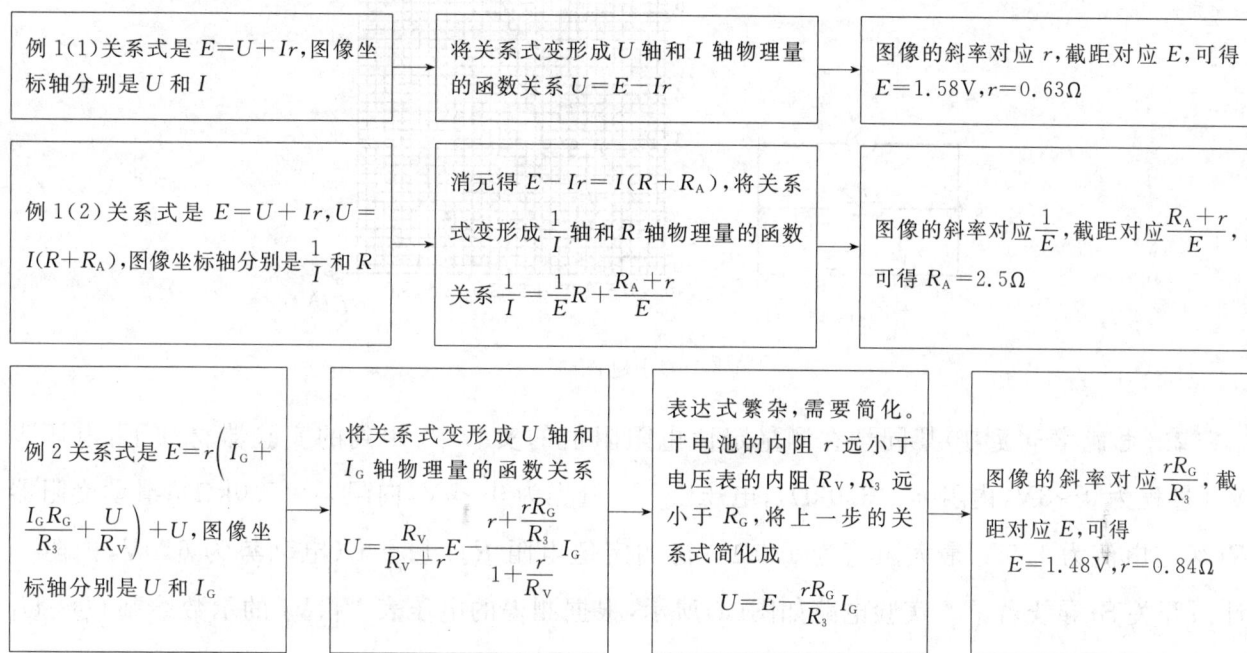

例 1(1)关系式是 $E=U+Ir$,图像坐标轴分别是 U 和 I	将关系式变形成 U 轴和 I 轴物理量的函数关系 $U=E-Ir$	图像的斜率对应 r,截距对应 E,可得 $E=1.58\text{V},r=0.63\Omega$
例 1(2)关系式是 $E=U+Ir$,$U=I(R+R_A)$,图像坐标轴分别是 $\frac{1}{I}$ 和 R	消元得 $E-Ir=I(R+R_A)$,将关系式变形成 $\frac{1}{I}$ 轴和 R 轴物理量的函数关系 $\frac{1}{I}=\frac{1}{E}R+\frac{R_A+r}{E}$	图像的斜率对应 $\frac{1}{E}$,截距对应 $\frac{R_A+r}{E}$,可得 $R_A=2.5\Omega$

例 2 关系式是 $E=r\left(I_G+\frac{I_GR_G}{R_3}+\frac{U}{R_V}\right)+U$,图像坐标轴分别是 U 和 I_G	将关系式变形成 U 轴和 I_G 轴物理量的函数关系 $U=\frac{R_V}{R_V+r}E-\frac{r+\frac{rR_G}{R_3}}{1+\frac{r}{R_V}}I_G$	表达式繁杂,需要简化。干电池的内阻 r 远小于电压表的内阻 R_V,R_3 远小于 R_G,将上一步的关系式简化成 $U=E-\frac{rR_G}{R_3}I_G$	图像的斜率对应 $\frac{rR_G}{R_3}$,截距对应 E,可得 $E=1.48\text{V},r=0.84\Omega$

方法提炼

已知物理量的表达式及图像,在解决相关问题时,需要有"将图像和公式结合"和"抓主忽次,化繁为简"的观念,解决问题的思维过程如下。

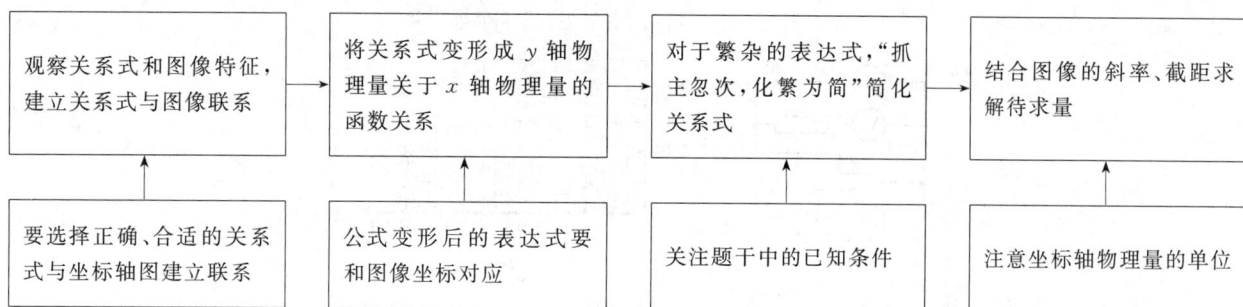

观察关系式和图像特征,建立关系式与图像联系	将关系式变形成 y 轴物理量关于 x 轴物理量的函数关系	对于繁杂的表达式,"抓主忽次,化繁为简"简化关系式	结合图像的斜率、截距求解待求量
要选择正确、合适的关系式与坐标轴图建立联系	公式变形后的表达式要和图像坐标对应	关注题干中的已知条件	注意坐标轴物理量的单位

二、针对性训练 ▫▫▫▫▫▫

基础训练

1. (电能章节复习)某同学用如图(a)所示的电路测量两节干电池串联而成的电池组的电动势 E 和内电阻 r。实验室提供的器材有电压表(内阻很大)、电阻箱、开关、导线若干。实验步骤是,先把变阻箱阻值调到最大,再接通开关,然后改变电阻箱,随之电压表示数发生变化,读取 R 和对应的 U,并将相应的数据转化为坐标点描绘在图中,如图(b)所示。该同学已经得到关于本题物理量的关系式 $E = U + \dfrac{U}{R} r$,则该电池组电动势 $E =$ _____ V,内电阻 $r =$ _____ Ω(均保留 1 位小数)。

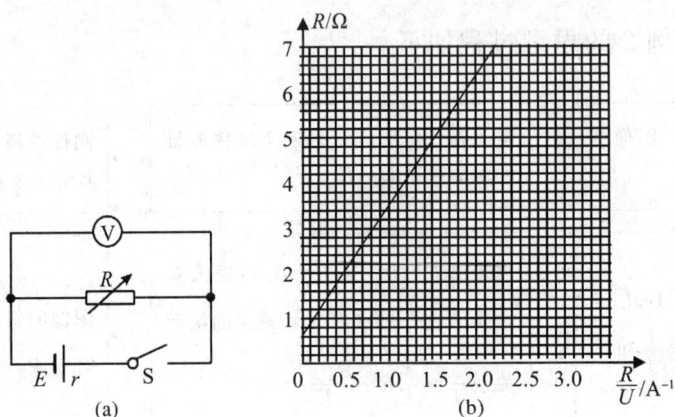

第 1 题图

2. (电能章节复习)某同学在测量定值电阻阻值的实验中,用到的实验器材如下:电压表 V_1(量程为 $0 \sim 3V$,内阻 $r_1 = 3.0k\Omega$);电压表 V_2(量程为 $0 \sim 5V$,内阻 $r_2 = 5.0k\Omega$);滑动变阻器 R(额定电流为 $1.5A$,最大阻值为 100Ω);待测定值电阻 R_x;电源 E(电动势为 $6.0V$,内阻不计);开关 S;导线若干。实验电路如图(a)所示,根据测得的电压表 V_1、V_2 的示数绘制 $U_2 - U_1$ 图像如图(b)所示。该同学已经得到关于本题的物理量关系式有 $E = U_2 + \left(\dfrac{U_2}{r_2} + \dfrac{U_1}{r_1} \right) R_{滑右}$,$U_2 = U_1 + \dfrac{U_1}{r_1} R_x$,则 $R_x =$ _____ Ω。

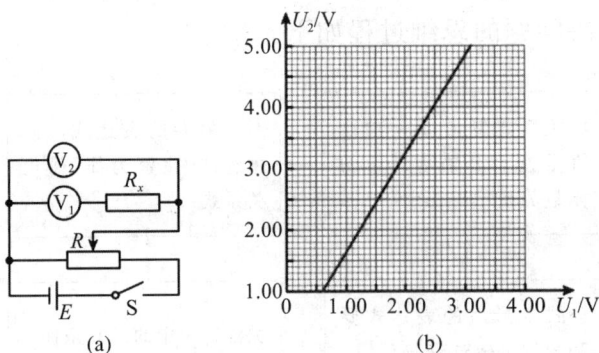

第 2 题图

3. (电能章节复习)某同学设计了如图(a)所示的电路,用于测量一金属丝的电阻。用到的实验器材有电流表 A_1($100mA$,$r_1=4\Omega$),电流表 A_2($0.6A$,$r_2=1.3\Omega$),电阻箱 R,定值电阻 $R_0=26\Omega$。合上开关,调节电阻器,记录下电阻箱的阻值 R 和对应的电流表 A_1 的示数 I_1、电流表 A_2 的示数 I_2,并根据多组测量数据,作出如图(b)所示的图像。该同学得到的关系式为 $I_1(r_1+R_0)=I_2(r_2+R_x)$,$E=I_1(r_1+R_0)+(I_1+I_2)(r+R)$,则该金属丝的电阻 $R_x=$_____Ω。

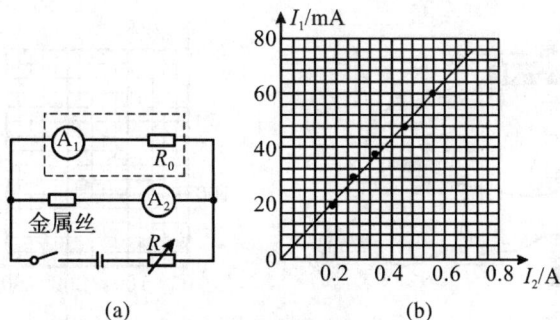

第 3 题图

4. (电能章节复习)为测量锂电池的电动势 E 和内阻 r,某同学设计了如图(a)所示的电路图。根据测量数据作出 $\dfrac{1}{U}-\dfrac{1}{R_2}$ 图像如图(b)所示。若该图像的斜率为 k,纵轴截距为 b,该同学得到的关系式 $E=U+\dfrac{U}{R_2}r$,则该锂电池的电动势 $E=$_____,内阻 $r=$_____(用 k,b 表示)。

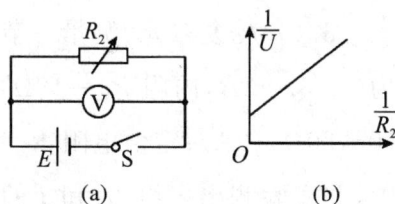

第 4 题图

拓展训练

1. (一轮复习)均匀电阻丝单位长度电阻为 0.6Ω,为利用该电阻丝进一步测量一节干电池的电动势和内阻,某同学设计了如图(a)所示的电路,其中的电池即待测电池,定值电阻 $R_0=2\Omega$。使金属滑片接触电阻丝的不同位置,分别记录电阻丝连入电路的有效长度 x 及对应的电压表示数 U,作出 $\dfrac{1}{U}-\dfrac{1}{x}$ 图像如图(b)所示,电压表可看作理想电压表,该同学已经得到的关系式有 $E=U+\dfrac{U}{R}(r+R_0)$,$R=0.6x$,则该电池的电动势 $E=$_____ V,内阻 $r=$_____Ω(均保留 2 位有效数字)。

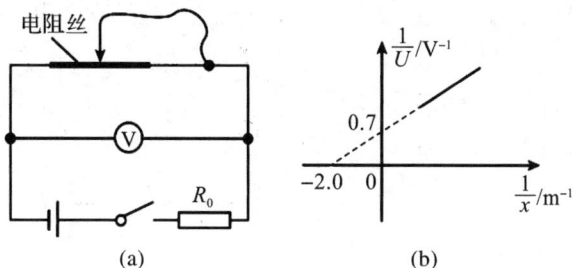

第 1 题图

2.（一轮复习）某同学要测定一节蓄电池的电动势和内阻,该同学利用所学知识正确连接实物电路如图(a)所示,电流表 A_1（量程为 $0\sim200\mu A$,内阻为 800Ω)示数用 I_1 表示,电流表 A_2（量程为 $0\sim300mA$,内阻为 0.3Ω)示数用 I_2 表示,定值电阻 $R=9200\Omega$,定值电阻 $R_0=4\Omega$。该同学通过改变滑动变阻器(最大阻值为 50Ω)的滑片位置,得到了多组 I_1、I_2 数据,并作出 I_1-I_2 图像如图(b)所示。该同学得到的关系式有 $E=I_1(R_{A_1}+R)+(I_1+I_2)(r+R_0)$,则该蓄电池的电动势为 $E=$ _____ V,内阻为 $r=$ _____ Ω(均保留 2 位有效数字)。

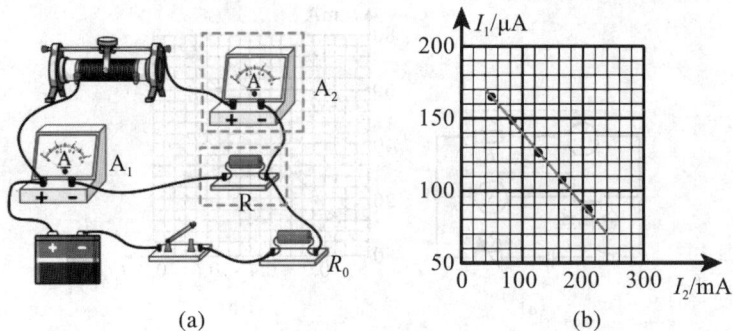

第 2 题图

3.（一轮复习）为测量一节干电池的电动势和内阻,老师提供了以下器材:电流表 G(量程为 $0\sim3.0mA$,内阻 $R_g=10\Omega$);电流表 A(量程为 $0\sim0.6A$,内阻约为 0.5Ω);滑动变阻器 R_1（$0\sim20\Omega$,10A);定值电阻 $R_3=990\Omega$;开关 S 和导线若干。某同学设计了如图(a)所示的电路图,并实验测出多组 I_G 和 I 的数据,作出 I_G-I 图像如图(b)所示。该同学已经得到闭合电路欧姆定律 $E=I_G(R_3+R_G)+(I_G+I)r$,求出电源的电动势 E 和内阻 r。

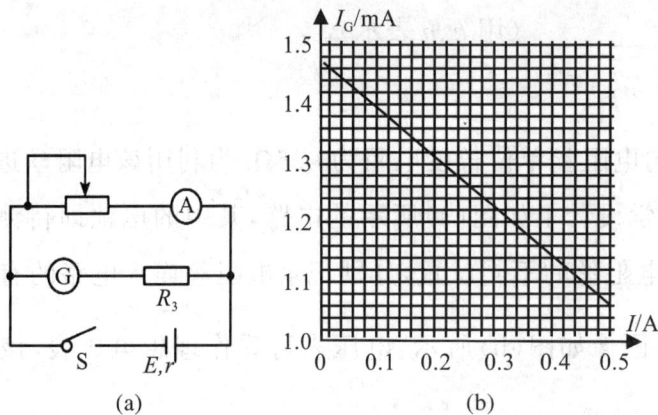

第 3 题图

参考答案

第一章　物理观念
第1讲　矢量标量观

【基础训练】

1.
| 确定速度、功、能、电荷量、电流的标矢性 | → | 分析矢量或标量前面的"一"的物理意义 |

| → | 矢量:"一"表示方向;标量:"一"的意义由具体物理量决定 | → | 结合各物理量的特征研究"一"的意义 |

(1)速度是矢量,$v=-1\,\mathrm{m/s}$ 中的"一"表示速度方向与规定的正方向相反。

(2)功是标量,$W=-1\,\mathrm{J}$ 中的"一"表示力对物体做负功,阻碍物体的运动。

(3)重力势能是标量,$E_p=-1\,\mathrm{J}$ 中的"一"表示大小,即表示比规定的零势能还要低1J,类似地,温度$t=-1\,℃$指的是比0℃还要低1℃。

(4)电荷量是标量,但其有正负,$q=-1\,\mathrm{C}$ 的"一"表示带电体带有1C的负电荷。

(5)电流是标量,但其有正负,$I=-1\,\mathrm{A}$ 中的"一"表示电流的方向与规定的正方向相反,电流不是矢量,只有正负两个方向,类似地,磁通量Φ也是标量,Φ也只有正负两个方向,规定了其中一个方向为正方向,那么另一个方向便为负方向。

2.
| 确定要速度、速率、动能、动量的标矢性 | → | 矢量:运算法则为平行四边形定则;标量:代数运算 |

| → | 矢量:选择正方向,列矢量表达式或运用矢量三角形求解;标量:代数运算 | → | 数理结合求解物理量 |

(1)速度是矢量,其增量按矢量运算法则,如答图1所示,从被抛出至t时刻末物体的的速度增量大小 $\Delta v=v_t-v_0=gt$,方向竖直向下;速率是标量,其增量按代数加减运算,即

$$\Delta v=v_t-v_0=\sqrt{v_0^2+(gt)^2}-v_0$$

显然两者是不同的。

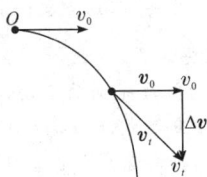

第2题答图1

(2)如答图2所示,经过$\frac{1}{4}$个圆周,速度增量Δv_1的大小为$\sqrt{2}v_0$,方向与初速度方向成135°角斜向左下方,经过$\frac{1}{2}$个圆周,速度增量Δv_2的大小为$2v_0$,方向与初速度方向相反;速率是标量,做匀速圆周运动的物体的速率保持不变,故无论经过多长时间,其速率增量均为0。

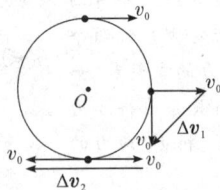

第2题答图2

(3)动量是矢量,其增量按矢量运算法则,选定反弹时的方向为正方向,则物体动量增大小

$$\Delta p=mv_0-(-mv_0)=2mv_0$$

方向与反弹回来的方向一致;动能是标量,其增量按代数的加减运算,故

$$\Delta E_k=\frac{1}{2}mv_0^2-\frac{1}{2}mv_0^2=0$$

3.
| 确定要研究的物理量加速度、力是矢量 | → | 牛顿第二定律$F=Ma$ |

| → | 矢量:选择正方向,列矢量表达式求解;标量:代数运算 | → | 数理结合求解物理量 |

该同学通过这个表达式求出的加速度a的值是正确的,但所列的表达式是错误的。

对于矢量表达式,我们应先确定研究对象,规定正方向后再列式。在本题中,虽然槽码和小车的加速度大小相等,但两者的方向不同,故我们应分别取槽码和小车为研究对象,规定正方向后分别列式再进行求解。

如答图所示,分别对槽码和小车进行受力分析。

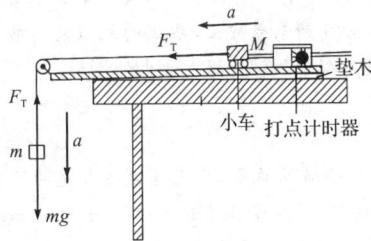

第3题答图

对槽码,规定向下为正方向,由牛顿第二定律有

$$mg-F_T=ma \qquad ①$$

对小车,规定沿斜面向下为正方向,由牛顿第二定律有

$$F_T = Ma \qquad ②$$

将①+②可得

$$mg = (M+m)a \qquad ③$$

从而求得加速度 a 的值。

可见表达式③是①②两个矢量表达式相加的结果，相当于进行标量的加减运算，所以对矢量运算这种列式方式是不正确的。应采用隔离法研究，分别对几个研究对象运用矢量表达式列式，再数理结合求解相关物理量。

4. ┌─────────────────────┐   ┌─────────────────────┐
   │确定要研究的物理量：ㅣ ───→ │力的合成法则——平ㅣ
   │力是矢量，功是标量 │   │行四边形（三角形）定│
   └─────────────────────┘   │则；合力功的求法   │
                                 └─────────────────────┘

   ┌─────────────────────┐   ┌─────────────────────┐
   │矢量：列矢量表达式或ㅣ   │数理结合求解物ㅣ
───→│运用矢量三角形求解；│ ───→ │理量   │
   │标量：代数运算   │   └─────────────────────┘
   └─────────────────────┘

力是矢量，矢量运算遵循平行四边形定则（三角形定则），故两个力的合力为两个力的矢量和，如答图所示，由几何关系可得合力 $F=3N$，方向沿 F_1 和 F_2 两力的角平分线方向向上。

第 4 题答图

功是标量，两个力做功的代数和即在此过程中这两个力的合力做的总功，故合力做功为6J。

5. ┌─────────────────────┐   ┌─────────────────────┐
   │确定要研究的物理量：动│   │动量守恒定律的条件；│
   │量是矢量，机械能是标量│ ───→ │机械能守恒定律的条件│
   └─────────────────────┘   └─────────────────────┘

   ┌─────────────────────┐   ┌─────────────────────┐
   │矢量：选择正方向，列│   │数理结合求解物ㅣ
───→│矢量表达式求解；   │ ───→ │理量   │
   │标量：代数运算   │   └─────────────────────┘
   └─────────────────────┘

(1) 物块 a 在斜面顶端由静止开始下滑的过程中，对系统分析，只有 a 的重力做功，系统机械能守恒；动量是矢量，在竖直方向上系统受到的合外力不为0，故在竖直方向上系统动量不守恒，但在水平方向上系统动量守恒。

(2) 在小球下摆的过程中，系统中只有小球的重力做功，系统机械能守恒；系统沿水平方向的动量守恒，总动量不守恒。

(3) ① 在小球下摆的过程中，系统中只有小球的重力做功，系统机械能守恒；系统沿水平方向的动量守恒，总动量不守恒。

② 小球在 B 处与车上的油泥撞击后黏合在一起的瞬间，小球与小车发生了一次完全非弹性碰撞，系统沿水平方向的动量守恒，系统的机械能有损失（是所有碰撞类型中机械能损失最大的情形）。

【拓展训练】

1. 不正确。

动量是矢量，具有方向性，其运算遵循矢量的运算法则。A 与 B 发生碰撞后，A 是有可能反弹的，假设碰撞后 A 反弹，取碰撞前 A 的速度方向为正方向，则碰撞后

$$v'_A = -0.200 \, \text{m} \cdot \text{s}^{-1}, \quad v'_B = 0.800 \, \text{m} \cdot \text{s}^{-1},$$

$$p'_2 = m_A v'_A + m_B v'_B$$
$$= (-0.200 \times 0.200 + 0.300 \times 0.800) \, \text{kg} \cdot \text{m} \cdot \text{s}^{-1}$$
$$= 0.200 \, \text{kg} \cdot \text{m} \cdot \text{s}^{-1}$$

可见 $p'_2 \approx p_1$，假设正确，碰撞后 A 反弹，碰撞前后小车 A、B 所构成的系统的总动量守恒。

2. 光经小球两次折射后，光的频率不变，即光子的能量和动量大小均不变。取一个光子研究，该光子从小球上的 B 点射出后，其动量改变量 Δp 的矢量分析如答图所示，由于光的传播方向改变了 $60°$，故该动量矢量三角形为正三角形，由此可得动量改变量的大小 $\Delta p = p$；对该光子由动量定理可列式 $F_0 \Delta t = \Delta p$，式中 F_0 为小球对该光子的作用力，同理对 Δt 内射到小球上的所有光子研究，有

$$F \Delta t = N \Delta p = \frac{E}{c} = \frac{P \Delta t}{c}$$

化简可得 $F = \dfrac{P}{c} = \dfrac{60}{3 \times 10^8} \, \text{N} = 2.0 \times 10^{-7} \, \text{N}$，再由牛顿第三定律可得光对介质小球的作用力大小 $F' = F = 2.0 \times 10^{-7} \, \text{N}$。

第 2 题答图

3. 该同学列的①式即动能定理的基本方程错误，动能定理是标量间的关系，不是沿力方向的矢量间的关系，尽管通过①式也能求出 $v_{Qy} = v_Q \sin\varphi$，再结合速度矢量的关系 $v_Q = \sqrt{v_{Qy}^2 + (\sqrt{2} v_0 \cos 45°)^2}$ 求得 v_Q，但是方程本身是错误的。

该同学列的②式即动量定理的分量式也是错误的，用动量定理列式时没有规定好正方向而使表达式出错。对粒子在运动过程中的速度进行分解并表示出对应的洛伦兹力的分力，如答图所示，对粒子运用沿 x 轴正方向的动量定理分量式求解。

正确的表达式如下。

对粒子，从 O 点到 Q 点，由动能定理可列式

第 3 题答图

$$qE\left(\frac{1}{2}L\right) = \frac{1}{2} m v_Q^2 - \frac{1}{2} m (\sqrt{2} v_0)^2 \qquad ③$$

从 O 点到 Q 点，取 x 轴正方向为正方向，由动量定理分量式可列式

$$-qB \sum v_y \Delta t = m v_Q \cos\varphi - m(\sqrt{2} v_0)\cos 45° \qquad ④$$

由运动学规律知 $\sum v_y \Delta t = \dfrac{L}{2}$，代入④式可得

$$-qB \frac{L}{2} = m v_Q \cos\varphi - m v_0 \qquad ⑤$$

由③⑤两式即可获得终解。

4. (1) 题中电子运动的轨迹是曲线运动，其速度方法不断变化。将速度矢量分解成沿轴线方向与垂直于轴线方向分量。考虑到沿轴向速度变化不计，所以沿轴线方向，电子做匀速直线运动；考虑到沿径向位移不计，所以电子运动轨迹上的磁感应强度 $B = kr_0$ 保持不变，沿径向

的洛仑兹力 $F=ev_0B$ 不变，沿径向电子做匀加速直线运动。故可列式

$$L_0=v_0\Delta t, \Delta P_r=F\Delta t$$

联立方程可解得 $\Delta P_r=keL_0r_0$。

（2）在经过轴线的平面内，电子的运动轨迹如图所示。电子出磁场后做匀速直线运动，将电子的速度沿轴向与径向分解，两个方向均做匀速运动。电子在磁场中运动过程，沿径向位移不计，所以从距离轴线 r 处进入磁场的电子出磁场时与轴线距离仍为 r。故

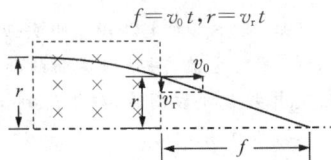

$$f=v_0t, r=v_rt$$

第4题答图

其中 $v_r=\dfrac{ev_0B}{m}\Delta t, B=kr$。

联立上述方程可解得 $f=\dfrac{mv_0}{keL_0}$。

5. 题中由于粒子在运动过程中还受到与速度方向相反的阻力作用，粒子的速度大小逐渐减小，故粒子运动到 Q 点时的速度大小未知；又因为粒子做螺旋运动，无法通过作轨迹利用几何关系求解；但由于粒子始末状态沿 x 轴方向的速度已知，且运动过程中沿 x 轴方向的分力可表示，故本题可考虑运用动量定理的分量式列式求解。

由于阻力对粒子做负功，故粒子的速度大小逐渐减小，当粒子运动到与磁场左边界相切的 Q 点时，其速度方向沿 y 轴正方向，大小未知。设粒子做螺旋运动到某一位置时的速度大小为 v，将此速度分解为 v_x 和 v_y，如答图所示，其中分速度 v_y 对应的洛仑兹力的分力为 qv_yB，方向沿 x 轴负方向，分速度 v_x 对应阻力的分力为 kv_x（k 为比例系数），方向仍沿 x 轴负方向。对粒子而言，粒子沿 x 轴负方向受到 qv_yB+kv_x 的合力作用，该合力的冲量等于粒子沿 x 轴负方向动量的增量，取 x 轴负方向为正方向可列式

$$qB\sum v_y\Delta t+k\sum v_x\Delta t=m\sum\Delta v_x$$

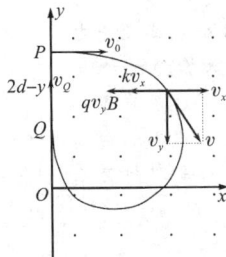

第5题答图

由运动学规律知

$$\sum v_x\Delta t=0, \sum v_y\Delta t=2d-y, \sum\Delta v_x=0-(-v_0)=v_0$$

代入上式可得

$$qB(2d-y)+0=mv_0$$

解得 $2d-y=\dfrac{mv_0}{qB}$，将 $B=\dfrac{mv_0}{qd}$ 代入得 $y=d$。

第2讲　场线表征观

【基础训练】

1.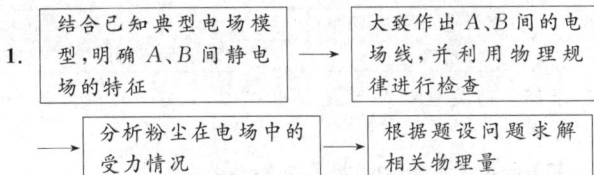

根据点电荷与无限大的接地导体板间电场线的分布特征，大致作出线状电离器 B 与板状收集器 A 间的电场线分布情形俯视图，如答图所示，带负电的粉尘在向着 A 板运动的过程中，电场线变疏，电场强度变小，故受到的静电力变小。

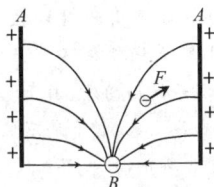

第1题答图

2.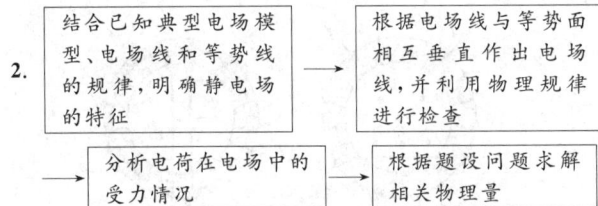

（1）根据电场线与等势线相互垂直这一规律，在等势线分布图的基础上作出电场线，电场线垂直于等势线，并由电势较高的等势线指向电势较低的等势线，故电场线的大致分布情况如答图1所示，由粒子的运动轨迹可知粒子受到的静电力方向（指向轨迹的凹侧）与电场强度方向相反，故粒子一定带负电。

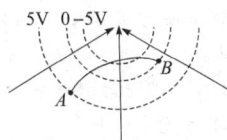 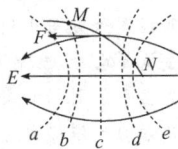

第2题答图1　　　第2题答图2

（2）根据已知典型电荷电场线与等势线特征，利用电场线垂直于等势面，且带正电的试探电荷所受静电力沿电场线切线方向并指向轨迹的凹侧，因此可以作出电场线的大致分布情况如答图2所示，由此图可判断 M 点的电势低于 N 点的电势，即 $\varphi_N>\varphi_M$。

（3）依据电场线垂直于等势面，再结合粒子所受静电力方向指向轨迹凹侧，由于粒子带负电，电场线方向指向左上方，可以作出电场线的大致分布情况如答图3所示，由电场线的疏密可知粒子在 P 点时的加速度小于在 Q 点时的加速度，即 $a_Q>a_P$；在粒子从 P 点到 Q 点的过程中，静电力做负功，动能减小，故粒子在 P 点时的速度大于在 Q 点时的速度，即 $v_P>v_Q$。

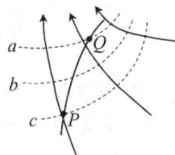

第2题答图3

3.

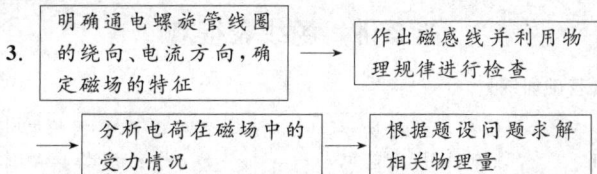

| 明确通电螺旋管线圈的绕向、电流方向,确定磁场的特征 | → | 作出磁感线并利用物理规律进行检查 |

→ | 分析电荷在磁场中的受力情况 | → | 根据题设问题求解相关物理量 |

求解本题关键的一步是作出环心 O 点处的磁感线的分布。

常见的错误如下:如答图 1 所示,认为磁感线是闭合曲线,并对左半部分(或右半部分)用右手螺旋定则判断磁感线的方向,经此分析环心 O 点处的磁感应强度为 0,故电子束不偏;如答图 2 所示,认为左右两半部分的螺旋管线圈在环心 O 点处产生的磁场抵消,而图中的一小段直线段在环内产生的磁场方向垂直于纸面向外,由于电子束的运动方向与磁场方向在同一直线上,故电子束不偏。

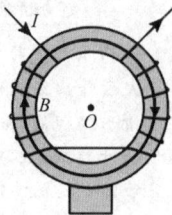

第 3 题答图 1

正确解答:如答图 3 所示,作出环心 O 点处的磁感线的方向,用左手定则判断电子束受洛伦兹力方向水平向左,故从环心 O 点射出的电子束会偏向左侧。

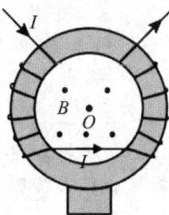 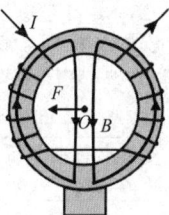

第 3 题答图 2　　　第 3 题答图 3

4.

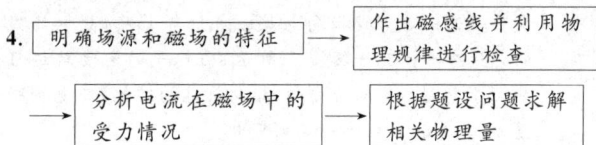

| 明确场源和磁场的特征 | → | 作出磁感线并利用物理规律进行检查 |

→ | 分析电流在磁场中的受力情况 | → | 根据题设问题求解相关物理量 |

(1)俯视图如答图 1 所示,作出磁感应强度 B 的方向垂直于纸面向外,电流方向从玻璃皿的边缘流向中心,再根据左手定则判断安培力方向沿逆时针方向,故液体旋转方向为俯视图的逆时针方向。

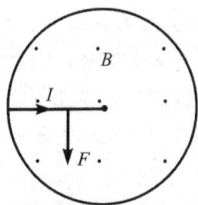 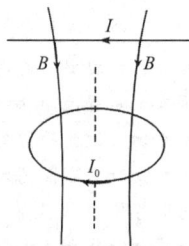

第 4 题答图 1　　　第 4 题答图 2

(2)高速转动的带正电圆盘相当于环形电流 I_0,电流方向如答图 2 所示,根据右手螺旋定则大致作出直导线所在处的磁感线,再根据左手定则及对称性分布特征得到直导线所受安培力方向垂直于纸面向外。

(3)通电导线对磁铁有力的作用,但是该力不方便直接判断,可根据牛顿第三定律先分析磁铁对导线的力从而得到导线对磁铁的力。如答图 3 所示,作出条形磁铁

在导线所在处的磁感线,根据左手定则判断磁铁对导线的安培力方向,从而得到导线对磁铁的安培力方向。

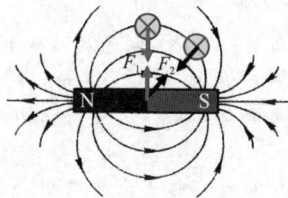

第 4 题答图 3

由答图 3 可知,当导线固定在磁铁中央正上方时,导线通以由 N 向 M 的电流,磁铁对桌面的压力减小;当导线移到磁铁中央上方右侧时,磁铁受到桌面对其水平向左的静摩擦力作用。

5.

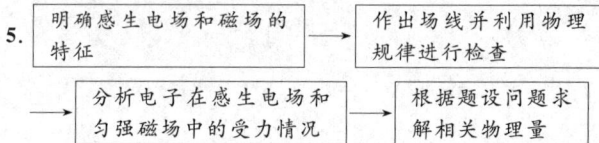

| 明确感生电场和磁场的特征 | → | 作出场线并利用物理规律进行检查 |

→ | 分析电子在感生电场和匀强磁场中的受力情况 | → | 根据题设问题求解相关物理量 |

俯视图如答图所示,要使电子沿逆时针方向运动,由左手定则判断可知磁感应强度的方向垂直于纸面向外(即向上),由右手螺旋定则判断可知线圈中的电流方向与图示电流方向一致;要使电子沿逆时针方向加速运动,则电子受到的感生电场力的方向沿逆时针方向,那么感生电场强度的方向沿顺时针方向,由楞次定律判断原磁场的磁感应强度大小在增大,故线圈中的电流变大。

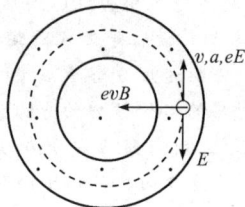

第 5 题答图

综上可知,线圈中的电流方向与图示电流方向一致,且电流变大。

【拓展训练】

1. 大致作出某一时刻原线圈中电流产生的磁感线如答图所示,很直观地可以看到穿过原线圈的磁通量大于穿过副线圈的磁通量,故该变压器不是理想变压器,其 $\dfrac{U_1}{n_1} > \dfrac{U_2}{n_2}$,即

$$U_2 < \frac{n_2}{n_1} U_1 = \frac{51}{4\sqrt{2}} \text{V} = 9.0 \text{V}$$

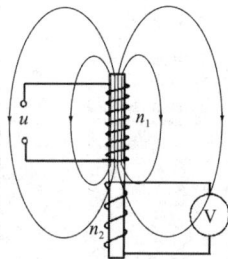

第 1 题答图

由此可知,交流电压表的读数可能是 2.0V。本题选 A。

2. 第一步:大致作出点电荷与很大的接地金属板之间的电场线分布情况。基于对称性可以得到点电荷与金属板之间的电场线分布可等效为等量异电性点电荷间电场线分布的一半,如答图所示,由于电场线的疏密反映电场强度的大小,可见 a 点的电场强度比 b 点的大,即 $E_a > E_b$。

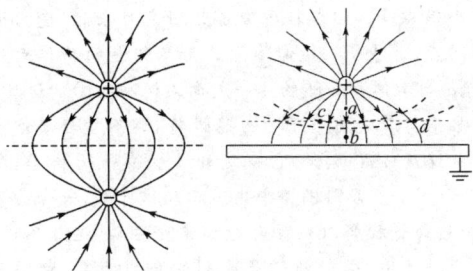

第2题答图

第二步:根据等势线与电场线垂直,作出过 c 点和过 d 点的等势线,如答图所示,由于沿电场线方向电势降落,故 c 点的电势比 d 点的高,即 $\varphi_c > \varphi_d$。

3. 第一步:取 M、N 连线所在的竖直面研究,先大致作出长直导线周围的磁感线分布情况,基于对称性和 $B = k\dfrac{I}{r}$,可以大致作出 M、N 连线上从 a 到 O 点再到 b 点的磁感应强度大小和方向如答图所示,从 a 到 O 点磁感应强度方向垂直于纸面向里,大小逐渐减小,从 O 点到 b 点磁感应强度方向垂直于纸面向外,大小逐渐增大,其中 O 点的磁感应强度大小为 0。

第二步:对带正电的小球做受力分析,由于小球受到的力均沿竖直方向,与小球的速度方向垂直,故小球的速度保持不变,即第(1)问答案为小球的运动状态不变,始终以速度 v_0 做匀速直线运动。

第三步:如答图所示,从 a 点到 O 点小球受到的洛伦兹力方向向上,大小逐渐减小,故该过程桌面对小球的支持力 F_N 逐渐变大,从 O 点到 b 点小球受到的洛伦兹力方向向下,大小逐渐增大,故该过程 F_N 继续逐渐变大,因此第(2)问答案为小球对桌面的压力大小逐渐变大。

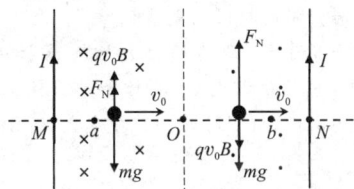

第3题答图

4. 第一步:先作出平行板电容器内部电场线垂直于极板如答图所示。

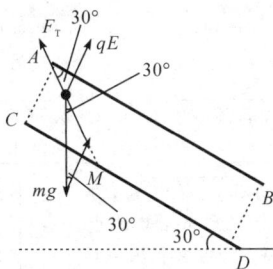

第4题答图

第二步:作出平衡时小球的受力情况如答图所示,小球受到的三个力构成一个等腰三角形,可以确定小球受到的静电力方向垂直于极板向上,根据几何关系可得

$$qE = F_T = \frac{mg}{2\cos 30°}$$

解得两板间的电场强度 $E = \sqrt{3} \times 10^5 \ \text{N/C}$。

第三步:剪断细线,小球受到的静电力保持不变,小球的合外力为重力和静电力的合力,即 $F_合 = F_T = \dfrac{mg}{2\cos 30°}$,故小球的加速度大小

$$a = \frac{g}{\sqrt{3}} = \frac{10\sqrt{3}}{3} \ \text{m/s}^2$$

方向沿剪断前的细线方向斜向下。

5. 第一步:先建模。该情境为电流在强磁体的磁场中受力,电流从电源正极经左侧磁体由右流经锡箔纸后,经右侧磁体流回电源负极,再从电源内部流到正极,如此构成回路,如答图所示。

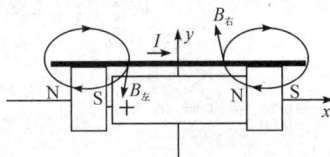

第5题答图

第二步:大致作出左右两块磁铁在电流(锡箔纸)所在处的磁感线,左右两部分的其中各一条磁感线的磁感应强度方向如答图中的 $B_左$、$B_右$ 所示。

第三步:把导线分成左右两段,根据左手定则判断,锡箔纸左半部分所受安培力的方向垂直于纸面向里,右半部分所受安培力的方向垂直于纸面向外,故放手瞬间该锡箔纸将在纸面内沿顺时针方向转动(俯视图)。

第3讲　元件(装置)特征观

【基础训练】

1.

设两杆的距离为 d,绳长为 l,衣服(包括挂钩)的质量为 m,挂钩与绳子的接触点为 O 点,Oa、Ob 段长度分别为 l_a 和 l_b,则始终有 $l = l_a + l_b$。再设左右两部分绳子与竖直方向夹角分别为 α 和 β,左右两部分绳子对 O 点的拉力分别为 F_a 和 F_b,则 O 点的受力分析如答图所示。

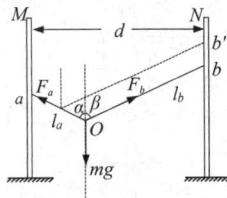

第1题答图

根据 O 点受力平衡条件,得

$$F_a \sin\alpha = F_b \sin\beta$$
$$F_a \cos\alpha + F_b \cos\beta = mg$$

因为挂钩光滑,且绳子是轻绳,左右两边的绳子属于同一条绳子,所以 $F_a = F_b = F$。

由此解得 $\alpha = \beta$,且满足 $2F\cos\alpha = mg$。

由于绳子总长不变，且两杆间距也不变，得

$$d=l_a\sin\alpha+l_b\sin\alpha\Rightarrow\sin\alpha=\frac{d}{l_a+l_b}=\frac{d}{l}$$

即当端点 b 上下移动时，α 保持不变，即左右两边绳子的拉力方向保持不变，从而得到绳子张力

$$F=\frac{mg}{2\cos\alpha}=\frac{mg}{2\sqrt{1-\sin^2\alpha}}=\frac{mg}{2\sqrt{1-\frac{d^2}{l^2}}}=\frac{mgl}{2\sqrt{l^2-d^2}}$$

可见绳子张力大小由杆距 d、绳长 l 以及衣服质量 m 决定，绳的右端上移到 b'，不改变上述三个量，绳子的张力不变。

2.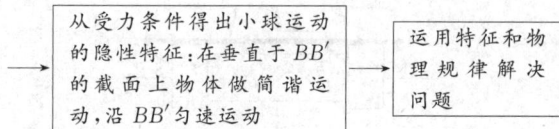

将物体运动分解为两个分运动来处理，分别是与 BB' 平行的方向（记为 x 轴方向）的分运动和与 BB' 垂直的截面（记为 y-z 截面）上的分运动。在 x 轴方向上物体不受外力，所以 x 轴方向的分运动是一个初速度为 v_0 的匀速直线运动。而 y-z 截面上的受力分析如答图所示，其中 F_N 的方向始终指向半圆截面的圆心 O 点，而重力 mg 是一个恒力，并且由于 R 足够大，初始释放位置距离 B 点非常近，所以该分运动可等效为单摆的简谐振动。此时

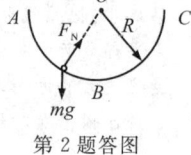

第 2 题答图

应把半径 R 看作单摆的摆长，重力加速度为 g。根据单摆的周期公式，得到 y-z 截面上分运动的周期

$$T=2\pi\sqrt{\frac{R}{g}}$$

根据以上元件装置的特征分析，可知物体从 P 点到 D 点的运动时间是 $\frac{T}{4}$，从 D 点到 E 点、从 E 点到 F 点、从 F 点到 B' 点的运动时间均为 $\frac{T}{2}$，所以整个过程的总时间为 $\frac{7T}{4}$。

由此，BB' 的长度

$$L=\frac{7}{4}v_0T=\frac{7}{2}v_0\pi\sqrt{\frac{R}{g}}$$

3.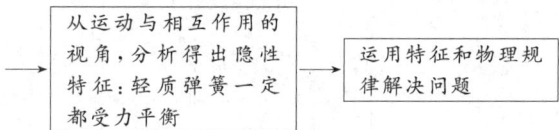

根据题意，本题涉及的元件（装置）包括粗糙的桌面、光滑的桌面、轻质弹簧。其物质结构的显性特征是弹簧的质量不计，即 m=0。因此在题图(a)(b)中，以相同大小的力 F 拉动拴着相同的小物块的弹簧时，由于题图(b)中物块在粗糙的桌面上滑，受到摩擦力，而题图(a)中物块在光滑的桌面上滑，不受摩擦，所以两种情境中物体（包括弹簧）向前运动的加速

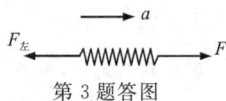

第 3 题答图

度大小不相等。但以轻质弹簧为研究对象时，受力分析如答图所示，其中 $F_{左}$ 指弹簧左边与其相连的物体对弹簧的拉力，a 表示弹簧跟随物体一起向右运动时的加速度。

此时轻质弹簧具有如下受力隐性特征：不管轻质弹簧运动时的加速度 a 是多少，它一定处于受力平衡状态，即一定满足 $F=F_{左}$。否则根据牛顿第二定律可知，若合力不等于零，轻质弹簧就会以无穷大的加速度运动，这是不成立的。所以两种情境中，轻质弹簧受到的合力为零，都满足 $F=F_{左}$，即两弹簧的弹力大小相等，故其伸长量 $L_甲=L_乙$。

4.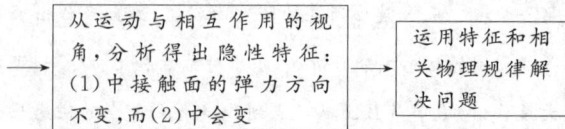

设两根竹竿与水平地面的夹角为 θ，砖块或金属筒的质量为 m，左右两根竹竿对砖块或金属筒的弹力为 F_{N1} 和 F_{N2}，则(1)问和(2)问情境中都得满足 F_{N1} 和 F_{N2} 的合力等于 $mg\cos\theta$，方向垂直于竹竿向上。

(1) 当两根竹竿的间距减小一些时，如答图 1 所示，竹竿从实线圆圈变到虚线圆圈所示位置。因为砖块与竹竿的接触面是平面，所以 F_{N1} 和 F_{N2} 方向不变，始终垂直于砖块接触面，两力的合力始终等于 $mg\cos\theta$；所以 F_{N1} 和 F_{N2} 大小不变，竹竿对砖块两侧面的摩擦力大小方向也均不变，砖块下滑的加速度不变，下滑过程的时间也没变。

(2) 当两根竹竿的间距减小一些时，如答图 2 所示，竹竿从实线圆圈所示位置变到虚线圆圈所示位置。因为金属圆柱筒与竹竿的接触面是直圆柱面，所以 F_{N1} 和 F_{N2} 的方向的夹角变小，两力的合力始终等于 $mg\cos\theta$，所以 F_{N1} 和 F_{N2} 的大小都变小，故竹竿对圆柱筒两边的摩擦力也变小，圆柱筒下滑的加速度变大，下滑过程的时间变短。

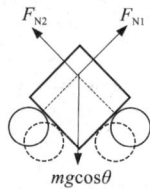 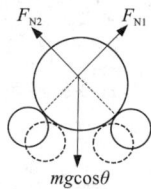

第 4 题答图 1　　第 4 题答图 2

5.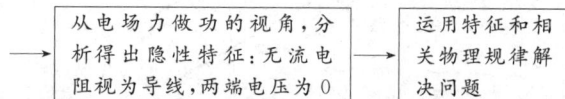

电路的显性特征：电容与 R_2 串联，再与 R_1 并联后接到电源两端。这个电路里涉及一种常见的局部电路结构，就是一个电阻与一个电容器串联接在一起。

隐性特征：当电路稳定时，没有电流流过电容器，其所在支路是断路，那么与之串联的电阻也没有电流流过，所以电阻两端电压为零，即电阻两端电势相等，就相当于一根导

线,即有"无流电阻可视为导线"的结论。

根据以上电路特征得:当电路稳定时,电容两极板电压等于 R_1 两端电压,即 $U_C = U_{R_1} = \dfrac{R_1}{R_1 + r} E$。仅改变 R_2,对电路的稳态工作状态无影响,电容极板电压始终不变,场强也不变,油滴仍然静止,故 B 项正确。但若增大 R_1,则稳态时 U_C 变大,所以油滴向上运动,故 A 项错误。若增大两极板间距 d,则电容两极板电压不变,由场强 $E = \dfrac{U_C}{d}$ 知场强 E 减小,电场力减小,油滴向下运动,故 C 项错误。若断开 S,则电容器会通过 R_1 和 R_2 进行放电,电压减小,所以场强减小,液滴向下运动,故 D 项错误。综上,选 B。

【拓展训练】

1. 本题涉及的元件(装置)有细绳和轻质滑轮、光滑桌面等。

显性特征:细绳的质量不计,且细绳长度不变;轻质滑轮质量不计;光滑桌面不会产生摩擦力。

隐性特征:根据细绳长度不变,发现物块 B、C 在相同时间内发生的位移大小之比一定为 1:2,从而得出它们的加速度大小之比为 1:2。另外,分析动滑轮的受力情况可知,由于其轻质特征,故其虽然向下加速运动,具有与物块 B 一样的加速度,但轻质滑轮还是满足受力平衡,否则若合力不为零就会导致其以无穷大的加速度运动。因此若连接物块 A、C 的细绳张力大小为 F,则动滑轮和物块 B 之间的细绳张力大小为 $2F$。

根据以上分析,分别以物块 C 和物块 B 为研究对象,根据牛顿第二定律和加速度的约束关系,得到如下三个方程:

$$F = m_C a_C$$
$$m_B g - 2F = m_B a_B$$
$$a_C = 2a_B$$

联立方程,代入数据解得 $F = \dfrac{20}{3}$ N。

2. 本题的元件(装置)是光滑铰链连接的轻质刚体。显性特征:轻质的刚性物体 ABO 和 CDO 都不计质量;且 A、O、D 三处是光滑的轻质铰链。

隐性特征:一个铰链连接的轻质刚体物体只在两个部位与外界有作用力,那么在这两个部位受到的外界作用力的方向一定与两部位的连线共线。

以左半边轻质刚性物体 ABO 为研究对象,其受力分析如答图 1 所示。

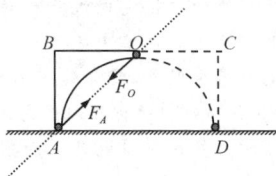

第 2 题答图 1

因为 ABO 处于平衡状态,所以地面对 A 的作用力 F_A 和铰链 O 对 ABO 的作用力 F_O 的方向一定都在 AO 连线上,且等大反向。再根据牛顿第三定律可得,物体 ABO 对铰链 O 的作用力 F_{ABO} 沿 AO 从 A 指向 O 方向。同理,物体 CDO 对铰链 O 的作用力 F_{CDO} 沿 DO 从 D 指向 O 方向。因此铰链 O 的受力如答图 2 所示,AO、DO 与竖直方向的夹角均为 45°。由 F、F_{ABO}、F_{CDO} 三力平衡,可解得

$$F_{ABO} = F_{CDO} = \dfrac{F}{\sqrt{2}} = \dfrac{\sqrt{2}}{2} F$$

因此,地面在 A 处对拱桥的作用力 F_A 的大小为 $\dfrac{\sqrt{2}}{2} F$,方向为从 A 指向 O 的方向。

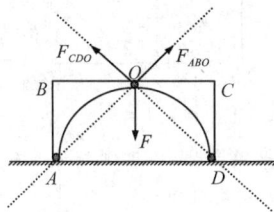

第 2 题答图 2

3. 本题元件(装置)为矩形线圈、换向器、电刷等。

比较三种情境的显性特征,发现题图(a)中是两个完整的圆环,题图(b)(c)中都是由两个半圆环组成,而题图(b)(c)的不同之处是匀强磁场的方向。

隐性特征:题图(a)中流过 R 的电流是正弦交流电。题图(b)中线圈在图示位置时,cd 边与半环 N 相连,ab 边与半环 M 相连。当线圈从图示位置开始转 90° 时,线圈处于中性面位置,线圈内的感应电流方向发生改变。但由于此时两个半圆环与电刷的连接关系也发生交换,所以流过 R 的电流方向没有变,其电流 i 随 t 变化的图像如答图 1 所示。

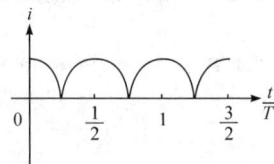

第 3 题答图 1

同理,题图(c)中线圈从图示位置转 90° 时,两个半圆环与电刷的连接关系发生交换,此时线圈处于与中性面垂直的位置,线圈内的感应电流到最大值,所以流过 R 的电流从某方向上的最大值突变为另一方向上的最大值,其电流 i 随 t 变化的图像如答图 2 所示。

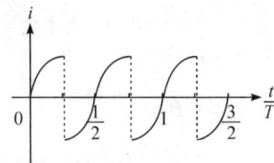

第 3 题答图 2

综上所述,流过电阻 R 的电流是正弦交变电流的是题图(a),故选 A。

4. 题中所涉及的元件(装置)有导轨、磁场、金属棒、电阻等。

轨道和线框的显性特征:cd 和 ef 两条电阻边始终与无阻金属轨道良好接触。

轨道和线框的隐性特征:这两条电阻边都被导轨短路,没有电流流过,不消耗电能。另外,相对磁场有切割运动的导体棒,de 边产生的动生电动势,充当电源的作用。

(1)根据碰撞过程动量守恒可得,碰撞后整个正方形线框的速度为 $\dfrac{v_0}{4}$,所以当 de 边刚进入磁场时,等效电路图如答图 1 所示,de 边产生的动生电动势 $E = \dfrac{BLv_0}{4}$,电源

内阻 $r=R$，而 da、ab、be 这三条边都是无电阻的金属，所以此时电阻 R 被短路。最终得到

$$I_1=I_2=\frac{E}{r}=\frac{BLv_0}{4R}, I_3=0$$

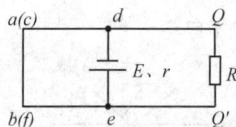

第4题答图1

(2) 当 de 边刚出磁场时，ab 边刚好进入磁场中，此时等效电路图如答图2所示，ab 边产生的动生电动势 $E'=BLv_2$，电源内阻 $r'=0$，且 da、be 这两边是无电阻的金属，而 de 边电阻 R 与右边电阻 R 并联，所以得到

$$I_4=\frac{2BLv_2}{R}, I_5=I_6=\frac{BLv_2}{R}$$

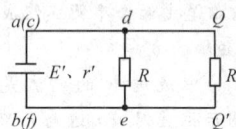

第4题答图2

5. 本题涉及的元件(装置)是不计电阻的金属棒和电容，同时存在磁场。

金属棒和电容器组成的回路具有显性特征：回路中电阻为零。

当金属棒恰好经过 P、P' 点后的瞬间，即开始进入磁场区域，产生感应电动势，同时对电容器充电。由于回路电阻为零，所以该回路具有隐性特征：电容器的充电时间很短，认为电容器的充电过程在瞬间完成，即电容在瞬间被充电至某个电压，该电压恰等于金属棒产生的感应电动势。充电过程中金属棒有电流流过，受到了安培力的冲量，从而得到结论：金属棒 ab 在过 P、P' 点的瞬间，受安培力作用，其速度发生突变。之后继续向上滑行时，任意时刻都满足电容器两极板间的电压等于金属棒产生的瞬时感应电动势，进一步可推导得出金属棒做匀减速直线运动。

设金属棒 ab 在过 P、P' 点的瞬间，速度突变为 v，电容器被瞬间充电至带电量为 Q，则满足

$$BLv=\frac{Q}{C}$$

$$-\sum BiL\cdot\Delta t=mv-mv_0$$

$$\sum i\cdot\Delta t=Q$$

解得

$$v=\frac{mv_0}{B^2L^2C+m}, Q=\frac{BLCmv_0}{B^2L^2C+m}$$

之后当 ab 棒向上滑行时，速度减小，金属棒的感应电动势会变小，电容器在放电。设回路电流瞬时值大小为 i，金属棒上电流方向为从 b 到 a，电容器的瞬时带电量为 q，金属棒的加速度大小为 a，方向沿斜轨向下，则任何时刻都满足

$$BLv=\frac{q}{C}$$

对上式的等号两边同时求导，得

$$BLa=\frac{i}{C}\Rightarrow i=BLCa$$

再以金属棒为研究对象，由牛顿第二定律得

$$mg\sin\theta-BiL=ma$$

将 $i=BLCa$ 代入上式，解得 $a=\dfrac{mg\sin\theta}{B^2L^2C+m}$。

说明金属棒 ab 沿斜面向上做匀减速直线运动，所以沿倾斜导轨滑行的最大位移

$$x=\frac{v^2}{2a}=\frac{mv_0^2}{2g\sin\theta(B^2L^2C+m)}$$

第4讲 磁场能量观

【基础训练】

1.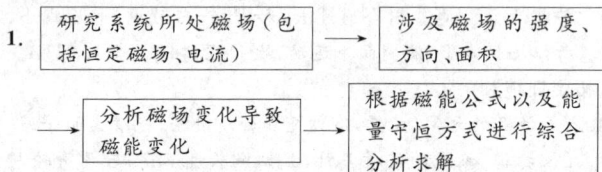

(1) 研究对象为面积恒定的电路空间所处的磁场，磁场强度、方向、面积没变化，因而无磁能变化。

(2) 研究对象为电路面积不断增大的空间所在的磁场，空间有磁能，但是导体棒的运动没有改变空间磁场的强度、方向或面积，因而无磁能变化。

(3) 研究对象为电路面积不断增大的空间所在的磁场，空间有磁能，磁场随线度变化，但是空间磁场分布稳定，无磁能变化。

(4) 研究对象为左侧的恒定电流产生的磁场，空间有磁能，由于电流增加(减小)，导致磁场强度随时间变化，因而有磁能变化。

(5) 研究对象为螺线管内恒定电流产生的磁场，空间有磁能，电流变大导致磁能变大。

2.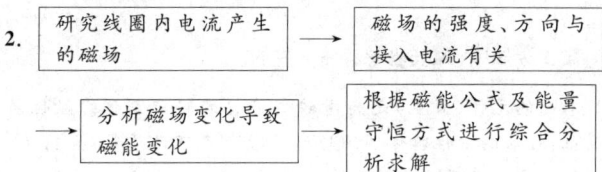

(1) 研究对象为螺线管内恒定电流产生的磁场，空间有稳恒磁场，磁能没有向外转化，因而无法将水烧开。

(2) 研究对象为螺线管内恒定电流产生的磁场，它是磁场强，但是磁场恒定不变，磁能没有向外转化，因而无法将水烧开。

(3) 研究对象为螺线管内恒定电流产生的磁场，由于开关不断进行开闭导致该电路中磁场出现周期性变化，金属杯发生电磁感应现象，将磁能不断转化为金属杯的内能，通过热传递可以转化为水的内能。

(4) 研究对象为螺线管内交流电产生的磁场，磁场发生周期性变化因而空间磁能也发生周期性变化，由于电磁感应现象，将磁能不断转化为金属杯的内能，通过热传递将水烧热。

(5) 研究对象为螺线管内交流电产生的磁场，磁场发生周期性变化，同时由于铁芯被磁化使得磁场更强，单位时间内转化的磁能更多，因而时间更短。

综上，说法(3)(4)(5)正确。

3.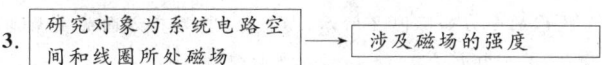

该电路所处的空间磁场为一稳定的匀强磁场,因而磁能恒定不变。

导体棒向右的速度从 v_0 减小到 0 的过程中,回路中导体棒的感应电动势与自感电动势关系为 $Blv = L\frac{\Delta I}{\Delta t}$,微元累积后得 $I = \frac{Blx}{L}$(x 为向右运动的位移),电感线圈中电流逐渐变大;因而确定研究对象线圈中电流产生的磁场强度逐渐增大,磁能逐渐增大,导体棒动能减小而转化为电感线圈 L 的磁能。

【拓展训练】

1. (1)根据电磁感应可知,由于磁场均匀变化,而产生了恒定的感应电动势,则感生电场恒定。

   (2)研究对象为圆环内的磁场,由于磁场强度随时间发生均匀变化,且 $0-2t_0$ 时间段内方向也同时发生变化,该过程产生感生电场从而驱动带电小球加速运动,因而能量来源于磁场释放的磁能。

2. 该过程的研究对象为线圈所在处的磁,由于磁场强度随时间发生变化,将磁能转化为线圈中的热能,因而根据能量守恒的方式可以进行计算。

   根据法拉第电磁感应定律有 $E = \frac{B_0}{\Delta t}\pi r^2$,$L = 2\pi r$,该回路电路 $R = \rho\frac{L}{S}$,则该过程中产生的焦耳热 $Q = \frac{E^2}{R}\Delta t$,根据能量转化效率,$E_{磁能} = \frac{Q}{\eta}$,$E_{磁能} = \frac{B_0^2 SL^3}{16\pi^2\eta\rho\Delta t}$。

3. (1)研究对象为接收线圈中的磁场,在该过程中由于漏磁导致磁能部分转化为线圈内的电能,因而可以安装铁芯以减少漏磁增加磁能的转化。

   (2)研究对象为接收线圈中的磁场,从能量的转化角度来看,系统能量一定守恒,接收线圈产生的电能即其消耗的磁能。因而只需要计算接收线圈产生的电能即可得到其转化的磁能,由于线圈匝数比为 $1100:50 = 22:1$,则接收线圈电压为 10V,由于磁损为 80%,因而接收线圈实际电压为 8V,根据电功率定义式 $P = UI$,可得电功率为 8W,即转化为电能的磁能功率也为 8W。

4. (1)研究对象为线圈内的磁场,从能量守恒角度分析,LC 振荡电路中仅有磁能和电能的相互转化,电容器电场能量减小,则磁场能量增大,而电路中磁场能的变化从线圈中得以反应,可得磁能变大在电路中必然是由电流变大而引起的。

   (2)研究对象仍然为线圈内的磁,题图中电容器的上极板带正电,电流方向由 b 流向 a,即电容器正在放电,此时电流不断变大,可知线圈内磁能正在变大。

5. (1)根据题设可知,该弹丸做匀加速直线运动。根据已知条件有 $F_A = B_1 IL = kI^2 d$,由加速度公式 $a = \frac{F_A}{m}$,$v = \sqrt{2aL}$,则 $v = I\sqrt{\frac{2kdL}{m}}$。

   (2)根据能量守恒可得

   $$UIt = I^2Rt + \overline{P}_{反}t, t = \frac{v}{a}, E_{反} = B_2 dv, \overline{P}_{反} = E_{反}I$$

代入数据可得电源消耗的能量即理想恒流源所做的功为

$$IR\sqrt{\frac{2mL}{kd}} + mv^2 = IR\sqrt{\frac{2mL}{kd}} + 2kdLI^2$$

(3)研究对象为该轨道内的匀强磁场,该过程中磁能面积逐渐变大,因而磁能逐渐增加,根据题设给出的条件 $E_{磁} = \frac{1}{2}LI^2$,$L = \frac{\Phi}{I}$,可得 $L_1 = \frac{\Phi_1}{I}$,$L_2 = \frac{\Phi_2}{I}$,则增加的磁能 $E_{磁} = kdLI^2$。

(4)由(2)可知,若电阻为 0,则系统消耗的总能量为 $mv^2 = 2kdLI^2$,根据(3)得磁能 $E_{磁} = kdLI^2$,而动能为 $\frac{1}{2}mv^2$,因此两者的比值为 1:1。

第5讲　曲线运动观

【基础训练】

1. (1)错误。曲线运动的速度方向时刻变化,一定是变速运动。做曲线运动的物体加速度可能是恒量,如平抛运动。

   (2)错误。做曲线运动的物体,速度的大小可能保持不变,如匀速圆周运动。

   (3)正确。通过分析物体的受力情况和初始速度,若速度方向与加速度方向不在同一直线上,物体做曲线运动。

   (4)正确。曲线运动的轨迹一定夹在受力方向和速度方向之间,且物体受力方向指向曲线的凹侧。

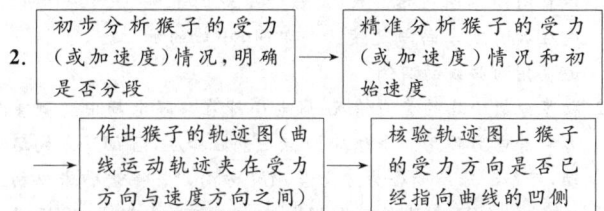

(1)初步分析猴子的受力(或加速度)情况,因运动全过程中加速度没有发生变化,不需要分段。猴子沿水平方向做匀速直线运动,同时向上做匀加速直线运动。因猴子的初速度和加速度不在同一直线上,故猴子做曲线运动。

(2)类比平抛运动可知,猴子的运动轨迹示意图如答图所示。最后,核验猴子的轨迹夹在加速度方向与速度方向之间,猴子的加速度方向指向曲线的凹侧。

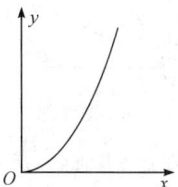

第 2 题答图

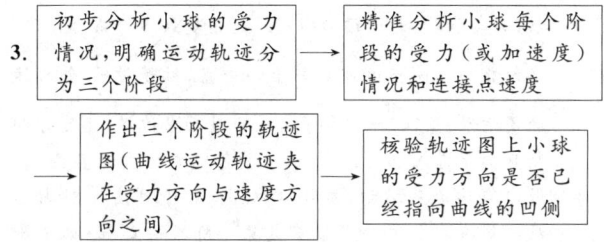

初步分析小球的受力情况,因运动全过程中受力情况发生了变化,需要分段构建运动过程模型。第一个时间 t 内,小球受到恒力 F 作用,且力 F 与初速度 v_0 方向垂直,小球从 A 到 B 做类平抛运动,作出 t 时刻的速度 v_B 的方向;第二个时间 t 内,小球的初速度 v_B 和受力 F 不在同一直线上,小球从 B 到 C 做曲线运动,作出 $2t$ 时刻的速度 v_C 的方向;第三个时间 t 内,撤去恒力 F,小球从 C 到 D 做匀速直线运动。作出 $3t$ 时间内小球的运动轨迹示意图,如答图所示。最后,核验小球的轨迹夹在受力方向与速度方向之间,小球的受力方向指向曲线的凹侧。

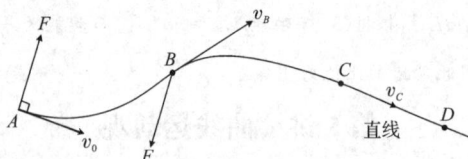

第 3 题答图

【拓展训练】

1. 以竖直木板为参考系,小球的加速度方向竖直向上,大小等于重力加速度 g。因在运动全过程中加速度没有发生变化,不需要分段。小球沿水平方向做匀速直线运动,同时向上做匀加速直线运动。因小球的初速度和加速度的方向不在同一直线上,故小球做曲线运动。类比平抛运动,作出小球的运动轨迹示意图如答图所示。最后,核验小球的轨迹夹在加速度方向与速度方向之间,小球的加速度指向曲线的凹侧。

第 1 题答图

2. 初步分析小球的受力情况:带电小球在匀强电场中受到重力和静电力作用。小球从 M 点由静止释放,沿 MN 方向运动,可知小球所受合力方向沿 MN 方向。若将该小球以初速度 v_0 从 M 点沿垂直于 MN 的方向斜向上抛出,因运动全过程中合外力没有发生变化,故不需要分段研究。当小球垂直 MN 抛出时,初速度与合外力方向垂直,类比平抛运动,作出小球的运动轨迹示意图如答图所示。最后,核验小球的轨迹夹在受力方向与速度方向之间,小球的加速度方向指向曲线的凹侧。

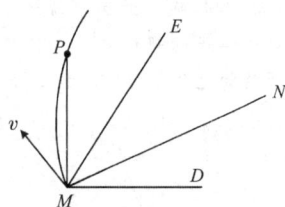

第 2 题答图

3. (1)初步分析粒子的受力情况,因所处的场的环境发生变化,需要分阶段建构运动过程模型。第一阶段,粒子从 A 点由静止释放,粒子沿 y 轴正方向做匀加速直线运动;第二阶段,粒子运动到 QN 边界受到洛伦兹力作用,洛伦兹力方向与速度方向始终垂直,粒子做 $\frac{1}{2}$ 个匀速圆周运动;第三阶段,粒子再次经过 QN 边界,速度方向竖直向下进入电场区域,粒子受静电力方向竖直向上,做匀减速直线运动,由对称性可知粒子到达 x 轴时速度恰好减为 0;第四阶段重复第一阶段的过程;第五阶

段粒子速度方向竖直向上,粒子在匀强磁场中做 $\frac{3}{4}$ 个匀速圆周运动后垂直于 NP 再次进入电场区域。综上可知,粒子的运动轨迹示意图如答图 1 所示。

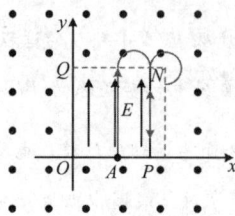

第 3 题答图 1

(2)以带电粒子为研究对象,粒子的运动可分为三个阶段。第一阶段,在 A 点速度方向竖直向上,合力方向竖直向上,故粒子沿 y 轴正方向做匀加速直线运动;第二阶段,粒子运动到 QN 边界受到洛伦兹力作用,洛伦兹力与速度始终垂直,则粒子做部分匀速圆周运动;第三阶段由题意可作出粒子在 P 点的合力和速度方向,两者不共线,粒子做曲线运动。综上,粒子的运动轨迹示意图如答图 2 所示。核验粒子所受合力的方向指向轨迹的凹侧。

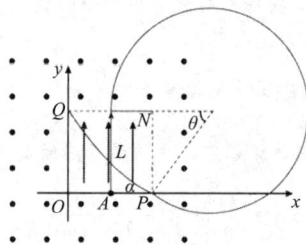

第 3 题答图 2

第 6 讲　时空平均值观

【基础训练】

1. (1)本题中 $\bar{v}$ 是关于时间的平均值,可以通过匀速运动时 $x=vt$ 进行判定。

(2)本题中 $\bar{v}$ 是关于空间的平均值,可以通过棒某处线速度大小 $v=\omega x$ 与空间距离 x 成正比判定。

(3)本题中 $\bar{I}$ 是关于时间的平均值,可以通过恒定电流时 $q=It$ 进行判定。

(4)本题中 $\overline{I^2}$ 是 I^2 关于时间的平均值,可以通过恒定电流时 $Q=I^2Rt$ 进行判定。

2.

确定所研究问题涉及阻力的变化情况	→	$F_f=\mu F_N=\mu\dfrac{x}{L}mg$ 据此确定为空间平均值
→		
正确书写阻力关于空间的平均值的表达式	→	检查推导过程中所涉及的平均值对应的参量全部一致,完成求解

本题研究的是摩擦阻力的变化情况,由表达式 $F_f=\mu F_N=\mu\dfrac{x}{L}mg$ 可确定 F_f 为空间平均值,且阻力与位移之间呈线性变化关系,可得出阻力平均值的表达式为 $\overline{F_f}=\dfrac{0+\mu mg}{2}$,故木板克服摩擦力做的功 $W=\overline{F_f}L=\dfrac{1}{2}\mu mgL$。

参考答案

3.
确定所研究问题涉及 阻力的变化情况	→	根据本题 $\overline{F_f}\,t=k\,\overline{v}\,t$ 确 定 $\overline{F_f}$ 为时间平均值

→	正确书写阻力关 于时间平均值的 表达式	→	检查推导过程中所涉及 平均值所对应的参量全 部一致，完成求解

解答1求解过程有疏漏。动能定理阻力做功 $W_{F_f}=-\overline{F_f}x$，$\overline{F_f}$ 为阻力关于空间位置的平均值。简单套用匀变速直线运动中速度关于时间的平均值的结论 $\overline{v}=\dfrac{v_1+v_2}{2}$，代入公式求解是不正确的。解答2求解是正确的。

解答1结果与解答2相同的原因：利用牛顿第二定律有 $-kv=ma$，通过数学转换可以得到

$$-kv=m\frac{\mathrm{d}v}{\mathrm{d}t}\Rightarrow v=v_0-\frac{k}{m}x,\ F_f=kv=kv_0-\frac{k^2}{m}x$$

力 F_f 恰好与位移 x 呈线性变化，因此阻力 F_f 对位移的平均值也恰好是 $\overline{F_f}=\dfrac{kv_0+0}{2}$，所以结果正确。

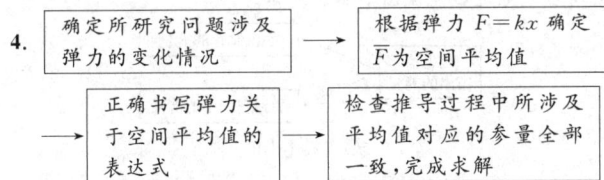

4.
确定所研究问题涉及 弹力的变化情况	→	根据弹力 $F=kx$ 确定 $\overline{F}$ 为空间平均值

→	正确书写弹力关 于空间平均值的 表达式	→	检查推导过程中所涉及 平均值对应的参量全部 一致，完成求解

在动能定理中运用 $W_F=\overline{F}x$，$\overline{F}=\dfrac{kx+0}{2}=\dfrac{kx}{2}$，由于 F 与 x 满足线性关系 $F=kx$，因此是正确的。

在动量定理中运用 $I_F=\overline{F}t$，其中 $\overline{F}$ 是力 F 关于时间 t 的平均值，求解时误用了力 F 关于空间 x 的平均值是错误的。

【拓展训练】

1. 由题意可以确定A运动过程中，受到的摩擦力是变力。A的受力如图所示，由此根据牛顿运动定律与滑动摩擦力知识可以写出摩擦力的表达式为 $F_f=\mu F_N=kmgx$；因此可以确定摩擦力随空间均匀变化。

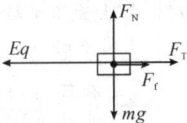

第1题答图

若A的位移为 x 时速度达到最大值，则该过程摩擦力的平均值 $\overline{F_f}=\dfrac{0+kmgx}{2}$，摩擦力做的功 $W_f=-\overline{F_f}\cdot x$。

对A、B系统分析，根据功能关系可知 $Eq\cdot x-mg\cdot x+W_f=\dfrac{1}{2}(2m)v_m^2$；由牛顿运动定律知A的速度最大时，A、B的外力和均为0，所以 $Eq=kmgx+F_T$，$F_T=mg$。

联立以上方程可解得A的最大速度 $v_m=\sqrt{\dfrac{(Eq-mg)^2}{2km^2g}}=\dfrac{Eq-mg}{m}\sqrt{\dfrac{1}{2kg}}$。

2. 思路中的不足：本题涉及 F_f 的变化，根据 t_1-t_2 s时间段内 F_f 关于时间线性变化的信息，确定 $\overline{F_f}$ 为时间平均值，不能直接用于 $W=Fx$ 中，且由于汽车的运动规律较为复杂，位移求解也难以进行。

后续求解：在 t_1-t_2 s时间段内，阻力对汽车冲量的大小为 $I=\dfrac{1}{2}F_f(t_2-t_1)$；根据动量定理可得 $I=mv_1-mv_2$；

根据动能定理，在 t_1-t_2 s时间内，汽车克服阻力做的功 $W=\dfrac{1}{2}mv_1^2-\dfrac{1}{2}mv_2^2$；综上解得 $W=1.16\times10^5$ J。

3. 本题涉及 F 的变化，根据题目中给出 F 关于空间变化的信息，确定 $\overline{F}$ 为空间平均值。表达式中 $\dfrac{F_0}{2}(h-h_0)$ 为力 F 在 $(h-h_0)$ 这段位移内的做功大小，力 F 随高度 y 的变化分为两个阶段，且均为线性变化，因此在 $h\sim h_0$ 的高度 $\overline{F}=\dfrac{F_0}{2}$，故表达式合理。

4. 该阶段涉及安培力 F 的变化，根据表达式 $F=BIL=2x$ N，确定 $\overline{F}$ 为关于空间的平均值，且力 F 随空间呈线性变化，因此 $\overline{F}=\dfrac{F_1+F_2}{2}$。

当 $x_1=0.2$ m 时 $F_1=0.4$ N；当 $x_2=-0.1$ m 时 $F_2=-0.2$ N。

$$W=\overline{F}x=\frac{F_1+F_2}{2}(x_1-x_2)=0.03\text{J}。$$

第7讲 能量耗散观

【基础训练】

1.
确定小球弹簧为 对象	→	分析小球动能、弹簧弹性势 能和空气内能的转化过程

→	构建能流图，分析能 量耗散	→	构建能量关系并分 析计算

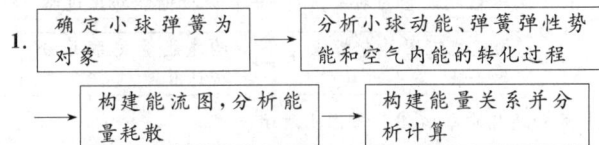

运动过程中的能流图如答图所示。

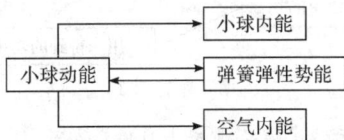

第1题答图

在地球表面，小球运动时受到横轴对球的摩擦力和空气阻力，机械能不断耗散，小球做阻尼振动；在空间站内，小球处于完全失重状态，虽然横轴对球的摩擦力消失，但是空气阻力仍存在，运动过程中机械能不断耗散，一部分转化为小球的内能，一部分转化为空气的内能，小球还是做阻尼振动。

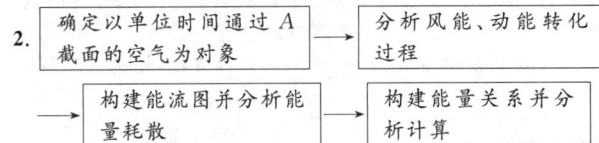

2.
确定以单位时间通过 A 截面的空气为对象	→	分析风能、动能转化 过程

→	构建能流图并分析能 量耗散	→	构建能量关系并分 析计算

风能转化过程中的能流图如答图所示。

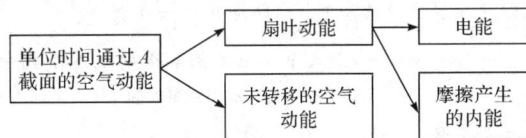

第2题答图

扇叶是一个镂空的装置，不能将所有风（气流）的动能全部转化为扇叶的动能，即使是与风叶发生相互作用的气流，末速度也不可能为零，即并没有把气流的动能全部转换成风叶的动能，另外，扇叶在空气中转动，与空气有摩擦，也

361

会有能量损耗,综合上述,风(气流)的动能转变成扇叶动能时会有明显的耗散,该同学得到的结果错误。

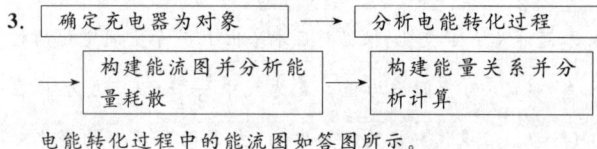

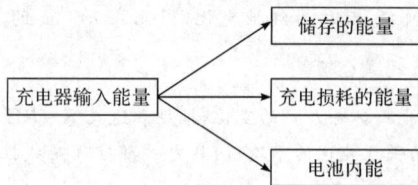

3. 确定充电器为对象 → 分析电能转化过程

→ 构建能流图并分析能量耗散 → 构建能量关系并分析计算

电能转化过程中的能流图如答图所示。

充电器输入能量 → 储存的能量

充电器输入能量 → 充电损耗的能量

充电器输入能量 → 电池内能

第3题答图

本题是电池充电问题,其工作原理为,充电器将交流电转化为直流电,直流电再对电池进行充电,这两个过程都存在能量损失,第一个过程输出功率小于输入功率,转化为充电器的内能,这可以从充电一段时间后,充电器变烫可以感受到。第二个过程存在能量损耗,因为有部分能量转化为电池的内能,所以 $UI_输 \times 0.9 \neq P_有效$。

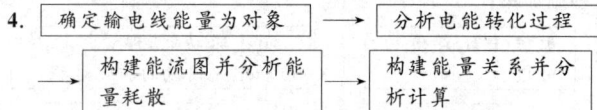

4. 确定输电线能量为对象 → 分析电能转化过程

→ 构建能流图并分析能量耗散 → 构建能量关系并分析计算

远距离输电能流图如答图1所示。

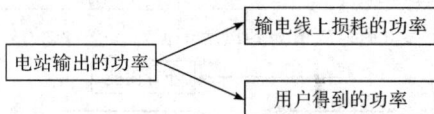

电站输出的功率 → 输电线上损耗的功率

电站输出的功率 → 用户得到的功率

第4题答图1

根据能量守恒定律,输电线上的损失功率不可能大于发电站的功率。远距离输电可等效于如答图所示的电路,r 是输电线电阻,R 是用户的总电阻,输电电压 U 恒定,输电线中的电流 $I = \dfrac{U}{R+r}$,电站的输出功率 $P = UI = \dfrac{U^2}{R+r}$。当输电电压 $U=5\text{kV}$、输电线电阻 $r=2.5\text{V}$ 时,电站最大输出电流 $I_m = \dfrac{U}{r} = \dfrac{5000}{2.5}\text{A} = 2 \times 10^3 \text{A}$,

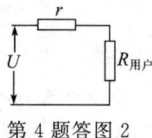

最大输出功率 $P = UI = \dfrac{U^2}{r} = 1 \times 10^4 \text{kW}$,不可能出现题目中的情况。

第4题答图2

【拓展训练】

1. 理想变压器应满足 $\dfrac{U_1}{U_2} = \dfrac{n_1}{n_2}$,解得 $n_2 = \dfrac{U_2}{U_1} n_1$。

又已知 $n_1 = 800$ 匝,由表中 5 组数据解得副线圈匝数分别为 $n_{21} = 330$ 匝,$n_{22} \approx 336$ 匝,$n_{23} = 340$ 匝,$n_{24} \approx 342$ 匝,$n_{25} \approx 345$ 匝。

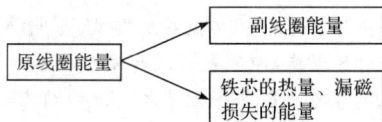

实际变压器能流图如答图所示。

原线圈能量 → 副线圈能量

原线圈能量 → 铁芯的热量、漏磁损失的能量

第1题答图

由于变压器线圈通过电流时会发热,铁芯在交变磁场作用下也会发热,交变电流产生的磁场不可能完全局限在铁芯内,因此实际测的副线圈电压 U_2 小于理想变压器条件下的电压,即 $n_2 > n_1 \dfrac{U_2}{U_1}$,故选A。

2. 若理想变压器,由 $\dfrac{U_1}{n_1} = \dfrac{U_2}{n_2}$ 得 $U_2 = \dfrac{n_2 U_1}{n_1}$,其中 $U_1 = \dfrac{51}{\sqrt{2}}\text{V}$,得

$$U_2 = \dfrac{51}{4\sqrt{2}}\text{V} \approx 9.0\text{V}$$

实际变压器的能流图如答图所示。

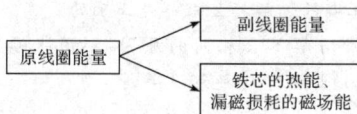

原线圈能量 → 副线圈能量

原线圈能量 → 铁芯的热能、漏磁损耗的磁场能

第2题答图

两线圈并非处于理想状态,会出现漏磁,即存在磁场能的耗散,所以交流电压表的读数小于9.0V,故选A。

3. 感应充电过程能流图如答图所示。

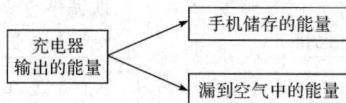

充电器输出的能量 → 手机储存的能量

充电器输出的能量 → 漏到空气中的能量

第3题答图

如果两线圈用超导材料制作,虽然不会有热损耗,但仍会存在漏磁,即存在磁场能的耗散,所以充电的能量传输效率不能达到100%。

第8讲　对立统一观

【基础训练】

1. 5月份卫星机械能发生变化,与常见变化不同 → 回忆在一定条件下对立面转化的案例,如匀变速直线运动的位移计算等

→ 在任意两小时内,由于时间较短 → 卫星机械能可看成守恒

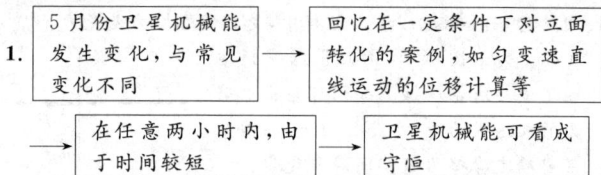

根据题图,空间站在 4 月份发动机开启过程中,机械能明显增加。在 5 月份一个月绕行过程中,高度有较小的降低,机械能变化,在任意两小时内,由于时间较短其机械能变化可以忽略,视为守恒。

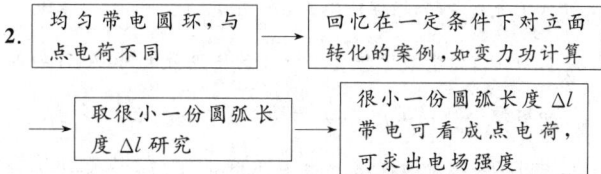

2. 均匀带电圆环,与点电荷不同 → 回忆在一定条件下对立面转化的案例,如变力功计算等

→ 取很小一份圆弧长度 Δl 研究 → 很小一份圆弧长度 Δl 带电可看成点电荷,可求出电场强度

点电荷的场强可以由 $E = \dfrac{kQ}{r^2}$ 进行计算,如何计算均匀带电圆环呢?可以把圆环均匀分割为许多等份,每一等份的圆弧长度为 Δl,则每一等份的电量为 $\dfrac{Q}{2\pi a}$,Δl 足够小则每一等份可以看作点电荷,则每一等份在 x 点所产生的电场强度的大小

$$E_1 = \dfrac{kQ}{2\pi a(a^2+x^2)}$$

E_1 沿着 x 轴方向的分量

$$E_{1x} = E_1\cos\theta = \dfrac{kQ}{2\pi a(a^2+x^2)} \cdot \dfrac{x}{(a^2+x^2)^+}$$

所以该点的电场强度等于圆环上所有等份的 E_1x 大小之和,即

$$E = 2\pi a \cdot E_1 = \frac{kQx}{(a^2+x^2)^+}$$

综上,选 B。

3.

频闪白点顺时针沿圆周转动,与常见运动不同	→	回忆在一定条件下对立面转化的案例,如汽车前进有时候看起来车轮反着转

→	圆周运动具有周期性,暗室中频闪白点转过的角度满足 $\pi < \theta_1 < 2\pi$	→	可认为白点向逆时针旋转,转过的角度 $\theta_2 = 2\pi - \theta_1$

带有一白点的黑色圆盘,可绕过其中心且垂直于盘面的轴匀速转动,每秒沿顺时针方向旋转 20 圈,即

$$f_0 = 20\text{Hz}$$

在暗室中用每秒闪光 21 次的频闪光源照射圆盘,即

$$f' = 21\text{Hz}$$

每次闪光白点顺时针转过的角度

$$\theta_1 = 2\pi f_0 \frac{1}{f'} = \frac{40}{21}\pi$$

由于圆周运动具有周期性,$\pi < \theta_1 < 2\pi$,所以观察到白点向逆时针方向旋转,转过的角度

$$\theta_2 = 2\pi - \theta_1 = 2\pi - \frac{40}{21}\pi = \frac{2}{21}\pi$$

所以观察到白点转动角速度

$$\omega_2 = \theta_2 f' = 2\pi, T = \frac{2\pi}{\omega_2} = 1\text{s}。$$

综上,答案为逆时针、1。

4.

线光源发射的光,与点光源不同	→	回忆在一定条件下对立面转化的案例,如变力功计算

→	沿着线光源取足够小一份	→	每一小份可以看成点光源,以此分析解决问题

假设对玻璃下的点光源,由于光源发出的单色光在玻璃中的折射率为 n,有一部分光将发生全反射。由对称性可知,在玻璃面上,可以通过玻璃面射入空气的光将形成一个圆形光斑,设此光斑半径为 r,如答图 1 所示。

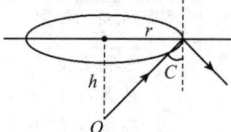

第 4 题答图 1

设发生全反射的临界角为 C,则根据折射率与全反射的临界角之间的关系可得

$$\sin C = \frac{1}{n} = \frac{\sqrt{2}}{2}$$

解得 $C = 45°$。

从垂直于玻璃面的方向看去光路如答图 2 所示。

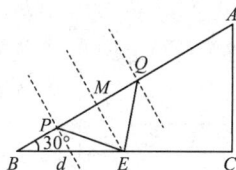

第 4 题答图 2

高度 $h = ME = \frac{d}{2}$;

可得半径 $r = \frac{d}{2}$。

可以看出线光源由点光源组成,由于线光源到三个侧面的距离都足够大,所以面积如答图 3 所示。

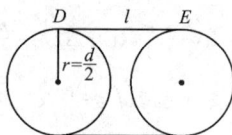

第 4 题答图 3

由此,面积 $S = \pi r^2 + l \cdot 2r = \frac{\pi}{4}d^2 + dl$。

综上,选 D。

5.

问题中计算变力功,与常见变化不同	→	回忆在一定条件下对立面转化的案例,如匀变速直线运动的位移计算等

→	沿着圆弧取很小一份位移 Δs	→	每一小份看成恒力,可求出功

力 F 方向时刻与速度方向相同,力 F 为变力,而功计算公式 $W = FL\cos\theta$ 适用于用恒力做功,在圆周上取很小的一份位移 Δs,力 F 可以看成恒定,F 在这一小份位移做的功 $\Delta W = F\Delta s$,转动一周这个力做的总功应

$$W = F \cdot 2\pi R = 20\pi \text{ J}$$

【拓展训练】

1. 光源为等腰直角三角形发光体,在上面取很小一份可以看成点光源。

灯带发出的光从水面射出时发生全反射的临界角的正弦值 $\sin C = \frac{1}{n} = \frac{3}{4}$,由此可得 $\tan C = \frac{3}{\sqrt{7}}$。灯带上的一个点发出的光发生全反射的临界角如答图 1 所示。

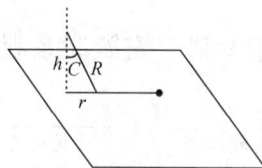

第 1 题答图 1

根据几何关系可得

$$r = h\tan C = \frac{\sqrt{7}}{10} \times \frac{3}{\sqrt{7}}\text{m} = 0.3\text{m}$$

则一个点发出的光在水面上能看到的 $r = 0.3$m 的圆,光射出的水面形状边缘为弧形,如答图 2 所示。

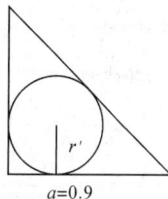

$a = 0.9$

第 1 题答图 2

等腰直角三角形发光体的内切圆半径 r' 满足

$$r' = \frac{2a - \sqrt{2}a}{2}$$

解得 $r' = \dfrac{2a - \sqrt{2}a}{2} < \dfrac{a}{3} = r$。

由此可得中间无空缺。

综上，选 C。

2. 条形磁铁角速度减小 $\Delta\omega$，$\dfrac{2\pi}{\omega}$ 时间内条形磁铁动能减少量

$$\Delta E_k = \frac{1}{2}I\omega^2 - \frac{1}{2}I(\omega - \Delta\omega)^2 = \frac{ma^2}{3}\omega \cdot \Delta\omega$$

$\dfrac{2\pi}{\omega}$ 时间内角速度减小 $\Delta\omega$，由于 $\dfrac{\Delta\omega}{\omega} \ll 1$，从磁通量变化率考虑，可以认为这段时间条形磁铁 ω 没有变化，线圈产生电动势峰值稳定不变，则有

$$E_m = nBS\omega K$$

因此能计算线圈产生的焦耳热

$$Q = \frac{(nBS\omega K)^2}{2R} \cdot \frac{2\pi}{\omega}$$

令 $\Delta E_k = Q$，解得

$$\Delta\omega = \frac{3\pi K^2 B^2 n^2 S^2}{Rma^2}$$

3. 小球沿着等高螺旋形管道下降，管道每段的倾角一定，小球可以看成沿着斜面下滑。A 运动到 B 斜面的高度

$$h = 5d = 5\text{m}$$

A 运动到 B 斜面长度

$$s = 5 \times \sqrt{(2\pi R)^2 + d^2}$$

小球下滑的过程中，管道的支持力不做功，只有重力做功，小球的机械能守恒，则有

$$mgh = \frac{1}{2}mv^2$$

解得 $v = \sqrt{2gh} = 10\text{m/s}$。

由 $s = \dfrac{v}{2}t$ 解得

$$t = \frac{2s}{v} = \sqrt{16\pi^2 + 1}\ \text{s} = 12.6\text{s}$$

第9讲　宏微联系观

【基础训练】

1.

| 宏观视角：油酸体积 V、油膜面积 S、物质的量 n | → | 微观视角：分子体积 V_0、油酸分子个数 N、阿伏加德罗常数 N_A |

↓

| 建立模型：单分子油膜 | → | 选择规律：根据 $N = \dfrac{V}{V_0}$ 和 $N_A = \dfrac{N}{n} \times 1\text{mol}$ 列式求解 |

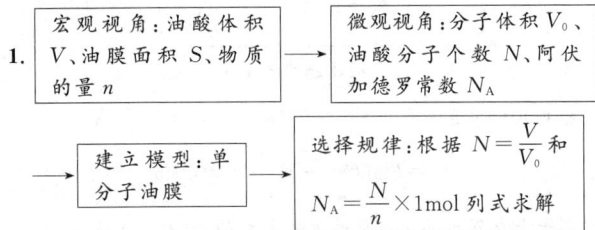

根据题图模型，从宏观视角有该滴油酸的体积为 V；从微观视角有油酸分子直径 $d = \dfrac{V}{S}$。

将油酸分子看成球体，其体积

$$V_0 = \frac{4}{3}\pi r^3 = \frac{4}{3}\pi \cdot \left(\frac{V}{2S}\right)^3$$

则油酸分子个数 $N = \dfrac{V}{V_0} = \dfrac{V}{\dfrac{4}{3}\pi \cdot \left(\dfrac{V}{2S}\right)^3} = \dfrac{6S^3}{\pi V^2}$；

结合油酸物质的量 $n = \dfrac{\rho V}{M}$；

故阿伏加德罗常数 $N_A = \dfrac{N}{n} \times 1\text{mol} = \dfrac{6MS^3}{\pi\rho V^3}$。

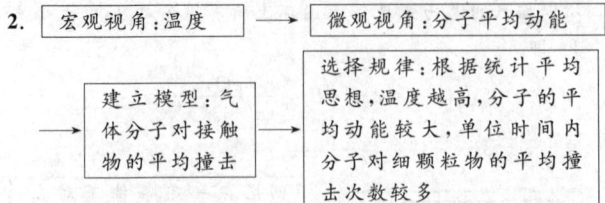

2.

| 宏观视角：温度 | → | 微观视角：分子平均动能 |

↓

| 建立模型：气体分子对接触物的平均撞击 | → | 选择规律：根据统计平均思想，温度越高，分子的平均动能较大，单位时间内分子对细颗粒物的平均撞击次数较多 |

宏观视角：温度较高，微观视角：分子平均动能较大。

14:00 的气温高于 12:00 时的气温，空气分子的平均动能较大，单位时间内空气分子对细颗粒物的平均撞击次数较多。

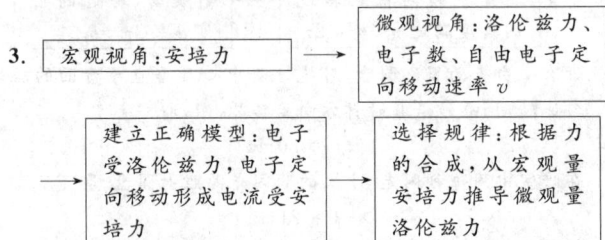

3.

| 宏观视角：安培力 | → | 微观视角：洛伦兹力、电子数、自由电子定向移动速率 v |

↓

| 建立正确模型：电子受洛伦兹力，电子定向移动形成电流受安培力 | → | 选择规律：根据力的合成，从宏观量安培力推导微观量洛伦兹力 |

根据题意和题图(b)，安培力应该是磁场对运动电荷作用力的矢量和的宏观表现。

宏观视角：安培力 $F = BIL$。

微观视角：导体棒中的自由电子数 $N = nSL$。

导体棒中的电流 $I = neSv$，安培力 $F = Nf$。

联立上述各式解得洛伦兹力 $f = eBv$。

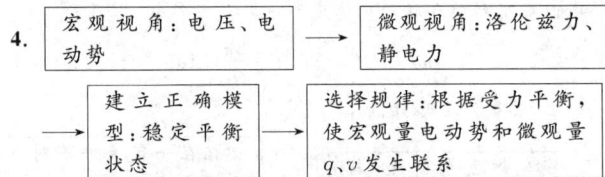

4.

| 宏观视角：电压、电动势 | → | 微观视角：洛伦兹力、静电力 |

↓

| 建立正确模型：稳定平衡状态 | → | 选择规律：根据受力平衡，使宏观量电动势和微观量 q、v 发生联系 |

根据题图(b)，宏观视角的"A、B 极板电压"是微观视角"正负离子偏转积聚到 A、B 板"造成的。当洛伦兹力和静电力二力平衡，即 $qvB = q\dfrac{U}{d}$ 时，其中 U 即该磁流体发电机的电动势，所以电动势 $U = Bdv$。

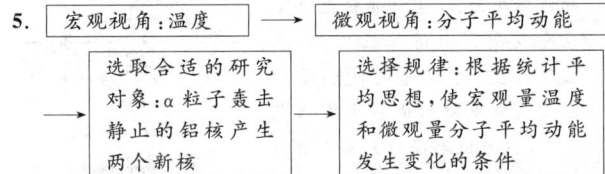

5.

| 宏观视角：温度 | → | 微观视角：分子平均动能 |

↓

| 选取合适的研究对象：α 粒子轰击静止的铝核产生两个新核 | → | 选择规律：根据统计平均思想，使宏观量温度和微观量分子平均动能发生变化的条件 |

宏观视角"温度越高"说明微观视角"分子平均动能越大"，这是大量分子的一种统计规律。内能是物体内部大量分子无规则热运动的能量总和，包括分子动能和分子势能，而此题情境是微观少量原子核发生核反应的过程，不具备改变内能的条件，也不存在温度改变的说法。

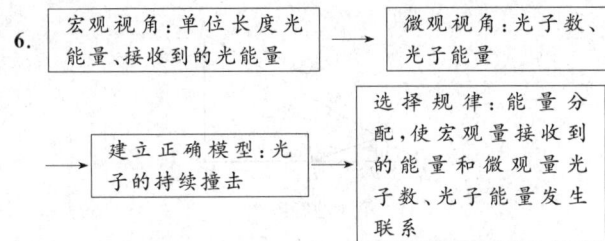

6.

| 宏观视角：单位长度光能量、接收到的光能量 | → | 微观视角：光子数、光子能量 |

↓

| 建立正确模型：光子的持续撞击 | → | 选择规律：能量分配，使宏观量接收到的能量和微观量光子数、光子能量发生联系 |

根据题意和题图(b),宏观视角:激光器转动周期 $T=\dfrac{2\pi}{\omega}$,

转一周的过程中虚线圆单位长度接收到的光能量 $E_0=\dfrac{PT}{2\pi R}$,接收屏接收到的光能量 $E=E_0 l$。

微观视角:每个光子能量 $E_1=h\nu=\dfrac{hc}{\lambda}$,激光器转动一周的过程中,接收屏接收到的光能量 $E=NE_1$。

根据宏微能量相等 $E_0 l=NE_1$;

得光子数 $N=\dfrac{E_0 l}{E_1}=\dfrac{l\lambda P}{hcR\omega}$。

【拓展训练】

1. 如题图(b)所示,微观视角:液态金属中的自由电荷一方面沿电流方向运动,另一方面沿极板方向运动,洛伦兹力 f 与两者合速度的方向垂直。设电荷沿极板方向运动的速度为 v,对应受到的洛伦兹力为 f_1,沿电流方向定向移动的速度为 u,对应受到的洛伦兹力为 f_2,有

$$W_1=-f_1 u\Delta t=-qvBu\Delta t, W_2=f_2 v\Delta t=quBv\Delta t$$

可见 $W=W_1+W_2=0$,即洛伦兹力 f 对运动电荷是不做功的。

宏观视角:运动电荷受到的洛伦兹力方向垂直于电流方向的分力 f_2 的矢量和在宏观上表现为安培力,可见安培力在推动液态金属导管运动过程是做正功的。

2. 根据题意和图(b)模型,宏观视角:t 时间内照射到 FAST 的能量 $E=Pt\cdot\dfrac{\pi R^2}{4\pi L^2}\cdot\eta$。

微观视角:t 时间内照射到 FAST 的光子动量 $p=\dfrac{E}{c}$。

t 时间内对照射到 FAST 的光子运用动量定理可以得到 $-Ft=0-p$,则光压 $F=\dfrac{\eta PR^2}{4cL^2}$。

3. 根据题意和题图(b),宏观视角:滑片 P 在 $c\to b$ 的过程中,A、K 上加了反向电压。

微观视角:光电子克服静电力做功恰好到达 A 极,G 的读数刚好为 0,说明垂直射向 A 极的光电子的最大初动能刚好全部克服静电力做功而使其无法到达 A 极,则其他方向的光电子更加不可能到达 A 极。

根据题意和题图(b),宏观视角:滑片 P 在 $c\to d\to f$ 的过程中,A、K 上加了正向电压。

微观视角:随着正向电压的增大,沿阴极表面射出的电子偏转程度加强,当其做类平抛运动恰能到达 A 极时,说明所有光电子均能到达 A 极,表明达到饱和光电流,之后无论如何增大正向电压,电流计 G 的读数都将不变。

4. 根据题意和题图(b),宏观视角:铁的摩尔体积 $V=\dfrac{M}{\rho}$,晶须横截面积 $S=\dfrac{\pi d^2}{4}$,用大小为 F 的力恰好拉断晶须。

微观视角:单个分子体积 $V_0=\dfrac{4}{3}\pi r^3$,铁的摩尔体积 $V=N_A V_0$,分子的最大截面积 $S_0=\pi r^2$,晶须横截面积 $S=nS_0$,拉断时有 $F=nF_0$(n 为晶须横截面上的分子数)。

宏微联系 $\dfrac{M}{\rho}=N_A V_0=N_A\cdot\dfrac{4}{3}\pi r^3$;

可得 $r=\left(\dfrac{3M}{4\pi\rho N_A}\right)^{\frac{1}{3}}$,$S_0=\pi r^2=\dfrac{\pi}{4}\left(\dfrac{6M}{\pi\rho N_A}\right)^{\frac{2}{3}}$;

则 $n=\dfrac{S}{S_0}=\dfrac{\dfrac{\pi d^2}{4}}{S_0}$;

相邻铁原子之间的相互作用力 $F_0=\dfrac{F}{n}=\dfrac{F}{d^2}\left(\dfrac{6M}{\pi\rho N_A}\right)^{\frac{2}{3}}$。

5. (1)根据题意和题图,宏观视角:电流 I;微观视角:单位时间内通过管道出口横截面的电量 Q。

设经过时间 t,流过该截面的电荷量为 $Q=ntq$,根据电流的定义式将宏观量与微观量联系起来,则管道内的等效电流为 $I=\dfrac{Q}{t}=nq$。

(2)根据题意和题图,宏观视角:管道受到作用力 F;微观视角:粒子对管道侧壁持续且多处的撞击,粒子运动轨迹半径为 a($满足 $qvB=m\dfrac{v^2}{a}$),同一时刻管壁有 $\dfrac{l}{2a}$ 处同时被粒子撞击。

根据动量定理 $F\Delta t=\dfrac{l}{2a}n\Delta t[mv-(-mv)]$。

将宏观量与微观量联系,解得粒子对下管壁持续平均撞击力 $F=\dfrac{l}{2a}n[mv-(-mv)]=\dfrac{l}{2a}\cdot n\cdot 2mv=nBql$。

第10讲　突变渐变观

【基础训练】

1. (1)

运动过程中,弹簧的长度逐渐变化	→	释放前小球只受重力作用,速度为 0,加速度为 g

| 释放后弹力逐渐变大,根据牛顿第二定律可知加速度发生渐变,再结合运动状态,分析加减速情况 | → | |

①根据经验,弹簧不存在突变情况。

②合力先向下逐渐减小,再向上逐渐增大;由牛顿第二定律可知,加速度先向下逐渐减小,再向上逐渐增大;由 $\Delta v=a\Delta t$ 可知速度先向下逐渐增大,再向下逐渐减小到 0;动能先逐渐增大,再逐渐减小到 0,重力势能逐渐减小。

(2)

绳子绷紧前后,绳子拉力存在突变,生活中有绳子绷断的情况发生	→	绷紧前物体只受到重力的作用,速度向下,加速度为 g

| 绷紧后物体突然受到向上的绳子弹力,合力突变向上,根据牛顿第二定律可知加速度发生突变,再结合运动状态,分析速度和能量的变化 | → | |

①根据经验,刚性绳可能存在突变情况。

②绳子绷紧前,小球只受重力作用,由于绳子发生的是微小形变,可以认为绳子在绷紧瞬间突然提供较大的拉力,加速度从方向向下的 g 突变为方向向上的值,由于绷紧时间极短,可以认为物体速度突变到 0,动能也突变到 0。

(3)

挡住前后,速度不能突变,所需向心力突变(半径变),绳子拉力突变	→	碰撞前物体水平向左运动,物体受到的绳子拉力与重力的合力提供向心力

→ 碰撞后速度不发生突变,运动半径变化,所需向心力变化,根据牛顿第二定律,分析拉力与加速度的变化

①根据经验,刚性绳可能存在突变情况。

②小球运动到b点时,细绳碰到钉子p,小球的重力不变,速度没有发生突变,动能也没有突变。由于小球的运动半径减小,则所需向心力增大,小球的受力情况发生变化,根据牛顿第二定律,需要更大的拉力,所以拉力突然变大。

2. 在木块从相对木板静止到运动的瞬间,静摩擦力变成滑动摩擦力 → 整个过程中木块受到重力、支持力和摩擦力的作用。发生相对运动前的摩擦力为静摩擦力,之后为滑动摩擦力

→ 木板角度α逐渐变大,重力沿木板向下的分力逐渐变大,物块受到的静摩擦力逐渐变大,而支持力逐渐变小,最大静摩擦力逐渐变化,当静摩擦力增大到最大静摩擦力时,发生突变

(1)根据经验木板存在突变情况(在木块从相对木板静止到运动的瞬间)。

(2)角度从0°变到θ_1、从θ_1变到θ_2的时间段内,摩擦力发生渐变,先从0增大到F_{f2},再从F_{f1}减小到0,在角度为θ_1的时刻,摩擦力发生了突变,从静摩擦力变为滑动摩擦力,从F_{f2}突变为F_{f1},如答图所示。

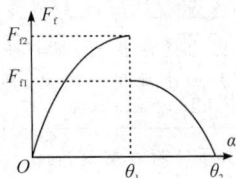
第2题答图

3. 在滑块相对传送带静止的瞬间,摩擦力可能发生突变 → 物体在整个过程内受到重力、支持力和摩擦力的作用。达到共速前,物体受到沿斜面向下的滑动摩擦力

→ 共速后,物体可能与传送带保持相对静止,也可能相对传送带加速下滑,需要对共速条件进行判断,再分析摩擦力为静摩擦力还是滑动摩擦力

(1)传送带可能存在突变情况(在滑块相对传送带静止的瞬间)。

(2)共速时,摩擦力将由滑动摩擦力突变成静摩擦力,且共速后滑块有相对于传送带下滑的趋势,所以摩擦力的方向将发生突变,由原来的沿传送带向下突变为沿传送带向上。

(3)由于重力沿传送带向下的分力$mg\sin\theta$恰好等于$\mu mg\cos\theta$,摩擦力的大小之前为$\mu mg\cos\theta$,共速后为$mg\sin\theta$,由于$\mu mg\cos\theta=mg\sin\theta$,所以摩擦力大小不变,由滑动摩擦力变为静摩擦力。

4. 小车的速度不能发生突变,加速度可能发生突变 → 通过x-t图像的斜率算出变化前的v,通过v-t图像的斜率算出变化前的a

→ 与变化后的斜率进行对比,依据力与加速度能发生突变,速度与位移不能发生突变进行判断

(1)小车速度不能发生突变,但是加速度可能发生突变。

(2)选项A的x-t图像斜率在第6s末发生了突变,意味着选项A中小车的速度在第6s末发生了突变,不符合实际。选项B的a-t图像在第4s末加速度发生了突变,符合实际。选项C的x-t图像都是连续光滑的函数图像,说明物体的速度随着时间没有发生突变,符合实际。选项D的v-t图像连续但是不平滑,说明在第6s末,物体的加速度发生了突变,符合实际。

5. 圆弧支持面的支持力可能发生突变 → 到达O点前,物体受到支持力与重力的作用,合力提供向心力,速度水平

→ 到达O点后,支持力发生突变,速度v不发生突变,半径减小引起所需向心力变化,根据牛顿第二定律,分析加速度与力的变化

(1)圆弧面发生突变。

(2)物体经过轨道相切位置O点的前后,半径从R_1突变成R_2,速度不能发生突变,其受力分析如答图所示,有

$$a_n=\frac{mv^2}{R}$$

$$F_N-mg=\frac{mv^2}{R}$$

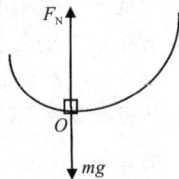
第5题答图

因此a_n、F_N均可突变,且变小。

【拓展训练】

1. (1)小车速度不能突变。

(2)选择图(c)更加合适,题图(b)中v-t图像没有光滑连接,在每一个拐点处,加速度发生了突变,题图(c)中v-t图像光滑连接,加速度发生渐变。该同学用手去拉纸带,真实拉纸带的时候,手施加拉力是顺滑的,不会出现顿挫,所以我们认为拉力的变化是渐变的,根据牛顿第二定律,加速度是渐变的,所以v-t图像的斜率是渐变的,所以选择题图(c)。

2. (1)绳子与地面提供的弹力均可能发生突变。

(2)剪断轻绳前,小球的受力分析如答图甲所示,根据平衡条件得,$F=mg$。

剪断轻绳瞬间,F不能突变,绳的拉力F_T立即消失,由$F>\mu mg$可知小球在弹簧拉力和滑动摩擦力作用下沿水平面向左做加速直线运动,沿竖直方向有$F_N=mg$。所以小球受到如答图乙所示的4个力作用,小球的加速度$a=\frac{F-\mu mg}{m}$。

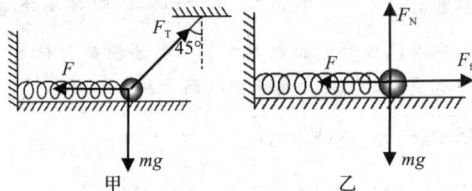
第2题答图

366

3. (1)木板对 B 的支持力可能发生突变。

(2)撤去木板瞬间,弹簧弹力来不及变化,仍与撤去前相同。

A 物体:撤去木板瞬间,仍有 $F=mg$,重力也不变,因此 A 的合力仍为 0,$a_A=0$。

B 物体:撤去木板后瞬间,木板对 B 的支持力 F_N 立即消失,而弹力 F 和 mg 不变,其受力分析如答图所示,有

第3题答图

$$F+mg=ma_B,a_B=\dfrac{F+mg}{m}=2g。$$

4. (1)细线提供的拉力与液体提供的浮力均可能发生突变。

(2)浮力的产生与液体在物体上、下表面的压力差相关,当液体与水中的球均处于完全失重状态,液体在物体上下表面的压力均为 0,因此浮力也消失了。

(3)绳子剪断瞬间,A、B 两球受到的弹簧弹力不发生突变,C 球受到的细线拉力突然消失,发生突变。三球受到的浮力均突然消失,发生突变。

5. (1)地面提供的摩擦力与支持力可能发生突变,弹簧提供的浮力不能突变。

(2)在拉力 F 作用下,P、Q 做匀速运动,对 Q 进行分析,弹簧弹力 $F_T=\mu mg$。

撤去拉力 F 瞬间,P 受到向后的弹力 F_T 和摩擦力 μmg。

由牛顿第二定律有 $F_T+\mu mg=ma_P$,解得 $a_P=2\mu g$。

弹簧弹力逐渐减小,故此刻 a_P 取到最大值。

撤去拉力 F 后,P 做加速度逐渐减小的减速运动,动能减小;由于弹簧逐渐恢复原长,故系统的弹性势能也逐渐减小,变化均属于渐变。

P、Q 的 v-t 图像如答图所示,$t=0$ 时刻突然撤去拉力,到弹簧第一次恢复原长时弹力消失,此时 P、Q 都受摩擦力作用,P、Q 的加速度相等,即图中的 t_0 时刻。

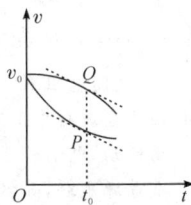

第5题答图

第 11 讲　模型转化观

【基础训练】

1.
确定篮球的运动情况和初、末状态 → 分析整个运动过程中篮球只受重力,做斜抛运动

抓住最高点时速度水平,利用熟悉的平抛模型进行转化 → 选取 $A{\to}B$ 的逆过程,根据平抛规律写出关系式,完成求解

篮球被抛出后从 B 点到 A 点只受重力作用,做斜抛运动,到 A 点时垂直于击中板,所以速度水平。

选取 $A{\to}B$ 的逆过程研究,把篮球的运动看成从 A 点开始的平抛运动,其运动轨迹如答图所示。

当 B 点水平向左移动一小段距离时,A 点抛出的篮球仍落在 B 点,则竖直高度不变,水平位移减小,球到 B 点的时间

$$t=\sqrt{\dfrac{2h}{g}}\text{不变}。$$

竖直分速度 $v_y=\sqrt{2gh}$ 不变,在水平方向上 $x=v_0t$,由于 x 减小,t 不变,则 v_0 减小,故 B 点时的合速度 $v=\sqrt{v_0^2+v_y^2}$ 变小,$\tan\theta=\dfrac{v_y}{v_0}$ 变大,与水平方向的夹角 θ 变大。

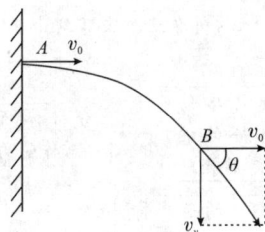

第1题答图

2.
确定电源和电路结构,两金属棒的运动情况和初、末状态 → 作出两棒的受力分析示意图,与情境最接近的双杆和导轨模型

抓住两棒受到的安培力等大反向,尝试利用熟悉的非弹性碰撞模型进行转化 → 选取过程,根据动量守恒定律建立方程,完成求解

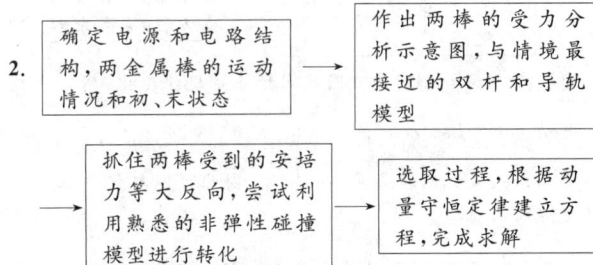

棒 ab 先运动,切割磁感线相当于电源,棒 ab 与 cd 串联构成电路,对两棒进行受力分析如答图所示,由两棒受力情况可知,棒 ab 减速,cd 加速,随着两棒速度的变化,两棒所受的安培力是变力,而且始终等大反向,故以两棒为系统时刻满足动量守恒定律,可以把电磁感应中的双杆模型转化为碰撞模型,当棒 ab 和 cd 的速度相等时,可以转化为完全非弹性碰撞模型,此时系统损失的动能最多,产生的焦耳热也最多。

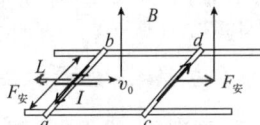

第2题答图

从初始状态到两棒速度相等的过程中,两棒总动量守恒,则有 $mv_0=2mv$,解得 $v=\dfrac{v_0}{2}$。由能量的转化和守恒得两棒产生的总热量

$$Q=\dfrac{1}{2}mv_0^2-\dfrac{1}{2}\times2mv^2=\dfrac{1}{4}mv_0^2$$

棒 ab 产生的热量 $Q_a=\dfrac{2}{3}Q=\dfrac{1}{6}mv_0^2$。

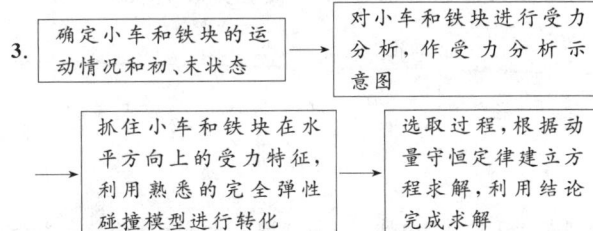

3.
确定小车和铁块的运动情况和初、末状态 → 对小车和铁块进行受力分析,作受力分析示意图

抓住小车和铁块在水平方向上的受力特征,利用熟悉的完全弹性碰撞模型进行转化 → 选取过程,根据动量守恒定律建立方程求解,利用结论完成求解

通过受力分析和运动分析可知,滑块做减速运动,小车做加速运动,而小车和滑块组成的系统在整个过程中沿水平方向动量守恒,系统机械能守恒,所以可转化为完全弹性碰撞模型。

沿水平方向动量守恒,则 $mv_0=mv_1+Mv_2$。

系统机械能守恒,则 $\dfrac{1}{2}mv_0^2=\dfrac{1}{2}mv_1^2+\dfrac{1}{2}Mv_2^2$。

由于小车和铁块的质量相等,所以当铁块回到小车右端时,铁块和小车的速度交换,铁块的速度 $v_1=0$,小车获得

向左的速度 $v_2 = v_0$，所以当铁块回到小车右端时将做自由落体运动。

4.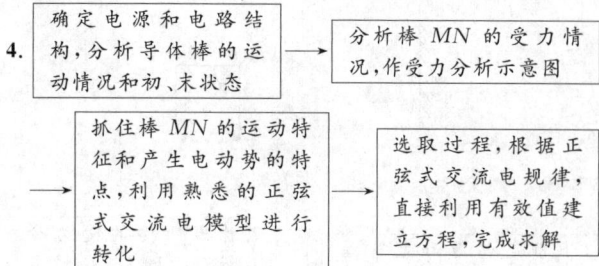

因为棒 MN 切割时速度随时间按正弦规律变化，所以感应电动势 $E = Blv_m \cos \frac{2\pi}{T} t$。

与正弦式交流电满足同样的规律，因此可以转化为正弦式交流电的模型。

在 $0 - \frac{T}{2}$ 时间内，电动势的有效值 $E = \frac{\sqrt{2}}{2} E_m$，则棒 MN 在 $0 - \frac{T}{2}$ 时间内产生的焦耳热 $Q = \frac{E^2}{R} \cdot \frac{T}{2} = \frac{B^2 l^2 v_m^2}{4R} T$。

【拓展训练】

1. 要使小球能在竖直面内做完整的圆周运动，需要让小球经过轨道的最高点，但是由于小球除了受重力作用，还受到静电力作用，此时小球运动的速度最小位置并不在 O 点的正上方。

可以考虑把重力和静电力合成为一个等效重力 G'，如答图所示，再进行模型转化，转化为绳-球模型来处理。

重力和静电力的合力 G' 斜向右下方，大小为 $\frac{mg}{\cos\theta}$，所以最高点在 AO 连线的延长线左上方 L 处的 C 点，如答图所示。

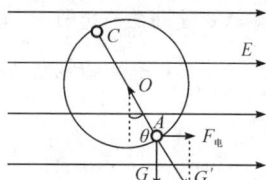

第 1 题答图

小球恰好通过 C 点时，由等效重力 G' 提供向心力，即 $\frac{mg}{\cos\theta} = m \frac{v^2}{L}$，求出最小速度 $v = \sqrt{\frac{5}{4}gL}$。

运用动能定理得 $-\frac{mg}{\cos\theta} \cdot 2L = \frac{1}{2}mv^2 - \frac{1}{2}mv_0^2$，解得 $v_0 = \frac{5\sqrt{gL}}{2}$。

2. 根据全反射原理作出水下点光源发出的光线恰好发生全反射时的光路图（答图甲），确定点光源有光射出的发光形状为一个半径为 r 的圆（答图乙），再联系线光源的特点，可看作点光源的连续移动，推测出其在水面上有光射出的发光形状是点光源发光形状的平移图（答图丙），再把线光源的发光形状拼成等腰直角三角形的发光形状，因为三角形边长和光源深度的关系未知，所以有光射出的水面形状可能出现如答图丁、戊中阴影部分表示的形状。

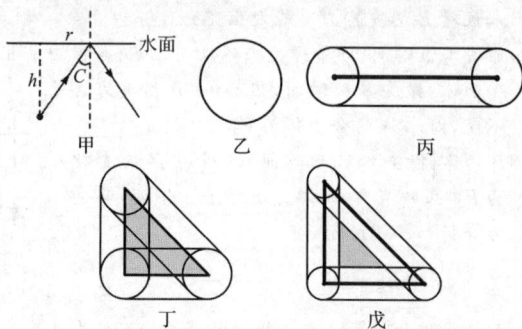

第 2 题答图

3. 确定磁场分布为均匀辐向磁场，而线圈所处位置的磁感应强度大小相等，所以可以把环形磁场转化为匀强磁场，环形线圈切割转化为直杆切割模型。

(1) 经过模型转化后，安培力中等效长度为圆环周长，在同一半径处磁感应强度大小相等，所以安培力

$$F_{安} = nBIl, a = \frac{v_1}{t_1}, F = (m+M)a$$

联立可得 $I = \frac{(m+M)a}{nlB} = 80A$。

(2) 经过模型转化后，等效切割长度为圆环周长，感应电流

$$I' = \frac{nBlv}{R_0 + R}$$

对动子，由牛顿第二定律列式有

$$(800 - 10v)N + \frac{n^2 l^2 B^2}{R_0 + R} v = ma'$$

由于在 t_1 至 t_3 期间加速度 a' 恒定，则 $\frac{n^2 l^2 B^2}{R_0 + R} = 10$，解得线圈电阻 $R = 0.5\Omega$。

4. 因为金属框中上下两条边同时相对于磁场运动，电动势方向相同，所以相当于两个电源串联，如答图所示，同时两条边所受安培力方向相同，当处于悬停状态时金属框受力平衡。

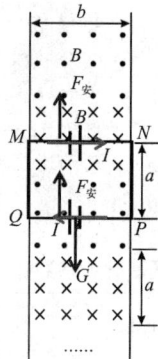

第 4 题答图

(1) 当磁场以速度 v_1 匀速运动时，金属框处于悬停状态，框中的电流大小 $I_1 = \frac{2Bbv_1}{R}$。

(2) 由平衡关系得 $2BI_1 b = Mg$，得金属框、电梯轿厢和电梯负载的总质量 $M = \frac{4B^2 b^2 v_1}{gR}$。

(3) 当磁场以速度 v_2 匀速运动时，金属框向上运动，最终达到稳定后都是框所受安培力等于重力，框的加速度为 0，因而都可以转化为以磁场为参考系的金属框切割磁感线运动的模型，它们的相对运动速度相同，故当轿厢向上能达到最大速度时，有 $2B \frac{2Bb(v_2 - v_上)}{R} b = Mg$，得 $v_上 = v_2 - v_1$。

第 12 讲　情境模型匹配观

【基础训练】

1.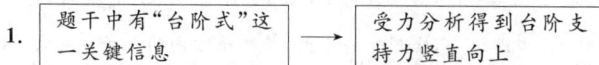

| 不同于斜面扶梯上受支持力垂直于斜面向上 | → | 分别在竖直方向和水平方向进行动力学分析讨论 |

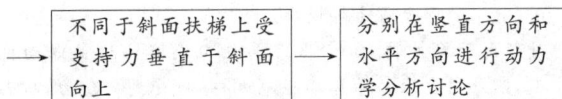

抓住题目中"台阶式自动扶梯"这一关键特征,说明台阶面是水平的。

对人进行受力分析,人受重力、竖直向上的支持力和水平摩擦力,与人站在倾斜面自动扶梯的受力情况不同,如答图所示。

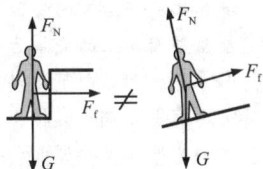

第1题答图

若扶梯匀速运动,竖直方向上人受到的支持力与重力大小相等,方向相反,水平方向上摩擦力为零,故选项 A、B 错误。

若扶梯向下减速运动,加速度方向沿扶手方向斜向上,故加速度沿竖直方向有分量,竖直方向上台阶对他们的支持力大于重力,选项 D 正确;同理可判断选项 C 错误。

综上选 D。

2.

| 题干中指明容器内为 NaCl 溶液 | → | 可移动的带电粒子是钠正离子和氯负离子 |
| 与金属导体中只有负电子移动不同 | → | 根据左手定则分别判断正、负离子的偏转方向 |

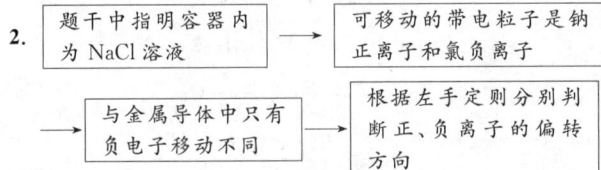

容器内充满的是 NaCl 溶液,NaCl 溶液含有钠正离子和氯负离子。

由题图可知,电流从左向右流动,正、负离子的流动方向完全相反,即正离子向右流动,负离子向左流动,根据左手定则,正、负离子都向上偏转,下表面不带电,上表面正、负离子电性中和,也不带电,故电势差为零,即上下两表面电势一样高。

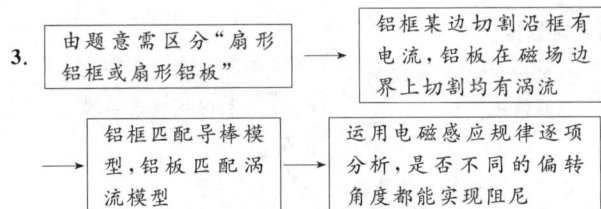

3.

| 由题意需区分"扇形铝框或扇形铝板" | → | 铝框某边切割沿框有电流,铝板在磁场边界上切割均有涡流 |
| 铝框匹配导棒模型,铝板匹配涡流模型 | → | 运用电磁感应规律逐项分析,是否不同的偏转角度都能实现阻尼 |

题意中有扇形铝框或扇形铝板两种情况。

选项 A 扇形铝框指针小角度摆动时,铝框有一边会切割磁感线,铝框回路有感应电流,起到电磁阻尼的作用,但指针大角度摆动时,铝框四边都不切割磁感线,没有阻尼作用,指针不能很快停下来,选项 B 则相反,只有大角度摆动时,才会切割磁感线,因此选项 A、B 均不合理。

再看选项 C、D,将铝框改成铝板后,依靠铝板中的涡流受到阻尼而使摆动停下,选项 C 中指针向左大角度摆动时,可能会离开磁场,不产生涡流,而选项 D 无论指针偏转角度大小,都会在铝板上产生涡流,起到电磁阻尼的作用,指针会很快停止摆动,便于读数,选项 D 最合理。

综上选 D。

4.

| 题意中明确"由于空气阻力的影响" | → | 空气阻力,方向与速度方向相反,做负功,有水平分力 |

| 非斜抛模型,但可分解为水平减速和竖直先减速后加速运动模型 | → | 将运动进行分解,分别进行动力学分析 |

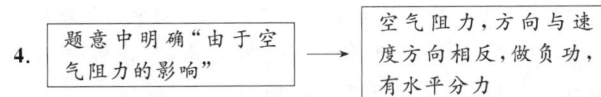

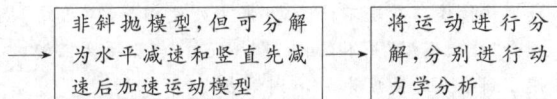

虽然初看炮弹似乎是做斜抛运动,但由于空气阻力不能忽略,炮弹受两个力的作用,即方向与运动方向相反的空气阻力和方向始终竖直向下的重力。从功与能的角度看,全过程重力做功为零,但空气阻力一直做负功。

可见不能将导弹飞行视为斜抛运动,即水平方向上不再是匀速直线运动,最高点左右两边的运动轨迹也不对称。

将炮弹的运动分解成两个方向重新分析,则炮弹在水平方向上受空气阻力的水平分力影响,做减速运动,且在 b 点还受重力作用,因此到达 b 点时,炮弹的加速度不为零,故 A 项错误;由于空气阻力一定做负功,所以炮弹经过 a 点时的速度一定大于经过 c 点时的速度,故 B 项正确,D 项错误;炮弹在竖直方向上也不是竖直上抛运动,上升过程的加速度大小一定大于下降过程的加速度大小,所以由 O 点运动到 b 点的时间小于由 b 点运动到 d 点的时间,故 C 项错误;故选 B。

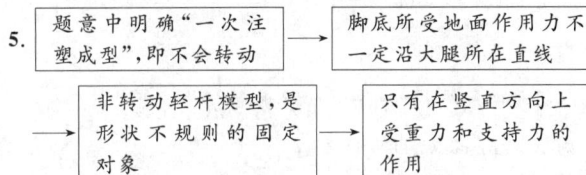

5.

| 题意中明确"一次注塑成型",即不会转动 | → | 脚底所受地面作用力不一定沿大腿所在直线 |
| 非转动轻杆模型,是形状不规则的固定对象 | → | 只有在竖直方向上受重力和支持力的作用 |

初看以为玩具摆件的腿是可绕某一固定轴转动的杆,但根据题意"一次注塑成型的奥特曼造型玩偶摆件",其大腿不能视为可转动的杆,因此脚底所受地面作用力不一定沿大腿所在直线。

两个玩偶摆件只是两个形状不规则的固定对象而已,放在水平地面上,假设地面光滑,两个玩偶摆件也不会滑动,说明没有左右的运动趋势,所以两个玩偶摆件均不受摩擦力。

【拓展训练】

1. 一种解法是将轨道 BC 视为斜面模型,分水平阶段和斜面阶段求解时间,即根据动能定理求出 B 点的速度,然后根据运动学规律求解 AB 段上的运动时间。但是这种求解过程比较烦琐。

若能关注到"半径 $R=10$ m 的圆弧支架""轨道 BC 光滑"这些信息,也就是轨道 BC 是一条已知半径大小的光滑弦,那么该情境也完全可以与等时圆模型匹配,由此求解 BC 段的运动时间,即 $t_2=\sqrt{\dfrac{4R}{g}}=2$ s,求解非常简捷方便。

设小车的质量为 m,小车在 AB 段做匀减速直线运动,加速度 $a_1=\dfrac{f}{m}=\dfrac{0.2mg}{m}=0.2g=2$ m/s^2。

在 AB 段,根据动能定理可得

$$-fx_{AB}=\frac{1}{2}mv_B^2-\frac{1}{2}mv_0^2$$

解得 $v_B=4$ m/s,故 $t_1=\dfrac{10-4}{2}$ s$=3$ s;

所以小车运动的总时间 $t=t_1+t_2=5$ s,选项 A 正确。

2. 初看题意情境,很容易与"挂衣模型"匹配。

但关注到题意中"粗糙杂技靴"这一信息,由受力分析得到杂技靴与细绳有摩擦,导致结点两侧的绳子张力并不相等。

可见该情境与滑轮不计摩擦、张力处处相等的"活结"模型或者"挂衣模型"并不匹配，应与"死结"模型更为匹配。

设 a 到结点的高度为 h_1，b 到结点的高度为 h_2，结点到 P 的水平距离为 x_1，结点到 Q 的水平距离为 x_2，a 端绳子和水平方向的夹角为 α，b 端绳子和水平方向的夹角为 β，对绳子结点进行受力分析，如答图所示。

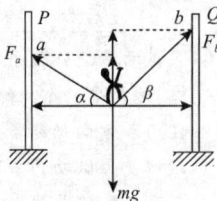

第 2 题答图

在 P、Q 的中间位置时，根据几何关系有

$$\tan\alpha = \frac{h_1}{x_1}, \tan\beta = \frac{h_2}{x_2}, x_1 = x_2$$

因为 $h_1 < h_2$，所以 $\alpha < \beta$。

根据平衡条件 $F_a\cos\alpha = F_b\cos\beta$，可得 $\dfrac{F_a}{F_b} = \dfrac{\cos\beta}{\cos\alpha} < 1$，$F_a < F_b$，故 A 项错误，B 项正确。

在细绳的中点时，设 a、b 到结点绳子长度为 L，根据几何关系有 $\sin\alpha = \dfrac{h_1}{L}$，$\sin\beta = \dfrac{h_2}{L}$。

因为 $h_1 < h_2$，所以 $\alpha < \beta$。

根据平衡条件 $F_a\cos\alpha = F_b\cos\beta$，可得 $\dfrac{F_a}{F_b} = \dfrac{\cos\beta}{\cos\alpha} < 1$；

则 $F_a < F_b$，故 C、D 项错误。

综上选 B。

3. 一开始容易误解为这是导弹斜抛运动的计算。

但关注题意中"中远程地对地导弹"和"椭圆轨道"等相关信息，对导弹飞行过程的受力情况进行分析，发现其所受万有引力的大小和方向不能视为恒定，因此导弹飞行不能视为斜抛运动，其运动模型与卫星绕地球做椭圆轨道运动更为匹配，且地球球心为导弹椭圆轨道的一个焦点。

根据开普勒行星运动第二定律有

$$v_A \cdot R\cos\theta = v_C \cdot (R+h)$$

可得 $v_C = \dfrac{v_A R\cos\theta}{R+h}$；

导弹在 C 点的加速度等于 C 点的重力加速度；

即 $a_C = \dfrac{GM}{(R+h)^2}$。

4. 题中圆盘模型，与如答图所示的导体棒绕转轴沿着圆环转动的模型是不同的。

对图示模型进行电路分析后发现，导体棒充当电源，与外电路组成闭合回路，产生沿着导体棒的电流，导致导体棒受到与转动方向相反的安培力的作用，导体棒做减速运动。

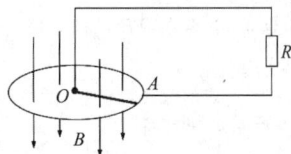

第 4 题答图

而题中模型在开关断开后，圆盘并没有与外电路组成闭合回路。题图(b)中的圆盘受到与转动方向相反的安培力的作用，并非轴心 O 和电刷 A 之间的电流，而是圆盘中的涡流。题图(a)由于圆盘所在区域内充满竖直向下的匀强磁场，转动过程圆盘几乎不产生涡流，不受安培力的作用。所以题

图(b)中的圆盘减速得较快。

5. 该题由于有外接电源，很容易让人误解为这是电动机模型，是外接电源给导体棒供电，导体棒受到安培力，从而驱动导体棒运动。

其实关注到"由静止开始沿导轨向下运动"这一信息，并对导体棒开始运动的一段时间内进行受力分析可得，只有所受沿斜面向上的安培力小于重力下滑分力，导体棒才会由静止释放开始向下运动。在运动过程中安培力做负功，意味着有部分机械能转化为电能，所以与该问题相匹配的是导体棒的发电模型，而非电动机模型。

分析该电路外接电源和导体棒等效电源的正负极首尾相接，给整个回路提供电能，其中安培力做负功的多少，表征导体棒有相应数值的机械能转为电能。

具体求解如下。

(1)
$$mg\sin\theta = BdI, I = \frac{E+Bdv}{R}$$
$$\Rightarrow v = \frac{mgR\sin\theta}{B^2d^2} - \frac{E}{Bd}$$

(2)
$$Eq + mgl\sin\theta = \frac{1}{2}mv^2 + Q_1$$
$$mv = mv_1 + Mv_2, M = 2m$$
$$\frac{1}{2}mv^2 = \frac{1}{2}mv_1^2 + \frac{1}{2}Mv_2^2$$
$$Q_2 = \frac{E^2}{R}\left(\frac{d}{v} + \frac{d}{v_2}\right)$$
$$Q = Q_1 + Q_2 \Rightarrow Q = Eq + mgl\sin\theta - \frac{1}{2}mv^2 + \frac{5E^2d}{2Rv}$$

(3) 由 $mv = 3mv_3$，$U = Bdv_4$，$q_C = CU$；

又有 $Bdq_C = 3m(v_3 - v_4)$；

则 $q_C = \dfrac{CmBdv}{3m + CB^2d^2}$。

第 13 讲　模型主动建构观

【基础训练】

1.

(1)本题以 P 为研究对象，作出 P 的受力分析示意图，如答图所示。

P 受到重力 G_P、玻璃挡板的支持力 F_N 和磁力 F 的作用，在三个力的作用下 P 处于平衡状态，所以磁力 F 与支持力和重力的合力 $F_合$ 等大，反

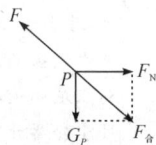

第 1 题答图

向，因此磁力 F 大于 G_P。(有的同学受"用手使 P 的左端与玻璃挡板靠近时，感受到 P 对手有靠向玻璃挡板的力"这句话的影响，认为磁力 F 沿水平方向，导致无法判断 F 与 G_P 的大小关系。)

(2)本题应选择 P 和 Q 整体作为研究对象。P 和 Q 作为整体研究时，电子秤对 Q 的支持力即电子秤对整体的支持力，整体在电子秤上处于平衡状态，支持力大小与整体重力大小相等，与 P 和 Q 之间的磁力无关，故 $F_N = G_P + G_Q$。

2.

投篮是真实的问题情境	→	物理模型不明确，篮球投出和进篮时的速度大小、方向发生变化

| → | 从物质结构角度，可将篮球简化为一质点；从运动角度，可视篮球为做斜抛运动；从能量角度来看，篮球的机械能守恒 | → | 选择机械能守恒定律、运动的合成与分解规律求解 |

篮球运动轨迹如答图所示，抛出点低于篮筐，根据机械能守恒定律，抛出点的速度 v_1 大于进入篮筐的速度 v_2，根据斜抛运动特点，因水平分速度大小不变，所以 θ_1 小于 θ_2。

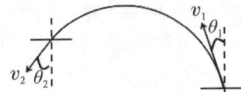

第 2 题答图

3.

水龙头向下流水是真实的问题情境	→	物理模型不明确，水向下流的运动过程不直观，运动情况不清晰，水柱的直径大小无法直接获取

| → | 从物质结构角度，可在极短时间内将水流简化为圆柱形水柱；从运动角度，可视水做匀加速直线运动；从相互作用角度，可视水只受重力 | → | 选择匀变速直线运动规律及水流量特点分析求解 |

从物质结构角度，在极短时间内，可视管口流出的水流为一小段圆柱形水柱；从相互作用角度进行受力分析，空气阻力及出水口对水的黏滞阻力均可忽略不计，且每段小水柱之间没有相互作用力，故每段小水柱仅受重力的作用；从运动角度分析，水柱向下做匀加速直线运动。如答图所示，设水柱在水龙头出水口处直径为 d_1，流速为 v_0，落到地面时直径为 d_2，流速为 v，由匀变速运动规律得

第 3 题答图

$$v^2 - v_0^2 = 2gh$$

单位时间内流出的水量

$$Q = v_0 \frac{\pi d_1^2}{4} = v \frac{\pi d_2^2}{4}$$

解得 $d_2 = 1 \text{cm}$。

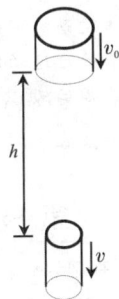

4.

电子在磁场中偏转	→	物理模型不明确

| → | 从相互作用角度，可忽略电子的重力，电子只受洛伦兹力，且不做功；从运动角度看，电子做匀速圆周运动，需根据空间关系确定圆心和半径 | → | 选择牛顿定律分析求解 |

这是带电粒子在磁场中运动的问题，但受力和运动情况均不明确。可以忽略电子受到的重力，认为电子在磁场中只受洛伦兹力作用，电子垂直于磁场进入后在洛伦兹力作用下做匀速圆周运动，作出其运动轨迹，确定圆心、半径，如答图所示。

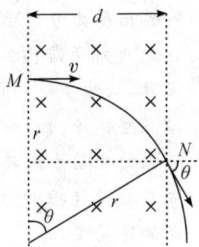

第 4 题答图

由几何关系有 $\sin\theta = \dfrac{d}{r}$；

则 $r = \dfrac{d}{\sin\theta} = \dfrac{2\sqrt{3}d}{3}$；

根据牛顿定律，洛伦兹力提供向心力，即 $qvB = m\dfrac{v^2}{r}$；

联立方程可得 $B = \dfrac{\sqrt{3}mv}{2qd}$。

5.

静电除尘是真实的问题情境	→	已学模型中没有与之相同或接近的模型

| → | 从物质结构角度，可视电场为均匀辐射场，可利用电场线描述；从运动角度看，烟尘向正极运动；从相互作用角度，只需要分析静电力大小；从空间角度，可选择俯视图来描述 | → | 选择表达式 $F = qE$ 分析 |

如答图所示为装置结构俯视图，金属片接正极，锯条接负极，两极之间电场的电场线分布如题图所示，越靠近锯条的位置场强越强。所以，带负电的烟尘在电场力 $F(F=qE)$ 的作用下被吸附到正极的过程中，受到的电场力减小。

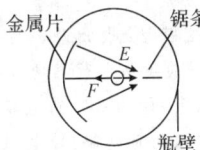

第 5 题答图

【拓展训练】

1. 这是一个真实的问题情境，已学模型中没有与之相同或接近的模型。从物质结构角度，可视人为质点，视绳子为轻质细绳；从运动角度，可视两人均做初速度为零的匀加速直线运动；从相互作用角度，可进行受力分析。

如答图所示，以甲、乙及绳子为研究对象，因绳子质量不计，所以绳子两端力的大小始终相等，因冰面光滑，所以绳子对甲、乙的拉力为甲、乙各自受到的合力，因此两人

第 1 题答图

受到的合力大小始终相等。若甲的质量比乙大，根据牛顿第二定律，甲的加速度小，在相等时间内甲前进的位移小，甲能赢得比赛，题(1)判断正确。

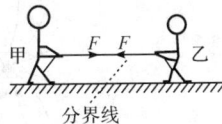

不论乙收绳速度大小如何，绳子对甲、乙的拉力大小始终相等，也就是甲、乙受到的合力大小始终相等，所以谁获得胜利始终由两人的质量大小来决定，与收绳速度无关，题(2)判断不正确。如果你的判断出现错误，主要问题可能是没

有作出受力分析示意图进行受力分析。

2．这是两列简谐横波的传播与叠加中质点振动方向判断的问题，从物质结构角度来看，绳子上的单个质点上下振动，质点整体振动后形成向左、向右传播的波；从运动角度看，质点的振动方向与波的传播方向垂直，每个质点的起振方向与波源起振的方向相同，波源完成一次全振动，在足够长的时间里，每个质点也完成与波源相同的一次全振动；从相互作用角度看，波源先带动离波源近的质点振动，一定时间后出现波形；从空间形态看，作出波形图有助于直观地分析质点的振动方向。

在 $t=0$ 至 $t=T$ 时间内，向左、向右传播的波均形成一个正弦波波形，振动形式分别前进了 λ 的距离，即：A 点振动的形式正好传到 B 点，D 点振动的形式正好传到 C 点，$t=T$ 时刻的波形图如答图甲所示。再经过 $1.5T$ 的时间，两列波的振动形式又各自前进了 1.5λ 的距离，因此 $t=2.5T$ 时刻的波形如答图乙所示，所以 B 点的振动方向向上。（注：由于两波源只振动了一次全振动，所以此时 B 点只参与了向左传播的波的振动，向右传播的波已经经过 B 点。）

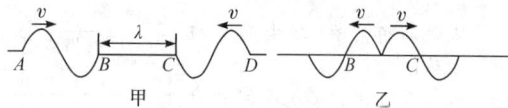

第2题答图

3．这是两个非等量异种电荷的空间电场叠加问题，已学模型中没有与之相同或接近的模型。从物质结构角度看，点电荷周围存在电场，电场可用电场线描述；从能量角度看，电场中不同位置的电势往往不同，沿着电场线方向电势逐渐降低，电势相同的点构成等势面；从空间形态描述，电场线与等势面相交处相互垂直。

本题需建构的最关键模型是作出两电荷周围的电场线，我们可以在已学的两个等量异种电荷电场线特征（大脑中应该有清晰的模型）的基础上，建构本题的电场线模型。如答图所示，电场线由正电荷指向负电荷，带电量越大的电荷附近电场强度越强，电场线越密，$+2q$ 点电荷发出的电场线中只有一部分到达 $-q$ 点电荷。根据电场矢量叠加特征，两点电荷连线上下电场强度大小具有对称性，因此电场线的分布也具有对称性，由此可建构出如图所示两电荷周围空间的部分电场线和等势面。由答图可知，电势大小满足 $\varphi_M > \varphi_O > \varphi_N$。

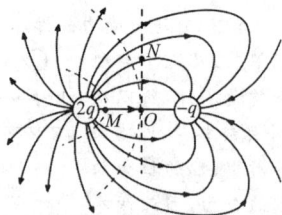

第3题答图

4．本题的磁流体发电机是真实问题情境，但物理模型（电路结构）不明确。从物质结构角度，A、B 金属板及板间区域是发电机的电源，两板是电源的两极，接收正离子的是电源的正极，接收负离子的是电源的负极，金属板和电阻连接构成闭合回路；从运动角度，等离子体进入板间磁场后发生偏转，打在两金属板上；从能量角度，与电源正极连接

的点的电势高于与电源负极连接的点的电势。

等离子体垂直于磁场方向喷入匀强磁场中，受洛伦兹力影响，正电荷偏向极板 B，负电荷偏向极板 A，所以极板 B 相当于电源正极，A 相当于电源负极，等效电路如答图所示。因此 a 点电势低于 b 点电势，

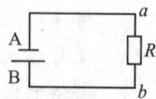

第4题答图

根据欧姆定律，电阻 R 两端电压 $U_{ab}=-IR=-\dfrac{E}{R+r}R$。

（缺少等效电路图的建构，往往会忽视 A、B 两极板电势的高低。）

5．这是一个真实的问题情境，已学模型中没有与之相同或接近的模型。从物质结构角度，串联小灯泡的金属条相当于具有电阻的导体棒，金属条 ab 进入"扇形"磁场切割磁感线等效为电源，与其他 3 根金属条并联构成闭合回路；从能量角度，流经金属条 ab 的电流是电路的总电流。

金属条 ab 进入"扇形"磁场时等效于电路电源，根据右手定则，电流从 b 流向 a，再分流到其他 3 根并联的金属条，等效电路如答图所示。电路总电阻

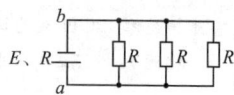

第5题答图

$$R_{总}=R+\frac{R}{3}=\frac{4}{3}R$$

所以金属条 ab 上的电流 $I=\dfrac{E}{R_{总}}=\dfrac{3E}{4R}$。

6．这是一个真实的问题情境，已学模型中没有与之相同或接近的模型。从物质结构角度，可视汽车为质点，运动轨迹是一段圆弧，半径大小需根据空间结构结合路面宽度进行估算；从运动角度，汽车在水平面内做匀速圆周运动；从相互作用角度，可进行受力分析。

如答图所示，路面的总宽度为 6m，根据弯道处路面宽度估算，弯道外侧大圆弧半径约为 $R=12$m，则汽车做圆周运动的半径约为 $r=9$m。汽车以最大速度运动时，由最大静摩擦力提供圆周运动需要的向心力，即 $0.7mg=m\dfrac{v^2}{r}$，所以最大速度 $v=3\sqrt{7}$ m/s。

第6题答图

第 14 讲　数形结合观

【基础训练】

1.

本题属于"以数化形"。

根据 $a=\dfrac{\Delta v}{\Delta t}$，求得加速过程中的 $a=2$m/s²；

在减速过程中，$a_{壶}=-\dfrac{1}{8}$m/s²，$a_{机}=-1$m/s²；

位移与 v-t 图像下的面积相对应，$x_{壶}=44$m，$x_{机}=18$m；

3~11s 内两者相距 44m-18m=26m。

综上，答案为 AD。

2.

缓慢：共点力平衡问题的题眼	→ 条件 →	两分力 F_1、F_2 的大小、方向都变化

| 规律选择 | ①正交分解法 ②解三角形 ③矢量图解法 | → 决策 → | ①数学运算烦琐，非首选 ②垂线段最短？不适用 ③作动态合成图，宜尝试 |

根据圆的几何性质，与圆周上某一条弦所对的圆周角都相等。本题答案为 A。

3.

带电粒子在匀强磁场中做圆周运动	→ 条件 →	轨迹圆随 v 方向的变化而变化

| 规律选择 | 极值问题，对应左右两端临界状态 | → 决策 → | 速度大小不变、方向变，旋转圆方法 |

粒子在磁场中做匀速圆周运动的半径 $r=\dfrac{mv}{qB}$，借助"旋转圆"可知两个极端位置如答图所示（右端点与 S 在同一条直径上；左端点不是与直径相对应的那个点，因为在粒子到达前已经被平板挡住了）。

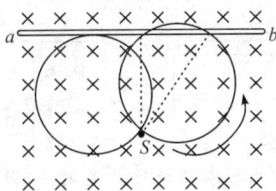

第 3 题答图

4.

直流电路分析（纯电阻）	→ 条件 →	伏安特性曲线（阻值随温度变化）

| 规律选择 | ①闭合电路欧姆定律 ②图线曲直相交 | → 决策 → | ①R_L 变化，无法定量 ②利用两条曲线的交点确定工作状态 |

引入等效内阻 $r'=r+R$，作出等效电源的外特性曲线如答图所示，两小灯泡 L、L' 的伏安特性曲线分别对应①和②，曲直相交点就是小灯泡的工作状态点，可知 $U_2<U_1=6\text{V}$，即 L' 不能正常发光。

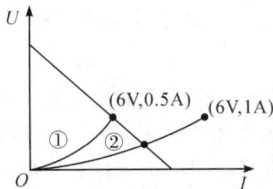

第 4 题答图

【拓展训练】

1. 由于静电感应，金属板的右侧面将感应出负电荷（因板接地，左侧面没有感应电荷），从 $+Q$ 发出的电场线与金属面板处垂直（答图1），这与等量异种电荷电场线（答图2）右侧部分完全相同。所以金属面板上感应电荷对点电荷 $+Q$ 的作用力等效于相距 $2a$ 的两点电荷 $-Q$ 对 $+Q$ 的作用力，其大小 $F=k\dfrac{Q^2}{(2a)^2}$。

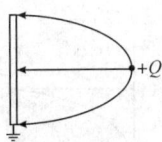 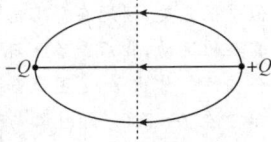

第 1 题答图1　　　第 1 题答图2

2. 本题给出的是摩擦力随时间变化的图像（属于分段函数），第一阶段 F_f（也即正压力 F_N）随 t 呈线性变化，第二阶段 $F_f=G$，对应于静摩擦力；结合物块的运动过程，确实经历了一个由动到静的摩擦力突变，从定性来看，题图(b)似乎没有问题？

仔细分析，该图不够精确，理由如下：其一，因为 $F\propto t$，故加速度 a 的变化具有对称性，即加速与减速到零的时间应该相等；其二，从物块启动到刚停下这段时间内，根据动量定理 $I_G-I_f=0-0$，即 F_f-t 图像下面的两块面积（重力冲量对应于矩形面积，F_f 冲量对应于直角三角形面积）应该相等，由割补法可知，加速与减速的时间段相等。题图(b)的偏差大到难以忍受。

3. 这是一个非常规的运动图像，横轴由位移 x 代替了时间 t，对称性依然存在，但类比（v-t 图像）的方法还成立吗？本题需要"以数化形"。

在从 $x=0$ 运动到 $+\infty$ 的过程中，电荷的动能逐渐增大，根据能量守恒，则电势能逐渐减小，根据 $\varphi=\dfrac{E_P}{q}$，选项 A、D 皆不正确；图中斜率

$$k=\frac{\Delta v}{\Delta x}=\frac{\Delta v}{\Delta t}\cdot\frac{\Delta t}{\Delta x}=\frac{a}{v}$$

因 a、v 均随 x 变化，需要另辟蹊径，尝试作出电势 φ 随位置 x 的变化图。根据

$$q\varphi+\frac{1}{2}mv^2=E_0（恒量）$$

作出 $q\varphi$-x 图像大致如答图所示（且仍然在 x_1 和 $-x_1$ 处，切线的斜率绝对值最大），此时切线的斜率 $k'=F_电=qE$，故选项 B 正确，选项 C 错误（方向相反）。

综上选 B。

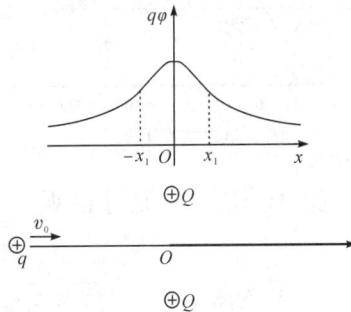

第 3 题答图

实际上，联想到具体情况，该 v-x 图像极有可能与 $+q$ 沿等量同种正电荷连线中垂线上的运动相对应，如此一来，x_1 处的电场强度（极大值）还可借助数学表达式求解。

4. 这是一个经典题（求解变力做功问题），涉及的考点有动能定理，$W_牵=Pt$，受力平衡。列出

$$Pt-fs=\frac{1}{2}mv_m^2-0,\quad P=fv_m$$

联立解得 $P=375\times10^3\text{W}$。

答案似乎很完美，问题在哪儿呢？

一个真实的运动，背后是多个规律的综合满足。作出 v-t 图像如答图所示。在 $t=300s$ 内图像与横轴包围的面积即位移

$$s > \frac{0+15}{2} \times 300\text{m} = 2250\text{m}$$

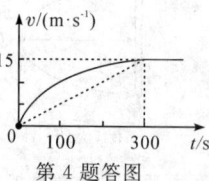

第 4 题答图

本题数据有明显的人为编造痕迹。（进一步研究表明，恒定功率下机车的速度变化遵循指数函数规律，当 $s=2.25\text{km}$ 时 $v=12.05\text{m/s}$，而不是题中所给的 15m/s。）

5. 本题的数量关系可谓错综复杂，一是两灯之间的距离不等，二是红、绿灯持续的时长不等，三是灯亮的时刻有错位。运用数学表达式讨论求解显然不是首选。

借助数形结合视角，可将本题看成车与灯相遇问题。把信号灯图改画成位移图像，如答图 1 所示，横坐标表示时间 t，计时起点对应于 L_1 绿灯刚亮起时刻，纵坐标表示位移 x，以信号灯 L_1 位置为零点，在 L_1($x=0$)、L_2($x=80$m)、L_3($x=120$m)处，用实线表示在该位置出现绿灯的时间，虚线表示在该位置出现红灯的时间。

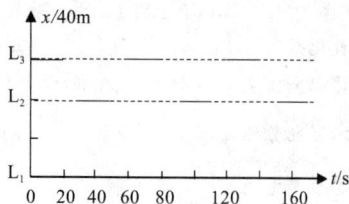

第 5 题答图 1

由题意，从 $t=10$s 起作几条直线（要同时过两段实线，即绿灯通行），其斜率与速度相对应，得到符合题意的两条图线，如答图 2 所示。由图得 $v_{\max}=\frac{120\text{m}}{(60-10)\text{s}}=2.4\text{m/s}$，

$v_{\min}=\frac{120\text{m}}{(140-10)\text{s}}=\frac{12}{13}\text{m/s}$。

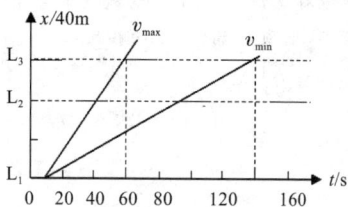

第 5 题答图 2

第 15 讲　分类讨论观

【基础训练】

1.

| 已知条件：在 F 作用下物体处于静止状态 | 审题 | 物块在斜面上的运动趋势不确定 |

| 分类 | 推力 F 与重力分力 G_x 的大小关系 | 讨论 | ① $F=G_x$，结论 1 / ② $F>G_x$，结论 2 / ③ $F<G_x$，结论 3 |

临界条件 $F_0=mg\cdot\sin\theta$，此时摩擦力等于 0，选项 C 正确。

当 $F>F_0$ 时，$f_{摩}$ 方向沿斜面向下；当 $F<F_0$ 时，$f_{摩}$ 方向沿斜面向上，且当 $F+F=mg\cdot\sin\theta$ 时，选项 A、B、D 正确。

2.

| 已知条件：磁场方向，电性、速度方向 | 审题 | 粒子的运动半径 r 与 L 的大小关系不确定 |

| 分类 | ① 右侧飞出 / ② 左侧飞出 | 讨论 | ① 临界半径 $r_1>\frac{5L}{4}$ / ② 临界半径 $r_2<\frac{L}{4}$ |

小明通过极端思维分析来获得临界条件是一种好方法，但漏掉了一种情况，当速度 v 很小时，粒子绕过半个圆周从入射点同一侧飞出，此时的临界半径 $r_2=\frac{L}{4}$，对应于 $v<\frac{qBL}{4m}$。

3.

| 已知条件：a、b 两点振动情况 | 审题 | a、b 之间的波形图（波长）不确定 |

| 分类 | ① 波向右传；② 波向左传 | 讨论 | 检验波形图形状与 b 质点振动方向之间的关系 |

在波动过程中，处于平衡位置的质点振动方向存在两种可能（向上或向下），在波形图和传播方向确定的情况下振动方向是唯一的。题给条件限制了简谐横波的周期性，但考虑到波传播方向可以沿 x 轴的正向和负向，对应的波形有如答图所示的 2 种情况。

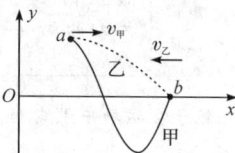

第 3 题答图

4.

| 已知条件：三个电荷保持平衡状态 | 审题 | 三个电荷的电性、电量都不确定 |

| 分类 | 三点共线，用穷举法列出各种组合 | 讨论 | 任选一电荷：① 两力反向，定电性；② 两力等大，定电量 |

结合示意图，运用列表法进行分类讨论（优点是清晰明了，不易遗漏）。

组合	q_1 电性	q_2 电性	q_3 电性	否定（不平衡）
1	+	+	+	q_1 或 q_3
2	+	+	−	q_3 或 q_2
3	+	−	+	皆能平衡
4	+	−	−	q_1 或 q_2

对组合 3，定性的结论为"两同夹异"；定量关系讨论如下：

对 q_1 分析（两库仑力平衡）知，$q_3>q_2$；

对 q_3 分析知，$q_1>q_2$，由此可知，q_2 电量是最小的。

结论为"三点共线，两同夹异，两多夹少"。

第 4 题答图

【拓展训练】

1. 本题中，因 F 的大小不定，导致小车获得的能量不确定，它可能的运动区间也不能确定。不脱轨还有另一种情况，当外力不超过临界值 F_1 时，小车到不了圆心 O 的等高点。

根据 $(F_1-\mu mg)L-mgR=0-0$；

解得 $F_1=1.8$N。

综上，满足题意的条件为 $F_1 \leq 1.8$N 或 $F_2 \geq 3$N。

2. 温度升高，气体压强增大，可能导致活塞右移，或者气缸左移，甚至两者同时移动。因本题数据以字母形式给出，需要关注转折点（临界值）前后的状态变化。讨论如下。

(1) 若整个过程中气缸静止不动（需满足 $kL<\mu mg$），气体的状态参量：

$$p_1=p_0,\ V_1=LS,\ T_1=T_0$$
$$(p_2-p_0)S=kL,\ V_2=2LS$$

根据 $\dfrac{p_1 V_1}{T_1}=\dfrac{p_2 V_2}{T_2}$ 解得 $T_2=2T_0\left(1+\dfrac{kL}{p_0 S}\right)$。

(2)若过程中气缸发生滑动($kL>\mu mg$);

滑动后气体作等压变化,且有 $(p_2'-p_0)S=\mu mg$;

代入状态方程 $T_2'=2T_0\left(1+\dfrac{\mu mg}{p_0 S}\right)$。

3.要使粒子获得最大的速度 v_m,需要满足一个确定的条件,就是回旋半径 r 取到最大值;本题数据以字母给出,存在一个不确定的因素,即应考虑以哪个量为基准来进行求解。讨论如下。

(1)若 f_m 足够大(电场变化的实际频率需调整为 $f=\dfrac{qB_m}{2\pi m}$),粒子被多次加速后,最终从 D 形盒边缘处被引出,其最大速度 v_m 满足 $qv_m B_m=\dfrac{mv_m^2}{R}$,故 $E_{km}=\dfrac{q^2 B_m^2 R^2}{2m}$。

(2)若 f_m 不够大(此时磁感应强度的最大值需满足 $f_m=\dfrac{qB_k}{2\pi m}$),粒子从 D 形盒边缘处被引出,其最大速度 v_k 满足 $v_k=\omega R=2\pi f_m R$,故 $E_{km}=2\pi^2 m f_m^2 R^2$。

4.(1)当 $k=1$ 时,$x_1=L$,运动时间 $t_1=\dfrac{v_0}{g}$,出射点到 O 点的距离 $y_1=\dfrac{gt_1^2}{2}=L$,恰好从 G 点射出。

(2)当 $k=2$ 时,$x_2<L$,假设小球能从 GH 边某点射出,则 $t_2=\sqrt{\dfrac{2L}{g}}$。此时 $x_2=v_0 t_2-\dfrac{1}{2}\times 2g \cdot t_2^2=0$,恰好从 H 点射出。

(3)当 $k>2$ 时,小球必从 OH 边射出,运动时间 $t_3=\dfrac{2v_0}{kg}$,则 $y_3=\dfrac{gt_3^2}{2}=\dfrac{4L}{k^2}$。

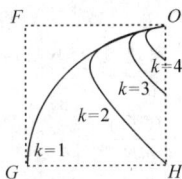

第4题答图

5.题中"可能"两字暗示着本题需要讨论,因 A 球质量不定,两球碰撞后存在着多种情况,B 球一定向右运动,但 A 可能前进,可能反弹(折返后被水平抛出),两球的对应落点也存在着数种可能,拟采用列表法进行讨论。

(1)在 A 球下滑的过程中机械能守恒,由此有 $mgR=\dfrac{1}{2}mv_0^2\Rightarrow v_0=5\text{m/s}$

(2)因质量关系未知,需要对碰撞后两球的速度(方向)进行讨论。

情况	B球	A球	对应落点	碰撞的可能性
①	向右	向右	A 左 B 右	①动量守恒
②		向左	A 左 B 右	②动能不增
③		向左	B 左 A 右	③不能穿越

平抛过程,$t=\sqrt{\dfrac{2h}{g}}=1\text{s}$,水平方向 $x=vt$。

情况1:$v_B=4\text{m/s}$,$v_A=1\text{m/s}$;

根据动量守恒有 $m_A v_0+0=m_A v_A+m_B v_B$;

可解得 $m_A=0.3\text{kg}$。

检验:碰撞前总动能 $E_k=\dfrac{1}{2}m_A v_0^2+0=3.75\text{J}$;

碰撞后总动能 $E_k'=\dfrac{1}{2}m_A v_A^2+\dfrac{1}{2}m_B v_B^2=2.55\text{J}$;

$E_k'<E_k$ 符合实际。

情况2:$v_B=4\text{m/s}$,$v_A=-1\text{m/s}$;

根据动量守恒有 $m_A v_0+0=m_A v_A+m_B v_B$;

可解得 $m_A=0.2\text{kg}$。

检验:碰前总动能 $E_k'=2.5\text{J}$,碰后总动能 $E_k'=2.5\text{J}$,是弹性碰撞,符合实际。

情况3:$v_B=1\text{m/s}$,$v_A=-4\text{m/s}$;

根据动量守恒有 $m_A v_0+0=m_A v_A+m_B v_B$;

可解得 $m_A=\dfrac{1}{30}\text{kg}$。

检验:$E_k'=E_k=\dfrac{5}{12}\text{J}$,弹性碰撞,符合实际。

6.线框刚进入磁场时 $v_y=2\text{m/s}$,利用匀速条件可得 $B=2\text{T}$。根据题给数据,本题中的线框经历了 4 个确定的阶段,可参考"分段函数"的讨论。具体情况如下。

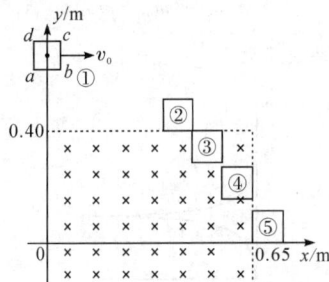

第6题答图

①至②进入磁场前,$0\le x<0.4\text{m}$,$U_{ab}=0$。

②至③进入磁场过程,$0.4\text{m}\le x<0.5\text{m}$,$I=\dfrac{Blv_y}{R}=1\text{A}$,

$$U_{ab}=Bv_0(x-0.4\text{m})-\dfrac{IR}{4}=(4x-1.7)\text{V}$$

③至④在磁场内运动,$0.5\text{m}\le x<0.6\text{m}$,

$$U_{ab}=Blv_0=0.4\text{V}$$

④至⑤穿出右边界过程,$0.6\text{m}\le x<0.7\text{m}$,$U_{ab}=\dfrac{Blv_x}{4}$;

又由 $\dfrac{-B^2 l^2(x-0.6\text{m})}{R}=mv_x-mv_0$,得

$$U_{ab}=(0.25-0.25x)\text{V}$$

第16讲　定性动态分析观

【基础训练】

1.
研究对象为棒 ab 和 cd,作出受力示意图和等效电路图	→	列出电流和加速度的变化规律,推导电流和加速度表达式
将加速度表达式转化为 v-t 图像,寻找终极状态	→	根据题目条件和所求,运用牛顿运动定律求解

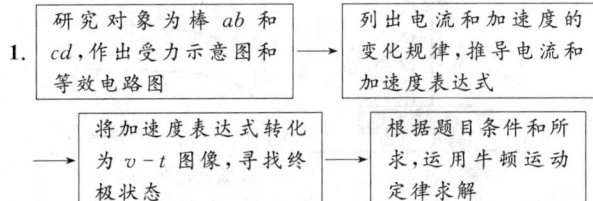

研究对象为两导体棒 ab 和 cd,受力情况、等效电路分别如答图1和答图2所示。

棒 ab 的加速度 $a_1=\dfrac{Bil}{m}$;

棒 cd 的加速度 $a_2 = \dfrac{Bil}{m}$。

回路电流 $i = \dfrac{Bl(v_{ab}-v_{cd})}{2R}$。每根棒的速度、电动势、安培力和加速度相互制约,动态变化。

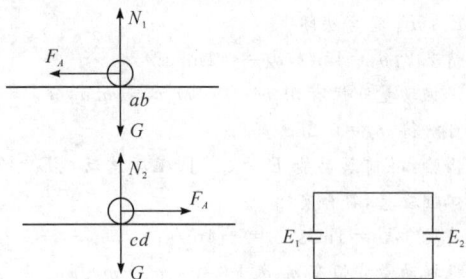

第1题答图1　　第1题答图2

根据上述物理表达式作出两棒的 $v\text{-}t$ 图像如答图3所示,金属棒 cd 做加速度减小的加速运动,金属棒 ab 做加速度减小的减速运动,当两者速度相等时,回路总电动势为0,电流为0,两棒加速度为0,最终两棒以相同的速度做匀速直线运动。

因两棒受外力和为零,由动量守恒定律可知
$$m_{ab}v_0 = (m_{ab}+m_{cd})v$$
求得两棒最终速度大小 $v = \dfrac{1}{2}v_0$。

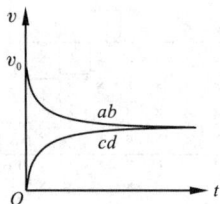

第1题答图3

2.

研究对象为球和小车,两者受弹力情况如答图1所示。

球和小车受到水平等大反向的力,水平方向动量守恒,水平速度关系为 $mv_1 - Mv_2 = 0$。

根据上述物理表达式作出球和小车的运动 $v_x\text{-}t$ 图像如答图2所示,小球下降时球和小车的水平速度同比例增大,小球运动到最低点时两者速度同时达到最大。

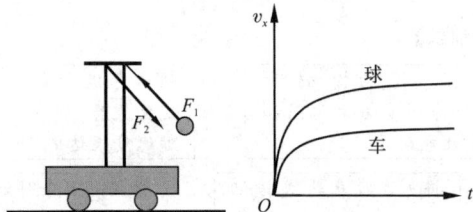

第2题答图1　　第2题答图2

从能量角度可判断,当小球摆到最低点时,小球与小车的速度最大,结合能量守恒定律,$mgL = \dfrac{1}{2}mv_1^2 + \dfrac{1}{2}Mv_2^2$,求得小球和小车的最大速度 v_1 和 v_2。

3.

研究对象为 A(包含子弹)和 B,受力情况如答图1所示。

第3题答图1

A 和 B 受到水平等大反向的弹力,水平方向上动量守恒,水平速度关系为
$$(M+m)v_1 = (2M+m)v_共$$

根据上述物理表达式作出球和小车的运动 $v\text{-}t$ 图像如答图2所示,A 减速,B 加速,当两者速度相等时,A、B 相距最近,弹性势能最大。

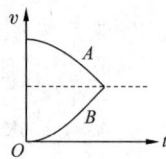

设最大弹性势能为 E_{pm},由机械能守恒定律有
$$\frac{1}{2}(M+m)v_1^2 = \frac{1}{2}(2M+m)v_共^2 + E_{pm}$$

第3题答图2

联立方程解得 $v_共 = 5\text{m/s}$,$E_{pm} = 2.25\text{J}$。

4.

研究对象为金属棒,受力情况如答图1所示,受重力和安培力。

重力恒定,安培力受到速度大小制约,棒的加速度
$$a = g - \frac{B^2 l^2 v}{mR}。$$

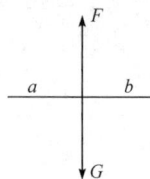

第4题答图1

根据上述物理表达式作出金属棒的运动 $v\text{-}t$ 图像如答图2所示,根据开关 S 闭合时棒的速度大小不同,有以下三种情况:

当重力等于安培力时,棒 ab 做匀速直线运动;

当重力大于安培力时,棒 ab 做加速度减小的加速运动,直至匀速;

当重力小于安培力时,棒 ab 做加速度减小的减速运动,直至匀速。

第4题答图2

据题目条件和所求,由牛顿运动定律和力的平衡有 $mg = \dfrac{B^2 l^2 v}{R}$,棒最终稳定的速度 $v = \dfrac{mgR}{B^2 l^2}$。

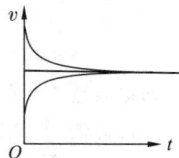

5.

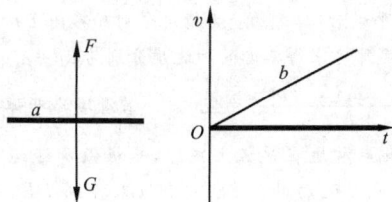

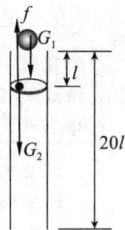

研究对象和小球与圆盘,受力情况如答图1所示。

两者碰撞后,小球做竖直上抛运动,其速度 $v=-\dfrac{v_0}{2}+gt$;圆盘所受摩擦力 f 与重力 G_2 平衡,以 $v_2=\dfrac{v_0}{2}$ 匀速下滑。

根据上述物理表达式作小球和圆盘的 v-t 图像如答图2所示,以圆盘为参考系,小球相对于圆盘以 v_0 向上做匀减速运动,当相对于圆盘的速度减为0时,两者相距最远。

第5题答图1

第2题答图1　　　第2题答图2

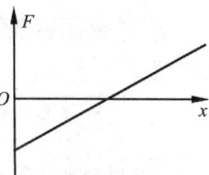

第5题答图2

据题目条件和所求,由运动学规律有 $t=\dfrac{v_0}{g}$,小球和圆盘的最大距离 $d_{\max}=v_2t=\dfrac{v_0^2}{2g}$。

【拓展训练】

1. 研究对象为木板,接触弹簧并与小物块发生相对滑动后,其受力情况如答图1所示。

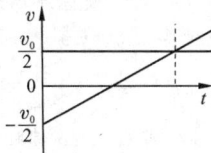

第1题答图1

木板所受的合外力 $F=m_1a=k\Delta x-\mu m_2g$;

加速度 $a=\dfrac{k\Delta x-\mu m_2g}{m_1}$。

根据上述物理表达式作出木板运动的 F-x 图像如答图2所示,从木板与小物块发生相对滑动至再次加速度相同的过程,做简谐振动,向右减速运动与向左加速运动对称,木板的初、末速度相等。

第1题答图2

据题目条件和所求,由运动学和能量守恒规律,初、末状态木板动能不变,对物块加速度大小为 $1\,\mathrm{m/s^2}$,减速时间为 $2t_0$,$v_3=v_2-2t_0$,系统产生的内能等于物块损失的动能 $\Delta U=\dfrac{1}{2}m_2v_2^2-\dfrac{1}{2}m_2v_3^2$。

2. 研究对象为金属杆,其受力情况如答图1所示,受重力和安培力。

重力恒定,安培力受到速度和电容器的制约,金属杆的加速度由牛顿第二定律有

$$mg-BiL=ma,\ i=\dfrac{\Delta q}{\Delta t}=\dfrac{CBL\Delta v}{\Delta t}=CBLa$$

$$mg-CB^2L^2a=ma,\ a=\dfrac{mg}{m+CB^2L^2}$$

根据上述物理表达式作出木板运动的 v-t 图像如答图2所示,杆做由静止开始的匀加速直线运动。

据题目条件和所求,由运动学规律 $h=\dfrac{1}{2}at^2$,经时间 t 棒下落的距离 $h=\dfrac{mgt^2}{2(m+CB^2L^2)}$。

3. 研究对象为带电小球,受力情况和速度分解情况如答图1所示。

小球受重力和电场力的复合场力 F 为恒力,合加速度

$$a=\dfrac{\sqrt{(Eq)^2+(mg)^2}}{m}。$$

根据上述物理表达式作出木板运动的运动轨迹 y-x 图像如答图2所示,小球在复合场中做类斜抛运动,当合速度与复合场力垂直时动能最小。

据题目条件和所求,由运动学规律初速度沿平行与垂直复合场力方向分解为 v_1 和 v_2,v_2 方向匀速,v_1 方向匀减速,当 $v_1=0$ 时,小球动能最小。

$\sqrt{(Eq)^2+(mg)^2}=ma$,合力方向与竖直方向成 $37°$ 角。

经 $t=\dfrac{v_1}{a}$ 时动能最小,$E_k=\dfrac{1}{2}mv_2^2$。

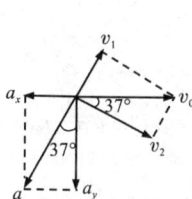　　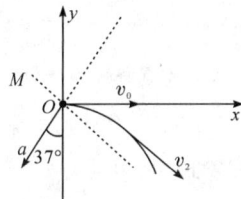

第3题答图1　　　第3题答图2

4. 研究对象金属杆的受力情况如答图1所示。

力的特征分析如下:

$$Bdv=L\dfrac{\Delta i}{\Delta t},\ \Delta i=\dfrac{Bd}{L}v\Delta t$$

$$I=\dfrac{Bd}{L}x;\ F_A=BId=\dfrac{B^2d^2}{L}x$$

金属杆受到的合外力

$$F=mg\sin\theta-F_A=mg\sin\theta-BId=mg\sin\theta-\dfrac{B^2d^2}{L}x$$

根据上述物理表达式作出金属杆运动的 F-x 图像如答图2所示,杆做简谐振动。杆先向下加速后减速,当合外力与初始时刻的合力等大反向时,速度为0,即最低点。

据题目条件和所求,由简谐运动规律,当

$$F_{回}=mg\sin\theta-\dfrac{B^2d^2}{L}x=0$$

棒位于平衡位置,金属棒沿斜面向下运动的最大距离

$$d_{\max}=2x=\dfrac{2mgL\sin\theta}{B^2d^2}$$

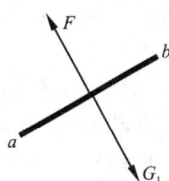　　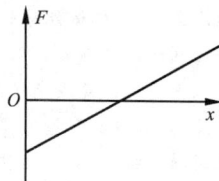

第4题答图1　　　第4题答图2

5. 滑块滑上平板后,二者的受力情况分别如答图1所示。结合牛顿第二定律可求得二者的加速度分别为 $a_1 = \mu_1 g = 6\text{m/s}^2$, $a_2 = \dfrac{\mu_1 mg - \mu_2 (M+m)g}{M} = 4\text{m/s}^2$。若滑块离开弹簧的初速度为 v_0,此后滑块在平板上减速,平板做加速运动。假设滑块在平板上运动的过程中,平板未撞到 DE,则二者的 $v\text{-}t$ 图像如答图2所示,t_1 时刻二者达到相同速度 v_3,此时图中阴影面积为二者的相对位移。假设此相对位移大小刚好等于 L,从图像上可以看到,若滑块的初速度增大到 v_0',则 t_2 时刻,二者的相对位移就已经达到 L,而此时滑块的速度 v_1 大于平板的速度 v_2,此后滑块从平板上滑落,不能到达 E。

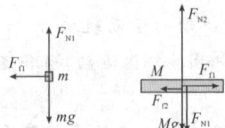 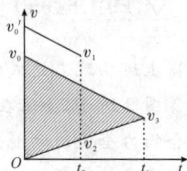

第5题答图1　　　第5题答图2

所以满足上述假设前提下,v_0 就是所求解的最大速度。进一步进行分析论证如下。

共速时有 $v_3 = v_0 - a_1 t_1 = a_2 t_1$。

由图像知,共速过程,滑块、木板位移相对位移 $\Delta x = L = \dfrac{1}{2} v_0 t_1$。

联立上述方程解得 $v_0 = 6\text{m/s}$,$v_3 = 2.4\text{m/s}$。

共速时,平板的位移 $x_1 = \dfrac{1}{2} v_3 t_1 = 0.72\text{m} < d - L$,共速前平板未撞击 DE,假设成立。

随后共减速,由牛顿运动定律求得共速后,二者共同加速度大小 $a_3 = \mu_2 g = 1\text{m/s}^2$,继续滑行的位移 $x_2 = \dfrac{v_3^2}{2a_3} = 2.88\text{m} > (d-L) - x_1 = 1.88\text{m}$。所以滑块可以到达 E 点,假设成立,$v_m = v_0 = 6\text{m/s}$。

第17讲　规律综合满足观

【基础训练】

1. 研究对象为物体,研究过程为开始运动至上升最高点 → 涉及力与运动(包括曲线运动)、能量转化

可能满足运动规律(包括抛体)、牛顿运动定律、机械能守恒定律 → 考虑题目条件和所求,确定牛顿运动定律、抛体运动、圆周运动规律、机械能守恒定律

(1) 若把斜面 CB 部分截去,物体冲过 C 点后做斜抛运动,由抛体运动规律,可知到达最高点时速度不为 0,再由机械能守恒定律,可知物体不能到达高度 h 处。

(2) 若把光滑斜面 AB 变成光滑曲面 AEB,物体在最高点速度为 0,由机械能守恒定律可知,物体沿此曲面上升仍能到达高度 h 处。

(3) 若把光滑斜面变成光滑圆弧面 AD,假设能到达圆弧最高点,由机械能守恒定律可知,最高点速度为 0,而物体做圆周运动,最高点速度为 0 不能满足牛顿第二定律,也就是说,到达最高点时速度为 0 并不是满足物理规律得到的结果,是不可能实现的,即最高点速度不可能

为 0,故到不了高度 h。

2. 研究对象为小球和小车组成的系统,过程是小球上升又返回到左端 → 涉及相互作用、能量转化、动量变化内容

满足牛顿运动定律、机械能守恒定律、水平方向的动量守恒定律 → 考虑题目条件和所求,确定机械能守恒定律、水平方向的动量守恒定律两个规律

设小球返回小车左端时,小球的速度为 v_1,小车的速度为 v_2。在小球上升又返回到左端的过程中,小球与小车组成的系统水平方向动量守恒,规定水平向右为正方向。

由水平方向动量守恒得 $mv_0 = mv_1 + mv_2$。

由机械能守恒得 $\dfrac{1}{2}mv_0^2 = \dfrac{1}{2}mv_1^2 + \dfrac{1}{2}mv_2^2$。

联立上两式解得小球返回到小车左端时的速度大小 $v_1 = 0$。

3. 远距离输电过程 → 涉及电磁感应、电路中能量转化的内容

满足电(热)功率有关规律和能量守恒定律 → 考虑题目条件和所求,确定电、热功率公式和能量守恒定律三个规律

在远距离输电过程中,由热功率公式可得输电线上损失的功率 $\Delta P = I^2 r$。

由电功率公式可得输电线上的电流 $I = \dfrac{P_{\text{出}}}{U}$。

联立以上两式可得 $\Delta P = 9 \times 10^8\text{kW}$。

再根据能量守恒定律,可判断答案的合理性:水电站的输出电功率是 $3 \times 10^6\text{kW}$,损失的功率不可能大于水电站的输出功率,因此"若改用 5kV 电压输电,则输电线上损失的功率为 $9 \times 10^8\text{kW}$"的说法不正确。

4. 灯泡所在的闭合电路 → 涉及 $I\text{-}U$ 图像、闭合电路、电功率方面的知识

满足灯泡的伏安特性曲线、闭合电路欧姆定律 → 考虑题目条件和所求,确定灯泡的伏安特性曲线和电源的 $U\text{-}I$ 图像(闭合电路欧姆定律)

电动势 $E = 6\text{V}$,内阻 $r = 1\Omega$ 的电源与 19Ω 的定值电阻串联组成等效电源,其电动势为 6V,内阻为 20Ω。

根据闭合电路欧姆定律有 $I = \dfrac{3}{10}\text{A} - \dfrac{U}{20\Omega}$。

灯泡实际工作时的电压 U 和电流 I,同时满足灯泡的伏安特性曲线和电源的干路电流 I 随端电压 U 变化的图像,图像交点即灯泡实际工作时的电压和电流。在灯泡的伏安特性曲线中作出电源的 $U\text{-}I$ 图像如答图所示。

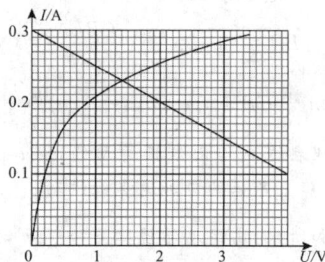

第4题答图

两图像的交点坐标值为 $U=1.4\text{V},I=0.23\text{A}$；因此灯泡的实际功率 $P=UI=1.4\text{V}\times0.23\text{A}\approx0.32\text{W}$。

5. **方法1：公式法**

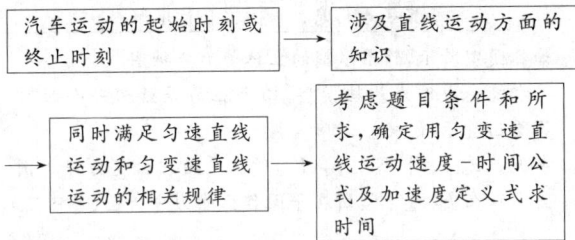

汽车运动的起始时刻或终止时刻	→	涉及直线运动方面的知识

→

同时满足匀速直线运动和匀变速直线运动的相关规律	→	考虑题目条件和所求，确定用匀变速直线运动速度-时间公式及加速度定义式求时间

汽车开始匀速运动的时刻也是汽车结束匀加速运动的时刻，该时刻同时满足匀速运动和匀变速运动的相关规律。分析题目已知条件，发现根据匀变速运动过程求时间更简便。由题表数据可知，汽车的最大速度 $v=33\text{m/s}$，汽车加速运动时的加速度大小 $a_1=\dfrac{\Delta v}{\Delta t}=\dfrac{6-0}{2-0}\text{m/s}^2=3\text{m/s}^2$，所以

汽车加速运动的时间 $t_1=\dfrac{v}{a_1}=11\text{s}$。

同理可知，汽车结束匀速运动的时刻也是汽车开始匀减速运动的时刻，汽车匀减速过程中加速度的大小

$$a_2=\frac{\Delta v'}{\Delta t'}=\frac{12-0}{20-18}\text{m/s}^2=6\text{m/s}^2$$

匀减速运动的时间 $t_2=\dfrac{v}{a_2}=5.5\text{s}$。

因此，在本次测试过程中，汽车匀速运动的时长

$$t_3=t_{总}-(t_1+t_2)=3.5\text{s}$$

方法2：图像法

汽车运动的起始时刻或终止时刻	→	涉及直线运动方面的知识

→

同时满足匀速直线运动和匀变速直线运动的相关规律	→	考虑题目条件和所求，确定用匀变速直线运动和匀速直线运动的 $v-t$ 图像

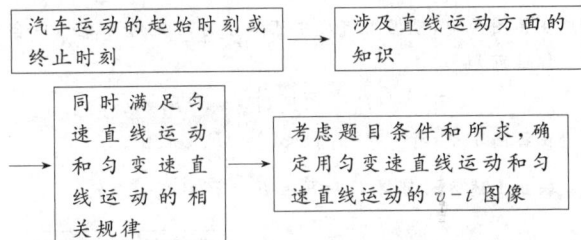

根据表格数据，结合匀加速、匀速和匀减速直线运动可描点作出图线1、图线2和图线3。图线1的速度-时间关系为 $v=3t$，图线2的速度-时间关系为 $v=33\text{m/s}$，图线1与图线2的交点对应的时间 $t_1=11\text{s}$，图线3的速度-时间关系为 $v=120-6t$，图线3与图线2的交点对应的时间 $t_2=14.5\text{s}$，根据图线交点汽车匀速运动的时长 $t=t_2-t_1=3.5\text{s}$。

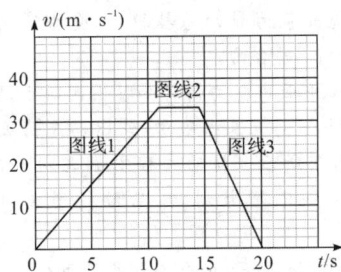

第5题答图

6.

研究对象为小球，过程是平抛运动	→	涉及曲线运动、运动的合成与分解知识

→

满足合运动分运动的等时性、匀速和匀变速直线运动的相关规律	→	考虑题目条件和所求，确定匀速直线运动位移-时间关系和匀变速直线运动等时间间隔的位移之比两个规律

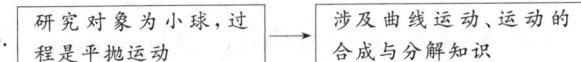

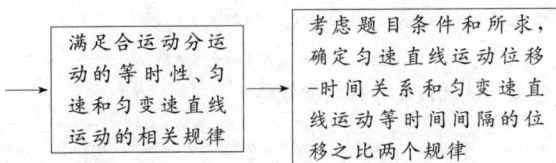

根据运动合成与分解的知识可知，平抛运动水平方向是匀速直线运动，竖直方向是初速度为零的匀加速直线运动。因此，做平抛运动的小球应同时满足水平和竖直两个方向上的运动规律。从频闪照片上可获取信息，水平方向上 a、b、c、d 等间距，说明拍摄时间间隔相等，若 a 点是抛出点，则在竖直方向上小球等时间间隔内通过的位移之比应该为 $1:3:5$，而题图中位移比例关系是 $1:2:3$，因此 a 不是抛出点。

【拓展训练】

1. 小球两次被击打及运动的过程中，同时满足牛顿第二定律和动能定理。

小球在运动过程中未脱离轨道，则第一次击打后小球最高到达与球心 O 点等高位置，根据动能定理有 $W-mgR\leqslant0$，即 $W\leqslant mgR$。

第二次击打后小球上到最高点速度最小为 $v_{\min}$，由最高点处满足牛顿第二定律可得 $mg=m\dfrac{v_{\min}^2}{R}$。

设第二次击打过程中小锤对小球做的功为 W'，根据动能定理有 $W+W'-2mgR=\dfrac{1}{2}mv_{\min}^2$。

联立上述方程解得 $W'\geqslant1.5mgR=1.5W$，则第二次击打过程中小锤对小球做的功可能为 $2W$、$3W$、$4W$，故 A 项错误，B、C、D 项正确。

2. A 从与圆心等高处由静止释放，直到 A 到达 B 左侧最高点的过程，可以分为两个阶段。

第一阶段：从 A 由静止释放到当 A 第一次经过圆弧槽最低点的过程。

第二阶段：从 A 第一次经过圆弧槽最低点到 A 到达 B 左侧最高点的过程。

两个过程研究对象都满足系统水平方向动量守恒定律和系统机械能守恒定律，但是两个阶段选择的研究对象不同。

第一阶段即从 A 由静止释放到 A 第一次经过圆弧槽最低点的过程中，以 A、B、C 为研究对象，设 A 第一次经过圆弧槽最低点时的速度大小为 v_1，B 和 C 两者共同的速度大小为 v_2。规定水平向左为正方向。

由系统水平方向动量守恒，则有

$$0=mv_1-(m+2m)v_2$$

根据系统机械能守恒定律可得

$$mgR=\frac{1}{2}mv_1^2+\frac{1}{2}(m+2m)v_2^2$$

联立上述方程解得 $v_1=\sqrt{\dfrac{3gR}{2}}$，$v_2=\dfrac{1}{3}\sqrt{\dfrac{3gR}{2}}$。

第二阶段，当 A 第一次经过圆弧槽最低点后，B 和 C 两者脱离。从 A 第一次经过圆弧槽最低点到 A 到达 B 左侧最高点的过程中，以 A、B 为研究对象，设 A 到达 B 左侧最高点时两者共同的速度大小为 v_3，规定水平向左为正方向，A 到达 B 左侧最高点时与圆心的高度差为 h。

根据系统水平方向动量守恒可得

$$mv_1 - 2mv_2 = (m+2m)v_3$$

根据系统机械能守恒定律可得

$$mgh = \frac{1}{2}mv_1^2 + \frac{1}{2} \times 2mv_2^2 - \frac{1}{2}(m+2m)v_3^2$$

联立上两式解得 $h = \dfrac{8}{9}R$。

因此 A 到达 B 左侧最高点时与圆心的高度差

$$\Delta h = R - h = \frac{1}{9}R$$

3. 小灯泡实际工作时要同时满足两个规律，即根据小灯泡两端的电压 U 与通过它的电流 I 的关系所作的小灯泡的 U-I 图像（曲线）和根据电源的路段电压 U 与干路电流 I 的关系所作的电源 U-I 图像。设流过每个灯泡的电流为 I，路端电压 $U = E - 2Ir = 3V - 6\Omega \cdot I$，在小灯泡的 U-I 图像坐标系内作出电源的 U-I 图像如答图所示。由图示图线可知，灯泡两端电压 $U = 0.9V$，电流 $I = 0.35A$，灯泡实际功率

$$P = UI = 0.9 \times 0.35W \approx 0.32W$$

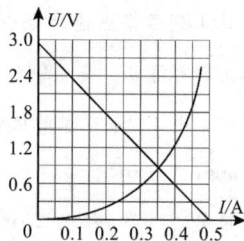

第3题答图

4. 物体 A 追上物体 B 的过程，除了要满足两者之间的位移规律，还要同时符合物体 B 自身的运动规律。

设物体 A 追上物体 B 所用的时间为 t，物体 A 的位移为 x_A，物体 B 的位移为 x_B。

A、B 满足的位移关系有 $x_B + x = x_A$；

可得 $v_B t - \dfrac{1}{2}a^2 + x = v_A t$；

解得 $t = 7s$ 或 $t = -1s$（含去）。

物体 B 做匀减速直线运动，其减速为零所用的时间

$$t_B = \frac{v_B}{a} = \frac{10}{2}s = 5s$$

因此，$t = 7s$ 的结果不合理。

物体 B 做匀减速直线运动，减速为零时发生的位移

$$x_B = \frac{v_B^2}{2a} = \frac{10^2}{2 \times 2}m = 25m$$

此时 A 物体的位移 $x_A = v_A t_B = 4 \times 5m = 20m$。

由 $x_A < x_B + x$，则 B 速度减为零时 A 还未追上 B。

根据 $x + x_B = v_A t$，代入数据解得 $t = \dfrac{x + x_B}{v_A} = 8s$。

第18讲 立体平面转化观（力学篇）

【基础训练】

1.
| 在立体图上作出水桶受到的作用力 | → | 结合情境联想最接近的熟悉模型——悬挂模型，作等效受力分析图（四个拉力等效为 F） |

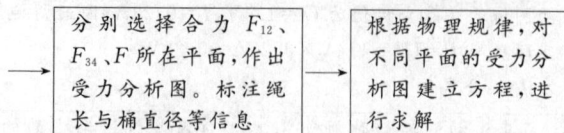

| 分别选择合力 F_{12}、F_{34}、F 所在平面，作出受力分析图。标注绳长与桶直径等信息 | → | 根据物理规律，对不同平面的受力分析图建立方程，进行求解 |

如答图甲所示，作出水桶的立体受力分析图。

将水桶受力作为悬挂模型，四个拉力等效为一个拉力，如答图乙所示，$F = G$。

在 $F_{12}(F_{34})$、$F_1(F_3)$、$F_2(F_4)$ 所在平面作出受力分析图（答图丙），在 F、F_{12}、F_{34} 所在平面作出受力分析图（答图丁）。

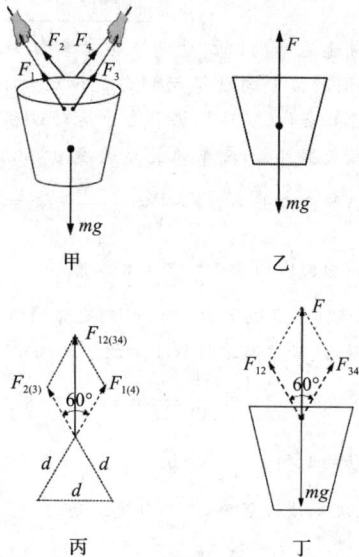

第1题答图

在答图丙中，根据几何尺寸可知分力的夹角为 $60°$，结合对称性可知

$$F_{12} = \sqrt{3}F_1 = \sqrt{3}F_2, \quad F_{34} = \sqrt{3}F_3 = \sqrt{3}F_4$$

在答图丁中，有 $F = 2F_{12}\cos30° = 2F_{34}\cos30°$。

联立上述方程可得 $F_1 = F_2 = F_3 = F_4 = \dfrac{G}{3}$。

2.
| 在立体图上作出圆柱体受到的作用力 | → | 结合情境联想最接近的熟悉模型——悬挂模型 |

| 选择等效合力 F 所在平面，作出受力分析图 | → | 根据物理规律，对不同平面的受力分析图建立方程，进行求解 |

如答图甲所示，作出圆柱体的立体受力分析图。

将题设情境简化为斜面悬挂模型，受力情况如答图乙所示，F 为 F_1、F_2 的合力。

在 F、F_1、F_2 平面内受力情况如答图丙所示，转动过程中 γ 不变，$F = 2F_1\cos\gamma$。根据题意，作出动态情况下的受力分析图如答图丁所示。转动过程中 F 与斜面的夹角不变，故 θ 不变，α 逐渐增大到 $90°$ 后继续增大；β 从 $90°$ 逐渐减小。

由平衡条件可知 F、F_N 的合力始终等于 G；

在力的合成三角形中，又有 $\dfrac{G}{\sin\theta} = \dfrac{F_N}{\sin\alpha} = \dfrac{F}{\sin\beta}$；

故 F_N 先增大后减小，F 逐渐减小，F_1、F_2 也逐渐减小。

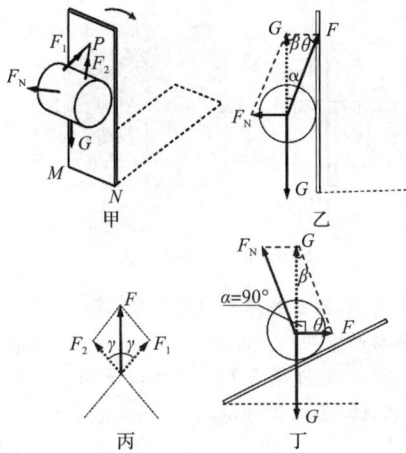

第2题答图

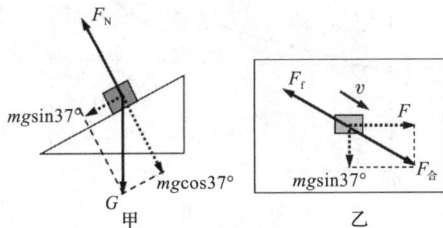

第2题答图

物块做平抛运动,在水平平面 $O'P'Q$ 内(答图乙),水平位移 $x=\sqrt{s^2-R^2}=0.8\text{m}$。

平抛运动的轨迹 PQ 在竖直平面 $P'PQ$ 内(答图丙)。

物体做平抛运动时,水平位移 $x=v_0t$,竖直位移 $H=\dfrac{1}{2}gt^2$,联立方程,解得落地时间 $t=0.4\text{s}$,$v_0=2\text{m/s}$;由于 $v_0=\omega R$,解得 $\omega=\dfrac{10}{3}\text{rad/s}$。

3.
在立体图上作出木块受到的作用力	→	结合情境联想最接近的熟悉模型——斜面模型,并作出等效受力

→	选择轨迹所在平面(斜面),作出受力分析图及速度方向	→	根据物理规律,对不同平面的受力分析图建立方程,进行求解

作出木块立体受力情况,如答图1所示。

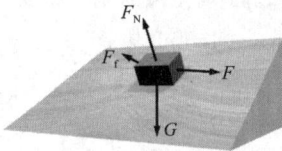

第3题答图1

在斜面上的等效受力如答图2甲(摩擦力 F_f 与拉力 F 未标注),重力等效为沿轨迹平面的 $G_x=mg\sin37°$ 和垂直于轨迹平面的 $G_y=mg\cos37°$。

在轨迹平面内的受力与运动的情况如答图2乙所示。

在答图2乙中,滑动摩擦力 F_f 方向与运动方向相反,大小 $F_f=\mu F_N$;匀速运动时,拉力 F 与 G_x 合力等于摩擦力 F_f,$F_f^2=F^2+(mg\sin\theta)^2$,又 $F_N=mg\cos37°$、$F_f=\mu F_N$,联立方程可求得 $F=3.2\text{N}$。

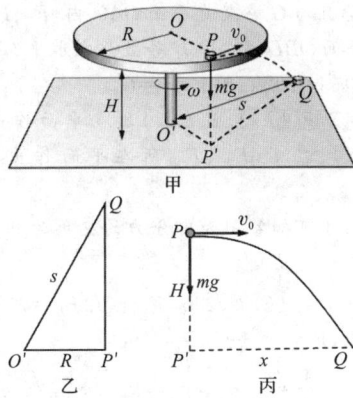

第3题答图2

4.
在立体图上作出木块受到的作用力和运动的方向	→	结合情境联想最接近的熟悉模型——平抛运动,并在立体图中作出轨迹

→	选择轨迹 PQ 所在平面,在平面内作运动分析图;作水平面分位移信息图	→	根据平抛运动规律和数学条件,建立方程,进行求解

作出物块飞出瞬间受力与速度的方向,如答图甲所示。

5.
在立体图上作出木块受到的作用力	→	结合情境联想最接近的熟悉模型——竖直平面圆周运动、斜面模型。作轨迹与 G 的等效受力

→	选择轨迹(圆周)所在平面,在平面内作出受力、运动分析图	→	根据圆周运动规律,建立方程,进行求解

如答图甲所示,作物块立体受力分析图。

物体在垂直轴线的平面内做圆周运动,轨迹如答图甲所示。重力可等效为沿母线的分力 $mg\sin\theta$ 与垂直于轴线的分力 $mg\cos\theta$(答图乙),$mg\cos\theta$ 在轨迹平面内且大小、方向恒定,故物体在垂直轴线的平面内做圆周运动,可等效为"竖直平面"内的圆周运动。

在轨迹平面内,物块受力与运动的情况如答图丙所示。

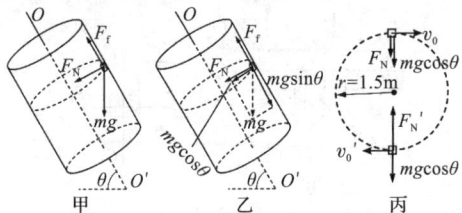

第5题答图

答图丙中的"最高点"处支持力最小,物块仍能做圆周运动,则需满足:

$$F_N+mg\cos\theta=m\dfrac{v_0^2}{r};\quad F_f\leqslant\mu F_N;\quad F_f=mg\sin\theta$$

联立上述方程解得 $v_0=\dfrac{3}{2}\sqrt{10}\text{m/s}$。

【拓展训练】

1. 选择最上方的球即顶球为研究对象,它受支持力沿两球球心连线方向,将五个球看成位于球心的质点后,作出顶球的受力情况如答图甲所示(图中 A、B、C、D、O 分别为五个球的球心)。

F_A、F_C 对称且与 G 在竖直平面 OAC 内，F_B、F_D 对称且与 G 在竖直平面 OBD 内。顶球等效为在水平面上的支撑模型，受力情况如答图乙所示，$F=G$。

在 $F_{AC}(F_{BD})$、$F_A(F_B)$、$F_C(F_B)$ 所在平面作出受力分析图（答图丙），在 F、F_{AC}、F_{BD} 所在平面作出受力图（答图丁）。

根据几何尺寸可知答图丙中分力的夹角为 $90°$，结合对称性可知

$$F_{AC}=\sqrt{2}F_A=\sqrt{2}F_C,\quad F_{BD}=\sqrt{2}F_B=\sqrt{2}F_D$$

在答图丁中，$F=F_{AC}+F_{BD}$。

联立上述方程可求得 $F_A=F_B=F_C=F_D=\dfrac{\sqrt{2}}{4}G$。

由牛顿第三定律知，四个底球受压力大小均为 $\dfrac{\sqrt{2}}{4}G$。

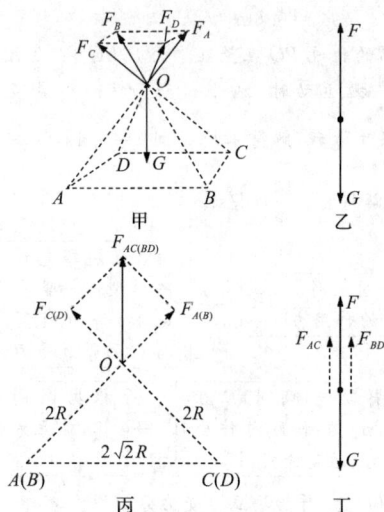

第 1 题答图

2. 选择 T 形物块为研究对象，其立体受力分析如答图 1 甲所示。

物块运动可等效为水平面上平拉物体模型，其受力分析如答图 1 乙所示。

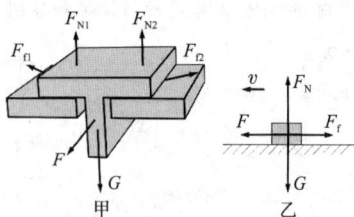

第 2 题答图 1

在 F_N、F_{N1}、F_{N2} 平面内进行受力分析如答图 2 甲所示，在 F_f、F_{f1}、F_{f2} 平面内受力与运动的情况如答图 2 乙所示。

在答图 2 甲的分析中可知

$$F_N=2F_{N1}=2F_{N2}=G$$

在答图 2 乙的分析中可知，相对运动方向 $\tan\theta=\dfrac{v_2}{v_1}$；

$$F_f=(F_{f1}+F_{f2})\sin\theta$$

其中 $F_{f1}=\mu F_{N1}$，$F_{f2}=\mu F_{N2}$。

联立上述方程可解得 $F=\mu G\dfrac{v_2}{\sqrt{v_1^2+v_2^2}}$。

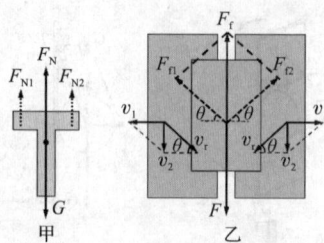

第 2 题答图

3. 如答图 1 所示，以乒乓球为研究对象，作出乒乓球受到的作用力和运动的方向。

由重力与速度方向的确定运动轨迹平面。乒乓球做平抛运动，其轨迹如答图 1 所示。

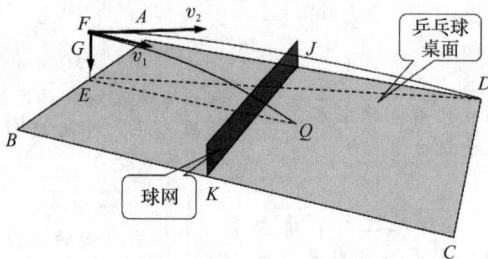

第 3 题答图 1

最小速度为 v_1，垂直于 AB 发射，擦网后落入 $JKCD$ 区域；最大速度为 v_2，打到离 E 最远的 C 或者 D。如答图 2 所示，在轨迹 FQ 平面内，$x_1=\dfrac{1}{2}L_2$，由平抛运动的规律可知

$H-h=\dfrac{1}{2}gt_1^2$，$x_1=v_1t_1$，解得 $v_1=\dfrac{1}{2}L_2\sqrt{\dfrac{g}{2(H-h)}}$。

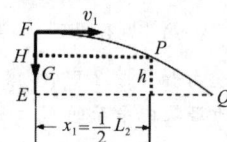

第 3 题答图 2

如答图 3 所示，水平桌面平面上，平抛轨迹 FD 的水平位移 $x_2=\dfrac{1}{2}\sqrt{L_1^2+4L_2^2}$。

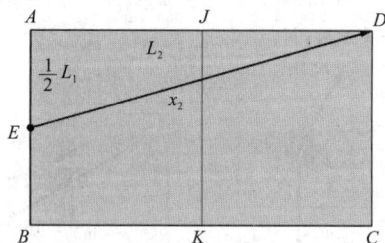

第 3 题答图 3

如答图 4 所示，在轨迹 FD 平面内，由平抛运动规律可知

$H=\dfrac{1}{2}gt_2^2$，$x_2=v_2t_2$，得 $v_2=\dfrac{1}{2}\sqrt{L_1^2+4L_2^2}\cdot\sqrt{\dfrac{g}{2H}}$。

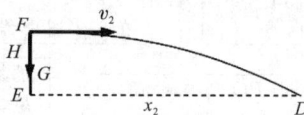

第 3 题答图 4

综上，发射速度的取值范围是

$$\left[\frac{1}{2}L_2\sqrt{\frac{g}{2(H-R)}},\frac{1}{2}\sqrt{L_1^2+4L_2^2}\cdot\sqrt{\frac{g}{2H}}\right]$$

4. 物体的立体受力分析如答图 1 所示,在圆盘平面内做圆周运动。

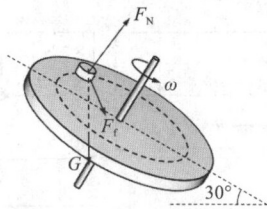

第 4 题答图 1

物体在倾斜圆盘上,联想到斜面模型,重力可等效为沿斜面的分力 $mg\sin30°$ 与垂直于斜面的分力 $mg\cos30°$(答图 2 甲),$mg\cos30°$ 在轨迹平面内且大小方向恒定,故物体在斜面内做圆周运动,可等效为做"竖直平面"内的圆周运动。

在轨迹平面内,物体受力与运动的情况如答图 2 乙所示,在最低点,摩擦力 F_f 最大,且不超过最大静摩擦力 μF_N,物体仍能做圆周运动,故需满足:

$$F_f-mg\sin30°=m\omega^2 l; F_f\leqslant\mu F_N; F_N=mg\cos\theta;$$

联立上述方程可解得 $\omega=1\text{rad/s}$。

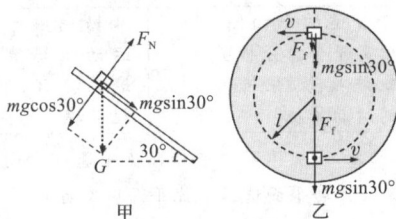

第 4 题答图 2

第 19 讲　立体平面转化观(电学篇)

【基础训练】

1.

在题设立体图中观察,可知磁场与导体棒垂直(为立体转平面选择最优平面做准备)。

沿导体棒方向作出平面视图如答图甲所示,电流方向向里,磁场方向竖直向上(选择合适的模型,将立体问题转化成平面问题)。

作导体棒受力分析图(为能在平面图中准确寻找平衡条件)如答图乙所示,假设摩擦力方向沿斜面向上,其中安培力 $F_A=IdB$,分解安培力与重力。

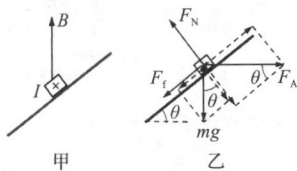

第 1 题答图

由平衡条件可得

$$F_N=mg\cos\theta+F_A\sin\theta, mg\sin\theta+F_f=F_A\cos\theta, F_f=\mu F_N$$

联立上述方程解得 $\mu=0.5$。

2.

联想到条形磁体的磁感线的对称性特征,以及此时线圈放置的位置,初判磁场方向与细圈平面不垂直(为立体转平面选择最优平面做准备)。

如答图甲所示,取一簇磁感线所在平面,在该平面中电流元与磁场方向垂直(明确磁场方向与电流元方向垂直)。

圆形线圈可看成一对对的电流元,将立体图转换成沿其中一对电流元方向的平面图,磁场方向与电流方向如答图甲所示(准确进行受力分析的前提条件)。

电流元的受力分析如答图乙所示,考虑到圆环及磁场的对称性,将安培力按图示方式分解等效。

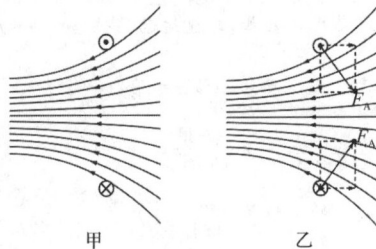

甲　　　　　乙

第 2 题答图

结合力与运动关系可知,线圈向右摆动并且有收缩的趋势。

3.

由题意可知粒子的速度方向与磁场方向垂直(为立体转平面选择最优平面做准备)。

作出沿磁场方向的平面视图,如答图甲所示,离子做匀速圆周运动(立体转平面,建立熟悉的模型)。

在平面图中分析粒子的受力情况和运动情况,作出粒子的运动轨迹,如答图乙所示。

在磁场中,由牛顿运动定律知 $qv_0B=\frac{mv_0^2}{R}$,解得 $R=2d$;

由几何关系知 $d=R\sin\theta$,求得 $\theta=30°$;

因而 $y_1=R-R\cos\theta=2d-\sqrt{3}d$。

粒子穿过分界面 Q 后进入电场时,立体图中速度方向与受力方向如答图丙所示,速度方向与静电力方向垂直,粒子做类平抛运动。粒子在答图丙的阴影平面内做匀速直线运动,速度为 v_0,在静电力方向(即垂直于阴影平面的 x 轴正方向)做初速度为 0 的匀加速运动。

如答图丁所示,在垂直于电场的平面内,作出粒子的分运动信息。

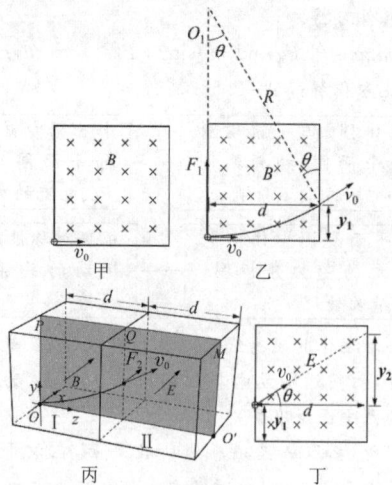

第 3 题答图

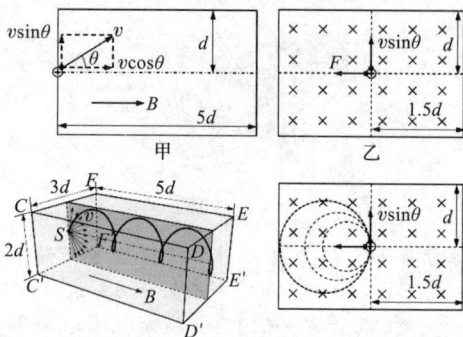

第 4 题答图

由几何关系可以求得 $y_2 = \frac{\sqrt{3}}{3}d$，则粒子运动的 y 轴坐标为

$$y = y_1 + y_2 = 2d - \frac{2\sqrt{3}}{3}d;$$

由类平抛运动规律可知，匀速运动的位移 $s = v_0 t = \frac{2\sqrt{3}}{3}d$，

沿 x 轴方向加速运动的位移 $x = \frac{1}{2} \cdot \frac{Eq}{m}t^2$；

联立上述方程可求得 $x = \frac{mE}{6qB^2}$。

荧光屏上亮点的坐标是 $\left(\frac{mE}{6qB^2}, 2d - \frac{2\sqrt{3}}{3}d, 2d\right)$。

4.

粒子速度方向与磁场方向不垂直，取 θ 方向发射的粒子，在竖直平面内分解 v	→	作出沿磁场方向观察的平面视图、磁感线与速度所在平面图，初步建模
↓		↑
选择合适的平面图，作出粒子受力分析图与轨迹投影，分析粒子的运动特征	→	根据电磁学规律、运动学规律、牛顿运动定律，联立方程求解

在立体图中可判断粒子速度方向与磁场方向不垂直，在竖直平面内，任意取一个粒子，设其速度方向与轴线的夹角为 θ，在竖直平面内，将其分解为与磁场方向平行的分量 $v\cos\theta$、垂直分量 $v\sin\theta$，如答图甲所示（为立体转平面选择最优平面做准备）。

在垂直于磁场方向的平面内，粒子的分速度与洛伦兹力如答图乙所示，粒子做螺旋运动，可能的轨迹如答图丙所示（为在平面图中进行受力分析与运动分析做准备）。

从受力条件看，粒子沿磁感线方向做匀速直线运动，在垂直于磁感线的平面上做匀速圆周运动，半径最大时，其轨迹与区域后边缘相切（答图丁），最大半径 $R_{max} = \frac{3d}{4}$。

垂直于磁场的平面上，由牛顿运动定律可知，$q(v\sin\theta)B = m\frac{(v\sin\theta)^2}{R}$，解得 $R = \frac{mv\sin\theta}{qB}$；

代入 $R_{max} = \frac{3d}{4}$，解得 $\sin\theta_{max} = 0.5$，$\theta_{max} = 30°$。

此时沿轴线方向匀速运动，$t = \frac{5d}{v\cos\theta_{max}}$，解得 $t = \frac{20\sqrt{3}}{9}\frac{m}{qB} <$

$\frac{\pi m}{qB}$，所以粒子轨迹与磁场边缘相切。

考虑对速度方向斜向轴线下方的粒子运动的对称性，则收集率 $\eta = \frac{2\theta_{max}}{180°} \times 100\% \approx 33.3\%$。

5.

在立体图中，初判离子的初速度方向与磁场（电场）方向垂直	→	作出沿磁场方向观察的平面视图、磁感线与速度所在平面图，初步建模
↓		↑
选择合适的平面图，作出离子受力分析图与轨迹投影，分析离子的运动特征	→	根据电磁学规律、运动学规律、牛顿运动定律，联立方程求解

根据题干信息，在立体图中可获知离子速度方向与磁场方向垂直（为立体转平面选择最优平面做准备）。

作出初状态沿磁场方向观察的平面图（答图 1 甲），作出初速度与电磁场共面（xOz 平面）的平面图（答图 1 乙），发现离子做螺旋运动（为在平面图中进行受力分析与运动分析做准备）。

在答图甲、答图乙中进行受力分析与运动分析，从受力条件看，离子在垂直于轴线的平面上做匀速圆周运动，沿轴线方向做匀加速直线运动。

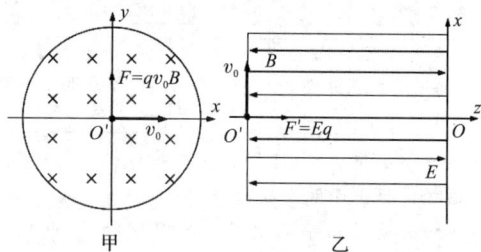

第 5 题答图 1

在垂直于轴线的平面内，由牛顿运动定律可知 $qv_0B = m\frac{v_0^2}{R}$，解得 $R = \frac{mv_0}{qB}$。

由 $T = \frac{2\pi R}{v_0}$，则 $T = \frac{2\pi m}{qB}$，角速度 $\omega = \frac{2\pi}{T} = \frac{qB}{m}$。

沿轴线方向上，$Eq = ma$，$L = \frac{1}{2}at^2$，解得 $t = \frac{2\pi m}{3qB}$。

离子做螺旋运动的轨迹草图如答图 2 甲所示，离子在检测器的落点为 P；离子螺旋运动在垂直于轴线平面上的投影如答图 2 乙所示，转过的角度 $\theta = \omega t = \frac{2}{3}\pi$，可求得 P 点横

384

坐标 $x=R\sin\theta=\dfrac{\sqrt{3}\,mv_0}{2qB}$，$P$ 点纵坐标 $y=R-R\cos\theta=\dfrac{3mv_0}{2qB}$。

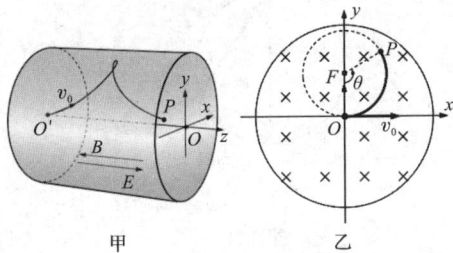

第 5 题答图 2

【拓展训练】

1. 由题意可判断磁场与导体棒垂直(为立体转平面选择最优平面做准备)。

将立体图转换成沿 ba 方向观察的平面视图(建立熟悉的斜面模型)，如答图甲所示。

在导轨平面内，电路结构如答图乙所示，由于导体棒切割答图甲中垂直于导轨平面的磁场分量 $B\sin\theta$，所以 $E=BLv\sin\theta$，$I=\dfrac{E}{R+r}$，方向沿 ba 方向。

磁场 B 垂直于导体棒，所以安培力 $F_A=ILB$，方向竖直向上。下滑时，导体棒受力情况如答图丙所示，当 $F_A=mg$ 时，导体棒恰好离开导轨。联立上述方程解得 $v=10\text{m/s}$。

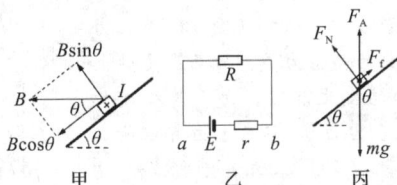

第 1 题答图

2. 蹄形磁体的磁场是对称非匀强磁场，沿对称的磁感线平面(竖直平面)作出磁感线分布图，如答图 1 甲所示(为立体转平面选择最优平面做准备)。

导线与非匀强磁场不垂直，在对称位置取两个电流元，电流元位置所在处磁感线分布如答图 1 乙所示，将磁场分解成平行导线、垂直于导线两个分量(为受力分析做准备)。

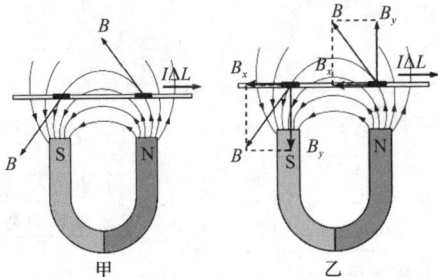

第 2 题答图 1

平行于导线的磁场分量 B_x 对导线不产生安培力，在俯视图(沿 B_y 方向视图)中，电流元所处磁场与受力情况如答图 2 甲所示。

由力与运动关系知，俯视图中，导线顺时针旋转。旋转任意角度时，如答图 2 乙所示，俯视图中，取一电流元，其所处位置磁场 B_x 与导线不垂直，将磁场分解成 $B_\parallel$、$B_\perp$，可判断导线受到向下的安培力。

综上所述，导线在通电后短时间内将一边顺时针旋转(俯

视)一边向下运动。

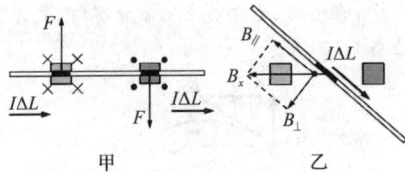

第 2 题答图 2

3. 已知速度方向与磁场方向不垂直，取速度与轴线成任意夹角 θ 的离子分析，速度与轴线所在平面的平面图如答图甲所示，将速度分解成沿磁场的分量 $v\cos\theta$ 和垂直于磁场的分量 $v\sin\theta$(为立体转平面寻找最优平面做准备)。

在沿着磁场方向的平面图中，离子的分速度方向与受力方向如答图乙所示。离子在磁场中做等距螺旋运动，在垂直于轴线的平面内以线速度 $v\sin\theta$ 做匀速圆周运动，在沿轴线方向以 $v\cos\theta$ 做匀速直线运动(处理后，联想到熟悉的等距螺旋运动模型)。

垂直于轴线的平面内，由牛顿运动定律有

$$q(v\sin\theta)B=\dfrac{m(v\sin\theta)^2}{r}\Rightarrow r=\dfrac{mv\sin\theta}{qB}$$

由圆周运动周期 $T=\dfrac{2\pi r}{v\sin\theta}=\dfrac{2\pi m}{qB}$，可知任意速度的离子周期均相等。

沿轴线方向离子做匀速运动，所有离子在真空管中运动的时间均相等，且都会聚于 O' 点(如答图丙所示，部分离子做等距螺旋运动在 O' 点情境);因而 $d=N\cdot v\cos\theta\cdot T(N=1,2,3,\cdots)$。

联立上述方程可解得 $r=\dfrac{md}{NqBT}\tan\theta$。

当 θ 最大时，半径 r 最大，此时离子做圆周运动的轨迹与圆管相切，对应圆管的半径最小，如答图丁所示，因而圆管的半径最小值

$$R_{\min}=2r=\dfrac{2\sqrt{3}\,md}{NqBT}=\dfrac{\sqrt{3}\,d}{N\pi}(N=1,2,3,\cdots)$$

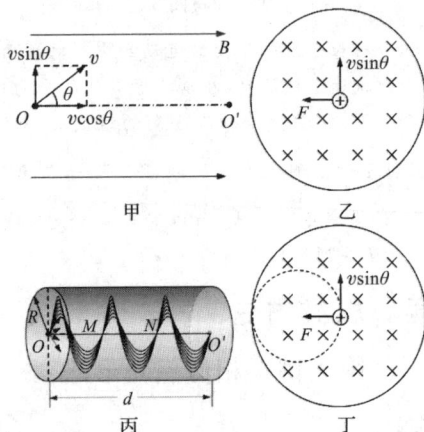

第 3 题答图

4. 题设磁场是空间对称的非匀强磁场(为表述方便，建立空间直角坐标系，x 轴垂直于纸面向内、y 轴向上、z 轴沿磁场轴线向右)，在 yOz 平面(一簇磁感线所在平面)内的磁场如答图 1 所示。设带电粒子 $(m,+q)$ 在图示位置的速度方向朝 z 轴正方向偏向 x 轴正方向，其沿 z 轴正方向速度分量为 v_z，沿 x 轴正方向速度分量为 v_x，粒子的速度方向与所在位

置磁场的方向不垂直(为立体转平面寻找最优平面做准备)。在答图 1 中,将磁场、速度沿 x、z 轴分解(为受力分析、简化模型做准备)。

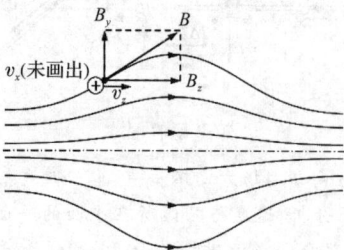

第 4 题答图 1

在 yOz 平面内粒子的受力情况如答图 2 所示,在垂直于轴线的平面(xOy 平面)内粒子的受力情况如答图 3 所示,所以粒子的螺旋运动可等效为:沿轴线方向 F_z 与 v_z 同向,粒子做加速直线运动;在垂直于轴线平面内 F_x 与 v_x 反向,粒子做减速圆周运动(通过受力分析建立运动模型)。

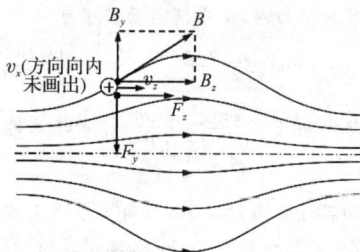

第 4 题答图 2

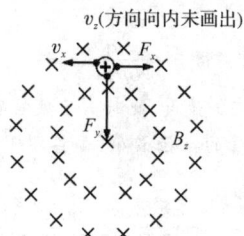

第 4 题答图 3

同理可以分析粒子沿轴线向右运动到中心对称面之后,沿轴线方向做减速直线运动,在垂直于轴线的平面内做加速圆周运动。因此,粒子沿轴线方向的速度 v_z 先增大后减小,又因粒子做圆周运动的周期 $T=\dfrac{2\pi m}{qB_z}$,与速度大小无关,由于 B_z 先减小后增大,所以周期先增大后减小,故螺距 $d=v_z\cdot T$ 先增大后减小。

第二章　思维方法

第 1 讲　相似三角形法

【基础训练】

1.
以小环为研究对象,进行受力分析	→	根据小环处于静止,三力可以构成闭合矢量△QPB

→
寻找后可知几何△AOB 与矢量△BPQ 相似	→	利用相似三角形对应边成比例,写出关系式

(1)小环受重力 mg、支持力 F_N、弹簧弹力 $F_弹$,作出受力分

析图如答图所示。

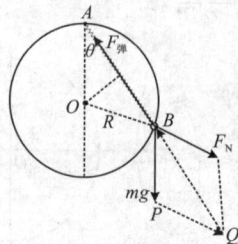

第 1 题答图

(2)小环处于平衡状态,受到的三个力合力为零,所以将三力平移,头尾相连构成闭合矢量△QPB,设此时弹簧的长度为 L,由图可知,几何△AOB 与矢量△BPQ 相似。

(3)由相似三角形对应边成比例有

$$\frac{mg}{R}=\frac{F_N}{R}=\frac{k(L-L_0)}{L}$$

2.
以结点 C 为研究对象,进行受力分析	→	结点 C 始终处于平衡,三力可构成闭合矢量△CDC′

→
可知矢量△CDC′ 与几何△ABC 相似	→	利用相似三角形对应边成比例列式

取结点 C 为研究对象,受力分析如答图所示,受到挂重物绳的拉力 F_T(等于重物的重力)为恒力,还受 BC 绳拉力 F,以及杆的支持力 F_N,后两个力的大小、方向均发生改变。由于是缓慢拉动,结点合力为零,即三个力可以构成闭合矢量△CDC′(三力进行平移时,建议:大小、方向都不变的挂重物绳的拉力 F_T 可以不动,将支持力平移到 CC′ 处,将拉力 F 平移到 DC′ 处)。从图中可得矢量△CDC′ 与几何△ABC 相似,有

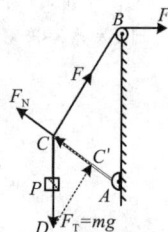

第 2 题答图

$$\frac{mg}{AB}=\frac{F_N}{AC}=\frac{F}{BC}$$

AB、AC 均不变,故支持力 F_N 大小不变,而 BC 不断变小,故拉力 F 不断变小,即 BC 绳中拉力不断变小。因此,B、D 两个选项正确。

3.
以小球 B 为研究对象,进行受力分析	→	小球 B 处于平衡状态,三力可以构成闭合的矢量△BPQ

→
寻找后可知矢量△BPQ 与几何△OAB 相似	→	利用相似三角形对应边成比例列式

对小球 B 进行受力分析如答图所示,它受重力 m_Bg、拉力 F_T、库仑力 F_C,当 A、B 两球相距为 d,以及 A、B 间的距离减为 $\dfrac{d}{2}$ 时,小球 B 均受到三个力处于平衡状态,即小球 B 处于动态平衡中。三个力平移构成闭合矢量△BPQ,容易发现它与几何△OAB 相似,对应边成比例

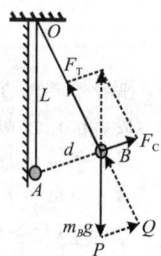

第 3 题答图

$$\frac{m_Bg}{L}=\frac{F_T}{L}=\frac{F_C}{d}=k\frac{Q_AQ_B}{d^3}$$

所以,当 A、B 两球距离由 d 变为 $\dfrac{d}{2}$ 时,可采取措施有:将小球 B 的质量增大到原来的 8 倍,B 项正确;或者将小球 A、B 的电荷量都减小到原来的 $\dfrac{1}{2}$,同时将小球 B 的质量增大到原来的 2 倍,D 项正确。答案为 BD。

【拓展训练】

1. 只要找到影子沿墙壁运动的位移随时间变化的关系,便可知道影子的运动情况。如答图所示,不难发现,小球在做平抛运动的过程中,被光源投射在墙上的影子 D,与光源 S 及 S 在墙上的垂足 C 构成的几何直角三角形,与小球水平分位移 x、竖直分位移 y 及合位移 SB 构成的矢量三角形相似。

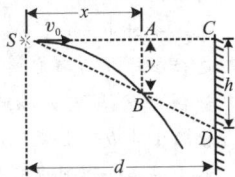

第 1 题答图

小球做平抛运动,可分解为水平匀速直线运动和竖直自由落体运动。

经过时间 t,水平位移 $x=v_0 t$;

竖直位移 $y=\dfrac{1}{2}gt^2$。

设影子在墙上移动距离为 h,由 $\triangle SAB$ 与 $\triangle SCD$ 相似得 $\dfrac{h}{y}=\dfrac{d}{x}$。

影子在墙上移动距离 $h=\dfrac{d}{x}y=\dfrac{gd}{2v_0}t$。

综上可见影子在墙上做匀速直线运动,移动速度 $v=\dfrac{gd}{2v_0}$。

2. 根据加速度的定义式 $a=\dfrac{\Delta v}{\Delta t}$,先通过作图法得到 Δv,将物体在 A 点的线速度 v_A 平移,与在 B 点速度 v_B 尾部相连,则从 v_A 箭头指向 v_B 箭头的有向线段表示物体从 A 到 B 的速度变化 Δv。

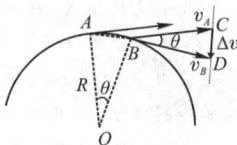

第 2 题答图

当时间 Δt 足够短,v_B、v_A 的夹角 θ 足够小,θ 角对应的弧与弦的长度近似相等,$v_B \approx v_A = v$。仔细观察答图,可以发现,由 v_A、v_B 及 Δv 构成的矢量 $\triangle BCD$,与几何 $\triangle OAB$ 相似,对应边成比例,可得 $\dfrac{\Delta v}{v}=\dfrac{\overline{AB}}{R}$。

因此,可以得到物体在 A 点的向心加速度
$$a_{\mathrm n}=\dfrac{\Delta v}{\Delta t}=\omega v=\dfrac{v^2}{R}$$

3. 本题考查带电粒子在电场中的偏转,做类平抛运动。出电场时速度的反向延长线交于水平位移的中点。如答图所示,可以利用三角形相似,确定电子恰不打在挡板上时,它在电场中的竖直偏移量 y。

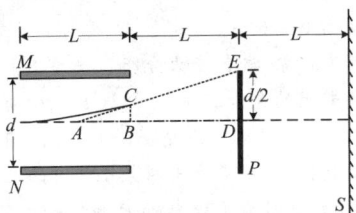

第 3 题答图

电子离开电场时竖直侧移量大于 y 且小于 $\dfrac{d}{2}$ 时才能达到屏 S 上,图中 $\triangle ABC \backsim \triangle ADE$,对应边成比例,即
$$\dfrac{y}{\dfrac{d}{2}}=\dfrac{\dfrac{L}{2}}{\dfrac{3L}{2}} \Rightarrow y=\dfrac{d}{6}$$

由 $\dfrac{d}{6} \leqslant y \leqslant \dfrac{d}{2}$ 和 $y=\dfrac{1}{2}at^2=\dfrac{eUL^2}{2dmv_0^2}$ 可得
$$\dfrac{eUL^2}{2d^2} \leqslant E_{k0} \leqslant \dfrac{3eUL^2}{2d^2}$$

4. 两小球均处于平衡状态。每个球受三个力,三个力构成的闭合矢量三角形均可以找到相应的几何三角形,可以利用三角形相似法来处理。

对两小球分别进行受力分析,作出受力分析图如答图所示。

由图可知,小球 m_1 所受三个力构成的矢量 $\triangle DAC$ 与几何 $\triangle OO'A$ 相似,对应边成比例
$$\dfrac{m_1 g}{OO'}=\dfrac{F_T}{L_1}$$

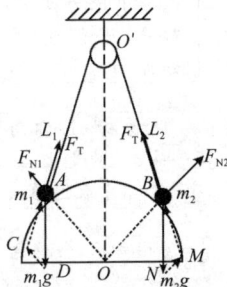

第 4 题答图

小球 m_2 所受三个力构成的矢量 $\triangle NBM$ 与几何 $\triangle OO'B$ 相似,对应边成比例
$$\dfrac{m_2 g}{OO'}=\dfrac{F_T}{L_2}$$

由上述两式可得 $\dfrac{m_1}{m_2}=\dfrac{L_2}{L_1}=\dfrac{25}{24}$。

综上,选项 D 正确。

第 2 讲　动态矢量三角形法

【基础训练】

1.

选结点 O 为研究对象,进行受力分析	→	平移 F_1 和 F_2,与 F_T 构成首尾相连封闭的矢量三角形
→ 分析减小 OM 后 F_1 的变化情况,在同一幅图中表达 F_1、F_2、F_T	→	通过分析三角形各边边长的变化情况,讨论 F_1 的变化

以结点 O 为研究对象,其受到竖直悬绳的拉力 $F_T=mg$(为恒力),ON 绳的拉力 F_2(方向不变),OM 绳的拉力 F_1(大小、方向都变)。当减小 OM 绳长度过程中,如答图所示,F_1 与竖直方向的夹角变小,F_1 先减小,当与 F_2 垂直时最小,然后增大。所以,在不断减小 OM 绳长度的过程中,拉力 F_1 先减小后增大。

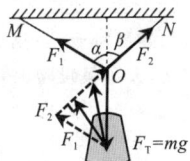

第 1 题答图

2.

选择小球 B 为研究对象,进行受力分析	→	平移拉力 F_T 和静电力 F_{AB},与重力 mg 构成首尾相连封闭的矢量三角形
→ 分析小球 A 位置变化后 F_{AB} 的变化,在同一幅图中表达 F_T、F_{AB}、mg	→	通过三角形边长的变化情况分析 F_{AB} 的变化

如答图所示，拉力 F_T 的方向始终不变，静电力 F_{AB} 的方向由水平转变为竖直状态的过程中，静电力 F_{AB} 的大小先减小，当与拉力 F_T 垂直时达到最小，接着逐渐增大。因此，F_{AB} 先减小后增大。

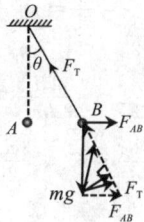

第 2 题答图

3.

选择小球为研究对象，进行受力分析	→	平移拉力 F_T 和静电力 qE，与重力 mg 构成首尾相连封闭的矢量三角形

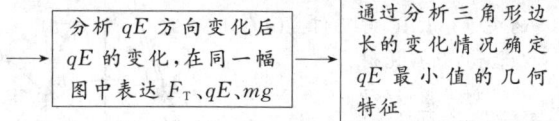

→

分析 qE 方向变化后 qE 的变化，在同一幅图中表达 F_T、qE、mg	→	通过分析三角形边长的变化情况确定 qE 最小值的几何特征

如答图所示，当静电力 qE 与绳子的拉力 F_T 垂直时，电场力的值最小。由三角函数关系得

$$\sin 60° = \frac{qE_{min}}{mg} \Rightarrow E_{min} = \frac{\sqrt{3}mg}{2q}$$

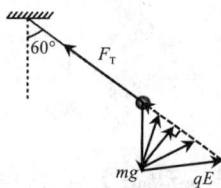

第 3 题答图

4.

选导体棒为研究对象，进行受力分析	→	平移安培力 F 和弹力 F_N，与 mg 构成首尾相连封闭的矢量三角形

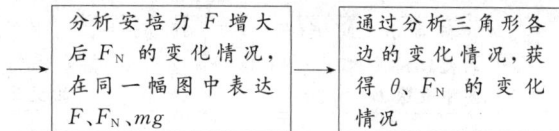

→

分析安培力 F 增大后 F_N 的变化情况，在同一幅图中表达 F、F_N、mg	→	通过分析三角形各边的变化情况，获得 θ、F_N 的变化情况

如答图所示，当电流强度 I 缓慢增大时，安培力 F 方向不变，大小缓慢增大，弹力 F_N 与竖直方向的夹角 θ 逐渐增大，F_N 增大。因此，电流强度 I 缓慢增大，θ、F_N 均缓慢增大。

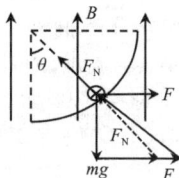

第 4 题答图

【拓展训练】

1. 选小球为研究对象，进行受力分析。平移 F_{N1} 和 F_{N2}，与 mg 构成首尾相连封闭的矢量三角形。分析右侧筷子缓慢变为水平状态过程中，F_{N2} 的变化。在同一幅图中表达 F_{N1}、F_{N2}、mg。通过分析三角形各边边长的变化情况，讨论 F_{N1}、F_{N2} 的变化。

如答图所示，左侧筷子固定不动，F_{N1} 的方向始终不变；右侧筷子缓慢转为水平状态的过程中，F_{N2} 与竖直方向的夹角逐渐减小，当 F_{N2} 与 F_{N1} 垂直时，F_{N2} 最小。结论：F_{N1} 一直减小，当右侧筷子水平时 F_{N1} 为零；F_{N2} 先减小后增大，当右侧筷子水平时 F_{N2} 等于 mg。

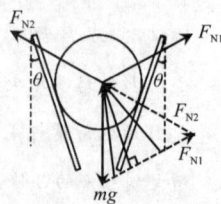

第 1 题答图

2. 选择小球 a 为研究对象，进行受力分析。平移弹力 F_N 和静电力 F，与重力 mg 构成首尾相连封闭的矢量三角形。分析小球 b 位置变化后静电力 F 的变化，在同一幅图中表达 F、F_N、mg，通过三角形的变化情况分析 F 的变化。

如答图所示，斜面对小球 a 如果有弹力，弹力的方向垂直于斜面向上，方向始终不变。放置在 A 点可以，此时小球 b 带正电；放置在 B 点不可以；放置在 C 点可以，此时小球 b 带负电。

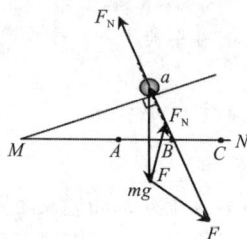

第 2 题答图

3. 选金属棒 MN 为研究对象，进行受力分析。平移安培力 F 和拉力 F_T，与 mg 构成首尾相连封闭的矢量三角形。分析 F 方向变化后 F 大小变化情况，在同一幅图中表达 F_T、F、mg，通过分析三角形各边的变化情况，讨论安培力 F 的最小值。

如答图所示，当安培力 F 与绳子的拉力 F_T 垂直时，安培力的值最小。由三角函数关系有 $\sin\theta = \frac{B_{min}IL}{mg}$，得 $B_{min} = \frac{mg\sin\theta}{IL}$，此时磁感应强度 B 的方向与绳子拉力 F_T 方向一致。

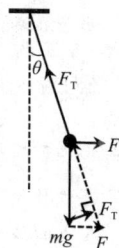

第 3 题答图

4. 物体在匀速运动的过程中受四个力，即重力 mg、地面对物体的支持力 F_N、滑动摩擦力 F_f 以及外力 F。这种情况是否可以应用动态矢量三角形的方法呢？我们可以把弹力和滑动摩擦力合成为地面对物体的作用力 $F_合$，这样就转化成了三个力。转换为三个力之后，是否就可以用了呢？从方法的适用条件来看，重力是恒力，那么地面对物体作用力 $F_合$ 的方向是否不变呢？如答图 1 所示，$\tan\alpha = \frac{F_f}{F_N} = \mu$，即地面对物体作用力 $F_合$ 的方向与竖直方向的夹角为 α，始终不变。进一步分析 mg、$F_合$ 与 F 发现：重力 mg 为恒力，地面对物体的作用力 $F_合$ 方向始终不变。符合使用动态矢量三角形解决问题的条件。

选物体为研究对象，进行受力分析。平移 $F_合$、F，与 mg 构成首尾相连封闭的矢量三角形，分析 F 方向变化后 F 大小变化情况，在同一幅图中表达 $F_合$、F、mg。通过分析三角形各边的变化情况，确定 F 取得最小值时的几何特征。

如答图 2 所示，当拉力 F 与地面对物体的作用力 $F_合$ 垂直时，拉力 F 的值最小。

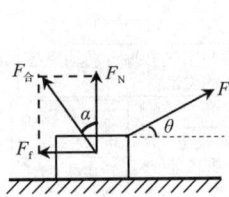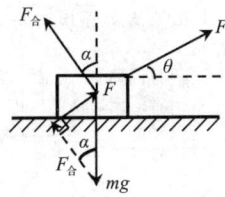

答图1　　　　　答图2

第4题答图

由三角函数关系 $\sin\alpha=\dfrac{F_{min}}{mg}$ 得

$$F_{min}=mg\sin\alpha \qquad ①$$

$$\tan\alpha=\dfrac{F_f}{F_N}=\mu \qquad ②$$

$$\sin^2\alpha+\cos^2\alpha=1 \qquad ③$$

联立②③两式得

$$\sin\alpha=\dfrac{\mu}{\sqrt{1+\mu^2}} \qquad ④$$

联立①④两式得 $F_{min}=\dfrac{\mu mg}{\sqrt{1+\mu^2}}$。

此时 $\theta=\alpha$，即 $\tan\theta=\tan\alpha=\mu$。

第3讲　辅助圆法

【基础训练】

1. 选小球为研究对象并进行受力分析　→　通过平移，将平衡的三个力构成一个闭合的矢量三角形

以重力为直径，作出矢量三角形的外接圆　→　据题目条件和所求，挡板从A转到B的过程中，三角形 F_1 边逐渐增长，F_2 边逐渐变短，即 F_1 逐渐增大，F_2 逐渐减小

对小球进行受力分析，将三平衡力移至首尾相连，如答图1所示，圆弧面对小球的支持力 F_1 与挡板对小球的支持力 F_2 相互垂直，作以重力为直径，过 F_1、F_2 交点的辅助圆如答图2所示，在挡板从A转到B的过程中，F_1、F_2 交点逐渐下移，三角形中 F_1 边逐渐变长，F_2 边逐渐变短，即 F_1 逐渐增大，F_2 逐渐减小。

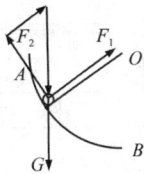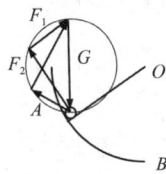

第1题答图1　　第1题答图2

2. 选长臂猿为研究对象并进行受力分析　→　通过平移，将平衡的三个力构成一个闭合的矢量三角形

作出矢量三角形的外接圆　→　据题目条件和所求，当顺时针缓慢转动大圆时，三角形 F_1 边逐渐缩短，F_2 边逐渐变长，即 F_1 逐渐减小，F_2 逐渐增大

对长臂猿进行受力分析，将 F_1、F_2 和 G 移至首尾相连，作出其外接圆如答图所示，因为 F_1、F_2 首尾相连处夹角大于 $90°$，所以此辅助圆中重力对应的弦非直径，沿顺时针方向转动 F_1、F_2 的交点，F_1 逐渐减小，F_2 逐渐增大。

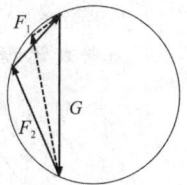

第2题答图

3. 水速 v 是恒矢量、合速度方向确定，大小可变　→　将 v、$v_{船}$ 两矢量首尾相连，与合矢量构成矢量三角形

以 v、$v_{船}$ 两矢量交点为圆心，以 $v_{船}$ 大小为半径作辅助圆　→　据题目条件和所求，找到从固定矢量起点开始的，到圆周上的切线

船速 v 恒定，当船沿直线 AB 行驶时安全且有最小船速。将水速 v 和船速 $v_{船}$ 移至首尾相连，如答图所示，以交点为圆心，以 $v_{船}$ 为半径作辅助圆，当辅助圆与 AB 边相切时，对应最小船速。

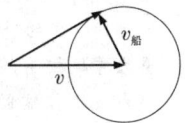

第3题答图

4. 合力 F 是恒矢量，分力 F_1 大小确定，方向可变　→　将 F、F_1 两矢量共起点，与分力 F_2 构成矢量三角形

以 F、F_1 两矢量交点为圆心，以 F_1 大小为半径作辅助圆　→　据题目条件和所求，找到从圆周开始指向合力 F 的分矢量 F_2，则 F_2 与 F 的夹角的范围，从 $0°$ 到圆周上的切线。

根据合力与分力的矢量三角形关系，将 F 先固定下来，让 F_1 与 F 共起点，以此点为圆心，以8N大小为半径作辅助圆，则 F_2 应以圆周上某点为起点，指向 F 的末端，如答图所示，F_2 与 F 的夹角最小为 $0°$，当 F_2 与辅助圆相切时夹角最大为 $53°$。

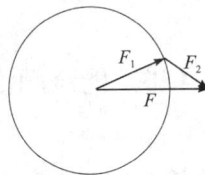

第4题答图

【拓展训练】

1. 根据合力与分力的关系，以 F、F_1 和 F_2 三矢量为边做出闭合的矢量三角形，如答图所示，F_1 和 F_2 首尾相连时，夹角 $\alpha=30°$，当 F_2 为该辅助圆直径时最大，根据几何关系知，辅助圆直径为20N，所以 F_2 最大为20N。

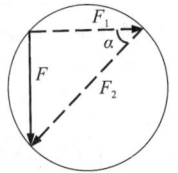

第1题答图

2. 对题图中的小物块进行受力分析，它受到重力 G、推力 F、支持力 F_N，如答图所示，将三个力移到一个矢量三角形中，作该三角形外接辅助圆，重力为其一条直径，在小物块从 A 向 B 移动过程中，推力 F 与支持力 F_N 的交点位置逐渐从辅助圆的底端往顶端顺时针方向移动，在矢量三角形中推

389

力 F 逐渐变短,支持力 F_N 逐渐变长,所以推力 F 逐渐变小,支持力 F_N 逐渐变大。

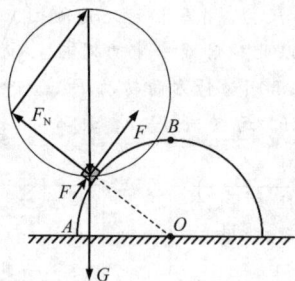

第 2 题答图

3. 选小球为研究对象,进行受力分析,小球受到重力 G、弹簧拉力 F_T、拉力 F,根据重力大小方向不变,拉力 F 大小不变的特点,可将 F 移至与重力首尾相连,以交点为圆心,F 大小为半径作辅助圆如答图所示,又由于 $\alpha+\beta<90°$,则弹簧拉力 F_T 和拉力 F 相连处夹角大于 $90°$,随着 F 方向缓慢转至水平,F_T 与辅助圆交点位置逐渐移至水平,过程中 F_T 逐渐转至与辅助圆相切,然后再相切,因而角 α 先变大再变小,弹簧拉力 F_T 逐渐变大。

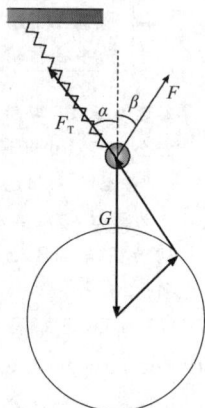

第 3 题答图

4. 对结点 O 进行受力分析,将三个平衡力移到一个首尾相连的矢量三角形中如答图所示,弹簧秤 A 的示数 F_A 不变,所以 F_A 矢量可以在以 F、F_A 交点为圆心,以 F_A 大小为半径的圆周上沿逆时针方向转动,F_B 起点跟着一起转动,终点不动,所以 B 的拉力增大,角 β 先减小后增大。

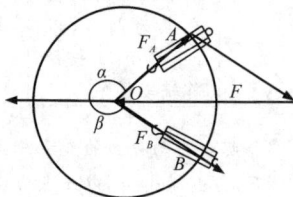

第 4 题答图

第 4 讲　能流图法

【基础训练】

1.
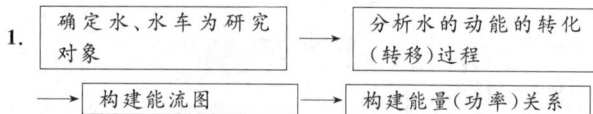

具体能流图如答图所示。

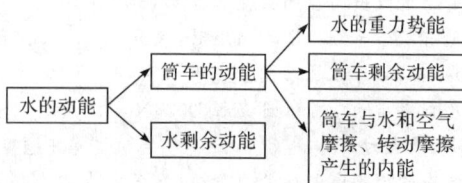

第 1 题答图

2.
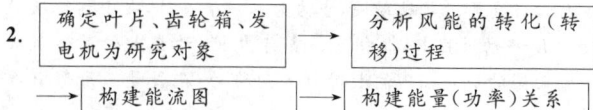

具体能流图如答图所示。

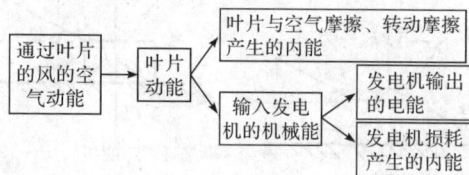

第 2 题答图

3.
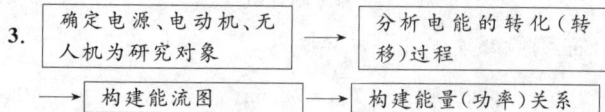

具体能流图如答图所示。

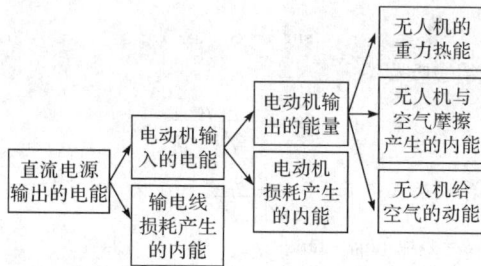

第 3 题答图

4.
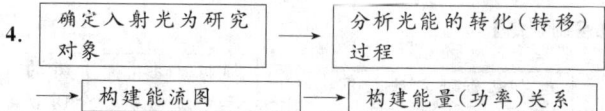

具体能流图如答图所示。

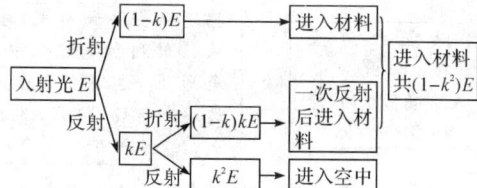

第 4 题答图

5.
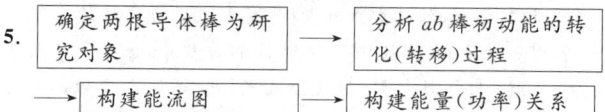

具体能流图如答图所示。

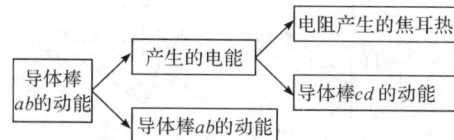

第 5 题答图

【拓展训练】

1. 具体能流图如答图所示。

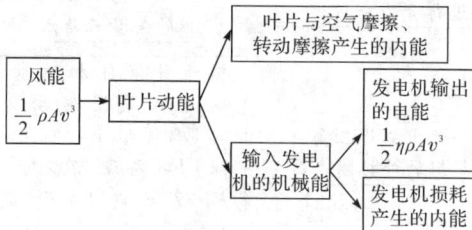

第 1 题答图

2. 具体能流图如答图所示。

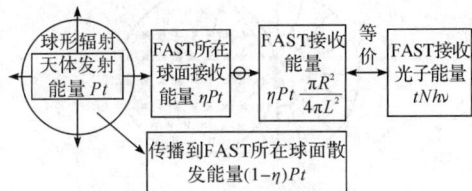

第2题答图

3. 具体能流图如答图所示。

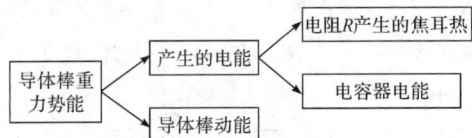

第3题答图

4. 具体能流图如答图所示。

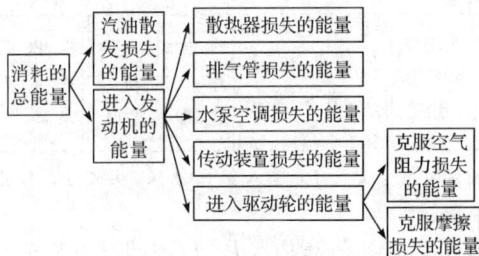

第4题答图

5. 具体能流图如答图所示。

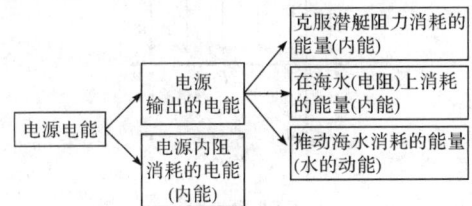

第5题答图

第5讲 知"三"定圆法

【基础训练】

1.

作出初速度方向的垂线 → 作弦 ac 的中垂线与初速度垂线的交点即圆心

→ 根据半径大小,确定几何关系,求出电子的偏转角

如答图所示,电子2的偏转角为60°,选项A正确。

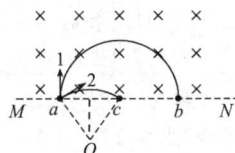

第1题答图

2.

作出初、末速度的垂线 → 两垂线交点即圆心 O,作出轨迹圆

→ 确定几何关系,求出偏转半径和偏转角

如答图所示,两粒子在磁场中做圆周运动的周期相同,两

粒子在磁场中偏转角度分别为60°和30°,选项B正确。

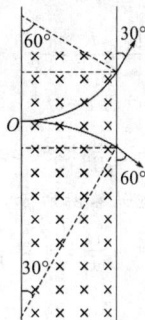

第2题答图

3.

作出初、末速度的垂线 → 两垂线交点即圆心 O,作出轨迹圆

→ 根据偏转角,确定几何关系,求出偏转半径

如答图所示,由几何关系可得以 v_1 射入磁场时的半径 $r_1=R$,以 v_2 射入磁场时的半径 $r_2=\sqrt{3}R$,由此可得 $\dfrac{v_1}{v_2}=\dfrac{r_1}{r_2}=\dfrac{\sqrt{3}}{3}$,选项B正确。

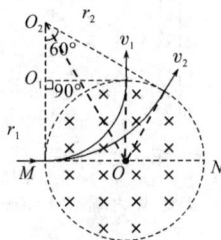

第3题答图

4.

作出初速度的垂线 → 根据题意以任意半径作出轨迹圆 O

→ 确定几何关系,求出偏转半径及偏转角

如答图所示,如果 N 点到虚线的距离为 L,根据几何关系有 $\cos\alpha=\dfrac{R-L}{R}$,得 $R=2L$,又由 $R=\dfrac{mv}{qB}$,则 $v=2kBL$,选项C正确。

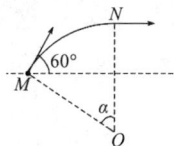

第4题答图

【拓展训练】

1. 如答图所示,由

$$qvB=m\frac{v^2}{R},\quad T=\frac{2\pi R}{v}$$

$$R_1=\frac{mv}{qB},\quad R_2=\frac{2mv}{qB}$$

$$T_1=\frac{2\pi m}{qB},\quad T_2=\frac{4\pi m}{qB}$$

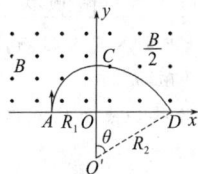

第1题答图

第二象限中 $t_1 = \dfrac{T_1}{4}$，第一象限中 $t_2 = \dfrac{\theta}{2\pi}T_2$。

由几何关系有 $\cos\theta = \dfrac{R_2 - R_1}{R_2} = \dfrac{1}{2}$，可得 $t_2 = \dfrac{T_2}{6}$。

粒子在磁场中运动的时间 $t = t_1 + t_2$。

联立以上各式解得 $t = \dfrac{7\pi m}{6qB}$，选项 B 正确。

2. 作出粒子的运动轨迹如答图所示，由图中几何关系可知 $R_1 = 2R_2$，根据 $qvB = m\dfrac{v^2}{R}$，可得 $\dfrac{B_1}{B_2} = \dfrac{R_2}{R_1} = \dfrac{1}{2}$，选项 C 正确。

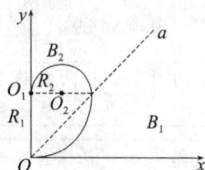

第 2 题答图

3. 如答图所示，根据几何关系，$L + r = \sqrt{2}L$。又由 $qvB = m\dfrac{v_2}{r}$，解得 $v = \dfrac{(\sqrt{2}-1)qBL}{m}$，选项 C 正确。

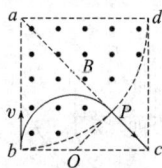

第 3 题答图

4. 磁感应强度最小时轨迹与内圆相切，如答图所示，根据勾股定理有 $r^2 + 4a^2 = (r+a)^2 \Rightarrow r = \dfrac{3}{2}a$。

由 $evB_{\min} = m\dfrac{v^2}{r}$，解得 $B_{\min} = \dfrac{2mv}{3ae}$，选项 B 正确。

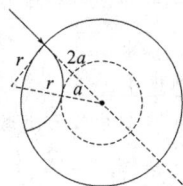

第 4 题答图

第 6 讲　虚拟边界法

【基础训练】

1.

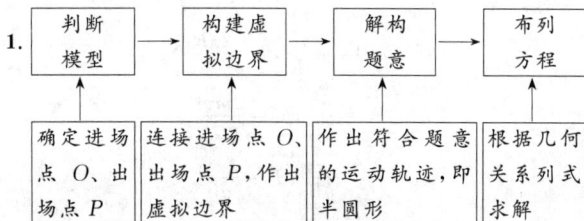

(1)确定模型：从 O 点进入圆形磁场，六分之一的圆弧处（记为 P 点）离开磁场。

(2)构建虚拟边界：连接 O 点和 P 点作出虚拟边界，如答图所示。

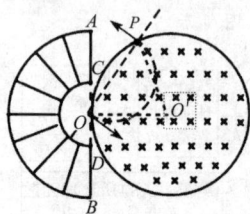

第 1 题答图

(3)解构题意：由于 P 点在距离 O 点六分之一的圆弧处，故 $\triangle OPO'$ 为等边三角形。

(4)布列方程 $r = \dfrac{1}{2}R$，$qvB = m\dfrac{v_0^2}{r}$ 求解，得 $B = \dfrac{mv_0}{qr} = 0.4\text{T}$。

2.

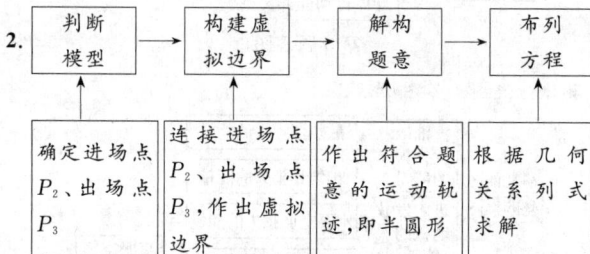

(1)确定模型：从点 P_2 进入第四象限，从点 P_3 离开第四象限。

(2)构建虚拟边界：连接点 P_2、P_3 作出虚拟边界如答图所示。

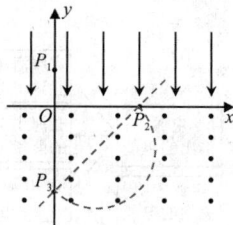

第 2 题答图

(3)解构题意：由于 $OP_2 = OP_3$，速度和 x 轴正方向成 $45°$ 角，所以速度和 P_2P_3 连线垂直，按照"直进直出"模型可知 P_2P_3 连线就是粒子轨迹圆的直径。

(4)布列方程：$r = \sqrt{2}h$，$qvB = m\dfrac{v^2}{r}$ 求解，得 $B = \dfrac{mv_0}{qh}$。

3.

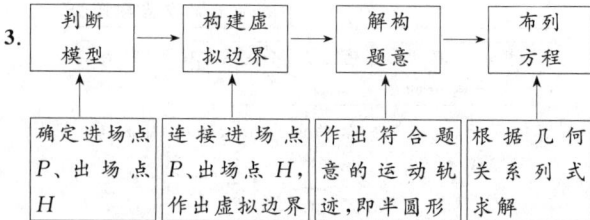

(1)判断模型：P 为入射点，由于要求磁场中的运动时间，必然有出场点，符合"虚拟边界"求法。

(2)构建虚拟边界：根据 $r = \dfrac{mv_0}{q(2B)}$ 可知，$r = \dfrac{R}{2}$，恰好等于射入点到 ab 的距离。作出直线 PH 垂直 ab 于 Q，作为虚拟边界，根据几何关系，PH 恰为直径，H 为出射点，如答图所示。

第 3 题答图

(3) 解构题意：由于入射速度方向平行于 ab，可判断出垂直于 PH，按照"直进直出"模型可知运动的圆心角 $\theta=\pi$。

(4) 布列方程：$t=\dfrac{\theta}{2\pi}\cdot\dfrac{2\pi m}{q(2B)}=\dfrac{\pi m}{2qB}$。

【拓展训练】

1. (1) 判断模型：粒子从 O 点进入磁场，假设从 c 点出射，则将从 e 点就出磁场了，如答图 1 所示。同理也不可能从 d 点出场。假设从 $b(a)$ 点出场，符合"虚拟边界"方法。

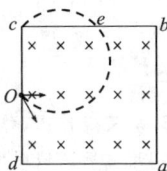

第 1 题答图 1

(2) 构建虚拟边界：连接 Ob，连接 Oa，分别构建虚拟边界。

(3) 解构题意：根据题意和几何关系可知入射方向和 Ob 边界约成 $87°$ 角 $(\angle Oba=63°)$，作出如答图 2 所示的运动轨迹，根据"斜进斜出"可知不能从 b 点出射。根据题意和几何关系可知，粒子入射方向和 Oa 边界约成 $33°$ 角（大于 $\angle Oad=27°$），作出如答图 3 所示的运动轨迹根据"斜进斜出"可知不能从 a 点出射。

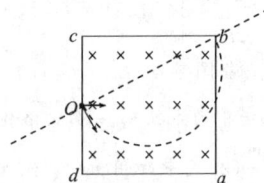 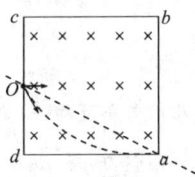

第 1 题答图 2　　　第 1 题答图 3

2. (1) 判断模型：从 P 点进入第一象限，根据题目信息"经 P 点即刻进入处于第一象限内的磁场 B_2 区域"，确定入场点。一段时间后，小球经过 y 轴上的 N 点并与 y 轴正方向成 $60°$ 角飞出，作出速度的反向延长线，线上有出场点，符合"虚拟边界"方法。

(2) 构建虚拟边界：根据"斜进斜出"模型，所以可以作 DP 垂直于 x 轴为虚拟边界，符合题目要求。由于"B_2 磁场的下边界与 x 轴重合"和矩形磁场区域，过 P 点作与 x 轴垂直的直线，交出场方向于 D 点，构建虚拟边界。

(3) 解构题意：作出如答图所示的运动轨迹，根据"斜进斜出"和几何关系，可知 $PACD$ 为最小的矩形磁场区域。

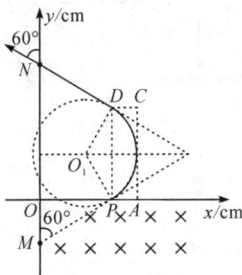

第 2 题答图

(4) 布列方程求解：

由于粒子在第四象限沿直线运动，所以 $qE=qvB_1$，解得 $v=10^3$ m/s。由几何关系可知粒子在第一象限内做圆周运动的轨迹圆半径 $R=\dfrac{\sqrt{3}}{15}$ m。由答图知

$$PD=2R\sin 60°=0.2\ \text{m}$$

$$PA=R(1-\cos 60°)=\dfrac{\sqrt{3}}{30}\ \text{m}$$

所求磁场的最小面积

$$S=\overline{PD}\cdot\overline{PA}=\dfrac{1}{5}\times\dfrac{\sqrt{3}}{30}\ \text{m}^2=\dfrac{\sqrt{3}}{150}\ \text{m}^2$$

3. (1) 判断模型：根据题意，作出任意运动轨迹，确定进场点 c 和出场点 f，如答图 1 所示。

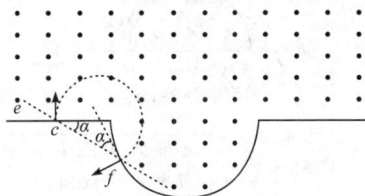

第 3 题答图 1

(2) 构建虚拟边界：连接 ef 作出虚拟边界，根据几何关系可以求得 $\theta=2\pi-(\pi-2\alpha)=\pi+2\alpha$，$\alpha$ 越大，圆心角越大。

(3) 解构题意：根据 $t=\dfrac{\theta m}{qB}$，由于 m、q、B 都是确定值，α 角最大时，运动时间最长，即虚拟边界 ef 和磁场圆边界相切时，如答图 2 所示。

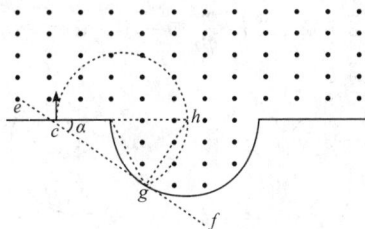

第 3 题答图 2

(4) 布列方程求解：根据题意可知，答图 2 中 ch 为 hg 的 2 倍，所以 $\alpha=30°$，则 $\theta=\dfrac{4\pi}{3}$ 时，时间最长，$t=\dfrac{4\pi m}{3qB}$。

第 7 讲　点源收放圆法

【基础训练】

1.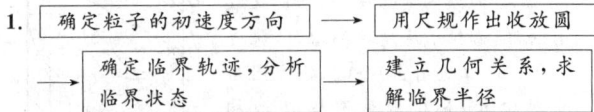

根据题意作出轨迹圆，磁感应强度取最小值时对应的临界状态如答图所示。

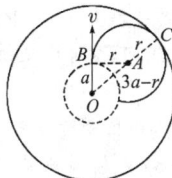

第 1 题答图

由几何关系得

$$a^2+r^2=(3a-r)^2$$

又由 $evB=m\dfrac{v^2}{r}$，解得 $B=\dfrac{3mv}{4ae}$，选项 C 正确。

2.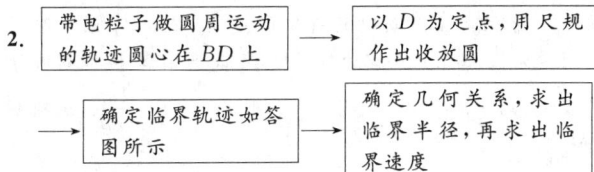

根据答图可得到半径满足条件 $1.5L<r\leqslant4L$，从而得到速率满足条件 $\dfrac{1.5qBL}{m}<v\leqslant\dfrac{4qBL}{m}$。

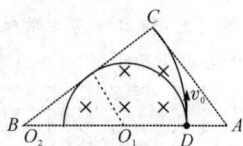

第 2 题答图

3. 确定两个出射点的位置 → 连接入射点和出射点，确定带电粒子做圆周运动的轨迹圆心

→ 作出带电粒子在磁场中做圆周运动的轨迹图 → 根据几何关系求出临界半径

如答图所示，由几何关系可知粒子运动的半径

$$r_1=R\cos60°=\frac{1}{2}R,\ r_2=R\cos30°=\frac{\sqrt{3}}{2}R$$

由圆周运动半径公式 $r=\dfrac{mv}{qB}$ 可知，$v_2:v_1=r_2:r_1=\sqrt{3}:1$，选项 C 正确。

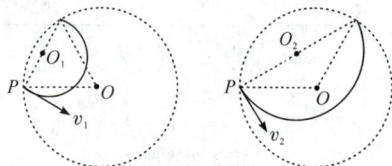

第 3 题答图

4. 确定粒子的初速度方向 → 用尺规作出收放圆

→ 确定临界轨迹，分析临界状态 → 建立几何关系，求解临界半径

如答图所示，粒子从 O 点以与 Od 成 $30°$ 角的方向射入磁场，根据收放圆法，随着粒子速度逐渐增大，轨迹按①（从 cd 边射出）→②（轨迹圆与 bc 边相切）→③（轨迹圆与 ab 边相切）→④（轨迹圆与 da 边相切）依次变化。

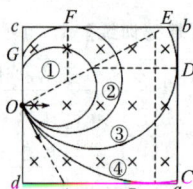

第 4 题答图

由图可知粒子在四条边射出时，射出范围分别为 O、G 间，F、E 间，D、C 间，B、A 间，不可能从四个顶点射出，故选项 A 正确。

粒子运动周期为 $2t_0$，由图分析可知，从 ab 边射出的粒子所用时间不可能为 t_0，从 bc 边射出的粒子所用时间不超过 $\dfrac{2}{3}T=\dfrac{4t_0}{3}$，从 cd 边射出的粒子圆心角都是 $300°$，所用时间一定为 $\dfrac{5T}{6}=\dfrac{5t_0}{3}$，选项 D 正确。

本题答案为 A、D。

【拓展训练】

1. 如答图所示，粒子转过的圆心角 $\theta=\pi+2\beta$，当 β 最大时，θ 有最大值，由几何知识分析可知，当 ce 与圆弧 ab 相切时，β 最大，此时 $\beta=30°$，可得 $\theta=\dfrac{4}{3}\pi$，则 $t=\dfrac{\theta}{2\pi}T=\dfrac{4\pi m}{3qB}$，选项 C 正确。

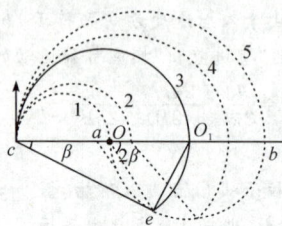

第 1 题答图

2. 用尺规作图，作出一系列收放圆，如答图所示，只要粒子离开磁场区域时的速度方向斜向左上方，则粒子就不会打在荧光屏上。当粒子恰好打不到荧光屏上时，粒子沿答图中轨迹②方向从磁场的最高点竖直向上射出磁场。

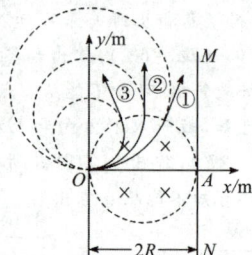

第 2 题答图

由几何关系可知，粒子在磁场中的半径 $r_3=R$，由洛伦兹力提供向心力，得 $qv_2B=m\dfrac{v_3^2}{r_3}$（公式中改用 v_2、r_2 代入，）解得 $v_2=1.5\times10^6$ m/s。由上述分析可知，当 $v_0>1.5\times10^6$ m/s 时，粒子能打到荧光屏上。

3. 由题给条件知道速度大小不同的粒子均要水平通过 OM，即粒子飞出磁场的位置均应在 ON 的连线上，如答图所示，故磁场范围的最小面积 ΔS 是速度最大的粒子在磁场中的轨迹与 ON 所围成的面积，扇形 $OO'N$ 的面积 $S=\dfrac{1}{3}\pi R^2$，$\triangle OO'N$ 的面积 $S'=R^2\cos30°\sin30°=\dfrac{\sqrt{3}}{4}R^2$，$\Delta S=S-S'$，解得 $\Delta S=\left(\dfrac{\pi}{3}-\dfrac{\sqrt{3}}{4}\right)\dfrac{m^2E^2}{q^2B^4}$。

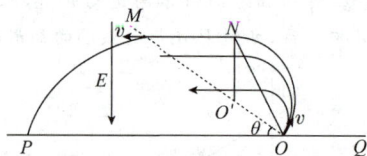

第 3 题答图

4. 如答图所示，设该粒子击中 A 点，$\angle AO_1P=\alpha$，有

$$R(1+\cos\alpha)=x_0$$

解得 $\cos\alpha=0.6$，$\alpha=53°$。

所有粒子的圆周运动周期均为

$$T=\frac{2\pi m}{Bq}=4\pi\times10^{-5}\text{ s}$$

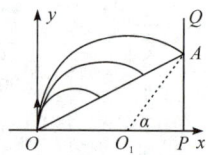

第 4 题答图

速度为 v_m 的粒子转过圆心角 $180°-53°=127°$。粒子到达收集板的最短时间

$$t=\frac{127}{360}T=\frac{127\pi}{90}\times10^{-5}\text{ s}$$

5. (1) 由几何关系可知，能够被收集的最小速度的粒子轨迹应该是以 PM 为直径的圆，如答图 1 所示，

$$r_1 = \frac{PM}{2} = 0.25\,\text{m}$$

由向心力公式可得 $qv_1B = m\dfrac{v_1^2}{r_1}$；

可得 $v_1 = 1.25 \times 10^5\,\text{m/s}$。

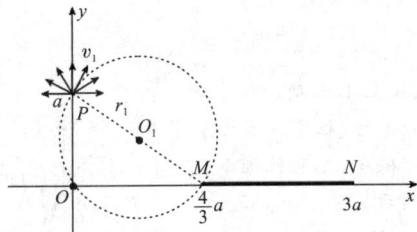

第 5 题答图 1

（2）粒子运动时间最长的应该是速度最大即 v_m 的粒子，其轨迹如答图 2 所示，轨迹圆与 MN 相切。

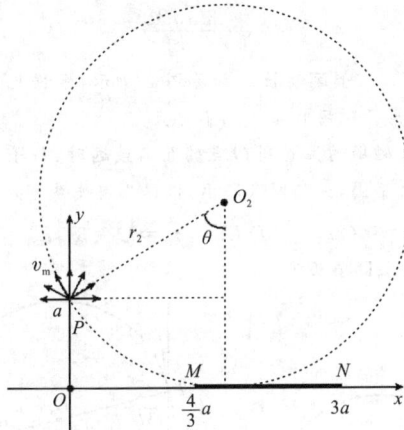

第 5 题答图 2

由 $qv_\text{m}B = m\dfrac{v_\text{m}^2}{r_2}$ 可得 $r_2 = 0.6\,\text{m}$；

由几何关系可得 $\cos\theta = \dfrac{r_2 - a}{r_2}$，$\theta = \dfrac{\pi}{3}$。

由圆周运动可知，运动时间 $t = \dfrac{(2\pi - \theta)r_2}{v_\text{m}}$。

由此可得 $t = \dfrac{\pi}{3} \times 10^{-5}\,\text{s}$。

第 8 讲 点源旋转圆法

【基础训练】

1. 作出初速度水平向右的粒子圆周运动轨迹 → 将该轨迹圆以入射点为圆心进行旋转

→ 确定能到达 x 轴和 y 轴最远距离的临界轨迹 → 根据几何关系求解

如答图所示，可得出到 y 轴最远距离

$$|x| = 2r = \frac{2mv}{qB}$$

到 x 轴最远距离

$$y = 2r = \frac{2mv}{qB}$$

综上，A 项正确。

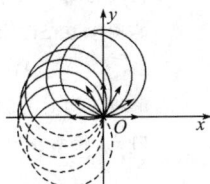

第 1 题答图

2. 作出初速度方向竖直向下的粒子的圆周运动轨迹 → 将该轨迹圆以入射点为圆心进行旋转

→ 确定该轨迹圆与 ab 板相切或相交最远的临界轨迹 → 根据几何关系求解

如答图 1 所示，α 粒子带正电，故在磁场中沿逆时针方向做匀速圆周运动。

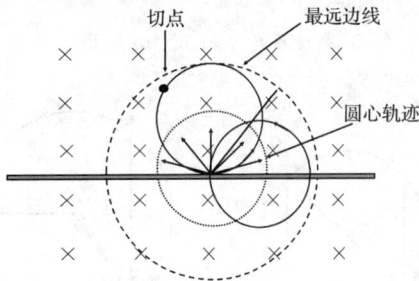

第 2 题答图 1

由 $qvB = m\dfrac{v^2}{R}$，得 $R = \dfrac{mv}{qB}$，代入数据解得 $R = 10\,\text{cm}$。

如答图 2 所示，圆轨迹在 N 点左侧与 ab 相切，切点 P_1 就是 α 粒子能打中的左侧的最远点。

由图中几何关系得 $NP_1 = \sqrt{R^2 - (l-R)^2} = 8\,\text{cm}$。

N 点右侧，任何 α 粒子在运动中到 S 点的距离不可能超过轨迹圆的直径 $2R$，故 SP_2 直径的端点 P_2 为 N 点右侧能打到的最远点。

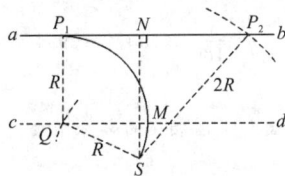

第 2 题答图 2

由图中几何关系得 $NP_2 = \sqrt{(2R)^2 - l^2} = 12\,\text{cm}$。

所求的长度 $P_1P_2 = NP_1 + NP_2$，代入数据解得 $P_1P_2 = 20\,\text{cm}$。

3. 作出过 b 点的粒子的圆周运动轨迹 → 将该轨迹圆以入射点为圆心进行旋转

→ 确定该轨迹圆与 PQ 相切和过 c 点的轨迹圆 → 根据几何关系求解

根据旋转圆法作出一些粒子的运动轨迹如答图所示。

根据几何关系有

$$R^2 = (L-R)^2 + \left(\frac{L}{2}\right)^2$$

求得 $R = \dfrac{5}{8}L$。

由 $qvB = m\dfrac{v^2}{R}$ 得粒子做圆周运动的速度

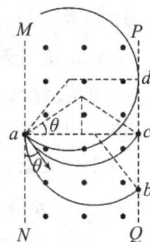

第 3 题答图

大小 $v = \dfrac{qBR}{m} = \dfrac{5qBL}{8m}$。

设粒子从 PQ 射出区域的上端 d 点到 c 点的距离为 s。

根据几何关系有 $R^2 = (L-R)^2 + s^2$，求得 $s = \dfrac{L}{2}$，因此 $bd = L$。

从 c 点射出磁场的粒子，在 a 点时速度与 MN 的夹角 θ 满足 $2R\cos\theta = L$，可得 $\cos\theta = 0.8$，则 $\theta \neq 30°$。

综上，选项 B、C 正确。

4. 如答图 1 所示,初速度与 y 轴正方向成角 θ_1 的粒子轨迹直径与 PQ 交于 M,这是 PQ 上到 P 最远的亮点。由几何关系知 $\angle MOP = \theta_1$,则 $\cos\theta_1 = \dfrac{x_0}{2R} = \dfrac{4}{5}$,$\theta_1 = 37°$,$PM = 2R\sin\theta_1 = 0.48\,\text{m}$。

如答图 2 所示,初速度与 y 轴正方向成角 θ_2 的粒子轨迹与 PQ 相切于 N。

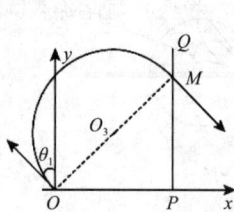
第 4 题答图 1

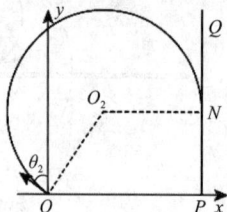
第 4 题答图 2

由几何关系知 $\angle POO_2 = \theta_2$,则
$$R(1+\cos\theta_2) = x_0,\quad \theta_2 = \alpha = 53°$$
$$PN = R\sin\theta_2 = 0.32\,\text{m}$$

所求区域长度
$$l = MN = 0.48\,\text{m} - 0.32\,\text{m} = 0.16\,\text{m}$$

沿与 y 轴正方向成角 $\theta_2 = 53°$ 方向和沿 y 轴正方向之间发射的粒子均可以落在该区域,因此
$$\eta = \frac{53°}{180°} \times 100\% = 29.4\%$$

【拓展训练】

1. 答图中完整的圆与半圆相交的部分不会有粒子经过,故 D 项正确。

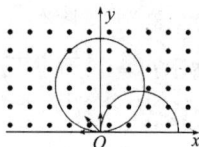
第 1 题答图

2. 粒子恰好经过 N 点的运动轨迹如答图 1 中轨迹①所示,由几何关系可知 $2R\sin60° = \sqrt{3}a$,解得 $R = a$。

当轨迹刚好与 MN 相切时,粒子刚好能打到挡板的左侧,如答图 1 中轨迹②所示。

由几何关系得
$$R\sin\theta + R = \sqrt{3}a$$
解得 $\sin\theta = \sqrt{3} - 1$。
由此可得
$$R\cos\theta = a\sqrt{1 - \sin^2\theta} = a\sqrt{2\sqrt{3} - 3}$$

故挡板左侧能被粒子击中的长度为 $a\sqrt{2\sqrt{3} - 3}$。

要使粒子打到挡板的右侧,则有两个临界条件,如答图 1 中的轨迹①和轨迹③所示。

初速度方向的夹角为 $60°$,则能击中挡板右侧的粒子比例为 $\dfrac{60°}{360°} = \dfrac{1}{6}$。

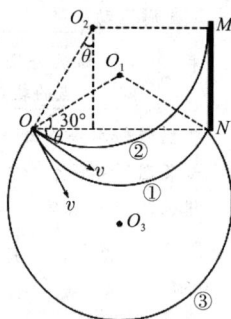
第 2 题答图 1

要使挡板的右侧被击中的长度为 a,则粒子的轨迹如答图 2 所示。

其初速度方向与 ON 间的夹角为 $60°$,粒子做圆周运动的半径为 a,由 $qvB = \dfrac{mv^2}{a}$,

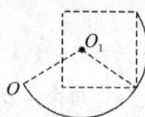
第 2 题答图 2

解得 $v = \dfrac{qBa}{m}$。

综上,选项 C、D 正确。

3. 当 $\alpha = 150°$ 时,粒子垂直于 x 轴离开磁场,运动轨迹如答图 1 所示。

半径 $r = \dfrac{\sqrt{3}L}{\cos60°} = 2\sqrt{3}L$。

由 $qvB = m\dfrac{v^2}{r}$ 解得

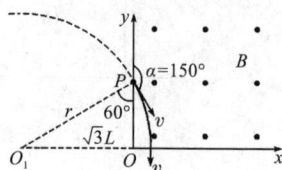
第 3 题答图 1

$$v = \frac{2\sqrt{3}qBL}{m}$$

若 $\alpha = 45°$,粒子运动轨迹如答图 2 所示,根据几何关系可知,粒子离开磁场时与 x 轴不垂直。

粒子离开磁场的位置到 O 点的距离最远时,粒子在磁场中的轨迹为半圆,如答图 3 所示,根据几何关系可知
$$(2r)^2 = (\sqrt{3}L)^2 + x_m^2 \Rightarrow x_m = 3\sqrt{5}L$$

综上,A、C、D 项正确。

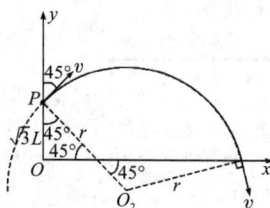
第 3 题答图 2

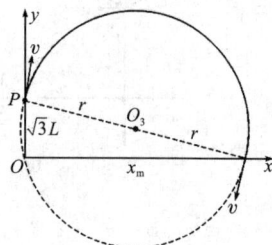
第 3 题答图 3

4. (1)作出初速度方向水平向左的粒子的圆周运动轨迹,将该轨迹圆以入射点为圆心进行旋转。如答图 1 所示,由 $qvB = m\dfrac{v^2}{r}$ 及 $B = \dfrac{8mv}{5qR}$,解得 $r = \dfrac{5}{8}R$。

轨迹恰好与 PQ 相切于点 N 时为能被收集的最右侧,其圆心为 C,CD 垂直于 SO,由几何关系得
$$ON^2 = CD^2 = SC^2 - SD^2 = r^2 - (R - r)^2$$
解得 $ON = 0.5R$。

轨迹恰好与 PQ 相交于点 M 时为能被收集的最左侧,其圆心在 SO 上的 E 点,由
$$OM^2 = ME^2 - OE^2 = r^2 - (R - r)^2$$
解得 $OM = 0.5R$。

因此,收集板可收集到 α 粒子部分的长度
$$MN = OM + ON = R$$

(2)因 $B = \dfrac{mv}{qR}$,则粒子运动半径 $r = R$,能够打到 O 点的 α 粒子对应的轨迹是半径为 R 的圆,其圆周上的一个点在 O 点,如答图 2 所示,α 粒子从 Q 点沿圆弧逆时针移

第 4 题答图 1

动,当移到 I 点时,其轨迹恰好与 PQ 相切于 O 点,之前都能打到 O 点,过了 I 点之后,将不能打到 O 点。从 I 点发出的粒子,其轨迹与 PQ 相切,则其对应的圆心恰好在 O 点的正上方 S 点,$\triangle IFO$ 为正三角形,所以 $\angle IOQ = 150°$,因此放射源在圆弧 QSI 上移动时,O 点能接收到 α 粒子。

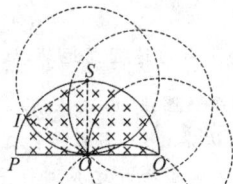

第 4 题答图 2

(3)如答图 3 所示,因 $B = \dfrac{4\sqrt{3}\,mv}{3qR}$,可得 $r = \dfrac{\sqrt{3}}{4}R < \dfrac{1}{2}R$,能够打到 O' 点的粒子对应的轨迹是半径为 $\dfrac{\sqrt{3}}{4}R$ 的圆,其圆周上的一个点在 O' 点,把放射源从 Q 点沿圆弧逐渐移到 P 点的过程中,放射源与 O' 点的连线是弦长,在移动过程中弦长变得越来越长,由于 $r = \dfrac{\sqrt{3}}{4}R < \dfrac{1}{2}R$,因此当放射源位置与 O' 点间的距离为 $2r$ 时,设放射源位于 H 点,此点是临界点。

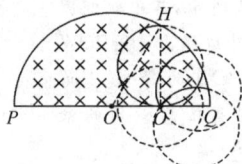

第 4 题答图 3

对于 $\triangle HOO'$,根据余弦定理可得

$$\cos\angle HOO' = \frac{R^2 + \left(\dfrac{R}{2}\right)^2 - (2r)^2}{2R \cdot \dfrac{R}{2}} = \frac{1}{2}$$

故 $\angle HOO' = 60°$,放射源从 Q 到 H 范围内移动时,α 粒子能打到 O' 点。

第 9 讲　平移圆法

【基础训练】

1.
| 确定已知量:$B = 0.25\text{T}$,$m = 3\times10^{-7}\,\text{kg}$,$v = 5\times10^{2}\,\text{m/s}$,$q = +2\times10^{-3}\,\text{C}$ | → | 由 $qvB = m\dfrac{v^2}{R}$ 得 $R = 0.3\text{m}$ |

| → | 圆心始终在与初速度方向垂直的直线 ad 上 | → | 平移半径为 R 的圆,确定临界点 |

微粒入射时等速同向,入射点不同但在同一直线上,圆心始终在与初速度方向垂直的直线 ad 上,作出从 d 点射入的微粒的轨迹圆后将该圆慢慢向上平移,作出多个动态圆,找到临界条件,发现从 Od 边射入的粒子,出射点分布在 be 边区域,如答图 1 所示。

从 aO 边射入的粒子,出射点分布在 ab 边和 be 边上部,如答图 2 所示。

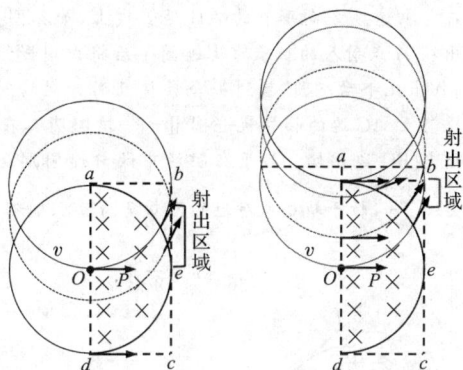

第 1 题答图 1　　第 1 题答图 2

2.
| 确定已知量:B、m、v、$+q$,垂直于狭缝 MN 射入 | → | 由 $qvB = m\dfrac{v^2}{R}$ 得 $R = \dfrac{mv}{qB}$ |

| → | 圆心始终在与初速度方向垂直的磁场下边界(底片) | → | 平移半径为 R 的半圆,确定半圆所经过的区间位置 |

离子入射时等速同向,入射点虽不同但都在狭缝 MN 所在的直线上,圆心始终在与初速度方向垂直的磁场底边(底片)上,如答图所示。作出从 M 点射入的离子的轨迹圆 I 后并将该圆慢慢向右平移,作出几个动态圆,找到这些圆所经过的区间边界(轨迹半圆 I、II),顶部为两半圆顶点连线。

离子经过电场加速可得 $U_0 q = \dfrac{1}{2}mv^2$。

离子以加速后的速度进入磁场,洛伦兹力提供向心力,离子做匀速圆周运动。设离子的运动半径为 r_1,可得

$$qvB = m\frac{v^2}{r_1} \Rightarrow r_1 = \frac{1}{B}\sqrt{\frac{2mU_0}{q}}$$

最窄处位于过轨迹半圆 I、II 交点的垂线上,添加辅助线,如答图所示,构建几何关系可得

$$d = r_1 - \sqrt{r_1^2 - \left(\frac{L}{2}\right)^2}$$

$$d = \frac{1}{B}\sqrt{\frac{2mU_0}{q}} - \sqrt{\frac{2mU_0}{qB^2} - \frac{L^2}{4}}$$

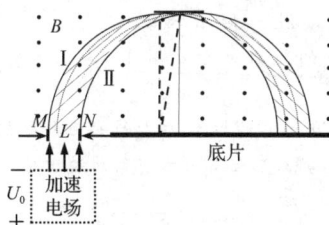

第 2 题答图

3.
| 确定已知量:B、m、v、$+q$,垂直于 AB 边射入 | → | 由 $qvB = m\dfrac{v^2}{R}$ 得 $R = \dfrac{mv}{qB}$ |

| → | 圆心始终在与初速度方向垂直的 AB 延长线上 | → | 平移半径为 R 的圆,离开磁场时速度垂直于 AC 边 |

粒子入射等速同向,入射点不同但在同一直线上,圆心始

终在与初速度方向垂直的 AB 延长线上，如答图 1 所示，作出从 A 点射入的粒子的轨迹圆Ⅰ后将该圆慢慢向上平移，作出几个动态圆，找到符合条件且离开磁场时速度方向垂直于 AC 边的临界轨迹圆Ⅱ——该圆圆心在 A 点且轨迹与 BC 边相切。粒子在磁场中做匀速圆周运动的周期 $T=\dfrac{2\pi r}{v}$，粒子轨迹所对应的圆心角为 $90°$，则有

$$t=\frac{90°}{360°}T=\frac{\pi m}{2qB}$$

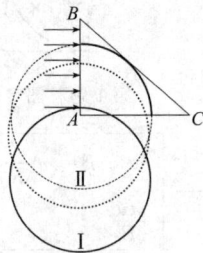
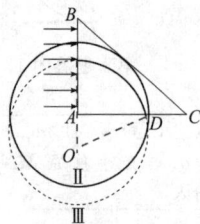

第3题答图1　　第3题答图2

根据答图 1 几何关系可知 $AB\sin45°=r$，粒子在洛伦兹力作用下做匀速圆周运动，有 $qvB=m\dfrac{v^2}{r}$，联立可得

$$AB=\frac{\sqrt{2}\,mv}{qB}$$

从 AB 中点射入的粒子，其轨迹为上面所分析的轨迹圆Ⅱ向下平移 $r-\dfrac{\sqrt{2}}{2}r$，得到此轨迹圆Ⅲ，如答图 2 所示，圆Ⅲ的圆心在 A 点的正下方 $r-\dfrac{\sqrt{2}}{2}r$ 处，由几何关系可知，粒子离开磁场时的位置与 A 点的距离

$$AD=\sqrt{r^2-\left(r-\frac{\sqrt{2}}{2}r\right)^2}=\sqrt{\frac{2\sqrt{2}-1}{2}}\cdot\frac{mv}{qB}$$

【拓展训练】

1. 粒子入射时等速同向，在磁场中的运动半径 $r=\dfrac{mv}{qB}=d$。用平移圆法作轨迹圆，设从某处 E 进入磁场的粒子，其轨迹恰好与 AC 边相切，如答图所示，则 E 点到 A 点的距离为 $2d-d=d$，故粒

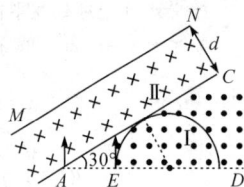

第1题答图

子在到 A 点的距离大于 d 时射入，粒子将不会进入区域Ⅱ。

由 A 点进入区域Ⅱ的粒子，弦长最短且最短弦长为 d，故运动时间最短，其对应圆心角为 $60°$，则最短时

$$t_{\min}=\frac{T}{6}=\frac{\pi m}{3qB}$$

2. 粒子在磁场中做匀速圆周运动，有 $qv_0B=m\dfrac{v_0^2}{r}$，解得 $r=2R$，如答图所示，用平移圆法移动轨迹圆，当粒子在磁场中的运动轨迹对应的圆心角最大时，粒子在磁场中运动的时间最长。

由于 $\sin\alpha=\dfrac{FE}{r}$，要使圆心角 α 最大，FE 最长，经分析可知，当粒子从 y 轴

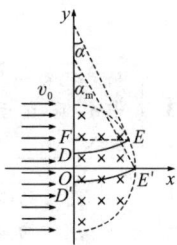

第2题答图

上的 D' 点射入、从 x 轴上的 E' 点射出磁场时，粒子在磁场中运动的时间最长，有 $\sin\alpha_{\mathrm{m}}=\dfrac{OE'}{r}$，得 $\alpha_{\mathrm{m}}=\dfrac{\pi}{6}$，从 D' 点射入磁场的粒子在磁场中运动的时间最长，且 $t_{\mathrm{m}}=\dfrac{\frac{\pi}{6}}{2\pi}\cdot\dfrac{2\pi r}{v_0}$，解得 $t_{\mathrm{m}}=\dfrac{\pi R}{3v_0}$。

3. (1) 因粒子在磁场中做匀速圆周运动，故有 $qvB=m\dfrac{v^2}{r}$，解得 $r=2R$。用平移圆法，由 A 点射入的粒子其轨迹圆刚好与磁场的内边界相切，当粒子轨迹弦最短时，所对应圆心角最小，则从磁场外边界到行星赤道面的运动时间最短，轨迹如答图 1 中粗实线所示，最短弦长 $l=3R-R=2R$，对应的轨迹圆的最小圆心角 $\theta_{\min}$ 满足 $\sin\dfrac{\theta_{\min}}{2}=\dfrac{\frac{l}{2}}{r}=\dfrac{1}{2}$，即 $\theta_{\min}=\dfrac{\pi}{3}$，故最短时间 $t_{\min}=\dfrac{\theta_{\min}}{2\pi}T$，代入得

$$t_{\min}=\frac{\pi m}{3qB}$$

(2) 在答图 1 的轨迹基础上继续向右平移圆，与赤道线上半圆弧相切点，为辐射盲区的上边界，根据几何关系作出其轨迹如答图 2 粗实线所示，其中轨迹圆心 Q 在磁场外边界上，且 $PQ\parallel AB$，因为 $\triangle POQ$ 为等腰三角形，所以辐射盲区圆心角的余弦值 $\cos\theta=\dfrac{\frac{r}{2}}{3R}=\dfrac{1}{3}$。

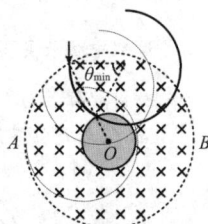

第3题答图1

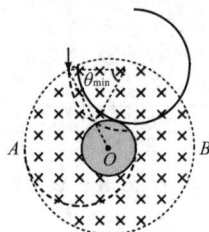
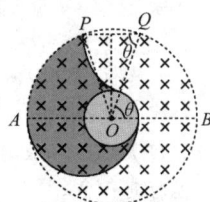

第3题答图2　　第3题答图3

第10讲　磁会聚(发散)法

【基础训练】

1. (1) 电场中，由动能定理有 $qU_{MN}=\dfrac{1}{2}mv^2$；

得 $v=\sqrt{\dfrac{2qU_{MN}}{m}}=1\times10^5\,\mathrm{m/s}$；

磁场中，由牛顿第二定律有 $qvB=m\dfrac{v^2}{R}$；

得 $R=\dfrac{mv}{qB}=0.1\,\mathrm{m}$。

(2) 判断思路：

根据轨迹半径 R 计算，已知磁场半径 r，判断两者相等，符合磁会聚条件	→	由磁聚焦规律，微粒从 P 点竖直向下入射，出射时会聚于竖直切线切点 Q

如答图所示,作出准确轨迹,出射点坐标为(10 cm,0)

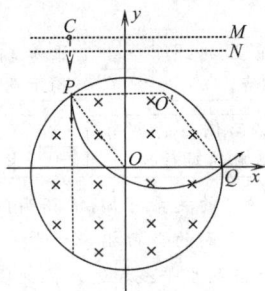

第1题答图

说明:轨迹半径 R 等于圆磁场半径 r,利用磁会聚规律,微粒从 P 点入射时速度方向沿 y 轴负方向,则出射时会聚于与入射速度方向平行的切线的切点,即 Q 点。这样便可以快速准确作出微粒运动轨迹。另外,本小问如果不利用磁会聚规律,也可以利用几何规律准确作出轨迹。

2.(1)所有 α 粒子从磁场边界射出时,速度方向均与 Ox 平行,即水平向右。证明如下。

任取一个 α 粒子(如答图中,入射方向与入射点磁场半径成 θ 角),作圆轨迹,连接入射点 O、圆磁场圆心 P、出射点 A、圆轨迹圆心 Q。

由题意知,圆轨迹半径与圆磁场半径相等,均为 R,四边形 $OPAQ$ 为菱形。

因为 $OP/\!/AQ$;

又因为圆轨迹半径 OP 与切线 Ox 垂直,即 $OP \perp Ox$;

所以 $AQ \perp Ox$。

因为粒子在 A 点出射速度 v 方向垂直于圆轨迹在出射点的半径 AQ;

所以出射速度 v 方向 $/\!/Ox$。

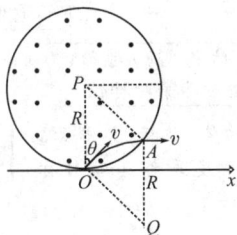

第2题答图

(2)判断思路:

由题意,轨迹半径与磁场半径相等,均为 R,符合磁发散条件 → 由磁发散规律,从圆磁场边界 O 点入射,出射时速度与过 O 点切线 Ox 平行

→ 与 Ox 方向成 $60°$ 角入射的粒子,在磁场中偏转 $60°$。运动时间为 $\frac{1}{6}$ 个周期

由磁发散规律可知,入射速度方向与 Ox 方向成 $60°$ 角的 α 粒子,射出时速度与 Ox 方向平行,在磁场中偏转 $60°$,运动的时间为 $\frac{1}{6}$ 个周期,即

$$t = \frac{60}{360}T = \frac{\pi R}{3v}$$

3.(1)判断思路:

设计一圆形边界磁场(P 为切点),让其半径 r 与粒子进入磁场的轨迹半径 R 相等 → 由磁会聚规律,粒子平行入射,将会聚于与入射方向平行的切线的切点 P

→ 注意上题中磁场未知,要根据已知量得到磁场的磁感应强度 $B = \frac{mv}{qR}$

如答图所示,由磁聚焦规律,要使所有 α 粒子都能够会聚到 P 点,可以设计一圆形边界磁场,其半径 $r = R$,P 为切点,其圆心 D 在 P 正上方。

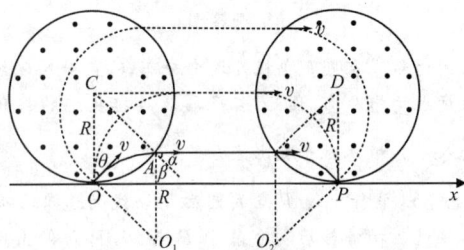

第3题答图

磁场的磁感应强度方向垂直于纸面向外,有

$$qvB = m\frac{v^2}{R} \Rightarrow B = \frac{mv}{qR}$$

(2)如答图所示,四边形 COO_1A 为菱形,对边平行,对角相等。

因为入射速度 $\perp OO_1$,又 $OO_1/\!/CA$;

所以入射速度 $\perp CA$,故 θ 与 $\angle OCA$ 互余。

因为出射速度 $\perp AO_1$,所以 γ 与 β 互余;

又因为 $\beta = \angle OCA$(同位角),故 $\theta = \gamma$。证毕。

【拓展训练】

1.设粒子进入磁场的轨迹半径为 r,则

$$qvB = m\frac{v^2}{r} \Rightarrow r = \frac{mv}{qB} = R$$

因为磁场区域半径与轨迹半径相等,根据磁聚焦规律,所以粒子均会聚于与入射速度平行的切线的切点 O,故选 D。

2.(1)对粒子,在辐向电场中,由动能定理有 $qU_2 = \frac{1}{2}mv^2$,得

$$v = 1 \times 10^6 \text{ m/s}$$

在题图的圆形磁场中,由牛顿第二定律有 $qvB = m\frac{v^2}{r}$,

得 $r = \frac{mv}{qB} = 0.2$ m。

可见,粒子圆周运动的轨迹圆半径与磁场区域半径相等,符合磁发散规律,所以,所有粒子出磁场均与 C 的切线(即 x 轴)平行,水平向右射出磁场,击中 y 轴的范围是 $0 \leqslant y \leqslant 0.4$ m。

(2)所有粒子都能进入平行板间,做类平抛运动。

在平行板间,水平方向上 $t = \frac{L}{v} = 4 \times 10^{-7}$ s;竖直方向上 $h = \frac{1}{2} \cdot \frac{qU_1}{mL}t^2 = 0.3$ m。

可见，从 y 轴 $0.3\sim0.4$m 进入的粒子能达到接收屏。

根据径速角相等，对于从 $y=0.3$m 进入的粒子，射出磁场时的径速角为 $30°$，则从 C 点射入磁场的径速角（即速度与 y 轴正方向的夹角）也为 $30°$，如图所示。所以，从 C 点射入磁场的速度方向与 x 轴负方向的夹角为 $0°\sim60°$ 的粒子，能打在收集板上。

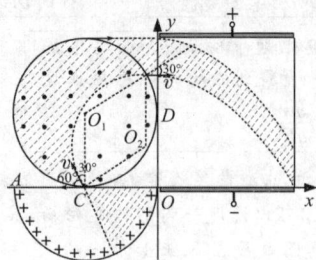

第2题答图

又因为粒子在圆形电极处均匀分布，C 点射入磁场时按角度也均匀分布，因此，粒子接收屏接收到的粒子数和进入平行板总粒子数比值 $k=\dfrac{60}{180}=\dfrac{1}{3}$。

3. 所有电子以平行于过 P 点的圆磁场切线的速度方向进入磁场，经过磁场偏转后均会聚于 P 点，从 P 点射出。这显然是磁会聚问题。

(1) 由题意，电子在磁场中轨道半径 $r=R$。

由牛顿第二定律有 $evB=m\dfrac{v^2}{r}$，得 $B=\dfrac{mv}{eR}$。

(2) 如答图所示，对从电子源边界射入磁场的电子，径速角为 α，$\sin\alpha=\dfrac{b}{R}=\dfrac{\sqrt{3}}{2}$，故 $\alpha=60°$。

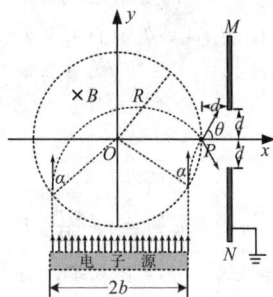

第3题答图

根据径速角相等，射出磁场时的径速角 θ 也为 $60°$，所以，从 P 点射出磁场的速度方向与 x 轴正方向的夹角 θ 的范围是 $-60°\sim60°$。

(3) 电子恰能从小孔边缘进入小孔，则电子出磁场时的径速角为 β，则

$$\tan\beta=\dfrac{d}{d}=1\Rightarrow\beta=45°$$

根据径速角相等，射出磁场时的径速角 β 小于等于 $45°$ 的电子能进入小孔，所以，射入磁场时的径速角范围也是 $-45°\sim45°$。

设对应关于 y 轴对称的电子源上的长度为 a。

$$\sin45°=\dfrac{a}{R}=\dfrac{\sqrt{2}}{2}\Rightarrow a=\dfrac{\sqrt{2}}{2}R$$

所以，每秒进入小孔的电子数 $n=\dfrac{2a}{2b}N=\dfrac{\sqrt{6}}{3}N$。

第11讲 对称法

【基础训练】

1. 分析套在绳上的滑环，寻找对称点 → 添加辅助线，作全结构示意图 → 利用滑环两侧力的夹角和大小具有的对称性 → 简化问题进行求解

通过分析绳与滑环的关系可知，滑环两侧绳子张力相同，张力方向与竖直方向的夹角相等。设猴子到 C 点时重力势能最小，过 B 点的水平线和过 A 点的竖直线交于 D 点，如答图所示。

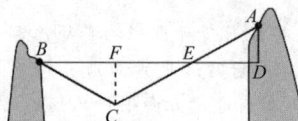

第1题答图

根据对称性，滑环两侧绳子张力的大小和张力与竖直方向的夹角都相等，即 $\angle BCF=\angle ECF=\theta$；

因此，$L_{BC}\cdot\sin\theta+L_{AC}\cdot\sin\theta=BD$；

则 $\sin\theta=\dfrac{BD}{L_{AB}}=\dfrac{4}{5}$，即 $\theta=53°$。

又因为 $AD=2$m；

则 $ED=AD\cdot\tan53°=\dfrac{8}{3}$m；

所以 $FE=\dfrac{20}{3}$m。

$FC:AD=FE:ED$，得 $FC=5$m。

由此可知 A、C 两点的高度差为 7m，再加上猴子自身高度，重心距套环约为 0.5m，故猴子重力势能最小值约为 $E_p=-mgh=-750$J。

2. 分析简谐运动的物体 → 作出简谐运动的结构示意图 → 利用物质结构（场）对称、力对称、轨迹对称等对称性 → 简化问题进行求解

做简谐运动的物体，轨迹、位移、速度、回复力、加速度等都具有对称性，作图如答图所示。

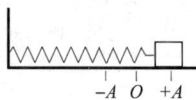

第2题答图

根据

$$F=-kx,a=\dfrac{F}{m}$$

由对称性可知，做简谐运动的物体每次通过同一位置，它的位移、加速度和回复力必定相同，而速度的方向可能发生改变，所以选项 B 正确。

3. 分析完全相同的4个排球的摆放情况 → 作出结构示意图 → 利用结构、运动和力的对称性 → 简化问题进行求解

由题图可知，下方三个排球受力完全对称，现作出其中一个球的受力情况如答图所示，根据摩擦力的对称性，下方三个球与水平地面间一定有摩擦力的作用；将四个球看作一个整体，地面的支持力与球重力平衡，设其中一个球受的支持力大小为 F_N，根据结构、运动和力的对称性可知，

$$3F_N = 4mg \Rightarrow F_N = \frac{4}{3}mg$$

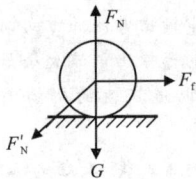

第3题答图

【拓展训练】

1. 分析轻质晒衣架结构可知,该晒衣架具有结构对称性和相互作用对称性,四根斜杆对晒衣架的作用力大小相等,设作用力的大小均为F,选晒衣架和物体为研究对象,根据受力平衡得

$$4F\cos\frac{\theta}{2} = G \Rightarrow F = \frac{\sqrt{3}}{6}G$$

故每根斜杆受到地面的作用力大小也为$\frac{\sqrt{3}}{6}G$。现以其中一斜杆为研究对象,其受力情况如答图所示,斜杆与地面的夹角为$60°$,斜杆在水平方向的分力与静摩擦力平衡,则

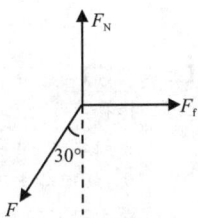

第1题答图

$$F\cos 60° = F_f \Rightarrow F_f = \frac{\sqrt{3}}{12}G$$

2. 做简谐运动的物体,位移、回复力、加速度等都具有对称性,物体从平衡位置到达最高点和最低点的距离相等。

第2题答图

作图如答图所示,当施加F后再撤去F,物块m做简谐运动。当m处于平衡位置时,弹簧的弹力等于mg。现要让M离开地面,则m上升到最大高度时弹簧给M向上的弹力应该等于Mg,则在最高位置m受到的回复力$F_{回} = Mg + mg$。最高点到平衡位置的距离$x = \frac{(M+m)g}{k}$,根据简谐运动位移、回复力的对称性,m最低点时,弹簧的压缩量

$$x' = \frac{(M+m)g}{k} + \frac{mg}{k}$$

对m进行受力分析,弹簧向上的弹力

$$F' = kx' = Mg + 2mg$$

根据$F + mg = F'$得,$F = Mg + mg$。

3. (1)带电粒子在电场力的作用下在电场中加速,由动能定理可知

$$qEL = \frac{1}{2}mv^2$$

带电粒子在磁场中偏转,由牛顿第二定律可知

$$qvB = \frac{mv^2}{R}$$

由上两式可得$R = \frac{1}{B}\sqrt{\frac{2mEL}{q}}$。

中间磁场和右边磁场磁感应强度大小相等,方向相反,可作出粒子的运动轨迹如答图所示,可知该运动轨迹

具有对称性,粒子在两个磁场的运动半径相同,三段圆弧的圆心组成的$\triangle O_1O_2O_3$是等边三角形,其边长为$2R$,故中间磁场的宽度

$$d = R\sin 60° = \frac{1}{2B}\sqrt{\frac{6mEL}{q}}$$

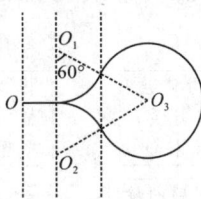

第3题答图

(2)由运动轨迹的对称性,粒子二次经过电场的时间相等,则粒子在电场中运动的总时间$t_1 = \frac{2v}{a} = \frac{2mv}{qE} = 2\sqrt{\frac{2mL}{qE}}$;

粒子在中间磁场中运动时间$t_2 = \frac{T}{3} = \frac{2\pi m}{3qB}$;

在右侧磁场中运动时间$t_3 = \frac{5}{6}T = \frac{5\pi m}{3qB}$;

则粒子第一次回到O点的所用时间

$$t = t_1 + t_2 + t_3 = 2\sqrt{\frac{2mL}{qE}} + \frac{7\pi m}{3qB}$$

4. 光线从M点射入半圆柱形透明物体时发生折射,然后在AB面发生反射,最后到N点又发生折射并射出透明物体。先补全光路图,如答图所示。设入射角为i,折射角为γ,在N点射出介质的入射角为$\angle ONP = i'$。

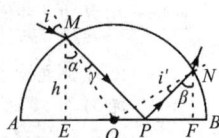

第4题答图

在光的反射现象中,反射光线和入射光线具有对称性,由此可知,$\angle MPE = \angle NPF = \theta$。

由已知条件$\angle MOA = 60°$,$\angle NOB = 30°$,以及由三角形的外角等于与其不相邻的两个内角之和得

$$\theta + \gamma = 60°,\ 30° + i' = \theta$$

在$\triangle MOP$中,由正弦定理得$\frac{\sin\gamma}{OP} = \frac{\sin\theta}{R}$。

在$\triangle NOP$中,有$\frac{\sin i'}{OP} = \frac{\sin(\pi - \theta)}{R}$。

联立上述各式得$\gamma = i' = 15°$。

再由折射定律有$n = \frac{\sin i}{\sin\gamma} = \frac{\sin 30°}{\sin 15°} = \frac{\sqrt{6}+\sqrt{2}}{2}$。

5. 可以引入一个均匀带电、带电量也是q的半球,根据对称性,你觉得应该放在上面、放在下面还是放在右边呢?如果放在右边,那么这个半球就与题中所给的左半球组成一个完整的均匀带电球面,再根据结构对称性就可以很方便地进行求解。

如答图所示,由结构对称性可知,右半球在P点的电势φ'_P等于左半球在Q点的电势φ_Q,即$\varphi'_P = \varphi_Q$,因而有$\varphi_P + \varphi_Q = \varphi_P + \varphi'_P$。而$\varphi_P + \varphi'_P$正是两个半球同时存在时$P$点的电势。因为球面均匀带电,内部各电势都相等,所以$\varphi_P +$

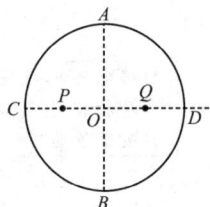

第5题答图

$$\varphi'_P = K\frac{2q}{R}\text{。}$$

由此解得 Q 点的电势 $\varphi_Q = \dfrac{2Kq}{R} - \varphi_P$。

第 12 讲　本质特征分析法

【基础训练】

1.

明确位移、平均速度的本质特征是矢量，求和方法为矢量求和	→ 根据位移、平均速度概念作出各段的矢量图

→ 比对研究问题的特征，寻找矢量求和的方法 → 求解得出位移和平均速度的矢量和均为 0

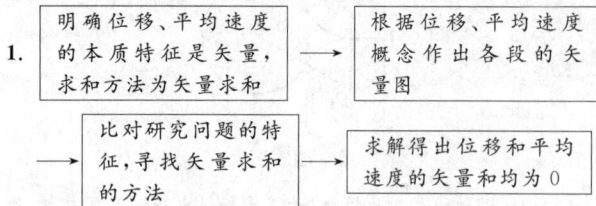

不同意。这一判断认为沿着封闭运动场运动的位移为 0 是正确的，平均速度不为 0 是错误的。根据位移的本质特征是位置变化的矢量和。从出发点回到出发点，将整个运动过程分成无数个小段，每小段位移都是由起点指向终点的有向线段，构成了一个封闭的矢量环，矢量求和的结果为 0。平均速度根据 $\overline{v} = \dfrac{\Delta x}{\Delta t}$，可知也是 0。

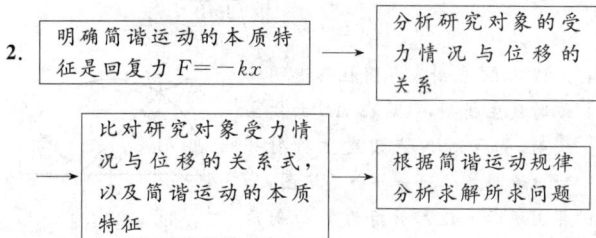

2.

明确简谐运动的本质特征是回复力 $F = -kx$	→ 分析研究对象的受力情况与位移的关系

→ 比对研究对象受力情况与位移的关系式，以及简谐运动的本质特征 → 根据简谐运动规律分析求解所求问题

本题是线性质量分布物体模型的运动问题，小车的运动为非匀变速直线运动。表面看起来，本题要根据直线运动规律求解。但是从对小车的受力分析可以发现，小车所受合力随时间并非均匀变化但随位移是均匀变化的。设小车运动到斜坡上的位移为 x 时，如答图所示，位于水平轨道部分的小车重力与支持力平衡，位于斜坡部分的小车受到的合力不为 0。

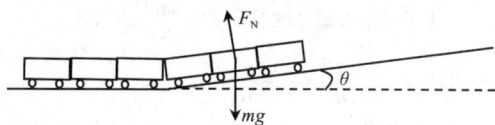

第 2 题答图

对整体分析，根据牛顿第二定律可得 $F_{合} = ma = \dfrac{mg\sin\theta}{L}x$。

由于合力方向与位移方向相反，即 $F_{合} = -\dfrac{mg\sin\theta}{L}x$。

观察小车的受力发现：小车的运动满足简谐运动的本质特征，故可根据简谐运动的周期公式进行解题，解得

$$t = \frac{T}{4} = \frac{\pi}{2}\sqrt{\frac{L}{g\sin\theta}}$$

3.

明确电磁感应现象的本质特征是回路中存在磁通量的变化	→ 分析换向器换向原理和变压器线圈中磁通量的变化情况

→ 比对变压器变压原理与电磁感应现象发生的本质特征关系 → 根据电磁感应现象的产生原理分析求解问题

变压器变压原理是电磁感应的运用，要发生电磁感应现象，其本质特征是回路中必须要有磁通量的变化。换向器可以改变发电机中输出电流的方向，但并不能改变交流电的大小。通过换向器输出电流大小如答图所示变化，流过变压器线圈中的电流产生的磁场满足电磁感应的本质特征。

根据法拉第电磁感应定律，发电机输出的最大电动势

$$E = NBS\omega，$$

根据变压器的变压比为 2：1，副线圈中电阻 R_2 的电压有效值 $U_2 = \dfrac{NBS\omega}{2\sqrt{2}} = \dfrac{\sqrt{2}\,NBS\omega}{4}$。

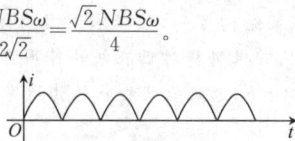

第 3 题答图

【拓展训练】

1.（1）根据产生电磁感应现象的本质特征是回路中要有磁通量的变化，有同学认为圆盘转动时，回路中的磁通量不变，故回路中不会产生感应电动势，即 $U_{cd} = 0$。

对于研究回路的模型需要整体角度去看，应该包括了 $cabd$ 和圆盘而不仅仅是圆盘。

如答图所示，对于法拉第圆盘可视为均匀辐向金属条同时转动切割的电源，当圆盘中的某一辐条从 dc 转到 dc' 位置时，回路中可以看出存在磁通量的变化，故所求路端电压

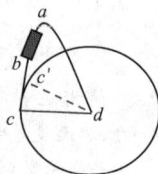

第 1 题答图

$$U_{cd} = E = \frac{\Delta\Phi}{\Delta t} = -\frac{B\pi r^2\omega\Delta t}{2\pi\Delta t} = -\frac{1}{2}Br^2\omega$$

（2）从半圆盘扩展到整个圆盘处于磁场中，根据法拉第电磁感应现象的本质特征判断回路中始终有 cd 转动过程中带来的磁通量变化

$$\Delta\Phi = B\pi r^2\frac{\omega\Delta t}{2\pi}$$

因此，R 两端的电压

$$U_{cd} = E = \frac{\Delta\Phi}{\Delta t} = -\frac{B\pi r^2\omega\Delta t}{2\pi\Delta t} = -\frac{1}{2}Br^2\omega$$

电流流过 R 产生的热功率 $P_{热} = \dfrac{U_{cd}^2}{R} = \dfrac{B^2 r^4\omega^2}{4R}$。

2. 电流表、电压表、欧姆表等器材指针偏转的本质特征均为通电线圈在磁场中受到安培力后绕轴转动，从而带动指针一起偏转。所以，要判断两表是否偏转角度相同，只需要判断两表中流过的电流是否相同即可。根据电压表改装原理是串联一个大电阻，电路关系为串联关系。

若与原电表串联接入电路，则电路如答图甲所示，显然电流相同，结合改装是在原来同样的表头基础上进行的改装，故两表的指针偏转角度相同。

若与原电表并联接入电路，则电路如答图乙所示，显然电流不同，故两表的指针偏转角度不同。

若改装成电流表，其改装原理是要将表头与一小电阻并联，电路关系为并联关系，与原电表串联接入电路，则电路如答图丙所示，显然电流不同，故两表的指针偏转角度不同。

若与原电表并联接入电路，则电路如答图丁所示，显然电

流相同,故两表的指针偏转角度相同。

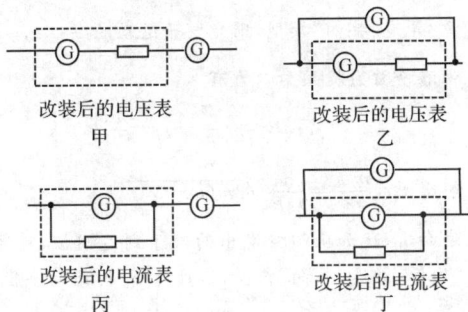

改装后的电压表
甲

改装后的电压表
乙

改装后的电流表
丙

改装后的电流表
丁

第2题答图

3. 基于表面观察的学生会可能从微元思想的角度去解题,将圆弧 AB 视为两个相对的斜面来求解从而陷入思维困境,而具有本质特征观的学生会从小球的受力特征出发,如答图所示,分析小球在竖直圆弧切面内受到的重力和指向圆心方向的支持力。设圆弧 AB 的最低点为 M,进一步分析会发现圆弧很短而半径很大,圆弧所对的圆心角很小。小球运动到圆弧上某一位置 P 时,圆弧 PM 所对的圆心角为 θ,根据近似条件可得小球沿圆弧切线方向的分力

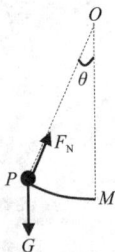

第3题答图

$$F_\tau = mg\sin\theta = -\frac{mg}{R}x_{MP}$$

而这一关系式符合简谐运动的本质特征关系

$$F_{回} = -kx$$

所以可以采用简谐运动规律进行解答。

小球 m 自 A 点以向 AD 方向以某一速度运动,把小球的运动进行分解,一个是水平方向的匀速运动,另一个可视为竖直面内摆长为 R 的单摆,根据单摆周期公式有

$$T = 2\pi\sqrt{\frac{R}{g}} = 2\pi(s)$$

考虑到运动的周期性,小球自 A 点运动到 C 点的时间

$$t = (2n+1)\frac{T}{2} = (2n+1)\pi \ (s), n = 0,1,2,3,\cdots$$

4. 导体棒匀速切割磁场产生的电动势满足:

$$E = B_0 lv_0 \sin\left(\frac{\pi}{2l}v_0 t\right)$$

显然具有正弦交变电流的电动势特征,回路中产生的焦耳热 Q 可以用交流电的有效值进行计算,

$$Q = \frac{\left(\frac{E_m}{\sqrt{2}}\right)^2}{R_总}t$$

根据题意代入可得 $Q = \frac{\left(\frac{Blv_0}{\sqrt{2}}\right)^2}{\frac{3}{2}R} \times \frac{2l}{v_0}$,即

$$Q = \frac{2B_0^2 l^3 v_0}{3R}$$

第13讲 正向逆向转化法

【基础训练】

1. 正向分析 $\xrightarrow[\text{直接翻译}]{\text{直接建模}}$ 竖直向上的上抛运动;数学运算烦琐

逆向建模 / 逆向翻译 → 自由落体;运算方便

采用逆向思维法,把运动员竖直向上的运动视为初速度为零竖直向下的匀加速运动,$\frac{H}{4} = \frac{1}{2}at_2^2$。

设竖直向下运动 $\frac{3}{4}H$ 高度所用时间为 t_3,竖直向下运动 H 高度所用时间为 t_4,则有

$$3\frac{H}{4} = \frac{1}{2}at_3^2, H = \frac{1}{2}at_4^2, t_1 = t_4 - t_3$$

联立上述方程解得 $\frac{t_2}{t_1} = 2+\sqrt{3}$,选项 C 正确。

2. 正向分析 $\xrightarrow[\text{直接翻译}]{\text{直接建模}}$ 斜抛运动;运算烦琐

逆向建模 / 逆向翻译 → 平抛运动;运算方便

小球从离开管口运动到最高点的斜抛运动过程,可逆向看作从最高点运动到管口的平抛运动。小球进入截口时速度方向与水平方向成 $45°$ 角,小球水平分速度 v_x 和竖直分速度 v_y 相等。

由题图中几何关系可知,小球从最高点运动到截口时水平位移 $x = R\cos45° = \frac{\sqrt{2}}{2}R$。

根据平抛运动规律有 $x = v_x t, y = \frac{1}{2}v_y t$。

联立上述方程解得 $y = \frac{\sqrt{2}}{4}R$。

由 $y = \frac{1}{2}gt^2$,解得 $t = \sqrt{\frac{\sqrt{2}R}{2g}}$。

因此小球每次飞越无管区域的时间

$$T = 2t = 2\sqrt{\frac{\sqrt{2}R}{2g}} = \sqrt{\frac{2\sqrt{2}R}{g}}$$

选项 B 正确。

3. 正向分析 $\xrightarrow[\text{直接翻译}]{\text{直接建模}}$ 光线不定;光线难画

逆向建模 / 逆向翻译 → 光路可逆;光路确定

如答图所示,根据光路的对称性和光路可逆性,与入射光线相对于 OC 轴对称的出射光线一定与入射光线平行。这样,从半球面射入的折射光线,将从圆柱体底面中心 C 点反射。

设光线在半球面的入射角为 i,折射角为 r。由折射定律有

$$\sin i = n\sin r$$

由正弦定理有 $\frac{\sin r}{2R} = \frac{\sin(i-r)}{R}$。

由几何关系,入射点的法线与 OC 的夹角也为 i。由题设条件和几何关系有 $\sin i = \frac{L}{R}$,式中 L 是入射光线与 OC 的距离。

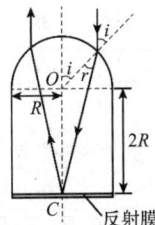

第3题答图

计算得 $\sin r = \frac{6}{\sqrt{205}}$,得 $n = \sqrt{2.05} \approx 1.43$。

403

【拓展训练】

1. (1)如答图1所示，

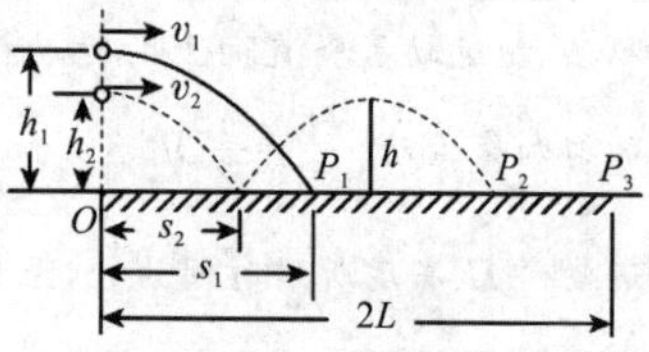

第1题答图1

设发球时飞行时间为 t_1，根据平抛运动有

$$h_1=\frac{1}{2}gt_1^2,s_1=v_1t_1$$

解得 $s_1=v_1\sqrt{\frac{2h_1}{g}}$。

(2)如答图2所示，设发球高度为 h_2，飞行时间为 t_2，同理，根据平抛运动有

$$h_2=\frac{1}{2}gt_2^2,s_2=v_2t_2$$

又因为 $h_2=h,2s_2=L$，所以 $v_2=\frac{L}{2}\sqrt{\frac{g}{2h}}$。

(3)如答图2所示，设发射高度为 h_3，飞行时间为 t_3，同理，根据平抛运动有

$$h_3=\frac{1}{2}gt_3^2,s_3=v_3t_3,3s_3=2L$$

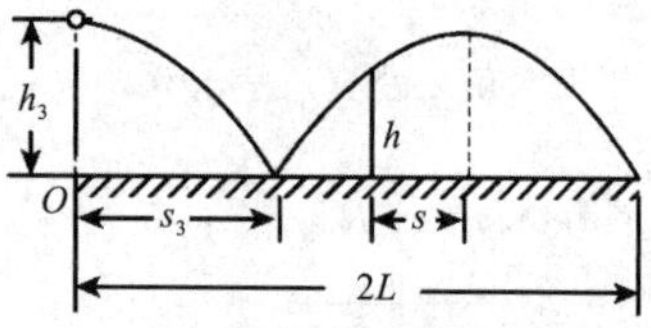

第1题答图2

设球从恰好越过球网到最高点的时间为 t，由水平距离为 l 有

$$h_3-h=\frac{1}{2}gt^2,l=v_3t$$

由几何关系知 $s_3+l=L$，解得 $h_3=\frac{4}{3}h$。

2. 由于落到斜面上 M 点时速度水平向右，故可把质点在空中的运动逆向看成从 M 点向左的平抛运动，设在 M 点的速度大小为 v_0，把质点在斜面底端的速度 v 分解为水平 v_0 和竖直 v_y，由 $x=v_0t,y=\frac{1}{2}gt^2,\tan\theta=\frac{y}{x}$，得空中飞行时间 $t=\frac{2v_0\tan\theta}{g}$，$v_y=2v_0\tan\theta$，$v$ 和水平方向的夹角的正切值 $\frac{v_y}{v_0}=2\tan\theta$ 为定值，$v=\sqrt{v_0^2+v_y^2}=v_0\sqrt{1+4\tan^2\theta}$，所以 $t=\frac{2v\tan\theta}{g\sqrt{1+4\tan^2\theta}}$，C项正确。

3. (1)由爱因斯坦光电效应方程有

$$E_k=h\nu-W,E_k=\frac{1}{2}mv_m^2$$

解得电子逸出的最大初速度 $v_m=\sqrt{\frac{2(h\nu-W)}{m}}$。

由动能定理可知，到达阳极的动能

$$E_k'=h\nu-W+eU$$

(2)①由题意知，当速度 $v_1=\frac{5}{8}v_m$ 恰好到达阳极时，逆向看，犹如从阳极发出的粒子到达阴极，可等效为"同源、等速、异向"模型，则光电子运动的半径 $r_1=\frac{1}{2}R$。

由洛伦兹力提供向心力有

$$ev_1B=m\frac{v_1^2}{r_1}\Rightarrow r_1=\frac{mv_1}{eB}$$

解得 $B=\frac{mv_1}{er_1}=\frac{5}{4eR}\sqrt{2m(h\nu-W)}$。

②逆向看，犹如从阳极发出的粒子到达阴极，可等效为"同源、等速、异向"模型，速度为 v_m 时运动半径

$$r_2=\frac{mv_2}{eB}=\frac{4}{5}R$$

正常时，考虑左侧运动轨迹和磁场相切的临界情况，如答图1所示。

$$\sin\alpha=\frac{\frac{R}{2}}{r_2}=\frac{5}{8}R\Rightarrow\alpha=39^\circ$$

故半圆形阴极中圆心角为 $180^\circ-\alpha=141^\circ$，所对应圆弧都有速度为 v_m 的光电子到达阳极。

当阳极A向右平移 $\frac{R}{5}$ 到A，同样考虑左侧运动轨迹和磁场边界相切的临界情况，如答图2所示。

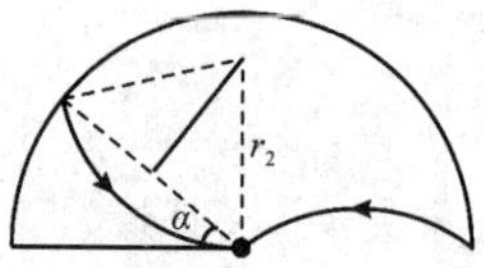

第3题答图1

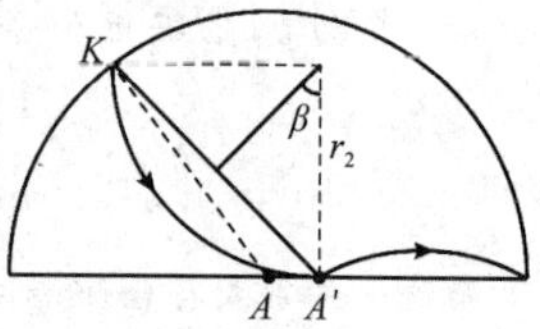

第3题答图2

此时轨迹对应的圆心角为 2β，根据几何关系知 $\angle AA'K=\beta$。设 $\angle A'AK=\theta$，则

$$\frac{R}{\sin\beta}=\frac{2r_2\sin\beta}{\sin\theta},(2r_2\sin\beta)^2=R^2+\left(\frac{R}{5}\right)^2-2\frac{R^2}{5}\cos\theta$$

解得 $\cos\theta=-\frac{3}{5}$。

故半圆阴极中圆心角 $\theta=127^\circ$ 所对应圆弧都有速度为 v_m 的光电子到达阳极。

此种情况下跟正常情况下相比，到达阳极的光电子数之比为 $\frac{127}{141}=90\%$。

第14讲　对称反演转化法

【基础训练】

1.

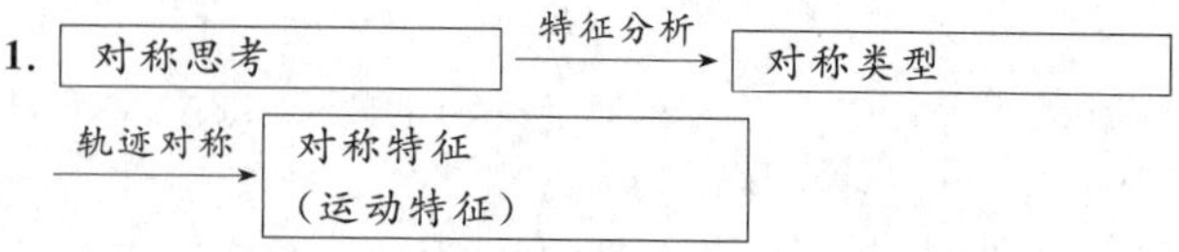

如答图所示，设小球与墙壁碰撞前的速度为 v，因为是弹性碰撞，所以在水平方向上以原速率弹回，即 $v'_\perp=v_\perp$。又因为墙壁光滑，所以在竖直方向上速率不变，即 $v'_{/\!/}=v_{/\!/}$，从而小球与墙壁碰撞前后的速度 v 和 v' 关于墙壁对称，碰撞后的轨迹与无墙壁时小球继续前进的轨迹关于墙壁对称，以后的

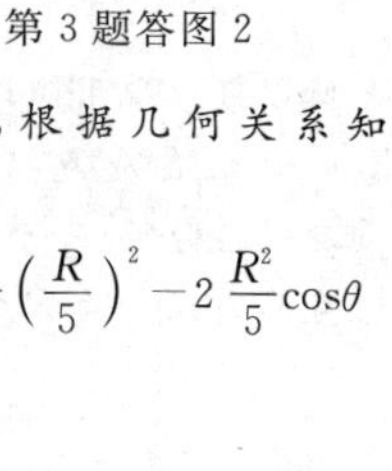

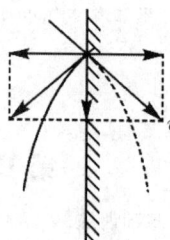

第1题答图

碰撞亦然，因此，可将墙壁比作平面镜，把小球的运动转换为统一的平抛运动处理，由

$$h=\frac{1}{2}gt^2,\ n=\frac{v_0t}{d}$$

可得碰撞次数

$$n=\frac{v_0}{d}\sqrt{\frac{2h}{g}}=\frac{5}{1}\times\sqrt{\frac{2\times19.6}{9.8}}=10（次）$$

n 刚好为偶数，故小球最后在 A 墙脚，即落地点到 A 的水平距离为零。

2.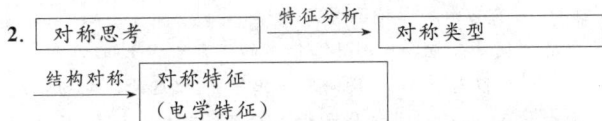

如答图 1 所示为等量异种电荷周围空间的电场分布图，如答图 2 所示为等量同种正电荷周围空间的电场分布图。

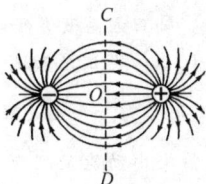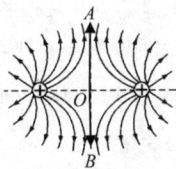

第 2 题答图 1　　第 2 题答图 2

本题的带电圆环，可拆解成无数对等量异种电荷，沿水平直径平行放置。它们有共同的对称轴 ab，直线 ab 为等势线，延伸到无限远处，电势为零，故在直线 ab 上的点电势为零，即 $\varphi_a=\varphi_b=0$，则点电荷 $+q$ 在 a 点的电势能等于在 b 点的电势能，故 A、C 项错误。

本题的带电圆环，也可拆解成无数对等量同种电荷，沿竖直直径平行放置，直线 ab 左侧为等量的同种正电荷，直线 ab 右侧为等量的同种负电荷。上下两侧电场线分布对称，左右两侧电场线分布也对称，由电场的叠加原理可知 c 点的电场强度等于 d 点的电场强度，故 B 项错误。

它们有共同的对称轴 cd，从 c 点到 d 点，电势一直在降低，即 $\varphi_c>\varphi_d$，根据 $E_p=q\varphi$ 可知点电荷 $-q$ 在 d 点的电势能大于在 b 点的电势能，故 D 项正确。

3.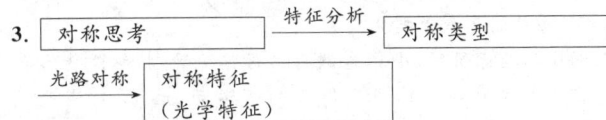

由题可知，光路如答图所示，图中 D 为折射光线在直径上的反射点，E 为出射点，E、F 点关于底面 AB 对称，C、D 和 F 三点共线；光的入射角 $i=60°$，折射角为 r，出射光线与法线夹角为 i'。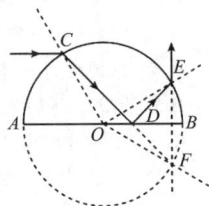

第 3 题答图

由几何关系得

$$\angle DCO=\angle DFO=\angle DEO=r$$

根据折射定律有 $\dfrac{\sin i}{\sin r}=\dfrac{\sin i'}{\sin r}$；

代入数据解得 $i'=i=60°$。

连接 EF，即有 $\angle OEF=\angle OFE=60°$；

即 $\angle EOF=60°$，$\angle FOD=\angle EOD=30°$；

于是由几何关系得 $\angle COF=150°$；

则 $180°-150°=2r$。

由上各式联立解得 $r=15°$。

根据折射率公式有 $n=\dfrac{\sin i}{\sin r}=\dfrac{\sin60°}{\sin15°}$；

又已知 $\sin15°=\dfrac{\sqrt6-\sqrt2}{4}$；

代入数据 $n=\dfrac{3\sqrt2+\sqrt6}{2}$，故 A 项错误。

已知 $\cos15°=\dfrac{\sqrt6+\sqrt2}{4}$，光在介质中传播的距离

$$x=2R\cos15°=2R\times\frac{\sqrt6+\sqrt2}{4}=\frac{\sqrt6+\sqrt2}{2}R$$

根据折射率公式，光在介质中传播的速度

$$v=\frac{c}{n}=c\times\frac{2}{3\sqrt2+\sqrt6}=\frac{2c}{3\sqrt2+\sqrt6}$$

光束在介质中传播的时间

$$t=\frac{x}{v}=\frac{\sqrt6+\sqrt2}{2}\times\frac{3\sqrt2+\sqrt6}{2c}=\frac{2\sqrt3+3}{c}R$$

故 B 项正确。

由答图中光路图分析可知，仅将入射点下移或者仅将黄光束改为紫光束，光束在处射点 E 的入射角都小于临界角，因此光束都能从介质中射出，故 C、D 项错误。

综上，选 B。

【拓展训练】

1. 细看图像会发现，A、C、D 图都具有对称性，唯独 B 图不对称。而线圈的运动是非对称的，所以，i-x 图像也就不会对称（峰值不可能相等），选项 B 正确。

2. 从简谐运动回复力的对称性思考。剪断细线后的瞬间，弹簧对 A 的弹力为 $kx=2mg$，所以 A 受到向上的合外力（回复力）为 mg。当 A 运动到上方最大位移处时，由于简谐运动的回复力的对称性，A 将受到竖直向下的合外力（回复力），其大小仍为 mg，也就是说，此时弹簧中没有弹力，所以木箱对地面的压力为 Mg。选项 A 正确。

3. 由于在 A 点以相同的初动能沿不同方向抛出的小球到达圆周上的各点时其中到达 C 点的小球动能最大，因此过 C 点的切线一定是等势线，由此可以确定电场线的方向，至于从 A 点垂直电场线抛出的小球可按类平抛运动处理。用对称性判断电场的方向：由题设条件，在圆周平面内，从 A 点以相同的动能向不同方向抛出带正电的小球，小球会经过圆周上不同的点，且经过 C 点时小球的动能最大，可知，电场线平行于圆平面。又根据动能定理，电场力对到达 C 点的小球做功最多，为 qU_{AC}。因此，U_{AC} 最大，即 C 点的电势比圆周上任何一点的电势都低。又因为圆周平面处于匀强电场中，故连接 OC，圆周上的等势点关于 OC 对称，OC 方向即电场方向，它与直径 AB 的夹角为 $60°$。

4. 根据带电粒子在磁场中运动的特点，以及粒子绝缘弹性挡板碰撞的特点，进行对称分析。

如答图所示，由对称性可知，粒子第二次通过 x 轴时 D 点到坐标原点 O 的距离为 y_0，速度方向与 x 轴正方向成 $45°$ 角，进入第二象限后粒子做类平抛运动，设粒子再次回到 y 轴时的位置坐标 $Q(0,y)$，根据类平抛运动规律有

$$(y-y_0)\cos45°=\frac{1}{2}\cdot\frac{Eq}{m}\cdot t^2$$

$$\sqrt{2}y_0+(y-y_0)\sin 45°=vt$$

将 $E=\dfrac{\sqrt{2}mv^2}{4qy_0}$ 代入可得，$y=3y_0$，所以粒子再次回到 y 轴时的位置坐标 $Q(0,3y_0)$。

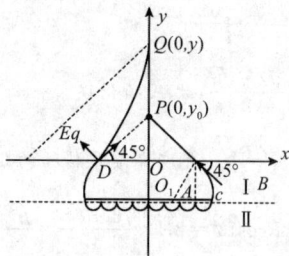

第4题答图

第15讲 变化率分析法

【基础训练】

1.

直线运动中的 x-t 图像	→	直线运动中 x 与 t 间的关系

| → | x-t 图像是曲线，取微元研究得 $\Delta x=v\Delta t$，变化率 $\dfrac{\Delta x}{\Delta t}=v$ | → | 斜率 $k=v$，x-t 图像斜率的大小表示速度 v 的大小，斜率的正负表示 v 的方向 |

由 v-t 图像可知，质点的速度先沿正方向减小到 0，再向负方向做加速运动，对应 x-t 图像，图像的斜率先是由正的减小至 0，再由负的逐渐增大，选项 B 正确。

2.

| 物体的机械能随上升高度变化的 E-h 图像 | → | 直线运动中 E 与 h 间的关系 |

| → | E-h 图像是曲线，取微元研究由功能关系得非重力弹力功 $F_{非}\cdot\Delta h=\Delta E$，变化率 $\dfrac{\Delta E}{\Delta h}=F_{非}$ | → | 斜率 $k=F_{非}$，E-h 图像斜率的大小表示 $F_{非}$ 的大小 |

由 E-h 图像可知，物体上升的高度从 $0\sim h_1$ 图像的斜率变大，A 点（h_1）处的切线斜率最大，从 $h_1\sim h_2$ 图像的斜率变小，从 $h_2\sim h_3$ 图像平行于 h 轴斜率为 0，由于图像的斜率表示的是物体受到的除重力外其他力的大小，故物体上升过程中受到的除重力外的其他力的变化情况是：先增大至 A 点处达到最大，然后逐渐减小至 0，在 $h_2\sim h_3$ 过程中一直为 0（该过程中物体的机械能守恒）。

3.

| 带电小球的电势能随位移变化的 E_p-x 图像 | → | 由静电力做功与电势能变化的关系，得到 E_p 与 x 间的关系 |

| → | E_p-x 图像是曲线，取微元研究，由静电力做功与电势能变化关系得 $F_e\cdot\Delta x=|\Delta E_p|$，变化率 $\dfrac{|\Delta E_p|}{\Delta x}=F_e$ | → | 斜率 $k=F_e$，E_p-x 图像斜率的大小表示静电力 F_e 的大小 |

由 E_p-x 图像可知，图像的斜率表示静电力的大小。$x_1\sim x_2$ 过程中图像的斜率不断变大，故静电力 F_e 逐渐变大。

【拓展训练】

1. 由于 φ-x 图像是曲线，斜率 $k=\dfrac{\varphi'-\varphi}{\Delta x}=\dfrac{\Delta U}{\Delta x}$，取微元研究该处电场时可视为匀强电场，由匀强电场中电场强度与电势差间的关系可得 $E=\dfrac{\Delta U}{\Delta x}$，故斜率 $k=E$；观察 φ-x 图像可知，沿 x 轴方向，$0\sim x_1$ 电场强度逐渐减小，至 x_1 处斜率 $k=0$，该处电场强度减小至 0，$x_1\sim x_2$ 电场强度逐渐增大，$x_2\sim x_4$ 电场强度保持不变。

电场强度是矢量，φ-x 图像斜率的正负表示 E 的方向，图中 $0\sim x_1$ 段与 $x_1\sim x_4$ 段斜率一正一负，故这两段电场强度方向相反，基于沿电场线方向电势降低可知，$0\sim x_1$ 段电场强度方向沿 x 轴负方向，$x_1\sim x_4$ 段沿 x 轴正方向。

2. 对物块进行研究，从 O 点由静止释放后，在弹性轻绳弹力和地面摩擦力共同作用下沿 x 轴正方向做直线运动，物块的 E_k-x 图像在 x 轴上 $0\sim 0.10$m 范围是曲线，斜率 $k=\dfrac{\Delta E_k}{\Delta x}$，取物块运动中的元过程研究，每一个元过程均可视为受到恒定合力 $F_{合}$ 作用，对物块由动能定理得 $F_{合}\cdot\Delta x=\Delta E_k$，即 $F_{合}=\dfrac{\Delta E_k}{\Delta x}$ 得斜率 $k=F_{合}$，即图像斜率的大小表示 $F_{合}$ 的大小，斜率的正负表示 $F_{合}$ 的方向。

由 E_k-x 图像可知，沿 x 轴方向，$0\sim 0.08$m 图像的斜率逐渐减小，因而合外力逐渐减小，至 $x=0.08$m 处斜率 $k=0$，该处的 $F_{合}=0$，$0.08\sim 0.10$m 图像的斜率逐渐增大，故合外力逐渐增大，$0.10\sim 0.25$m 图像的斜率是个定值，故合外力保持不变。由于 $0\sim 0.08$m 段和 $0.08\sim 0.25$m 段图像的斜率一正一负，故这两段合外力方向相反。

从力与运动的角度分析该物块的受力情况：在弹性绳恢复原长之前，物块受逐渐减小的弹力和滑动摩擦力的作用，在 $x=0.08$m 处 $F_{合}=0$，即沿 x 轴正方向的弹力与沿 x 轴负方向的滑动摩擦力等大反向，滑块的动能（速度）达到最大；之后弹力小于滑动摩擦力，弹性绳恢复原长之后（即 $0.10\sim 0.25$m），物块只受滑动摩擦作用而做匀减速运动，最终速度减小到 0。

3. 对小球进行研究，小球先做自由落体运动，接触弹簧后在重力和弹力共同作用下继续向下运动，至 x_2 处速度减到 0。

小球运动过程中能量随位移变化的 E-x 图像如题图(b)所示，从图像可以看出该能量先保持不变再随位移减小，并且能量随位移的变化率逐渐增大，可以猜想可能是机械能 E_0-x 图像，理由是小球先做自由落体运动，该过程机械能守恒，接触弹簧后继续向下运动，弹力做的负功等于小球机械能的变化量。

进一步分析：由于 E-x 图像是曲线，斜率 $k=\dfrac{\Delta E}{\Delta x}$，取小球下落过程中的某一元过程研究，每个元过程均可视为受到恒力作用，由功能关系可知，小球受到的除重力外其他力做的功等于小球机械能的变化量，即 $F_{非}\cdot\Delta x=\Delta E_0$，可得图像斜率大小 $k=F_{非}$。

由 E-x 图像可知斜率大小 $0\sim x_1$ 段始终等于 0，$x_1\sim x_2$ 段逐渐增大；反映了 $0\sim x_1$ 阶段小球做自由落体运动即

$F_{弹}=0$，$x_1 \sim x_2$ 阶段小球除受重力外还受到弹簧弹力作用，即 $F_{弹}=kx$，随着小球下落 $F_{弹}$ 逐渐增大，符合图像斜率的特征，故曲线可能是机械能随位移变化的 E_0-x 图像。

4. 人、锤及小车组成的系统水平方向的动量 p_x 随时间 t 变化的 p_x-t 图像若是曲线，斜率 $k=\dfrac{\Delta p_x}{\Delta t}$，取系统在运动中的某一元过程研究，由于问题涉及系统水平方向的动量与时间的关系，故选用动量定理对系统进行研究，在水平方向上系统只受地面对小车的滑动摩擦力作用，故对元过程由动量定理可列式 $F_f \Delta t=\Delta p_x$，则斜率 $k=F_f$。

观察 p_x-t 图像的斜率可知，斜率先是正值逐渐变大、后是负值保持不变，可知小车受到的滑动摩擦力先向右逐渐增大，后向左保持不变。

从力与运动的角度说明滑动摩擦力有如上所述的变化的原因：

对系统进行研究，第一阶段小车向左运动，故车受到的滑动摩擦力方向向右，在此过程中重锤沿竖直方向先向下加速后向下减速，故重锤先失重后超重，因此地面对系统（人、锤和小车整体）的支持力先小于其重力后大于重力，即地面对系统的支持力一直增大，则地面对系统的滑动摩擦力也一直增大，反映在 p_x-t 图像上其斜率 $k=F_f$ 逐渐增大。

第二阶段锤瞬间砸在 Q 处后与小车保持相对静止，一起向右做减速运动，最终小车停止运动，该过程小车受到的滑动摩擦力方向向左，大小始终为 μMg（M 是系统总质量），反映在 p_x-t 图像上斜率保持不变，由于取水平向右为正方向，则该阶段摩擦力方向为负方向，即斜率为负值。

第16讲　微元累积法

【基础训练】

1. | 将路径无限分割为微元 Δx，微元内 F_f 可认为不变且与运动方向相反 | → | 对微元过程应用动能定理得 $-F_f \Delta x=\Delta E_k$ |

→ | $-F_f \sum \Delta x=\sum \Delta E_k$；其中 $\sum \Delta x=2\pi L$；$\sum \Delta E_k=0-\dfrac{1}{2}mv_0^2$ | → | $-F_f 2\pi L$ $=-\dfrac{1}{2}mv_0^2$；解得 $F_f=\dfrac{mv_0^2}{4\pi L}$ |

本题中木块做圆周运动，因此恒力做功的公式 $W=Fx$ 无法适用于全过程，只有把全过程分割成无数个小微元，将每个微元视为恒力作用下的直线运动，才可以对微元过程列出动能定理，进而累积求解，这种处理方法与化曲为直的思想异曲同工。

2. | 将 x 轴无限分割为微元 Δx，在微元内场强 E 可认为不变 | → | 对微元应用匀强电场 U 与 E 的关系得 $\Delta U=E\Delta x$，ΔU 可用答图1的阴影区域来表示 |

→ | 累积得 $\sum \Delta U=\sum E\Delta x$，$\sum \Delta U$ 即两位置间的电势差，可用答图2中的阴影区域来表示 | → | 两区域间图像与 x 轴所围面积相同，可得 $U_{12}=U_{23}$ |

累积的过程实际上就是积分的过程，在中学阶段往往把它转化为求相应图像与坐标轴所围图形的面积问题，例如我们熟悉的 v-t 图像所围面积表示位移、F-x 图像所围面积表示做功等，在此类问题中，面积起到了数学和物理间的桥梁作用。

第2题答图1　　第2题答图2

3.（1）| 将放电过程无限分割为微元 Δt，微元内电流 i 可认为不变 | → | 由微元表达式 $\Delta q=i\Delta t$ 累积得 $Q=\sum \Delta q=\sum i\Delta t$，$Q$ 为电容器电荷量 |

→ | 电荷量 Q 对应曲线 a 与坐标轴所围面积，由题图可知 $Q\approx 4.6\times 10^{-2}$C | → | 由 $C=\dfrac{Q}{U}$，$U=16$V 得 $C=2.9\times 10^{-3}$F |

（2）电阻 R_0 的阻值增大后，开始放电时的电流变小，但电容器释放的电荷量不变，即 i-t 图像与坐标轴所围面积应与曲线 a 相同，相应的放电时间会变长，故应是曲线 c。

本题中曲线所围面积的估算和测分子直径实验中油膜面积的估算方法一致，由横、纵坐标标度可知，每个小方格代表的电荷量

$$q_1=I_1 t_1=1\times 10^{-3}\text{A}\times 1\text{s}=1\times 10^{-3}\text{C}$$

然后再数出所围面积中有多少个这样的小方格，大于半个的算一个，小于半个的不算，假设数出的格数为 N，则电容器整个放电过程释放的电荷量 $Q=Nq_1$。

4. | 将圆弧无限分割，每一微元近似当作线段，其长度为 Δl | → | 如答图所示，微元垂直于速度的投影长 $\Delta l\cos\theta$，电动势 $\Delta E=B\Delta lv\cos\theta$ |

→ | 累积得 $\sum \Delta E=\sum B\Delta lv\cos\theta$，$\sum \Delta E$ 即导体的总电动势，$\sum \Delta l\cos\theta$ 即直径 AB 的长度 | → | 累积可得 $E=2BRv$ |

本题的难点在于导线框并非直线，无法用 $E=Blv$ 直接计算切割电动势，将半圆形导线框分割为可视为直线的微元，并求出微元垂直于速度方向的投影长度，即可求出微元的切割电动势。累积结果也表明，只要将整个导线框在速度的垂直方向的投影长度 l 作为有效长度，就可以直接用 $E=Blv$ 计算

第4题答图

切割电动势，这一结论为非直线型导线切割电动势的计算提供了简捷的方法。

【拓展训练】

1. 如答图所示，将带电圆环无限分割，使每一微元的电荷

量均为 Δq,且可视为点电荷,在圆环某一直径的两端对称的取两段微元为对象,它们在 P 点处产生的合电场强度

$$\Delta E = \frac{2k\Delta q}{r^2}\cos\alpha = \frac{2k\Delta q}{(\sqrt{2}R)^2}\cos45° = \frac{\sqrt{2}k\Delta q}{2R^2}$$

如此对称的取两微元所得的合电场强度均为 ΔE,累积得 $E = \sum \Delta E = \frac{\sqrt{2}k}{2R^2}\sum \Delta q = \frac{\sqrt{2}kQ}{4R^2}\left(\sum \Delta q = \frac{Q}{2}\right)$,电场强度方向沿 OP 连线向外。

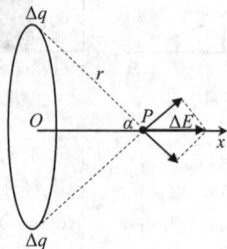

第1题答图

2. (1) 如答图所示,将等势面 S_1 分割成无数小面元,每个小面元 ΔS 处的电场强度可视为恒定,其大小 $E_1 = \frac{kQ}{r_1^2}$,方向垂直于面元向外,则过面元的电通量 $\Delta\Phi_E = E_1\Delta S$,累积得 $\Phi_{E1} = \sum \Delta\Phi_E =$

第2题答图

$E_1\sum \Delta S = \frac{kQ}{r_1^2}\cdot 4\pi r_1^2 = 4\pi kQ$。

(2) 由第(1)小题的推导不难发现,等势面 S_1 单位面积上的电通量在数值上等于该等势面处的电场强度 E_1,此结论也适用于等势面 S_2。又由于穿过一个面的电场线的数目与电通量成正比,因此穿过等势面 S_1、S_2 单位面积上的电场线数目之比就是两等势面处的电场强度大小之比。由此可得 $\frac{N_1}{N_2} = \frac{E_1}{E_2} = \frac{r_2^2}{r_1^2}$。

3. 将气体的体积变化过程无限分割为微元 ΔV,则可认为每个微元过程压强不变,做功 $\Delta W = F\cdot \Delta x = p\cdot S\cdot \Delta x = p\cdot \Delta V$,利用基础训练第2、3题的分析方法可知,$p-V$ 图像与 V 轴所围面积表示做功,$a\rightarrow b$ 过程体积减小,外界对系统做功可用图线 ab 与 V 轴所围面积表示,$c\rightarrow d$ 过程体积增大,系统对外做功可用图线 cd 与 V 轴所围面积表示,而 $b\rightarrow c$ 和 $d\rightarrow a$ 过程体积不变,没有做功,因此从状态 a 开始的一个完整循环整体是对外做功的,总功可用整个闭合循环图线 $a\rightarrow b\rightarrow c\rightarrow d\rightarrow a$ 包的面积来表示。气体从状态 a 开始经历一个循环后回到初始状态,内能不变,根据热力学第一定律,吸收的热量等于系统对外做的功,也对应了循环图线 $a\rightarrow b\rightarrow c\rightarrow d\rightarrow a$ 包的面积。

4. (1) 将棒的运动按时间无限分割为微元 Δt,每个微元的电流和安培力可视为不变,规定速度方向为正方向,对微元应用动量定理有

$$-BLi\Delta t = m\Delta v$$
$$-\sum BLi\Delta t = \sum m\Delta v$$
$$-BLq = m(v - v_0)$$

可得 $q = \frac{m(v_0 - v)}{BL}(0\leqslant v\leqslant v_0)$。

(2) 根据 $-BLi\Delta t = m\Delta v$ 和 $i = \frac{BLv}{2R}$ 得 $-\frac{B^2L^2v}{2R}\Delta t = m\Delta v$,

$$-\sum \frac{B^2L^2}{2R}v\Delta t = \sum m\Delta v$$

即 $-\frac{B^2L^2}{2R}x = m(v - v_0)$;

可得 $x = \frac{2mR(v_0 - v)}{B^2L^2}(0\leqslant v\leqslant v_0)$。

5. 在安培力作用下,线框向右运动,因此线框在磁场区域部分的有效长度随位移增大而减小,安培力随之减小。为求解安培力冲量,可能需要将该运动过程的位移或时间无限微分。题目要求解的是安培力的冲量,是安培力与时间乘积的累积,但考虑到不易写出安培力大小与时间的关系,故对线框的运动过程的位移(空间)无限微分,先通过空间的微元累积,利用动能定理求出末速度,现用动量定理求出安培力冲量。

如图所示,在线框运动到位移为 x 位置,取微元 Δx,该微元过程,线框在磁场中的有效长度为 $2(L-x)$,安培力大小不变,即 $F_A = IB\cdot 2(L-x)$。该微元过程安培力做的元功 $\Delta W_A = F_A\Delta x$。

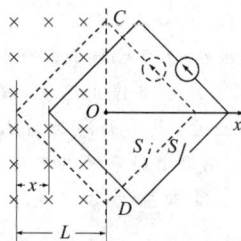

第5题答图

元功等式两边累积求和知安培力做的功 $W_A = \sum 2IB(L-x)\Delta x = \sum 2IBL\Delta x - \sum 2IBx\Delta x = 2IBLx - IBx^2$,当位移为 $\frac{L}{2}$ 时,解得 $W_A = \frac{3}{4}BIL^2$。又由动能定理、动量定理知 $W_A = \frac{1}{2}mv^2 - 0$,$I_A = mv - 0$,联立方程可解得 $v = \sqrt{\frac{3IB}{2m}}L$,$I_A = \sqrt{\frac{3IBm}{2}}L$。

第17讲 临界状态(条件)确定法

【基础训练】

1.

根据生活经验可知,变力作用下物体可能运动也可能静止	→	根据已学模型知道摩擦力大小影响了物体的运动状态

	分析不同大小的推力作用时,摩擦力大小和运动状态的可能情况	→	找到物体减速运动到速度为零时,滑动摩擦力转变成静摩擦力

刚开始,$F=0$,物体仅在大力作用下开始下滑,当推力 F 增大,物体运动受到滑动摩擦力,其大小 $F_f = \mu F = \mu kt$,摩擦力与时间成正比;当摩擦力增大到与重力相等时,物体速度最大,继续向下运动,摩擦力继续增大且大于重力,接着物体做减速运动;直到物体速度减为零时,物体静止,摩擦

力突变为静摩擦力,其大小为 $F_f=mg$,接下去摩擦力不变,故摩擦力随时间变化的图像如答图所示。

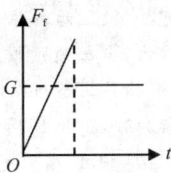

第 1 题答图

2.

根据题设信息与生活经验可知两名同学间的距离在变化	→	根据追及模型可知甲、乙的速度大小影响他们间的间距

→	连续分析甲、乙的速度变化和他们间的距离的关系	→	得到甲的速度减小到与乙的速度相等是临界条件,此时距离最小

从甲减速时开始分析,可知甲做匀减速直线运动,乙做匀加速直线运动,分别作出甲和乙的 v-t 图像,如图所示,当甲的速度大于乙的速度,两者间距在缩小;当甲速度小于乙速度时,两者间距又变大,可知当两者共速的时候,两者间距最小。根据匀变速直线运动规律,共速时,甲的速度 $v_1=v_0-a_1t$,乙的速度 $v_2=a_2t$,当 $v_1=v_2$ 时,代入可求得时间 $t=2\text{s}$。此时甲的位移 $x_1=13\text{m}$,乙的位移 $x_2=4\text{m}$,可知此时两者间距 $\Delta x=x_0+x_2-x_1=1\text{m}$。

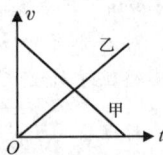

第 2 题答图

3.

根据跑动中物体会飘起的经历可知小球可能可能会脱离斜面飞起来	→	根据教材中用笔测地铁加速度的模型可知,加速度越大,小球会飞得越高

→	分析加速度不断增加时小球的受力情况和运动情况	→	得到物体即将脱离斜面的受力特征从而求出临界加速度

对物体进行受力分析,如题图甲所示,根据牛顿第二定律可知,随着加速度增加,绳子拉力增大,支持力减小,当支持力减为零时物体即将离开斜面,此时物体只受到重力和绳子拉力,其合力水平向左,如题图乙所示,根据牛顿第二定律有 $F_合=mg\tan45°=ma$,临界加速度 $a=g\tan45°=g$,所以当 $a=g$ 时物体恰好脱离斜面,此时绳子拉力 $F_T=\dfrac{mg}{\cos45°}=\sqrt{2}mg$。

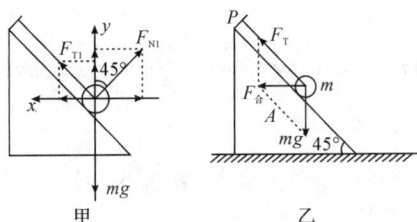

第 3 题答图

4.

根据生活经验可知球速度小时过不了网,速度大时会出界	→	由平抛模型及规律可知,初速度变化会影响球的轨迹

→	动态分析排球的速度增加时其轨迹和落点的位置变化	→	找到能得分的两个临界位置和此时对应的速度

根据已学知识可知,排球初速度越大抛得越远,要得分,排球得过网,同时不能飞出对方场地的边线外。

(1) 当排球刚好擦网而过时,如答图轨迹 N,根据平抛运动规律有

$$x=v_1t,\quad H-h=\frac{1}{2}gt^2$$

解得 $v_1=x\sqrt{\dfrac{g}{2(H-h)}}$。

(2) 当排球刚好到达对方底线时,如答图轨迹 M,根据平抛运动规律有

$$x+\frac{L}{2}=v_2t,\quad H=\frac{1}{2}gt^2$$

解得 $v_2=\left(x+\dfrac{L}{2}\right)\sqrt{\dfrac{g}{2H}}$。

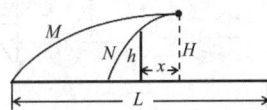

第 4 题答图

综上,击球速度 v_0 的范围为

$$x\sqrt{\frac{g}{2(H-h)}}<v_0<\left(x+\frac{L}{2}\right)\sqrt{\frac{g}{2H}}$$

5.

根据生活经验可知,用力拉两个物体时,两个物体可能会分离	→	根据牛顿运动定律可知是摩擦力使 A 物体运动,可判断临界状态与摩擦力的变化有关

→	分析拉力增加时两物体力和运动状态,知道静摩擦力逐渐增加,但是会有最大值	→	找到 A、B 即将要分离时的摩擦力要达到最大值

根据已学知识可知,当拉力大时 A 会相对 B 向后运动,A、B 可能会分离。

当 A、B 一起运动时,对 A、B 整体进行受力分析,根据牛顿第二定律有 $F=(m+M)a$,可知当拉力 F 增大时,两物体一起运动的加速度增大。

对 A 进行受力分析,根据牛顿第二定律有 $F_f=ma$;当加速度增大时,A 物体受到的静摩擦力增大,当摩擦力增加到最大静摩擦力时,加速度达到最大值,最大值满足 $F_{f\max}=\mu mg=ma_{\max}$,所以两物体能够一起运动的最大加速度 $a_{\max}=\mu g$,此时拉力最大值 $F_{\max}=(m+M)a=\mu(m+M)g$。

【拓展训练】

1. 根据汽车刹车时物体会向前运动的生活经历,可知刹车时 C 桶可能会紧贴着 A、B 桶一起运动,也可能会离开 B 桶而撞向驾驶室。根据牛顿运动定律可知汽车刹车时有向后的加速度,A 和 B 桶的支持力提供 C 桶的加速度,且加速度越大,向后的合力越大,可判断临界状态与 A 和 B 桶的支持力变化有关。对 C 桶进行受力分析,当汽车匀速时受力如答图 1 所示,此时受力平衡,合力为零。当汽车减速时,C 桶受力如答图 2 甲所示,根据牛顿第二定律可知,当货车加速度增大时,F_A 不断增大,F_B 不断减小,当 $F_B=0$ 时,桶 C 即将脱离桶

B 向前运动,此时为临界位置,即加速度最大时刻,此时桶 C 受力如答图 2 乙所示,根据牛顿第二定律有 $F_合 = mg\tan\theta = ma$,此时加速度 $a = g\tan30° = \dfrac{\sqrt{3}}{3}g$。

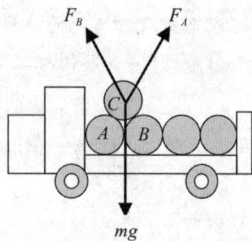

第 1 题答图 1

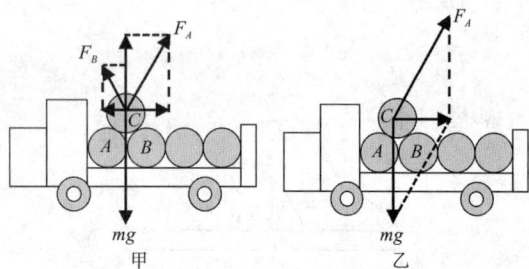

甲　　　　乙

第 1 题答图 2

2. 根据游乐场旋转飞椅的游戏经验可知,当圆锥体转动起来时小球可能贴着圆锥体运动,也可能脱离圆锥体飞起来,需先判断小球此时的运动状态才能求解拉力大小。

根据圆周运动模型可知当圆锥体角速度增大时,小球所需向心力变大,小球会从贴着圆锥体表面到脱离表面,可知小球飞离的临界状态与它的角速度和受力有关。

对小球进行受力分析,如答图甲所示,根据牛顿第二定律可知,小球受到合外力提供向心力,方向指向圆心,当角速度增加时,小球所需的向心力增大,可知绳子拉力增大,支持力减小,如答图乙所示。当小球受到支持力为零时,小球即将脱离圆锥体,此时重力和拉力的合力提供向心力,为临界状态,如答图丙所示。

根据牛顿第二定律有 $mg\tan\theta = m\omega_0^2 L\sin\theta$,可求得此时临界角速度 $\omega_0 = \sqrt{\dfrac{5g}{4L}}$。

由于 $\omega > \omega_0$,则可知小球已经离开圆锥体,对小球进行受力分析如答图丁所示,设细线与竖直方向的夹角为 α,由牛顿第二定律得 $F_{T2}\sin\alpha = m\omega^2 L\sin\alpha$,解得绳子拉力 $F_{T2} = 2mg$。

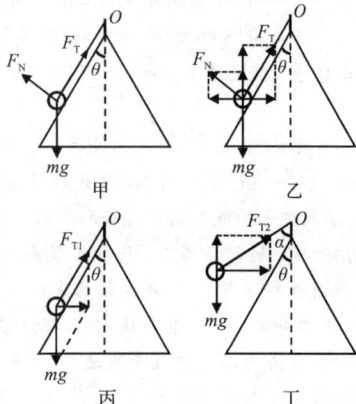

甲　　　　乙

丙　　　　丁

第 2 题答图

3. 根据生活经验可知,当圆盘转速增加的时候,两个物体可能会一起脱离圆盘滑走,且物体离转轴越远越容易飞出去。根据圆周运动模型可知 A、B 两物体受到的摩擦力提供它们做圆周运动的向心力,当加速度增加时,摩擦力会增加,存在临界状态,可判断临界状态与摩擦力大小有关。

当角速度从零开始增加时,A 和 B 同时受到指向半径方向的静摩擦力提供向心力,由于 $r_A < r_B$,根据向心力表达式可知 B 的摩擦力先到达最大值,此时受力情况如答图甲所示。当角速度继续增加,A、B 间产生绳子拉力,如答图乙所示,随着角速度不断增加,绳子拉力不断增加,A 物体的摩擦力也在增加,直到 A、B 的摩擦力都达到最大静摩擦力。若继续增加角速度,则两物体与盘面即将发生相对运动,所以临界状态为,A、B 的摩擦力达到最大且方向都指向圆心。

此时,A、B 的角速度为 ω,根据牛顿第二定律,对 A 分析有 $kmg - F_T = m\omega^2 r_1$;

对 B 分析有 $kmg + F_T = m\omega^2(L + r_1)$;

整理得 $kmg + kmg = m\omega^2 r_1 + m\omega^2(L + r_1)$;

解得 $\omega = \sqrt{\dfrac{2kg}{2r_1 + L}}$。

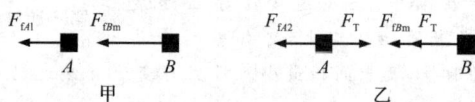

甲　　　　乙

第 3 题答图

4. 根据生活经验可知粗糙程度不同,物体在车上运动的距离不同,越光滑物块滑得越远,可知滑块在车上滑动的距离和动摩擦因数有关,要使滑块不滑离小车,存在临界的摩擦因数,分析当动摩擦因数逐渐变化时,滑块和小车的速度变化的规律。

小滑块滑上小车后,滑块受到向左的滑动摩擦力做匀减速运动,小车受到向右的滑动摩擦力开始做匀加速运动,直到两者共速后将一起运动。当动摩擦因素越来越小时,滑块滑得越来越远,当滑块恰好到达小车最右端时两者共速,则接下去两者一起匀速运动不会分离。所以小滑块恰好没有离开小车的临界状态特征是,滑块在小车上滑到小车末端后两者恰好达到共速。

小滑块由圆弧轨道滑下过程中,根据机械能守恒定律,有 $mgR = \dfrac{1}{2}mv^2$,解得小滑块滑到圆弧底端速度为 $v = \sqrt{2gR}$。

以小车和滑块整体为研究对象,由动量守恒和能量守恒可得

$$mv = 3mv_共, \mu mg(2R) = \dfrac{1}{2}mv^2 - \dfrac{1}{2} \times 3mv_共^2$$

联立方程解得 $\mu = \dfrac{1}{3}$。

5. 根据圆周运动实验可知小球初速度不够时到不了最高点,可能会脱离轨道。

结合竖直平面圆周运动的模型可预测,竖直平面圆周运动出现的临界位置可能在最高点和最低点。

无电场力时,小球无法过最高点,则有 $mg > m\dfrac{v^2}{R}$,向上运动过程中根据动能定理有

$$-mg \cdot 2R = \frac{1}{2}mv^2 - \frac{1}{2}mv_0^2$$

解得 $v_0 < \sqrt{5gR}$。

加电场后,在最高点对小球进行受力分析,如答图1甲所示,根据牛顿第二定律可知,当电场力逐渐减小时轨道对小球的弹力不断减小,直到减为零,若电场力继续减小,小球即将脱离轨道,因而在最高点时,小球脱轨的临界条件为 $F_N=0$、重力和电场力提供向心力,此时为电场力最小值。此时受力情况如答图1乙所示,小球受到重力和电场力,其合力需提供圆周运动运动的向心力。

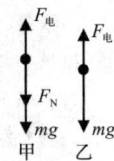

第5题答图1

由牛顿第二定律可得 $mg - E_2 q = m\dfrac{v_1^2}{R}$;

从最低点到最高点,根据动能定理有

$$E_2 q \cdot 2R - mg \cdot 2R = \frac{1}{2}mv_1^2 - \frac{1}{2}mv_0^2$$

解得 $E_2 = \dfrac{mg}{q} - \dfrac{mv_0^2}{5Rq}$。

E_2 为电场力最小值,若电场力逐渐增大,小球在最高点处速度不断增大、弹力不断增大,小球更不容易脱轨。

除最高点外,还要分析其他位置是否会脱轨,若电场力逐渐变大,电场力和重力的合力可能向上,在轨道最低处可能会飞离轨道。在最低点对小球进行受力分析,如答图2甲所示,根据牛顿第二定律可知,当电场力逐渐增大,轨道对小球的弹力不断减小,直到减为零,若电场力继续增加,小球即将脱离轨道,所以在最低时,小球脱轨的临界条件为:$F_N=0$、重力和电场力提供向心力,此时电场力到达最大值。此时受力如答图2乙所示。

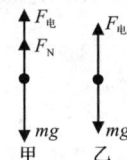

第5题答图2

由牛顿第二定律可得 $E_1 q - mg = m\dfrac{v_0^2}{R}$;

解得 $E_1 = \dfrac{mg}{q} + \dfrac{mv_0^2}{Rq}$。

由分析可得,要使小球能做圆周运动,需满足电场强度 $E_2 < E < E_1$,即 $\dfrac{mg}{q} - \dfrac{mv_0^2}{5Rq} < E < \dfrac{mg}{q} + \dfrac{mv_0^2}{Rq}$(其中 $v_0 < \sqrt{5gR}$)。

第18讲　逆推分析法

【基础训练】

1. 求解什么物理问题？ → 找寻与合力方向有关的信息条件,并选择相关规律

分析各规律条件是否具备,物理量是否充足,不断试错 → 运用合适的物理规律解决问题

(1)本题求解光线对玻璃砖的合力方向。

(2)题中已知光的入射方向与出射方向。与合力方向相关的物理规律有:

①$F=ma$,$a=\dfrac{\Delta v}{\Delta t}$；②$Ft=\Delta p$。

(3)规律①可以根据光线方向分析出光的速度变化方向,进而确定加速度方向,进一步确定光受到合力的方向,

再根据牛顿第三定律确定玻璃砖所受的光的合力方向;规律②可以根据光线的动量变化情况进一步确定光受到合力的方向,再根据牛顿第三定律确定玻璃砖所受的光的合力方向。

(4)两束光进入玻璃砖前后的速度和速度变化的矢量三角形如答图所示。

根据牛顿第二定律或者动量定理,玻璃对光子的作用力 F_1 方向与 Δv_1 方向相同,玻璃砖对光子的作用力 F_2 的方向与 Δv_2 方向相同,如答图所示。由平行四边形定则,玻璃砖对光的合力 F 方向向下。由牛顿第三定律,两束光线对玻璃砖的合力 F' 向上。

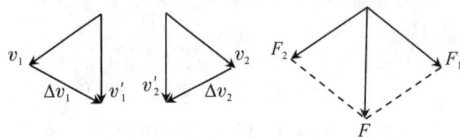

第1题答图

2. 求解什么物理问题？ → 找寻求与位移有关的信息条件,选择求位移的相关规律

分析各规律条件是否具备,物理量是否充足,不断试错 → 运用合适的物理规律解决问题

(1)求木板最小长度即物块的运动位移。

(2)题中已知物块受到变力作用,并且已知初、末速度。求位移可选择的物理规律如下:

①$2ax = v_t^2 - v_0^2$；

②$-F_f x = \dfrac{1}{2}mv_t^2 - \dfrac{1}{2}mv_0^2$；

③$F \cdot \Delta t = mv_t - mv_0$。

(3)规律①只适用于匀变速直线运动,而物块受变力作用做变加速运动,不符合;规律②只适用于恒力做功,而物块受到变力,也不符合;规律③中速度与时间的乘积的累加涉及物块的位移问题,并且已知初、末速度,可求解。

(4)长木板固定不动,物块在木板上运动受到的水平阻力 $F_f = kv$。

根据动量定理 $\sum -F_f \Delta t = 0 - mv_0$,即有

$$\sum -kv \cdot \Delta t = -mv_0$$

由 $\sum v \cdot \Delta t = L$ 得 $L = 6\text{m}$。

3. 求解什么物理问题？ → 寻求与焦耳热有关的信息条件,选择求焦耳热的物理规律

分析各规律条件是否具备,物理量是否充足,不断试错 → 运用合适的物理规律解决问题

(1)本题求在磁铁穿过铝管的过程中铝管产生的最大焦耳热。

(2)题中已知地面光滑,其他摩擦不计,并且铝管足够长。求焦耳热的相关物理规律:

①$Q = I^2 Rt$；②能量守恒。

(3)规律①的应用需要满足铝管中产生的电流为恒定电

411

流,由题可知在磁铁运动过程中,铝管中产生变化的电流,不适用。规律②需要明确能量的转化,在磁铁运动过程中,磁铁的动能减小,转化为铝管的动能以及铝管产生的焦耳热,可求解出焦耳热。

(4)根据系统能量守恒有

$$Q=\frac{1}{2}mv^2-\frac{1}{2}mv_1^2-\frac{1}{2}Mv_2^2$$

系统动量守恒 $mv=mv_1+Mv_2$
磁铁的初动能

$$E_{k1}=\frac{1}{2}mv^2=\frac{1}{2}\times0.2\times3^2\text{J}=0.9\text{J}$$

假设铝管足够长,分析可知当两者共速时磁铁穿过铝管过程所产生的热量最多

$$Q=\frac{1}{2}mv^2-\frac{1}{2}(M+m)v_{共}^2$$

$$Q=0.9\text{J}-0.6\text{J}=0.3\text{J}$$

4. 求解什么物理问题? → 寻求与热功率有关的信息条件,选择求热功率的物理规律

分析各规律条件是否具备,物理量是否充足,不断试错 → 运用合适的物理规律解决问题

(1)本题求磁铁达到最大速度后铝管产生的热功率。

(2)题中已知管壁无摩擦,磁铁运动的最大速度。求热功率的相关物理规律:
①$P=I^2R$;②$P=Fv$;③能量守恒。

(3)规律①中的电流和电阻条件未知,不适用。
规律②中的 F 为安培力大小,可以根据磁铁的受力平衡确定安培力大小,从而求出热功率。
规律③可根据磁铁的重力势能变化与铝管中产生的焦耳热相等,进一步得出磁铁重力的功率与铝管中产生的热功率相等,从而求出热功率。

(4)选用规律②:由题可知,当磁铁下落速度为 v_0 时,磁铁处于平衡状态,根据功率 $P=Fv$,磁场力 $F=mg$,可得 $P=mgv_0$。
选用规律③:根据系统能量守恒,强磁铁达到最大速度后,从能量角度分析,重力的功率与安培力的功率相等,安培力的功率即铜管的热功率,则强磁铁的重力功率与铜管的热功率相等,即 $P=mgv_0$。

5. 求解什么物理问题? → 寻求与电动势有关的条件,选择求感应电动势的物理规律

分析各规律条件是否具备,物理量是否充足,不断试错 → 运用合适的物理规律解决问题

(1)本题求磁单极穿过圆环中心处时圆环中产生的感应电动势。

(2)题中已知磁单极的磁通量以及穿过圆环中心时的速度。求感应电动势的相关物理规律:
①$E=\frac{\Delta\varphi}{\Delta t}$;②$E=BLv$。

(3)规律①需求出磁单极穿过中心位置时,穿过圆环的磁通量变化率(不大好求)。

规律②需明确磁单极经过中心位置时切割圆环的长度,以及圆环所在处的磁感应强度大小。切割长度为圆环的周长,磁感应强度可以根据磁通量的概念来推导。

(4)磁单极子到达圆环中心时,相当于圆环切割磁感线,产生感应电动势 $E=B\cdot2\pi rv$,以磁单极子为球心,半径为 r 的球面的磁通量为 φ_0,设到磁单极子的距离为 r 处的磁感应强度大小为 B,有 $\varphi_0=B\cdot4\pi r^2$,代入可得

$$E=\frac{\varphi_0 v}{2r}。$$

【拓展训练】

1. 设雨滴受到支持面的平均作用力为 F,设在 Δt 时间内有质量为 Δm 的雨水的速度由 $v=12\text{m/s}$ 减为零。以向上为正方向。

池中睡莲叶面承受雨滴撞击产生的平均压强 $p=\frac{F}{S}$。

对这部分雨水应用动量定理,

$$F\Delta t=\Delta mv\Rightarrow F=\frac{\Delta m}{\Delta t}v$$

设睡莲横截面积为 S,在 Δt 时间内打在睡莲上的雨水的体积为 $S\Delta h$,则有

$$\Delta m=\rho S\Delta h, F=\rho Sv\frac{\Delta h}{\Delta t}$$

$$p=\frac{F}{S}=\rho v\frac{\Delta h}{\Delta t}=1\times10^3\times12\times\frac{45\times10^{-3}}{3600}\text{Pa}=0.15\text{Pa}$$

2. 根据光压的概念,$p=\frac{F}{S}$,根据动量定理有

$$F\Delta t=\Delta p$$

设单位时间内激光器发出的光子数为 n,每个光子的能量为 E,动量为 p,则激光器的功率

$$P=nE$$

因此单位时间内到达物体表面的光子总动量

$$p_{总}=np=n\frac{E}{c}=\frac{P}{c}$$

激光束被物体表面完全反射时,其单位时间内的动量改变量 $\Delta p=2p_{总}=2\frac{P}{c}$。

根据动量定理,激光束对物体表面的作用力

$$F=2\frac{P}{c}$$

因此,激光束在物体表面引起的光压为 $\frac{2P}{cS}$。

3. 根据 $E=BLv$,由题可知本题为转动切割模型。对题进行分析可知,当放入有血栓部位时,反馈线圈有 $\frac{1}{6}$ 未在磁场中,即始终只有 5 根导体棒切割磁感线。因此,反馈线圈产生的电动势

$$E=\frac{1}{2}B_0\omega_0(r_2^2-r_1^2)=\frac{3}{2}B_0\omega_0 r^2=\frac{3}{2}kI\omega_0 r^2$$

反馈线圈的电阻

$$R_{总}=[\pi r_2+\pi r_1+6(r_2-r_1)]R=(3\pi r+6r)R$$

则 $I=\frac{E}{R_{总}}=\frac{B_0\omega_0 r}{(2\pi+4)R}=\frac{kI\omega_0 r}{(2\pi+4)R}$。

4. 由题分析可知,线框产生的是正余弦交流电,焦耳热公式可选择 $Q=I^2RT$。

A 线圈产生的电动势的最大值 $E_m = nKBS\omega$。

A 线圈的电流随时间变化的表达式 $i = \dfrac{nKBS\omega}{R}\sin\omega t$。

条形磁铁匀速转 1 圈，线圈产生的焦耳热

$$Q_A = I_{有}^2 RT = \dfrac{(nKBS\omega)^2}{2R} \cdot \dfrac{2\pi}{\omega} = \dfrac{\pi(nKBS)^2\omega}{R}$$

5. 由题分析可知，粒子在运动过程中受洛伦兹力和阻力作用，在空间内做一般的曲线运动，因此选择能量或者动量的观点来求解 y 值。进一步分析可知，由于运动轨迹不清，若选择用能量观点解决问题，则阻力消耗能量无法求解，因此确定选择动量定理来求解。

对阻力 F_f 和洛伦兹力 F 进行正交分解如答图所示。取一小段时间 Δt，对粒子在 x 轴方向上列动量定理有

$$-kv\sin\theta\Delta t - qvB\cos\theta\Delta t = m\Delta v_x$$

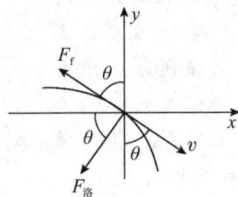

第 5 题答图

两边同时对过程求和则有

$$\sum -kv\sin\theta\Delta t - \sum qvB\cos\theta\Delta t = \sum m\Delta v_x$$

得 $k\sum -v\sin\theta\Delta t + qB\sum -v\cos\theta\Delta t = m\sum \Delta v_x$；

即 $k\sum -\Delta x + qB\sum \Delta y = m\sum \Delta v_x$，其中 $k\sum -\Delta x = 0$；

则 $qB\Delta y = -mv_0$，得到 $\Delta y = -L$；

故 $y = 2L - L = L$。

第 19 讲　极值思维法

【基础训练】

1. 本题的运动模型是初速度为零的匀加速直线运动。

设夹角为 θ 时，斜面长为 s，物体质量为 m，沿斜面方向的加速度为 a，所用时间为 t。

$$s = \dfrac{b}{\cos\theta} \qquad ①$$

由运动学公式和牛顿第二定律有

$$s = \dfrac{1}{2}at^2 \qquad ②$$

$$mg\sin\theta = ma \qquad ③$$

联立①②③式解得 $t = \sqrt{\dfrac{2b}{g\sin\theta\cos\theta}} = \sqrt{\dfrac{4b}{g\sin2\theta}}$。

可见，在 $90° \geqslant \theta \geqslant 0°$ 内，当 $\sin2\theta = 1$，即 $2\theta = 90°$，$\theta = 45°$ 时，

有最短时间 $t_{min} = \sqrt{\dfrac{4b}{g}}$。

2. 本题的运动模型是追及相遇问题。

如答图所示，设 B 出发后 t s 时，A、B 物体间的距离为 s，据题意有

$$s = v(T+t) - \dfrac{1}{2}at^2 = -\dfrac{1}{2}at^2 + vt + vT$$

$$s = -\dfrac{1}{2}a\left(t - \dfrac{v}{a}\right)^2 + \dfrac{v^2}{2a} + vT$$

可见，当 $t = \dfrac{v}{a}$ 时有最大距离，$s_{max} = \dfrac{v^2}{2a} + vT$。

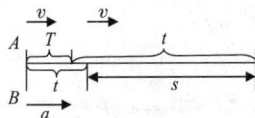

第 2 题答图

3. 当 R 接近 0 和 R 很大时滑动变阻器的功率都接近 0。

由闭合电路欧姆定律有 $I = \dfrac{E}{R_x + r}$；

则变阻器的功率

$$P_{R_x} = I^2 R_x = \dfrac{E^2}{(R_x + r)^2}R_x = \dfrac{E^2}{R_x + \dfrac{r^2}{R_x} + 2r}$$

当 $R_x + \dfrac{r^2}{R_x}$ 取最小值时，P_{R_x} 有最大值。

因此，当 $R_x = \dfrac{r^2}{R_x}$，即 $R_x = r$ 时，$P_{R_x} = \dfrac{E^2}{4r}$。

4. 初始状态和绳刚好全要离开桌面时 O 处的张力都接近零，所以中间过程转折处张力有极值存在的可能，再对水平部分和下垂部分进行受力和运动分析，然后以下垂部分长度为自变量，再利用牛顿第二定律对两部分绳子列相应表达式，最后将表达式变为易求极值的均值不等式形式。

假设下垂部分长为 x 时 O 处张力为 F_T，下落加速度为 a，分别以两段绳子为研究对象，并根据牛顿第二定律有：

$(L-x)$ 段，$F_T = \dfrac{M}{L}(L-x)a$；

x 段，$\dfrac{M}{L}xg - F_T = \dfrac{M}{L}xa$。

413

由此可得 $F_T=\dfrac{Mg}{L^2}(L-x)x$。

由于式中$(L-x)$与x恰是两段绳长,其和为定值L,故当$L-x=x$,即$x=\dfrac{L}{2}$时,其积最大,此时最大张力$F_{T\max}=\dfrac{Mg}{4}$。

【拓展训练】

1. A位置,小球速度为0,故A处重力功率$P_{GA}=0$。

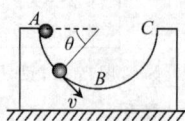
第1题答图

B位置,重力和速度间的夹角为$90°$,故$P_{GB}=0$。

小球从A运动到B的过程中,速度增大,速度与重力间的夹角也增大,两个因素共同决定了重力功率的大小。所以小球从A点运动到B点的过程中,重力的功率可能存在极大值。

对小球进行受力分析、运动分析。

重力的功率$P_G=mgv_y$;

由动能定理有
$$\dfrac{mv^2}{2}=mgR\cdot\sin\theta$$

又有$v_y=v\cdot\cos\theta$;

联立上述方程得小球运动到半径与水平成θ角位置时,
$$P_G=mg\sqrt{2gR\sin\theta}\cos\theta=mg\sqrt{2gR\sin\theta(1-\sin^2\theta)}$$
故当$\sin\theta=0$或$\cos\theta=0$时,$P_{G\min}=0$;

求导可知,当$\sin\theta=\dfrac{\sqrt{3}}{3}$时,$P_{G\max}=\dfrac{2mg}{3}\sqrt{3gR}$;

故 $0\leqslant P\leqslant\dfrac{2mg}{3}\sqrt{3gR}$。

2. 本题的运动模型是平抛运动。随v_0的增大,落点会不断升高,初动能增大,但重力做功减小,中间的某个落点很可能出现动能的极值。

可以利用平抛的基本规律结合题中给的抛物线方程进行求解。

设该队员在空中做平抛运动的时间为t,运动到另一坡面的落点坐标为(x,y)。
$$x=v_0t \quad\quad ①$$
$$2h-y=\dfrac{1}{2}gt^2 \quad\quad ②$$

依题意有$y=\dfrac{1}{2h}x^2$。 ③

根据机械能守恒可知,此人落到坡面的动能
$$E_k=\dfrac{1}{2}mv_0^2+mg(2h-y) \quad\quad ④$$

联立以上各式得 $E_k=\dfrac{1}{2}m\left(v_0^2+\dfrac{4g^2h^2}{v_0^2+gh}\right)$。 ⑤

把⑤式变形得
$$E_k=\dfrac{1}{2}m\left(\sqrt{v_0^2+gh}-\dfrac{2gh}{\sqrt{v_0^2+gh}}\right)^2+\dfrac{3}{2}mgh \quad\quad ⑥$$

当⑥式中的平方项为零时,$v_0=\sqrt{gh}$,动能E_k最小。

最小的动能$E_{k\min}=\dfrac{3}{2}mgh$。

因此,人落在坡面上的动能存在最小值,当$v_0=\sqrt{gh}$,动能E_k最小,最小的动能$E_{k\min}=\dfrac{3}{2}mgh$。

3. 所挂物体重力为0时,$a=0$;所挂物体重力无穷大时,

$a=g$。

实验也表明,所挂物体重力增大时,$a-m$图像为一过原点向下弯曲的线,其渐近线为$a=g$。所挂物体质量越大,增加相等质量增加的加速度越小。

$a=\dfrac{mg}{m+M}$,故所挂重物质量每增加Δm时,加速度改变量
$$\Delta a=\dfrac{m+\Delta m}{m+M+\Delta m}g-\dfrac{m}{m+M}g$$
$$=\dfrac{M}{(m+M)\left(\dfrac{m+M}{\Delta m}+1\right)}g$$

故Δm、M相等时,m越大,Δa越小。

4. 中垂线上的点与一个点电荷的距离越大,单个点电荷产生的电场强度越小,但两个点电荷在该处产生的电场强度的夹角也越小;且在连线中点O点处合电场强度为0,中垂线上无穷远处电场强度也为0;故中垂线上从O到无穷远处,电场强度很可能先增大后减小。

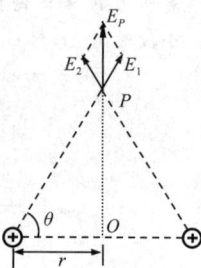
第4题答图

设中垂线上P点的电场强度为E_P。
$$E_P=2E_1\sin\theta=2k\dfrac{Q}{\left(\dfrac{r}{\cos\theta}\right)^2}\sin\theta=\dfrac{2kQ}{r^2}\cos^2\theta\sin\theta$$

即$E_P=\dfrac{2kQ}{r^2}(1-\sin^2\theta)\sin\theta$;

求导可知,当$\tan\theta=\dfrac{\sqrt{2}}{2}$时,$E_P$有最大值,$E_{P\max}=\dfrac{4\sqrt{3}kQ}{9r^2}$;

此时,$OP=r\tan\theta=\dfrac{\sqrt{2}}{2}r$。故 $0\leqslant E\leqslant\dfrac{4\sqrt{3}kQ}{9r^2}$。

5. 当粒子速率比较小或比较大时,粒子从ac或bd离开,但粒子在磁场中的运动时间都等于$\dfrac{T}{2}$;当粒子从半圆边界中离开时,运动时间大于$\dfrac{T}{2}$。随着入射粒子的速率增大,由答图1可知,在磁场中运动的时间先增大再减小,所以,在半圆边界中离开时存在一最长时间。

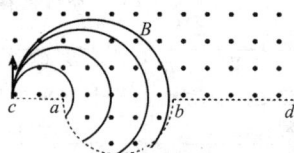
第5题答图1

带电粒子在磁场中的运动,运动时间由在磁场中运动轨迹所对应的圆心角θ决定,即$t=\dfrac{\theta}{2\pi}T$。

若粒子从ab圆弧边任意一点e出射,轨迹如答图2所示,对应的圆心为O_1。

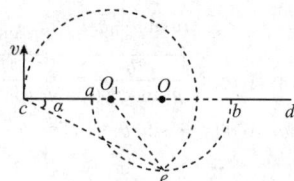
第5题答图2

设$\angle O_1ce=\alpha$，由几何关系可知粒子在磁场中转过的圆心角$\theta=\angle cO_1e=180°+2\alpha$。

由此可知当α角越大时，粒子在磁场中转过的圆心角越大，粒子在磁场中运动的时间越长。

由几何关系可知当线段ce与半圆ab相切时α角最大，如答图3所示，此时$\triangle ceO$为直角三角形，可知α角为30°，故最大偏转角$\theta=\pi+\dfrac{\pi}{3}=\dfrac{4}{3}\pi$。

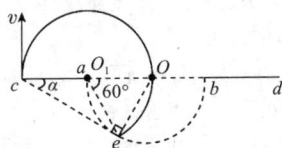

第5题答图3

带电粒子在磁场中运动的周期$T=\dfrac{2\pi m}{Bq}$，则其运动时间最长为$t=\dfrac{\theta}{2\pi}T=\dfrac{4\pi m}{3Bq}$，所以，$\dfrac{\pi m}{Bq}<t<\dfrac{4\pi m}{3Bq}$。

第20讲 整体分析法

【基础训练】

1.
确定小孩和滑梯整体为研究对象	→	滑梯不动，小孩加速度已知
→ 选择整体牛顿第二定律方法	→	地面对滑梯的摩擦力与加速度方向一致

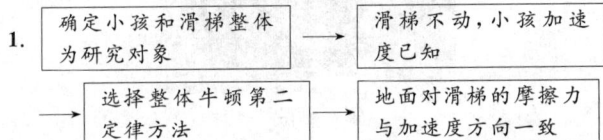

小朋友的两只脚顶着侧面匀速下滑时，对整体分析，地面对滑梯的摩擦力为0；小朋友加速下滑时，小朋友的加速度有水平向右的分量，对整体分析，根据整体的合外力与整体的加速度方向相同，所以地面对滑梯的摩擦力方向水平向右。

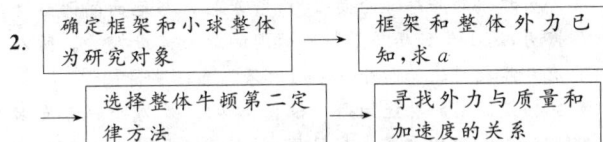

2.
确定框架和小球整体为研究对象	→	框架和整体外力已知，求a
→ 选择整体牛顿第二定律方法	→	寻找外力与质量和加速度的关系

隔离分析法：当框架对地面压力为0的瞬间，弹簧对框架向上的作用力等于框架的重力，则小球受到向下的合力等于$mg+Mg$，由牛顿第二定律可得$mg+Mg=ma$，解得小球的加速度大小$a=\dfrac{M+m}{m}g$。

整体分析法：对m和M整体进行分析。由于框架对地面压力为0，整体受到的向下的合外力等于$mg+Mg$，考虑到M的加速度为0，由牛顿第二定律可得$mg+Mg=ma$，即可得正确答案。

3.(1)当$t=0$时，弹簧弹力为0，对a根据牛顿第二定律可得
$$F=m_aa=12\text{N}$$
当$t=2$s时，a,b整体加速度同为$a=1.2\text{m/s}^2$。对整体根据牛顿第二定律可得
$$F=(m_a+m_b)a=12\text{N}\Rightarrow m_b=4\text{kg}$$

(2)针对第二小题分析如下。
确定两个物块整体为研究对象	→	外力已知，作用时间已知
→ 选择整体动量定理方法	→	寻找F、t和速度的关系

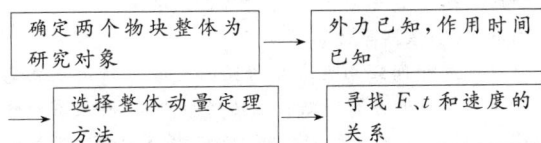

a-t图像与坐标轴所围的面积表示速度的变化量，从图像可看出，当$t=2$s时a的速度大于b的速度，撤去F后，弹簧继续伸长，当两者共速时，弹簧伸长量最大，确定两个物块整体为研究对象，根据动量定理可得
$$Ft=(m_a+m_b)v\Rightarrow v=2.4\text{m/s}。$$

【拓展训练】

1.(1)整体分析法：对竹竿和人B整体进行分析，人和竿的加速度已知，求外力，选择整体牛顿第二定律方法，由$(m+M)g-F_N=ma+M\times0$，可以得到竿对人A的压力为$F_N=(M+m)g-ma$。

(2)整体分析法：对竹竿和A、B两人整体进行分析，由$(2m+M)g-F'_N=ma+M\times0$，可以得到地面对人A的支持力为$F'_N=(2m+M)g-ma$。

2.(1)当小块返回到木板最右端时，小物块与木板速度相等，取向左为正方向。从小物块滑上木板到小物块到达木板最右端过程，由动量守恒定律有$mv_0=(M+m)v_2$。
由整体动能定理有
$$-\mu mg\cdot2L=\dfrac{1}{2}(M+m)v_2^2-\dfrac{1}{2}mv_0^2$$
联立解得弹簧压缩到最短时，小物块到木板最右端的距离$L=\dfrac{Mv_0^2}{4\mu g(M+m)}$。

(2)当弹簧压缩量最大时小物块与木板速度相等，弹簧弹性势能最大，小物块与木板组成的系统动量守恒，以向左为正方向，由动量守恒定律有$mv_0=(M+m)v_1$。
从小物块滑上木板到弹簧压缩最短的过程中，整体外力做功已知，确定板和物块整体为对象，由整体动能定理有$-\mu mgL-E_p=\dfrac{1}{2}(M+m)v_1^2-\dfrac{1}{2}mv_0^2$。
代入解得弹簧弹性势能的最大值$E_p=\dfrac{mMv_0^2}{4(M+m)}$。

在这个板块模型中注意到弹簧弹性势能和摩擦生热是板和块共同作用的结果，例如摩擦生热就等于摩擦力去乘以板和块的相对路程，弹簧与两个物体都在相互作用，这时对单个物体求出的弹性势能或者摩擦生热都是错误的，需要把它们当作一个整体去看，并且要注意系统全部的能量具体的流向，从整体法的角度求出具体的能量转化。

3.(1)由于两棒的材料、横截面积均相同，棒PQ长度为棒MN长度的3倍，故棒PQ的质量为$3m$，电阻为$3R$，当回路中电流为I时，由牛顿第二定律可得：
对棒MN有$F_1-mg\sin30°-BIL=ma_1$。
对棒PQ有$F_2-3BIL=3ma_2$。
联立上述方程解得$a_1=a_2$。
因而棒MN和棒PQ的速度大小总相等，当系统稳定加速度为0，设两棒速度大小为v，则稳定时回路中的总电动势$E=4BLv$。
由闭合电路欧姆定律$I=\dfrac{E}{4R}$，联立解得$v=\dfrac{mgR}{B^2L^2}$。

(2)由(1)可知，两棒速度大小总相等，则它们的位移大小也总相等，设从释放到最终稳定它们各自的位移大小为x，确定两根棒整体为对象，分析整体的外力做功和

速度,选择整体动能定理方法,由整体动能定理有

$$F_1x + F_2x - mgx\sin\alpha - Q = \frac{1}{2}mv^2 + \frac{1}{2} \times 3mv^2$$

对棒 PQ 从释放到稳定的过程进行分析,由动量定理得

$$F_2t - 3B\bar{I}Lt = 3mv。$$

由 $\bar{I} = \frac{4BL\bar{v}}{4R}$,又 $x = \bar{u}t$,联立解得

$$Q = \frac{4m^2g^2Rt}{B^2L^2} - \frac{6m^3g^2R^2}{B^4L^4}$$

第21讲 质疑论证——寻找生活经历法

【基础训练】

1. 15m 对应图中哪个位置的路宽,半径是路宽的几倍 → 联系生活中的集体照,合影时水平排列,拍照时近大远小,质疑纵向测量出半径约为路宽的 2 倍的观点

→ 横向形变小,横向看半径约为路宽的 6 倍。类似问题在比例尺选取时应考虑形变问题

作答图中的虚线,估算弯道半径 r 约为路宽的 6 倍。汽车受到的侧向最大静摩擦力等于圆周运动的向心力 $F_f = F_n = m\frac{v^2}{r}$,又因为 $F_f = 0.7mg$,所以

$$v = \sqrt{0.7gr} = \sqrt{0.7 \times 10 \times 90}\text{m/s} \approx 25\text{m/s}$$

第 1 题答图

2. 用力击打羽毛球筒的左端,羽毛球如何相对运动 → 联系生活中拿取羽毛球,将球筒倒置,多次敲击地面,羽毛球因惯性掉出,质疑球从敲击的另一端出

→ 用力敲击筒与筒敲击地面效果相同,羽毛球向敲击一侧移动

一只手拿着球筒的中部,另一只手用力击打球筒的左端,球筒在力的作用下向右运动,而羽毛球由于惯性保持静止,相对于球筒向左运动一小段距离,通过多次敲击,羽毛球便从球筒左端出来。

3. 在一种光照射下,产生可见光 → 联系生活中儿童玩具荧光笔,用一种无色的特殊水笔在纸上写字,在荧光笔照射下可以看到字,质疑红外线照射下产生可见光

→ 用光电效应原理类比荧光现象,红外线照射发出的光子不可见

不能显现火凤凰图案。因为入射光的光子能量必须大于被激发的光子能量,而荧光是可见光,红外线的光子能量比可见光的光子能量小,所以不能产生荧光。平时用荧光笔(含紫外线)激发荧光,用于纸币防伪,满足光子的能量要求。

4. 能否选侧向力估算气体的压强 → 联系生活中强力真空吸盘挂钩可以承受较大的拉力,正面拉开需要的拉力远大于侧向,质疑侧向拉力等于大气压力

→ 吸盘侧向承受的力等于最大静摩擦力,远小于正面的大气压力

题中的计算公式,F 应该是垂直地施加的大气压力,题目中给出的是侧向施加的力,即最大静摩擦力,两者不同,不能用于估算,因而不正确。

5. 太空中水球的形状 → 联系生活中雨滴的形状,荷叶上小露珠的近似球形,自来水龙头开得很小时,水珠刚出来时的近似球形,质疑太空中非球形

→ 速度为零的小水滴和小露珠在表面张力作用下近似球形,水球也是球形

由于表面张力的作用,水的表面收缩,又因为太空中完全失重,水球呈现一个完美的球形。

第 5 题答图

【拓展训练】

1. 研究的是滚动摩擦力与滑动摩擦力大小关系。生活经历中,坐公交车时,我们将行李箱水平放置,防止其在刹车和转弯过程中因移动而发生碰撞,由此质疑箱子的竖立放置方式。因为在轮船急转弯时,要让箱子保持相对静止,需要外力提供箱子转弯的向心力,行李箱 a 与地面间的滚动摩擦力,远小于行李箱 b 与地面间的最大静摩擦力。所以更有可能相对轮船向外侧运动的只能是行李箱 a。

2. 研究的是高塔的功能问题。根据生活经验,每个信号发射塔的信号都可以覆盖一定区域,增加覆盖区域的一般方法是增强信号发射功率和在信号盲区加建发射塔,质疑在一个小的区域安装 4 个发射塔的必要性。我们看到学校教学楼顶上的边缘处每隔 1m 就会安装一根避雷针,其底部连在一起构成避雷网。所以在火箭发射塔周围建四座高塔的作用是组成避雷网,预防雷电击中发射架上的火箭。

3. 研究的是大力射门时足球的速度问题。根据足球质量,利用动能定理计算得出速度约为 81.6m/s。由生活经历可知:小汽车在高速公路上限速 120km/h,约为 33.3m/s;高铁最高速度 350km/h,约为 97.2m/s;质疑足球的速度达到 81.6m/s;踢出的足球在空中呈抛物线飞行。

设足球做斜抛运动至球门最高点时速度水平。

由 $x = v_xt$,$h = \frac{1}{2}gt^2$,得 $v_x = x\sqrt{\frac{g}{2h}}$。

球门高度和水平距离分别估算为 2.4m 和 15m,足球被踢出时的速度 $v_0 = \sqrt{v_x^2 + (gt)^2} \approx 22.7\text{m/s}$。

由此可见,该同学估算不合理。

4. 条纹宽度和间距均变大。研究的是重力作用下肥皂膜表面干涉条纹的分布问题。生活经历中,小时候喜欢吹肥皂泡,开始时肥皂泡色彩斑斓,后来越飞越高,颜色越来越

淡,直至破裂。质疑肥皂膜条纹间距变小的结论。在静置过程中,由于重力作用,肥皂液往下流动,上部分越来越薄,与教材中"劈尖干涉"的原理相同,在这个过程中条纹也在不断变宽,颜色变淡,直到消失。

第22讲 质疑论证——结合典型案例法

【基础训练】

1. | 多用电表测量值与应用公式计算结果相同吗? | → | 回忆经历(典型案例):用多用电表测白炽灯电阻实验时,发现灯并未发光 |
|---|---|---|

→ 依据证据,运用小灯泡伏安特性曲线进行推理、论证,得出结论

由多用电表读数规则可知,灯泡在常温下的电阻 $R=160\Omega$,用公式 $R=\dfrac{U^2}{P}$ 可得,三种规格的灯泡正常发光时电阻分别是 1936Ω、161Ω 和 96.8Ω,多用电表测得的电阻的值与公式计算的结果相同吗?若相同的话,额定功率应该为 300W。

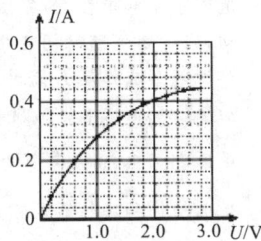

第1题答图

回忆经历(典型案例): 用多用电表测白炽灯的电阻时,注意到灯泡并没有发光,我们知道多用电表电阻挡是由电池供电的,为何白炽灯却不发光呢? 那是因为电池电压太小。灯泡不发光时,多用电表测得的就是常温下的电阻。而小灯泡的伏安特性曲线随着电压从 0 开始增大,小灯泡先不亮,灯丝温度变化不大,灯泡电阻几乎不变,图像趋近直线,但当小灯泡发光后,随着电压的继续增大,灯丝温度变化明显,电阻变化明显,当小灯泡正常发光时,灯丝温度高达上千摄氏度,此时电阻是常温下的十多倍,故本题灯泡标称的额定功率为25W。

2. | 该问题不能直接套用公式或结论求解 | → | 回忆经历(典型案例):平行板电容器中间部分的电场线是平行等距的直线,等差等势线也平行等距 |
|---|---|---|

→ 依据证据,应用静电场相关规律进行推理、论证,得出结论

回忆与情境相似的典型案例:教材中平行板电容器内部的电场线和等势线分布(答图1),其内部电场可视为匀强电场,电场线(从正极板指向负极板)、等差等势线(与电场线垂直)都是平行等距的,像题中这样的静电场很可能并不存在。由静电场的规律可知,电场线和等势面必须垂直,若存在这样的静电场,可以作出其等势面,用虚线表示(答图2),因为电场线的疏密表示电场的强弱,所以 $E_1>E_2$(E_1、E_2 分别表示 AB、CD 连线上的电场强度),由 $U=Ed$ 可得,$U_{AB}>U_{CD}$,这与两等势面间电势差相等相矛盾,故此静电场不存在。

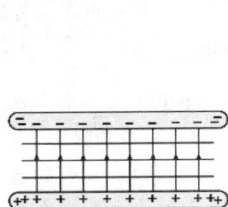

第2题答图1

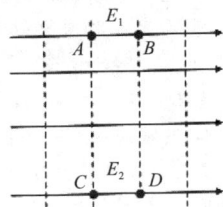

第2题答图2

3. | 结论中力 F 的最小值有可能小于零吗? | → | 回忆经历(典型案例):有时物体不受其他外力,依然可以静置于斜面上而不下滑 |
|---|---|---|

→ 依据证据,应用共点力平衡条件进行推理、论证,得出结论

根据物体刚好不下滑和刚好不上滑的两种临界情况,结合共点力平衡条件得出结论。

令 $mg\sin\theta-\mu mg\cos\theta<0$,可推出,当 $\mu>\tan\theta$ 时,该最小值小于零。回忆与情境相似的典型案例,不难想到斜面上静置物体的情形(答图),物块在没有其他外力作用的情况下能静止而不下滑。

对斜面静置的物体的进行受力分析(答图),结合共点力平衡条件可知,物体是否下滑取决于 μ 与 $\tan\theta$ 的大小关系。题设问题须分情况讨论:若 $\mu<\tan\theta$,说明没外力不能静置,答案就是题中结论;若 $\mu\geqslant\tan\theta$,则 $0\leqslant F\leqslant mg\sin\theta+\mu mg\cos\theta$。

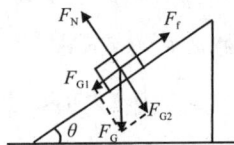

第3题答图

4. | 该问题能用功的计算公式进行求解吗? | → | 回忆经历(典型案例):悬挂模型中,球在水平力作用下缓慢运动,求水平力和绳子拉力的变化情况 |
|---|---|---|

→ 依据证据,应用共点力平衡条件和动能定理进行推理论证,得出结论

功的计算公式只适合恒力做功的情形,那么这里的水平力 F 是恒力吗? 注意题干中的关键词——"缓慢",回忆经历(典型案例:悬挂球模型的动态平衡问题)。

由共点力平衡条件,作出悬挂球受力的动态图解(答图),发现力 F 在变大,是一变力,所以题干中解法是错误的。换用能量观念求解,由动能定理有

$$W-mgl(1-\cos\theta)=0\Rightarrow W=mgl(1-\cos\theta)。$$

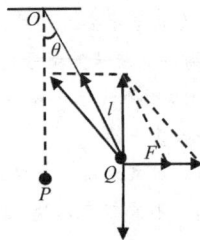

第4题答图

5. | 该问题不能直接套用公式或结论求解 | → | 回忆经历(典型案例):过山车模型中,至少从2.5R的高度释放,小球才能通过圆轨道最高点 |
|---|---|---|

→ 依据证据,应用竖直面内圆周运动知识进行推理论证,得出结论

回忆经历(典型案例): 过山车模型中我们清楚至少从距最

低点 $2.5R$ 高度处释放小球,才能通过圆周最高点,如答图所示。

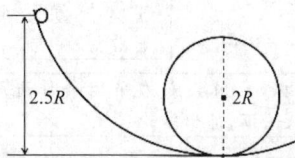

第5题答图

本题中已知滑块能过圆弧轨道最高点(过最高点速度 $v \geqslant 0$),由几何关系可求得该圆弧轨道最高点离地高度 $h = 2R(1+\cos 37°) = 3.6R > 2.5R$,何况 D 还不是一个完整原轨道的最高点,所以滑块在能过圆弧轨道最高点的情况下一定能过 D 点。

【拓展训练】

1. 该问题不能直接套用公式或结论求解。

回忆与该情境相似但更为简单的典型案例:水平面上的连接体动力学模型,如答图所示。当两物体与水平面间的动摩擦因数相同的情况下,有二级结论 $T = \dfrac{m_A}{m_A + m_B} F$,绳子张力与动摩擦因数无关,与质量有关,题设问题很可能与 μ 无关,与 m 有关。

运用整体分析法和隔离分析法进行推理和论证。先根据整体分析法求加速度:

$$F - (m_甲 + m_乙)g\sin\theta - \mu(m_甲 + m_乙)g\cos\theta = (m_甲 + m_乙)a \quad ①$$

再用隔离分析法求弹簧弹力,进而求形变量:

$$kx - m_乙 g\sin\theta - \mu m_乙 g\cos\theta = m_乙 a \quad ②$$

联立①②两式可求得 $x = \dfrac{F}{k\left(\dfrac{m_甲}{m_乙}+1\right)}$。

由上述结论可知,改变动摩擦因数,形变量果然不变化;而增大乙的质量,形变量要增大。

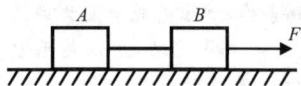

第1题答图

2. 该问题并不能直接套用某个公式或结论得出答案。

回忆经历(典型案例): 剪断吊篮绳子与释放矿泉水瓶很相似,在超失重学习时,教师演示侧壁开有小孔的矿泉水瓶在自由下落时水并未喷出。

处在完全失重状态的矿泉水瓶没有喷水,说明水对侧壁没有挤压,不仅如此,取瓶中任意水块,该水块与周围水之间也不存在挤压,因为其重力刚好能提供做自由落体运动的加速度,浮力的本质是上下表面的压力差,所以可推出在剪断绳子的瞬间,浮力消失了!对三个小球进行受力分析,弹簧弹力瞬间不突变,绳子弹力要突变,试想,若 C 球刚要相对杯底向下运动时绳子就松了,即 F_3 突变为 0,所以可求得三个小球相对地的加速度分别小于、大于和等于 g,杯底的加速度为 g,所以 A、B、C 相对于杯底分别向上、向下和保持不动。

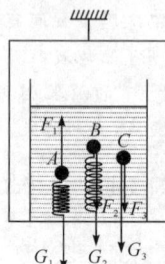

第2题答图

3. 用动生电动势和法拉第电磁感应定律求解的结论为何会不一样?

提炼题图的特征,回忆经历(典型案例),不难想到 U 形轨道+导体棒模型,如答图所示。当棒向右以速度 v 匀速运动,同时磁场随时间变化,但回路中却没有感应电流,求回路的磁感应强度 B 随时间 t 变化的规律。此情境中动生电动势 $E = Bdv$,根据感应电流产生的条件可知,回路中磁通量没有变化,由法拉第电磁感应定律可得 $E = \dfrac{\Delta\Phi}{\Delta t} = 0$。动生电动势和法拉第电磁感应定律求解的结果也不相同。

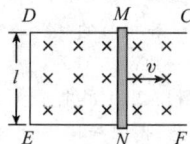

第3题答图

典型案例中动生电动势和应用法拉第电磁感应定律结果不一致是因为存在感生电动势,感生电动势和动生电动势抵消,所以总电动势为 0。原题中,两者结果不一致,很可能也是因为存在感生电动势。导电杆以下区域的磁场看似并无变化,但由于导电杆的下压,使得原来磁感应强度为 B_2 的区域变成了 B_1,所以同一空间的磁感应强度随时间其实在变化,因此的确存在感生电动势。

$$E_感 = v\Delta t \cdot d \cdot \dfrac{B_2 - B_1}{\Delta t} = (B_2 - B_1)vd$$

根据楞次定律得到两电动势形成的感应电流同向,所以总电动势

$$E_总 = B_1 dv + (B_2 - B_1)dv = B_2 dv$$

所得结论与法拉第电磁感应定律一致,所以乙同学的结论是正确的。

第23讲 质疑论证——联系实验现象法

【基础训练】

1.
| 问题疑点:肥皂膜厚度分布是否随把柄的旋转而变化? | → | 联系薄膜干涉实验中干涉条纹并不跟着转的观察经历 |

| → | 理论分析,由于缓慢,有充分时间重新分布成上薄下厚的形状 | → | 薄膜中产生的干涉条纹不发生变化 |

联系肥皂膜干涉实验现象(肥皂膜因为自重会上面薄而下面厚,其截面应是一个圆滑的曲面而不是梯形,当金属环在竖直面缓慢转动时,由于重力、表面张力和黏滞力等的作用,肥皂膜厚度重新分布,故条纹方向并未发生旋转)。答案为干涉条纹不会跟着旋转。

2.

问题疑点：变压器线圈的线组的粗细是基于什么因素设计？	→	联系变压器实验体验，盘点变压器发热部位
→ 结合焦耳热产生条件从理论上进行定性分析	→	为减少线圈上电流导致的发热，电流大的线圈导线应更粗

根据电流比与匝数比的关系，变压器线圈匝数少的电流更大，为减少线圈中的能量损耗，根据焦耳定律，要求匝数少的线圈阻值尽量小，所以应采用更粗的漆包线，故选 B。

3.

问题疑点：磁铁通过开口铝环内部有无感应电流？	→	联系磁铁掠过铝片受到电磁阻尼作用的实验体验，寻找证据
→ 结合涡流产生原理进行分析，开口铝环内部也能产生涡流	→	结论：开口铝环仍然可以与磁铁相互作用，磁性越强，相互作用越明显

联系利用强磁铁掠过铝片实验（可以发现铝片会与磁铁发生相互作用而出现跟随运动现象），结合电磁感应理论分析，铝环内部产生涡流，磁体越强，涡流越明显，涡流产生的磁场和磁铁相互作用，于是铝环发生运动。

4.

问题疑点：弹簧秤外壳的重力对其示数的影响	→	联系两个弹簧秤对拉实验中任何状态下示数均相等的现象
→ 结合牛顿第三定律分析，两弹簧秤间为作用力与反作用力；结合涡流产生原理分析铝管与磁铁间相互作用	→	结论：两个弹簧秤对拉，相互作用力相等

联系两个弹簧秤对拉实验现象（两个相同的弹簧秤对拉，在任何状态下两者的示数均相等）。对下方的钩码及弹簧秤受力分析，弹簧的拉力

$$F = G_{自重} + G_{钩码} = 0.1N + 0.2N = 0.3N$$

两挂钩处的力为作用力与反作用力，故两弹簧秤的示数均为 0.3N，故选 C。

5.

问题疑点：直流电表通交流电时指针是否同频摆动？	→	联系电流表接交流电源时指针快速摆动实验现象
→ 结合电流表内部结构原理定性分析摆动方向与电流方向的关系	→	结论：A 线圈的感应电流为交流电，通过电表时指针不停地振动

B 线圈接交流电，产生交变磁场，因此 A 线圈产生感应交流电，联系直流电表探究实验现象（当直流电表接交流电源时，电表指针来回不停地振动），可知电表指针不停地振动。

【拓展训练】

1. 本题问题疑点为剪断橡皮绳瞬间，细绳的拉力变化情况如何。

联系利用传感器探究弹簧和细绳的瞬间作用力变化实验，细绳的作用力在外力变化瞬间会发生突变现象。

结合理论分析，在剪断橡皮绳之前，斜面与小球间无弹力，小球受力如答图1所示，根据平衡条件可得

$$F_1 = mg\tan\theta = \frac{4}{3}mg, \quad F_2 = \frac{mg}{\cos\theta} = \frac{5}{3}mg$$

剪断橡皮绳瞬间，F_1 立即消失，mg 不变，F_2 发生突变，小球和斜面间产生弹力，受力分析如答图2所示，小球保持静止状态，合力为零。根据平行四边形定则有 $F_N = 0.8mg$。

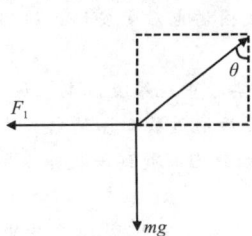

第1题答图1　　　　第1题答图2

2. 本题问题疑点为灯带发出的光从水底射出水面时，在水面形成的光斑的形状。

联系小灯珠在水下发光实验，观察到水面的光斑为一圆形。可以判断三角形灯带射出水面的轮廓的三个顶角应为弧形，因此 A、B 项错误。

理论分析发生全反射临界角 C：

$$\sin C = \frac{1}{n} = \frac{3}{4}, \tan C = \frac{3}{\sqrt{7}}$$

灯带上的一个点发出的光发生全反射的临界角如答图1所示，根据几何关系可得

$$r = h\tan C = \frac{\sqrt{7}}{10} \times \frac{3}{\sqrt{7}}\text{m} = 0.3\text{m}$$

则一个点发出的光在水面上能看到的 $r = 0.3$m 的圆，光射出的水面形状边缘为弧形。

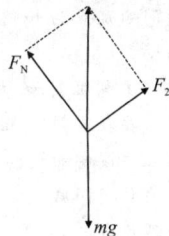

第2题答图1

如答图2所示，等腰直角三角形发光体的内切圆半径 r' 满足 $r' = \frac{2a - \sqrt{2}a}{2}$，解得

$$r' = \frac{2a - \sqrt{2}a}{2} \approx 0.29a < \frac{a}{3} = r$$

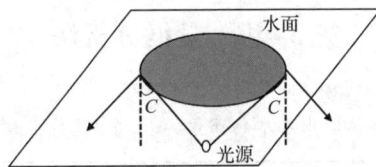

第2题答图2

由此可知中间无空缺，选 C。

3. 本题的问题疑点为物体所受的静摩擦力起到什么样的作用，是否只用来提供向心力。

联系变速圆周运动探究实验如答图所示，可以观察到在软塑料棒作用下钢球在水平面做加速圆周运动时，软塑料棒的形状弯曲，可以大概判断此时钢球受力方向为与速度方向成锐角的方向。

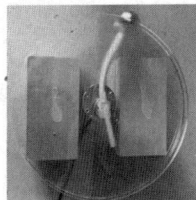

第3题答图

结合理论分析，因为圆盘转速不断增大，所以橡皮块将随圆盘一起进行加速圆周运动，此时摩擦力 F_f 既要提供指向圆心的向心力，又要提供与运动方向相同的切向力，所以合力方向应指向轨道内侧且与速度成锐角。选 C。

4. 本题问题疑点为如何使线圈通电后受安培力的作用能持续转动。

联系直流电机实验，根据实验中观察直流电机运行经历，线圈需要在转过中性面之后通过换向器使电流方向反向从而让线圈持续旋转，否则线圈将受到与旋转方向相反的安培力作用而减速运动。

结合理论分析，本题中电源为直流电源，线圈中电流方向不变，由左手定则可知，转动半圈后，受力方向将与运动方向相反。

故可以让线圈在转过半圈时，不再通电，线圈靠惯性前进，当线圈再转过半圈时，恢复通电，电流方向与运动方向相同即可继续转动。选 D。

5. 本题问题疑点为铁芯的不同方向摆放如何影响内部涡流大小。

联系可拆变压器探究实验中，同一块由平行硅钢片叠成的铁芯，在放置方向不同的情况下，副线圈输出电压不同的现象。

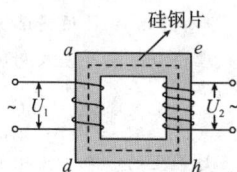

第 5 题答图

结合涡流形成原理，变压器的正视图如答图所示。可以判断涡流主要在平行于 abef 和 abcd 的平面内，所以 A、B、C 方案排除。所以要减小涡流在铁芯中产生的热量，硅钢片应平行于平面 aehd。选 D。

第 24 讲　量纲分析法

【基础训练】

1.(1)国际单位制中基本物理量(共 7 个)及其单位：

物理量名称	物理量符号	单位名称	单位符号
长度	L	米	m
质量	m	千克	kg
时间	t	秒	s
电流	I	安(培)	A
热力学温度	T	开(尔文)	K
物质的量	n	摩(尔)	mol
发光强度	I	坎(德拉)	Cd

(2)判断思路：

明确式子左边是位移，其单位为米(m)	根据所给式子，得到右边每项中的物理量关系
由物理量的关系得到每项的量纲	判断表达式两边量纲是否都是米(m)

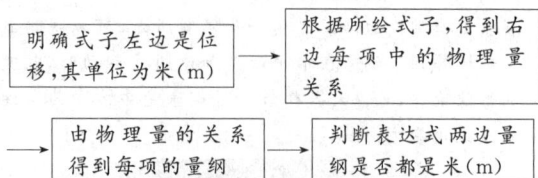

等式左边为位移，量纲为 m。

等式右边有三项：x_0 为初位移，其量纲为 m，v_0t 的量纲为 $\frac{m}{s} \cdot s = m$，at^2 的量纲为 $\frac{m}{s^2} \cdot s^2 = m$。三项中每项的量纲均为 m，与等式左边的量纲相同，因此，这个方程从量纲上看是没问题的。

用量纲验证一个表达式是否正确的方法是存在局限性的，它只能保证式子在量纲上不存在问题，却不能判断式子中包含几个相加项，以及每一项前的系数是多少等。另外，还有存在一些不同的物理量却具有相同的量纲，比如功、力矩与能量有相同量纲，又如冲量与动量有相同量纲等。

2.(1)由牛顿第二定律 $F = ma$，可知力 F 的单位 N 用国际单位制中的基本单位表示为 $kg \cdot m/s^2$。

面积 S 的单位，用国际单位制中的基本单位表示为 m^2。

由速度定义式 $v = \frac{\Delta x}{\Delta t}$，速度 v 用国际单位制中的基本单位表示为 m/s。

(2)判断思路：

明确式子左边是力，其单位为牛顿(N)	将选项中 a、b、c 值代入右边式子得到物理量的关系
由物理量的关系得到右边式子的量纲	判断表达式两边量纲是否都是牛顿(N)

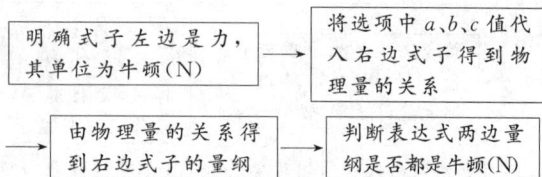

选项	代入 a、b、c 的值	右边表达式	右边表达式量纲	与力的量纲(N)
A	$a=1,b=1,c=1$	$kSv\rho$	kg/s	不同
B	$a=1,b=2,c=1$	$kSv^2\rho$	$kg \cdot m/s^2$(N)	相同
C	$a=1,b=2,c=2$	$kSv^2\rho^2$	$kg^2/(s^2 \cdot m^2)$	不同
D	$a=2,b=2,c=2$	$kS^2v^2\rho^2$	kg^2/s^2	不同

综上可见，选项 B 正确。

3.(1)由库仑定律 $F = k\frac{Qq}{r^2}$，用国际单位制的基本单位表示静电力常量 k 的单位为 $\frac{kg \cdot m^3}{A^2 \cdot s^4}$。

(2)判断思路：

明确物理量电势的量纲，其量纲为伏特(V)	根据所给式子，可知右边物理量关系
由物理量的关系得到每一项的量纲	判断表达式两边量纲是否都是伏特(V)

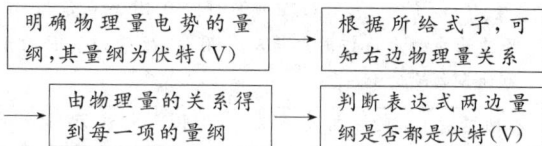

等式左边为电势，量纲为伏特 V，由

$$U = Ed = \frac{F}{q}d = \frac{F}{It}d = \frac{ma}{It}d$$

可得用国际单位制的基本单位表示为

$$\frac{kg \cdot m \cdot s^{-2}}{A \cdot s}m = \frac{kg \cdot m^2}{A \cdot s^3}$$

结合第(1)小问，选项 A 等式右边

$$\frac{kg \cdot m^3}{A^2 \cdot s^4} \cdot \frac{A \cdot s \cdot m}{m} = \frac{kg \cdot m^3}{A \cdot s^3}$$

不符合，而选项 B、C、D 等式右边为

$$\frac{kg \cdot m^3}{A^2 \cdot s^4} \cdot \frac{A \cdot s \cdot m}{m^2} = \frac{kg \cdot m^2}{A \cdot s^3}$$

符合。另外结合题意，当 $\theta = 90°$ 时，$\varphi = 0$，可知选项 D 错误，当 r 趋于无穷远时 φ 应为 0，可知选项 B 错误。故选项 C 正确。

【拓展训练】

1. 由题意可知，求的是速度，速度量纲为 m/s，比较四个选项

表达式的右边部分，A 选项量纲为 $\sqrt{\dfrac{\text{kg} \cdot \text{m}}{\dfrac{\text{s}^2 \cdot \text{m}^2}{\dfrac{\text{kg}}{\text{m}^3}}}} = \dfrac{\text{m}}{\text{s}}$，B 选项

量纲为 $\sqrt{\dfrac{\dfrac{\text{kg}}{\text{m}^3}}{\dfrac{\text{kg} \cdot \text{m}}{\text{s}^2 \cdot \text{m}^2}}} = \dfrac{\text{s}}{\text{m}}$，C 选项量纲为 $\dfrac{\text{kg} \cdot \text{m}}{\text{s}^2 \cdot \text{m}^2} \cdot \dfrac{\text{kg}}{\text{m}^3} = \dfrac{\text{kg}^2}{\text{s}^2 \text{m}^4}$，

D 选项量纲为 $\dfrac{\dfrac{\text{kg} \cdot \text{m}}{\text{s}^2 \cdot \text{m}^2}}{\dfrac{\text{kg}}{\text{m}^3}} = \dfrac{\text{m}^2}{\text{s}^2}$，综合四个选项只有 A 选项符

合，故选 A。

2. 由题意可知，求的是功的表达式，功的量纲为焦耳 J，用国际单位制的基本单位表示为 $\text{kg} \cdot \text{m}^2/\text{s}^2$，其中选项 B、C 的量纲为 $\dfrac{\text{kg}^3 \cdot \text{m}}{\text{kg}^2} \cdot \dfrac{\text{m}}{\text{s}^2} = \dfrac{\text{kg} \cdot \text{m}^2}{\text{s}^2}$，符合，而选项 D 的量纲为 $\dfrac{\text{kg}^2 \cdot \text{m}}{\text{kg}^2} \cdot \dfrac{\text{m}}{\text{s}^2} = \dfrac{\text{m}^2}{\text{s}^2}$，不符合。或者直接根据重力做功 $W_G = mgh$，其中选项 B、C 的形式符合，而选项 D 的形式不符合。另外，本题斜面体 A 放在光滑水平地面上，小滑块 B 下滑过程中，A 向左后退，所以 B 对地的位移与斜面对 B 的支持力成钝角，做负功，故答案为 B。

3. 由题意，求的是电阻 R 的表达式，电阻的量纲为欧姆 Ω，由公式 $R = \dfrac{U}{I} = \dfrac{W}{Iq} = \dfrac{Fl}{Iq} = \dfrac{mal}{I^2 t}$，用国际单位制的基本单位表示电阻的单位为 $\dfrac{\text{kg} \cdot \text{m}^2}{\text{A}^2 \text{s}^3}$，其中选项 A、B 的量纲为 $\dfrac{\text{kg} \cdot \text{m}^2}{\text{A}^2 \text{s}^3}$，符合，而 C、D 的量纲为 $\dfrac{\text{kg} \cdot \text{m}^4}{\text{A}^2 \text{s}^3}$，不符合。或者直接根据电阻定律 $R = \rho \dfrac{l}{S}$，选项 A、B 形式相同，而 C、D 选项形式不相同。

另外，根据特殊情况，当 $a=b$ 时，R 应该趋于 0，故答案为 B。

4. 本题求的是电场强度 E 的表达式，其量纲为欧姆 V/m。结合题意，由公式 $E = \dfrac{F}{q} = k\dfrac{Q}{r^2}$ 可知，选项中出现 $k\sigma$ 的量纲即场强的量纲。所以，只有选项 B、D 符合，而选项 A、C 是 $k\sigma x$ 的量纲。

另外，根据特殊情况，当 x 趋于无穷大的时候，E 应该趋于 0，故答案为 D。

第25讲　估算法

【基础训练】

1.
建：建立曝光时间计算模型	→	审：选项只有数量级差异，本题还需引入子弹长度

→	判：确定估算类型为数量级估算、经验估算	→	估：代入子弹的长度估计为 10cm

建立曝光时间计算模型：$t = \dfrac{L}{v}$。

审视选项，观察题目选项特征数量级有较大差异，本题还需引入子弹长度。

判定估算类型，确定本题为数量级、经验估算。

近似估算，在曝光时间内，子弹的运动可以近视为做匀速直线运动，根据图片中子弹和苹果的比例关系，结合生活经验，

子弹的长度估计为 10cm，则子弹影像前后错开的距离
$$L \approx 0.1 \times 0.015 \text{m} = 1.5 \times 10^{-3} \text{m}$$
可估算出曝光时间
$$t = \dfrac{L}{v} \approx \dfrac{1.5 \times 10^{-3}}{500} \text{s} = 3 \times 10^{-6} \text{s}$$
数量级为 10^{-6} s，故选 B。

2.
建：建立地球质量计算模型	→	审：各选项数量级差异较大

→	判：确定估算类型为数量级估算法	→	估：应用 $9.8 \approx 10$，$6.67 \approx 6.4$ 等近似整数进行估算

建立地球质量计算模型，根据 $\dfrac{GMm}{R^2} = mg$，可得 $M = \dfrac{gR^2}{G}$。

审视选项，只有数量级有差异。

判定估算类型，确定本题为数量级估算。

近似估算：
$$M = \dfrac{gR^2}{G} \approx \dfrac{10 \times (6.4 \times 10^6)^2}{6.4 \times 10^{-11}} \text{kg}$$
$$\approx 6.4 \times 10^{1+12+11} \text{kg} \approx 6 \times 10^{24} \text{kg}$$

故选 D。

3.
建：建立重力做功计算模型	→	审：数量级差异不大，只有常数数值上的差别

→	判：确定估算类型为数学近似估算法	→	估：计算中间位置的重力做功，利用近似方法逼近正确选项

建立克服重力的做功计算模型，$W = mgh$。

审视选项，数量级差异不大，只有常数数值上的差别。

判定估算类型，原情境的重心高度需要一定的计算，可利用数字近似法，取特殊值代入情境，计算出重力做功的特殊值，估算取值范围逼近正确选项。

近似估算，把 O 点当成 ab 的中点算，所以做一次俯卧撑人的重心下降的高度 $0.2 \text{m} < h < 0.4 \text{m}$，做 30 个俯卧撑重力做的功 $3600 \text{J} < W < 7200 \text{J}$，故选 B。

4.
建：建立电荷量计算模型，微元法得图像面积为总电荷量	→	审：数量级差异不大，只有数值上有差别

→	判：确定估算类型为数学（图像）近似估算法	→	估：按"四舍五入"法计，图像共有约 35 格，计算电荷量

建立电荷量计算模型，电容器的放电图像是一条逐渐下降的曲线，$Q = It$，从微元法得到，$I - t$ 图像与坐标轴围成的面积表示总的电荷量。

审视选项，数量级差异不大，只有数值上有差别。

判定估算类型，确定本题为数学（图像）近似法。

近似估算，按"四舍五入（大于半格算一个，小于半格舍去）"法计，图像共有约 35 格。所以电容器在全部放电过程中释放的电荷量
$$Q \approx 35 \times 0.001 \times 0.4 \text{C} = 0.014 \text{C}$$

故选 D。

【拓展训练】

1. 建立电能计算模型，据 $E = Pt$。

审视选项，数量级差异较大，本题还需引入太阳日光照时间。

判定估算类型,确定估算类型为数量级、经验估算。

近似估算,根据生活常识,晴朗的一天有太阳的时间约为 8h。根据 $E=Pt$,代入数据得

$$E=Pt\approx4\times10^5\,\mathrm{kW}\times8\mathrm{h}=3.2\times10^6\,\mathrm{kW\cdot h}$$

B 选项的数值最接近,故选 B。

2. 建立时间间隔计算模型,由开普勒第三定律 $k=\dfrac{r^3}{T^2}$。

审视选项,数量级无差别,只有数值上有差别。

判定估算类型,确定估算类型为数字近似法。

近似估算,如果火星、天王星处于静止,则下一个冲日的间隔就是地球公转周期即 365 天,由于火星、天王星也在公转,所以这个时间一定大于 365 天,排除 A、C 选项。由 $k=\dfrac{r^3}{T^2}$,可知 $\left(\dfrac{T_{天王星}}{T_{地球}}\right)^2=19^3\approx20^3$,$T_{天王星}=20\sqrt{20}$ 年≈90 年,$T_{天王星}\gg T_{地球}$,作为估算题,天王星可视为静止,则天王星的下一个冲日的时间间隔等于地球的公转周期即 365 天,故排除 D 选项,故选 B。

3. 建立德布罗意波长计算模型,$\lambda=\dfrac{h}{p}$,$p=\sqrt{2mE_k}$ 解得

$$\lambda=\dfrac{h}{\sqrt{2mE_k}}。$$

审视选项,数量级差异较大,可忽略常数差异直接比较数量级进行解题。

判定估算类型,确定估算类型为数量级估算。

近似估算,由题意可知,电子与油滴的动能相同,则其波长与质量的二次方根成反比,所以有 $\dfrac{\lambda_电}{\lambda_油}=\dfrac{\sqrt{m_油}}{\sqrt{m_电}}$。代入数据解得

$$m_油=\rho\cdot\dfrac{1}{6}\pi d^3$$
$$\approx1\times10^3\times\dfrac{1}{6}\times3\times(4\times10^{-6})^3\,\mathrm{kg}$$
$$=y\times10^{3+1-6\times3}\,\mathrm{kg}$$
$$\dfrac{\lambda_电}{\lambda_油}\approx\sqrt{\dfrac{y\times10^{-14}}{1\times10^{-30}}}$$
$$\approx z\times10^8$$

式中 y、z 表示常数,故选 C。

4. 建立速率计算模型,本题有两种建模方式。

审视选项,数量级差异较大。

判定估算类型,确定估算类型为数量级估算。

近似估算如下。

方法 1:质子受到的洛伦兹力提供向心力,$qBv=\dfrac{mv^2}{r}$,质子动能 $E_k=\dfrac{1}{2}mv^2$,联立两式得

$$v=\dfrac{2E_k}{qBr}\approx\dfrac{2\times1.5\times10^7\times1.6\times10^{-19}}{1.6\times10^{-19}\times1\times0.5}\,\mathrm{m/s}\approx6\times10^7\,\mathrm{m/s}$$

故 C 项正确。

方法 2:已知质子的质量为 1.67×10^{-27} kg,直接代入 $E_k=\dfrac{1}{2}mv^2$ 可得 $v=\sqrt{\dfrac{2E_k}{m}}\approx\sqrt{\dfrac{2\times1.5\times10^7\times1.6\times10^{-19}}{1.6\times10^{-27}}}$ m/s$\approx\sqrt{30\times10^{14}}$ m/s $\approx\sqrt{30}\times10^7$ m/s,故 C 项正确。

5. 建立发电量计算模型,在 Δt 时间内吹到风叶上空气的质量 $\Delta m=v\Delta t\cdot\pi r^2\rho$。每台发电机发电的功率

$$P_0=\dfrac{\dfrac{1}{2}\Delta mv^2}{\Delta t}\times30\%=\dfrac{3}{20}\pi\rho r^2v^3$$

年发电量

$$E=nP_0\times\dfrac{1}{3}t=40\times\dfrac{3}{20}\pi\rho r^2v^3\times\dfrac{1}{3}t=2\pi\rho r^2v^3t$$

审视选项,数量级差异较大。

判定估算类型,确定估算类型为数量级估算。

近似估算,代入数据

$$E\approx2\times3\times1.3\times50^2\times10^3\times360\times24\,\mathrm{W\cdot h}$$
$$\approx a\times10^{11}\,\mathrm{W\cdot h}$$
$$=a\times10^8\,\mathrm{kW\cdot h}(a\ 表示常数)$$

综上,选 B。

第 26 讲　近似处理法

【基础训练】

1.
当 n 趋向于无穷大时,每个矩形的时间为 $\dfrac{t}{5}$,趋近于 0	→	每个三角形的面积 $S=\dfrac{1}{2}\times\dfrac{t}{n}\times\dfrac{t}{n}\tan\theta$($\theta$ 为 v-t 图像与水平线的夹角)

→ n 趋近于无穷时,运用 $\dfrac{1}{n^2}$ 进行处理

该同学的观点有问题,当 n 趋向于无穷大时,每个矩形的时间为 $\dfrac{t}{n}$,趋近于 0,每个三角形的面积 $S=\dfrac{1}{2}\times\dfrac{t}{n}\times\dfrac{t}{n}\tan\theta$($\theta$ 为 v-t 图像与水平线的夹角),n 趋近于无穷时,$nS=n\cdot\dfrac{1}{2}\cdot\dfrac{t^2}{n^2}\tan\theta=\dfrac{1}{2}\cdot\dfrac{t^2}{n}\tan\theta=0$,$v$-$t$ 图像下所围面积与小三角形和矩形的面积之和就是相等关系。

2. 方法 1:

摆角 $\theta<5°$,满足小角度近似条件	→
回复力微元表达式 $F=mg\dfrac{x}{l}\cos\dfrac{\theta}{2}=mg\dfrac{x}{l}\cdot\sqrt{1-\left(\dfrac{\theta}{2}\right)^2}$	

→ 运用 $\left(\dfrac{\theta}{2}\right)^2\approx0$ 进行处理

(1)有问题,小明同学的整体分析过程没有问题,得到回复力大小 $F=mg\dfrac{x}{l}\cos\dfrac{\theta}{2}$ 的表达也是正确的,而且 θ 是变化的。

(2)虽然小球在摆动过程中 θ 在变化,但是在 $\theta<5°$ 的条件下,$5°$ 转化成弧度制约等于 0.028rad,θ 可以认为是一个相对角度小量,$\left(\dfrac{\theta}{2}\right)^2\approx0$,那么 $\cos\dfrac{\theta}{2}\approx1$。

(3)这样就有 $F=\dfrac{mg}{l}x=kx$,由于回复力指向平衡位置,与位移方向相反,考虑方向性后,回复力可表示为 $F=-kx$,符合简谐运动力学特征。

方法 2:

摆角 $\theta<5°$,满足小角度近似条件	→	研究摆长 l 与 x 的关系,可知 $x\ll l$,则 x 与 l 几乎垂直

→ 针对几何特征,运用 $\cos\dfrac{\theta}{2}=\dfrac{l}{l}=1$ 进行处理

在满足摆角 $\theta<5°$ 的近似条件情况下,研究单摆的位移和摆

长的几何关系,针对几何特征进行小角度的近似处理,也能得到 $F=mg\dfrac{x}{l}\cos\dfrac{\theta}{2}\approx mg\dfrac{x}{l}$ 的结果。

3.
| A 点到 B 点的距离将非常小,v_A、v_B 的夹角 θ 也就非常小,满足近似条件 | → | 研究 Δv 与 v_A、v_B 的几何关系,v_A、v_B 几乎平行,则 Δv 与 v_A、v_B 都几乎垂直 |

→ 针对该几何特征,说明 Δv 方向指向圆心,则向心加速度方向指向圆心

该同学的观点没有问题,当物体从 A 点到 B 点的时间极短时,两点的速度方向的夹角 θ 也就非常小,可以通过几何特征的分析,获得以上结论。

4.
| $\lvert x\rvert\ll d$,满足近似条件 | → | 列出回复力方程 $F_C=\dfrac{-4kq^2}{4d^2\left(1+\dfrac{x}{2d}\right)^2}+\dfrac{kq^2}{d^2\left(1+\dfrac{x}{d}\right)^2}$ |

→ 运用 $\dfrac{1}{(1+a)^n}\approx1-na$ 进行处理

当小环带电量为 $-q$ 时,C 球平衡位置在 B 侧 d 处,向右拉离平衡位置一小位移 x 后它所受到的合力

$$F_C=\dfrac{-4kq^2}{(2d+x)^2}+\dfrac{kq^2}{(d+x)^2}$$

$$=\dfrac{-4kq^2}{4d^2\left(1+\dfrac{x}{2d}\right)^2}+\dfrac{kq^2}{d^2\left(1+\dfrac{x}{d}\right)^2}$$

因为 $\lvert x\rvert\ll d$,利用近似关系 $\dfrac{1}{(1+a)^n}\approx1-na$,上式可简化为

$$F_C=\dfrac{-kq^2}{d^2}\left(1-\dfrac{x}{d}\right)+\dfrac{kq^2}{d^2}\left(1-\dfrac{2x}{d}\right)=\dfrac{-kq^2}{d^3}x$$

符合简谐运动力学特征。

5.
| $\Delta x\ll l$ 满足近似条件 | → | 列出回复力方程 $F=(p_0-p')S=\dfrac{\Delta x}{l+\Delta x}S$ |

→ 运用 $\dfrac{\Delta x}{l+\Delta x}\approx\dfrac{\Delta x}{l}$ 进行处理

该同学认为活塞不做匀变速直线运动这是正确的,但在证明是否做简谐运动的过程中没有运用到物理的近似处理法,因为 $\Delta x\ll l$,则 $p_0-p'=\dfrac{\Delta x}{l+\Delta x}p_0\approx\dfrac{\Delta x}{l}P_0$,$\Delta x$ 相对于 l 来说是一个小量,这一步近似是合理且重要的。

回复力

$$F=(p_0-p')S=\dfrac{p_0S}{l}\Delta x=k\Delta x,k=\dfrac{p_0S}{l}$$

符合简谐运动回复力的特征,因此活塞移动后将在内外压力差作用下做简谐运动,第一次回到平衡位置的时间

$$t=\dfrac{T}{4}=\dfrac{1}{4}\cdot2\pi\sqrt{\dfrac{m}{k}}=\dfrac{\pi}{2}\sqrt{\dfrac{ml}{p_0S}}$$

【拓展训练】

1. 该同学的观点有问题。该同学作的光路图是正确的,但根据题干条件,观察者几乎是垂直于水面观察鱼,那么光路图中的入射角 i 和折射角 r 都非常小,可以根据小角度近似,

$$\sin i\approx\tan i=\dfrac{OA}{h'},\sin r\approx\tan r=\dfrac{OA}{h}$$

整理得 $1\times\dfrac{OA}{h'}=n\times\dfrac{OA}{h}$,因此,$h'=\dfrac{h}{n}$。

2. 题干提示 $x\ll a$,满足近似条件。

设正方形对角线的长为 $2r$,则 q 受到的库仑力(即合外力)

$$F=\dfrac{kQq}{(r+x)^2}-\dfrac{kQq}{(r-x)^2}+\dfrac{2kQqx}{(x^2+r^2)^{\frac{3}{2}}}$$

$$=\dfrac{kQq}{r^2\left(1+\dfrac{x}{r}\right)^2}-\dfrac{kQq}{r^2\left(1-\dfrac{x}{r}\right)^2}+\dfrac{2kQqx}{r^3\left(1+\dfrac{x^2}{r^2}\right)^{\frac{3}{2}}}$$

因为 $r=\dfrac{\sqrt{2}}{2}a$,且 $x\ll a$,所以 $x\ll r$。根据近似关系有

$$\left(1+\dfrac{x}{r}\right)^{-2}\approx1-\dfrac{2x}{r},\left(1-\dfrac{x}{r}\right)^{-2}\approx1+\dfrac{2x}{r}$$

$$\left(1+\dfrac{x^2}{r^2}\right)^{-\frac{3}{2}}\approx1-\dfrac{3x^2}{2r^2}$$

$$F\approx\dfrac{kQq}{r^2}\left(1-\dfrac{2x}{r}\right)-\dfrac{kQq}{r^2}\left(1+\dfrac{2x}{r}\right)+\dfrac{2kQqx}{r^3}\left(1-\dfrac{3x^2}{2r^2}\right)\approx$$

$$-\dfrac{2kQq}{r^3}x。$$

力 F 与 x 成正比,是线性回复力,符合简谐运动力学特征。

3. 双缝干涉时 P 点到 O' 点的距离 $x\ll l$,作 $AC\perp BP$,则两束光的光程差 $\Delta x=r_2-r_1\approx d\sin\theta,\theta$ 很小,满足近似条件,则 $x=PO'=l\tan\theta\approx l\sin\theta$;

所以 $\Delta x=\dfrac{d}{l}x$。

4. 电子带负电,在洛伦兹力作用下将向东偏转,设电子的入射速度为 v,则 $v=\sqrt{\dfrac{2E}{m}}$。

它在地磁场中的偏转半径

$$r=\dfrac{mv}{eB}$$

$$=\dfrac{\sqrt{2Em}}{eB}$$

$$=\dfrac{\sqrt{2\times1.2\times10^4\times1.6\times10^{-19}\times9.1\times10^{-31}}}{1.6\times10^{-19}\times5.5\times10^{-5}}\text{m}$$

$$=6.72\text{m}$$

所以,它在南北方向上通过距离 $y=20\text{cm}$ 时产生的偏距,因为 $y\ll r$,则可以做近似处理

$$\Delta x=r-\sqrt{r^2-y^2}$$

$$=r-r\left[1-\left(\dfrac{y}{r}\right)^2\right]^{\frac{1}{2}}$$

$$\approx r-r\left[1-\dfrac{1}{2}\left(\dfrac{y}{r}\right)^2\right]$$

$$=\dfrac{y^2}{2r}$$

代入数据得

$$\Delta x\approx\dfrac{0.2\times0.2}{2\times6.72}\text{m}=2.98\times10^{-3}\text{m}\approx3\text{mm}$$

第27讲　特殊值法

【基础训练】

1.
| 审视表达式,发现四个选项相似,推导烦琐 | → | 题中对影响 t 的相关物理量(加速度 a_1、a_2 以及总位移 s)没有条件限制 |

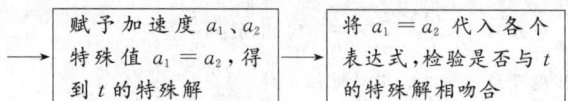

审视表达式,发现四个选项相类似,详细推导需要大量的推理和复杂的运算。

审视题目发现题中没有对影响运动总时间 t 的相关物理量(加速度 a_1、a_2 以及总位移 s)做出条件限制,因此可以赋予加速度 a_1、a_2 特殊值。

令 $a_1 = a_2$,将运动看成两段对称的运动,$\frac{s}{2} = \frac{1}{2}a_1 t_1^2$,得到运动总时间的特殊解 $t = 2t_1 = 2\sqrt{\frac{s}{a_1}}$。将 $a_1 = a_2$ 代入四个选项中检验是否与 $t = 2\sqrt{\frac{s}{a_1}}$ 吻合,只有 C 项吻合,故选 C。

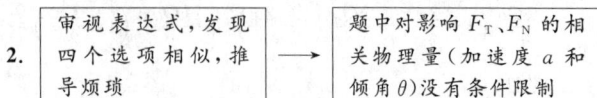

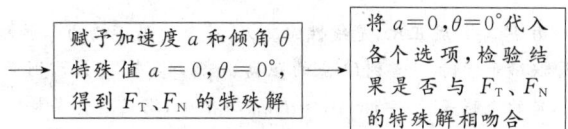

审视表达式,发现四个选项相类似,详细推导需要大量的推理和复杂的运算。

审视题目发现题中没有对影响 F_T、F_N 的相关物理量(加速度 a 和倾角 θ)做出条件限制,因此我们可以赋予加速度 a 和倾角 θ 特殊值。

令 $a = 0$ 时,$F_T = mg\sin\theta$,$F_N = mg\cos\theta$;当 $\theta = 0°$ 时,得到特殊解 $F_T = ma$,$F_N = mg$。将 $a = 0$,$\theta = 0°$ 分别代入四个选项中检验是否与 F_T、F_N 的特殊解相吻合,只有 A 项吻合,故选 A。

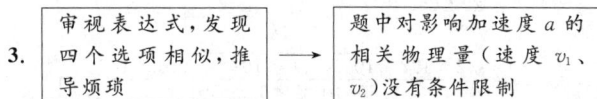

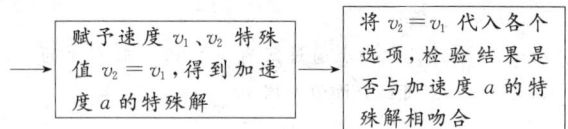

审视表达式,发现四个选项相类似,详细推导需要大量的推理和复杂的运算。

审视题目发现题中没有对影响加速度 a 的相关物理量(速度 v_1、v_2)做出条件限制,因此我们可以赋予速度 v_1、v_2 特定值。

令 $v_2 = v_1$,由题意可知,此时物体做匀速运动,加速度 $a = 0$。将 $v_2 = v_1$ 代入四个选项中检验是否与 $a = 0$ 吻合,只有 A 项吻合,故选 A。

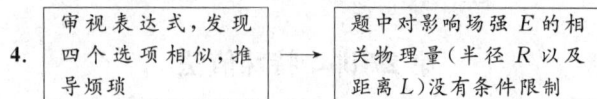

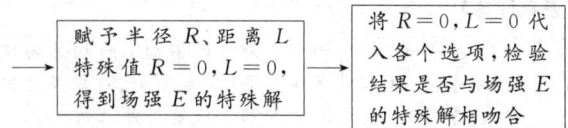

审视表达式,发现四个选项相类似,详细推导需要大量的推理和复杂的运算。

审视题目发现题中没有对影响 P 点的场强 E 的相关物理量(环的半径 R 以及 P 点到环心 O 的距离 L)做出条件限制,因此我们可以赋予半径 R、P 点到环心 O 的距离 L 特定值。

令 $R = 0$ 时,带电圆环等同一点电荷,由点电荷电场强度计算式可知在 P 点的电场强度 $E = k\frac{Q}{L^2}$,将 $R = 0$ 代入四个选项,只有 A、D 选项满足;令 $L = 0$ 时,均匀带电圆环的中心处的电场强度为0,将 $L = 0$ 代入选项 A、D,只有选项 D 满足,故选 D。

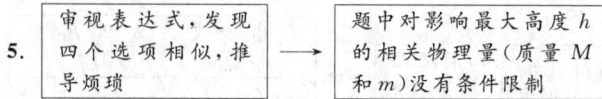

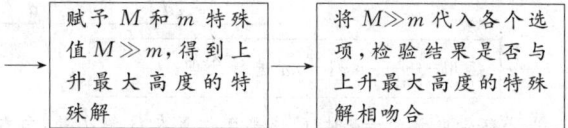

审视表达式,发现四个选项相类似,详细推导需要大量的推理和复杂的运算。

审视题目发现题中没有对影响上升的最大高度 h 的相关物理量(小车质量 M 和物块质量 m)做出条件限制,因此我们可以赋予小车质量 M 和物块质量 m 特殊值。

令 $M \gg m$,小物块对小车施加的力对小车来说可以忽略不计,小车可以看作静止,相当于小物块冲上一个静止的光滑弧面,小物块的动能全部转化成小物块的重力势能,即 $\frac{1}{2}mv_0^2 = mgh$,解得 $h = \frac{v_0^2}{2g}$。将 $M \to \infty$ 代入四个选项中,检验是否与 $\frac{v_0^2}{2g}$ 吻合,只有 B 项吻合,故选 B。

【拓展训练】

1. 审视表达式,发现四个选项相类似,详细推导需要大量的推理和复杂的运算。

审视题目发现题中没有对影响小珠子下滑经历的时间 t 的相关物理量(铁丝的长度 L 和线圈高度 H)做出条件限制,因此我们可以赋予铁丝的长度 L 和线圈高度 H 特殊值。

令长度 $L \to \infty$,小珠子下滑的时间应该无限长,将 $L \to \infty$ 代入四个选项中,检验时间是否与无限长吻合,A 项不吻合,故排除 A 项;令 $L = H$,可以将小珠子的运动可以看成自由落体运动,$H = \frac{1}{2}gt^2 \Rightarrow t = \sqrt{\frac{2H}{g}}$,将 $L = H$ 代入 B、C、D 项中,检验时间是否与 $t = \sqrt{\frac{2H}{g}}$ 吻合,只有 D 项吻合,故选 D。

2. 审视表达式,发现四个选项相类似,详细推导需要大量的推理和复杂的运算。

审视题目发现题中没有对影响盘对物体的支持力的相关物理量(托盘的质量 m_0 和物体质量 m 以及弹簧伸长量 ΔL)做出条件限制,因此我们可以赋予 m_0、m 以及 ΔL 特殊值。

令 $\Delta L = 0$,相当于弹簧没有再伸长,保持静止状态,盘对物体的支持力大小等于物体的重力 mg。将 $\Delta L = 0$ 代入四个选项中,检验对物体的支持力大小是否与 mg 吻合,只有 A

项吻合,故选 A。

3. 审视表达式,发现四个选项相类似,详细推导需要大量的推理和复杂的运算。

审视题目发现题中没有对影响 A 点处电场强度大小 E 的相关物理量(圆环半径 R_1 和 R_2 以及 O、A 点间的距离 r)做出条件限制,因此我们可以赋予圆环半径 R_1 和 R_2 以及 O、A 点间的距离 r 特殊值。

令 $r=a$ 时,右侧圆环在 A 点产生的电场强度为零,则 A 处电场强度只有左侧圆环上的电荷产生,即电场强度表达式只有一项,将 $r=a$ 代入四个选项中,选项 A、B 的表达式存在两项,故选项 A、B 错误;再令 $R_1=R_2=0$,A 处电场强度 E 相当于在 O_1 和 O_2 处电量为 q 的由两个点电荷共同产生,其大小 $E=\dfrac{kq}{(a-r)^2}-\dfrac{kq}{(a+r)^2}$,将 $R_1=R_2=0$ 代入选项 C、D 中,检验电场强度 E 是否与 $E=\dfrac{kq}{(a-r)^2}-\dfrac{kq}{(a+r)^2}$ 相吻合,只有选项 D 吻合,故选 D。

4. 审视表达式,发现四个选项相类似,详细推导需要大量的推理和复杂的运算。

审视题目发现题中没有对影响压力 F_N 大小的相关物理量(质量 M、m)做出条件限制,因此我们可以赋予质量 M、m 特殊值。

令 $M \gg m$,滑块下滑时,凹槽基本静止不动,小滑块在最低点时,滑块速度为 $v=\sqrt{2gR}$,由牛顿第二定律得 $F_N-mg=m\dfrac{v^2}{R}$,解得 $F_N=3mg$,将 $M \gg m$ 代入四个选项中,做近似计算,检验 F_N 是否与 3mg 吻合,只有选项 A 吻合,故选 A。

第28讲 单选排除法

【基础训练】

1.
| A 项确定质量数,B 项比较穿透能力,D 项是半衰期特征,C 项的正误判断相对困难 | → | 回忆质量数守恒、射线穿透能力相关因素、半衰期特性 |

| → 用相关知识可直接排除 A、B、D 项 | → | 得出正确答案 C |

B、D 项都是记忆性内容,B 项 α 射线的穿透能力比 γ 射线弱,错误;D 项半衰期不受环境影响,错误;衰变方程要满足质量数守恒 X=234,A 项错误。用排除法快速确定 A、B、D 项都是错误的,正确选项为 C 项。

2.
| A 项与 D 项表述结果相同,B 项可代入平抛规律验证 | → | 回忆平抛模型的规律:水平方向匀速直线和竖直方向自由落体运动 |

| → 用规律可直接排除的选项是 A、B、D 项 | → | 得出正确答案为 C |

小球以更大速度飞出,必然飞出更远距离和下落更大高度,时间应大于原来的 t,A 项错误;小球落在 B 点对应的时间应大于 t,所以 D 项也错误;若 B 项正确,根据 $h=\dfrac{1}{2}gt^2$,下落高度为原来的 4 倍,显然不合理,所以 B 项错

误;正确答案为 C。

3.
| A 项反映 $v=kt$;B 项反映 $E_p=kt+b$;C 项反映 $E_k=kh$;D 项反映 $E_p=-kh+b$ | → | 结合自由落体规律、动能定理进行判断 |

| → 用规律可直接排除的选项是 A、C、D 项 | → | B 项符合题意 |

因为 $v=gt$,A 项正确,$mgh=E_k$,C 项正确,$mgh=E_{p0}-E_p$,D 项正确,所以选 B。

4.
| A、B 项为定性分析如何改装不同量程电流表和电压表,C、D 项为定量计算选项 | → | 回忆电表改装的知识点和串、并联规律 |

| → 用相关知识和规律可直接排除 A、B、D 项 | → | 正确答案为 C |

观察到 A、B 项为定性分析选项,根据改装电流表应并联电阻,电阻越小,量程越大;改装电压表应串联电阻,电阻越大量程越大可知 A、B 项明显错误。对比 C、D 项发现 D 项更容易计算,由定性分析可得当选择开关 B 接 2 时,该表为量程 0~1mA 的电流表,则 $\dfrac{R_1+R_2}{R_g}=\dfrac{I_g}{I-I_g}$,所以 $R_1+R_2=200\Omega$,D 项错误,所以剩下 C 项必然正确。

5.
| B、C 项有共同部分,很明显在 1 和 3 区域加速度等于 g 而 4 区域速度最大,安培力最大,合力最小 | → | 回忆电磁感应定律、安培力内容、牛顿第二定律 |

| → 用相关知识和规律可直接排除的 A、C、D 项 | → | 正确答案为 B |

线圈进入磁场前和全部进入磁场后,都仅受重力,所以加速度 $a_1=a_3=g$,排除 A、D 项。

由于线圈完全在磁场中时做加速度为 g 的加速运动,故 4 位置时的速度大于 2 位置时的速度,根据 $F_{安}=\dfrac{B^2L^2v}{R}$,$a=\dfrac{mg-F_{安}}{m}$,可得 $a_4<a_2$,所以排除 C 项。

综上选 B。

【拓展训练】

1. 观察比较四个选项,发现它们的异同。若匀强电场 $E=k\dfrac{Q}{r^2}$,则 $U=Ed=k\dfrac{Q}{r^2}d=k\dfrac{\eta l}{r^2}d$,据此知 B、D 项单位错误,B、D 项错误,可以排除。C 项 x 不能大于 R,也是错误的。只剩 A 项正确。

2. 观察四个选项的特点,B 项为定性分析,A、C、D 项为定量分析。路端电压变大则总电流应该减小,电路总电阻应该变大,故 A 项错误。

滑动变阻器应该向上移动,B 项错误。

C 项定量计算并不容易,所以可先看 D 项,因为电流减小,电阻 R_1 分压减小,则电压表示数 U_2 增大量必须大于电压表示数 U_1 增大量,所以 D 项错误,那么只剩下 C 项为正确答案。

3. 依题意:A、B 均向右运动,A 碰撞 B,碰撞时动量将由 A 向

B 传递，A 的动量将减小，B 的动量将增大，即 $\Delta p_A < 0$，$\Delta p_B > 0$，故 A 项是错误的。

根据动量守恒定律有 $\Delta p_A + \Delta p_B = 0$，D 项错误。

C 项中，A 球的动量从 $12\text{kg} \cdot \text{m/s}$ 变为 $-12\text{kg} \cdot \text{m/s}$，绝对值不变，因而其动能不变，但 B 球动量增大到 $37\text{kg} \cdot \text{m/s}$，动能增大，说明碰撞后系统的动能增加，这不符合能量守恒定律。

综上，只有 B 项正确。

4. 观察四个选项的特点，A、B、D 项更容易计算与判断，由题意可知，穿过线框的磁通量减小，根据楞次定律可知，线框中的感应电流方向为顺时针方向，故 A 项错误。

$q = \dfrac{\Delta\varphi}{R} = \dfrac{BL^2}{2R}$，故 B 项错误。

C 项不容易计算。

可以先看 D 项，平均感应电动势 $\overline{E} = \dfrac{\Delta\Phi}{\Delta t} = \dfrac{BL^2}{2t}$。

综上，选 C。

5. 观察四个选项后发现 A、B 项为定性分析，更容易判断，导体棒向右运动，根据右手定则可知电流方向为 $b \to a$，再根据左手定则可知导体棒受到向左的安培力，根据法拉第电磁感应定律可得产生的感应电动势 $E = BLv$，感应电流 $I = \dfrac{E}{\dfrac{R}{2}+r} = \dfrac{2BLv}{R+2r}$，安培力 $F = BIL = \dfrac{2B^2L^2v}{R+2r} = ma$，随着速度减小，加速度不断减小，所以导体棒不是做匀减速直线运动，故 A、B 项错误。

根据能量守恒定律可知，回路中产生的总热量 $Q = \dfrac{1}{2}mv_0^2$，根据功能关系可知导体棒克服安培力做的总功等于 $\dfrac{1}{2}mv_0^2$，D 项错误。

因两个电阻并联后与导体棒串联，则每个电阻产生的热量

$Q_R = \dfrac{1}{2}mv_0^2 \cdot \dfrac{\dfrac{R}{2}}{\dfrac{R}{2}+r} \cdot \dfrac{1}{2} = \dfrac{mv_0^2 R}{4(R+2r)}$，故 C 项正确。

第29讲　快速确定法

【基础训练】

1.
| 角度 θ 的变化范围为 $0° \sim 90°$，风力 F 增大导致角度 θ 单调增大 | $F=0$，绳子竖直，即角度应为 $0°$ | $F=0$ 代入 $F=\dfrac{mg}{\cos\theta}$ 或 $F=\dfrac{mg}{\tan\theta}$ 不符合情境 |
| | F 无穷大，绳子接近水平，角度应为 $90°$ | F 无穷大代入 $F=mg\sin\theta$ 不符合情境 |

当受到沿水平方向吹来的风时，轻绳偏离竖直方向一个角度并保持恒定，显然此时金属球处理受力平衡状态，可以通过力的合成或者分解，得出力 F 和夹角 θ 的相互关系。同时可以分析得出，随着风力 F 的不断变大，夹角 θ 不断增大，两者呈现单调的对应关系，可以尝试用极限值求解法——当风力 $F=0$ 时，$\theta=0°$，代入排除 C、D 项；当风力无穷大时，$\theta=90°$，排除 B 项，A 项正确。

2.
| 电阻 R 增大导致电流 I 单调减小，安培力减小，电磁场能量衰减变慢 | → | 当电阻无穷大时，电流为 0，没有安培力，电磁场能量不衰减，振荡的时间趋于无穷大；电阻为零时，电流最大，安培力最大，能量衰减最快，振荡的时间最短 |
| → | | 当电阻 $R=2R_0$ 时，能量衰减时间比当 $R=R_0$ 时长，B 符合情境 |

因为电场和磁场的周期变化，存在电磁辐射，电磁场总能量减小，振幅不断减小，A 项错误。

导体杆切割磁感线时，回路中产生感应电流，由楞次定律可得，导体杆受到的安培力总是阻碍导体棒的运动。当 R 从 R_0 变为 $2R_0$ 时，回路中的电阻增大，则电流减小，导体杆所受安培力减小，即导体杆在摆动时所受的阻力减小，杆从开始摆动到停止，运动的路程和经历的时间变长。

极限值求解法：当 R 增加到无穷大时，可以等效为断路，无法产生感应电流阻碍运动，每个振荡周期转化的焦耳热减少，因此总时间随着电阻的增大而增大。B 项正确。

3.
找到关键物理量 m_1 和 m_2	若 $m_1 > m_2$，则 A 下滑、B 上滑	代入 $m_1=m_2=m'$，物体 A' 和 B 均静止，则根据二力平衡，$T_1=T_2=m'g$，符合情境
	若 $m_1 = m_2$，则 A、B 均静止	
	若 $m_1 < m_2$，则 A 上滑、B 下滑	

题干中物体 A 和 B 因为质量不同，通过定滑轮如题图所示连接的背景下，会在重力的作用下发生相对运动，但是因为考虑了滑轮的质量 m，当 A 和 B 加速时，滑轮也会加速转动，由此对应的受力关系和能量转化关系是比较复杂的。如果用特殊值代入，让 A 和 B 的质量相同，可以让复杂的加速状态简化为整体静止，有利于绳子的弹力求解。

特殊值求解法：设 $m_1=m_2=m'$，则整个系统处于静止状态，所以 $F_{T1}=F_{T2}=m'g$；将 $m_1=m_2=m'$ 代入四个选项中，发现

$$\frac{(m+4m_2)m_1 g}{m+2(m_1+m_2)} = \frac{(m+4m')m'g}{m+4m'} = m'g$$

故选 C。

4.
| 找到关键物理量 m 和 M，且 $m=M$ 时运动规律对称 | → | 若 m 和 M 相同，热气球和物资的运动规律将对称，简化模型下的距离 $d=\sqrt{\dfrac{2Hv_0^2}{g}+H^2}$ |
| → | | 选项中代入 $m=M$，对比简化模型下的距离，$d=\left(1+\dfrac{m}{M}\right)\sqrt{\dfrac{2Hv_0^2}{g}+H^2}$ 符合 |

热气球开始携带物资时处于静止状态，所受合外力为 0，初动量为 0，水平投出重力为 mg 的物资瞬间，满足动量守恒定律 $Mv=mv_0$。

热气球和物资的运动示意图如答图所示，热气球和物资所受力大小均为 mg，所以热气球在竖直方向上的加速度大小 $a=\dfrac{m}{M}g$，物资落地 H 过程所用的时间 t 内，根据 $H=\dfrac{1}{2}gt^2$，解得落地时间 $t=\sqrt{\dfrac{2H}{g}}$，

热气球在竖直方向上运动的位移

$$H_M = \frac{1}{2}at^2 = \frac{1}{2} \cdot \frac{m}{M}g \cdot \frac{2H}{g} = \frac{m}{M}H$$

热气球和物资在水平方向上均做匀速直线运动,水平位移

$$x_m = v_0 t = v_0 \sqrt{\frac{2H}{g}}, \quad x_M = vt = \frac{m}{M}v_0 \cdot \sqrt{\frac{2H}{g}}$$

根据勾股定理可知热气球和物资的实际位移为

$$d = \sqrt{(x_m + x_M)^2 + (H + H_M)^2}$$
$$= \left(1 + \frac{m}{M}\right)\sqrt{\frac{2Hv_0^2}{g} + H^2}$$

特殊值求解法:严谨的推导需要考虑热气球和物资存在不同的加速度,不同的初速度,因此存在较为复杂的运算过程,而复杂是因为两者质量不等。若设热气球和物资的质量相等,则两者的运动完全对称,运算量极大地减少。

设被投出的物资质量也为 M,在抛出瞬间根据动量守恒定律,在水平方向上物资和热气球初速度均为 v_0,且之后物资做平抛运动的同时,热气球在竖直方向上加速度大小为 $a = g$,两者运动过程对称。

可知热气球和物资的实际位移

$$d = \sqrt{(x_m + x_M)^2 + (H + H_M)^2} = 2\sqrt{\frac{2Hv_0^2}{g} + H^2}$$

故 $d = \left(1 + \frac{m}{M}\right)\sqrt{\frac{2Hv_0^2}{g} + H^2}$ 符合。

5.

如题图所示,设光线在 AB 边的折射角为 β,根据折射定律可得 $n = \frac{\sin\theta}{\sin\beta}$,设光线在 BC 边的入射角为 φ,光线在 AC 边的入射角为 r,折射角为 i;由反射定律和几何知识可知 $\beta + \varphi = 45°$;$\beta + 2\varphi + r = 90°$,联立解得 $r = \beta$,根据折射定律可得 $\frac{\sin i}{\sin r} = \frac{\sin i}{\sin\beta} = n$,可得 $i = \theta$,过 D 点作出射光的平行线,则该平行线与 AB 的夹角为 θ,由几何知识可知,入射光与出射光的夹角为 $90°$。

特殊值求解法:从题干表述可以得出,出射光线和入射光线间的偏转角度应当是一个明确的结论,无关于入射方向和入射角度,因此可以代入特殊的入射方向进行求解——设入射角度为 $0°$,则入射光垂直射入 AB 界面,并在 BC 界面 $45°$ 角反射,从 AC 界面垂直出射,入射光和出射光夹角为 $90°$,故选 A。

【拓展训练】

1. 极限值求解法:单位面积带电量为 σ_0 的无限大均匀带电平板,其 x 轴上任一点的电场强度都相等,与 x 无关。分析题给的四个关系式,只有选项 A,当 r 趋近于 0 时圆孔轴线上任意一点 Q 的电场强度是一常数,所以选项 A 正确。

2. 极限值求解法:假设可变电阻 R 的变化范围在零到无穷大之间连续变化。当 $R = 0$ 时,A、B 间短路,此时 A、B 两点间的电压 $U = 0$,通过 R 的电流 $I = \frac{E}{R_1 + r}$;当 $R \to \infty$ 时,R

断路,通过 R 的电流 $I = 0$,A、B 间电压 $U = E \cdot \frac{R_2}{R_1 + R_2 + r}$。可见,当 R 的阻值增大时,U 增大,I 减小,因此 A、D 项正确。

3. 极限值求解法,以极端情况考虑:若速度极小接近于零,则线圈中几乎没有感应电流,就无须克服安培力做功,从而速度越大,拉力做功就越多;若 L_1 极小接近于零,则 L_1 切割磁感线产生的感应电动势便接近于零,线圈中同样几乎没有感应电流,也无须克服安培力做功,从而 L_1 越大,拉力做功越多;若 L_2 极小接近于零,则将线圈拉出时的位移接近于零,拉力做功接近于零,从而 L_2 越大拉力做功越多;若线圈电阻极大,趋于无限大,则线圈中几乎没有感应电流,亦无须克服安培力做功,从而线圈电阻越大,拉力做功越少,所以 A、B、C 项正确。

4. 特殊值求解法:假设点 P 到点 O 的距离 $x = 0$,则角速度为 0,把 $x = 0$ 代入各表达式,D 项中表达式不为零,故 D 项错误。如果是轻杆,则 $M = 0$,即轻杆对子弹没有阻碍作用,相当于子弹做半径为 x 的圆周运动,则 A、B 项错误,C 项正确。

5. 特殊值求解法:假设 $\theta = 0$,可知 m 对 M 的压力 $F_N = mg$,而 A、B 项中 m 对 M 的压力均为 0,显然不合理,故 A、B 项错误。

假设 $M = m$,则 C 项中 m 对 M 的压力 $F_N = \frac{mg}{\cos\theta} > mg$,显然不合理,故 C 项错误。

D 项中 m 对 M 的压力 $F_N = \frac{mg\cos\theta}{1 + \sin^2\theta} < mg$,应该是合理的,故 D 项正确。

第三章　思维策略

第1讲　文字信息可视化策略

【基础训练】

1.

第1题答图

2.

根据题目信息作出抛物线轨迹 → 根据待求信息和物理规律,检查图上所标信息是否已经完备,并进行查找与转化

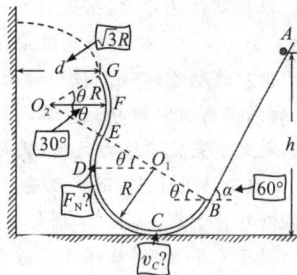

第 2 题答图

3. 审视运粮装置示意图 → 审读题目中的每一句话,将电压、电阻、质量、速度、电流等信息标注在示意图上

→ 根据题目信息作出小车到达上端位置和此时配重的位置 → 根据待求信息和物理规律,检查图上所标信息是否已经完备,并进行查找与转化

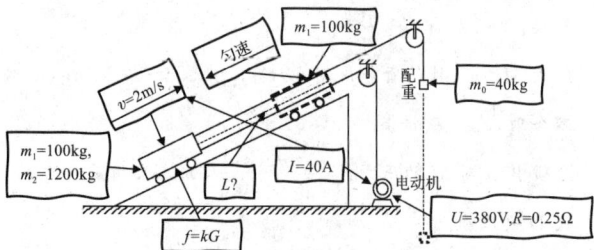

第 3 题答图

4. 审视着陆装置示意图 → 审读题目中的每一句话,将质量、电阻、速度、加速度、电动势、电流等信息标注在示意图上

→ 根据题目信息作出船舱下降一段位置的信息 → 根据待求信息和物理规律,检查图上所标信息是否已经完备,并进行查找与转化

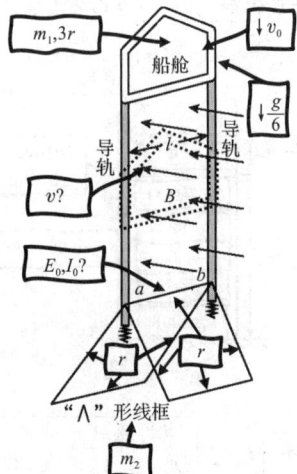

第 4 题答图

【拓展训练】

1. 如答图所示。

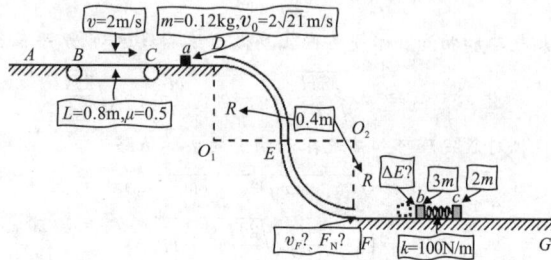

第 1 题答图

2. 如答图所示。

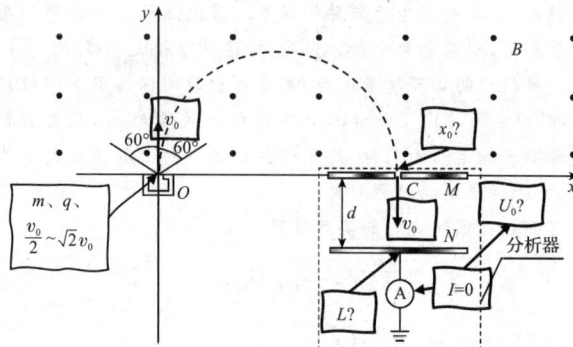

第 2 题答图

3. 如答图所示。

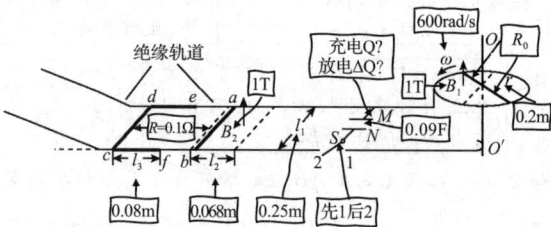

第 3 题答图

第 2 讲 图像信息提取策略

【基础训练】

1. 观察图像坐标轴,回忆所学内容,确定斜率、面积、截距、交点的物理意义 → 根据图像斜率判断物体速度、加速度变化,以 $v-t$ 图像的面积计算位移

→ 结合图像描述甲、乙两个物体的运动情况

甲物体:0—2s 沿正方向做匀速直线运动,2—4s 静止,4—5s 沿反方向做匀速直线运动;5s 内甲物体位移

$$\Delta x_1 = 0 - 2\text{m} = -2\text{m}$$

乙物体:0—2s 沿正方向做匀加速直线运动,2—4s 沿正方向做匀速直线运动,4—5s 沿正方向做匀减速直线运动。5s 内甲物体位移

$$\Delta x_2 = \left[\frac{(2+4)\times 2}{2} + 4\times 2 + \frac{1\times 4}{2}\right]\text{m} = 16\text{m}$$

2. 观察图像坐标轴,回忆所学内容,确定斜率、面积、截距、交点的物理意义 → 根据加速度的定义式,判断 $a-t$ 图像的面积为速度的变化量

> 结合图像分析运动员的运动情况和5s末的速度

0—3s图像与轴所围几何图形的面积逐渐增大,据此可知0—3s运动员的速度一直增大;时间轴上方几何图形的面积表示速度增加,时间轴下方的几何图形的面积表示速度减小,则0—5s速度的变化量为

$$\left[\frac{(1+2)\times1}{2}+\frac{2\times(3-1)}{2}-\frac{2\times(5-3)}{2}\right]\text{m/s}=1.5\text{m/s}$$

0—5s运动员速度方向一直没有发生改变,由于运动员由静止开始运动,初速度为0,则图像与轴所围几何图形的面积又能够间接表示某时刻的速度,即该运动员在5s末的速度大小为1.5m/s。

3. > 面对不熟悉的新图像,思考与物体运动变化对应的物理规律 → 结合物理规律和斜率、面积、截距、交点的定义式,推导表达式,理解其意义

> 结合图像分析汽车的运动情况和1s末的速度

根据$\frac{x}{t}=v_0+\frac{1}{2}at$,图像的截距为汽车的初速度,斜率为$\frac{1}{2}a$。与图像对比可知,汽车的速度大小为0,物体的加速度满足$\frac{1}{2}a=\frac{1\text{m/s}}{1\text{s}}=1\text{m/s}^2$,则$a=2\text{m/s}^2$,物体做初速度为零的匀加速直线运动,1s末的速度$v=2\text{m/s}$。

4. > 观察图像坐标轴,回忆所学内容,确定斜率、面积、截距、交点的物理意义 → 根据$U=E-Ir$,线a与纵坐标的交点为电源电动势,交点坐标为电源端电压和电流

> 结合图像信息和闭合电路欧姆定律计算电源内阻和效率

由闭合电路欧姆定律得$U=E-Ir$,由题图可知电动势$E=3.6\text{V}$。

根据两线的交点坐标可知,将电池和电阻组成闭合回路时端电压$U=2.5\text{V}$,电流$I=0.2\text{A}$。

电池内阻$r=\frac{E-U}{I}=\frac{3.6-2.5}{0.2}\Omega=5.5\Omega$。

电池输出功率$P_出=UI=2.5\times0.2\text{W}=0.5\text{W}$。

电池总功率$P_总=EI=3.6\times0.2\text{W}=0.72\text{W}$。

电池输出效率$\eta=\frac{P_出}{P_总}=\frac{0.5}{0.72}\times100\%\approx69.44\%$。

【拓展训练】

1. 因图像的斜率等于加速度,可知在0—8s时间段内,自行车骑行的加速度逐渐变小,选项A正确。

在0—8s时间段内,若自行车做匀加速运动,则平均速度为2m/s;因自行车的位移大于做匀加速运动的位移,可知自行车骑行的平均速度大于2m/s,选项B错误。

图像的斜率等于加速度,在15—17s时间段内,自行车刹车时的加速度$a=\frac{0-4}{17-15}\text{m/s}^2=-2\text{m/s}^2$,加速度大小为2m/s²,选项C正确。

在0—17s时间段内,若自行车在0—8s时间段内做匀加速运动,则自行车在骑行过程中的总位移等于$x=\frac{1}{2}(7+17)\times$

4m=48m,因0—8s时间段内自行车的位移大于做匀加速运动的位移,可知在0—17s时间段内,自行车骑行的总位移大于48m,选项D错误。

综上,选AC。

2. 由题图可知,0—t_2时间段内,运动员的加速度方向不变,故选项A错误。

运动员在0—t_1时间段内向上运动,在t_1—t_3时间段内向下运动,t_2时刻,运动员开始进入水面,t_3时刻向下减速至0,故选项B错误。

该运动员在空中运动的位移大小应为0—t_2时间段内图像围成的面积,可知不为$\frac{v_m t_2}{2}$,故选项D错误。

t_1—t_3时间段内,该运动员的位移大小为该时间段图像围成的面积,即$s=\frac{v_m(t_3-t_1)}{2}$,故选项C正确。

3. 为了保持封闭气体的温度不变,要缓慢推拉注射器活塞。若推动活塞速度过快,会引起气体的温度逐渐升高,根据$\frac{pV}{T}=C$可知,p和V的乘积逐渐增大,则实验结果的$p-V$图像可能为选项B,故选项A、C、D错误,选项B正确。综上,选B。

4. b图线为电源的$U-I$图像,由题图可知,电源的电动势$E=1.5\text{V}$,内阻

$$r=\frac{\Delta U}{\Delta I}=\frac{1.5-1.2}{0.5}\Omega=0.6\Omega$$

故选项A、D错误。

根据两图线交点可知,电源的输出功率

$$P=UI=1.2\times0.5\text{W}=0.6\text{W}$$

故选项B正确。

根据a图线可知,定值电阻的阻值

$$R=\frac{U}{I}=\frac{1.2}{0.5}\Omega=2.4\Omega$$

故选项C错误。

综上,选B。

第3讲 冗余信息质疑策略

【基础训练】

1. > 按照常规思路求解 → 发现"女孩身高信息""站立荡秋千图片信息"是"冗余"信息

> 思考后认识到女孩做圆周运动半径需要考虑实际重心位置,大约为4.3m → 根据方程$2F-mg=\frac{mv^2}{L}$,可得$F=237\text{N}$,故选C

由题中信息"身高1.4m女孩","绳长5m",以及站立荡秋千等信息,可得在最低点处

$$2F-mg=\frac{mv^2}{L}$$

其中$L\approx4.3\text{m}$,可得$F=237\text{N}$。

2. > 按照常规思路求解 → 发现"空调温度设定在28℃"是"冗余"信息

> 思考后,结合生活经验可知空调是间歇性地工作,并非一直以1760W功率工作 → 明确"冗余"信息作用意图,空调实际的平均功率要小于1760W

考虑到"空调温度设定在28℃"结合生活经验可知空调并非一直以1760W功率正常工作，而是间歇性地工作，可知空调实际的平均功率要小于1760W，结合选项可知B选项为正确答案。

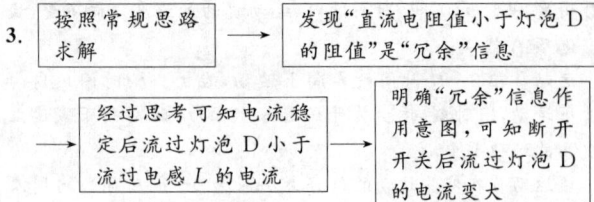

3.
```
按照常规思路
求解
```
→
```
发现"直流电阻值小于灯泡D
的阻值"是"冗余"信息
```

→
```
经过思考可知电流稳
定后流过灯泡D小于
流过电感L的电流
```
→
```
明确"冗余"信息作
用意图，可知断开
开关后流过灯泡D
的电流变大
```

考虑到"电感的直流电阻值小于灯泡D的阻值"这一信息，可以知道下面通过电感线圈的电流大于通过灯泡的电流，故断电自感时流过灯泡的电流大于原来流过灯泡的电流，故答案选A。

【拓展训练】

1. 分析本题需要关注图像中波传播的波形图样信息，通过分析和思考可知波源的周期是变化的，在波速不变情况下，导致波长改变。

波的传播速度 $v=\dfrac{\Delta x}{\Delta t}=\dfrac{5-1}{4-0}m/s=1$m/s。

由题图可知在 $t=1$s 时波源振动的周期发生了变化，但在同一种介质中波速不变。

在 0—1s 时间段内，波的波长 $\lambda_1=2$m；

周期 $T_1=\dfrac{\lambda_1}{v}=2$s。

在 1—5s 时间段内，波的波长 $\lambda_2=6$m；

周期 $T_2=\dfrac{\lambda_2}{v}=6$s。

波从 $x=1$m 处传播到 $x=-1.5$m 处所需的时间 $t'=\dfrac{\Delta x'}{v}=\dfrac{1-(-1.5)}{1}s=2.5$s。

从图示时刻起，再经过5s，质点Q按照周期 T_1 振动1s，再按照周期 T_2 振动1.5s，则Q质点通过的路程 $s=\dfrac{1\text{s}}{T_1}\cdot 4A+\dfrac{1.5\text{s}}{T_2}\cdot 4A=15$cm，故路程为 15cm。

2. 在求解此问题的过程中，容易只关注"手掌与书间的最大静摩擦力"而忽视"书与书间的最大静摩擦力"信息，出现"书与书间的动摩擦因数 $\mu_2=0.2$"的冗余信息，经过分析发现，最多能夹住多少本书不仅需要考虑手掌与书间的最大静摩擦力，同样也需要考虑第一本书和第二本书间的最大静摩擦力。

每本书受到的摩擦力的合力与重力平衡，通过分析可知越靠外侧，书与书间的摩擦力越大，以这一摞书为研究对象，每只手对其的最大静摩擦力 $F_{f1}=\mu_1 F_N=60$N。

这一摞书受力平衡，即 $2F_{f1}=n_1 mg$，解得 $n_1=60$。

但书与书间的最大静摩擦力 $F_{f2}=\mu_2 F_N=40$N。

除了左右两侧与手接触的2本书，以剩下的这一部分书为对象，

由平衡条件 $2F_{f2}=n_2 mg$，解得 $n_2=40$。

加上与手接触的2本书，可知最多能夹住的书共42本。

3. 试题分析需要关注"具有一定质量的伸缩臂"信息，结合所学知识分析可知，水炮发动机做的功为水增加的动能与重

力势能之和，伸缩臂在抬升等高平台的同时也将本身也抬高了，计算做功时，需要计算这部分功，结合根据公式 $P=\dfrac{W}{t}$ 分析。伸缩臂将人与平台抬高 60m，用时 5min，同时伸缩臂也有质量，设其为 M，则其输出功率

$$P=\dfrac{(400+M)\times 10\times 60}{5\times 60}(\text{W})$$
$$=800(\text{W})+2M(\text{W})>800\text{W}$$

故填"大于"。

第4讲 换位思考策略

【基础训练】

1.
```
按照常规波的
干涉图形可得
出答案为ABC
```
→
```
站在命题者的视角思考，单
项选择题中怎么会设置多个
正确答案？且C选项是A、B
选项的组合重复，题目中还
有哪些信息没有注意到？
```

→
```
重新审视图形，两波
形不对称，说明两列
叠加波的波长不相
等，频率不相等
```
→
```
综合波的知识分析
得出，两类波为非
干涉波，答案为D
选项
```

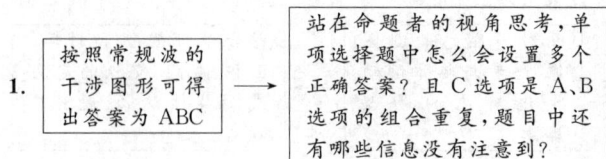

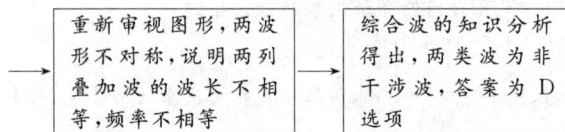

如果仅仅依据实线与实线交叉处，虚线与虚线交叉处表示波的加强点的知识点进行判断，可得 A、B、C 三个选项都是正确的。这是一个不合常规的情况！特别是C选项是A、B两个选项的重复，命题者会这样"低水平"吗？是否本题有不一般的地方。仔细审图后发现，图形与教材的水波干涉图有不同之处——不对称。在同一水槽中的波为什么不对称？经过分析推理可知两波源Ⅰ、Ⅱ的频率不相同，不满足干涉条件，正确选项应是D。

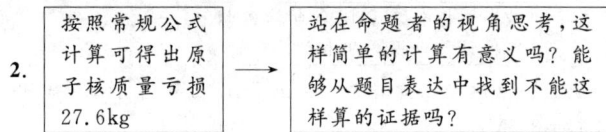

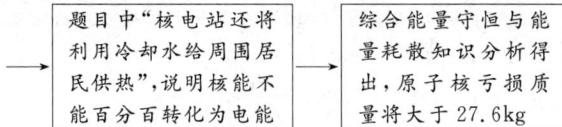

2.
```
按照常规公式
计算可得出原
子核质量亏损
27.6kg
```
→
```
站在命题者的视角思考，
这样简单的计算有意义吗？能
够从题目表达中找到不能这
样算的证据吗？
```

→
```
题目中"核电站还将
利用冷却水给周围居
民供热"，说明核能不
能百分百转化为电能
```
→
```
综合能量守恒与能
量耗散知识分析得
出，原子核亏损质
量将大于27.6kg
```

$$E=mc^2$$
$$\Rightarrow m=\dfrac{E}{c^2}=\dfrac{6.9\times 3.6\times 10^{17}}{9\times 10^{16}}\text{kg}=27.6\text{kg}$$

上述计算没有用到题目中"为了提高能源利用率，核电站还将利用冷却水给周围居民供热"这一条件，难道命题者会把"无用"的文字保留在题目中吗？如果这句话是有意义的，那么这句话想提醒我们什么？进一步分析，核电站并不能100%把核能转化成电能，还有热能等其他能量损耗，所以原子核亏损质量将大于27.6kg。

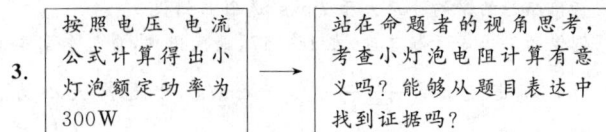

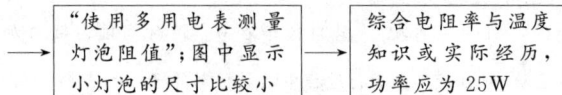

3.
```
按照电压、电流
公式计算得出小
灯泡额定功率为
300W
```
→
```
站在命题者的视角思考，
考查小灯泡电阻计算有意
义吗？能够从题目表达中
找到证据吗？
```

→
```
"使用多用电表测量
灯泡阻值"；图中显示
小灯泡的尺寸比较小
```
→
```
综合电阻率与温度
知识或实际经历，
功率应为25W
```

通过公式计算得到300W,图中的小灯泡像300W的灯泡吗?是否有自己没有想到的地方。

联系所学知识,金属电阻率与温度有关,公式中的电阻应该是正常发光时的电阻。使用多用电表测量得到的160Ω是常温下的电阻,发光时的电阻要远大于160Ω,功率就应该远小于300W,应选25W。

【拓展训练】

1. 对该乒乓球进行受力分析,受到重力、弹力、摩擦力三个力的作用。

难道该题仅考受力分析和共点力平衡这两个简单的知识点?题目中是否还有什么信息是我们没有留意到的?

题中"推动乒乓球沿水平直线向前运动",向前运动一定是匀速直线运动吗?也有可能是变速直线运动,所以该题还有动力学的知识点,而非仅仅共点力平衡这个知识点。

对乒乓球重新进行受力分析,乒乓球受到重力的作用,有可能不受弹力的作用吗?

如果乒乓球与球拍间没有弹力就不存在摩擦力,乒乓球仅受重力的话,不可能沿水平方向做直线运动,所以乒乓球一定受到弹力的作用,有可能仅受重力和弹力的作用吗?

如答图所示,当

$$F_y = F_N\cos\theta = mg$$

$$F_合 = F_x = F_N\sin\theta = mg\tan\theta = ma$$

即当乒乓球水平向前做加速度 $a = g\tan\theta$ 的匀加速直线运动时,它仅受重力和弹力的作用。由此可得,乒乓球在向前运动过程中可能受到2个或者3个力的作用。综上可知不正确。

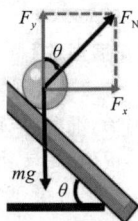
第1题答图

2. 通过图像可知 $E = 1.45V$,

$$r = \frac{1.45 - 0.70}{0.30}\Omega = 2.50\Omega$$

通常干电池的内阻都是小于1Ω,本题怎么会是2.50Ω?是否题目有"不一般"之处?

通过审题可知"电路中加了一个保护电阻R_0"这一信息,通过审图可知R_0与r是串联的,可知

$$r = 2.5\Omega - R_0 = 0.50\Omega$$

3. 根据动量公式计算碰撞后的动量:

$$\begin{aligned}p_1 &= m_Av_A + m_Bv_B\\&= (0.2\times0.2 + 0.3\times0.8)\text{kg}\cdot\text{m/s}\\&= 0.280\text{kg}\cdot\text{m/s}\end{aligned}$$

在解题中,碰撞前A的速度大小并没有用到,难道命题者在题目中会给我们无用的信息?重新审视题目,该实验目的是探究碰撞的守恒量,当把上述结果与初始动量(碰前动量 $p_0 = 0.202\text{kg}\cdot\text{m/s}$)进行比较,碰撞前后的动量怎么会差这么多?题目说阻力很小,滑轨水平,是否还有没有发现的信息?仔细阅读"碰撞后A的速度大小","碰撞后B的速度大小",发现表中只给出了速度大小的信息,没有说明方向。

结合实际经历可知质量小的A车碰撞后应该反弹(或者用假设法对不同速度方向进行讨论,得到结果),考虑方向这个因素,碰撞后小车A、B所构成系统的总动量大小

$$\begin{aligned}p_1 &= m_Av_A + m_Bv_B\\&= (-0.2\times0.2 + 0.3\times0.8)\text{kg}\cdot\text{m/s}\\&= 0.200\text{kg}\cdot\text{m/s}\end{aligned}$$

4. 根据公式,可得 $I = \dfrac{P}{U} = 6\times10^5\text{A}$,

$$P_损 = I^2r = 9\times10^8\text{kW}$$

该题难道只是考查公式和简单的计算?是否还有什么知识点是我们没有考虑到的?

根据能量守恒,输电线上的损失功率要小于等于水电站的输出功率,题目给出的 $P_损 = 9\times10^8\text{kW}$ 已经大于水电站的输出功率 $P_出 = 3\times10^6\text{kW}$,违反了能量守恒定律,输电线上损失的功率不可能大于发电站的输出功率。所以,该同学的计算结果肯定是错误的。

5. 根据公式,可得 $P = \dfrac{W}{t} = \dfrac{mgh}{t} = 100\text{W}$。

该功率与额定功率相差这么大正常吗?如果上升过程功率是100W,无人机的额定功率为什么要这么大呢?是否还有没有考虑到的信息?

如果进行无人机能量转化分析,可知:无人机上升过程除了克服重力做功外,电机内阻要消耗电能,产生焦耳热;还要克服空气阻力做功产生摩擦热;旋翼推动空气,部分电能转化为空气动能。

所以无人机上升过程中消耗的平均功率大于100W。

第5讲 关注图像差异策略

【基础训练】

1.

两个图像幅度相似,但纵坐标物理量不同,所以图像的起点、斜率、转折点、面积等表示不同的物理意义	→	比对题中图像,题图(a)反映物体以不同速率匀速往返,题图(b)表示物体以不同加速度变速往返

→ 理解图像特征对应的物理意义,计算前8s物体的运动位移

由题图(a)可知物体A前4s以0.5m/s的速度向正方向运动,在$t = 4$s时折回,运动速度大小为1m/s,$t = 8$s时位置坐标为-2m,所以物体A在前8s内的位移大小为2m,方向沿负方向。

由题图(b)可知物体B前4s以0.5m/s²的加速度沿正方向匀加速运动,在4s~8s做匀变速运动,加速度大小为1m/s²,在$t = 6$s时折回。物体运动位移可由v-t图像面积计算,时间轴上方面积表示正方向位移,时间轴下方面积表示反方向位移。故物体B在前8s内的位移大小为4m,方向沿正方向。

2.

题中图像与运动学图像比较相似,需要明确图像的起点、斜率、转折点、面积等表示的物理意义	→	比对弹簧弹力做功图像,物体所受水平推力随运动距离均匀减小,但图像面积仍表示推力所做的功

→ 理解图像特征对应的物理意义,对物体进行受力和运动分析,运用动能定理计算物体运动的最大速度

物体所受滑动摩擦力大小 $F_f = \mu mg = 2\text{N}$。

当F大于F_f时,物体做加速运动,当F与F_f大小相等时,物体运动的速度最大,由题图(b)可知此时物体运动的位移 $x_1 = 3\text{m} - \dfrac{2\text{N}}{6\text{N}}\times3\text{m} = 2\text{m}$。

$F-x$ 图像与坐标轴所围的面积表示 F 做的功,则 F 在物体运动位移 x_1 的过程中对物体所做的功

$$W = \frac{1}{2} \times (2+6) \times 2 J = 8 J$$

设物体运动的最大速度为 v_m,根据动能定理有

$$W - F_f x_1 = \frac{1}{2} m v_m^2 \Rightarrow v_m = 2 m/s$$

3. 题中图像与运动学图像比较相似,需要明确图像的坐标物理量以及斜率、转折点、面积等表示的物理意义 → 比对运动学图像,E_k-h 图像的斜率表示物体所受合外力,上升、下落图像的斜率不同,表示所受合外力不同

→ 理解图像特征对应的物理意义,对物体进行受力分析和运动分析,运用动能定理计算物体的质量

由 E_k-h 图像结合数学表达式,设外力为 F,可以得出,上升图像斜率 $k = -(F+mg)$,下落图像 $k = F-mg$,联立两个方程,可得质量 $m = 1 kg$,$F = 2 N$。

4. 题中图像与课本中半衰期图像高度相似,差异在于纵坐标值由原来的 $1、\frac{1}{2}、\frac{1}{4}$ 变为 $1、\frac{2}{3}、\frac{1}{3}$ → 比对课本中半衰期图像,分析由 $\frac{1}{2}$ 减小到 $\frac{1}{4}$ 和由 $\frac{2}{3}$ 减小到 $\frac{1}{3}$ 所需时间的关系

→ 理解图像特征对应的物理意义,由 $\frac{1}{2}$ 减小到 $\frac{1}{4}$ 和由 $\frac{2}{3}$ 减小到 $\frac{1}{3}$ 所需时间都是一个半衰期

衰变为原来的 $\frac{2}{3}$、$\frac{1}{3}$ 所需的时间是图中仅有的准确值,对于解题必定是有用的。经过思考不难发现从 $\frac{m}{m_0} = \frac{2}{3}$ 到 $\frac{m}{m_0} = \frac{1}{3}$ 恰好衰变了一半,根据半衰期的定义可得到 ^{113}Sn 的半衰期

$$T = 182.4 d - 67.3 d = 115.1 d$$

故选 C。

5. 题中两图像很相似,但又有差异。相同之处为"中间大两头小",不同之处为"峰值对应的坐标不同" → 比对数学中的频率直方图等图像,理解气体分子速率分布的规律,同时思考图像面积是否具有物理意义

→ 理解速率分布图像,可知分子平均速率不是所有分子速率的平均值,而是分子数占比最大所对应的速率,与温度有关

相同之处:两图像都反映了气体分子速率分布的规律——中间大、两头小。

不同之处:温度越高,分子数占比最高的速率越大(峰值右移)——分子平均速率越大。

面积代表什么?

如答图所示,利用微元思想,将分子速率区间进行无限等

分,每份 Δv 很小,图像所围面积分别为

$$S_1 = \sum_{0}^{\infty} \Delta v \frac{\Delta N}{N \Delta v} = 1 = S_2$$

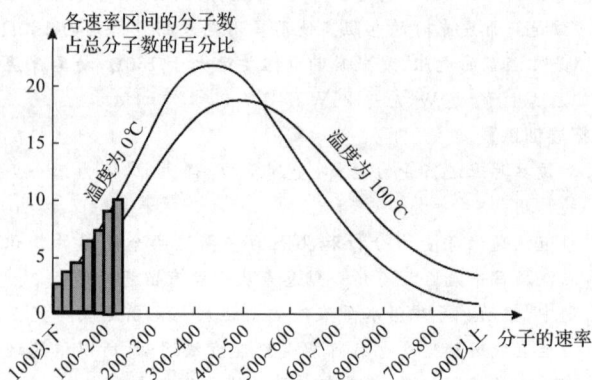

第5题答图

【拓展训练】

1. 对运动员进行受力分析和运动分析,由于受空气阻力影响,滑翔运动不能视为平抛运动。根据竖直方向上的 $v-t$ 图像,运动员第二次滑翔竖直方向速度增加较慢,可以推断其所受空气阻力的竖直分量也较大,结合生活体验可以想象运动员滑翔姿势应该身体更趋水平,可以飞得更远。第二次滑翔的图像面积(数格子)更大,同个斜面上运动,位移的竖直分量更大其合位移也更大,这与前面的推理相吻合。

2. 由闭合电路欧姆定律可得 $U = E - Ir$,可得 $U-I$ 图像的纵轴截距为电源电动势,斜率为电源内阻。

题图(a)甲中电流表外接,则实验测得的电源内阻 $r_测 = r_内 + r_A$ 测量值偏大。

题图(a)乙中电路 $r_测 = \frac{r_V}{r_内 + r_V} r_内$ 测量值偏小,但是由于 $R_V \gg r_内$,故乙实验测出的内阻误差更小,故图线 I 对应的是乙,图线 II 对应的是乙。

3. 题图(b)中阴影面积 S_1 和 S_2 分别表示充电和放电中电容器上的总电荷量,所以两者相等。

由题图(b)可知充电瞬间电流大于放电瞬间电流,且充电瞬间电源两端电压与放电瞬间电容器两极板电压相等,由 $\frac{E}{R_0 + R_1} > \frac{E}{R_0 + R_2}$,可知 $R_1 < R_2$。

4. 当推力 F 最大时,加速度最大,根据牛顿第二定律,可得 $F_m - \mu mg = ma$,可解得

$$a = \frac{F_m - \mu mg}{m} = \frac{60 - 0.5 \times 4 \times 10}{4} m/s^2 = 10 m/s^2$$

速度最大时,合力为0,即 $F = \mu mg$,此时运动时间 $t = 2 s$。

停下时,末速度一定为0,由动量定理可得

$$I_F - \mu mg t_1 = 0$$

由图像可知,力 F 做的冲量

$$I_F = \frac{1}{2} F_m t_m = \frac{1}{2} \times 60 \times 3 N \cdot s = 90 N \cdot s$$

因而 $t_1 = 4.5 s$。

5. 选项 A 是双曲线知,状态1到状态2是等温变化过程,故状态1与状态2温度相同内能相同,又从状态1至状态2气体的体积增加,故气体对外做功,根据热力学第一定律知,气体从外界吸热,故选项 A 符合。

选项 B 中，$p_1 > p_2$，$V_1 > V_2$，根据理想气体状态方程 $\dfrac{p_1 V_1}{T_1} = \dfrac{p_2 V_2}{T_2}$ 知 $T_1 > T_2$，所以从状态 1 至状态 2，气体体积减小所以外界对气体做功，气体的内能减小，根据热力学第一定律知气体对外放热，故选项 B 不符合。

选项 C 中，状态 1 至状态 2，气体温度升高内能增加，气体体积增大气体对外做功，根据热力学第一定律知，气体从外界吸收热量，故选项 C 符合。

选项 D 中，气体的体积保持不变，气体对外界不做功，从状态 1 至状态 2 气体的温度升高内能增加，根据热力学第一定律，气体从外界吸收热量，故选项 D 符合。

第 6 讲　关注图形差异策略

【基础训练】

1.
| 观察条纹宽度和条纹间距的特征 | → | 与厚度均匀变化时的干涉条纹比较，发现不再是条纹等宽、等间距 |

→ 比较差异，发现条纹宽度逐渐变大，条纹间距逐渐变大

（1）条纹宽度逐渐变大　（2）条纹间距逐渐变大

2.
| 从位置 2 到位置 3 的水平位移小于从位置 1 到位置 2 的水平位移 | → | 若空气阻力可以不计，运动轨迹应该关于位置 2 对称 |

→ 水平分速度减小，说明空气阻力不可忽略

空气阻力不可忽略。若空气阻力可以忽略，运动轨迹应该关于位置 2 对称。而此题图中下落阶段的水平位移明显较小，正是空气阻力不可忽略，才导致水平分速度不断减小。

3.
| 此题中两磁极间是辐向磁场 | → | 教学用发电机中两磁极间是匀强磁场 |

→ 线框匀速转动时，在任意位置产生的电动势都相等，故产生的电流大小应不变

普通交流发电机中线圈在匀强磁场中匀速转动，产生正弦式变化的交流电；此题线圈在一辐向均匀磁场中转动，线圈的 a、b 边始终垂直于切割磁感线，因此产生大小不变的感应电动势，感应电流的大小也不变；故选乙。

【拓展训练】

1. 电路中多加了一个保护电阻 R_0，根据 U-I 图像的斜率得到的是电源内电阻与 R_0 电阻之和，必须将 R_0 减去才是电源内阻。

2. 教学用发电机中线圈的 ab 边和 cd 边分别连在两个相互独立的金属滑环上；而此题中只有一个金属滑环，且被分割成左右两个独立的部分。这会导致线圈在转动一圈的过程中，cd 边有一半的时间与左半个滑环连接，另一半时间与右半个滑环连接。在经过中性面时，线圈中电流的方向发生变化，而滑环的连接方式也发生改变，从而导致流过外电阻 R 的电流方向不变，故为直流电。

3. 金属棒的 MO 和 ON 段都在切割磁感线，都会产生感应电动势，且总的感应电动势为两者之和，故 $E = B\omega R^2$。

4. 匀强磁场只分布在金属圆环内，故金属棒切割磁感线的有效长度为 r，故 $E = \dfrac{1}{2} B\omega r^2$。

第 7 讲　研究对象选择策略

【基础训练】

1.（1）
| 该情境属于多物体平衡问题，列平衡方程求解 | → | 求解的是内部作用力，选取其中某一球为研究对象，但下方球未知数太多 |

| 上方球所受三个弹力大小相等且方向对称，已知量充分 | → | 选取上方球为研究对象列平衡方程求解 |

对上方球进行受力分析，如答图甲所示，底部小球对上方球的支持力方向与竖直成 θ 角，将支持力的竖直分量叠加得 $3F_N\cos\theta = mg$，由几何关系得 $\cos\theta = \dfrac{\sqrt{6}}{3}$，求出弹力为 $\dfrac{\sqrt{6}}{6}mg$。

（2）
| 该情境属于多物体平衡问题，列平衡方程求解 | → | 四个小球均静止，选取下方球和上方球隔离分析，或选择四个小球为整体分析 |

| 选取四个小球为整体分析，可以减少方程个数，求解简单 | → | 选取四个小球为整体作为研究对象 |

将四个小球为整体作为研究对象，受力分析图如答图乙所示，因为三个小球所受的支持力方向都竖直向上，得出 $3F_{N1} = 4mg$，快速得到 $F_{N1} = \dfrac{4}{3}mg$。

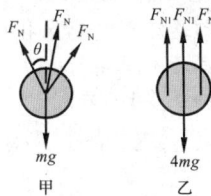

第 1 题答图

2.
| 该情境属于能量转化问题，考虑动能定理或系统机械能守恒 | → | 选取小球甲为研究对象，拉力做功为变力做功，不好直接求解 |

| 小球甲、弹簧、细绳、物体乙这个系统机械能守恒，不用分析内力做功 | → | 选取小球甲、弹簧、细绳、物体乙这个系统为研究对象 |

选取小球甲、弹簧、细绳、物体乙这个系统为研究对象，根据关联速度可以得出当小球甲到达 Q 点时，物体乙的瞬时速度为零。另外，由于小球在 P、Q 两点处时弹簧弹力的大小相等，即形变量大小相等，所以弹簧具有的弹性势能大小相等。从而根据能量守恒定律得

$$4mg\left(\dfrac{d}{\cos\alpha} - d\right) - mgd\tan\alpha = \dfrac{1}{2}mv^2$$

求得小球甲到达 Q 点时的速度大小 $v = \sqrt{\dfrac{8gd}{3}}$。

433

3. 该情境属于电路动态变化问题,利用闭合电路欧姆定律及串、并联知识求解 → 选取 R_3 研究,R_3 的电阻和 R_3 两端的电压都在变化,不确定的量较多,无法判断

→ R_2 的阻值固定,未知量少,该支路电流变化分析简单 → 选取 R_2 支路先进行分析,再确定通过 R_3 的电流变化

选取 R_2 支路先进行分析:R_3 的电阻增大,干路总电流减小,而 R_2 分到的电压增大,通过 R_2 的电流增大。最后再根据两条并联支路的电流之和等于干路总电流,得出通过 R_3 的电流减小。

4. 该情境属于等温变化问题,可利用玻意耳定律求解,要求质量一定 → 原气体和打入气体温度相同,选取原气体和每次打入的气体独自或者整体为研究对象

→ 原气体和每次打入的气体整体为研究对象,过程简化,只需列一个方程 → 选取原气体和每次打入的气体整体为研究对象

将打入的气体和原来车胎里的气体看成一个整体为研究对象,得出 $1.5p_0V + n_{min}p_0V_0 = 2p_0V$,$1.5p_0V + n_{max}p_0V_0 = 2.5p_0V$,得出次数范围为 $\dfrac{V}{2V_0} \leqslant n \leqslant \dfrac{V}{V_0}$。

【拓展训练】

1. 该情境属于电路动态变化问题,选取欧姆定律进行解题。

R_1 是固定电阻,选取 R_1 为研究对象,已知量充分,根据欧姆定律可以直接得出 $\dfrac{\Delta U_1}{\Delta I} = R_1$,保持不变。

该情境属于电路动态变化问题,选取欧姆定律或闭合电路欧姆定律解题。

选取电阻 R_2 和 R_3 整体或 R_1 和电源内阻 r 整体为研究对象,但 R_2 和 R_3 整体总电阻是变化的,运用欧姆定律无法判断。

R_1 和电源内阻 r 都是定值电阻,选取 R_1 和电源内阻 r 整体为研究对象,未知量少,求解简捷。

选取 R_1 和电源内阻 r 整体为研究对象,则根据闭合电路欧姆定律可以得出 $U_2 = E - I(R_1 + r)$,得出 $\dfrac{\Delta U_2}{\Delta I} = R_1 + r$,故保持不变。

2. 该情境属于连接体问题,可以运用牛顿运动定律进行求解。

选取第6节、第7节、第8节单独为研究对象或某几节车厢为一个整体作为研究对象。

选取第6节、第7节、第8节车厢隔离分析,需要列三个方程,求解烦琐。如果研究第5、6节车厢间的作用力时,将第6节到第8节车厢看成一个整体,研究第6、7节车厢间的作用力时将第7节到第8节车厢看成一个整体,受力分析更加简单,求解只需列两个方程。

因此研究第5、6节车厢间的作用力时,将第6节到第8节车厢看成一个整体,进行受力分析如答图甲所示,得

$$F_1 - 3kmg = 3ma \Rightarrow F_1 = 3kmg + 3ma$$

研究第6、7节车厢间的作用力时将第7节到第8节车厢看成一个整体,进行受力分析如答图乙所示,得

$$F_2 - 2kmg = 2ma \Rightarrow F_2 = 2kmg + 2ma$$

所以第5、6节与第6、7节车厢间的作用力之比为3∶2。

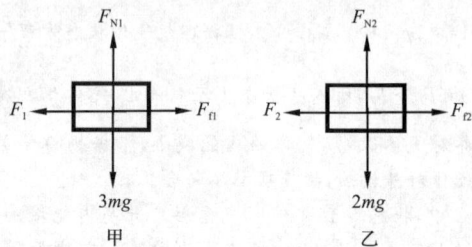

第2题答图

3. 该情境属于弹性碰撞和变化做功问题,根据动能定理、动量守恒定律或者能量守恒定律求解。

选取物体甲和乙单独进行功能分析,弹簧弹力做功是变力做功,已知量不充分,难求解甲的速率。

碰撞全过程中物块甲、物块乙、弹簧组成的系统能量和动量守恒,选取整体为研究对象,不用考虑具体作用过程,不用求弹簧弹力做功多少。

选取物块甲、物块乙、弹簧这个系统为研究对象,当弹簧被压缩后又恢复回到原长的瞬间,物体甲的速度达到最大值。设相互作用后,甲的速度为 $v_甲$,乙的速度为 $v_乙$。

根据系统动量守恒和能量守恒,得

$$m_乙 v_0 = m_甲 v_甲 + m_乙 v_乙$$

$$\dfrac{1}{2}m_乙 v_0^2 = \dfrac{1}{2}m_甲 v_甲^2 + \dfrac{1}{2}m_乙 v_乙^2$$

求得小物块甲的最大速度 $v_甲 = 4\text{m/s}$。

4.(1)该情境属于等长双棒切割问题,选择动量定理或者动量守恒定律求解。

单独选取 ab、cd 为研究对象或 ab、cd 两根棒为系统研究对象。

但单独选取 ab、cd 为研究对象需要对 ab、cd 分别列动量定理方程,需要两个独立方程。由于两根导体棒光滑,且所受的安培力等大反向,所以对于 ab、cd 两根导体棒这个系统动量守恒,因此选取两根导体棒这个系统为研究对象可以只需列一个方程,求解简捷。

由电磁感应规律及安培力知识可知最终两导体棒的速度相等,由系统动量守恒定律知 $mv_0 = 2mv_1$。联立方程解得最终速度为 $\dfrac{1}{2}v_0$。

(2)该情境属于不等长双棒切割问题,两根导体棒所受的安培力大小不相等,系统动量不守恒,选择动量定理进行求解。

单独选取 ab、cd 为研究对象,对每根棒单独进行动量和冲量分析,得出

$$cd: -BLq = mv_1 - mv_0$$

$$ab: 2BLq = mv_2$$

又因为最终稳定后,两棒匀速运动,感应电流为0,所以

$$BLv_1 = 2BLv_2,\text{解得 } v_1 = \dfrac{4}{5}v_0,\ v_2 = \dfrac{2}{5}v_0。$$

第8讲 模型分段建构策略

【基础训练】

1. 初步分析小钢球受到的作用力,进行运动分析 → 结合情境,找到小球受力发生突变的点(抛出瞬间)

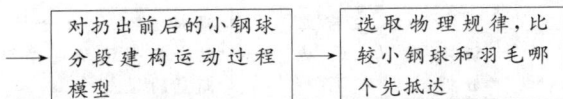

初步分析小钢球在扔出前、后受力不同,运动过程需要分段。结合太空的微重力环境,找到小球在扔出瞬间受力发生突变,对扔出前后的小球分成两段建构运动过程模型。扔出前小球受到手对它的作用力,小球做加速直线运动;扔出后,由于舱外没有空气,小球在飞行过程中可看作做匀速直线运动。

2.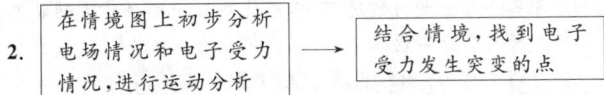

(1)电子从阴极发射到达荧光屏,分别处在加速电场、偏转电场和无场的不同环境中,电子受力发生了突变,需要对运动过程分段建构模型。

(2)根据受力突变的分界点,分成三个运动过程,对应三种不同的过程模型:①加速——匀加速直线运动模型;②偏转——类平抛运动模型;③惯性运动——匀速直线运动模型。

3.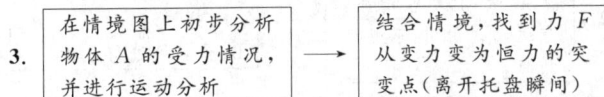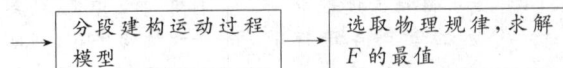

(1)t_0 前秤盘 B 对物体 A 有支持力,且支持力随弹簧伸长量的变化而变化,当经过 t_0 时间,托盘对物体 A 的支持力变为 0。整个运动过程中,托盘对物体 A 的支持力从有到无,发生突变,需要分段建构模型。

(2)t_0 内模型如答图甲所示,t_0 后模型如答图乙所示。

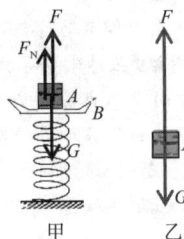

第3题答图

4.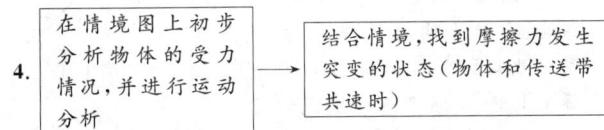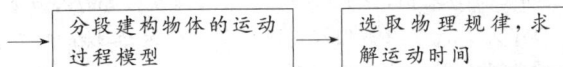

两名同学都正确分析了与传送带共速前的物体受力情况,在判断"过程模型是否发生变化"时,没有抓住摩擦力这个核心物理量会突变,导致建构的运动模型都不正确。

在情境图上初步分析物体的受力情况,如题图所示。物体先做匀加速直线运动,假设物体能与传送带共速,其运动的时间和位移分别为

$$t_1=\frac{v}{a}=\frac{10}{10}s=1s$$

$$x_1=\frac{1}{2}at_1^2=\frac{1}{2}\times10\times1^2m=5m$$

因为 $x_1<L$,所以物体和传送带能共速。

物体和传送带共速时,摩擦力发生突变。假设物体能与传送带一起运动,且此时所受的摩擦力为 F_f。由匀速运动条件可知

$$F_f=mg\sin37°>F_{fmax}=\mu mg\cos37°$$

即假设不成立,物体不能与传送带保持相对静止一起运动,物体将继续做加速运动。

共速后物体受到的摩擦力方向沿传送带向上,其加速度大小 $a'=g\sin37°-\mu g\cos37°=2m/s^2$。

【拓展训练】

1. 企鹅完成一次游戏,从奔跑到卧倒,从卧倒到上滑至最高点,从最高点退滑回出发点,企鹅受力均发生了突变,需要对运动过程分三段建构模型。

第一阶段:企鹅"奔跑"过程——匀加速直线运动模型,运动特征物理量主要有初速度0、末速度 v_1、加速度 a、位移 x_1、时间 t。

第二阶段:企鹅上滑过程——匀减速直线运动模型,运动特征物理量主要有初速度 v_1、末速度0、加速度 a_1、位移 x_2 等。

第三阶段:企鹅退滑过程——匀加速直线运动模型,运动特征物理量主要有初速度0、加速度 a_2、位移 x(大小等于 x_1+x_2)等。

2. (1)小球在细线原长位置 O 的两边运动时,细线拉力发生突变,需要分段建构模型;撞墙后原速反弹,可视为瞬时碰撞过程。

(2)分段的过程模型:①在平衡位置 O 点右边,小球在弹力作用下做简谐运动;②在平衡位置 O 点左边,绳子不会产生作用力,小球以通过平衡位置 O 的速度 v_0 做匀速运动,撞墙后原速反弹,仍以速度 v_0 反向做匀速运动。

3. (1)导体棒 aa' 滑进水平部分的磁场区域前后,棒 aa' 所处的环境发生突变,棒 aa' 所受的安培力从无到有。滑进磁场后,棒 aa' 因受到水平向左的安培力而开始做减速运动,棒 bb' 因受到水平向右的安培力而开始做加速运动,直至两棒共速时,安培力变为0,此后两棒以同样的速度做匀速运动。

(2)需要分段建构模型。安培力从"无"到"有"(棒 aa' 进入磁场时)、安培力从"有"到"无"(两棒共速时)是整个运动过程的转折点。

4. (1)当金属条 ab 进入"扇形"磁场区域时,由它作为电源对外供电。接在 ab 中的小灯泡电阻相当于电源内电阻,其余三只小灯泡相互并联,等效电路模型如答图所示。

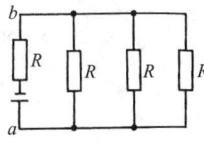

第4题答图

(2)研究轮子转动一圈的过程中内圈与外圈间电势差的变化情况,需要分段建构模型。

从金属条 ab 进入"扇形"磁场区域时开始,在 $\frac{1}{12}T$(T 为

转动周期)内供电,此后需要间隔 $\frac{2}{12}T$ 时间,待下一根金属条进入磁场区域后再能供电。因此在一个周期 T 内有内、外圈电势差的时间段为 $0 - \frac{1}{12}T$,$\frac{1}{4}T - \frac{1}{3}T$,$\frac{1}{2}T - \frac{7}{12}T$,$\frac{3}{4}T - \frac{5}{6}T$。

5. 在情境图上作出线框进入磁场的某一时刻,如答图1甲所示。

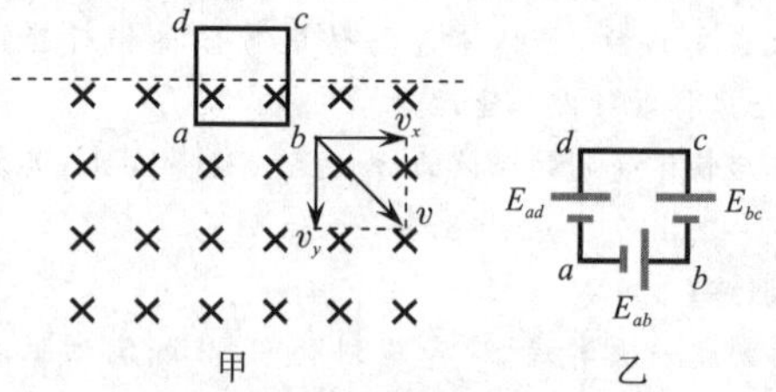

第5题答图1

绘制等效电路图如答图1乙所示。

结合情境图,找到线框从水平向右抛出后的运动全过程,分别处在无磁场、进入磁场过程、在磁场中、离开磁场过程的不同环境中,线框受力发生了突变,需要分段建构运动过程模型;由于线框穿越磁场的过程中,线框中各导线充当电源与电阻角色转换,需要分段建构电路模型。

① 未进入磁场:没有发生电磁感应现象。

② 进入磁场阶段。

ab 边、ad 边与 bc 边进入磁场部分均在切割磁感线,都会产生动生电动势。其中 ab 边有效切割速度为 v_y,ad 与 bc 边进入磁场部分有效切割速度为 v_x。

作出等效电路图如答图1乙所示。

③ 全部位于磁场中。

虽然回路中没有感应电流,但 cb 边在切割磁感线产生动生电动势会影响 cb 两端的电势差。

作出等效电路图如答图2所示。

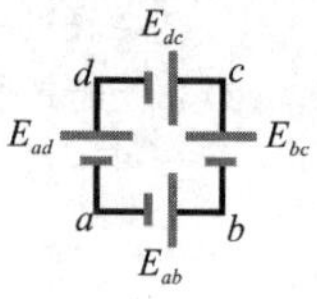

第5题答图2

④ 离开磁场阶段。

在情境图上作出线框出磁场的某一时刻,如答图3甲所示。此时,ad 边、ab 边与 cd 边仍在磁场的部分均在切割磁感线,都会产生动生电动势。其中 ad 边有效切割速度为 v_x,ab 与 cd 边在磁场中的部分有效切割速度为 v_y。作出等效电路图如答图3乙所示。

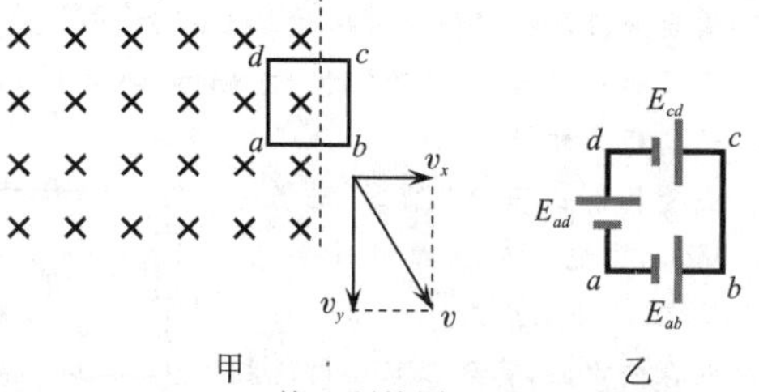

甲　　　　乙
第5题答图3

第9讲　多过程模型建构策略

【基础训练】

1.

对水中鱼、空中鱼进行受力、运动分析 → 根据鱼的受力分析,结合牛顿运动定律判断鱼的状态

本题关键是要明确鱼在跃起过程中的受力情况,这就需要思考真实情境中的鱼在水中、空中运动的过程中能否视为质点。根据题中情境,鱼身在水中过程,鱼头和鱼尾的受力情况不同,鱼身形状大小不可忽略,所以鱼不可视为质点。而在空中运动过程(忽略空气阻力),只受重力,整条鱼可以视为质点。

第一阶段:由于鱼在水中起跃鱼身尚未完全离开水面时,鱼各个部分受力情况不同,不能用某一部分的运动状态代表所有部分运动状态,所以鱼不能看成质点。此过程中鱼受到重力、浮力(浮力因鱼在水中位置不同而发生变化),出水面瞬间鱼尾拍打水面将受到其反作用力。刚开始加速起跃,合力方向竖直向上,鱼处于超重状态;紧接着合力方向不明确,因此后阶段水中鱼是超重状态还是失重状态难以确定。

第二阶段:鱼身全部离开水面在空中。由于忽略空气阻力,只受重力,可以忽略鱼的大小和形状,鱼可以视为质点。它在空中无论是在上升过程还是下落过程中都只受重力(空气阻力不计),所以鱼处于失重状态。

2.
根据情境,升降机与矿石运动状态相同,在运动过程中可视为质点 → 矿石从井底提升到井口,速度大小从0到0,需分段进行分析

对升降机各过程中受力、运动等进行分析,寻找运动最短时间的条件 → 利用 $v-t$ 图像,结合牛顿运动定律,判断升降机运动的最短时间

本题关键是矿石从底部到井口经历哪几个具体过程才能实现最短时间。由于速度大小从0到0,必定经历加速和减速过程。经历这两个过程是否能实现最短时间呢?需要我们通过假设进行论证。由于运动过程比较复杂,为了更加形象直观地表示各运动过程速度和时间的变化情况,选择绘制 $v-t$ 图像,在对比中寻找最短时间的条件。

升降机在竖直方向上各部分运动情况相同,可视为质点,从底部上升到井口的位移即井的高度。

如答图1所示,速度、加速度同时达到最大值,经历匀加速和匀减速直线运动。如答图2所示,在满足相同条件下经历匀加速、匀速和匀减速直线运动。对比答图1、2,我们发现答图1中的运动时间小于答图2中的运动时间,但是根据题意最大速度为8m/s,加速度大小为1m/s²,数据代入答图1所示的运动过程中,获得的距离为64m,与题意不符。

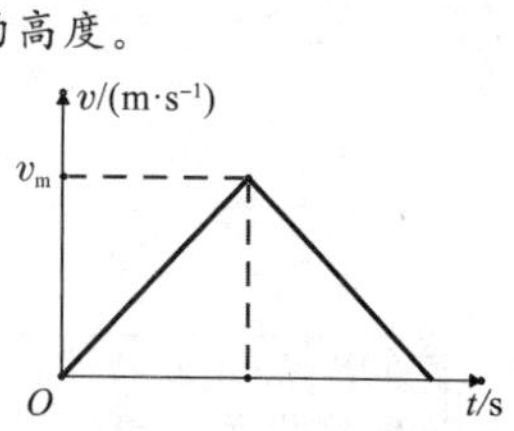

第2题答图1

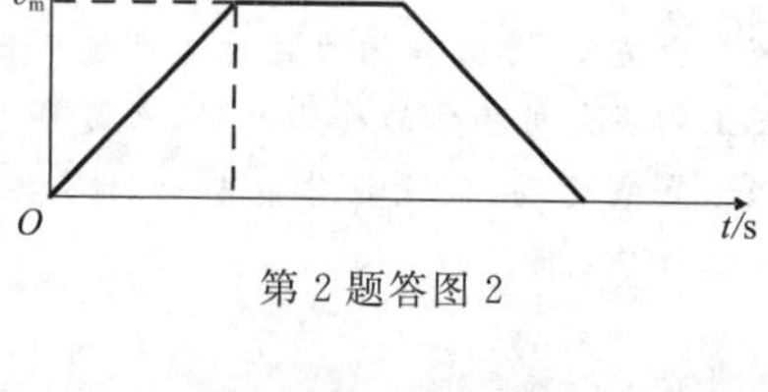

第2题答图2

如果满足速度达到最大值，而加速度小于最大值，且运动距离相等，此时的图像如答图 3 所示；如果满足加速度达到最大值，而速度小于最大值，此时的图像如答图 4 所示。

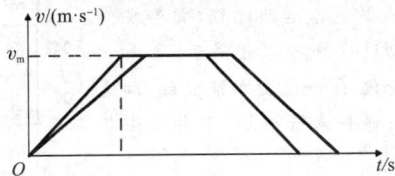

第 2 题答图 3

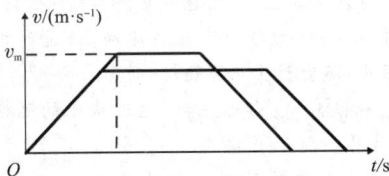

第 2 题答图 4

对比答图 1、2、3、4 中的图像可知，当速度、加速度需同时达到最大值时，矿石经历匀加速、匀速、匀减速直线运动，所需时间最短，如答图 2 所示。

第一阶段：匀加速运动阶段，时间 $t_1 = \dfrac{v-0}{a} = 8s$，通过的位移 $x_1 = \dfrac{v^2-0}{2a} = 32m$。

第二阶段：匀速直线运动阶段，$t_2 = \dfrac{x_{总}-2x_1}{v} = 5s$。

第三阶段：匀减速直线运动阶段（对称）$t_3 = 8s$。

综上，所需最短时间 $t_{总} = t_1 + t_2 + t_3 = 21s$。

3.

根据情境，滑雪者在过程中可视为质点	→	由于动摩擦因素随速度大小会发生变化，需分段进行研究
→ 以 4m/s 为转折点，对滑雪者的受力、运动等进行分析	→	采用假设论证法，结合牛顿运动定律和运动学规律求解

本题关键是滑雪者从 A 处由静止开始是以某一个动摩擦因数一直滑到 B 处，还是运动一段距离后动摩擦因数发生变化滑至 B 处？这就需要我们根据题中所给的转折点的条件进行假设论证。

假设滑雪者从静止自由下滑至坡底 B 处的过程中，速度大小始终小于 4m/s，则动摩擦因数为 0.25，到达 B 处速度恰好为 4m/s。根据受力分析和牛顿运动定律，求得

$$a_1 = g\sin37° - \mu_2 g\cos37° = 4m/s^2$$

$$l_{AB} = \dfrac{v_B^2}{2a} = 2m$$

A、B 间的距离小于题中 26m，说明滑雪者运动一段时间后动摩擦因数发生变化，即滑雪者在斜坡 AB 下滑过程中经历了两段匀变速直线运动。

第一阶段：滑雪者以动摩擦因数 $\mu_1 = 0.25$，

$$a_1 = g\sin37° - \mu_1 g\cos37° = 4m/s^2$$

滑雪者速度达到 4m/s 时，滑雪者运动的位移大小

$$l_1 = \dfrac{v^2}{2a} = 2m$$

第二阶段：当滑雪者速度大于 4m/s 后，动摩擦因数变为 $\mu_2 = 0.125$，此时加速度变

$$a_2 = g\sin37° - \mu_2 g\cos37° = 5m/s^2$$

滑雪者运动的位移

$$l_2 = \dfrac{v_B^2 - v^2}{2a_2}，l_2 = 26m - l_1，$$

联立方程解得经过 B 处时速度大小为 16m/s。

4.

判断研究对象导棒和磁场能否视为质点	→	由于磁感应强度 B 随时间 t 会发生变化，需分段进行研究
→ 寻找研究对象进行关联，进行受力、运动、能量分析	→	采用假设论证法，利用法拉第电磁感应、闭合电路欧姆定律、能量转化求解

本题关键是分析两个研究对象，且判断两者间存在怎样的关联。通过对两个研究对象的受力、运动的分析，明确在哪个过程中产生焦耳热。

假设 0—2s 磁感应强度不变，导棒进入磁场"切割"。

根据题意可知，导棒以初速度 $v_0 = 1m/s$ 在金属轨道上做加速度 $a = \mu g = 1m/s^2$ 匀减速直线运动，运动时间 $t = \dfrac{\Delta v}{a} = 1s$，运动位移大小

$$x = \dfrac{v^2 - v_0^2}{2a} = 0.5m$$

时停下，此过程中导棒位移小于到磁场边界的距离，不存在导棒切割磁感线的现象。

第一阶段：0—2s，研究对象导棒运动 1s 后至静止不动，没有感应电流；同时另一个研究对象磁场，其磁通量保持不变，也没有产生感应电流，所以回路中不会产生焦耳热。

第二阶段：2—4s，导棒静止不动。仅磁场中的磁通量发生变化，此过程导棒和磁场形成的闭合回路中有感应电流，产生焦耳热。

由法拉第电磁感应定律 $\varepsilon = n\dfrac{\Delta\Phi}{\Delta t} = 0.1V$，回路中的导轨与导体棒总长 $2(l - x + d) = 5m$，则总电阻 $R = 5\lambda = 0.5\Omega$，解得 $I = 0.2A$，因此回路中产生的焦耳热 $Q = I^2Rt = 0.04J$。

【拓展训练】

1. 根据题意物体可视为质点。由于合力 F 随时间 t 发生变化，所以我们必须分段进行研究。

本题关键是合力 F 对运动速度 v 大小和方向、位移大小和方向的影响。根据题意，需要明确速度、位移变化情况。为了更加形象直观地描述运动过程中的各物理量，我们作 v-t 图像。由于 F-t 图像直接转化为 v-t 图像比较困难，由牛顿第二定律 $F = ma$ 可知，加速度 a 是力和运动的桥梁，所以我们先根据合力 F-t 图像作 a-t 图像，进而再作出对应的 v-t 图像，如答图所示。

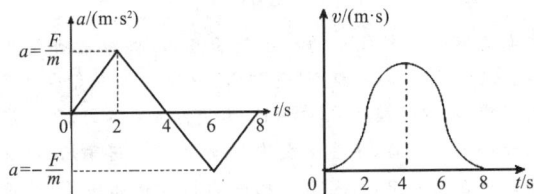

第 1 题答图

由 v-t 图像可知，物体在第 4s 末速度最大，在第 8s 末物体离出发点最远。

2. 根据情境,重物在运动过程中可视为质点。重物从地面提升到平台,速度大小由 0 到 0,重物必然经过多个运动过程,需要进行分段研究。

本题关键是重物从地面到平台经历哪几个具体过程才能实现最短时间,甲同学认为以恒定牵引力出发,乙同学认为以恒定功率出发,到底是哪种方式能够实现最短时间?这就需要我们对甲、乙两名同学的观点进行假设论证。

由于整个运动过程比较复杂,为了更加形象直观地表示各运动过程速度与时间的变化情况,选择绘制 v-t 图像进行对比。

假设刚开始以甲同学观点"恒定拉力"启动,匀加速直线加速到最大功率后,再经历匀速,匀减速运动。获得的 v-t 图像如答图 1 甲所示。

最大加速度 $a=\dfrac{F_{\mathrm{m}}-mg}{m}=5\mathrm{m/s}$;

最大功率时的速度 $v=\dfrac{P_{\mathrm{m}}}{F_{\mathrm{m}}}=4\mathrm{m/s}$;

运动时间 $t=\dfrac{v}{a}=0.8\mathrm{s}$(匀减速直线运动时间相同)。

假设刚开始以乙同学的恒定功率启动,变加速运动,速度达到最大,$v=\dfrac{P_{\mathrm{m}}}{mg}=6\mathrm{m/s}$,再经历匀速,匀减速运动,获得的 v-t 图像如答图 1 乙所示。

比较答图 1 中甲、乙两图,当运动距离相等时,乙运动的时间要短一些。那么乙同学观点就是提升物体所需最短的时间吗?是否存在运动时间更短的方案呢?

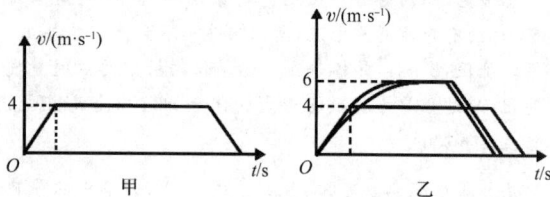

第 2 题答图 1

受到甲、乙两名同学观点的启发,以及对甲、乙两图进行对比,我们尝试假设先以最大恒定拉力加速到最大功率,接着以最大功率继续加速到 6m/s,再经历匀速,匀减速运动。其 v-t 图像如答图 2 所示。在运动相同位移,通过图像对比可知,答图 2 中运动时间最短。所以甲、乙两名同学的观点都不正确。

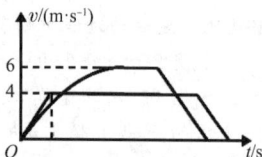

第 2 题答图 2

3. 本题关键是判断线框的大小能否忽略,线框能否视为质点?从答图可知,线框刚"进""出"磁场过程中有些边框在磁场中,有些边框不在磁场中,其受力情况不同,所以线框的大小不可忽略,不能看成质点;而线框未进磁场,以及整个线框在磁场中,所有边框的受力情况是相同的,线框可视为质点。

由于线框穿出磁场过程中,其"进""中""出"在磁场中的位置各不相同,所以我们需要分段进行研究。

根据题意需要求得线框穿出整个磁场过程中产生的焦耳热。那么线框究竟在哪些过程中会产生焦耳热?为了更清晰准确描述各运动过程,需要我们作出运动过程图,如答图所示。

第 3 题答图

第一个阶段:①→②匀加速直线,加速度 $a=g$;线框未进磁场,不会产生焦耳热。

第二个阶段:②→③变速运动,通过线框的磁通量发生变化,产生焦耳热。

第三个过程:③→④匀加速直线运动,通过线框的磁通量未发生变化,不会产生焦耳热。

第四个过程:④→⑤匀速运动,通过线框的磁通量发生变化,产生焦耳热。

设 ab 边刚进入磁场时线框的速度大小为 v_2,由动能定理可得

$$\frac{1}{2}mv_2^2-0=mgh \Rightarrow v_2=\sqrt{2gh}$$

ab 边刚穿出磁场时速度大小为 v_4,因为 ab 边穿出磁场时,线框恰好做匀速运动,则有

$$mg=BIL=\frac{B^2L^2v_4}{R}$$

cd 边刚进入磁场时速度大小为 v_3,由于从③→④匀加速运动可知

$$v_4^2-v_3^2=2gL$$

②→③过程中产生的焦耳热,由动能定理可知

$$\frac{1}{2}mv_3^2-\frac{1}{2}mv_2^2=mgL-Q_1$$

联立上述式子,解得

$$Q_1=2mgL+mgh-\frac{m^3g^2R^2}{2B^4L^4}$$

④→⑤过程中产生的焦耳热,由动能定理可知 $mgL-Q_2=0$,解得 $Q_2=mgL$。

线框穿出整个磁场过程中产生的焦耳热

$$Q=3mgL+mgh-\frac{m^3g^2R^2}{2B^4L^4}$$

第 10 讲　多过程寻找适合规律策略

【基础训练】

1.

将过程分解为小球从竖直位置缓慢升高到夹角为 θ 和从 θ 角位置返回到最低点两个过程	→	根据已知条件,第一个过程初定用功的定义式 $W=Fx$ 求解拉力做功;第二个过程选择机械能守恒定律

→

通过平衡条件发现 F 为变力,无法用功的定义式求解,换成动能定理;返回过程拉力不做功,确认选择机械能守恒定律	→	根据所选动能定理和机械能守恒定律分别列式求解

小球从竖直位置拉到夹角为 θ 后返回到最低点是一个多过程问题,可分为上升与下降两个过程分析。

(1)在小球缓慢升高的过程中,受力分析如答图甲所示,小球受力平衡,拉力 F 为变力,可用动能定理求拉力做

功。又因小球缓慢升高，可认为小球速度近似为 0。设拉力 F 所做的功为 W，小球升高过程由动能定理有 $W-mgh=0$，其中 $h=l(1-\cos\theta)$，得 $W=mgl(1-\cos\theta)$。

(2) 小球返回最低点过程中，由受力分析可知(如答图乙所示)，小球受绳子拉力和重力作用，绳子拉力 F_T 始终和速度 v 垂直，确认小球机械能守恒。由机械能守恒律有 $mgl(1-\cos\theta)=\frac{1}{2}mv^2$，得 $v=\sqrt{2gl(1-\cos\theta)}$。

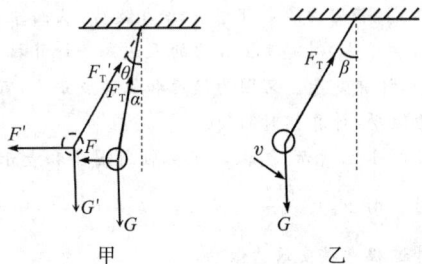

第 1 题答图

2.

| 将过程分解为 A、B 球一起运动和 B 球落地后 A 球继续上升两个过程 | → | A、B 球一起运动时两球机械能守恒；A 球继续上升时其机械能守恒。可分别选用机械能守恒定律 |

| → | 进一步分析发现绳子拉力做功代数和为 0，确认选用机械能守恒定律 | → | 根据 $-\Delta E_p=\Delta E_k$，列方程式求解，注意两个过程研究对象的变化 |

本题为多过程问题，不同过程的研究对象发生了变化。将多过程分解为 A、B 球一起运动和 B 球落地后 A 球继续上升两个过程。

从释放 B 球到 B 球刚落地的过程中，以 A、B 两球组成的系统为研究对象。如答图所示，两球所受绳子的拉力 F_T 和 F_T' 大小相等，位移大小相同，即运动过程中做功代数和为 0，系统机械能守恒。由机械能守恒律有

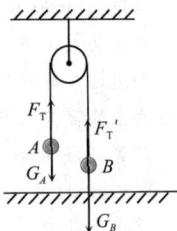

第 2 题答图

$$-(m_Agh-m_Bgh)=\frac{1}{2}(m_A+m_B)v^2$$

得 $v=\sqrt{gh}$。

B 球落地后 A 球继续上升，以 A 球为研究对象，A 球机械能守恒。由机械能守恒定律有

$$-m_Ag(H-h)=-\frac{1}{2}m_Av^2$$

得 $H=\frac{3}{2}h$。

3.

| 将过程分解为电动机以恒定拉力工作和以恒定功率工作两个过程 | → | 分析发现有拉力 F、时间 t_1 和 t_2，初步考虑用动量定理对全程进行列式求解 |

| → | 核验发现第二个过程功率恒定，拉力为变力，不能用动量定理，改用动能定理 | → | 根据动量定理和动能定理分别列式求解 |

将物块的运动分解为电动机恒定拉力和电动机恒定功率两个过程。

对于第一个过程，设 t_1 时刻物块的速度为 v_1，由动量定理 $Ft_1=mv_1$，得 $v_1=\frac{Ft_1}{m}$。

对于第二个过程，因拉力的功率恒定，所以在 t_2 时间这一过程中，$Pt_2=\frac{1}{2}mv_2^2-\frac{1}{2}mv_1^2$，其中 $P=Fv_1$，代入数据得 $v_2=\frac{F}{m}\sqrt{t_1^2+2t_1t_2}$。

4.

| 将过程分解为导体棒 AB、CD 相碰和导体棒 CD 进入磁场后继续运动两过程 | → | 碰撞过程水平方向只有相互作用力，选定动量守恒定律；第二个过程已知磁场长度 d，初选动能定理 |

| → | 核验发现安培力为变力，不能列动能定理公式求解，但 $vt=d$ 已知，可以选择动量定理求解 | → | 根据动量守恒定律和动量定理公式分步求解 |

本题为多过程问题，将过程分解为导体棒 AB、CD 相碰和导体棒 CD 进入磁场后的运动，不同的过程可能需要选择不同的规律。

刚开始，导体棒 AB 匀速运动，导体棒 CD 静止。如答图 1 所示为两棒相碰时的受力分析图。由受力分析可知，两棒竖直方向上受力平衡，水平方向上所受的力 F 和 F' 为系统内力，两棒动量守恒。设碰后导体棒 AB 的速度为 v_1，导体棒 CD 的速度为 v_2。

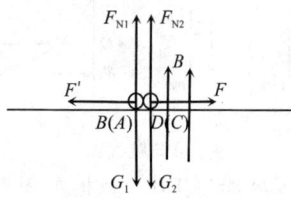

第 4 题答图 1

由动量守恒定律有 $mv_0=mv_1+mv_2$；

由碰撞前后两棒动能相等有 $\frac{1}{2}mv_0^2=\frac{1}{2}mv_1^2+\frac{1}{2}mv_2^2$；

得 $v_1=0$，$v_2=v_1$。

如答图 2 甲、乙所示分别为 CD 棒进入磁场后的电路图和受力分析图。由电路图可知，AB 棒和电阻 R 并联，电路总电阻 $R_总=\frac{3}{2}R$。

由受力分析图可知，CD 棒受到水平向左的安培力

$$F_安=BIL。$$

由 $I=\frac{E}{R_总}$，$E=BLv$ 得 $F_安=\frac{B^2L^2v}{R_总}$。

因 CD 棒做减速运动，用动能定理无法求解安培力做功。改用动量定理，有

$$-\frac{B^2L^2v}{R_总}\Delta t=mv-mv_0$$

其中 $d=v\Delta t$，得 $v=v_0-\frac{2B^2L^2d}{3mR}$。

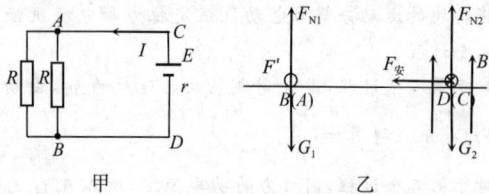

第4题答图2

【拓展训练】

1. 将过程分成木板 A 和滑块 B 一起匀速运动和木板 A 和滑块 C 相碰两个过程。

如答图所示为碰撞过程中三个物体水平方向上的受力情况。因为碰撞过程时间极短，碰撞的内力 F 和 F' 远大于摩擦力 f，相当于滑块 B 对碰撞没有影响，即碰撞过程木板 A 和滑块 C 动量守恒。

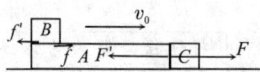

第1题答图

设 A、C 发生碰撞并粘在一起的速度为 v，由动量守恒定律有 $2mv_0=3mv$，得 $v=\dfrac{2}{3}v_0$。

2. 将运动过程分解为篮球竖直向上运动和竖直向下返回出发点两个过程。

如答图甲所示，分别对向上运动和向下运动进行受力分析与运动分析。

空气阻力与速度成正比，上升过程是加速度逐渐减小的减速运动，下落过程是加速度逐渐减小的加速运动（其 $v-t$ 图像如答图乙所示），无法求上升和下降的时间，难用冲量定义式求解。

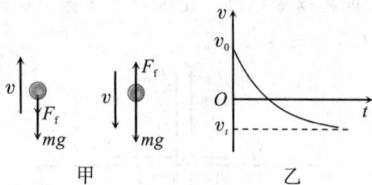

第2题答图

但是，由题意可知上升、下降距离相同，图像中上下两部分图像和坐标轴所围面积相同。空气阻力冲量 $I=F_f t=kvt$，因为图像面积相同，则向上和向下过程中阻力的冲量大小相等，由图像可知整个过程中阻力的冲量为 0，所以可以用动量定理求解重力的冲量。具体求解如下：

由动量定理 $I_{合}=mv_t-m(-v_0)$，因为向上和向下过程中阻力的冲量为 0，所以篮球在空中运动的过程中重力冲量 $I_G=m(v_t+v_0)$。

3. 小滑块的运动可分解为在 AC 段的直线运动和在 CD 段的曲线运动两个过程。

如答图所示为小滑块在 AC 段运动的受力分析图。随着滑块速度的增加，洛伦兹力增加，支持力 F_N 减小，摩擦力 F_f 减小，加速度 a 增加，即小滑块做加速度增加的加速运动。到达 C 点离开 MN 时，由 $qv_C B=qE$，得 $v_C=\dfrac{E}{B}$。

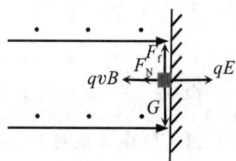

第3题答图

小滑块在 CD 段做曲线运动时，重力做正功，电场力做负功，洛伦兹力不做功，由动能定理有

$$mgh_1-qEx=\dfrac{1}{2}mv_D^2-\dfrac{1}{2}mv_C^2$$

得 $v_D=\sqrt{\dfrac{2mgh_1-2qEx}{m}+v_C^2}$。

4. 将过程分解为棒 ab 沿斜面向上运动和向下运动两个过程，当它通过 $0.2m \leqslant x \leqslant 0.8m$ 的磁场区域时电阻 R 会产生焦耳热。下面分别对两个过程进行分析。

如答图1甲所示为棒 ab 沿斜面向上通过磁场区域时沿斜面方向的受力分析；由题意可知，速度和位移的关系式为 $v=kx$。若用动能定理求安培力做功，从而求出电阻 R 产生的焦耳热，则需写出拉力的表达式并计算拉力做功，拉力未知，计算复杂。又因为速度和位移成正比，可以直接算安培力做功，计算相对简便。

如答图1乙所示，图像与坐标轴所围面积表示安培力所做的功。由 $F_{安}=\dfrac{B^2l^2v}{R}$，代入数据得 $F_{安}=0.6x$。由图像得上升过程克服安培力做功

$$W_{安1}=\dfrac{(0.6x_1+0.6x_2)(x_2-x_1)}{2}=0.18J$$

即上滑过程产生的热量 $Q_1=0.18J$。

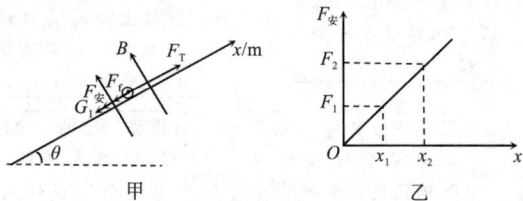

第4题答图1

如答图2所示为棒沿斜面向下通过磁场区域时的受力分析图。初选用动能定理求出安培力做功，从而求出电阻 R 产生的焦耳热。但不论棒 ab 加速还是减速进入磁场，都无法求棒离开磁场的速度。唯一的可能是棒匀速运动。通过计算可得棒 ab 匀速通过磁场区域，安培力为定值，可由 $W=Fx$ 计算安培力做功。具体计算如下。

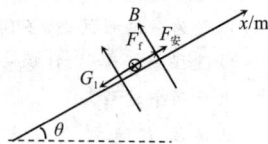

第4题答图2

设撤去外力 F 后，棒 ab 离开磁场的速度为 v_2，上升的最大距离为 s，再次进入磁场的速度为 v_3。上升过程由动能定理有

$$-(mg\sin\theta+\mu mg\cos\theta)s=-\dfrac{1}{2}mv_2^2$$

下降过程由动能定理有

$$(mg\sin\theta-\mu mg\cos\theta)s=\dfrac{1}{2}mv_3^2$$

将 $v_2=kx_2=4m/s$ 代入，得 $v_3=2m/s$。

下降过程棒 ab 受到的合力

$$F_{合}=mg\sin\theta-\mu mg\cos\theta-\dfrac{B^2l^2v_3}{R}$$

把 $v_3=2m/s$ 代入，得 $F_{合}=0$。

故棒 ab 再次进入磁场后做匀速直线运动。

下降过程克服安培力做功

$$W_{安2}=\dfrac{B^2l^2v_3}{R}(x_2-x_1)=0.144J$$

即下滑过程产生的热量 $Q_2=0.144J$。

第11讲　数学方法选择策略

【基础训练】

1.
| 明确所求末速度与初始斜面高度、到桌子边缘的距离有关 | → | 斜面高度由倾角决定;在桌面上的位移由斜面在桌面上的投影长度决定 |

| → | 与两个变量有关,结合动能定理,考虑写出数学函数关系式 | → | 运用三角函数及角度取值范围,求解极值 |

斜面倾角增大,物块到达底端速度增大,但在桌面上的水平位移变长,摩擦力做功也增大。到达水平桌面右端的速度由两个变量影响:其一,木板的倾角 θ;其二,摩擦力做功的路程。

设木板倾角为 θ 时,取得最大速度 v_m,由动能定理得

$$mgL_1\sin\theta - \mu_1 mgL_1\cos\theta - \mu_2 mg(L_2 - L_1\cos\theta) = \frac{1}{2}mv^2$$

$$v = \sqrt{20\sin\theta + 15\cos\theta - 24}\ \text{m/s}$$

令 $y = 20\sin\theta + 15\cos\theta$,设 $\sin\alpha = \frac{20}{\sqrt{20^2 + 15^2}} = 0.8$;

得 $y = 25\sin(\theta + \alpha)$。

显然,当 y 取到最大值时,v 也取到最大值,即

$$v_m = 1\ \text{m/s}$$

此时 $\theta = 37°$,且在取值范围内。

2.
| 明确管芯 MN 射向半球面的光不发生全反射的条件 | → | 分析入射角及光源半径间的函数关系 |

| → | 判断不发生全反射涉及的变量,选用正弦定理进行列式 | → | 结合全反射规律,利用正弦定理得出半径的取值范围 |

MN 线光源中各处,越靠近球心 O,射出的光入射角越小,越难发生全反射。显然要求 MN 发出的光不发生全反射,决定因素有两个:其一是光点离球心最近;其二是入射到半球面上的光线的入射角最大。

如答图所示,设从 M 点射出的光线 MQ,其入射角为 θ_1。

在 $\triangle MQO$ 中,根据正弦定理得

$$\frac{\sin\theta_1}{MO} = \frac{\sin\alpha}{R}。$$

第2题答图

由于 MO 和 R 均为确定值,当 $\sin\alpha$ 达到最大值时,$\sin\theta_1$ 也取得最大值,此时角度 θ_1 取得最大值。显然,当光线 MP 垂直射向半球面时,$\sin\alpha = 1$。

假设此时恰好发生全反射,则有 $\sin\theta_1 = \frac{1}{n} = \frac{\sqrt{3}}{3}$;

代入得 $MO = \frac{\sqrt{3}}{3}R$;

要使所有光线都不发生全反射,光芯半径应满足 $MO < \frac{\sqrt{3}}{3}R$。

3.
| 明确运动员水平位移与水平速度和时间这两个变量有关 | → | 分析运动员水平位移与水平速度和时间的函数关系 |

| → | 判断要得到水平位移时涉及的两个变量,需要用二次函数配方法求解 | → | 结合平抛规律及功能关系,利用二次函数配方法求解最大水平位移 |

运动员水平滑出后做平抛运动,水平距离涉及水平速度和时间两个变量。

由 $x = v_0 t + L, h = \frac{1}{2}gt^2$;

解得 $t = \sqrt{\frac{2h}{g}}$。

又由 AB 段动能定理得

$$\frac{1}{2}mv_0^2 = mg(H - h) - \mu mgL$$

解得 $v_0 = \sqrt{2g(H - h) - 2\mu gL}$。

代入 x 中解得 $x = 2\sqrt{(H - \mu L)h - h^2} + L$。

当且仅当 $h = \frac{H - \mu L}{2}$ 时,取得极值

$$s_{max} = H + (1 - \mu)L$$

【拓展训练】

1. 由两名同学推理小球的动能可知,打到圆弧轨道上的动能会涉及水平方向动能和竖直方向重力做功两个变量因素,显然两名同学的说法均不够全面。如答图所示,假设小球抛到圆弧轨道的落点为 M,此时小球的动能最小。

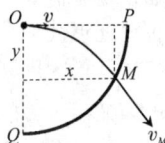

第1题答图

取 M 点所在平面为零势能面,由机械能守恒定律得

$$mgy + \frac{1}{2}mv_0^2 = \frac{1}{2}mv_M^2$$

又有 $x = v_0 t, y = \frac{1}{2}gt^2, x^2 + y^2 = R^2$;

联立上述方程可得

$$\frac{1}{2}mv_M^2 = mgy + \frac{1}{2}m\frac{R^2 - y^2}{t^2} = mgy + \frac{1}{2}m\frac{R^2 - y^2}{\frac{2y}{g}}$$

即 $\frac{1}{2}mv_M^2 = \frac{1}{4}mg\left(\frac{R^2}{y} + 3y\right)$。

根据均值不等式可知:当 $\frac{R^2}{y} = 3y$,即 $y = \frac{\sqrt{3}R}{3}$ 时,到达 M 点的动能取得最小值为

$$\frac{1}{2}mv_M^2 = \frac{\sqrt{3}}{2}mgR$$

2. 从 C 点飞出到落地过程,小球的运动为平抛运动,根据平抛运动竖直方向做自由落体运动的规律解得

$$t_0 = \sqrt{\frac{2h}{g}} = 0.8\ \text{s}$$

根据题意,每次碰撞机械能均损失 75%,又由动能表达式 $E = \frac{1}{2}mv^2$ 可知,碰撞后的速度大小为碰撞前速度大小的一半。结合题给信息,如答图所示,碰撞前后速度方向与地面的夹角相等,将碰撞后速度正交分解,可以得出结论:碰撞后竖直方向的分速度也为碰撞前竖直方向分速度的一半。

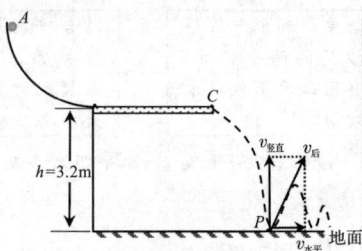

第 2 题答图

$$S_n = \frac{a_1(1-q^n)}{1-q}$$

设碰后小球竖直分速度为 $v_{竖直}$，反弹到最高点的时间为 t_1，有 $t_1 = \dfrac{v_{竖直}}{g}$，故第一次碰撞后上升到最高点的时间也等于从 C 点到落地的时间 t_0 的一半。

根据抛体运动的规律，从第一次碰撞后到第二次碰撞前的时间为 $2t_1 = t_0 = 0.8s$。

从第二次碰撞后到第三次碰撞前的时间为 $2t_2 = 0.4s$。

依此类推从第 n 次碰撞后到发生第 $n+1$ 次碰撞前的时间为 $2t_n = (0.5)^{n-1} \times 2t_1$。

由等比数列求和公式求得

$$t_总 = \frac{2t_1(1-0.5^n)}{1-0.5} + t_0 = 2.4s$$

3. 如答图所示，离子引出轨迹为圆弧 PQ，设离子在引出通道中做圆周运动的半径为 R。

$$B'vq = \frac{mv^2}{R} \Rightarrow B' = \frac{mv}{qR}$$

在原磁场中，由 $Bvq = \dfrac{mv^2}{r}$ 知 $q = \dfrac{mv}{Br}$。

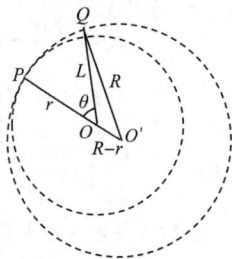

第 3 题答图

在 $\triangle O'QO$ 中，

$$O'Q = R, OQ = L, O'O = R - r$$

根据余弦定理得

$$R = \frac{r^2 + L^2 - 2rL\cos\theta}{2r - 2L\cos\theta}$$

代入得 $B' = \dfrac{mv}{qR} = \dfrac{mv(2r - 2L\cos\theta)}{q(r^2 + L^2 - 2rL\cos\theta)}$。

4. (1) 设试管截面积为 S，在对试管缓慢加热的过程中，管内气体等压膨胀。由 $\dfrac{pV}{T} = C$ 可知，

$$\frac{S(l_0 - l_1 - l_2)}{T_1} = \frac{S(l_0 - l_1)}{T_2}$$

代入数据解得 $T_2 = 350K$。

(2) 设加热过程中剩余水银长度为 x，封闭气柱的长度为 $(80-x)$cm，封闭气柱的压强为 $(76+x)$cmHg，则由理想气体状态方程可得

$$\frac{(76+x)\text{cmHg} \cdot (80\text{cm}-x)S}{T} = C$$

则当 $x = 2$cm 时，T 有最大值，即

$$\frac{(76+2)\text{cmHg} \cdot (80\text{cm}-2)S}{T_3}$$

$$= \frac{(76+10)\text{cmHg} \cdot (l_0 - l_1)S}{T_2}$$

代入数据解得 $T_3 = 353.7K$。当 $x = 2$cm 后，由理想气体

状态方程可得出，水银将自动流出，无须继续加热，故温度至少为 $T_3 = 353.7K$ 才能使里面的水银完全溢出。

第 12 讲　与速度相关的力作用下的直线运动求解策略

【基础训练】

1.

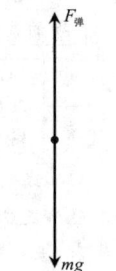

对重物进行受力分析如答图所示，物体的速度逐渐增大；

与速度相关的牵引力 $F_牵 = \dfrac{P}{v}$ 逐渐减小；

合外力 $F_合 = F_牵 - mg$ 逐渐减小；

则加速度 a 减小；

因此物体做加速度减小的加速运动。

第 1 题答图

2.

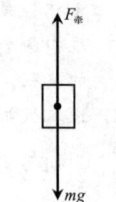

对人进行受力分析如答图所示。

人的速度方向向上，逐渐增大，则受到的弹力 $F_弹$ 减小。

当 $F_弹 > mg$ 时，合外力 $F_合 = F_弹 - mg$ 向上，人做加速度减小的加速运动。

当 $F_弹 < mg$ 时，合外力 $F_合 = mg - F_弹$ 向下，人做加速度增大的减速运动。

最终 $F_弹 = 0$，体验者仅受重力，做匀减速直线运动到最高点 C。

第 2 题答图

3.

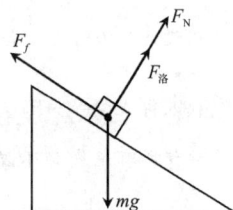

对金属块进行受力分析如答图所示。

金属块速度 v 增大，则洛伦兹力 $F_洛 = qvB$ 增大。

对物体受力沿斜面和垂直于斜面的方向正交分解，则有

$$F_N = (mg + qE)\cos\theta - qvB$$

$$F_合 = (mg + qE)\sin\theta - \mu F_N = ma$$

由此得弹力 F_N 减小，合外力增大，加速度 a 增大。

当弹力 $F_N = 0$ 时，即 $F_洛 = qvB = (mg + qE)\cos\theta$ 时，金属

第 3 题答图

块将离开斜面,因此不能一直在斜面上运动。

4.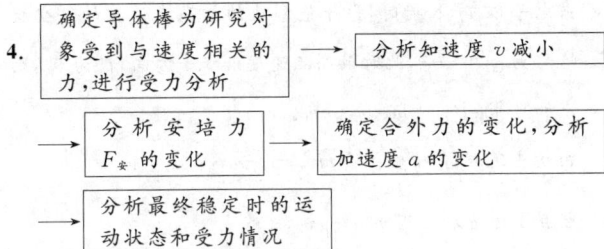
确定导体棒为研究对象受到与速度相关的力,进行受力分析 → 分析知速度 v 减小

→ 分析安培力 $F_安$ 的变化 → 确定合外力的变化,分析加速度 a 的变化

→ 分析最终稳定时的运动状态和受力情况

对导体棒 ab 进行受力分析如答图所示。

棒速度 v 减小;

安培力 $F_安=\dfrac{B^2L^2v}{R+r}$ 减小;

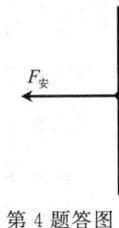

则物体加速度 a 减小,物体做加速度减小的减速运动。

最终 $a=0$,$v=0$,导体棒保持静止。

第4题答图

【拓展训练】

1. 分别对小球和圆弧槽 AB 进行受力分析如答图所示。

小球速度 v 增大;

则小球所受弹力 $F_N=mg\sin\theta+m\dfrac{v^2}{R}$;

由牛顿第三定律可得,$F'_N=F_N$。

小球从 A 点下滑至某位置,由动能定理得 $mgR\sin\theta=\dfrac{1}{2}mv^2$。

圆弧槽始终静止,则水平方向有
$$F=F'_N\cos\theta=3mg\sin\theta\cos\theta$$
则小球下滑时,θ 逐渐增大,F 先增大后减小。

当 $\theta=45°$ 时,F 达到最大值,$F_{max}=\dfrac{3}{2}mg$。

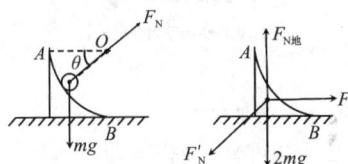

第1题答图

2. 对导体棒 ab 进行受力分析,如答图所示。

棒速度 v 增大,回路中电流 $I=\dfrac{E-BLv}{R+r}$ 减小;

则 $F_安=BIL$,减小;

由此得加速度 a 减小,导体棒做加速度减小的加速运动。

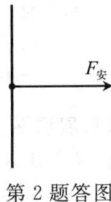

最终 $I=0$,即 $E=BLv$,导体棒保持匀速直线运动,速度 $v=\dfrac{E}{BL}$。

第2题答图

3. 对导体棒 ab 进行受力分析如答图所示。

棒速度 v 增大,回路中电流 $I=\dfrac{U_C-BLv}{R}$ 减小;

则安培力 $F_安=BIL$ 减小。

由此得加速度 a 减小,导体棒做加速度减小的加速运动。

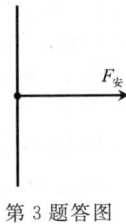

最终 $a=0$,即 $U=BLv$,导体棒保持匀速直线运动。

第3题答图

由动量定理得 $BIL\Delta t=m\Delta v$,即 $BL\Delta q=m\Delta v$,其中 $\Delta q=C\Delta U=C(E-U)$。由此得最终匀速时的速度大小
$$v=\dfrac{BLCE}{B^2L^2C+m}。$$

4. 对小球进行受力分析,如答图所示。

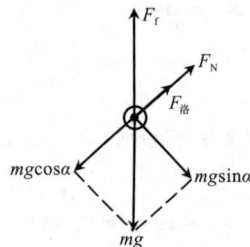

第4题答图

若进入虚线空间时恰好满足 $F_洛=F_电$,继续向下运动时,竖直分速度 v 增大;

则洛伦兹力 $F_洛=qvB$ 增大。

水平合外力 $F_合=qE-F_洛$,无法始终保持合力为0,因此无法一直沿竖直虚线通过。

5. 对圆环进行受力分析,并沿棒和垂直于棒的方向正交分解,如答图1所示。

由牛顿第二定律得 $mg\sin\alpha-F_f=ma$;

其中摩擦力 $F_f=\mu F_N$;

在垂直于棒的方向上有 $F_N=mg\cos\alpha-qvB$;

则速度增大,受到的摩擦力减小,加速度 a 增大。

当 $mg\cos\alpha=qvB$ 时,加速度 $a=g\sin\alpha$,之后杆对物体的弹力反向,如答图2所示。

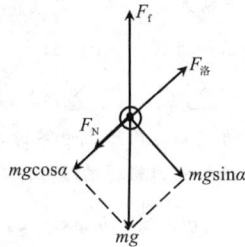

第5题答图1 第5题答图2

在垂直于棒的方向上有 $F_N=qvB-mg\cos\alpha$。

随着速度 v 增大,受到的摩擦力增大,加速度 a 逐渐减小。

最终加速度 $a=0$,速度达到最大值,最终做匀速直线运动,最大速度 $v_m=\dfrac{mg(\sin\alpha+\mu\cos\alpha)}{\mu qB}$。

第13讲 与速度相关的力作用下的曲线运动求解策略

【基础训练】

1.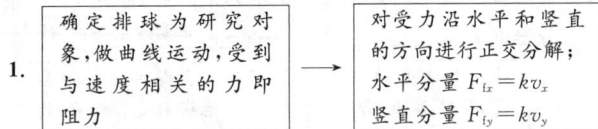
确定排球为研究对象,做曲线运动,受到与速度相关的力即阻力 → 对受力沿水平和竖直的方向进行正交分解;水平分量 $F_{fx}=kv_x$ 竖直分量 $F_{fy}=kv_y$

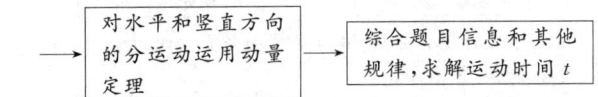
→ 对水平和竖直方向的分运动运用动量定理 → 综合题目信息和其他规律,求解运动时间 t

对小球进行受力分析,并沿水平和竖直的方向对受力进行正交分解,如答图所示。

排球从 A 点飞出时受到的空气阻力最大,最大值恰好等于自身受到的重力,可得 $mg=kv_0$。

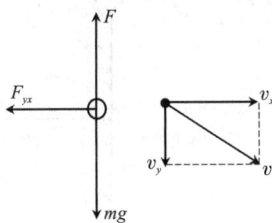

第1题答图

在 B 点有 $v_{Bx}=v_{By}=\dfrac{\sqrt{2}}{2}v_B$。

从 A 到 B 的过程中,由动量定理可得:

水平方向,$-kv_x\Delta t=m\Delta v_x$;

竖直方向,$mg\Delta t-kv_y\Delta t=m\Delta v_y$。

求和可得:$-\sum kv_x\Delta t=\sum m\Delta v_x$;

$\sum(mg-kv_y)\Delta t=\sum m\Delta v_y$;

即 $-kx=mv_B\cos45°-mv_0$;

$mgt-kh=mv_B\sin45°$;

由此可得 $x=\dfrac{v_0^2}{2g}$,$t=\dfrac{h}{v_0}+\dfrac{v_0}{2g}$。

2.
确定带电粒子为研究对象,做曲线运动,受到与速度相关的力即洛伦兹力	→	对受力沿水平和竖直的方向进行正交分解;水平分量 $F_{洛x}=qv_yB$;竖直分量 $F_{洛y}=qv_xB$

→	对水平分运动运用动量定理	→	综合题目信息和其他规律,求出 k 的值

对带电粒子进行受力分析,并进行正交分解,如答图所示,x 轴方向,由动量定理得 $qBv_y\Delta t=m\Delta v_x$;

求和可得 $\sum qBv_y\Delta t=m\Delta v_x$;

即 $\sum qB\Delta y=\sum m\Delta v_x$。

恰好到达磁场上边界时,末速度方向水平向右,则从进入磁场到出磁场的过程中,

$$ql\cdot\dfrac{1}{2}(B_0+kl+B_0+kl+kd)=m(v_0+v_0\cos60°)$$

解得 $k=\dfrac{3mv_0}{ql(2l+d)}-\dfrac{2B_0}{d+2l}$。

第 2 题答图

3.
确定电子为研究对象,做曲线运动,受到与速度相关的力即洛伦兹力	→	对受力沿水平和竖直方向进行正交分解;水平分量 $F_{洛x}=ev_yB$;竖直分量 $F_{洛y}=ev_xB$

→	对水平分运动运用动量定理再结合动能定理	→	综合题目信息和其他规律,求出粒子数百分比

对电子进行受力分析,并沿水平和竖直方向对受力进行正交分解,如答图所示。

第 3 题答图

对水平方向,由动量定理得 $eBv_y\Delta t=m\Delta v_x$。

若电子以 v_1 入射时,电子能到达的最高点位置的纵坐标恰好为 $y_2=\dfrac{mv_0}{5eB}$,此时最高点速度沿水平方向,设为 v_m,则求和可得 $eBy_2=mv_m-mv_1$。

由动能定理得 $eEy_2=\dfrac{1}{2}mv_m^2-\dfrac{1}{2}mv_1^2$。

联立上述方程可得 $v_1=\dfrac{9}{10}v_0$。

要电子到达纵坐标 $y_2=\dfrac{mv_0}{5eB}$ 位置,则入射速度 $v\leqslant\dfrac{9}{10}v_0$。

由于电子入射速度在 $0<v<v_0$ 范围内均匀分布,能到达纵坐标 $y_2=\dfrac{mv_0}{5eB}$ 位置的电子数 N 占总电子数 N_0 的 90%。

4.
确定电子为研究对象,做曲线运动,受到与速度相关的力即洛伦兹力	→	对受力沿水平和竖直方向进行正交分解;水平分量 $F_{洛x}=ev_yB$;竖直分量 $F_{洛y}=ev_xB$

→	对水平分运动运用动量定理再结合动能定理	→	综合题目信息和其他规律,求出磁场 B_2 大小

对电子进行受力分析,并沿水平方向和竖直方向对受力进行正交分解,如答图所示。

B_1、B_2 磁场中的受力分析

电场中的受力分析

第 4 题答图

对竖直方向,由动量定理可得

$$neB_1v_1\Delta t_1-neB_2v_x\Delta t_2=m\Delta v_y$$

求和可得 $neB_1d-neB_2d=mv_n$。

由动能定理得 $-neEd=\dfrac{1}{2}mv_n^2-\dfrac{1}{2}mv_0^2$。

联立上述方程可得 $B_2=B_1-\dfrac{m}{ned}\sqrt{v_0^2-\dfrac{2neEd}{m}}$。

【拓展训练】

1. 对小球进行受力分析,并沿水平方向和竖直方向对受力进行正交分解,如答图所示。

对水平方向,由动量定理得 $qBv_y\Delta t=m\Delta v_x$。

粒子速度最大时,沿竖直方向向上运动的最大距离设为 y,此时速度方向水平向左,则对该过程由动量定理求和可得 $qBy=mv_m$。

第 1 题答图

由动能定理得 $(qE-mg)y=\dfrac{1}{2}mv_m^2$。

联立上述方程可得 $v_m=\dfrac{2}{qB}(qE-mg)$。

2. 对粒子进行受力分析，并沿水平方向和竖直方向对受力进行正交分解，如答图所示。

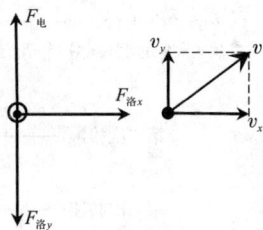

对水平方向，由动量定理得 $-qBv_y\Delta t=m\Delta v_x$。

粒子速度最大时，沿电场方向向上运动距离最大设为 y，此时速度方向水平向右，

则对该过程由动量定理求和可得 $qBy=mv_m$。

由动能定理得 $qEy=\dfrac{1}{2}mv_m^2-\dfrac{1}{2}mv_0^2$。

联立上述方程可得 $v_m=\dfrac{E}{B}+\sqrt{\left(\dfrac{E}{B}\right)^2+v_0^2}$。

第 2 题答图

3. 对粒子进行受力分析，并沿水平方向和竖直方向对受力进行正交分解，如答图所示。

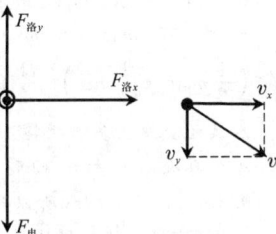

单独加电场，有 $qE=ma$，

$\dfrac{L}{2}=\dfrac{1}{2}at^2$，$L=v_0t$；

由此解得 $E=\dfrac{mv_0^2}{qL}$。

单独加磁场，有 $R^2=L^2+\left(R-\dfrac{L}{2}\right)^2$，$qv_0B=\dfrac{mv_0^2}{R}$；

由此解得 $B=\dfrac{4mv_0}{5qL}$。

对水平方向，由动量定理得 $qBv_y\Delta t=m\Delta v_x$。

当粒子速度最大时，沿电场方向向下运动的最大距离设为 y，此时速度沿水平方向，则对该过程由动量定理求和可得 $qBy=mv_m-mv_0$。

仅电场力做功，由动能定理可得

$$qEy=\dfrac{1}{2}mv_m^2-\dfrac{1}{2}mv_0^2$$

由此解得 $v_m=1.5v_0$。

因为向下加速偏转，所以出发时即最小速度 v_0。

第 3 题答图

4. 设粒子在第一象限做匀速圆周运动的半径为 r，由几何关系可得 $r^2=(3L)^2+(r-L)^2$，解得 $r=5L$。

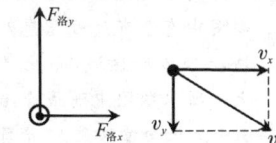

在第二象限中，对粒子进行受力分析，并沿水平方向和竖直方向对受力进行正交分解，如答图所示。设粒子在 Q 点速度与 y 轴负方向的夹角为 θ，由几何关系可得 $\theta=53°$。

粒子在经过磁场时，水平方向上由动量定理得 $B_0qv_y\Delta t=m\Delta v_x$。

求和可得

$$B_0q\cdot 3d=mv\sin53°$$

解得 $B_0=\dfrac{4mv}{15qd}$。

B_1、B_2 磁场中的受力分析

电场中的受力分析

第 4 题答图

5. 对粒子进行受力分析，并沿水平方向和竖直方向对受力进行正交分解，如答图所示。

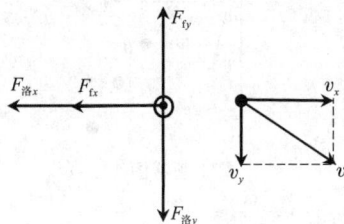

第 5 题答图

对水平方向，根据动量定理有

$$-qv_yB\Delta t-kv_x\Delta t=m\Delta v_x$$

粒子运动至与左侧边界恰好相切时，速度沿竖直方向，则对该过程由动量定理求和可得

$$-qB\Delta y=-mv_0$$

由此可得在竖直方向上运动的位移大小 $\Delta y=\dfrac{mv_0}{qB}=d$，方向向下，故有 $y=2d-d=d$。

第 14 讲 自我追问策略

【基础训练】

1.
审题阶段：题中有什么关键信息？题图是否有隐藏信息？ → 建模阶段：题设情境能否简化为物理模型？斜抛运动，可以简化为任意垂直的两个方向的直线运动

立式阶段：选择哪些规律建立方程合适？相互垂直的两个方向上的直线运动规律 → 求解阶段：假设是否合理？求解结果是否包括所有可能情况？偏转的方向不确定，可能有多解

题中有什么关键信息？题图是否有隐藏信息？题中的关键信息应该是位置 A、B 在新坐标系中的坐标，这是题中唯一的数据信息，一定与正切值的大小相关。题目提供了频闪照相的照片，观察照片，可以确定 O、A、B 三个位置有连续相等的时间间隔。

题设情境能否简化为某种物理模型？位置 A、B 在新坐标系中的坐标与平抛运动有何种关系？题述的是平抛运动模型，但从 O 点起，可以建立斜抛运动模型做定量分析。重力加速度方向（铅垂线方向）如何？如答图 1 所示，可以假设 g 的方向在 y 轴逆时针转动 α 角的方向上。

为求解 A、B 的坐标与抛体运动关系，将斜抛运动沿 xOy 坐标轴分解，如答图 1 所示。根据抛体运动的规律可知：

$$x_1=(v\cos\beta)\cdot T+\dfrac{1}{2}g(\sin\alpha)T^2$$

$$x_2=(v\cos\beta)\cdot 2T+\dfrac{1}{2}g(\sin\alpha)\cdot(2T)^2$$

$$y_1=(v\sin\beta)\cdot T+\dfrac{1}{2}g(\cos\alpha)T^2$$

$$y_2=(v\sin\beta)\cdot 2T+\dfrac{1}{2}g(\cos\alpha)\cdot(2T)^2$$

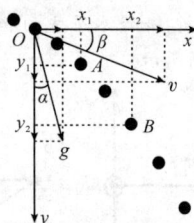

第1题答图1

联立上述方程整理可得

$$\tan\alpha = \frac{x_2 - 2x_1}{y_2 - 2y_1} \qquad ①$$

假设是否合理？求解结果是否包括所有可能情况？结合解答过程与结果可做以下分析。如果坐标轴没有偏转，则 $\tan\alpha = 0$，再从平抛运动特点看，坐标轴没有偏转时，相邻位置水平距离相等，必然有 $x_2 - 2x_1 = (x_2 - x_1) - x_1 = 0$，代入①式可知 $\tan\alpha = 0$。如果 g 的方向在 y 轴顺时针转动 α 角的方向上，如答图2所示。可知此条件下小球在 x 轴方向上做减速运动，$x_2 - 2x_1 = (x_2 - x_1) - x_1 < 0$，代入①式可知 $\tan\alpha < 0$。因此①式结果包含了所有可能，结果完整。

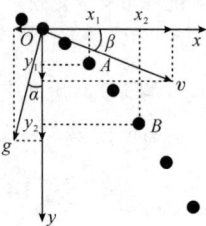

第1题答图2

| 审题阶段：题中有什么关键信息？ | 建模阶段：题设情境能否转化为熟悉模型？ |

2. 如 A 再次滑上斜面时的最高点不变；始终处于弹性限度内 → A、B 相互作用的过程是弹性碰撞模型；共速时系统动能损失最大

立式阶段：选择哪些规律建立方程合适？如动量守恒定律、机械能守恒定律 → 求解阶段：求解结果是否包括所有可能情况？全过程有多次碰撞，须完整分析与计算

题中有什么关键信息？题中用文字与图像表述了 A、B 第一次碰撞时速度发生复杂变化的过程，以及 A 与 B 再次碰撞。这些是什么类型的碰撞？能否转化为熟悉模型？从"弹簧始终处于弹性限度内"这一关键信息可确定是弹性碰撞，而且每次从接触到共速的过程，可类比"完全非弹性碰撞"，共速时，动能的损失最大，弹性势能最大。A 再次滑上斜面时的最高点不变，隐含了第一次碰撞后与第二次碰撞后，A 的速度等大。

选择哪些规律建立方程合适？因为要求解弹性势能大小，故对弹性碰撞过程列写机械能守恒方程，考虑到 A、B 系统外力和为零，还可列写动量守恒方程。

取水平向右为正方向，第一次接触至共速，$m_B \times 1.2v_0 = (m + m_B)v_0$，$\Delta E_P = \frac{1}{2}m_B(1.2v_0)^2 - \frac{1}{2}(m + m_B)v_0^2$，解得 $m_B = 5m$，$\Delta E_P = 0.6mv_0^2$。

求解结果是否包括所有可能情况？"全过程"是否还有更大的弹性势能？后续两物体还会发生碰撞，须进一步分析计算。

第一次接触至分离，$m_B \times 1.2v_0 = m_B v_1 + mv_2$，$\frac{1}{2}m_B(1.2v_0)^2 = \frac{1}{2}mv_2^2 + \frac{1}{2}m_B v_1^2$，解得 $v_1 = 0.8v_0$，$v_2 = 2v_0$。接着 B 以 v_1

向前运动，A 以 v_2 上滑，A 返回后会发生第二次碰撞。第二次碰撞过程如图所示。

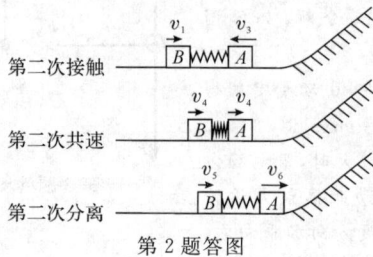

第2题答图

第二次接触至分离，$m_B v_1 - mv_3 = m_B v_5 + mv_6$，$\frac{1}{2}m_B v_1^2 + \frac{1}{2}mv_3^2 = \frac{1}{2}m_B v_5^2 + \frac{1}{2}mv_6^2$，因 A 再次滑上斜面最高点不变，所以 $v_6 = v_2 = 2v_0$，解得 $v_3 = v_0$，$v_5 = 0.2v_0$；第二次接触至共速，$m_B v_1 - mv_3 = (m_B + m)v_4$，$\Delta E_P' = (\frac{1}{2}m_B v_1^2 + \frac{1}{2}mv_3^2) - \frac{1}{2}(m_B + m)v_4^2$，解得 $\Delta E_P' = 1.35mv_0^2$。

后续还会发生多次碰撞，是否还有更大的弹性势能？由于 A 会再次以 $v_3 = v_0$ 回到水平面，但 B 的速度仅为 $v_5 = 0.2v_0 < v_1 = 0.8v_0$，所以第三次碰撞弹性势能的最大值变小。同理，后续碰撞的弹性势能更小。

$\Delta E_P' > \Delta E_P$，故全过程弹性势能的最大值为 $1.35mv_0^2$。

| 审题阶段：题中有什么关键信息？题图中有没有隐藏信息？ | 建模阶段：题设情境能否转化为熟悉的模型？二维面波干涉转化为一维绳波的干涉 |

3.

立式阶段：选择哪些规律建立方程合适？波的传播与波的干涉规律 → 求解阶段：我的假设（猜想）是否合理？转化为线波干涉得到的结论回到面波干涉图案中检验

题中有什么关键信息？由"一圈圈的波峰、波谷会形成明暗相间的图案"可知，题图中亮环是波峰，暗环是波谷，不同于光的干涉；$ac = bc$，c 是两波源连线的中点，且两波源同时同方向起振，由此可知 c 是振动加强点。

题图中有没有隐藏信息？题图中 c、e 两点在相邻的亮区域，d 点在暗区域，而此时振动加强点 c 点的位移正向最大。所以题图中隐藏着：c、d、e 是紧邻的三个振动加强点，且 c、e 正向位移最大，d 负向位移最大。

这种判断是否合理？考虑到 a、b、c、d、e 在同一直线上，可将原波的叠加图案转化为一维绳波干涉模型，如答图所示（实线波形向右传，虚线波形向左传），此时 c 位于峰峰相遇处，正向位移最大。从图中可看出 c、d、e 是紧邻的三个振动加强点，与题图相对应。

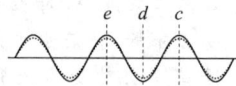

第3题答图

从答图中还能看到，此时 c、d 间，d、e 间各有一个质点是振动减弱点；c、e 间的水平距离为一个波长，等于 vT。

再从波的干涉规律看，两波源到 c 点的波程差为 0，c 是第 0 加强点，d 点是第 1 加强点，波程差为 $\lambda = v \cdot T$，e 点是第 2 加强点，波程差为 $2\lambda = 2 \cdot v \cdot T$。

综上所述，说法错误的是选项 B。

4.

审题阶段：题中有什么关键信息？题图是否有隐藏信息？题中有什么特殊条件？	→	建模阶段：题设情境是哪类物理现象？能否转化为熟悉模型？可转化为闭合电路模型、物体斜面上滑模型

→	立式阶段：遵循哪些物理规律？电磁感应定律、电路规律、牛顿运动定律	求解阶段：求解结果是否包括所有可能情况？导体棒与立柱间可能没有压力，框与棒等速后，摩擦力突变

题中有什么关键信息？题图是否有隐藏信息？题图(b)隐藏着导体框切割磁感线的运动信息。题中有什么特殊条件？当 $t=30.3$s 时导体棒与导体框等速，解题过程要进行受力分析与运动分析，关注等速条件。

题设的情境是哪类物理现象？能否转化为熟悉模型？题述的是电磁感应现象，需要简化为如答图1所示的闭合电路模型，分析 MN 两端电压与电磁感应的关系。

第4题答图1

若 AC 边上切割的速度为 v，则电动势为 BLv，由电路结构知 MN 两端电压 $U=\dfrac{BLv}{3}$，由答图2知 $U=2+t$。联立可得 $v=6+3t$。根据运动学公式 $v=v_0+at$ 可推断 $v_0=6$m/s，$a=3$m/s^2。

所以导体框沿斜面向上做匀加速直线运动。可对导体框进行受力分析，建立牛顿第二定律方程求解 F。

导体框 $ACDE$ 受力如答图2甲所示，以沿斜面向上为正方向，由牛顿第二定律得 $F-I_{AC}BL-F_f-Mg\sin\theta=Ma$，其中 $I_{AC}=2I_{MN}$，$I_{MN}=\dfrac{U}{R}$。

如何求解导体棒 MN 对框的摩擦力 F_f？摩擦力 F_f 是滑动摩擦力吗？可对 MN 棒进行受力分析，如答图2乙所示。猜想棒、框间是滑动摩擦力，则 $F_f=\mu(mg\cos37°+I_{MN}LB)=1.2+0.2t$(N)，$F_{f始}=1.2N<mg\sin\theta=3$N，故最初一段时间内，框向上运动时，棒保持静止，两者间存在滑动摩擦力。

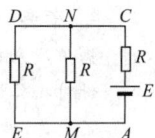

甲　　　　　　　乙

第4题答图2

由以上方程联立方程可得 $F=14.2+2.2t$(N)。

求解结果是否包括所有可能情况？"当 $t=30.3$s 时导体棒与导体框恰好等速"这个条件有用吗？注意我们在之前的解答中，求得 $F_f=1.2+0.2t$(N)，摩擦力越来越大，9s 后超过3N，棒也做加速运动，且加速度为 $a'=\dfrac{F_f-mg\sin\theta}{m}=0.4t-3.6$(m/s^2)，加速度越来越大。一段时间之后，棒的加速度会超过框的加速度，其速度会逐步增加到达框的速度。速度相等后，两者间的摩擦力变为静摩擦力，两者将一起匀加速运动。以框与棒做整体分析有 $F-I_{AC}BL-$

$(M+m)g\sin\theta=(M+m)a$，解得 $F=17.5+2t$(N)。

综合上所述，有

$$F=\begin{cases}14.2+2.2t(\text{N}) & (0\leqslant t<30.3\text{s})\\17.5+2t(\text{N}) & (t\geqslant30.3\text{s})\end{cases}$$

5.

审题阶段：题中有什么关键信息？如黑体、黑体辐射规律、天体表面具有稳定的温度	→	建模阶段：题设情境能否转化为熟悉模型？如球体均匀辐射模型，太阳在地球附近的平行光模型，吸收与释放热量平衡

→	立式阶段：选择哪些规律建立方程合适？如吸收与辐射过程的能量守恒	求解阶段：求解结果是否包括所有可能情况？如大气反射，吸收不计，相较在太阳系中的太阳辐射，宇宙辐射不计

题中有什么关键信息？除黑体、黑体辐射规律外，太阳与地球表面具有稳定的温度值得关注。为什么天体表面具有相对稳定的温度？太阳不断辐射能量，同时内部不断核聚变提供能量，两者平衡；地球不断吸收太阳辐射的能量，同时也不断向外辐射能量，当两者平衡时，温度稳定。

地球的几乎半个球面面向太阳，如何计算吸收的能量？因为日地距离远大于地球半径，地球处的太阳光可视为平行光，因此地球吸收太阳辐射的面积是其大圆面积，吸收的总辐射功率 $P_{吸}=P_1\cdot\pi R_E^2$（P_1 为地球附近太阳单位面积辐射的功率，R_E 为地球半径），地球辐射的总功率为 $P_{放}=(\sigma T_E^4)\cdot(4\pi R_E^2)$；地球具有稳定的温度，吸收与释放热量平衡，所以 $P_{吸}=P_{放}$。

如何计算地球附近太阳单位面积辐射的功率 P_1？由能量守恒规律可知，太阳向各个方向均匀辐射，任意以太阳为球心的球面上向外辐射的总功率均相等。因此，

$$(4\pi R_S^2)\cdot(\sigma T_S^4)=(4\pi R_{ES}^2)\cdot P_1$$

其中 R_S 为太阳的半径，R_{ES} 为日地距离。

联立方程解得 $R_S=7.5\times10^8$m。

【拓展训练】

1. 题中有什么关键信息？题设情境能否简化为物理模型？初速度为0，忽略空气阻力，因此沙粒的运动可视为自由落体运动。沙粒随时间均匀地从出口处漏下。因此可猜想空中任意两个截面上，沙子的流量均一样。

怎样论证自己的观点？可以联想到生活中在饮水机下接水的情景。接水时，接满一杯水的时间与杯子到水龙头的距离似乎没有关系。如答图所示，还可以构建柱体模型进行论证。在空中任取一段沙柱 AB，单位时间从 A 流入 N_1 粒，从 B 流出 N_2 粒。若 $N_1>N_2$，则沙柱 AB 中的沙子越来越多，沙子会在空中堆积；若 $N_1<N_2$，则沙柱 AB 中的沙子越来越少，出现断流。显然这两种情况都不可能，故必然有 $N_1=N_2=N_0$，即空中任意两个截面上，沙子的流量一样。

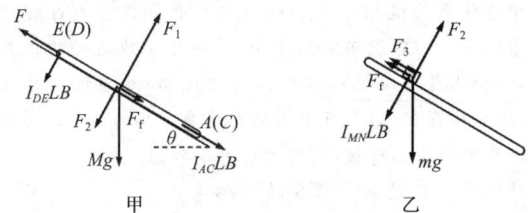

第1题答图

所以要求两段沙柱中的沙子数之比，只要运用自由落体运动规律求解沙子经过两段沙柱的时间之比。

$$\dfrac{n_1}{n_2}=\dfrac{N_0 t_1}{N_0 t_2}=\dfrac{t_1}{t_2}，h=\dfrac12gt_1^2，2h=\dfrac12g(t_1+t_2)^2$$

由此解得 $\dfrac{n_1}{n_2}=\dfrac{\sqrt2+1}{1}$。

2. 题中有什么关键信息以及隐含的信息？注意到"轨道水平""无动力小车"两条受力的相关信息，此外小车滑入铝板区域，会产生感应电流，隐含了电磁阻力。还有"铝板中只考虑磁场区域内的电阻，其他阻力均不计"信息在构建电路模型时应予关注。题目要求解的是"小车滑行距离的可能值"，隐含着问题可能存在多解。

题设情境是哪类物理现象？能否简化为我们熟知的物理模型？题给的情境是磁场相对导体运动，属于电磁感应问题。根据相对运动，该问题可看作磁场正下方的铝板切割磁感线，可等效为单棒切割问题。切割边的有效长度为 L，等效的电路如图所示。由法拉第电磁感应定律知电动势 $E = BLv$，当小车的位移 $x \leqslant L$ 时，切割边电阻随磁场进入铝板的距离变化而变

第2题答图

化。设进入距离为 x，此时 $r_1 = \rho \dfrac{L}{dx}$；当小车的位移 $x > L$ 时，切割边电阻始终为 $r_2 = \rho \dfrac{1}{d}$。

铝板切割磁感线的过程中，小车做何种运动？显然，铝板切割磁感线时，产生感应电流，受到安培力作用，小车则受到反作用力作用，大小等于铝板受到的安培力，结合闭合电路欧姆定律可求得安培力大小 $F = BIL = \dfrac{B^2 L^2 v}{r_{1(2)}}$，方向与运动方向相反，所以小车做变减速运动。

小车的运动过程遵循哪些物理规律？选择何种规律建立方程合适？除上述规律外，小车的运动遵循力与加速度、冲量与动量以及功与能的相关规律，但考虑到受力大小与速度相关、电阻有可能与进入距离相关等因素，可以运用动量定理利用微元累积和分段求解的方法求解小车的位移值。

小车的线圈进入铝板区域的过程中，有 $-\sum \dfrac{B^2 L^2 v}{r_1} \Delta t = mv_1 - mv_0$，代入 r_1 得 $-\sum \dfrac{B^2 Ld}{\rho} x \Delta x = mv_1 - mv_0$ ①，其中 v_1 为线圈即将完全进入铝板区域时的速度，$\sum x \Delta x = \dfrac{1}{2} L^2$。

当小车的线圈完全进入铝板区域后至小车停止运动过程中，有 $-\sum \dfrac{B^2 L^2 v'}{r_2} \Delta t' = 0 - mv_1$ ②；全过程小车的位移大小 $x = L + \sum v' \Delta t'$ ③。

综合以上方程可解得小车的位移 $x = \dfrac{\rho m v_0}{B^2 L^2 d} + \dfrac{L}{2}$。

这个解答完整吗？是否还有未考虑到的情景？如果这个答案是唯一确定的值，为何原题要求解"小车滑行距离的可能值"呢？反思建模过程发现，若小车的初速度较小时，在小车的位移 $x \leqslant L$ 时，小车有可能已经停止，故上述解答不完整。设小车刚好能运动到 $x = L$ 时的临界初速度为 v_c，代入 ① 式知 $-\sum \dfrac{B^2 Ld}{\rho} x \Delta x = 0 - mv_c$，解得 $v_c = \dfrac{B^2 L^3 d}{2m\rho}$。故若小车的初速度 $v_0 \leqslant \dfrac{B^2 L^3 d}{2m\rho}$，可由 $-\sum \dfrac{B^2 Ld}{\rho} x \Delta x = 0 - mv_0$ 知 $-\dfrac{B^2 Ld}{\rho} \cdot \dfrac{x^2}{2} = 0 - mv_0$，解得 $x = \sqrt{\dfrac{2m\rho v_0}{B^2 Ld}}$。

综上所述，小车的位移大小 $x = \begin{cases} \sqrt{\dfrac{2m\rho v_0}{B^2 Ld}}, & v_0 \leqslant \dfrac{B^2 L^3 d}{2m\rho} \\[3mm] \dfrac{\rho m v_0}{B^2 L^2 d} + \dfrac{L}{2}, & v_0 > \dfrac{B^2 L^3 d}{2m\rho} \end{cases}$

3. 题中有什么关键信息？题设情境能否转化为熟悉模型？

(1) 速度方向在 $0° \leqslant \theta \leqslant 60°$ 范围内，速度大小满足 $v = \dfrac{v_0}{\cos \theta}$。

由此可知在电场中，任意单个粒子做类抛体运动，且 x 轴方向上的分运动的速度均相等；出电场后粒子做匀速直线运动，撞击接收板时，垂直于板的分速度均为 v_0。

(2) 按角度均匀发射。

如何求接收板受到的垂直冲击力大小？选择哪些规律建立方程合适？粒子流的垂直撞击力可以构建等截面柱体模型，运用动量定理求解。为此还要求解单位时间打在接收板上的粒子数以及粒子撞击的垂直分速度。

如何求解粒子数？注意到粒子源按角度均匀发射粒子，需要利用斜抛运动找到临界条件，求出临界角，根据角度求出单位时间打在接收板的粒子数。

针对抛体运动，其在 y 轴方向上先减速再加速，加速度不变，可视为同一个匀变速直线运动。任选某一个粒子，斜抛时通过电场区域的时间 $t = \dfrac{2d}{v_0}$，在电场中沿 y 轴偏转位移 $y = v_0 \tan \theta \cdot t - \dfrac{1}{2} \cdot \dfrac{Eq}{m} t^2$，从 $x = 2d$ 出射速度与 x 轴的夹角 α 满足 $\tan \alpha = \dfrac{v_y}{v_x}$，其中 $v_y = v_0 \tan \theta - \dfrac{Eq}{m} t$，$v_x = v_0$，粒子在 y 轴方向上总的偏转量 $Y = y + 2d \tan \alpha$。考虑两种临界情况：① 粒子打中接收板下端，即 $Y = 2d$，联立方程 $\theta_1 = 45°$；② 粒子打中接收板上端，即 $Y = 0$，联立方程 $\theta_2 = 26.5°$。

稳定后，击中接收板粒子占比 $\eta = \dfrac{45 - 26.5}{60} = \dfrac{37}{120}$。

由斜抛特点及 $v = \dfrac{v_0}{\cos \theta}$ 知粒子的垂直撞击速度均为 v_0。取 $\Delta t \to 0$，由动量定理得 $-F_N \Delta t = 0 - (\eta N \Delta t) m v_0$，解得 $F_N = \dfrac{37}{120} N m v_0$，由牛顿第三定律知，接收板受冲击力为 $\dfrac{37}{120} N m v_0$。

4. 题中有什么关键信息与特殊条件？题设情景能否转化为熟悉模型？小球能回跳到手中，隐藏了小球运动的位置信息，且抛出与回跳过程可视为斜抛运动；碰撞过程时间极短，小球碰撞前、后垂直于墙壁的速率之比为 2 : 1，所以碰撞过程为非弹性碰撞，且内力远大于外力。

选择哪些规律建立方程合适？抛出与回跳过程，对空间位置有要求，它们的轨迹如答图1所示，可建立抛体运动规律的方程。以向右、向上为正方向，抛出时有

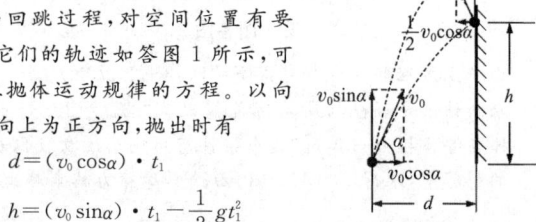

$d = (v_0 \cos \alpha) \cdot t_1$

$h = (v_0 \sin \alpha) \cdot t_1 - \dfrac{1}{2} g t_1^2$

第4题答图1

返回时有

$-d = -\left(\dfrac{1}{2} v_0 \cos \alpha\right) \cdot t_2$，$-h = v_{y2} \cdot t_2 - \dfrac{1}{2} g t_2^2$

两个斜抛运动有没有联系？碰撞时水平速度有关联，竖直速

度有关联吗? 碰撞过程时间极短,撞击力远大于外力,我们可以尝试从动量角度建立方程。碰撞时受力情况如答图 2 所示,

$$-F_f \cdot \Delta t = mv_{y2} - mv_{y1}$$

$$-F_N \cdot \Delta t = m\left(-\frac{1}{2}v_0\cos\alpha\right) - m(v_0\cos\alpha)$$

其中 $F_f = \mu F_N$, $v_{y1} = v_0\sin\alpha - gt_1$。

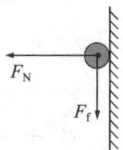

第 4 题答图 2

联立方程可解得 $v_0 = \sqrt{\dfrac{3gd}{2\cos\alpha \cdot (\sin\alpha - \mu\cos\alpha)}}$。表达式中所有物理量均为独立物理量,且满足 $\sin\alpha - \mu\cos\alpha > 0$,即 $\mu < \tan\alpha$。结果自恰。

5. 题中有什么关键信息与特殊条件?题设情境能否简化为物理模型? BC 边和 CA 边是镜面;可以构建光镜内部的光路模型。如答图 1 所示,针对该模型,我们较难在很短时间内探寻传播时间最短的限制条件。能否将其转化为其他熟悉模型?考虑到入射光、反射光的对称性以及 BC 边、CA 边的镜面特点,通过镜像,将原光路转化为如答图 2 所示的光路(从 P 入射,从 S' 出射,原棱镜模型转化为平行玻璃砖模型)。

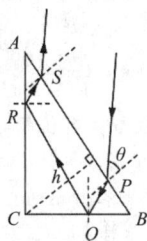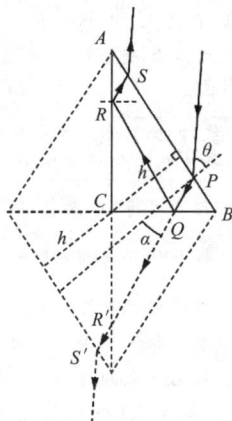

第 5 题答图 1   第 5 题答图 2

对平行玻璃砖中的光的折射,可建立几何光学相关方程。

由折射定律知 $n = \dfrac{\sin 60°}{\sin\alpha}$, $v = \dfrac{c}{n}$;答图 2 中的几何关系知 $PS' \cdot \cos\alpha = 2h$;光在棱镜中的传播时长 $t = \dfrac{PS'}{v}$。

以上四个方程联立可得 $t = \dfrac{4h\sin 60°}{c \cdot \sin(2\alpha)}$,所以当 $\alpha = 45°$ 时,有 $t_{min} = \dfrac{2\sqrt{3}h}{c}$, $n = \sqrt{1.5}$。

第四章 科学探究

第 1 讲 电表电阻观(一)——电表的改装

【基础训练】

1. 关注电学器材特征(非理想电压表) $\longrightarrow$ 根据电压表电阻观念,直流电压表相当于一定阻值的电阻,作等效电路图

分压原理计算等效电路中各部分电压

电压表等效为电阻,作等效电路图如答图所示。

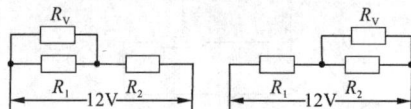

第 1 题答图

由于电压表是个电阻,其阻值不够大,因此其分流现象较严重,导致并联部分总电阻减小,分压值也减小,故不接电压表时, R_1 两端电压大于 8V, R_2 两端电压电压小于 4V,在 R_2 两端并联电压表,并联电阻小于 R_2,此状态下 R_2 分压更小,故 A 选项正确。

2. 关注电学器材特征(微安表内阻已知) $\longrightarrow$ 电表电阻观下的电表改装,作出等效电路

根据欧姆定律计算改装电表量程

(1)电流表的内阻已知,可以改装成其他电表或量程变大。接 1 是电流表,接 2 是欧姆表,接 3 是电压表。

(2)若测量电压,电流表应串联一个大电阻,开关 S 接 3。

将电流 G_1 视为电阻,等效电路如答图所示。

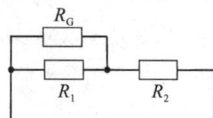

第 2 题答图

电流表 G_1 和 R_1 改装成的电流表量程上限为

$$I = \left(200 \times 10^{-6} + \frac{200 \times 10^{-6} \times 500}{125}\right)A = 1mA$$

内阻 $r = \dfrac{500 \times 125}{500 + 125}\Omega$。

若测量电压,其量程上限为

$$U = I(R_2 + r) = 1 \times 10^{-3} \times (2900 + 100)V = 3V$$

3. 关注电学器材特征(电流计内阻已知) $\longrightarrow$ 电流计与电阻串联相当于电压表,作等效电路图

根据图像及串、并联规律分析与计算

电流计内阻已知改装成电压表,等效电路图如答图所示,等效电压表示数 $U = I_G(r_g + R_0)$;合金丝接入电路的电阻测量值 $R_x = \dfrac{I_G(r_g + R_0)}{I_A}$;整理得 $I_G = \dfrac{R_x}{r_g + R_0}I_A$;结合图像斜率可得 $\dfrac{R_x}{r_g + R_0} = \dfrac{150 \times 10^{-6}}{0.5}$;解得 $R_x = 4.5\Omega$。

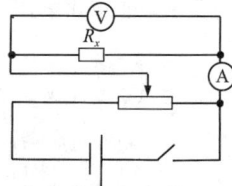

第 3 题答图

【拓展训练】

1. 估算通过电流表的电流约为 3mA,电流表选 A_2。电压表本质上就是电阻,可以显示电阻两端电压。设计如答图所示的电路图。

根据伏安法得 $R_V = \dfrac{U}{I}$。

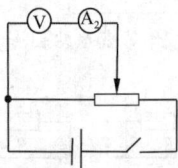

第1题答图

2. 灵敏电流计内阻已知，可改装电流表、电压表，等效电路图如答图所示。

根据串联分压原理，灵敏电流计与大电阻串联改装成电压表，故 A 项错误。

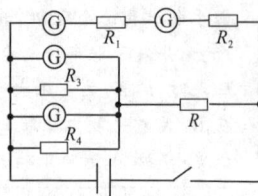

第2题答图

根据并联分流原理，灵敏电流计与小电阻并联改装成电流表，量程越大，并联的电阻越小，电流表的内阻越小。A_1 的量程小于 A_2 的量程，则 A_1 的电阻大于 A_2 的电阻；灵敏电流计与大电阻串联改装成电压表，量程越大，与之串联的电阻越大，电压表的内阻越大，电压表 V_1 的量程大于 V_2 的量程，则电压表 V_1 的电阻大于 V_2 的电阻，B 项正确。

V_1、V_2 串联，电流相同，流过灵敏电流计的电流相同，V_1、V_2 指针的偏转相同，但量程不同，V_1 的读数大于 V_2，C 项错误。

A_1、A_2 并联，电压相同，流过灵敏电流计的电流相同，指针的偏转相同，A_1 的电阻大于 A_2 的电阻，则 A_1 的电流小于 A_2 的电流，读数不相等，D 项正确。

3. (1) 甲电路电流表量程太小，电流表容易烧坏，不可行。

乙电路电流表内阻已知，与 R_0 并联改装成一个大量程电流表，可行。

(2) 电流计内阻已知改装成大量程电流表，等效电路图如答图所示。

根据闭合电路的欧姆定律有

第3题答图

$$E = U + \left(I + \dfrac{R_A}{R_0}I\right)r = 20rI + U$$

根据图像可得 $E = 3.00V$，$k = 20r = \dfrac{3-2}{16 \times 10^{-3}}$，解得 $r = 3.13\Omega$。

(3) 安阻法测电池电动势与内阻时，把电流表看作理想电表，有 $E = IR + Ir$；整理得 $\dfrac{1}{I} = \dfrac{1}{E}R + \dfrac{r}{E}$。

但本设计中电流表内阻已知，不能看作理想电表，有 $E = IR + Ir + IR_A$；

整理得 $\dfrac{1}{I} = \dfrac{1}{E}R + \dfrac{r + R_A}{E}$；

可得斜率 $k = \dfrac{1}{E_{测}} = \dfrac{1}{E_{真}}$，截距 $b = \dfrac{r_{测}}{E} = \dfrac{r_{真} + R_A}{E}$；

故 $E_{测} = E_{真}$，$r_{测} > r_{真}$。

4. (2) 由于电压表内阻已知，分流作用不可忽视，等效电路图如答图所示。

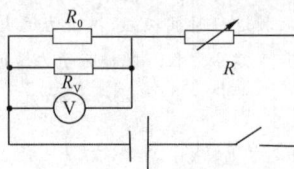

第4题答图

由闭合电路的欧姆定律可得 $E = U + \dfrac{U}{\dfrac{R_V R_0}{R_V + R_0}}(R + r)$，

化简可得 $\dfrac{1}{U} = \dfrac{R_0 + R_V}{ER_V R_0}R + \dfrac{1}{E} + \dfrac{R_V + R_0}{ER_V R_0}r$。

(4) 由上面公式可得 $\dfrac{R_0 + R_V}{ER_V R_0} = k = \dfrac{1}{19E}$，则有 $\dfrac{1}{E} + \dfrac{R_0 + R_V}{ER_V R_0} = b = \dfrac{1}{E} + \dfrac{r}{19E}$。由 $\dfrac{1}{U} - R$ 图像计算得 $k \approx 0.034V^{-1} \cdot \Omega^{-1}$。

延长图像，得到图像与纵轴的交点为 $0.85V^{-1}$，则有 $0.85 = \dfrac{1}{E} + \dfrac{r}{19E} + \dfrac{5}{19E}$，代入可得 $E \approx 1.55V$，$r \approx 1.0\Omega$。

(5) 由于电压表内阻已知，消除了系统误差。故测量值等于真实值。

第2讲 电表电阻观(二)——电表的使用

【基础训练】

1.

| 关注题目给出电表准确内阻信息，发现电流表可以兼任电压表的角色 | → | 判断发现，若电流表兼任电压表的角色，可使 R_x 两端电压测量更加准确 |

| 设计电路并作出角色改变后的等效电路图 | → | 应用串、并联电路规律进行求解 |

由题给信息可得，电流表内阻已知，而电压表的电阻未知。

本题若按照伏安法测电阻的方法，根据 $\dfrac{R_A}{R_x} > \dfrac{R_x}{R_V}$，采用如答图甲所示的电流表外接法，测量值与真实值较接近，误差比电流表内接法更小。但是本题中由于电流表内阻已知，可以兼任电压表的角色，采用如答图乙所示的电流表内接法，其电路可等效为如答图丙所示，将电压表测得的电压与电流表"测得"的电压相减，可以更准确"测得"R_x 两端的电压，不会带来系统误差。若电压表示数为 U，电流表示数为 I，可得 $R_x = \dfrac{U - IR_A}{I}$。

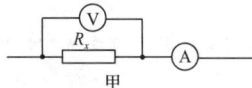

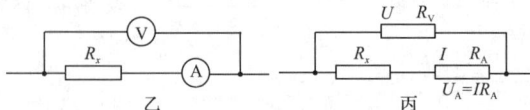

第1题答图

2.

| 分析题给条件可求出电压表的内阻，并进行角色转换 | → | 判断发现，若电压表兼任电流表的角色，可使通过 R_x 电流的测量更加准确 |

| 作出角色改变后的等效电路图 | → | 应用串、并联电路规律进行求解 |

题图(a)的等效电路如答图甲所示,三个元件的电阻 R_A、R_V 和 R_x 串联,得 $R_A=\dfrac{U_1}{I_1}=1800\Omega$。

题图(b)的等效电路如答图乙所示,电压表同时担任电压表和电流表两个角色,在测得 R_x 两端电压的同时,还能"测得"通过自身的电流 $\dfrac{U_2}{R_V}$,则通过 R_x 的电流为 $I_2-\dfrac{U_2}{R_V}$,

所以 $R_x=\dfrac{U_2}{I_2-\dfrac{U_2}{R_V}}$,解得 $R_x=900\Omega$。

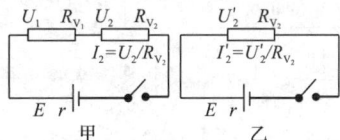

第2题答图

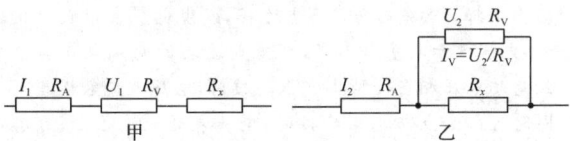

3.

根据闭合电路欧姆定律 $E=U+Ir$,测量电源的电动势时,需要测量电源两端的电压和通过电源的电流。本题中需要将一个电压表进行角色转换,同时兼任电压表和电流表的角色。考虑到两个电路中都有电压表 V_2,可设其内阻为 R_{V_2},并对其进行角色转换。答图中的甲、乙分别为题图(a)(b)进行角色转换后的等效电路。

第3题答图

由闭合电路欧姆定律得

$$E=U_1+U_2+\dfrac{U_2}{R_{V_2}}\cdot r$$

$$E=U_2'+\dfrac{U_2'}{R_{V_2}}\cdot r$$

将 E、$\dfrac{r}{R_{V_2}}$ 视为未知量,由上述两方程联立求解可得 $E=10.8V$。

【拓展训练】

1. 考虑用伏安法测量 R_x 的阻值。电压表 V 的量程为 $0\sim15V$,而电源的电动势最大为 3V,测量时电压表 V 的指针偏角过小,读数的相对误差较大,所以电压表 V 不适合。考虑是否有电流表可以进行角色转换,当作电压表使用。有两个电流表可供选择,其中 A_1 的内阻已知,可以进行角色转换。因此,可用转变角色的 A_1 与另一电流表 A_2 一起通过伏安法测 R_x 的阻值。由于 A_2 的阻值不完全确定,且并非远小于被测电阻 R_x 的阻值,所以宜采用电流表 A_2 外接,电路设计如答图甲所示,其等效电路如答图乙所示。此时,电流表 A_1 可同时兼任电流表和电压表的角色。

将表 A_2、A_1 的示数作差,可较为准确求得通过 R_x 的电流。

若表 A_1、A_2 的示数分别为 I_1、I_2,则 R_x 的计算表达式为

$$R_x=\dfrac{I_1R_{A_1}}{I_2-I_1}。$$

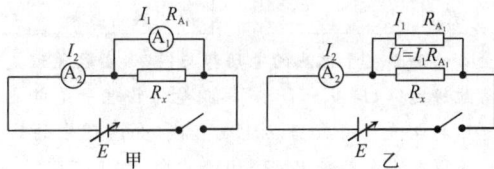

第1题答图

2. 本题中电压表所接入的电路具有感应电动势,在处理该问题时,不要纠结于电压表测的是电路中哪两点的电压,也不要纠结于电压表在电路中运动会不会切割磁感线而产生电动势。只要将电压表进行角色转换,看成一个"聪明"的电阻,用通过的电流与内阻相乘,即可得到电压表的示数。不管电压表内部结构多复杂以及电压表切割磁感线时会不会有感应电动势,由法拉第电磁感应定律可知,整个回路的电动势 $E=BLv$,等效电路如答图所示,根据闭合电路欧姆定律可得,通过电压表的电流 $I=\dfrac{E}{4R+R_A}$,电压表的示数 $U=IR_A=\dfrac{BLvR_A}{4R+R_A}$。

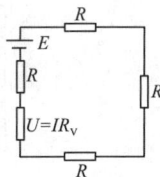

第2题答图

3. 考虑用伏安法测量 R_x 的阻值,两个电流表的内阻均已知,可以进行角色转换。两电流表的满偏电流和满偏电压分别为 0.1mA 和 0.1V,被测电阻只有几欧,如果两个表直接用于伏安法测量电流和电压,则当其中一个表接近满偏,另一个可能偏角非常小或者远远超出量程。考虑到电流表的内阻已知并且提供了定值电阻,可以进行改装。

现用标准电阻分别与两个电流表进行串联和并联,来扩大其量程。R_1 与 G_1 串联,则串联之后总电阻为 30000Ω,G_1 满偏时,两端电压为 3V;R_2 与 G_2 并联,并联的总电阻约为 0.1Ω,G_2 满偏时,并联电路的干路电流约为 1A(考虑到 R_2 的电流为 G_2 电流的 10000 倍,可将干路电流近似等于 R_2 电流)。考虑到扩大量程之后的电压表内阻 30000Ω 远大于被测电阻,采用电流表外接法。

设计电路如答图甲所示,其等效电路如答图乙所示,若电流表 G_1 示数为 I_1,电流表 G_2 示数为 I_2,则根据电路规律可知,电阻 R_x 的计算表达式为 $R_x=\dfrac{I_1(R_1+R_G)}{\dfrac{R_G}{R_2}I_2}$。

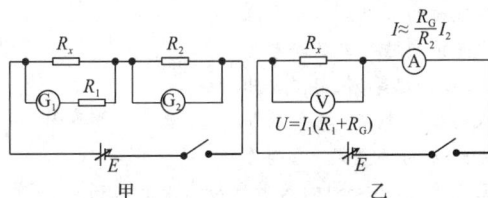

第3题答图

第3讲 实验误差分析观

【基础训练】

1. 实验目的是测一节干电池的电动势与内电阻 $\longrightarrow$ 电压表、电流表不是理想电表,用伏安法测量,在原理上就存在误差

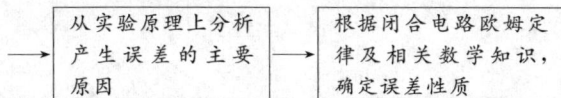

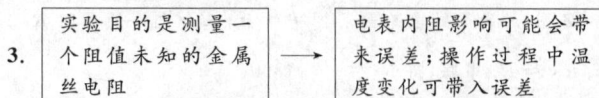

3.

实验目的是测定干电池的电动势与内阻,实验原理是闭合电路欧姆定律 $U=E-Ir$,直接测量的物理量是电池的路端电压和电流。将数据点连成直线(如答图中的线1所示),易得电池电动势 $E=1.49\text{V}$,内阻 $r=0.75\Omega$。

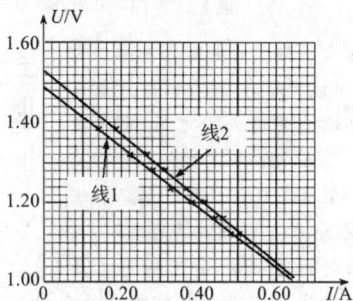

第1题答图

因电压表不能视为理想电表,在测量过程中,忽略电压表的电流,认为电流表读数等于电池电流会带入误差。题(a)中流过电压表的电流计作 I_V,则电流表读数与电池电流相比,偏小 I_V。因此,题图(b)中每个数据点对应真实值都需向右平移 I_V,且电压越大,I_V 越大,数据点向右平移越多。将这些真实的数据点连成直线,如答图中的线2所示。由闭合电路欧姆定律 $U=E-Ir$ 及函数知识可知,电动势和内阻的测量结果均偏小。

伏安法测电阻的实验原理是欧姆定律,需测量金属丝两端电压与流过电阻的电流。

实验中将 c 点先后与 a、b 点连接,发现电压表示数变化较大,电流表示数基本不变,可知电流表的两端电压与金属丝两端电压相当,c 点与 b 点连接时,电压表读数误差大。同时可知 c 点与 a 点连接时,电压表的分流很小,可忽略不计,电流表读数非常接近电阻的电流。该接法电压测量准确,电流测量偏大,由欧姆定律可知,电阻的测量结果小于真实值。

操作方法上看,慢慢向右移动滑片测得多组数据的过程,金属丝温度升高,阻值变大,I-U 曲线向下弯曲。如答图所示,将实验数据点应连接成光滑曲线,电阻器不工作时,

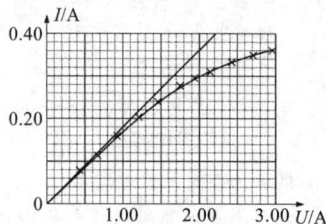

第3题答图

阻值等于曲线在(0,0)的切线斜率,算得 $R_x=5.5\Omega$。

2.

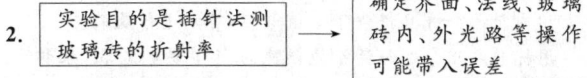

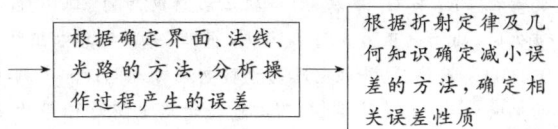

如答图所示,用插针法确定入射光线(出射光线)时,P_1、P_2、P_3、P_3 的针孔有一定大小,P_1 和 P_2(P_3 和 P_4)的距离越小,确定的入射光线(出射光线)方向偏差越大;光线在玻璃砖的入射点与出射点连线是玻璃砖内部的折射光线,玻璃砖越薄,入射点与出射点的距离越近,确定的折射光线方向偏差越大;两个

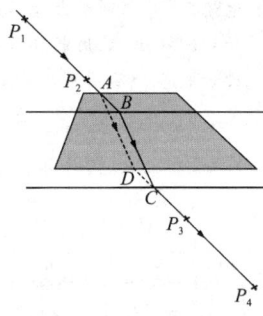

第2题答图

界面不平行,不会影响入射点与出射点的确定,不影响实验结果;用粗的大头针实验时,后插上的大头针在一定范围内均能遮挡之前插上的大头针,确定入射光线、出射光线时,方向误差更大,其次插孔更大,也会带来更大的误差。因此,第(1)题A项合理。

不小心将玻璃砖向上平推后继续实验,玻璃砖内部真实光路是答图中虚线 AD,插针法确定的内部光路是答图中 BC。由几何知识可知 $AD\,/\!/\,BC$,故平推后入射角与折射角大小测量不受影响,测得的折射率不变。

4.

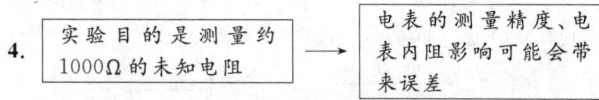

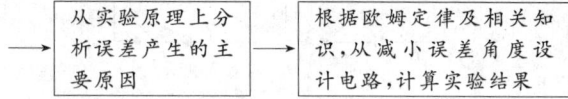

伏安法测电阻的原理是欧姆定律,需测量电阻器两端电压与流过电阻的电流,电流表外接与内接均可能带入误差。

设计电路时,使电表的读数在其满偏值的 $\dfrac{1}{3}$ 以上,可以减小两电表精度带来的相对误差。选用电压表 V_1 或电压表 V_2 测电阻器两端电压时,流过电阻器的电流范围为 $0\sim5\text{mA}$ 或 $0\sim3\text{mA}$,与电流表量程不匹配,选用电流表 A 会带入较大误差。因为电压表 V_2 的内阻已知,电压表 V_2 可当作 $0\sim1\text{mA}$ 的电流表,并将电压表 V_2 与待测电阻串联使用(内接),串联电路两端电压范围为 $0\sim4\text{V}$,可用电压表 V_1 测量,同时电压表 V_1 的分压也可以剔除。

最终设计电路如答图所示,若电压表 V_1 示数为 U_1,电压表 V_2 示数为 U_2,内电阻为 R_{V2},则待测电阻 $R_x=\dfrac{U_1-U_2}{U_2}R_{V_2}$。

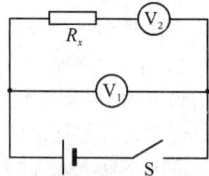

第4题答图

5.

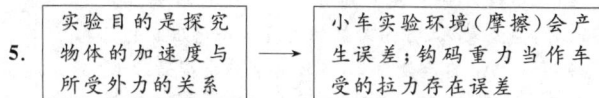

```
从操作步骤与实验  →  根据牛顿运动定律解
原理上分析误差        释实验现象，确定影
                    响误差的因素
```

(1) 实验中未补偿阻力，绳子拉力不是小车的合外力，小车与轨道间、纸带与计时器间的摩擦作用（记作 F_f）会产生较大误差。实验室所用钩码一般为 50g 一个，所用小车一般为 300g 左右，钩码的质量与小车的质量相当，未满足 $M \gg m$，绳子拉力与钩码的重力差距大，实验原理上存在误差。

小车与钩码一起加速运动，加速度相等，由牛顿运动定律知

$$F_合 - F_f = Ma \quad ①$$

$$mg - F_合 = ma \quad ②$$

$$a = \frac{mg - F_f}{M + m} \quad ③$$

实验中，将 mg 记作 F，

$$a = \frac{F - F_f}{M + \frac{F}{g}} = \frac{g}{Mg + F}(F - F_f)$$

$$= \frac{g}{Mg + F}F - \frac{g}{Mg + F}F_f$$

故 a-F 图像不过原点的原因是未补偿阻力；图像向下弯曲的原因是未满足 $M \gg m$，$\frac{g}{Mg + F}$ 越来越小。

(2) 补偿阻力后再进行实验，由③可知

$$a = \frac{mg}{M + m} \quad ④$$

由②④两式解得 $F_合 = \frac{Mmg}{M + m}$，代入

$$\delta = \frac{F - F_合}{F_合} \times 100\%$$

可得 $\delta = \frac{m}{M} \times 100\%$，选项 D 正确。

【拓展训练】

1. (1) 实验目的是用单摆测量重力加速度。

实验原理是单摆的周期公式 $T = 2\pi\sqrt{\frac{L}{g}}$，周期与摆长的测量会带入误差。

周期测量中，从计数 1 到计数 n，经历的全振动为 $n-1$ 次，实际周期 $T_实 = \frac{t}{n-1}$。第一组同学计算的周期 $T = \frac{t}{n}$ 偏小，代入公式 $T = 2\pi\sqrt{\frac{L}{g}}$，算得的重力加速度偏大。

(2) 第二组同学测量摆长时未计入小球的半径，使摆长的测量偏小。若小球半径记作 r，摆长为 $(L+r)$。由单摆的周期公式知，周期与摆线长的关系是 $T = 2\pi\sqrt{\frac{L+r}{g}}$，所以 $T^2 = \frac{4\pi^2}{g}(L+r)$，函数图像为题图中的线①。

图像的斜率为 $\frac{4\pi^2}{g}$，与摆长无关，根据图像求得的重力加速度值无偏差。

2. (1) 实验目的是探究小车沿斜面运动的加速度与受力关系。

实验中，力的测量可能带入误差，斜面的摩擦可能影响

力的测量，会带入误差。

当小车恰好匀速下滑时，小车、槽码托和槽码受力如答图所示，平衡时绳子拉力 $F_T = mg$；撤去槽码托和槽码后，小车所受的合力 $F = mg$。从 F 测量原理看，摩擦力不影响力的测量，槽码托和槽码的质量 m 与小车的质量 M 间的大小关系也不影响力的测量，所以实验不需要补偿阻力，也不需要满足 $M \gg m$。

(2) 将槽码托和槽码取下，只测量了槽码的质量 m，忽略槽码托质量 m_0，若仍认为 $F = mg$，将使小车所受的合力测量值偏小。

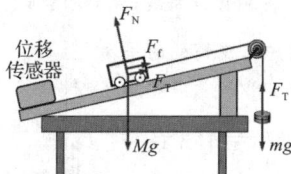
第 2 题答图

由牛顿第二定律可知 $F_合 = Ma$，其中小车合力的实际值为 $F_合 = (m + m_0)g$，解得

$$a = \frac{1}{M}(m + m_0)g = \frac{1}{M}F + \frac{1}{M}m_0 g$$

由函数知识知，a-F 图像应该是题图中的线①。

3. 实验目的是测量约 5Ω 的电阻。

依据实物图作出电路图如答图所示，从实验原理看，两次电流表读数相同，则两次电路的总电阻相等，可知待测电阻的阻值等于电阻箱的阻值，实验原理上不存在系统误差；但电流表与电阻箱的精度在测量过程会带入误差。

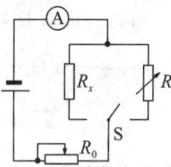
第 3 题答图

从题图中的信息看，回路电流的范围为 0～0.6A。若选用 0～0.6A 电流表，最小刻度为 0.02A，仅考虑读数产生的误差，按电流大小为 0.3A 计，电流表读数相对误差最大，即

$$\delta = \frac{\pm 0.01\text{A}}{0.3\text{A}} \times 100\% \approx \pm 3.3\%$$

电阻箱的最小分度为 1Ω，与待测电阻（约 5Ω）比较接近，在调节电阻箱的阻值时，使电流表的读数与前一次无法完全相同，即电阻箱的阻值无法调节到和待测电阻相同，估计由此带来的相对误差

$$\delta' \approx \frac{\pm 0.5\Omega}{5\Omega} \times 100\% = \pm 10\%$$

由题图中电阻箱示数可知待测电阻为 5Ω，实验有明显的误差，误差的主要原因是电阻箱的精度不足，其次电流表示数较小时，也会产生明显的误差。

4. 实验目的是探究气体等温变化的规律。

从实验装置与原理看，利用平衡条件计算气体的压强，活塞与针筒壁间的摩擦可能带入误差；实验过程中体积的测量会带入误差；实验过程没有保持温度不变会带入误差。

第一组实验，当活塞平衡时，受力分析如答图甲所示，压强真实值为

$$p_0 + \frac{M + m}{S}g - \frac{F_f}{S}$$

所以压强实验值偏大 $\dfrac{F_f}{S}$。

第二组实验，当活塞平衡时，受力分析如答图乙所示，压强真实值为

$$p_0 + \dfrac{M+m}{S}g + \dfrac{F_f}{S}$$

压强实验值偏小 $\dfrac{F_f}{S}$。所以第一组实验结果是线①，A项正确。

实验过程中若手触碰针筒改变了温度，气体发生非等温变化过程，则 $p - \dfrac{1}{V}$ 图像是曲线，故 B 项错误。

实验过程若考虑橡皮帽处的一小段气柱的体积 V_0，等温过程有 $p = \dfrac{C}{V+V_0} = \dfrac{C}{1+\dfrac{V_0}{V}} \cdot \left(\dfrac{1}{V}\right)$，

$p - \dfrac{1}{V}$ 图像是过原点的斜率变小的曲线，所以 C 项错误。

常温条件下，压强不大的气体状态变化遵循理想气体状态方程 $\dfrac{pV}{T} = C$，其中 C 与分子数正相关。由函数知识可知第二次实验 $p - \dfrac{1}{V}$ 图像的斜率较小，分子数较少，D 项正确。

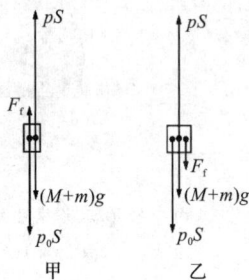
第 4 题答图

第 4 讲　识别电路图和图像

【基础训练】

1.
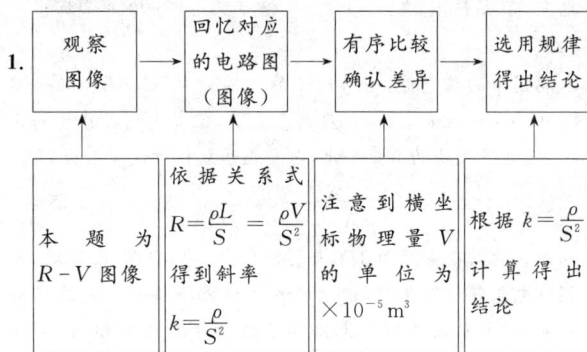

观察图像，本题为 $R - V$ 图像，依据关系式 $R = \dfrac{\rho L}{S} = \dfrac{\rho V}{S^2}$ 得到斜率 $k = \dfrac{\rho}{S^2}$，可得 $\rho = kS^2$，注意到横坐标体积 V 的单位前带有"$\times 10^{-5}$"数量级，纵坐标 R 的单位带有"$\times 10$"数量级，计算斜率 $k = \dfrac{380}{16 \times 10^{-5}}$ Ω/m³，所以得 $\rho = 2.38$ Ω·m。

2.
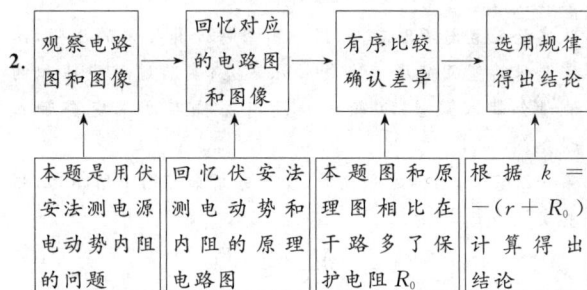

先观察到图像的纵坐标的起点是 0.7V，再回忆伏安法测电动势和内阻的原理图（答图），由于题图中还接了保护电阻 R_0，所以考虑到 R_0 的影响，结合函数和图像可知，电动势 $E = 1.45$V，图像的斜率 $k = -(r + R_0)$，$k = \dfrac{1.45 - 0.7}{0 - 0.30} = -2.50$，综合得 $r = 0.50$Ω。

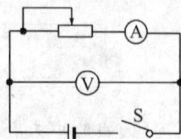
第 2 题答图

【拓展训练】

1. 观察电路图，本题是伏安法测量电源电动势和内阻的实验，回忆伏安法测电动势和内阻的原理图，两者相对比，题图(a)在干路串接了保护电阻 R_0，仔细分析题图(b)中所描绘的数据点，电流变化范围大约为 0.10A 到 0.26A，根据 $R_{总} = \dfrac{E}{I}$，可得电路总电阻范围约为 5.76Ω 到 15Ω，故可知 R_0 的阻值不可能为 10Ω，应选 B。

2. 观察电路图，本题是伏安法测电阻的电路。回忆伏安法测电阻的原理图（答图），比较发现题图中用电流表和电阻箱代替了电压表，这对本题会带来两个影响，一是需要通过 $I(r + R_2)$ 计算得到电压 U；二是 $I_1 - I$ 可以精确得出 R_x 的电流，从而避免系统误差，再根据电阻定义式 $R = \dfrac{U}{I}$ 可得

$$R_x = \dfrac{I(r + R_2)}{I_1 - I}。$$

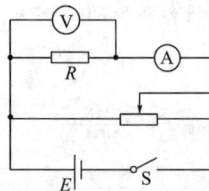
第 2 题答图

第 5 讲　审题与审图

【基础训练】

1.
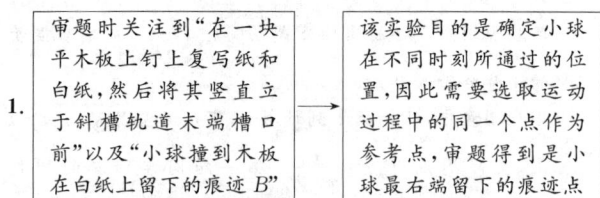

通过分析可得该实验方案将小球的最右端选为参考点。

2.
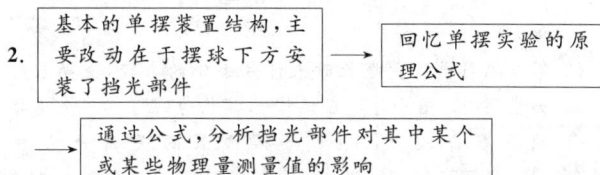

单摆周期公式 $T = 2\pi\sqrt{\dfrac{L}{g}}$，变形得 $g = \dfrac{4\pi^2 L}{T^2}$，

作出 $T^2 - l$ 图像后，其中 $k = \dfrac{\Delta(T^2)}{\Delta L} = \dfrac{4\pi^2}{g}$，可得 $g = \dfrac{4\pi^2}{k}$，

该单摆在摆动过程中，扫过光电门的位置与 O 点间的距离才是实际的摆长，相当于该同学测得的摆长值偏小，导致 $T^2 - L$ 图像不会经过原点。

3.
甲方案实验中小车匀加速下滑 乙方案实验中小车先匀速下滑,再匀加速下滑	→	对小车在两个实验方案中分别进行受力分析,列出牛顿第二定律表达式

→
通过表达式判断两个实验方案是否需要满足指定条件

题图(a)是常规的实验装置,实验时将托盘和砝码的重力当作小车的合外力处理,因此沿木板方向上不能存在摩擦力,因为该实验摩擦力是不能计算出来的,会影响小车合外力的测量。记细绳上拉力为 F,平衡摩擦力后,小车沿木板向下做加速运动,有

$$F_合 = F = Ma$$

托盘合砝码也做加速运动,有

$$F'_合 = mg - F' = ma$$

根据牛顿第三定律,综合上述两式可得

$$a = \frac{mg}{m+M}$$

由上式可知需要满足 $M \gg m$,否则当加速度增大到一定值,小车的实际合外力 F 与 mg 的差值会明显增大;若 $M \gg m$ 则该误差可忽略不计。

乙方案存在关键信息"使质量为 M 的小车拖着纸带沿木板匀速下滑","取下托盘和砝码,测出其总质量为 m,让小车沿木板下滑"。该方案将实验分成两步:

第一次匀速运动,有 $Mg\sin\theta + F_f = F$,$F = mg$。

第二次加速运动,有 $F_合 = Mg\sin\theta + F_f = mg$。

因此该实验方案可以更准确地得到小车加速运动过程中的合外力。

故(1)(2)两问答案均为甲。

4.
题图(a)为验证动量守恒定律实验装置,改造后装置区别在于小球落点由水平面变成圆弧面	→	分析两装置小球运动的共同点与区别,并列出可供计算关系式

→
整理得到改造后装置满足动量守恒定律的表达式

抓住原实验装置的特点:竖直分运动时间相等,因此水平分运动时间也相等。得到水平速度之比等于水平位移之比。改造后的装置显然不同落点的小球运动时间不等,通过重新分析竖直方向运动时间与水平位移的关系即可得到正确表达式。

设圆弧半径为 R。由小球在空中做平抛运动得

$$R\sin\alpha = vt, \quad R\cos\alpha = \frac{1}{2}gt^2$$

解得 $v = \sqrt{\dfrac{gR\sin\alpha\tan\alpha}{2}}$。若两球碰撞过程中动量守恒,则有 $m_1 v_{P'} = m_1 v_M + m_2 v_{N'}$,即

$$m_1\sqrt{\frac{gR\sin\alpha_2\tan\alpha_2}{2}} = m_1\sqrt{\frac{gR\sin\alpha_1\tan\alpha_1}{2}} + m_2\sqrt{\frac{gR\sin\alpha_3\tan\alpha_3}{2}}$$

整理可得

$$m_1\sqrt{\sin\alpha_2\tan\alpha_2} = m_1\sqrt{\sin\alpha_1\tan\alpha_1} + m_2\sqrt{\sin\alpha_3\tan\alpha_3}$$

【拓展训练】

1. 本实验通过注射器的读数来获得气体体积,通过实验图可以发现其中注射器和传感器的连接处体积没有考虑,因此

会带来影响。

设没考虑那部分气体体积为 ΔV,那么实际情况满足公式 $p = k\dfrac{1}{V+\Delta V}$。当 V 比较大时,ΔV 对其影响可忽略不计,但是当 V 取的值过小时,会导致数据图像偏离直线程度较大。

2. 通过审图可以发现,该装置的主要结构是单摆。影响单摆周期的因素有摆长 l 和当地重力加速度 g,显然在两次实验中 g 没有发生改变。实际摆动过程中,粘在一起后,两摆球整体的重心发生变化,如答图所示。黏合后重心与悬点 O 的距离大于绳长,故根据单摆周期 $T = 2\pi\sqrt{\dfrac{l}{g}}$ 可得周期变大。

第2题答图

3. 在进行"探究弹簧弹力与伸长量的关系"实验时,通常会使用一根弹簧,该题反常地使用了两根弹簧串在一起,需要考虑其带来的影响。

通过分析可得:刻度 x_A 的变化等同于弹簧 A 的长度变化;但是刻度 x_B 的变化并不变是弹簧 B 的长度变化,而是两根弹簧总的长度变化,因此在计算弹簧 B 伸长量时,应该用总长度变化量减去弹簧 A 的长度变化量。得到 $\Delta x_A = 0.78\text{cm}$,$\Delta x_B = 1.29\text{cm}$。

4. 根据胡克定律,将表格中的数据计算可得,弹簧甲的劲度系数 $k_1 = \dfrac{\Delta F}{\Delta x_1} = \dfrac{0.49\text{N}}{1.00\text{cm}} = 49.0\text{N/m}$

弹簧甲、乙合并后的劲度系数

$$k = \frac{\Delta F}{\Delta x_2} = \frac{0.49\text{N}}{0.32\text{cm}} = 153\text{N/m}$$

通过观察分析可得,两弹簧套在一起,挂上重物后伸长量应相等。

总劲度系数 $k_总 = k_甲 + k_乙$,计算出乙的劲度系数

$$k_乙 = (153-49)\text{N/m} = 104\text{N/m}$$

第6讲　作电路图

【基础训练】

1.(1)
实验原理:改变滑动变阻器,测出金属丝两端电压和通过金属丝电流,测量出多组数据,根据欧姆定律,利用绘制 U-I 图像求得金属丝的阻值

→
分压式接法调压范围稍大,采集的数据点可更分散一些,绘制的 U-I 图像更准确,故采取分压式接法;计算得 $\dfrac{R_A}{R_x} \approx 500$,大于 $\dfrac{R_x}{R_A} \approx 60$,电压表的分流作用相对于电流表的分压作用对测量的影响更小,因此选择电流表外接法

→
作出实验电路图(答图)

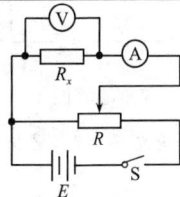

第1题答图

(2)选择分压电路,理由见(1)。选择电流表外接,理由:见(1)。

2.(1)

实验原理:通过调整滑动变阻器,改变小灯泡两端电压和通过的电流,用电压表和电流表测出小灯泡两端电压和通过小灯泡的电流,绘制小灯泡的伏安特性曲线,进而研究小灯泡灯丝电阻的变化规律

小灯泡的两端电压需要从0开始连续可调,故滑动变阻器采用分压式接法;由于小灯泡的电阻较小,即 $\dfrac{R_A}{R_L} > \dfrac{R_L}{R_A}$,电压表的分流作用相对于电流表的分压作用对测量的影响更小,因此选择电流表外接法

⟶ 作出实验电路图(答图1)

(2)因电源为两节干电池(电动势约3V),小灯泡两端电压不会超过3V,电压表选取3V的量程,指针偏转角度更大,可以有效减少测量的相对误差;依据所作实验电路图连接实物图,如答图2所示。

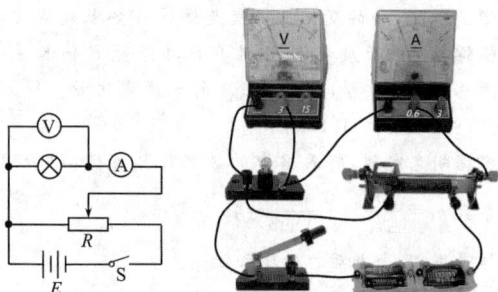

第2题答图1　　　第2题答图2

3.(1)

实验原理:根据闭合电路欧姆定律 $I = \dfrac{E}{R+r}$ 及 $U = RI$,得 $U = E - Ir$。改变滑动变阻器的阻值 R,测出几组 I、U 的数值,利用公式或 U-I 图像求得电动势 E 和内阻 r

若电流表采用外接法,因电流表的分压作用造成系统误差,$r_{测} = \dfrac{E-U}{I} = r + R_A$;若电流表采用内接法,因电压表分流作用造成系统误差,通过电源电流 $I = I_{测} + I_V$,根据并联电路电压关系 $I_{测}(R + R_A) = I_V R_V$。因实验所用的电流表内阻较小,滑动变阻器的阻值也不大,故 R_V 远大于 $R + R_A$,I_V 远小于 $I_{测}$。故电流表分压作用造成测量的内阻误差相对于电压表的分流作用更大,故电流表采用内接法

⟶ 作出实验电路图(答图1)

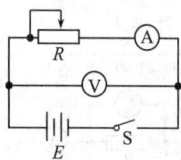

第3题答图1

(2)根据所作的实验电路图可知,实物图连接如答图2或答图3所示。

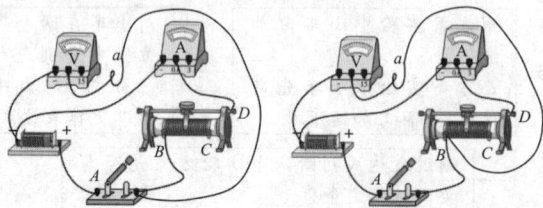

第3题答图2　　　第3题答图3

4.(1)

实验原理:根据闭合电路欧姆定律 $I = \dfrac{E}{R+r}$ 及 $U = RI$,得 $U = E - Ir$。改变滑动变阻器的阻值 R,测出几组 I、U 的数值,利用公式或 U-I 图像可以求得电动势 E 和内阻 r

因电流表内阻约为 1Ω,电池组内阻约为 1Ω,若电流表外接,$r_{测} = \dfrac{E-U}{I} = r + R_A$,测定误差很大,所以采用电流表内接法

⟶ 作出实验电路图(答图)

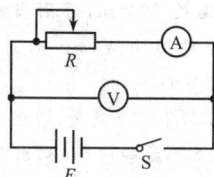

第4题答图

(2)实物图是电流表外接法,正确的应该是电流表内接法,故连接不当的导线应该是5。

【拓展训练】

1.(1)明确实验目的及原理:通过调整滑动变阻器,改变小灯泡两端电压和通过的电流,用电压表和电流表测出小灯泡两端电压和通过小灯泡的电流,绘制小灯泡的伏安特性曲线,进而研究小灯泡灯丝电阻的变化规律。

寻找分压(或限流)、内接(或外接)的依据:小灯泡的两端电压需要从0开始连续可调,故滑动变阻器采用分压式接法;由于小灯泡的电阻较小,即 $\dfrac{R_A}{R_L} > \dfrac{R_L}{R_A}$,电压表的分流作用相对于电流表的分压作用对测量的影响更小,因此选择电流表外接法。

作出实验电路图如答图1所示。

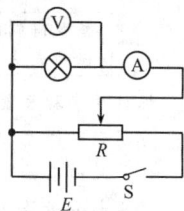

第1题答图1

(2)根据所作实验电路图,实物连接如答图2所示。

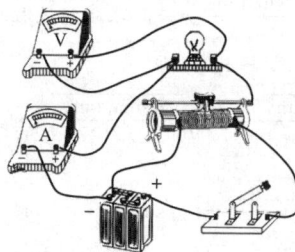

第1题答图2

第7讲　设计方案论证

【基础训练】

1.

> 根据电路图可知,控制电路是分压式连接;测量电路中 G 表与可变电阻的作用是改装成符合要求的电压表 →

> 根据电源和被测电阻值,可知电流最大值为 0.5A,若选择 $50\mu A$ 的电流表,显然无法满足,电流表 A 应选择选择电流表 A_2(B);
> 用电阻箱 R_1 与 $50\mu A$ 的电流表改装的电压表能够测量 0.5V 的电压,基本满足安全性和精确性要求,G 应选择 A_1(A);
> 金属丝的电阻约 6Ω,若选 500Ω 的滑动变阻器,调节很不方便,应选 10Ω 的滑动变阻器 R_2(D)

→ 对已选器材进行综合分析,确定选择正确

电路中电流表 G 应选择 A,电流表 A 应选择 B,滑动变阻器应选择 D。

2.

> 根据电路图可知,实验方案采用伏安法测量电源电动势和内阻,定值电阻作用是增大电源等效电阻以减小实验误差 →

> 根据精确性要求,选择 3A 的电流表不合适(干电池不宜提供大电流),电流表应选择量程为 $0\sim0.6A$ 的 A_1(B);
> 根据电源电动势、内阻和电流的大致值,为便于操作,应选择 10Ω 的滑动变阻器 R_3(F);
> 若选择阻值为 10Ω 的定值电阻,无法达到图像中的电压与电流,应选定值电阻 R_1(D)

→ 对已选器材进行综合分析,确定选择正确

电流表应选 B,滑动变阻器应选 F,定值电阻应选 D。

3.

> 据电路图可知,采用伏安法测电阻;控制电路采用分压式连接;测量电路中电流表需要改装成大量程的电流表 →

> 根据待测电阻的电流范围和电阻的大致阻值,可算出电压范围为 $0\sim2.75V$,若选择电压表量程为 $0\sim15V$,不满足精确性要求,电压表应选择量程为 $0\sim3V$ 的 V_1(A);
> 量程为 $0\sim1mA$,内阻为 300Ω 的电流表要改装为量程上限大于 5mA 的电流表,根据计算,应选择 75Ω 的定值电阻 R_3(G);
> 为调节电压时操作不方便,应选择最大阻值为 10Ω 的滑动变阻器 R_1(E)

→ 对已选器材进行综合分析,确定选择正确

电压表应选 A,滑动变阻器应选 E,定值电阻应选 G。

4.

> 据电路图可知,采用伏安法测电源电动势和内阻;电流表和定值电阻并联是改装的大量程电流表 →

> 根据待测电源的电动势和内阻的大致范围,若选电压表量程为 $0\sim15V$,不满足精确性要求,电压表应选择量程为 $0\sim3V$ 的 V_1(B);
> 量程为 $0\sim300mA$,内阻为 27Ω 的电流表 A 要改装为量程上限为几百毫安的电流表,根据计算,应选择 3Ω 的定值电阻 R_3(F);
> 为调节电压时操作方便,应选择最大阻值为 20Ω 的滑动变阻器 R_1(D)

→ 对已选器材进行综合分析,确定选择正确

电压表应该选择 B,滑动变阻器应该选择 D,定值电阻应该选择 F。

【拓展训练】

1. 根据电路实物图可知本实验利用伏安法测电源电动势和内阻;与定值电阻相连的安培表是改装的大量程电压表。
   然后遵循安全性、精确性和可操作性三个原则选择器材:
   根据电源内阻大致为 5Ω,若选择最大阻值为 200Ω 的滑动变阻器调节电压时不方便,所以根据可操作性原则选择最大阻值为 20Ω 的滑动变阻器 R_3(E)。
   根据电路的电流小于 0.3A,若选择 A_1(A),小于最小电流,电流表不安全,根据精确性和安全性选择 A_2(B)。
   根据电源的电动势 1.5V,若选择量程为 $0\sim200\mu A$ 的电流表 A_1 和定值电阻 R_2(D),正好可以改装成量程略上限大于 1.5V 的电压表。
   最后对已选器材进行按照实验步骤综合分析,确定选择的正确性。得到图中虚线框内的电表应选 B;虚线框内的定值电阻应选 D;滑动变阻器应选 E。

2. 先根据电路图可知本实验是利用半偏法测电阻阻值。
   然后遵循安全性、精确性和可操作性三个原则选择器材:
   为确保半偏法测电阻的精确性,R_N 的作用是尽量保证开关闭合前后支路电流保持不变,即要求 S_2 闭合时,整个电路的阻值变化很小,因此 R_N 选择大电阻 R_2。
   根据实验原理(半偏),R_M 只要能达到被测电阻的阻值就可以,所以选择 R_1。
   最后对已选器材进行综合分析,确定选择正确。确定 R_M 应选 R_1,R_N 应选 R_2。

3. (1) 1.5
   (2) 先据电路图可知,采用伏安法测水果电池电动势和内阻
   然后遵循安全性、精确性和可操作性三个原则选择器材:
   根据待测电源的电动势和内阻的大致范围,若选择电压表量程为 $0\sim15V$,不满足精确性要求,电压表应选量程为 $0\sim3V$ 的 V_1(C)。
   由于水果电池的内阻大约 1000Ω,为调节电压时操作方便,应选最大阻值为 1500Ω 的滑动变阻器 R_2(F)。
   最后对已选器材进行综合分析,确定选择正确。确定电压表应该选择 C,滑动变阻器应该选择 F。

4. 先据电路实物图可知,采用伏安法测电阻的伏安特性曲线测量电路中电学元件的电流和电压有限制范围;控制电路采用分压式连接,且滑动变阻器有电流限制范围。
   然后遵循安全性、精确性和可操作性三个原则选择器材:
   根据电学元件的电压范围,若选择电压表量程为 $0\sim3V$,不满足安全性要求,电压表应选程为 $0\sim10V$ 的 V_1(D)。
   根据电学元件的电流范围,若选择电流表量程为 $0\sim50mA$,不满足精确性要求,电流表应选量程为 $0\sim10mA$ 的 A_1(B)。
   由于滑动变阻器有电流限制范围,若选最大阻值为 20Ω,整个电路的电流超过 0.5A,不满足安全性要求,所以应选择最大阻值为 50Ω 的滑动变阻器 R_1(F)。
   最后对已选器材进行综合分析,确定选择正确。确定电流表是 B;电压表是 D;滑动变阻器是 F。

第8讲 完善实验设计

【基础训练】

1. 小灯泡两端电压无法调节到5V以下 → 滑动变阻器最大阻值10Ω与小灯泡电阻差不多,用限流接法电压调节范围小,且无法从零开始调节

→ 将滑动变阻器从限流接法改成分压接法 → 改进设计后电压能从零一直调到9V,实验时需要注意电压不能调太大

具体电路图如答图所示。

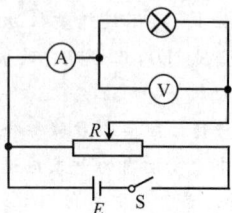

第1题答图

2. 电压表测的电压大于待测电阻两端电压 → 电流表有一定的内阻,电流表分去了一部分电压

→ 将电流表内接改成电流表外接 → 改进后的系统误差比改进前要小,测量更精确

具体电路图如答图所示。

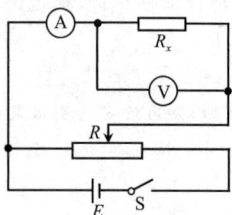

第2题答图

3. 电流表量程上限为1mA小于实验要求5mA → 电流表量程偏小

→ 电流表内阻已知,可结合定值电阻R_1改装电流表(量程上限为5mA) → 改进后可满足实验要求

具体电路图如答图所示。

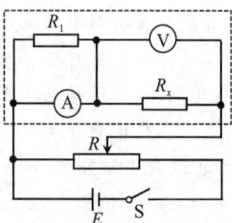

第3题答图

【拓展训练】

1. 由题可知,电压表的量程与电阻R_x两端电压不匹配,造成电压表读数偏小、相对误差较大的问题。优化方案的途径有两种:①选用更小量程的电压表,但是本题中没有提供;

②增大被测电压,在原电路图中恰有一个定值电阻R_0与待测电阻R_x串联,只要测出R_0和R_x的总电压,再用部分电路欧姆定律求出总电阻$R_0+R_x=\dfrac{U}{I}$,就能解决问题。

具体电路图如答图所示。

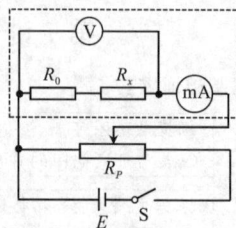

第1题答图

2. 由题可知,电压表的量程与微安表允许通过的最大电压不匹配,造成电压表读数极小,无法测量电压的问题。在该题中改装电压表量程或给微安表串联分压电阻的方法都不行。运用题中所给的电流表和定值电阻R_0,结合串并联电路的电压电流的特点,可以测出微安表两端电压$U=R_0(I-I_g)$,其内阻$R_g=\dfrac{U}{I_g}$。

具体电路图如答图所示。

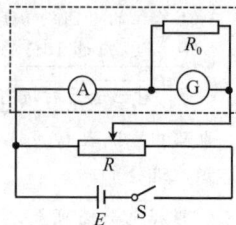

第2题答图

3. 由题可知,实验过程中的电流将远大于电流表G的量程,不满足安全性要求。结合题中所给器材,可以给电流表并联一个小电阻来扩大电流表的量程。也可以改用伏阻法来测量电池的电动势和内阻。

具体电路图如答图1或答图2所示。

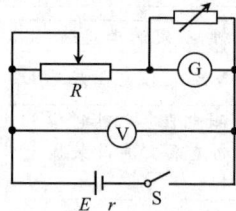 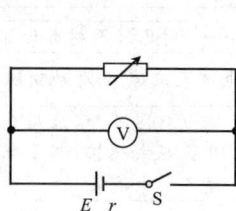

第3题答图1　　　第3题答图2

4. 由题可知,水果电池内阻较大,伏阻法测量过程中电压表分流作用明显,误差过大不再适用。结合题中所给器材,可以改用安阻法来测量水果电池的电动势和内阻。另外,安培表内阻已知,能进一步优化安阻法的系统误差。

具体电路图如答图所示。

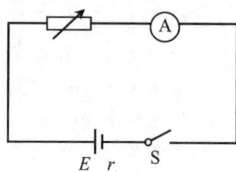

第4题答图

第9讲 写出测量量表达式(一)

【基础训练】

1. 确定物理量L与t → 物块受重力、支持力和摩擦力,沿斜面的运动是匀变速运动,遵循运动规律

→ 写物理表达式$L=v_0t+\dfrac{1}{2}at^2$

说明:根据实验所测物理量——运动距离L与运动时间t,再结合图像的横、纵轴物理量,确定物理量为L、t,对物块进行受力分析,它受到重力、支持力、摩擦力,物块下滑运动时满足的物理规律是匀变速直线运动,由匀变速正向运

动位移公式得 $L=v_0t+\dfrac{1}{2}at^2$。

2. 确定物理量 a 与 θ ⟶ 装置是一斜面,铁块受重力、支持力、摩擦力和阻力,遵循牛顿运动定律

⟶ 写物理表达式 $mg\sin\theta-\mu mg\cos\theta-F_f=ma$

说明:用电磁打点计时器、纸带和刻度尺可以测量铁块运动的加速度 a,量角器可测量木板倾角 θ,当地重力加速度 g 可查得。对铁块进行受力分析,其受到重力、支持力、摩擦力和阻力,铁块下滑运动时满足的物理规律是牛顿第二定律和匀变速直线运动,对沿斜面方向,由牛顿第二定律得

$$mg\sin\theta-\mu mg\cos\theta-F_f=ma$$

3. 确定物理量 L_0、L_1 与 L_2、L_3、$60°$ L_0、L_1 与 L_4、L_5、$90°$ ⟶ 根据实验装置分析受力、胡克定律 $F=G=k(L_1-L_0)$ $F_2=k(L_2-L_0)$ $F_3=k(L_3-L_0)$ $F_4=k(L_4-L_0)$ $F_5=k(L_5-L_0)$

⟶ 写物理量表达式 $F_2=F_3=F$ $F_2^2=F_4^2+F_5^2$

说明:实验测得物理量有 L_0、L_1 与 (L_2、L_3、$60°$) 或 (L_4、L_5、$90°$),满足的物理规律是胡克定律,能够写出的表达式有 $F=G=k(L_1-L_0)$、$F_2=k(L_2-L_0)$、$F_3=k(L_3-L_0)$、$F_4=k(L_4-L_0)$、$F_5=k(L_5-L_0)$,对题图(b)实验情境(三力互成 $120°$),满足的物理规律是合力为零,即 $F_2=F_3=F$,对题图(c)实验情境(二力垂直成 $90°$),满足的物理规律是合力为零,即 $F^2=F_4^2+F_5^2$。

根据 $F_2=F_3=F$,得 $k(L_1-L_0)=k(L_2-L_0)=k(L_3-L_0)$,可解得 $L_1=L_2=L_3$。

根据 $F^2=F_4^2+F_5^2$,可得
$$(L_1-L_0)^2=(L_4-L_0)^2+(L_5-L_0)^2$$

综上,答案为 $L_1=L_2=L_3$,
$$(L_1-L_0)^2=(L_4-L_0)^2+(L_5-L_0)^2$$

【拓展训练】

1. 可依据横、纵轴物理量——m 为纵轴,$\dfrac{1}{h}$ 为横轴,确定变量为 m、h,怎样建立变量间的关系式?这里满足的物理规律有平衡条件和气体状态方程。

选砝码和轻质活塞为研究对象,设气缸内压强为 p_1,大气压强为 p_0,则对砝码和轻质活塞做受力分析,向下的力为大气压力、砝码重力,向上的力为气体压力,由平衡条件有
$$mg+p_0S=p_1S$$

根据题意,气缸导热性能良好,更换砝码到稳定过程中气体是等温变化,由气体状态方程得
$$p_1Sh=C$$

联立方程解得 $(mg+p_0S)h=C$。

2. 只有将测量量的表达式与图像数形结合,才能分析该直线不过原点的原因。从什么角度入手写表达式?对斜面上的滑块进行受力分析,受到重力、支持力、摩擦力和阻力,滑块

下滑过程中遵循的规律,有匀变速直线运动、牛顿第二定律和动能定理。滑块做初速度为0的匀加速直线运动,故运动到 x 处时的速度 $v=\dfrac{2x}{t}$,根据动能定理有

$$mgx\sin\theta-F_fx=\dfrac{1}{2}m\left(\dfrac{2x}{t}\right)^2$$

3. 只有将测量量的表达式与图像数形结合,才能判断小钢球摆动过程中机械能守恒。从什么角度入手写表达式?对小球进行受力分析,小球受重力、绳子拉力做圆周运动,运动过程中遵循的规律有牛顿运动定律、圆周运动公式、动能定理。

设初始位置时轻绳与竖直方向的夹角为 θ,由于初速度为0,没有向心加速度,只有切向加速度,重力与绳子合力的方向为切线方向。由力的分解可知轻绳拉力最小值为
$$F_{Tmin}=mg\cos\theta$$

到最低点时轻绳拉力最大,设最低点时速度为 v,考虑到空气阻力是切线方向,对指向圆心方向立式,由牛顿第二定律和向心力公式得 $F_{Tmax}-mg=m\dfrac{v^2}{l}$。

考虑到空气阻力做功,对小球用动能定理有
$$mgl(1-\cos\theta)-W_f=\dfrac{1}{2}mv^2$$

综合上述三式,可得
$$2mgl\left(1-\dfrac{F_{Tmin}}{mg}\right)-2W_f=(F_{Tmax}-mg)l$$
$$F_{Tmax}=3mg-2F_{Tmin}-\dfrac{2W_f}{l}$$

4. 只有将测量量的表达式与图像结合分析,才能知道斜率的物理意义。从什么角度写出测量量的表达式?依据横、纵轴物理量——a 纵轴,n 为横轴,确定变量 a、n 之间的关系。对斜面上的滑块进行受力分析,它受到重力、支持力、摩擦力和阻力,滑块在下滑过程中遵循的规律,有匀变速直线运动、牛顿第二定律和动能定理。除了物理规律,依据装置结构,可以立式表达几何制约关系。设气垫导轨两支点间距为 l,气垫导轨倾角 θ,则 $\sin\theta=\dfrac{nh}{l}$。

根据牛顿第二定律得 $mg\cdot\dfrac{nh}{l}-F_f=ma$。

综合上述两式得到 $a=\dfrac{gh}{l}\cdot n-\dfrac{F_f}{m}$。

5. 对弹簧的结构进行分析,真实的弹簧需要考虑自重的影响,弹簧伸长时,弹簧重心下降,弹簧的重力势能减小,由于弹簧有质量,经过平衡位置时各部分也有不同的速度,弹簧自身也有动能。空气中的弹簧能够振动很长时间,故当钩码从释放点到第一次到达平衡位置时,空气阻力做功可忽略,据系统机械能守恒可知:钩码重力势能的减小量+弹簧重心下降的重力势能减小量=弹簧弹性势能增加量+钩码动能+弹簧的动能。写成表达式为
$$m_{钩}g(\Delta x_A+\Delta x_B)+m_{弹}g\Delta x_{弹}=\Delta E_p+\Delta E_{k}+\Delta E_{弹k}$$

考虑到 $m_{钩}\gg m_{弹}$,故上式可写成
$$m_{钩}g(\Delta x_A+\Delta x_B)=\Delta E_p+\Delta E_{钩k}$$

稳定后只剩弹性势能,即
$$m_{钩}g(\Delta x_A+\Delta x_B)=\Delta E_p+\Delta E_{钩k}>\Delta E_p$$

第 10 讲　写出测量量表达式(二)

【基础训练】

1.

待测量为电源的 E、r，坐标轴为 U 和 I	→	涉及闭合电路欧姆定律、串并联等规律

→	综合电路图和仪表参数，考虑保护电阻 R_0 的影响	→	根据题目条件，明确物理量 E、r、U 与 I 的关系，写出准确表达式并对照图表进行求解

图像中的纵轴电压值是电压表读数，横轴电流值是电流表读数，都是实际测量得到的。由题图(a)，结合仪表，元件参数，串、并联规律和闭合电路欧姆定律，得到表达式 $E=I(r+R_0)+U$。根据图像坐标轴特点，将表达式转化为 $U=-(r+R_0)I+E$，并与题图(b)进行比较，可得斜率对应 $r+R_0$，截距对应 E。

2.

待测量为电阻 R_x，坐标轴为 U_2 和 U_1	→	涉及电阻定义式，串、并联等规律

→	综合电路图和仪表参数，发现 R_x 两端电流为 $\dfrac{U_1}{r_1}$ 和电压为 U_2-U_1	→	根据题目条件，明确 R_x 与 U_1、U_2 的关系，写出准确表达式并对照图表进行求解

图像中的纵轴电压值是电压表 V_2 的读数 U_2，横轴电压值是电压表 V_1 的读数 U_1，都是实际测量得到的。由题图(a)，结合仪表，元件参数，串、并联规律得到的关系式为 $U_2=U_1\left(1+\dfrac{R_x}{r_1}\right)$，将表达式与题图(b)比较，可知斜率对应 $1+\dfrac{R_x}{r_1}$。

3.

明确测量量为 U、I 和 x，坐标轴为 $\dfrac{U}{I}$ 和 x	→	涉及电阻定义，串、并联，电阻定律等规律

→	综合电路图和仪表参数，考虑电流表的分压作用	→	根据题目条件，明确物理量 x、U、I 的关系，写出准确表达式并对照图表进行判断

图像中的纵轴 $\dfrac{U}{I}$ 是电压表读数与电流表读数的比值，都是实际测量得到的，横轴是长度 x，也是实际测量得到的。本题需结合电路图写出准确表达式来判断拟合直线的准确性，由电路图(题图)，结合串、并联规律，欧姆定律和电阻定律可知，电压表读数 U、电流表读数 I 和电流表内阻 R_A、长度 x、待测电阻率 ρ 之间的关系式 $\dfrac{U}{I}=\dfrac{\rho}{S}x+R_A$。由表达式可知直线应不过原点，选择拟合直线 A 正确。

4.

待测量为灯丝电阻 R，测量量为 I_1 和 I_2	→	涉及电阻定义式，串、并联等规律

→	综合电路图和仪表参数，需考虑电流表 A_1 分流，发现电阻 R 两端电压为 $I_1(R_{g1}+R_0)$	→	根据题目条件，明确 R 与 I_1、I_2 的关系，写出准确表达式并对问题进行求解

为求灯丝电阻 R，两电流表的读数 I_2 和 I_1 都是实际测量得到的。由电路图(题图)，结合仪表，元件参数，串、并联规律得到的关系式

$$I_1(R_{g1}+R_0)=(I_2-I_1)R$$

将表达式变形，可知灯丝电阻

$$R=\dfrac{U}{I}=\dfrac{I_1(R_{g1}+R_0)}{I_2-I_1}=11.6\,\Omega$$

5.

待测量为电阻率 ρ，测量量为 U 和 I	→	涉及电阻定义式，串、并联，电阻定律等规律

→	综合电路图和仪表参数，找出圆柱体信息，考虑电流表 A 和定值电阻 R_1 的分压作用	→	根据题目条件，明确 ρ 与 U、I 的关系，写出准确表达式，并结合图表进行求解

为求金属的电阻率 ρ，测电阻所需的电压表读数 U 和电流表读数 I，都是实际测量得到的。由题图(b)，结合仪表、元件参数，再用欧姆定律，串、并联规律等规律，得到电流表读数 U、电压表读数 I、圆柱体电阻 R_x、定值电阻 R_1 和电流表内阻 r_3 间的关系式为 $U=I(R_1+r_3+R_x)$，并与题图(a)中利用电阻定律得到的关系式 $R_x=\rho\dfrac{4L}{\pi(b^2-a^2)}$ 进行联立，可得 $\rho=\left(\dfrac{U}{I}-R_1-r_3\right)\dfrac{\pi(b^2-a^2)}{4L}$。

【拓展训练】

1. 图像中的纵轴 $\dfrac{1}{I}$ 是电流表读数的倒数，是实际测量得到的，横轴是圆心角 θ，也可由表盘测量得到。由题图(a)，关注电路图中的元件参数，从题干中找出电流表的内阻为 R_A、定值电阻为 R_0、圆心角为 θ 时接入电路中的电阻为 θr_0，再运用闭合电路欧姆定律，得到电源电动势大小 E、电流表读数 I、电流表内阻 R_A、接入电路的电阻丝 θr_0 和定值电阻 r 间的关系式 $E=I(R_A+R_0+\theta r_0)+Ir$。根据题图(b)中的坐标轴，将关系式转化为 $\dfrac{1}{I}=\dfrac{r_0}{E}\theta+\dfrac{r+R_A+R_0}{E}$，将其与图像比较，可得电池电动势和内阻可分别为

$$E=\dfrac{r_0}{k},\quad r=\dfrac{r_0 d}{k}-R_A-R_0$$

2. 图像中的纵轴 $\dfrac{1}{I}$ 是电流表读数的倒数，是实际测量得到的，横轴是长度 x，也是实际测量得到的。由题图(a)，关注电路图中的元件参数，从题干中可知电源电动势 E、定值电阻的阻值 R_0、电流表内阻 R_A、电阻丝的直径 d 以及接入 aP 长度 x 等信息，再用闭合电路欧姆定律、电阻串并联、电阻定律等规律，写出表达式 $E=I\left(\rho\dfrac{x}{\pi\dfrac{d^2}{4}}+R_0+r+R_A\right)$，结合电阻定律得到 $R=\rho\dfrac{x}{\pi\dfrac{d^2}{4}}$，联立前面两式可得

$$\dfrac{1}{I}=\dfrac{r+R_A+R_0}{E}+\dfrac{4\rho}{\pi d^2 E}x$$

将上式与 $\dfrac{1}{I}$-x 图像即题图(b)进行比较，可知该图像的斜率 $b=\dfrac{r+R_A+R_0}{E}$，$k=\dfrac{4\rho}{\pi d^2 E}$。

3. 图像中的纵轴 U 是电压表读数,是实际测量得到的,横轴是长度 x,也是实际测量得到的。本题需结合电路图写出准确表达式来判断拟合作图的准确性。由题图(a),关注电路图中的元件参数,从题干中知道电阻丝为三根不同材料、横截面积均为 S 等信息,再结合电阻定义式、欧姆定律、电阻定律等规律,还要关注表格与图像对应的物理量 U 和 x,写出三段导线的电压表电压 U 与 OP 长度 x 的表达式:接触点在 a 上时,$U = I\rho_a \dfrac{x}{S}$;接触点在 b 上时,$U = IR_a + I\rho_b \dfrac{x - l_a}{S}$;接触点在 c 上时,

$$U = I(R_a + R_b) + I\rho_c \dfrac{x - (l_a + l_b)}{S}$$

结合表达式与所描的点迹,应得到如答图所示的图像,而不是如题图(c)所示的图像。

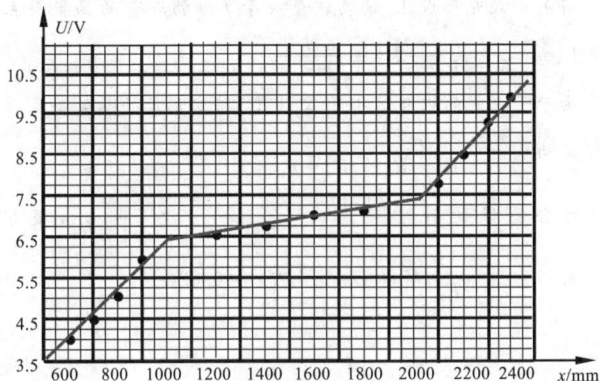
第 3 题答图

第 11 讲 用测量量表达式进行分析(一)

【基础训练】

1.

| 重物下落中受空气阻力、纸带阻力等 | → | 分析图像和已知动能表达式对应的物理量 |

| → | 表达式与图像坐标不匹配,根据图像横、纵坐标物理量变换表达式 | → | 表达式结合图像,分析斜率获得结论 |

(1) $g = 9.70$。

(2)表达式 $(mg - F_f)h = \dfrac{1}{2}mv^2$ 与图像坐标并不匹配,需要进行变换。

变换后表达式为 $\dfrac{1}{2}v^2 = \left(g - \dfrac{F_f}{m}\right)h$。

将图与表达式比对后可得斜率 $k = g - \dfrac{F_f}{m} < g$。

2.

| 影响滑块运动的因素有阻力、滑轮质量等 | → | 忽略阻力和滑轮质量,简化表达式 |

| → | 变换原式和简化表达式 | → | 分析比较原式和简化式获得结论 |

(1) $\mu = \dfrac{2Fs_1}{Mg(s_1 + s_2)}$。

(2)根据已知表达式:
$$2Fs_1 - \mu g(M + m)(s_1 + s_2) - W_f = 0$$

因阻力和滑轮质量较小,可忽略不计。

已知表达式简化为 $2Fs_1 - \mu M(s_1 + s_2) = 0$。

变换后表达式为 $\mu = \dfrac{2Fs_1}{Mg(s_1 + s_2)}$。

原式为 $\mu = \dfrac{2Fs_1 - W_f}{g(M + m)(s_1 + s_2)}$。

比较简化表达式与原式,可得 μ 的测量值偏大。

3.

| 影响小车运动加速度的因素有空气阻力、纸带摩擦阻力、滑轮阻力等 | → | 忽略阻力,列出简化表达式 |

| → | 表达式与图像坐标物理量不匹配,变换表达式 | → | 表达式结合图像,分析截距获得结论 |

(1)不正确。

(2)分析已知表达式 $mg - (F_{f1} + F_{f2}) = (m + M)a$。

因为阻力作用相对较小,可以忽略不计,
$$mg = (m + M)a$$

因表达式与图像坐标轴不匹配,转化为
$$\dfrac{1}{a} = \dfrac{1}{mg}M + \dfrac{1}{g}$$

将表达式与图像结合分析,可知截距代表 $\dfrac{1}{g}$,所以不是偶然误差造成的。

【拓展训练】

1.(1)不同意,若是因为空气阻力,则 ΔE_k 应小于 ΔE_p,但表中 ΔE_k 大于 ΔE_p。

(2)真实的动能变化量 $\Delta E_k = \dfrac{1}{2}mv_{球}^2$,根据本装置测得的

速率 $v_{测} = \dfrac{v_{球}}{L}(L + l)$。

进一步可得动能变化量 $\Delta E_k = \dfrac{1}{2}m\left(\dfrac{L + l}{L}\right)^2 v_{球}^2$。

比较可知动能变化量的测量值大于真实值,从而导致 ΔE_k 大于 ΔE_p。

2.(1)图像斜率为 $\dfrac{2m_1 g}{m_1 + m_2}$。

(2)表达式 $(m_1 g - F_f)l = \dfrac{1}{2}(m_1 + m_2)\left(\dfrac{d}{\Delta t}\right)^2$。

上式与图像坐标并不匹配,需要进行转换。

转换后表达式为 $\left(\dfrac{d}{\Delta t}\right)^2 = \dfrac{2(m_1 g - F_f)l}{m_1 + m_2}$。

将图像与表达式结合进行分析,可得
$$k = \dfrac{2(m_1 g - F_f)}{m_1 + m_2} < \dfrac{2m_1 g}{m_1 + m_2}$$

3.(1)根据单摆的周期公式 $T = 2\pi\sqrt{\dfrac{l}{g}}$,可得 $T^2 = \dfrac{4\pi^2}{g}l$,故选 A。

(2)已知表达式 $T = 2\pi\sqrt{\dfrac{L_{线} + r}{g}}$。

上式与图像坐标不匹配,需要进行转换。

转换后表达式为 $T^2 = \dfrac{4\pi^2}{g}(L_{线} + r)$。

由图像斜率得到的重力加速度与原来相比,其大小不变,故选 A。

第12讲　用测量量表达式进行分析(二)

【基础训练】

1. 关系式是 $E=U+\dfrac{U}{R}r$，图像坐标轴分别是 R 和 $\dfrac{R}{U}$ → 将关系式变形成 R 轴和 $\dfrac{R}{U}$ 轴物理量的函数关系 $R=E\cdot\dfrac{R}{U}-r$

→ 表达式不繁杂，不需要简化 → 图像的斜率对应 E，可得 $E=2.9\mathrm{V}$，截距对应 r，可得 $r=0.6\mathrm{V}$

2. 关系式是 $U_2=U_1+\dfrac{U_1}{r_1}R_x$，图像坐标轴是分别 U_2、U_1 → 将关系式变形成 U_2 轴和 U_1 轴物理量的函数关系 $U_2=\left(1+\dfrac{R_x}{r_1}\right)U_1$

→ 表达式不繁杂，不需要简化 → 结合图像的斜率 $1.6=1+\dfrac{R_x}{r_1}$，求解得 $R_x=1800\Omega$

3. 关系式是 $I_1(r_1+R_0)=I_2(r_2+R_x)$，图像坐标轴分别是 I_1、I_2 → 将关系式变形成 I_1 轴物理量关于 I_2 轴物理量的函数关系 $I_1=\dfrac{R_x+r_2}{R_1+R_0}I_2$

→ 表达式不繁杂，不需要简化 → 结合图像的斜率 $\dfrac{60\times10^{-3}}{0.56}=\dfrac{R_x+r_2}{R_1+R_0}$，解得 $R_x=2.0\Omega$

4. 关系式是 $E=U+\dfrac{U}{R_2}r$，图像坐标轴分别是 $\dfrac{1}{U}$ 和 $\dfrac{1}{R_2}$ → 将关系式变形成 $\dfrac{1}{U}$ 轴物理量关于 $\dfrac{1}{R_2}$ 轴物理量的函数关系 $\dfrac{1}{U}=\dfrac{1}{E}+\dfrac{r}{E}\cdot\dfrac{1}{R_2}$

→ 表达式不繁杂，不需要简化 → 结合图像的斜率 $k=\dfrac{r}{E}$，截距 $b=\dfrac{1}{E}$，解得 $E=\dfrac{1}{b}$，$r=\dfrac{k}{b}$

【拓展训练】

1. 关系式是 $R=0.6x$，$E=U+\dfrac{U}{R}(r+R_0)$；

图像坐标轴分别是 $\dfrac{1}{U}$ 和 $\dfrac{1}{x}$；

消元得 $E=U+\dfrac{U}{0.6x}(r+R_0)$；

将关系式变形成 $\dfrac{1}{U}$ 轴物理量关于 $\dfrac{1}{x}$ 轴物理量的函数关系

$\dfrac{1}{U}=\dfrac{1}{E}+\dfrac{(r+R_0)}{0.6E}\cdot\dfrac{1}{x}$；

结合图像的斜率 $\dfrac{0.7}{2.0}=\dfrac{(r+R_0)}{0.6E}$，截距 $0.7=\dfrac{1}{E}$，解得 $E=1.4\mathrm{V}$，$r=1.9\Omega$。

2. 关系式是 $E=I_1(R_{A1}+R)+(I_1+I_2)(r+R_0)$，图像坐标轴分别是 I_1、I_2；

将关系式变形成 I_1 轴物理量关于 I_2 轴物理量的函数关系

为 $I_1=\dfrac{E}{R_{A1}+R+r+R_0}-\dfrac{r+R_0}{R_{A1}+R+r+R_0}I_2$；

由于蓄电池的内阻小，$R_0=4\Omega$，而 $R_{A1}=800\Omega$，$R=9200\Omega$，$r+R_0$ 相对 $R_{A1}+R$ 可忽略不计；

将变形后化简得 $I_1=\dfrac{E}{R_{A1}+R}-\dfrac{r+R_0}{R_{A1}+R}I_2$；

结合图像的斜率 $\dfrac{(170-70)\times10^{-6}}{(240-40)\times10^{-3}}=\dfrac{r+R_0}{R_{A1}+R}$；

截距 $190\times10^{-6}=\dfrac{E}{R_{A1}+R}$，解得 $E=1.9\mathrm{V}$，$r=1.0\Omega$。

3. 关系式是 $E=I_G(R_3+R_G)+(I_G+I)r$，图像坐标轴分别是 I_G、I；

将关系式变形成 I_G 轴物理量关于 I 轴物理量的函数关系

$I_G=-\dfrac{r}{R_g+R_3+r}I+\dfrac{E}{R_g+R_3+r}$；

由于干电池的内阻远小于 R_g+R_3，将变形后的函数关系化

简为 $I_G=-\dfrac{r}{R_g+R_3}I+\dfrac{E}{R_g+R_3}$；

结合图像的斜率 $\dfrac{(1.47-1.06)\times10^{-3}}{0.5}=\dfrac{r}{R_g+R_3}$，截距

$1.47=\dfrac{E}{R_g+R_3}$，解得 $E=1.47\mathrm{V}$，$r=0.82\Omega$。